KB156081

세종 이도의 철학

세종 이도의 철학

2018년 09월 28일 초판 인쇄
2018년 10월 09일 초판 발행

지 은 이 김광옥
발 행 인 한정희
발 행 처 경인문화사
총괄이사 김환기
편 집 부 김지선 박수진 유지혜 한명진
마 케 팅 유인순 하재일
출판신고 제406-1973-000003호
주   소 (10881) 파주시 회동길 445-1 경인빌딩 B동 4층
대표전화 031-955-9300 팩 스 031-955-9310
홈페이지 http://www.kyunginp.co.kr
이 메 일 kyungin@kyunginp.co.kr

ISBN 978-89-499-4768-6   93910
값 45,000원

* 파본 및 훼손된 책은 교환해 드립니다.
ⓒ 2018, Kyung-in Publishing Co, Printed in Korea

세종 이도의 철학

생생의 길
생민과 변역

김광옥

景仁文化社

세종 이도의 철학

생생의 길, 생민과 변역

이 책은 세종 이도의 사유·사상·철학을 실록을 통해 찾아 읽고 분석하고 체계화 해보려는 시도의 글이다.

세종에 관한 글을 읽는데 '세종 용어'가 의외로 정리되어 있지 않다는 사실에 주목했다. 이에 세종 사상의 틀[얼개]을 잡는 일에 우선하여 세종용어를 정리하고자 했다. 다만 개념화 작업은 다음 과정으로 여기고, 이번 연구는 세종학연구의 시작으로 여기고자 한다.

- 이 글은 실록 기사에 토대를 두고 있다. 자의적 해석을 막고자 실록 기사 인용과 읽기에 더욱 충실하려 했다.
- 실록에는 고전 인용이 많다. 그러나 고전과 세종의 말·일·글을 구태여 연결시키려 하지 않았다. 이는 경전[고전]을 소홀히 여긴 것이 아니라 경전의 '말씀'과 세종의 '체현體現'에는 시간과 상황의 변화가 있고, 어디까지나 세종의 기준에서 읽으려 했기 때문이다.
- 실록 기사의 용어 출현 빈도를 자주 인용했는데 이는 그 용어가 그 시대에 얼마나 쓰였으며, 조선 초기- 중기- 후기에 어떻게 의미 변화를 일으키는지 흐름을 살펴보려는 뜻에서였다.
- 용어 설명에서 어쩔 수 없이 실록 기사를 반복하여 인용한 경우가 있는데, 이는 세종 사상에 대한 역사용어사전적 글쓰기 방식과 무관하지 않다. 여러 용례가 있더라도 최적의 관련기사를 인용하기 위해서라고 하겠다.
- 유학이나 동양철학의 글쓰기 방식에서 그 언어수준은 ㈎고전한문 ㈏재래의 고유어 ㈐서양의 번역어들과 관용어법이 있다.[1] 정치철학에 관해서는 정치학 용어를 원용하는 경우가 있다. 이 글에서는 가능한 한 《세종실록》내의 용어 중심으로 글을 전개하게 될 것이다.

---

1) 한형조, 『왜 조선 유학인가』, 문학동네, 2008, 161쪽.

세종 이도의 철학 '생생의 길'

세종 이도의 철학 '생민과 변역'은 민民이 일상적인 삶[生]에서 사사와 물물[君臣民事物 세종 12/윤12/1]이 변역[此變易風俗 세종 26/2/20]이라는 생성의 단계를 거치며, 사람이 새로워지는[人有自新之理 세종 4/2/25] 이치와 감오感悟(세종 9/10/26)를 통해, 새로운 뜻[생민지지生民之志 세종 1/7/17]을 세우는 일이라 하겠다. 생민이란 '하늘이 준 바른 덕과 진심' [降衷] 그리고 '의젓하게 타고난 천성은 생인이 똑같이 받은 것予惟降衷秉彝 生民之所同'(세종 16/4/27)을 가진 독립된 개체로서 '살아 내는 민'[生民]을 말한다. 세종은 '생민의 주'[도주생민叨主生民 세종 5/7/3]가 되는 '생생生生의 길'을 보여준 것이라 여겨진다.

변역變易의 길은, 생민의 길로 나아가는 생[삶·앎]의 순환에서 신제·개혁의 생성[만듦·지음], 그리고 창제[創制正音二十八字 세종 28/9/29]·혁신의 생생[거듭나기·새로나기]의 길로 나아가는 변증 또는 진화의 길이고, 민이 생민이 되고 스스로 '민락생생자民樂生生(者)'(세종 32/2/17)가 되어 가는 길이다. 이로서 백성들은 '스스로 새로워짐'[自新]을 통한 변역으로 생생지락生生之樂이라는 삶의 기쁨을 누리고 다음 단계에서 '더불어 누리는 즐거움'[共享生生之樂可也, 세종 24/1/7 ; 共享生生之樂, ... 其民之安生樂業, 세종 25/10/24] 즉 살고 살리는 기쁨을 나눌 수 있는 길로 나아간다고 세종은 생각한 것이다.

이 기쁨은 거듭하여 모두의 지속적인 즐거움인 공락共樂[萬民共樂 세종 11/8/24]의 세계로 향한다. 세종 철학의 지향점이다.

그밖에 업업業, 마음[心], 사풍士風, 사맛[소통], 련민憐憫, 민본, 실용, 의토[宜土, 풍토], 중용, 융합, 공향, 공락 등도 세종 철학을 구성하는 사상[용어]으로 원용될 것이다.

〈일러두기〉

- 《세종실록》은 세종대왕기념사업회의 《세종장헌대왕실록》과 국사편찬위원회의 《조선왕조실록》의 인터넷본 《조선왕조실록》(sillok.history.go.kr)을 기본으로 한다. 때로는 북한이 번역한 《이조실록》도 참고하였다. 다만 국역의 경우 의미 변화가 없는 한도 내에서 간추리거나 풀어 쓴 경우가 있다. 《조선왕조실록》은 임금별로 이름이 다른데 예를 들면 《세종실록》은 《세종장헌대왕실록》이다. 이를 여기서는 줄여 《세종실록》으로 줄여 쓰기로 한다. 마찬가지로 《조선왕조실록》도 줄여 《조선실록》으로 쓴다. 그리고 '실록' 이나 '세종실록'을 일반명사로 쓰기도 한다. 기타 《국조보감》, 《연려실기술》 등도 한국고전번역연구원의 번역본을 이용하였다.
- 원문 인용 시 원문의 의미가 훼손되지 않는 범위 안에서 줄여 쓰거나 같은 의미의 다른 용어(예: 우리말 표현)로 바꾸어 쓴 것이 있다.
- 이 글은 실록의 사실史實 기사를 바탕으로 하는 역사사전용어 기록형식을 일부 취하고 있어 실록 기사가 중복 인용되는 경우가 있다.
- 《세종실록》 기사의 일자는 줄여 쓰기로 한다. 원문에는 '세종실록 113권 세종 28년 9월 29일 갑오 4번째 기사 1446년 명 正統 11년'으로 되어 있으나 '(세종 28/9/29)'로 간략히 표기하기로 한다. 다른 임금의 경우는 실록명을 표기한다.
- 문헌 인용 시 문장 인용이 아닌 내용 전체를 요약하는 경우가 있다. 글의 큰 의미를 옮기려는 뜻에서이다. (참고)는 보완설명이거나 내용을 참조한 것이다.
- 인용 중 고전이나 옛 책은 《   》로(실록에서 이미 《   》로 쓰고 있어 인용의 통일을 위해서이다.) 저서는 『   』로, 논문은 '   '로, 방송프로그램이나 자료는 〈   〉로 표기한다. 일부 부호는 실록 인용문에 쓰인 대로 사용하다보니 본문과 다를 수 있다. 혼용이 된 셈이다.
- 한자는 실록이나 문헌에서 인용하는 경우는 (   )안에 넣은 대로, 인명은 (   )안에 넣었다. 그밖에는 (   )를 풀어 한자와 한글을 나란히 적었다. 일부 용어에는 한자(예: 氣기)를 먼저 제시하거나 한자만을 쓰는 경우가 있다.
- [   ]는, 같은 의미의 다른 표현, ' / '는 유사를 뜻한다. 즉 남男/녀女는 근접과 대칭에서, 인人/민民은 근접과 동질에서 유사類似를 뜻한다. 동류를 가리키는 경우는 ' · '다.

" 이 책은 방일영문화재단의 지원을 받아 저술·출판 되었습니다 "

머리말

이 책은 세종 이도李祹의 철학을 용어 중심으로 정리한 글이다. '이도'는 임금 세종이 아닌 사유가로서의 세종 개인을 포괄하여 상정한 것이다.(세종 이도가 창제한 훈민정음의 뜻을 따르려면 '이도'는 '리도'로 표기하는 것이 옳겠으나 이번에는 현 맞춤법 규칙을 존중해 다음 기회로 미루기로 한다.) 철학이 인간과 세계에 대한 원리와 그 작용에 대한 이해라면 세종 이도의 철학은 세종의 인간[백성]과 시대[사회·국가]에 대한 행도行道의 원리라 하겠다. 구체적으로 세종 이도李祹의 기록[말·일·글]을 실록학에 따른 용어 중심으로 정리하고, 이를 기반으로 이도의 철학정신을 체계화[구조화]하고자 했다.

'철학'은 근대 일본이 '지혜를 사랑한다'는 philosophy를 번역하면서부터 시작되었다. 동양에서는 사유를 통해 도道를 깨닫는 것이 목적이었다. 이때 지혜보다는 수양을 통한 몸으로의 익힘 즉 실천을 더 강조하게 된다.[1]

지금까지의 세종연구에서는 세종의 성과인 언어, 음악, 천문, 법제, 농사, 의학, 국방 ... 등 전문분야에 대한 논문과 저서가 2천여 편이 된다. 다만 종합연구로는 시기별로 언어, 정치철학에 이어 소통에 대하여, 이후 리더십 등이 다루어지고 있다. 이런 과정 속에 '세종과 철학'이 결부된 글은 훈민정음의 원리인 천지인과 연관한 논문 등 한손에 꼽을 정도로 미미하다. 이런 연장선에서 사유하는 인간으로서의 세종 이도에 대한 관심을 가지게 되고 이어 연구를 하게 되었다.

세종의 정신세계를 탐구하고자 할 때 시대사상인 유교에 기반을 두어 유교윤리, 철학, 사상, 도학, 이념, 사유와 그 다음 영역 설정으로 인간, 정치, 사회, 경제, 과학, 문화, 정신 등을 교합하면 몇 개의 주제가 가능하다. 이렇듯 세종의 사유에 초점을 맞춘 이 글의 제목으로는 '세종의 사상', '세종의 행도 원리', '세종의 사유 세계' 등이 가능한데 조금 더 세종 개인의 사유세계와 실천 원리에 유의

---

1) (참고): 김교빈·이현구, 『철학에세이』, 동녘, 2006, 11쪽.

하여 '세종의 철학'이 되었다.

이 글의 제목으로는 '세종 이도 정치철학[실천]에서의 인간[백성/인성]과 사물[격물/물성]의 생생[화] 과정[길]에 따른 변역[자신自新과 창제]의 원리[철학]'가 되겠다. 풀어 쓰면 '세종 이도의 정치실천에서의 백성과 인성[인간철학] 그리고 사물과 물성의 생생화 과정에서의 자신自新과 창제의 변역 원리'로, 정치학 용어로는 '세종 이도의 인간과 사물의 생생화 과정에서 나타난 변역 철학'이 되겠다. 이를 줄여 '세종 이도의 철학, 생생의 길, 생민과 변역'이 되었다.

여기의 '생생의 길'은 생업과 천직을 통해 '삶의 기쁨'[生生之樂]을 마음으로 느끼며 민이 생민生民이 되는 길이다. 또한 인성에서 생생[거듭나기/새로워짐自新]으로, 물성에서 생생[새로나기變易]의 변화를 통해 새로운 생명과 창제를 이어가고, 이어 '더불어 누리는' 공향共享, '민락民樂 생생의 삶'[民樂生生者]에 다다르는 일련의 '생생[거듭나기/새로나기]의 길'을 뜻하고 있다. 이는 마침내 생생지락/공락共樂의 세계로 향한다.

전체 구성

전체 글 구성으로 들머리에서는 이 글의 기본 구조가 될 세종의 용어와 개념어 찾기에 대한 과정을 살핀다. 이어 세종 철학의 기본 개념인 '생'과 '생생'에 대한 《세종실록》의 기사를 찾아 풀이한다. 현재도 생생이란 단어는 쓰이고 있다.[2]

먼저 1부 삶[生]의 길이다. 생生은 삶으로 '살다'와 '알다'의 합성어이다.

1장에서 생생의 길[과정]의 진행으로 백성으로서의 민이 생민으로 가는 길을, 2장에서 민이 업의 정신을 갖게 되고, 사대부는 천직 정신을 갖추는 길을 소개한다. 이어 국체로서 국가가 가져할 덕목과 국격에 대한 세종의 의지를 살핀다.

다음으로는 2부 생성[지음_制/만듦_製]의 길이다.

3장과 4장은 세종의 사유세계에 대한 실천마당이다. 3장은 세종 사유세계 근저의 삶을 제시하고, 세종의 사유세계에 영향을 주었을 동 시대의 유교, 불교, 도교, 무교, 풍수와 마음 등의 사상을 실록기사를 통해 살핀다. 더불어 정치철학을 용어[개념어]를 통해 알아본다. 4장은 시정時政 철학의 모습이다. 정치현장에서

---

2) '생생뉴스'(경기일보, KBS, SBS 등)가 있는데 생생한 즉 싱싱한 뉴스라는 뜻이다.(그러나 '생생뉴스'라고 한다면 사람과 사물을 살려내는 '새로나기'의 뉴스여야 할 것이다. 인간과 사물에 대한 따뜻한 눈이 필요한 것이다.)

일어나는 여러 사건들 속에 생각하는 정치에 대해 논구한다. '이호예병형공'을 '생인, 생재, 생효, 생지, 호생, 생산' 등 생생[지음/만듦]과 관련하여 풀어본다.

다음으로는 3부 생생[거듭나기/새로나기]의 길이다.

5장은 변역과 자신自新이다. 삶[생]이 현실 속 생성과정을 거쳐 사물과 인간에서 생생의 변역과 자신自新을 거치는 길을 살핀다. 이는 이어 6장에서 모두가 함께 누리는 공락共樂의 세계로 이어진다. 시간[천문]과 음악, 문자의 창제를 통해 나라가 가진 모든 것을 백성과 '함께 나누어 누리는' 공향共享 정신과 이를 통해 임금과 사대부가 모두 한 백성으로 기쁨의 삶을 누리려는 생생지락의 과정을 살피게 된다.

'부록, 정리와 요론'에서는 '생민과 변역'의 정리와 세종의 영향력이 역사 속에서 어떻게 나타나고 있는지 후대의 기록을 통해 알아본다.

앞으로 이루어질 세종 연구에서는 연구방법론의 개발과 개념화 작업을 통해 보다 구조적인 세종철학의 논구가 이루어지며 '세종학 연구'로 확장되어야 할 것이다.

이 글을 쓰게 된 계기는 2005년 10월 한국학중앙연구원 세종국가경영연구소가 주관한 세종실록강독(주관 정윤재·박현모 교수)에 참가하면서부터다. 경복궁 고궁박물관 강당에서 열린 일반시민 상대의 강좌였지만 이후 매년 지속되었고, 이후 2013년부터는《세종실록》전문 강독(여주대 세종리더십연구소장 박현모 교수 담당)이 시작되었다. 그간 연 인원 150여명이 참여한 실록 풀이와 세종문헌 DB해제解題세미나, 2014년 7월부터의 세종사랑방(회장 유영숙 KIST교수), 여주시·여주대학·홍익대(세종시)의 세종 관련 강의와 여타 인문·유학세미나 등에 참가하였다. 이런 활동은 다른 형태(세종문헌DB해제는 종료)로 진행 중이다. 2017년 10월부터는 '세종학연구회'라는 이름으로 부정기적인 모임을 갖고 있다.

이런 일련의 과정에서, 특히 금년 9월은 세종 정치철학이 시동된 1418년 음력 8월 10일 이래 즉위 600년째 해의 달이다.

이 책이 이루어진 데에는 앞서 세종을 연구한 박현모교수로부터 큰 도움을 받았다. 세종의 말과 일을 강의 혹은 사료중심으로 살필 수 있게 기본 터전을 열어주었고 더욱이 출판 전에 원고의 대강을 살펴주셨기에 이 책의 처음과 끝에 자리하고 있는 셈이다. 마음으로부터 감사를 드립니다. 더불어 출판 전에 필요한 부분의 원고를 보고 이야기를 나눈 허승일님(서울대서양사학과 명예교수), 진용옥님(경희대 명예교수), 김종근님(정책학박사)에게 감사를 드립니다. 전공은 다르나 여러 주제로 종종 토론을 나누는 오래된 동학의 학형들이다.

그리고 복잡한 책 구성에도 기꺼이 출판을 맡아 준 경인문화사 한정희대표님, 김환기이사님 그리고 편집을 맡아준 편집부에게 고마움을 전한다.

끝으로 이 책을 내는데 도움을 준 방일영문화재단에 감사를 드립니다.

더불어 그간 《세종실록》을 함께 공부한 여러 세종문회(門會) 가족들과 작은 기쁨[生生之樂]을 함께[共享] 나누고 싶다.[共樂]

차 례

2부 생성[지음, 만듦]의 길

3장 세종 이도의 철학 정신

들머리

1. 세종 연구의 현황

세종은 우리 민족문화의 표상이다. 이에 오래전부터 많은 연구가 이루어져 왔다. 세종 관련 연구의 흐름을 보면 첫째 학문적 차원의 전문 연구들이다. 훈민정음과 한글에 대한 언어학적 접근으로 언어 구조 분석과 정음으로 이루어진《용비어천가》를 비롯한 여러 문헌에 대한 연구들이 있다. 천문이라면 당시 원, 명의 천문과 우리의 천문을 비교한다. 음악에서는 당악과 아악의 비교를 통해 우리의 성과를 알게 된다. 기타 병기, 국방, 전제田制, 의학, 농사 등에 관한 연구들이 있다. 이숭녕, 강신항 등 어학자 그리고 한국정신문화연구원, 세종대왕기념사업회 등이 있다.[1]

둘째 세종에 대한 전반적인 소개로 홍이섭의 『세종대왕』이 그 예이다.[2]

셋째 2000년 이후의《세종실록》을 중심으로 한 세종의 정치철학, 리더십 등에 대한 연구가 있다. 조남욱, 정윤재, 금장태, 박현모 등 학계연구자와 재야에서 이한우, 이덕일, 박영규, 이헌식 등이 있다.[3]

넷째는 세종에 대한 인물과 분야별 업적에 대한 연구들이다. 이런 과정에 국방, 경제, 인재경영, 세종의 질병 등 각 분야별 분석과 연구서들이 나왔다. 이석제, 이한수 등의 연구가 있다.[4]

이로 보면 사례 중심의 문헌 연구가 이루어지고 있으나 아직은 실록 읽기 방법론을 강조하거나 학제 간의 연구가 이루어지지는 못하고 있다.

---

1) 이숭녕, 『세종대왕의 학문과 사상』, 아세아문화사, 1981. 외.
2) 홍이섭, 『세종대왕』, 세종대왕기념사업회, 1971. 외.
3) 조남욱, 『세종대왕의 정치철학』, 부산대학교출판부, 2001.
4) (참고) 정윤재, 세종의 정치리더십 행동상 특징, 『세종리더십의 핵심 가치』, 정윤재 외, 한국학 중앙연구원 출판부, 2014. 14~15쪽 외; 이석제, 『세종의 번뇌』, 세종대왕기념사업회, 2002.

세종의 말·일·글

정치학연구에서 정윤재교수는 우리말 용어를 써서 말로서의 교지와 일로서의 정치 시책 등을 간결하게 '말과 일'로 표현한 바 있다. "정치지도자는 말과 일로서 그 역할을 수행하는데 그는 무엇보다도 자신의 '말'을 통해 그가 어떠한 비전과 목표를 제시하고 또 그것을 이루기 위해 '일'한다. 그리고 그가 특정 정책들을 왜 채택하고 추진하는지를 명확하게 언명하고 또 정당화 한다."5)

'말'은 세종의 계啓, 전지傳旨, 교서, 교지, 대화 등이다. '일'은 정치적 효유, 결정, 시책, 제도, 정책 등이다. 여기에 이번 글에서는 세종의 사유세계에 대한 내용을 '글'로 추가하고자 한다. 글은 세종의 정언명법定言命法, 언명, 사유思惟의 회고, 신념 등이다. 교서나 교지는 말이며 동시에 글이 될 수 있다.

글은 말이나 일과 중복 될 수도 있고 ㉮세종이 직접적으로 표현하지 않았으나 실록에 실린 전거典據 ㉯세종의 말과 연관된 고전의 인용 ㉰《세종실록》이 아닌 다른 기록에 실린 세종에 대한 언급 등이 '글'이 될 수 있겠다. 이는 세종의 의지나 사유思惟를 드러낸 기록이므로 세종의 사상을 간접 표현한 것이 될 수 있다. 당시 백성이 할 '말'을 못하고, '글'을 못 읽고 오로지 '일'인 노동의 삶만 살았다고 여길 때 사대부는 말·일·글의 삶을 살았다고 대비된다. '글'은 바로 세종의 '생각' 혹은 '뜻', '의지'가 된다.

> 글과 생각: 내가 경서(經書)와 사서(史書)는 보지 않은 것이 없고, 또 지금은 늙어서 능히 기억하지 못하나 지금에도 오히려 글 읽는 것을 치우지 않는 것은, 다만 글을 보는 동안에 생각이 일깨워져서 여러 가지로 정사에 시행되는 것이 많기 때문이다.(세종 20/3/19) 上曰: 予於經史, 靡不歷覽, 且今老不能記, 不須讀書, 今尙不輟者, 只爲觀覽之間, 因以起意, 施諸政事者頗多。

'기의起意'에서 '意'는 ㉮뜻, 의미 ㉯생각 ㉰의지 ㉱생각건대 ㉲의심하다 등을 포함한다. '기의起意'는 '글을 읽고 이해하며 자기 생각을 하게 되고, 그 생각이 실천으로 이르게 되는' 일련의 과정 중 시발점이다.

---

5) 정윤재, 정치리더십으로 본 세종시대연구,『세종의 국가경영』, 지식산업사, 2006, 19~20 쪽, '말과 일'은 정윤재,『정치리더십과 한국민주주의』, 나남출판, 2003, 569~577쪽.

세종의 말·일·글은 현대 문화 이론으로서의 독일의 공시학公示學/publizistik이나, 프랑스의 사회구조와 의미론의 재구성으로서의 '언어적 전회'(linguistic turn)의 담론談論/discours과 연관해 생각할 수 있다. 이런 흐름 속에《세종실록》을 읽으며 세종에 대해 정치사상·정치철학 이외에 개인으로서의 세종 '철학'은 논할 수는 없는가 하는 데 주목하게 되었다.

주제들의 구성을 말, 일, 글로 보면, '말'은 어떤 사안에 대한 정의이고 '일'은 그에 대한 실천이며 '글'은 그 근저에 있는 사유체계다. 그러므로 '말'은 현실 진단이고 '글'은 현실 인식인데 어느 것이 먼저라고 할 수는 없다. '말'과 '글'은 서로 엇물려 순환 고리 속에 있다. 말이 사유를 낳고 사유가 새로운 '일'을 나으며 현실 속에서 순환하며 진화해 간다.

분석의 대상을 실록 속에서 찾을 수밖에 없다는 것은 아쉬운 일이다. 그런 제한 속에서도 세종의 '말·일·글'을 실록에 의지해 풀어보려고 한다.

역사 연구의 관점

역사를 공부하는 사람들의 소망은 역사를 보는 다른 자세를 가지려 한다. 근대 한국철학사를 개척한 박종홍은 사상연구에 임하면서 그 신념을 밝힌다.6)

첫째 한국 사상 유무에 확신을 갖지 못했던 사람들에게 '한국인의 언어'가 존재한 이상 (그것을 구성한 내용인) 한국사상은 확실히 존재한다. 둘째 그 사상은 주체성과 연관되어 살아나는 만큼 '주체성'이 곧 한국사상의 본질인 '민족정기'라는 것이다. 이 점은 전통사상이 원천적으로 외래성을 띠었다 하더라도 주체적으로 '한국화 부분'은 곧 한국사상에 해당하는 것임을 시사한 신념으로 이는 한국 불교, 유교 등에서 한국 특유의 철학 또는 사상을 발굴하는 필수적으로 선행시켜야 할 요건임을 깨달은 끝에 낸 언명으로 풀이된다.

역사가 천관우는 '한국사를 어떻게 보는 것이 바람직한가'라는 대담에서 "첫째 역사관이 좀 더 분명한 개성이 강한 역사책이 나와 주었으면 좋겠다. 열사람이 책을 쓰면 열 사람이 다 다른 것이 나와 주었으면 좋겠고, 둘째 '현재의 입장'에서 보고 또 '나와 우리의 입장'에서 보는 역사책이 많이 나왔으면 좋겠다. '나'

---

6) 박종홍, 한국사상연구에 관한 서론적인 구상, 『박종홍전집 4』. 형설출판사, 1980, 17쪽; 윤사순·이광재, 『우리사상 100년』, 현암사, 2001, 219쪽.

와 '우리'라든지, 그것이 한 인간일 경우도 있을 것이고 민족이나 사회일 경우도 있을 것이고 혹은 우리 인류가 어디로 가야 되느냐 하는 경우도 있을 것이고, 여하튼 우리 주체적인 요청이 좀 더 절실하게 밑에 깔린 것이 좋겠다. 셋째 한 쪽으로 미시적으로 보는데 못지않게 또 한쪽으로는 거시적으로 보자. 한쪽은 고증, 실증, 이런 것을 엄밀히 해야 하지만, 또 속담에 '구슬이 서 말이라도 꿰어야 보배'라고 하듯이 실증으로 뒷받침 된 사실들을 체계화 하고 대국적으로 보는 노력을 좀 더 기울였으면 좋겠다."고 말한다.[7]

위 두 자료 모두 70년대 후반의 글이지만 지금 이 시대에도 효력을 갖고 있다. 모든 참된 역사는 역사가에 의해 다시 살려지고 다시 경험되지 않으면 안 된다. 즉 어떤 역사적 사실이 또는 역사적 사건이 연구자[역사가]에 의하여 선택되고 비판되어 연구자[역사가]의 사상이 세례를 받아 의미 있는 사실과 사건으로서 기록될 때 비로소 역사가 되는 것이다.[8] 연구자가 사상을 불어 넣음으로서 무생명의 객관적 사실을 생명이 있고, 의미가 있고, 가치가 있는 역사로 만들어야 한다는 것이다.

역사연구의 기본 개념으로 먼저 사건의 외면을 발견하고 그 후 그 사건의 내면으로 뚫고 들어가서 그 사건을 일으킨 인물의 사상을 알아내지 않으면 안 된다. 콜링우드(Robin Collingwood, 1889~1943) 또한 역사 개념 역시 '사상의 역사'와 '현재의 역사'라고 말한다. 과거의 사실은 과거 그 자체로서 현재에 봉입되고 있는 것이지만 현재의 주관적 사실에 의해 해석된다. 이런 점에서 모든 역사는 현재의 역사이며, 현재의 역사가 그 사상을 재연함으로써 과거를 이해할 수 있다고 한 점에서 모든 역사는 사상의 역사라고 하는 명제가 성립하는 것이다. 그러면 역사가는 어떻게 과거 행위자의 사상을 알아낼 수 있을까. 콜링우드는 과거 행위자의 사상을 역사가 자신이 마음속에서 재사유/rethinking하는 것이라고 말한다. 이것이 곧 이해며, 재연/reenactment(으)로 다시 말하면 연구자는 자기가 연구하는 사건에 관련된 인물의 사상과 경험을 마음속에서 다시 생각하고 재구성해야 한다.[9]

---

7) 이기백 외 대담,『우리 역사를 어떻게 볼 것인가』, 삼성미술문화재단, 1976 중 천관우 153~155쪽.
8) 허승일,『다시 역사란 무엇인가』, 서울대학교출판문화원. 81쪽 ; 크로체 Benedetto Croce 1866~1952, 크로체 저 이상신 역,『역사의 이론과 역사』, 삼영사, 1978.

랑케(Leopold von Ranke, 1795~1886)는 역사의 특성을 학문으로서는 철학에 가깝고 예술로서는 시에 가깝다고 정의한다. 다만 철학과 시는 본래 이념적인 요소에 근거하는데 반해 역사는 현실에 의거하고 있다고 역사와 철학 사이의 경계선을 긋는다. 즉 시간 속에 나타나고 있는 사람을 살펴보는 것이 철학의 임무라 할 때 철학은 존재의 인과성을 입증하고 그것의 핵심을 개념적으로 파악하는데 몰두한다는 것이다.10) 랑케는 존재한 역사의 고증을, 니체는 역사 해석에 대한 경향 이해와 주장을 통해 접근한다. 궁극적인 연구는 새로운 역사의 모습을 보고자 하는 목적에는 다름이 없다.

세종 연구의 철학적 관점

1939년에 쓴 문일평의 글을 보자. "원효를 사상계의 위인이라 함에 대하여는 이미 정평이 있는 바나 세종을 사상계의 위인이라 함에 이르러는 적이 이의異議가 없지 못하니 … 그를 문화의 대은인이라 할지언정 어찌하여 사상계의 위인이라 함은 가한 줄 모르겠다 한다. … 그러나 문화와 사상이란 것이 절대로 다른 것은 아니다. 서로 영향을 미치며 서로 연락을 지어 문화가 사상을 배양하고 사상이 다시 문화를 탄육誕育하는 말하자면 인과적 관계가 있다. 세종께서 창조하신 문화는 조선아朝鮮我에 눈뜬 제 일보이니만큼 그것이 곧 조선사상의 연원을 지었다. 우리네 고유한 언어를 적기 위하여 독특한 문자를 창조함과 같음은 구원한 조선문화에 있어서도 가장 추칭推稱할만한 조선사상의 고귀한 발로이다. … 원효를 불교사상의 위인이라 하고 퇴계를 유교사상의 위인이라 한다면 또한 세종을 조선 사상계의 위인이라 못할 것이 없다. … 근일에 사용하는 조선학은 광의로는 종교·철학·예술·민속·전설 할 것 없이 조선 연구의 학적 대상이 될 만한 것은 모두 포함한 것이나, 협의로는 조선어·조선사를 비롯하여 순조선문학 같은 것을 주로 지칭하여야 하겠다."11)

세종으로부터 조선문화라는 사상이 시작되어야 한다는 주장이다. 불교, 유교

---

9) (참고) 콜링우드 R.G Collingwood 李相鉉, '서양사론', 『역사사상』, 11(1970) 57~76쪽; (참고) 콜링우드, 이상현 역, 『역사학의 이상』, 박문각, 1978.
10) 허승일, 앞의 책 221쪽.
11) (참고) 문일평, 사안史眼으로 본 조선, 『湖岩全集 2』, 1939.

와 같은 종교적이며 외래적인 사상과는 다른 조선 사상의 연원을 찾아야 한다는 것이다. 이는 정치학 연구에서도 새롭게 제기되고 있다. '민본'으로 대표되는 세종의 윤리나 철학과 연관해 볼 필요성이 있다고 말한다. 동양과 서양이 서로 다른 정치사상의 전통을 가지고 있다는 것은 상식에 속한다. 그러나 구체적으로 무엇이 어떻게 다른지 그 차이점을 명확히 분명히 제시하기란 쉽지 않다. 동양의 경우에는 예컨대 '정치'와 '윤리'가 혼재하는 사상적 전통 때문에 얽히고설킨 특정한 사상체계로부터 정치사상만을 '추출' 또는 '추상화'하기가 쉽지 않은데다가 철학을 비롯한 인접 분야의 사상적 전통과 구조적 연관성을 어떻게 파악하느냐에 따라서 실로 다양한 편차를 보여줄 것이기 때문이다.12)

'세종과 철학'에서 세종의 철학정신, 정치 철학의 연구는 있으나 '세종 철학'을 구성해본 연구는 아직은 없는 듯하다. 세종은 임금이어서 모든 행위가 정치로 이루어져 있기 때문일 것이다. 그렇다면 세종 고유의 철학을 구명究明해보려면 어떻게 해야 할까.

첫째 세종 자신이 언명한 말일글의 정신을 정리하고, 둘째 일[時政]을 해석하고, 의미를 형상화, 체계화하고, 셋째 말일글의 체계를 전체 맥락구조를 통해 구성하여야 할 것이다. 이때 기본적으로 세종 시대의 기본적인 성리학과 기타 사상을 고려해야 할 것이다.

'세종과 철학'을 연관한 연구는 지금까지 한 손에 꼽을 정도다. 최근 세종학 관련 연구 자료·문헌목록을 훈민정음 연구가 김슬옹박사가 엮었다.13) 단행본 논문 학위논문 등이 망라되고 논문 외에 소설, 수필 등 약 2천여 편이 수록되어 있다. 그 가운데 '철학'이라는 용어가 들어간 문헌은 다음과 같다.

> 이동준(1981). '정음 창제와 철학 정신1', 『세종문화』 47호(8.1), 세종대왕기념사업
> 회47호. 3쪽 / 철학정신2. 48호(9.1) 3쪽, 1981/ 철학 정신3. 49호(10.1),
> 2쪽.(47~49 1981)

---

12) 강광식, 한국정치사상연구의 대상과 방법, 『한국정치사상문헌자료연구(I) 조선 전기편』,
　　한국학 중앙연구원 편, 집문당, 2005, 2쪽.
13) 『세종학연구』 16, 세종대왕기념사업회, 2017.

김운태(1981). '세종의 정치 철학', 『세종문화』 51호(12.1), 세종대왕기념사업회 51호, 3쪽.

금장태(1981). '세종 시대의 철학 사상1', 『세종문화』 43호(4.1), 세종대왕기념사업회 43호 4쪽/ 철학사상2. 44호(5.1) 4쪽/ 철학사상3. 45호(6.1) 2~3쪽/ 철학사상4. 46호(7.1) 2~3쪽.(43~46, 1981)

금장태(1982). '世宗朝의 哲學史想', 한국정신문화연구원 편(1982), 『世宗朝文化研究』Ⅰ, 韓國精神文化研究院. 283~326쪽.

이정호(1984). '세종대왕의 철학정신 - 인간 존엄 사상과 훈민정음의 창제원리를 중심으로', 『세종문화연구(II)』, 한국정신문화연구원 편.

이해철(1999). '세종대왕의 철학과 과학기술사상', 세종성왕육백돌기념문집위원회 편(1999), 『세종성왕육백돌』, 세종대왕기념사업회. 492~496쪽.

조남욱(2001). 『세종대왕의 정치철학』, 부산대학교 출판부.

최민홍(2002). '세종대왕에 스며든 한철학', 『한국철학연구』 31권, 해동철학회. 167-175쪽.

철학이지만 정음, 사상, 정치, 과학, 한철학과 연계되어 있다. 조금 더 구체적으로 위 논문의 주제를 보자.[14]

금장태: 세종시대의 철학, 사상, 유교사상을 중심으로 ㉮성리학과 척불론 ㉯예악론 ㉰의리론 그리고 불교 사상에 대해 논구했다. 결론으로 ㉮사상의 조화와 ㉯진취정신 ㉰실천의지론을 높이 샀다.

금장태: 세종조의 철학 사상. 세종시대의 ㉮사회·정치사상 ㉯과학·기술 사상 ㉰윤리·종교 사상을 개론하고 유교철학으로서의 성리학과 척불론, 예악론, 의리론, 그리고 불교철학과 유·불의 조화론을 논구했다.

이정호: '세종대왕의 철학정신'. 정치철학으로서의 왕도정치, 철학윤리로서의 효제孝悌 사상, 종교적 관용성과 불교, 훈민정음 창제와 역리易理에 대해 천지인, 음양오행철학을 논했다.

최민홍: 한철학은 최민홍교수가 계속 펼치고 있는 한민족의 사상이 중심이다. 화합과 귀일의 민본정치, 인애심의 애민, 우리문화로서의 자주적 훈민정음 등에 대해 약술하고 있다.

그외 정치철학에 대하여는 『세종과 정치철학』(조남욱), 『세종의 정치철학』(김

---

14) 금장태, '세종조의 철학사상', 『세종조 문화연구(I)』, 한국정신문화연구원 편, 박영사, 1982. 금장태, '세종시대의 철학사상', 『세종조 문화의 재인식』, 한국정신문화연구원 편, (II) 1984.

운태) 등 다수의 연구가 있다.

세종연구에서 '철학'이라는 어휘가 들어간 몇 논문들은 훈민정음 속의 음양, 천지인 등의 주역의 사상을 설명하는 것이고 몇 단행본의 '동양·한국 철학'에서도 철학 원리에 대한 논증은 없이 '사상'을 풀이하고 있다.

세종의 철학이라 하면 먼저 철학에 관한 언명이나 문집이 있었느냐, 하고 의문이 들 것이다. 세종은 정치 현장에서 '실천적 언명'을 통해 지혜를 펼쳤다. 여러 사상가들에게서 보듯 철학은 파편화된 여러 언명들을 후대의 제자나 후학, 그리고 연구자들이 철학으로 구성하는 예를 보고 있다. 정치철학 그리고 리더십 연구까지 왔으니 이제 세종철학 차례라는 것이 아니라 세종의 종합적인 학學의 연구로서 세종 철학에 대한 관심이 일어나게 되는 것이 사실이다.

세종에게서 철학이란 일반적으로 동양철학에서 말하는 "구체적 현실과 일상적 경험에 대한 반성에서 우러나와 한층 일반화 되고 객관화 된 형태로 정리된 사고의 체계"라고 할 수 있다.[15]

동양철학 글쓰기에 대하여는 여러 논의가 있다. 서양철학의 틀에 맞추어 동양철학을 서술하는 중국의 방식이 퍼지기도 했다.(모종삼은 칸트를 통하여, 당군의는 헤겔을 통하여, 양수명은 베르그송을 통하여 그리고 방동미는 화이트 헤드를 통하여 각기 '격의 동양철학'을 추진해 왔다. 서양철학을 보편의 지위에 놓고 동양의 철학을 거기에 맞추어 재구성하는 작업이었다.)[16]

세종의 철학이 아니라 이도의 철학이라고 말할 때 세종과 이도는 어떻게 다를까? 무엇보다 세종은 '깊이 생각하는 사람'이었다. '여경사지予更思之'라 하여 임금 '스스로 신중한 생각'하는 경우가 총 79건이 있는데 세종이 38건으로 《조선왕조실록》[17] 전체의 반이다.(제 3장에서 상론) 개인 이도의 사유하는 모습들을 구

---

15) (참고) 이승환, '동양철학 글쓰기 그리고 맥락', 『유교담론의 지형학』, 푸른 숲, 2004.

16) (참고): 이승환 blog.daum.net/ilgwan/9813069.(주) 격의格義: 격의는 불교의 중국 전래 초기인 위진시대(魏晋時代: 220-420)에 나타났던 불교 교리 이해 방법 또는 불교 연구 방법이다. 한문으로 번역된 불교 경전에 기술되어 있는 사상이나 교리를 노장사상(老莊思想)이나 유교사상 등의 전통 중국 사상의 개념을 적용하여 비교하고 유추함으로써 이해하려고 하는 방법이다. 예를 들어, 불교 경전인 《반야경(般若經)》에 나오는 '공(空)'에 대해 노장사상의 '무(無)' 개념을 적용하여 그 내용을 해석하고 설명하는 것을 말한다.

17) 《세종장헌대왕실록》은 세종기념사업회, 《조선왕조실록》은 국사편찬위원회의 명칭이다.

체화할 필요가 있을 것이다.

한 예를 보자. 신하는 세 번 간하여 임금이 가납하지 않으면 그 자리에서 물러나는 관행이 있다.

> 대체 벼슬 주고 녹주는 것은 임금[人主]의 대권大權이라, 신하가 감히 제 마음대로 못하는 것이니, 임금이 사람 쓰는 것이 비록 부당하더라도 세 번 간하였다가 듣지 아니하면 물러가는 것뿐이거늘. 夫爵祿, 人主之大權, 非人臣所敢擅也。人主用人雖不當, 三諫不聽, 則去而已。(세종 2/4/25)

이러한 예는 실제로 여러 경우가 있다. 대표적으로는 양녕을 멀리 두라는 일, 불교행사와 내불당內佛堂을 짓는 일을 그만두라는 것 등이 대표적이다. 세 번 아니 수십 번의 상소에도 세종은 뒤로 물러나는 듯하다가 양녕을 보호하고 절을 짓는다.

세 번 간하여 받아드려지지 않으면 신하를 내쳐야 하는데 그대로 끌고나간다. 이는 무엇인가. 이 부분이 세종의 신념이라 할 수 있는 부분이고 나아가 그 근원을 보면 사상이 될 수 있다. 양녕 형님에 대한 보호는 유가의 효제孝悌에 대한 사상이고, 불교와 관련해서는 개인적 신념인 셈이다. 즉 제도적 정사政事의 틀을 벗어나 자기주장을 가진다는 것은 정치보다 개인적 사상과 신념의 범주로 넘겨야 할 영역인 것이다.

세종이 비록 철학적 명제에 대해 체계적으로 언급한 것은 없으나 시정時政을 통하여 실천지實踐知로서의 언명들과 행도行道의 모습이 있고, 그 언명과 행위의 근원을 역으로 해석하면 작용의 원리를 찾을 수 있으리라 생각된다. 다만 이런 과정에서 가능한 한 자의적 해석을 피하고자 더욱 문헌자료에 준거하려 했다.

글쓰기: 역사철학과 용어

이 글은 《조선실록》에서 찾아보는 세종 개인에 초점을 맞춘 역사철학서이다. 구체적으로는 실록을 해석해보려 했고, 정치현상을 철학적으로 접근해보려 했다.

먼저 세종에게 철학이 가능할 것인가 하는 의문에서 시작된다. 세종은 정치를 통해 현실에서 '실천적 명제'들과 제도의 개선, 과학적 성과를 이루어냈다. 이는 말·일·글로 표현할 수 있다.

세종 철학이란 '구체적 현실과 일상적 경험에 대하여 매번 사유와 소통[사맛]을 통해 되새김[자기반성]하며 보다 객관화된 보편적인 형태로 정리된 사유의 체계'라고 할 수 있다.18)

따라서 《세종실록》을 읽으며 첫째 언어 중심으로 분류하여 해석한다. 실록학이란 역사연구를 실록 중심으로 펴는 방법이라 하겠는데 아직 실록학이 본격적으로 자리잡지 못하고 있다고 여기고, 실록에 등장하는 세종의 언어에 주목했다. 세종의 '말과 일 그리고 글'의 어휘를 번다할 정도로 찾아보고 그 가운데서 용어/개념어를 설정해보려 했다. '글'은 앞서 설명한 사유와 행위와 연관한 세종의 사상이 되겠다. 실록학 차원에서 용어의 시대 변화 등 비교 방법을 이용하려 했다.

둘째 세종의 시정時政을 통한 정치 철학을 기본으로 하되 거기서 개인적인 사유思惟의 세계를 분리해 보도록 한다. 이 관점에서 임금 세종과 한 몸이며 다른 생각을 하는 개인 이도李祹가 성립한다. 개념어 차원의 해석은 역사이면서 철학일 수 있다.

셋째 15세기 동 시대 체계를 어떻게 구성하고 극복하였으며, 시대가 흘러도 수긍할 보편성은 무엇인가에 대한 탐구이다. 시정時政으로 나타나는 사상事象들의 원리를 사상思想이나 철학으로 정리한다.

세종의 사상을 논하고자 할 때 기존의 유교의 문헌에 의거하여 풀어 가면 기원 혹은 원전原典 중심주의에 빠지거나 고정의 울타리에 갇힐 수 있을 것이다. 이와 달리 서양 철학의 보편적 정신에 의거하여 풀다보면 형식적 논리에 얽매일 수 있을 것이다. 이런 점을 고려하여 보다 '세종의 언어'에 중심을 두어 세종 용어를 찾아야 할 것이다.

세종은 말일글을 통해 사상적 명제들을 피력했지만 논리적 근거가 생략된 채 언명으로 나타나고 있다고 보아도 무방할 것이다. 이에 이 글에서는 정언, 정언명제, 명제들로 분류하여 체계화해보고자 했다.

세종을 철학화 한다는 것은 세종의 말일글을 보다 '정리된 사고의 체계'로 구성하고 그 타당성을 논증해가는 작업이 된다. 현대에 와서는 쓰지 않는 용어를 밝히는 게 무슨 의미가 있겠느냐 하는 의문도 들겠지만 일단 세종 연구의 지평

---

18) (참고) 이승환, '동양철학 글쓰기 그리고 맥락,『유교담론의 지형학』, 푸른 숲, 2004.

을 넓혀 궁극적으로 세종의 철학과 '세종학'을 정립해나가야 할 것이다.

그렇다고 해도 세종의 '생生'은 삶과 앎인데 '생철학'에 빗댈 수 없고, '생민'을 인간의 조건에, '생생'을 '생기론'에, '변역'을 변증론에 '공향'을 '공공론'에, '마음'을 '심학'에 '생생지락'을 '행복론'에 논리적 구성 없이 직접 대입시킬 수는 없는 일이다. 세종에게서 나타난 언어의 함의에 보다 충실해야 할 것이다. 한 예로 기존 정치철학 연구에서 나타난 '민', '민본', '실용', '자주', '중용', '융합', '공공'도 조금 더 세종의 언어에 충실하여 기술한다면 민에서 '생민', 민본에서 '편민便民'이나 '련민憐憫', 실용에서 '실학', 자주에서 '의토宜土', 중용에서 '절충折衷', 융합에서 '조화調和', 공공에서 '공향共享'을 찾을 수 있을 것이다. 이런 작업이 세종의 '용어' 정리라 하겠다.

글쓰기의 방향

세종의 철학이라고 하였으나 글쓰기에는 약간의 어려움이 따른다. 철학은 언어로 하는 것인데 세종 철학의 전제가 되는 개념어 혹은 용어가 현재로서는 충분히 정리되어 있지 못하다. 정치철학에서는 민본, 실용, 자주(주체) 등은 정리가 되어 있으나 중용, 융합, 창제는 일부분만 이루어져 있다. 이런 용어 가운데 '실학' 개념을 정리한 이경구의 논문이 좋은 한 예가 되겠다.[19]

《조선실록》에 등장하는 '실학' 83건을 분석하여 보면 세종 시 '경학'으로 쓰인 후 18세기 '경세치용' 등의 변화로 보이는데 18세기의 의식의 변화가 당시에는 실학과 관련이 없었지만 그럼에도 오늘날 실학으로 규정될 수 있는 요소를 지녔다면 그것은 개념화 이전의 의미 형성과정이라고 보고 싶다, 고 말한다. 마찬가지로 세종의 '용어'들이 오늘날의 개념어와 역사적으로 어떻게 연결되는지 알아보려는 것이 이 글의 한 관심사이기도 하다.

실록에서 쓰이는 어휘는 정형화되어 있다. 졸卒은 관리의 죽음이고, 홍薨은 임금의 죽음이다. 사직을 허락하지 않을 때는 '불윤不允'이다. 이를 확장하면 한 용어의 잦은 출현은 그 현상이 강조되거나 변화한다는 징후가 되고, 한 현상이 새

---

19) 이경구, '개념사와 내재적 발전: 실학 개념을 중심으로', 『역사학보 제 213집』, 2012. 세종 시에도 '실학'이라는 용어는 나온다. 당시 의미는 다르기는 하지만 이후 역사적인 변화에 따른 정의를 정리했다.

로운 의미를 갖게 된다는 전조가 될 수 있다. 즉 세종 대에 들어서 자주 등장하는 용어들이 새로운 사회 현상을 뜻하는 것인지 유의해 볼 필요가 있다.

이 글에서 다루어야 할 생민, 생업, 생재, 호생을 비롯하여 이를 논증해가야 할 반증, 변증을 비롯하여 세종 철학의 핵심인 변역, 공향, 생생, 생생지락, 공락 등에 대한 용어/개념 정의가 따라야 할 것이다.

글쓰기에 대하여는 몇 가지 원칙을 지켜가며 글을 쓰려고 했다.

• 시제: 역사에서 말하는 시제時制 원칙을 인식한다. 과거를 과거의 시제에 국한하면 역사에 충실하고, 현재의 시제를 고려하면 정치사상이 될 수도 있다. 역사 읽기의 시점에 대한 네루의 말이 있다. "과거의 사람이 지금 살아 우리처럼 생각한다고 여기는 건 터무니없다. 그리고 과거를 현재의 기준으로 판단할 수도 없다. 더불어 현재를 과거의 기준으로 판단하는 이상한 습관에 동의할 사람도 없을 것이다."[20]

15세기 동 아시아 속의 조선이라는 시대 근거에 따른 개념과 설명에 유의하여야 할 것이다. 번다할 정도로 《세종실록》의 용어를 인용하는 것은 이러한 개념사를 염두에 둔 결과다.

• 동서양 철학 원용: 필요한 동서양의 철학적 개념을 최소한의 보완자료로 삼는다. 15세기 이전의 중국의 유교철학과 생生 즉 '삶'과 관계되는 '생 철학'의 고전을 밝히는 것이 순리일 것이다. 그러나 다른 면도 있다. 유가의 명제들도 세종 시대와 비교하면 시대와, 언어와 사람들의 의식과 사회질서와 환경이 달라졌고, 아는 것과 이를 정치 현장에 실천으로 옮기는 '관념 대 실천'이라는 차위가 달라져 있어 문헌자료자체가 바로 현실정치의 지침이 된다는 논리는 성립하기 어려운 때가 많을 것이다.[21]

---

20) 『Jawaharlal Nehru, Glimpse of World History』, The Bodley Head Limited, London, condensed by Saul K. Padover, 1960.

21) 실록 속에는 시책을 하달하는 경우 중국의 고전을 인용하는 경우가 많이 나오지만 그 경(經)의 인용이 시책이고 법은 아니다. 가령 한 도둑을 사면한다고 할 때 그 앞뒤를 살펴야 할 조건은 수없이 많을 것이다.
도둑질은 단순 실수였는가. ·과거의 행적은 어떠했는가. ·사면하는 이유가 덕에 따른 것실록 기사 중에 나오는 중국 고전이나 성리학의 원문과 세종의 말씀 사이의 연관은 일일이 밝히지 않았다. 가능한 한 《세종실록》에 나타난 용어를 중심으로 글을 펴려했기 때문이다.(세종 즉위교서의 '시인발정施仁發政'과 맹자의 '발정시인'의 연관이 그 한 예이다.)

• 표기: 가능하다면 세종의 훈민정음 표기 정신을 살려 두음법칙 표기를 원음에 따라 리理와 락樂 등에서 최소한으로 썼다. 그밖에 난민難民/란민亂民의 구별을 위하여 쓰기도 했다.(아직은 사회적으로 보편화하지 못해 글 읽기에 방해가 될 수도 있고, 주장하고 싶어도 점진적으로 써야 할 것이다.)

• 글쓰기: 글쓰기의 한 예로 같은 의미의 글을 ㈎와 ㈏로 보자.

㈎ 세종대왕은 개혁의 의지를 갖고 제 제도를 개선해가는 정치를 실천해 갔다. 그 최종 목표는 민이 생민이 되어 공향생생지락을 지향하는 일이다.
㈏ 세종 이도는 변역變易의 뜻을 품고 여러 제도에 대한 손익損益을 바탕으로 시정時政을 폈다. 그 마지막 목표는 민이 생민이 되어 더불어 누리는 거듭살이의 기쁨[공향생생지락]을 이루게 하는 일이다.

㈎는 일반적인 글이다. ㈏는 이번 글의 방향을 고려한 글이다.

인가. 가뭄이 든 그 해에 한한 것인가. ·그 죄수를 사면함으로서 앞으로도 유사한 범죄에 대해 그런 조치를 취해야 하는가? ·다른 죄의 죄수와의 형평성은 어떠한가? ·재판하는 관리를 추천한 사람이 누구인가.(당쟁의 경우)
이것이 정치적 범죄인 경우 혹은 당파 싸움 중에 있어 판결이 정치적 입장을 취하게 되는 경우, 나라가 외침으로 위기 속에 있는 경우 등 고려할 조건이 많을 것이다.
이런 여러 변수가 있음에 중국 고전의 사례를 쫓아 처리했다,고 말할 때 고전이 근거가 되는지는 의문이다. 예를 들면 세종의 '시인발정施仁發政'은 맹자의 '발정시인'에서 나왔다고 말한다. 세종은 맹자를 읽었고 이를 응용했다는 것이다. 그러나 맹자의 '발정시인'은 정치체제 미완의 시대에 정치를 앞세운 사유하는 철학 논리로서 힘을 갖는 것이고, 세종의 '시인발정'은 인仁의 '현실 속 실천'으로서 힘을 갖는 것이다. 맹자의 '말'과 세종의 '일'[실천] 사이에는 시대적, 상황적 차원의 거리가 있는 것이다. 모든 사유의 근거를 밝히는 것은 '역사는 언어의 산물'이라는 학문연구의 원칙에서 바른 자세이기는 하지만 모든 사안에 대하여 적합한지는 의문이다. 세종의 판단은 세종의 사유와 시정 철학의 결과라 할 것이다.

글쓰기는 첫째 용어·개념어를 가능한 세종 시대의 언어로 표기한다. 둘째 일반 한자 용어를 일부 우리말 용어로 바꾸어 보려고 했다. 셋째 우리말 철학용어를 일부이지만 함께 쓰고자 했다. 이는 세종의 훈민정음의 정신을 살리는 길이라고 생각한다. 다만 세종의 용어나 우리말 철학 용어는 아직 개념이 정착하지 못한 바 있어 최소한으로만 사용하고자 했다.

'세종의 철학'이라는 제목에 따라 소박하게나마 일부 우리말 철학용어를 써보면, '생생의 길'로 나아가는 소민 - 생민 - 민락 생생자의 길도 '숨나 - 알나/새나 - 얼나'가 될 수 있다. 이런 차원에서 세종대왕에 대한 명칭에서도 정치인보다 인간적인 사유의 측면을 보게 됨에 따라 성왕이나 대왕이 아닌 왕이 되고, 왕도 우리 역사상의 표현인 '임금'으로 부르게 되었다.[22]

글은 학위[학술]논문 형식을 빌리되 편의를 위해 풀어쓰기[설명]를 병행했다.

• 번역: 인용에 있어서 《세종실록》을 가능한 그대로 인용하였다. 그러나 그중에는 잘못된 번역에 따른 오역도 그대로 인용하는 경우가 있을 수 있다. 한 예를 보자.

상왕이 병조 참의 윤회를 시켜 의정부와 육조에 일러 말하기를, 내가 근일 중에 무(武)를 강(講)할 것인데, 주상과 같이 갈 것이다.(세종 3/1/25) 予從近講武, 欲與主上偕行。

다른 번역은 '강무講武를 한다'일 것이다. 무武를 강講하는 것과는 다른 의미다.

이번 글은 '세종 이도의 철학'이라고 이름 붙였지만 정작 철학 본질에 대한 논의는 크게 다루지 못했다. 용어 찾기와 전체 틀[체계] 구성이 우선이었기 때문이다.

---

22) 임금은 신라 초기에 쓰인 왕의 칭호다. 이질금(尼叱今)·치질금(齒叱今)·이질금(爾叱今)이라고도 하며, 제3대 유리왕 때부터 사용하였다. 최현배 선생은 다음과 같이 주장했다. 닛+검 〉 님검 〉 임검 〉 임금(王, 䦱神) / 닛(䦱, 繼) 〉 님 〉 임(主) / 검(儉)=신(神, 崇) '잇다(䦱)'와 '검'이 합성된 말이 '임금'이란 설이다. 신에게 제사 지내는 일을 이어서 하는 사람이란 뜻이 '임금'이라는 설을 말한다.(참고: 네이버 지식 인)

2. 실록학과 개념어

1) 실록학

실록이란 역대 제왕의 사적史蹟을 편년체로 기록한 책이다. 실록이란 명칭은 당서(唐書_ 藝文志 周興嗣 梁皇帝實錄)에서 처음 보인다고 한다. 중국 육조시대에 시작되어 양무제에 대한 《양황제실록》 등이 편찬되어 당·송 시대에 들어서 체제를 갖추었다. 우리나라에서는 고려 초기에 사관史館이 설치되어 실록을 편찬하게 되었다.

조선시대에는 춘추관에 소속된 사관史官들의 사초를 토대로 편찬되었다. 사관은 각자 자기가 보고 들은 것을 2통 만들어 원본은 춘추관에 바치고[納草] 부본은 자기 집에 보관하여 뒤에 참고한다. '좌사左史는 동작을 기록하고 우사는 말을 기록[左動右言]左史記動, 右史記言'했다.(정조실록 7/8/16)

실록은 기록으로서의 역사로 ㉮편년체編年體:《고려사절요》, 실록 ㉯기전체紀傳體:《삼국사기》,《고려사》 ㉰강목체綱目體:《춘추》,《동국통감》 등이 있다. 더불어 객관적인 것을 원칙으로 기록되었지만 '사관의 역사' 혹은 '사가史家의 역사' 대상이 된다.

실록이 완성되면 사초와 초고들은 자하문 밖 개천에서 세초하고 잔치를 베풀었다.

조선 전기에는 4사고史庫 [춘추관, 충주·전주·성주]에, 후기에는 5사고 [춘추관, 마니산 → 정족산·태백산·묘향산 → 적상산·오대산]에 보관했다.

조선 왕조의 경우 태조부터 철종에 이르기까지 25대 472년 동안의 각 왕의 실록이 현존하고 있다. 총 1,839권, 888책의 〈태백산본〉, 〈고종태황제실록〉, 〈순종황제실록〉은 엄격한 실록 편찬 과정을 거치지 않았을 뿐더러 일제에 유리한 쪽으로 사실이 왜곡된 부분이 있어 정식 실록으로서의 가치가 훼손되어 있다.

실록에 대한 몇 가지 규칙으로는 중국에서는 당태종이 실록을 보고 고친 일(현무문 사건과 관련된 평가)이 있지만 조선에서는 국왕들이 실록을 볼 수 없었다. 세종 때부터 국왕은 실록을 볼 수 없었고 꼭 필요한 경우 사관을 보내 사고史庫에서 해당되는 부분만 베껴오게 했다. 실록은 때로 당쟁 등 주요 정치 적인 이유로 재편한 부분이 있다.23)

실록은 공적 사실을 중시하기 때문에 이면의 사건들은 종종 생략되고 따라서 사건의 전개가 무질서하고 비일관적[錯亂無通 荒 淆雜착란 무통 황 효잡]으로 느껴질 수 있다. 주요한 정책이 배경 없이 갑작스럽게 등장했다가 사라지거나 걷잡을 수 없는 상황으로 치닫기도 한다. 따라서 실록을 읽을 때는 전후 사건의 맥락과 관련 인물들의 상관성을 살피어 실록 속에 숨어 있는 여러 겹의 복합 혹은 중층 구조를 드러내는 작업이 필요할 것이다.

실록의 구성은 첫째 편집형태로 보면 ㉮총서總序로 즉위 경위 ㉯연대기로 재위기 일을 연도순으로 기록하고 ㉰졸기卒記로 재위기의 업적평가나, 부고, 청시請諡 호표號表 등이 있다. 둘째 복합 구성에서 보면 ㉮의례儀禮나 관습 부문으로 관습화된 일상사들이 있다. ㉯시정時政으로 일상적인 보고, 명령, 판결, 의례, 관직, 차서변경, 이어移御, 세자교체의 중국 승인 등이 있다. ㉰정치적 부문으로 정치적 사안에 대해 논쟁, 분쟁, 투쟁 등이 있다. ㉱사유적 부문에 대하여 종교나 사상, 신념 체계에 대한 논의와 대립이 있다. 척불사상이 그 예이다.24)

이런 뜻에서 세종을 읽는다면 '세종실록 정치일지'를 만들어가며 전후 사건의 맥락과 인물들의 상관성을 살피되, 앞뒤를 오가면 실록 속에 감추어져 있는 여러 겹의 구조를 하나씩 드러내는 작업이 필요하다.25) 이는 세종 당대의 정치를 보는 방법일 것이다. 여기에 세종을 다른 임금과 비교하여 보려면 시대별 용어비교 방법 등이 있다.

실록학의 의의

저널리즘에 관한 유명한 격언이 있다. '저널리즘은 역사의 초안[Journalism is the first draft of history]이라는 것이다. 언론은 역사를 써나가는데 기초가 되는

---

23) 중국도 육조시대에 실록이라는 호칭이 나타났다. 당·송 시대에 이래 『대명실록』, 『청실록』을 포함한 실록 내용은 매우 소략하다. 일본의 『문덕황제실록』, 『삼대실록』, 그리고 베트남의 『대남식록』(大南寔錄)은 그 내용이 빈약하고 주로 궁중에서 일어난 정치만을 다루었다.(참고) 이성무, 유네스코 세계기록문화유산 조선왕조실록, 『한국의 고전을 읽는다』, 휴머니스트, 2006, 59쪽.

24) 박현모, 『세종실록강독회』 교재, 여주대 세종리더십연구소, 2015년 1월 9일, 2015년 1월 16일.

25) 박현모, 『세종실록강의록』, 2013년 4월, 여주대.

기록을 담당하는 작업이다.'[26] 실록학이란 용어는 있으나 그 연구 방법론은 아직은 다양하지 않은 듯하다. 실록학의 의의를 살펴보자.

- 실록은 사실 기록이라는 규칙에 맞는 오랫동안 지속되어온 일관된 작업의 결과물이다.
- 실록에는 실록 나름으로 쓰는 용어들이 있다. 이 용어는 그 시대의 일반적 언어들과 비교의 대상이 될 수 있다.
- 시대어, 주제어, 용어 등이 추출되면 그 시대의 일상어와 비교하여 시대사상에 대한 정리와 정의를 내릴 수 있을 것이다. 주제어와 용어의 시대적 변화를 읽을 수 있다.
- 시대 정치의 변화와 제도의 변화를 읽는다. 한 가지 주제(예: 제례, 경연 등)의 시대적 변화를 읽을 수 있다.
- 실록의 시대별 개념어 비교가 가능하다. 시대정신과 실록 용어 비교를 통해 시대정신과 위정자들의 인식의 차이를 살필 수 있다.

㈎ 실록용어

실록은 그 시대 어휘의 관용어 기준에서 사용한다. 그러므로 그 어휘가 다른 뜻으로, 혹시 철학적 함의를 가지고 쓰이기를 바랄 수는 없는 것이다. '실학實學'은 '실제 학문'이고 그 이상의 뜻은 없다. 따라서

- 용어는 '무엇'과 대비되느냐 하는 연관 관계에 대해 살펴볼 필요가 있다. 실용과 실학의 차이는 무엇인가, 한 용어가 후대에 어떻게 변화되어 가는가, 비교하는 것이 한 예이다.
- 어휘의 빈도 등에 유의할 필요가 있다. 많은 출현이 바로 주류 현상으로 받아드려지는 것은 아니다. 그 현상이 긍정적인 것인지 부정적인 것인지, 순/역기능적 등의 상황을 살펴야 한다. 개념어에 대한 해석이 필요하다. '생민'이라 하더라도 긍정적으로 아니면 부정적으로 쓰였는가를 살필 필요가 있다. 용어 자체는 '생민'이지만 생민 기사가 많다고 생민 사회가 이루어지는 게 아니라 생민사회가 이루어지지 않아 한탄하는 기사일 수가 있다. 이 경우 '생민'의 부정 성향性向의 긍정 방향方向이 되겠다.

---

26) 김대중칼럼, 조선일보, 2015.2.17, 2015. 5. 30-31.

- 어휘와 어휘의 관계를 살펴볼 필요가 있다. 즉 민과 생민의 차이는 무엇인가? 업과 생업의 차이는? 직과 천직의 차이는? '차이'와 '관계'에 유의할 필요가 있다.

이런 용어에 대한 해석은 그 시대를 극복하고 새로운 시대정신을 창출하였는가, 정치인으로서 또한 인간으로서 시대 철학을 보여주었는가 등을 함께 살피며 읽어가야 할 것이다.

㈔ 실록의 특성

실록 언어는 그 시대사상에 충실하다. 가장 보편적인 언어로서, 상징적으로 쓰이지는 않는다. 같은 용어도 새로운 의미로 쓰이게 될 때는 사회 변화가 일어나는 단초가 된다.

실록에 많이 쓰인 용어는 무슨 뜻이 있는 것일까? 그 관심사가 등장하거나 화두가 되거나 혹은 막 그 용어가 생성되는 시대여서 논의가 따르거나, 변화의 시기여서 부정적 논의가 많거나 할 것이다. 같은 용어라도 시대에 따른 의미의 변화를 찾을 수 있을 것이다.

용어에 새로운 의미가 추가되고 있는가, 그리고 개념어로 성립이 되어 가고 있는가를 살핀다. 고사를 인용하여 현실 정치에 적용하는 경우 바르게 쓰였는가, 응용 처리 하였는가, 반대로 역이용되었는가를 살핀다. 고전 인용과 현실 정치의 연계성 여부를 볼 수도 있다. 더불어 실록과 개인 문집이나 야사와 차이가 날 때의 해석은 어떻게 다른가. 미시사, 개인사, 문화사 등과의 비교에서 나타나는 실록의 위치는 어떠한가. 이런 속에 여러 용어, 학술어, 개념어 정립에 시대적 보편어인 실록언어로부터 출발하는 관심이 필요할 것이다.

㈕ 《세종실록》

《세종실록》은 세종 재위 32년을 기록한 것으로 총 163권 분량이다. 일반적인 편년체(연대기) 외에 《오례》, 《악》, 《지리지》, 《칠정산》 등 여러 가지의 「지志」가 첨가되어 있다.

세종 승하 후 2년 1개월 뒤인 문종 2년(1452) 3월 22일에 편찬을 시작해 단종

2년(1454) 3월에 완성되었다. 실록 편찬자[土官]의 개입이 최소화 되었다는 특징이 있다.(이는 《단종실록》이나 《명종실록》과 대조되는 일이다.)

현재의 번역본은 임진왜란 때 유일하게 남겨진 〈정주사고본〉을 인출한 〈태백산본〉(서울대중앙도서관 소장)을 세종대왕기념사업회에서 국역한 것이다.

실록학의 세계

실록의 특성과 의의 그리고 실록학 연구에 관한 설명을 보자.

• 실록이란(최성환박사)

"실록은 당장의 실용(實用)을 위해 편찬된 것이 아니라, 후손들 보라고 그토록 정성껏 편되고 철저히 비장(秘藏)되어 전해진 것이다. 동시에 이러한 원칙이 훼손되지 않았기 때문에 《조선실록》은 세계적으로 유례가 없는 엄정한 국정 기록이 될 수 있었다."

편찬 당시에 분명한 역사적 가치 판단에 입각해서 실록에 인용될 제반 기초 자료들에 대한 평가와 취사선택이 이루어졌음을 의미한다. 실록은 조선 시대의 기록물들을 이해할 때 국정 운영 핵심층의 판단 기준을 알려주는 역사서이다.

이 때문에 실록을 《일성록》, 《승정원일기》 등 일기류 자료와 동등한 차원의 기록물 정도로 취급해서는 안 될 일이다. 분량의 방대함이나 특정 분야의 세세함으로 말하자면 이야기가 달라지겠지만, 자료의 중요성과 가치를 기준으로 볼 때 실록을 넘어서는 조선의 기록물은 없다. 그렇기에 실록은 조선 시대 문헌들의 맥락을 이해하기 위한 기본 전제이기도 하다. 실록 이외의 여타 자료들은 국왕을 포함해 관료들의 국정 운영 참고 자료라는 실용적 목적에서 편찬되었으므로, 국정 운영에 해를 끼친다고 판단될 때에는 관련 사항을 삭제한다고 해서 심각하게 문제될 것은 없었다. 이는 역사 편찬물이 아니기 때문이다. 그러나 《조선실록》은 역사서에 근접한 역사 편찬물이기 때문에 사적(私的) 이해관계 혹은 실용적 목적에 좌우되는 왜곡과 삭제는 있을 수 없는 일이다. 이를 방지할 수 있는 시스템을 조선이라는 국가는 사화(史禍)를 겪으면서 축적하였던 것이다.

조선의 역사 편찬은 우리가 손쉽게 생각하듯이 멋대로 조작 가능한 시스템이 결코 아니었다. 물론 역사는 사람이 편찬하는 이상 당파에 따른 편파적 편집과 서술은 피할 수 없지만, 이러한 한계마저도 《조선실록》은 수정(修正), 개수(改修)실록을 남김으로써 최대한 보완하고자 하였다. 실록의 편찬자들은 그만큼 역사 앞에 진실했던 것이다.

조선은 실록 편찬자들로 하여금 국가의 중대사들을 누락시키지 못하게 하는 시스템을 구축해 두었기 때문에 실록만 제대로 정리하면 국정의 대강(大綱)은 정확히 파악할 수 있다. 여타의 자료들은 이를 바탕으로 촘촘한 그물을 짜는 데에 도움이 되기도 하고 때로는 쓸모 없는 경우도 있다. 그 판단의 준거 역시 실록일 터이다. 이렇듯 《조선실록》에 수록된 기사는 정보의 수준과 범위, 사실성과 역사성의 측면에서 두루 높은 수준의 잣대를 제공해 준다.[27)]

실록에는 어떤 내용이 수록될까. 실록에는 군신의 일상적 대화, 관료들의 국정 논의, 당대 최고 문장가들이 지은 작품들까지 다양한 수준의 글이 수록되어 있 다. 군신 간의 일상적인 대화라 하더라도 이를 제대로 풀어내기 위해서는 정치사 의 주요 쟁점이나 제도에 대한 전후를 알고 있어야 한다. 그리고 당대 문장가들 이 중국과 조선의 경사를 엮어 지은 교서(敎書)들이 빠짐없이 수록되어 있다.(참고 로 지난 2011년부터 한국고전번역원에서 실록 재번역 사업이 이루어지고 있다.)

실록 읽기와 해석: 예

실록의 객관적 역사성, 열람 불가성 그러나 일부의 주관성[정파성 포함] 등의 특성을 고려하여 '실록읽기'의 예로 중국 법도에 대한 세종 1년 1월 11일의 기사 를 보자.

세종 1년 1월 11일: (중국 황제 법도를 따르라는 김점과 반드시 그럴 것은 없다고 허조가 공방하다.)
편전에서 정사를 보고 술상을 마련하여, 여섯 순배를 나누고 파하였다. 참찬 김점이 아뢰기를, "전하께서 하시는 정사는 마땅히 금상황제(今上皇帝)의 법도를 따라야 될 줄 로 아옵니다." 하니,
예조 판서 허조는 아뢰기를, "중국의 법은 본받을 것도 있고 본받지 못할 것도 있습 니다."하였다.
김점은 아뢰기를, "신은 황제가 친히 죄수를 끌어내어 자상히 심문하는 것을 보았습 니다. 전하께서도 본받아 주시기를 바라옵니다." 하니,
허조는 아뢰기를, "그렇지 않습니다. 관을 두어 직무를 분담시키므로서 각기 맡은 바가 있사온데, 만약 임금이 친히 죄수를 결제하고 대소를 가리지 않는다면, 관을 두어

---

27) 최성환, 한국고전 번역원 고전 칼럼, 구글.

서 무엇하오리까." 하였다.

김점은 아뢰기를, "온갖 정사를 전하께서 친히 통찰하시는 것이 당연하옵고 신하에게 맡기시는 것은 부당하옵니다." 하니,

허조는 "그렇지 않습니다. 어진이를 구하기 위하여 노력하고, 인재를 얻으면 편안해야 하며, 맡겼으면 의심을 말고, 의심이 있으면 맡기지 말아야 합니다. 전하께서 대신을 선택하여 육조의 장을 삼으신 이상, 책임을 지워 성취토록 하실 것이 마땅하며, 몸소 자잘한 일에 관여하여 신하의 할 일까지 하시려고 해서는 아니 됩니다." 하였다.

김점은, "신은 뵈오니, 황제는 위엄과 용단이 측량할 수 없이 놀라와, 6부의 장관이 정사를 아뢰다 착오가 생기면, 즉시 금의(錦衣)의 위관(衛官)을 시켜 모자를 벗기고 끌어 내립니다."고 하니,

허조는, "대신을 우대하고 작은 허물을 포용하는 것은 임금의 넓으신 도량이거늘, 이제 말 한 마디의 착오로 대신을 욕보이며 조금도 사정을 두지 않는다면, 너무도 부당한 줄 아옵니다."고 하였다.

김점은, "시왕(時王)의 제도는 따르지 아니할 수 없습니다. 황제는 불교를 존중하고 신앙하여, 중국의 신하들은 《명칭가곡(名稱歌曲)》을 외고 읽지 않는 자 없습니다. 그 중에는 어찌 이단으로 배척하는 선비가 없겠습니까마는, 다만 황제의 뜻을 본받기 위해서 그렇지 않을 수 없는 모양입니다." 하니,

허조는, "불교를 존중하고 신앙하는 것은 제왕의 성덕이 아니옵기로, 신은 적이 취하지 않습니다."하였다.

김점은 발언할 적마다 지리하고 번거로우며, 노기만 얼굴에 나타나고, 허조는 서서히 반박하되, 낯빛이 화평하고 말이 간략하니, 임금은 허조를 옳게 여기고 김점을 그르게 여겼다.

○ 御便殿視事, 仍置酒, 六行而罷. 參贊金漸進曰: "殿下爲政, 當一遵今上皇帝法度." 禮曹判書許稠進曰: "中國之法, 有可法者, 亦有不可法者." 漸曰: "臣見, 皇帝親引罪囚, 詳加審覈, 願殿下效之." 稠曰: "不然. 設官分職, 各有攸司, 若人主親決罪囚, 無問大小, 則將焉用法司?" 漸曰: "萬機之務, 殿下宜自摠覽, 不可委之臣下." 稠曰: "不然. 勞於求賢, 逸於得人, 任則勿疑, 疑則勿任. 殿下當愼擇大臣, 俾長六曹, 委任責成, 不可躬親細事, 下行臣職." 漸曰: "臣見, 皇帝威斷莫測, 有六部長官奏事失錯, 卽命錦衣衛官, 脫帽曳出." 稠曰: "體貌大臣, 包容小過, 乃人主之洪量. 今以一言之失, 誅戮大臣, 略不假借, 甚爲不可." 漸曰: "時王之制, 不可不從. 皇帝崇信釋敎, 故中國臣庶, 無不誦讀《名稱歌曲》者. 其間豈無儒士不好異端者? 但仰體帝意, 不得不然." 稠曰: "崇信釋敎, 非帝王盛德, 臣竊不取." 漸每發一言, 支離煩碎, 怒形於色, 稠徐徐折之, 色和而言簡, 上是稠而非漸.

위 실록을 읽으면서 실록 해석에 대한 몇 가지 관점을 찾을 수 있다.

임금과 신하의 대화를 보면서 첫째 좌사, 우사의 사관의 역할은 좌행우언左行右言이다. 김점의 주장, 허조의 화평한 얼굴을 읽는다. 둘째 사관의 평가가 있다. 사관은 보이지 않게 허조에 동조하는데 이는 당시의 흐름이나 세종의 의지를 읽은 것일 수 있고 혹은 사관의 개인적인 의견일 수도 있다. 셋째 보이지 않는 왕권과 신권의 대결 논쟁이 읽힌다. 중국의 왕권을 설명하는 김점, 그리고 신권을 지지하는 허조의 논쟁이 보인다.

> 허조: 中國之法, 有可法者, 亦有不可法者。 중국의 법은 본받을 것도 있고 본받지 못할 것도 있습니다.
> 김점: 時王之制, 不可不從。 시왕(時王)의 제도는 따르지 아니할 수 없습니다.

여기서는 객관적 입장에서 쓰고 있다. 다른 경우는 어느 한 쪽의 말을 강조함으로 사관이나 또는 그 시대 중심 세력의 의견이 반영될 것이다.

넷째 중국의 불교 존숭의 모습을 강조한다. 조선의 불교는 고려 이래의 관습으로 이어져 오고, 중국에서는 당시도 불교를 존숭하고 있는 이중적 분위기가 있었을 것이다.

다섯째 허조의 말도 결국은 세종실록이라는 범주 안에 포함되어 기록되는 현상이다. 공자와 제자의 문답에서 제자의 질문이나 대답도 《논어》의 이름으로 기록되는 현상과 다름이 없겠다.

이밖에도 개념어, 사관史觀 등 여러 가지 관점에 주목할 수 있겠다.

실록 읽기의 규칙

실록을 찾게 되면 시기별, 용어별로 구분하여 찾을 수 있다.

• 시대구분: 시대구분은 용어의 시대적 흐름을 보기위해 이번 글에서 설정한 역사시기의 구분이다.
초기: 태조 즉위년 1392~성종 25년 1494 102년간
중기: 연산군 원년 1495~현종 15년 1674 179년간
후기: 숙종 원년 1675~철종 14년 1863 188년간 (순종까지 253년간)
   (일제하 고종 원년 1864~순종 1928, 64년간)

《고종태황제실록》(1864~1907), 《순종황제실록》(1907~1928/7/6)은 엄격한 실록 편찬 과정을 거치지 않았을 뿐더러 일제에 유리한 쪽으로 사실이 왜곡된 부분이 있어 정식 실록으로서의 가치가 훼손되어 있다.)

시대 구분은 초기, 중기, 후기로 나누었는데 그 기준은 실록의 용어중심으로 보는 사회변화의 양상에 근거했다. ㉮시간에 따른 구별은 참고에 불과했고 ㉯사회적 변화가 중요했는데, 크게 개관하면

초기는 건국과 수성기
중기는 성리학의 중흥기, 임진왜란 병조·정묘의 양란 시대
후기는 문화 중흥, 실학시대 등이다.

조선시대 구분은 전기·후기 혹은 전기·중기·후기 등의 구분 방법이 있다. 시대 구분은 여러 구분법이 있겠지만 이 글에서는 몇 실록 용어 기준으로 그 빈도를 살피고 난 결과이다. 그에 대한 논증은 생략하기로 한다. 다만 건국초기의 여러 제도, 법률 작업이 성종 때 마무리 되고, 연산군 이후 여러 정변, 난 등이 숙종 전까지 이루어지고 숙종 이후 영조, 정조 때 이루어지는 실학 등 외국문화의 유입 시기 등이 고려되기도 했다.28)

---

28) 참고로 시대구분은 크게 전기와 후기로 나누는 방법이 있는데 임진왜란을 전후로 나눈다. 이는 일제 식민학자들이 시작했다. 전기·중기·후기로 나누는 방법에서는 전기는 15세기 전후로 신흥사대부가 주도하고, 중기는 사림=사족이 사회를 주도하던 16세기부터 17세기 후반까지, 후기는 사족 중심의 지배체제가 동요·해체되고 근대사회로의 움직임이 싹트기 시작하던 17세기말 이후로 나누고 있다.

역사 시기 구분의 예

　역사 시기 구분은 구분의 기준에 따라 달라진다. 한 예로 남아 있는 참요만으로 분석해보는 조선의 역사 시기 구분이 있다. 그 시기의 구분은

　　초기 태조 1392~명종 1567　　참요 15건
　　중기 선조 1589~정조 1800　　　　8건
　　후기 순조 1811~고종 1904　　　15건

　요약하면 초기에는 〈양반·서민〉의 〈왕권〉에 대한 비판, 중기에는 〈서민·천민〉의 〈왕·대외〉에 대한 비판, 후기는 〈천민·서민〉의 〈양반·왕·대외〉에 대한 비판으로 나타난다.
　참요의 예를 보면 초기에 '木子得國'(《고려사》, 『문헌비고』)이라 하여 木+子로 이(李)씨의 건국을 예언한 것이라 한다.
　중기에는 '木子亡 尊邑興'(混定編錄)으로 선조 때 정여립이 왕위 찬탈에 야심을 품고 중 의연(義衍)을 통해 옥판에 새겨 감추어 놓고 사람들이 우연히 발견케 했다 한다.
　후기에는 '새야 새야 파랑새야 녹두밭에 앉지마라 녹두꽃이 떨어지면 청포장수 울고 간다'(구전)의 '파랑새 요'가 있다.(김광옥, '조선조 대항 커뮤니케이션으로서의 참요 고', 『조선시대 커뮤니케이션 연구』, 한국정신문화원, 1995, 129~170쪽)
　마찬가지로 정치 언어로도 시기 구분이 가능할 것이다.

실록의 기록 언어와 빈도

　실록의 용어는 原文원문, 국역, 원문과 국역 전체다. 원문은 한자 그대로이고, 국역은 국역용어를 포함하고, 국한문 전체는 '총'으로 이 둘을 합친 것이다. 그리고 실록 기사 건수 통계가 나온다.
　'원문'은 실록 속의 한자인데 이를 번역하면서 그 한자의 뜻과 유사한 현대의 어휘로 번역되기 마련이다. 이런 면에서 세종언어와 현대용어 사용 시 그 구별이 필요하다.
　실록의 기록은 역사 기록의 관점 등에 따라 임금별로 다르기 마련이다.

• 별개 실록: 다음 임금들에게는 수정, 개수, 보궐, 정오 실록이 있다.
①수정(修正): 작은 범위의 개정이 있었다. 《선조수정실록》, 《경종 수정실록》
②개수(改修): 전면적 개찬. 《현종개수실록》 ③보궐(補闕) 빠진 것은 채워 넣고
틀린 것은 고친다. 《숙종실록 보궐정오》29) ④광해군은 중초본, 정초본이 있다.
연산군과 광해군은 일기라고 부른다.
《현종개수실록》은 양이 많아지고, 《숙종보궐정오실록》은 원본 실록에 합본하
였다. 이 경우 한 임금의 사건이 시각이 다르게 기술될 수 있다. 전체 실록에
서 그 비중은 미미하다.(이에 실록 건수 표시 시 '예: 선조 12/ 3건' 앞은 《선조실록》
뒤는 《선조수정실록》을 뜻한다. 다른 임금의 예도 마찬가지다.)

• 실록 어휘 건수 집계: 실록에 그 어휘가 몇 번 나타나는지 건수를 알 수 있
다. 그러나 여기 몇 가지 규칙이 있다.
  - 드물게 본문 아래 주(註)가 따를 수 있는데 이때 주의 어휘도 계정되기에
    전체 숫자에서 착오가 일어날 수 있다.
  - 일자별로 계정된다. 가령 '자신지로自新之路'는 세종조에 10회다. 세종 1년
    7월 17일에 2회 나온다. 그러나 하루에 2번 나와도 《조선왕조실록》 인터넷
    판에는 1회로 계상 된다.30)
  - 실록 번역체계상 매 건의 기록에 제목을 붙이고 이때 본문에는 없고 제목
    에만 있는 경우가 있다. 이는 실록의 기사는 아니다.

상왕과 임금이 거둥하려다 따르는 이들의 고생을 생각해 중지하다.(세종 즉위/10/27)

위는 실록기사의 제목이지 본문의 기사는 아니다. 이 실록 기사 본문에는 '생
각하다'로 쓰이는 '념念'이나 '사思' 등의 어휘는 없다. 행사 전반을 보고 제목을
별도로 붙인 것이다. 이로 보면 표제와 본문에서는 숫자가 감소하게 되고, 주註
에서는 추가되는 일이 있으나 이 모든 경우도 사회과학 조사분석에서 표본오차

---

29) 이성무, 앞의 책. 59쪽.
30) 세종 1년 2월 17일자에는 '격고擊鼓'가 7회 나오지만 표시는 1회가 되어 있다. 세종 전체
   는 84회지만 세종 1년 2월 7일 기사에서만 7회 나타난다. 따라서 기사 출현 기록/기사
   수로 보아야 할 것이다.

범위 이내의 오차가 되겠다. 따라서 검색 건수는 그 빈도의 경향[흐름]을 살피는 데, 그리고 그보다는 그 용어의 시대적 의미를 해석하는 데 더 유용할 것이다.

논어에서 인仁이라는 용어는 107회로 가장 많이 등장한다. 인仁은 원시유교의 기본 사상이다. "사람이 인仁이 없다면 예禮는 어찌하며 사람이 인이 없다면 악樂은 어찌할까?"31)에서 보듯 예와 악의 기본이 되기도 한다. 이처럼 어떤 용어의 출현 횟수는 주요 의미와 연결된다. 그러나 반드시 횟수가 중요한 것은 아니다. 세종과 조선의 핵심 사상인 '訓民正音'의 경우 《조선실록》 전체에서 10건(세종 5건)에 불과하지만 횟수에 관계없이 세종의 '훈민'·'정음' 철학의 개념이 될 수 있는 것을 보면 출현 빈도보다 그 의미가 중요함을 알 수 있다.

실록에 나타난 용어의 빈도는 ㉮다른 임금과의 비교 ㉯다른 시대와의 비교 ㉰연관 용어와의 관계 등을 비교하는 자료가 되어 그 의미/개념 구성에 기여한다.

2) 용어[개념어]

세종 철학에 관한 용어/개념어 선정을 위해서는 한 용어에 대하여 몇 가지 분석과 비교가 필요할 것이다.

㉮ 실록 속의 그 용어는 어느 시대에 쓰였는가.

㉯ 실록 속의 그 용어는 주제어 또는 개념어가 될 수 있는가.

㉰ 그 용어가 시대별(다른 왕)로 의미가 어떻게 변하는가.

㉱ 그 용어는 어떻게 일반 관용어가 되어 가는가.

㉲ 그 용어는 다른 학문의 개념어와 또 외국의 개념어와 어떻게 연합, 대체되는가.

㉳ 그 용어는 다른 나라의 개념어와 어떻게 융합, 변질하는가 등이다.

이런 조건 속에서 이번 연구는 일부 용어 연구에 그치고 말았다. 다루어야할 용어의 해석 범위가 넓기 때문이었다.

이 글은 《세종실록》에 기초한다. 언어는 어휘 - 용어(주제어) - (핵심어) - 개념

---

31) (참고) 《논어》「八佾」'人而不仁 如禮何? 人而不仁 如樂何?' '知及之 仁不能守之' '民之於仁 ... 未見蹈仁而死者也' ; 이희재, 『동양사상의 이해』, 신아사, 2014. 15쪽.

어로 되어 간다.

실록 속의 세종의 '말·일·글'을 분석하고 체계화 하여 사유의 차원으로 구성[구조화]한 것이다. 여기서 찾으려는 것은 세종의 철학 정신이다. 세종은 임금의 직과 철학적 사유 주체[개인]로서의 업의 정신을 가지고 존재한다. 가령 공자가 인仁이 중요하다고 말할 때 인은 무엇인가?《논어》에서 인仁은 여러 가지로 풀이 되고 그것은 공자의 인仁이 된다. 그런데 우리가 알고 싶은 것은 세종의 인仁이 다. 마찬가지로 '생생'도《상서尙書》나《주역周易》의 생생이 아니고 세종의 '생생生生' 정신이다. 이런 과정을 통해 사유[정신]세계에 대한 개념어들이 하나 둘씩 풀리고[해석되고], 자리를 잡아가게 될 것을 기대한다. 달리 말해 '생생', '변역', '자신自新', '공향', '공락' 등이 세종에게서 어떻게 쓰였는가, 하는 것이다. 나아가 우리말 표현에 대한 관심으로 '우리말 철학'의 영역이 넓어지기를 기대한다. 몇 부분에서 우리말 철학 용어를 살려 쓰려는 노력도 이의 연장선에 놓여 있다. 가령 우리말의 예로 '인仁'은 '어질다', '의義'는 '곧다', '예禮'는 '몸과 마음이 바르다', 지智'는 '안다는 것', '덕德'은 '크다, 품다'에서 '君君臣臣父父子子'에서 보면 이는 '군 다움 … 자식 다움'으로 보아 ' ~ 다움'의 뜻으로 보는 것이 타당하다는 해석을 하기도 한다.32) 이한우는《大學衍義》에서 '다움'의 뜻이라고 설명한다.33) 유학연구가인 손기원은 한자어는 나름의 뜻을 가지고 있어서 굳이 우리말로 하는 것이 능사가 아니고 그래도 표현 한다면 '큰 마음'이 좋을 것이라 한다.34)

이렇듯 '큰마음' '마음 쓰기' '껴안기' 혹은 '있는 바 그대로'라고 설명하기도 한다. 세종의 직 개념과 연결하면 직분론職分論으로 해석할 수 있다. 여기서 '생생'이라 하면 천민을 대상으로 말할 때는 재생이나 회생보다 '거듭나기, 거듭살이, 새로나기' 등 우리말이 어울릴 것 같은 느낌이다. 우리가 아는 여러 사유적思惟的 용어들에 대한 개념 정리와 우리말 용어화도 연구 과제의 하나인 셈이다.

언어는 크게 발생 시의 원의原義가, 이후 일상적인 관용어로, 이후 일정 분야의 용어가 되고 다시 개념어가 될 것이다.

---

32) 이한우『대학연의』강론, 세종사랑방, 서울용산 동아사이언스 세미나실, 2015년 4월 29일.
33)『大學衍義』, 진덕수, 이한우 옮김, 해냄, 2015 ; 세종사랑방 2015. 4. 29, 용산 동아사이언 스 강의에서 강조.
34) 손기원, 동인문화원의『중용』강의. 2016년 3월 7일.

원의原義: 최초 발생 시의 뜻

일상어: 시기가 지나 일상 관용적으로 쓰는 의미

규범적 어휘: 이는 일상어이지만 추상적인 언어로 그 사회에서 규범적으로 쓰는
 어휘다. 유교시대에는 유학 경전의 용어들이다. 관용어도 이에 속한다.

용어: 한 분야에서 정의가 내려진 어휘다.

개념어: 역사 속의 개념어는 그 시대에 새롭게 의미를 부여해 나타나는 어휘다.

먼저 세종시대의 언어를 찾아 정의를 내리고 용어화해 가야한다. 개념어 찾기
에서는 철학적 정의인 정언定言, 명제命題, 용어, 개념어概念語 등의 구분이 있을
것이다. 이 글에서는 세종의 기본 용어를 찾는데 주력하게 될 것이다.

같은 용어라고 하더라도 그 쓰임새에 따라 다르다는 것을 간과해서는 안 된
다. 예를 들어 세종은 '천민賤民은 천민天民이다'고 언명했다. 그런데 실록 속 조
선 역대 임금 중 천민天民을 가장 많이 언급한 임금은 성종이다. 그러나 《성종실
록》을 들여다보면 '천민天民'은 명사로서의 언명이 아닌 형용사적인 관용구로 쓰
이고 있다. '천민인 백성' 등 수식어로 쓰인다. 같은 천민天民이라 하더라도 그 쓰
임새[定義]와 '천민' 이라는 용어가 갖는 '실질적 힘'의 크기가 다른 것이다. 즉
성종의 천민은 첫째 천민이 그 시대에 관용어가 될 만큼 보편화되었는지, 아니면
둘째 천민天民의 세상으로 이전보다 나은 조건의 세상이 되어 있든지 해야 할 것
인데 두 번째 경우는 아닐 것이다. 그러므로 개념사로서의 실록학에서는 그 어휘
가 갖는 개념으로서의 정립 여부와 위상을 감안하지 않을 수 없다.

용어/개념어 읽기 방법론 및 검증: 분석 신뢰도

개념어 읽기 방법론이란? 한 예로 민본의 경우를 보자. ㉮민본이라 할 때 어떤
경우에 쓰이는가. ㉯연관어와의 차이는 무엇인가. 이를테면 민유방본民惟邦本(세
종 14회), 민위방본(세종 3회), 민심자 방국지본/民心者 邦國之本(세종 1회)의 경우
의미가 어떻게 다른다. 같은 용어도 군君(세종 6회)과 신臣(세종 18회)의 발언 주
체에서 어떤 의미의 차이가 있는가, 등 분석해볼 관점도 다양하다. ㉰이 어휘가
시대가 지나 다른 시대[임금]에는 어떻게 의미가 바뀌어 가는가. ㉱같은 임금 시
대에도 초기에 쓰였는가. 쓰인 후 확장extension, 강화 혹은 보완[반전reversal], 회

복retrieval, 쇠퇴obsolescence하여갔는가 등을 살필 수 있을 것이다. 4법칙의 개요를 보자.35)

(1) 확장擴張 extension/ 확충擴充 amplification: 강화하거나, 촉진하는 것은?
(2) 쇠퇴衰退 obsolescence/ 폐쇄 closure: (위 작용에 의하여) 어떤 상황의 한 측면이 확장되고 또는 확장되지 않은 상황은 그 결과 대치된다. 새로운 '기관器官'에 의해 주변으로 밀려나 없어지는 것은?
(3) 회복回復 retrieval: 새로운 형식에 의한 활동이 시작되고 재현再現 또는 회복回復되는, 이전의 작용과 은혜[영향]는 무엇인가.
(4) 반전反轉 reversal: (또 하나의 보완적 작용으로) 본래의 성질이었던 것을 결과적으로 반전 시킨다. 그 반전反轉의 일어나는 잠재력은 무엇인가.

문헌에 대한 내용분석을 하는 경우 유목 분류와 척도평가에서 신뢰도(reliability)와 타당도(validity) 검증을 하게 된다. 그러나 실록 분석이 사회과학의 영역이 아닌 '사유의 영역[철학적]' 차원에서 질적 검증이 이루어지는 것이어서 신뢰도 검증의 수준에서 주요 용어들의 시대별 빈도수 비교를 통한 검증을 주로 하게 되었다. 주제어[용어]의 빈도수가 꼭 그 시대의 정신을 반영하느냐의 문제가 제기된다. 여기서 몇 가지 확인이 필요하게 된다.

㉮ 기본적으로 그 용어[주제어]가 어떤 뜻으로 쓰였느냐이다. 명사인가 형용사인가.
㉯ 세부적으로는 긍정적인 반영이냐 부정적인 반응이냐의 방향성 확인이 필요할 것이다.
㉰ 그 용어가 그 시대 다른 용어들과 연관되어 정상적인 시대정신의 체계 속에 포함되어 있느냐 하는 문제다. 많이 출현하더라도 정변이나 전쟁 등 일시적인 상황 속의 결과일 수도 있기 때문이다. 즉 정상적인 일련의 역사의 흐름 속에 있는 용어인가 하는 문제다.
㉱ 몇 개의 용어들이 그 시대 사회 혹은 사유의 영역에서 어떤 체계(system)를 구성하느냐이다. 일과성의 현상인지 특수한 현상인지 체계를 보아야할 것

---

35) (참고) McLuhan, Marshall and Eric, 『Laws of Media』: The New Science, University of Toronto Press, Toronto, 1988, 98~99쪽. McLuhan & Eric, Laws of Media, 98~99쪽.

이다. 한 예로 세종 시에 생민生民이라는 용어는 단지 '생활하는 민'일 수 있으나 세종이 '나는 생민의 주ꞏ主生民'라고 할 때는 그 생민이 갖는 의미의 차이를 살펴야 할 것이다.

㉓ 그 용어가 다른 시대[임금]에서는 어떻게 변질되거나 혹은 대체되는지를 비교 분석해 볼 수 있어야 할 것이다.(이 부분은 극히 제한적으로만 언급되었다.)

그밖에 임금의 통치기간도 고려 대상이다.(가장 짧게 왕위에 있던 1년간의 예종과 52년간의 영조를 단순 비교하는 것은 의미가 다를 수 있다.) 그러나 임금의 통치 기간은 임금의 정치 행도行道 비교에서 보완적일 수밖에 없을 것이다.

세종의 정치철학을 설명하며 '자주'정신을 주제어로 삼은 연구가 있다. '자주'라 하면 '스스로 독립한다'는 뜻이다. 영어로 'independence'이다. 이 용어는 세종 시 2회 나오는 데 하나는 '자기주장'(又自主其事 또 스스로 그 일을 주장하여, 세종 27/8/16)이고 독립적인 뜻의 '자주'(間有卓然自主如魏帝 간혹 뛰어나게 자주성自主性을 가진 위魏나라 태무제太武帝, 세종 28/10/9)가 있다. 조선 스스로의 이야기는 아니다. 그러니까 '자주' 정신이라고 하면 개념사나 실록학 혹은 역사학에서는 쓰기에 적당하지 않은 용어다. 이 개념어는 정치학에서 설명어로는 가능할 수 있을 것이다. '자주'는 정치학 용어이기 때문이다. 자주를 실록학 차원에서 보면 아국我國, 풍토風土, 의토宜土, 이호異乎 등으로 쓸 수 있을 것이다.

'실용實用'의 예를 보면 세종의 실용은 '말로 하는 무형의 것이 아닌 실제 생활에 쓰인 유형적인 활용'이라는 '실제로 쓰이는' 뜻의 원의적 의미를 지닌다. 그러나 '실용' 하면 우리는 실학 정신, 경세치용, 동체서용東體西用 등의 실학 정신을 떠올리기 쉽다. 정조(正祖) 시대에 보편화하는 용어들이다. 실제 언어와 의미에는 차이가 있을 수 있다.

세종의 정치 철학을 연구자들은 민본, 자주, 실용, 중용, 융화, 조화 등으로 정의定義한다. 의미로서 동의할 수 있다. 그러나 그 용어[개념어]로 보아서는 다른 해석이 가능하다.

실록학 차원에서는 그렇게 쓰이지 않은 경우가 있다. 민본은 민위방본民爲邦本의 줄인 말이다. '실용'은 '실제적으로 사용한다'는 원의原義의 뜻이 강하다. 실학 개념의 실용은 정조 이후가 되어야 일반적이다. 세종시대의 '실용'이라는 개념어는 잘못된 정의는 아니나 자칫 해석에 혼선을 줄 요소가 있다. 중용, 융화, 조화는 그대로 개념어가 될 수 있으나 유가儒家의 개념이어서 세종의 특성을 설명할 때 일반적인 고전의 의미에 묻히는 느낌을 받게 된다. 그렇다면 이 글에서는 어떻게 써야 할까. 가능한 한 용어와 설명어를 구분하고, 용어는 실록에 나오는 어휘[주제어]에 충실하고 일반 설명에서는 자유롭게 쓰자는 것이다. 앞으로 본문에 나오겠지만 따라서 '자주'는 '풍토, 의토宜土'와, 중용은 '절충折衷'과 함께 쓴다.

이 글은《세종실록》어휘 분석 즉 용어/개념어를 구조화 해보려는 것이다. 그 핵심 개념어는 '생생'이다. 이를 위해

㉮ 실록 속의 세종의 정치, 사상의 어휘에서 주제어를 찾아내고,

㉯ 그 주제어가 세종시대 특유의 언어인지 다른 시대, 실록속의 다른 어휘들과 비교가 필요할 것이다.

㉰ 용어를 논증함에 세종의 말·일·글 속의 정치철학과 함께, 그밖에 개인 이도의 사유思惟 세계 속의 행동인지 구분한다.

연구방법론

본 연구는 ㉮문헌 고찰로 내용분석방법을 쓰되 ㉯용어/개념어는 질적 분석을 활용했고 더불어 용어의 출현빈도수의 계량을 통해 그 시대정신의 경향을 보고자 했다. 연구 진행은 ㉮먼저《세종실록》속 용어의 의미와 빈도를 참고한다. ㉯그리고 연관어 등을 찾아 전체의 의미를 구성한다. ㉰이를 체계화하여 의미를 찾고 틀을 구성한다.

주요 용어로는 생민, 생업, 천직, 생생, 변역, 자신自新, 사맛[소통], 마음, 공향, 공락[생생지락] 등이 되겠다. 부수적으로 정치 영역에서의 공치共治, 공평, 융평 등의 정신을 살핀다. 여기에 기존 정치철학 연구에서 거론한 민본, 실용, 풍토[자주], 중용, 조화[융합] 등도 원용이 될 것이다.

3. 세종 철학의 시대적 배경

1) 세종시대 사상의 토대

한 시대에 기본적으로 흐르는 사상이 있다면 당시의 정치가 어떻게 그 사상을 구현했으며 또한 어떤 변혁을 꾀했는지 살피는 것은 시대연구의 한 방법이 될 것이다. 세종은 당시 시대적 사상을 어떻게 수용하고 이를 변혁해 가려했는가에 유의해 볼 필요가 있다.

조선 시대는 불교를 배척하고 유교를 내세웠다. 그러나 이보다 앞서 삼국시대 초기에도 인仁이나 충忠 등 유교적 정치 윤리가 원용된 예가 있다.[36] 삼국시대의 세속오계도 그런 실천 윤리의 하나이다.

공맹 사상을 기본 바탕으로 삼은 유교사상은 여말부터 당시 수용되기 시작한 주자학의 도학사상에 경도되는 양상을 보였다. 여기서 도학이란 유교의 실천적 측면을 강조한 사상이라 하겠다. 이러한 유교전통은 조선조에 이르러 사회질서 전반을 포괄하는 체제 이념으로서의 기능으로까지 확대되었음을 볼 수 있다.

세종은 즉위년(1418) 8월 11일 근정전에서 즉위 교서를 반포한다.

"삼가 생각하건대, 태조께서 홍업(洪業)을 초창하시고 부왕 전하께서 큰 사업을 이어받으시어, 삼가고 조심하여 하늘을 공경하고 백성을 사랑하며, 충성이 천자(天子)에게 이르고, 효하고 공경함이 신명(神明)에 통하여 나라의 안팎이 다스려 평안하고 나라의 창고가 넉넉하고 가득하며, 해구(海寇)가 와서 복종하고, 문치(文治)는 융성하고 무위(武威)는 떨치었다. ... 예(禮)가 일어나고 악(樂)이 갖추어져 깊은 인애와 두터운 은택이 민심에 흡족하게 젖어들었고, ... 나는 학문이 얕고 거칠며 나 일체의 제도는 모두 태조와 우리 부왕께서 이루어 놓으신 법도를 따라 할 것이며, 아무런 변경이 없을 것이다. 그리고 이 거룩한 의례에 부쳐서 마땅히 너그러이 사면하는 영을 선포한다. ... 아아, 위(位)를 바로잡고 그 처음을 삼가서, 종사의 소중함을 받들어 어짊을 베풀어 정치를 행하여야[施仁發政] 바야흐로 땀 흘려 이루어 주신 은택을 밀어 나아가게 되리라."(세종 즉위년 8월 11일, 1418)

---

36) 金哲埈 '삼국시대의 예속과 유교사상, 『대동문화연구, 제6·7집』, 성대 대동문화연구원, 1970, 125쪽.

세종이 인식한 시대적 상황에 대한 기본 정신은 즉위교서에서부터 잘 나타나 있다. 첫째 수성의 시대라는 것이다. 둘째 사상적으로 유교의 시대이며 특히 실천을 중시하는 도학적 성리학 시대이며 그러면서도 심학에 대한 논의가 시작된 시대다. 셋째 북방의 여진, 야인과 남쪽의 왜인들의 침략이 끊이지 않아 이들에 대한 끊임없는 접촉과 융화를 이루어가야 하는 시기였다. 넷째 거대한 신분 사회의 벽이 살아있는 시대다. 다섯째 농업 위주의 시대. 여섯째 고려 후기 이래로 큰 규모는 아니어도 외국과 사람과 물품의 교류가 조공과 하례품 그리고 거래의 형태로 이루어지고 있던 시기였다. 개성과 남쪽 '부산포(富山浦)·내이포(乃而浦)·염포(鹽浦) 등 각 포에 호시互市를 통하여 그 생활을 이바지하도록 허락하였다' (세종 22/5/29) 외국과의 물품 거래가 이루어지는 시대였다.

즉위교서에 나타난 세종의 나라 운영의 기본 사상은 '시인발정'이다.
가) 하늘을 공경하고 　　　　　　　　　　　敬天
나) 백성을 사랑하며 　　　　　　　　　　　愛民
다) 충성이 천자에 이르고 　　　　　　　　忠誠格于天子
라) 효하고 공경함이 신명에 통하여 　　　孝悌通於神明
마) 예禮가 일어나고 악樂이 갖추어져 깊은 인애와 두터운 은택이 민심에 흡족
　　하게 젖어들었고 　　　　　　　禮興樂備, 深仁厚澤, 洽於民心
바) 위位를 바로잡고 그 처음을 삼가서 ... 어짊을 베풀어 정치를 행하여[施仁發
　　政] 나아가게 되리라. 　　　　施仁發政

이상에서 경천, 애민, 충, 효, 예, 악, 인仁의 철학이 언급되었다. 그간 상왕 태종이 이루어 놓은 것이기는 하더라도 그 법도를 따를 것이라 선언한다. 바로 유가의 기본 사상들이다.

조선조 유교 정치 체제의 법제적 전범典範으로 활용된《조선경국전》에서는 주례周禮의 육전六典 체제에 따라 치전治典, 부전賦典, 예전禮典, 정전政典, 헌전憲典, 공전工典으로 구성되어 있다. 조선 정치 체제가 민본과 덕치의 기본 원칙으로 이루어져 있었다.

순천응인順天應人의 천인합일설에 바탕을 둔 민본 정치의 이념을 강조하고 있음은 역성혁명의 새 왕조 출범의 정당성을 근거를 제시한 것이다.37) 이 가운데

으뜸은 민본정치로서의 '시인발정施仁發政'이다.

세종 시대의 유학자

• 삼봉 정도전(1337~1398)

정도전은 조선을 건국하는 이념 정립의 역할을 담당하였다. 무엇보다 먼저 그는 《조선경국전朝鮮經國典》(1394)과 《경제문감經濟門鑑》(1395) 등의 저술을 통하여 유교이념에 기반을 둔 새로운 사회 체계를 조선조를 통하여 건설하려는 의도를 가졌다. 이는 ㉮경세론經世論이 정도전의 핵심사상임을 말해준다. 다른 하나는 ㉯『심기리편心氣理編』(1394)과 『불씨잡변佛氏雜辯』(1398) 등을 통하여 보여준 불교에 대한 이론적인 비판이다. 이는 벽이단론闢異端論으로서 유교의 '정통론正統論'을 주창했다.

• 양촌 권근(權近)(1352~1409)

양촌은 정도전과 더불어 조선조 유학의 전통을 세우는데 역할을 한 학자이다. 그는 『입학도설』(1390)의 '천인심성일지도天人心性一之圖'에서 우주의 생성단계를 천天, 인人, 심心, 성性의 개념을 도상으로 밝히고 엄격한 정의를 시도하여 성리학의 기초를 확립하였다는 평을 받는다. 이처럼 그는 경학과 성리론性理論을 통하여 조선조 성리학 전통의 기반을 마련하는 역할을 하였다.

유교의 지향

유교국가 체제가 지향하는 이념적 지향指向은 무엇인가. 유교는 전통적으로 수기치인학修己治人學이라고도 하는데 그것은 개인의 인격완성과 이상사회의 실현에 대한 가르침이라는 두 가지의 국명을 포함하고 있다.[38]

개인의 수기치인은 성의·정심과 수신으로 본연에 이르고, 유교적 이상상회의 이념적 지향은 《예기》에서 전하고 있는 대동사회라는 순수 이데올로기로서의 목

---

37) 강광식, '조선조 유교정치 문화의 구조와 기능', 『조선조 유교사상과 유교정치문화』, 한국정신문화원, 1992, 10쪽.
38) 강광식, 위의 책, 4쪽.

표문화[goal culture]와 소강小康사회로 지칭되는 실천이데올로기로서의 이전문화移轉文化[transfer]로 구성되는 특수한 문화 체계임을 알 수 있다.[39]

새 나라의 정당성을 세워야하는 사명을 안은 세종은 조선의 네 번째 왕이었지만 건국 이후 겨우 26년이 지난 한 세대가 아직 가시지 않은 시기였다. 같이 일할 신하들의 구성은 아직 기대하는 대로 이루어지지 않았다. 세종은 백성에게 보이지 않는 빚을 지고, 마지막 의지할 곳도 백성이라는 생각을 가지고 있었을 것이다. 프리마파시적 의무감prima facie duties 즉 모든 것의 우선순위에 백성이 있었고 그에 따라 실질적으로 백성의 생활에 도움이 될 수 있는 모든 유효한 방법들을 구상하였을 것이다.

성리학에 기반을 둔 세종은 과연 어떤 임금이었는가. 그 시대를 어떻게 받아드렸는가, 그리고 유지했는가, 개선했는가, 후대에 어떤 영향을 주었는가. 이는 세종 당대의 문제가 아니라 비교사적 차원에서 들여다 볼 필요가 있다. 이런 관점에서 순환론 혹은 변역적變易的인 진화에 기준을 두고 살필 수 있을 것이다.

• 역사에서의 진보관

하휴何休라는 중국 철학자가 있다. 중국 역사가 순환론 일변도에서 진화, 변화의 가능성을 이야기한 유학자이다.

세종실록 오례 / 길례 서례 / 신위(神位) 가운데 하휴가 있다.(세종실록 오례/길례 서례/신위)

동양의 3대 사상의 주류라고 볼 수 있는 유교사상, 불교 사상, 도교 사상 중에서도 발전사관과 관련이 깊은 사상이 있다. 유교사상의 주요한 역사 개념으로서는 왕조변혁, 물질 경시사상, 왕조변혁에 관한 순환론 그리고 진보론 등이 있다.

전통적인 유교사상에서 가장 지배적인 것은 상고주의尙古主義와 순환사상循環思想이었고 그것은 일반적으로 진보의 개념과는 거리가 먼 것같이 보이지만, 그러나 그렇다고 발전사관 또는 진보사관이라고 부를 수 있는 사상이 없었던 것은

---

39) 강광식 위의 책, 4~6쪽.(참고): 목표문화와 이전문화는 Anthony Wallace가 말하는 관념체계다. Anthony F.C. Wallace, Culture & Persnality(NY:Random House, 1970) 192쪽, 강광식 재인용 6쪽.

아니다. 소박한 단계를 벗어난 체계적인 진보관이 처음 나타난 것은 2세기의 하휴何休(129~182)의 설에서였다. 『춘추공양전春秋公羊傳』의 '장삼세張三世'의 이론에서 발전사관이 전개되었다. '삼세라는 것은 공자를 기준으로 해서 본 세 개의 시대를 말함이며 공자가 자기 눈으로 보던 시대, 공자가 할아버지에게서 들어서 알던 시대, 그리고 공자가 간접적으로 전문해서 알게 된 증조부, 고조부의 시대의 세 시대를 말하는 것이다. 이러한 시대는 각각 태평太平, 승평升平, 쇠란衰亂의 시대인데 시대가 내려옴에 따라 세상은 발전 향상되어 간다'는 것이다.

하휴 이외에 진시황 때 법가주의를 주장한 이사李斯의 이론이 상고사상尙古思想과 상반되는 사회사상이었다. 좀 더 적극적인 진보관은 17세기 이후의 중국에서 왕부지王夫之로서 전통적인 유교사상에 대담한 수정을 외쳤던 사람으로서, 사관 면에서는 사회와 문화가 시대에 따라 점차로 진화되어 나감을 논하였고 인간도 진화한다고 보았다.[40]

이러한 진화를 참고삼아 세종은 어떤 변화를 추구하여 갔는지에 관심을 두고 말일글을 살펴보아야 할 것이다.

2) 세종의 인물됨과 성격

세종은 어떤 임금이었을까. 세종에 대한 구체적 사례들을 실록에서 살펴보자.

세종의 성은 이씨(李氏)요 휘는 도(祹)요, 자는 원정(元正)이니, 태종공정대왕(太宗恭定大王)의 셋째 아들이요, 어머니는 원경 왕후(元敬王后) 민씨(閔氏)이다. 태조 6년 정축 4월 임진(10일)에 한양 준수방(俊秀坊) 잠저(潛邸)에서 탄생하였다.(세종실록 총서)

태종 8년 무자 2월에 충녕군으로 봉하였고, 우부대언(右副代言) 심온(沈溫)의 딸과 결혼하여, 그를 경숙 옹주(敬淑翁主)로 봉하였다.

태종 13년 임진 5월에 충녕대군으로 올려 봉하고 (태종은) "충녕대군이 천성이 총민하고 학문을 게을리 하지 않아, 비록 몹시 춥고 더운 날씨라도 밤을 새워 글을 읽고, 또 정치에 대한 대체(大體)를 알아, 매양 국가에 큰 일이 생겼을 제는 의견을 내되, 모두 범상한 소견이 의외로 뛰어나다"며 세자로 세우고자 했다.

갑신에 세자에게 궁(宮)을 주고 교지로 부인 경숙 옹주(敬淑翁主)를 경빈(敬嬪)으로

40) 고병익, 유교사상에 있어서의 진보관, 차하순편 『사관이란 무엇인가』, 청람, 1985, 231~258쪽.

봉하였다. 병신에 태종이 정전(正殿)에 나와 세자를 책봉하고(...) "세자(世子) 도(祹)는 영명하고 공손 검박하며, 너그럽고 어질어 대위(大位)에 오르기에 합당한지라, 이미 무술 8월 초8일에 대보(大寶)를 친히 주어, 세자로 하여금 나라의 기무(機務)를 오로지 맡아 하게 하고, 오직 군국의 중대사만은 내가 친히 청단하기로 하였다."고 했다.(세종실록 총서)

(가) 세종은 책 읽기를 좋아했고 기억력과 청음력이 뛰어났다.

학습: 자람에 미쳐 충녕군(忠寧君)에 봉했는데, 천품의 자질이 영예(英睿)하고 심중하고 후하며, 배우기를 즐거워하고 게으르지 않으셨다. 그전에 병을 앓으면서도 글 읽기를 그치지 아니하므로, 공정왕(恭定王)이 탄식하기를, '충녕군이 배우기를 좋아하는 것은 참으로 천성이다.' 하셨습니다.(세종 32/2/22)

반복 학습: 세종은 이학(理學)은 모두 보고 사학(史學)은 익숙하지 못하고, 《통감강목(通鑑綱目)》은 읽어서 거의 의심할 게 없다고 스스로 생각하고,(세종 8/12/10) 무릇 한번이라도 귀나 눈에 거친 것이면 종신토록 잊지 않았는데, 경서를 읽는 데는 반드시 백 번을 넘게 읽고, 『자사(子史)』는 반드시 30번을 넘게 읽고, 성리의 학문을 정밀하게 연구하여 고금에 모든 일을 널리 통달하셨습니다.(세종 32/2/22)

세종은 경서와 사서 등 학문 여러 분야에 관심을 가지고 책읽기를 게을리 하지 않았다.

한어 학습: 심지어는 본국 역대의 사대문적(事大文籍)에서, 한어의 역서를 배우기도 했다. 그 이유는 "명나라의 사신과 서로 접할 때에, 미리 그 말을 알면 그 대답할 말을 혹 빨리 생각하여 준비할 수 있기 때문이었다."(세종 5/12/23)

이때 이미 훈민정음(세종 25년 12월 발표, 이후 28년에 반포)에 대한 관심이 고조되어 있어서 음운학을 세자도 함께 배우게 한 것이다.

기억력과 분변: 특히 서적만을 한번 보고 문득 기억하시는 것만이 아니라, 무릇 수많은 신하들의 성명(姓名)·내력(來歷)·세계(世系) 등을 비록 미세한 것이라도 한번 들으시면 잊지 않으셨으며, 한번 그 얼굴을 보시면 비록 여러 해를 만나 보시지 못했더라도 다시 보실 때에 반드시 아무라고 성명을 부르셨으며, 사물의 정밀하고, 소략하고, 아름답고, 추악한 것에 이르러서도 한번 눈에 접하시면 반드시 그 호리(毫釐)의 차를 정밀히 분변하셨고, 성음(聲音)의 청탁과 고하(高下)도 한번 귀에 들어가면 그 윤리(倫

理)를 심찰하시었으니, 그 총명과 예지(睿智)가 이와 같으시었다.(세종 5/12/23)

(참고) 진덕수: 송(宋)나라 인물로 《대학연의》를 지었다.

기억력이 뛰어나고 소리에 민감하여 절대 음감의 소유자임을 확인케 하는 기사다.

㈏ 부지런하셨다.

왕은 매일 4고(四鼓)에 일어나서, 환하게 밝으면 군신의 조참을 받은 연후에 정사를 보며, 모든 정사를 처결한 연후에 윤대(輪對)를 행하여 나라를 다스리는 도리를 묻고, 수령의 하직을 고하는 자를 불러 보고 면담하여, 형벌 받는 것을 불쌍하게 생각하며, 백성을 사랑하라는 뜻을 타이른 연후에, 경연(經筵)에 나아가 성학(聖學)에 잠심하여 고금을 강론한 연후에 내전으로 들어가서 편안히 앉아 글을 읽으시되, 손에서 책을 떼지 않다가, 밤중이 지나서야 잠자리에 드시니, 글은 읽지 않은 것이 없다.(세종 32/2/22)

㈐ 효와 제悌를 으뜸으로 여기다.

성품이 지극히 효성스러워서, 비록 정무(政務)가 바쁠지라도 한 번도 정성(定省)을 폐한 적이 없고, 3년 동안 상례를 치르는 데 슬퍼하기를 예절을 다하였으며, 형제의 사이에도 잘 우애하기를 돈독하게 하였습니다.(세종 32/2/22)

노인으로 1백 살 이상 된 사람에게는 정월에는 쌀을 주고, 달마다 술과 고기를 주며, 80세 이상인 사람에게는 작위를 차등 있게 주고, 중추(仲秋)마다 남자는 왕이 친히 나아가고, 부녀자는 왕비가 친히 불러서 잔치를 내려 주었다.

왕이 인자하고 명철하여 과단성 있게 결단하였고, 효성 있고 우애하며 부지런하고 검박하였으며, 대국을 섬기는데 지성스럽고, 어버이를 섬기는 데 효도를 다했으며, 구족(九族)과 도탑게 화목하고, 상벌을 공정하게 하였다.(세종 32/2/22)

㈑ 모든 일을 묻고 의논하였다.

의논: 신하를 부리기를 예도로써 하고, 간(諫)하는 말을 어기지 않았으며, 대국을 섬기기를 정성으로써 하였고, "아무리 작은 일일지라도 반드시 대신과 모의(謀議)한 뒤에 행하는 고로, 잘못된 일이 없었다."(세종 32/2/22)

㈑ 주체[자주]적인 정신을 가졌다.

자주: 또, 주(周)나라 처음부터 이제까지와 우리나라의 모든 치란흥망(治亂興亡)으로서 본받을 만한 것과 경계하여야 할 일을 널리 찾아 기록한 것이 모두 1백 50권인데, 이름하기를 《치평요람(治平要覽)》이라 하였다. 전함(戰艦)을 더 만들어 수전(水戰)을 익히게 하였으며 요해(要害)한 땅을 가려 성과 보(堡)를 많이 설치하여서 뜻밖의 변환을 대비하였다.(세종 32/2/22)

국방: 본국의 옛날 경계가 북으로는 두만강을 지났는데, 고려가 망할 무렵에 와서 연변의 땅이 모두 잡종야인(雜種野人)의 점거한 바 되었는데, 왕이 처음으로 여러 진(鎭)을 설치하여 옛날의 경계를 회복하였으며, 야인과 왜노를 접대하는데 알맞게 하여 사방이 경계할 것이 없었다.(세종 32/2/22)

㈒ 경험과 지식을 쌓아갔다.

집현전(集賢殿)을 설치하여 선비들을 모아 고문(顧問)을 갖추었으며, 또, 널리 고금의 충신과 효자·열녀의 사적과 도형 기전(圖形紀傳)을 모아 시(詩)와 찬(讚)을 써서 이름하기를, 《삼강행실(三綱行實)》이라 하여 안팎에 반포하니, 궁벽한 촌 동리의 아동 부녀에 이르기까지 보고 살피지 않는 이가 없게 하였습니다.(세종 32/2/22)

㈓ 변역과 창제적인 정신을 기리다.

종률(鍾律)과 역상(曆象)의 법 같은 것은 우리나라에서는 옛날에는 알지도 못하던 것인데, 모두 임금이 발명한 것이고(세종 32/2/17), 음률이나 천문(天文)에 이르기까지도 모두 밝게 통달하였다.(세종 32/2/22) 훈민정음의 창제가 있었다.(세종 25/12/30)

㈔ 이웃과 함께 나누었다.[공향共享]

함길도의 알타리들을 성심으로 후대하도록 도절제사 이세형에게 전지하다.(세종 24/1/7)

생생지락: 너희들에게 후하게 물건을 주는 것은 너희의 공을 가상히 여기기 때문이니, 너희는 마땅히 이 마음을 더욱 군건히 하여 길이 나라의 울타리가 되어 '같이 살아가는 즐거움을 누리는 것이 마땅할 것이다. 共享生生之樂可也'라고 말하여 보냈다.(세종 24/1/7)

그 외에도 여러 가지 장점을 지닌 임금이었다.(이하 간추려 정리, 세종 32/2/17)

- 밝으면 조회를 받고, 다음에 정사를 보고, 다음에는 윤대를 행하고, 다음 경연(經筵)에 나아가기를 한 번도 조금도 게으르지 않았다.
- 집현전을 두고 글 잘하는 선비를 뽑아, 증빙(證憑)과 원용(援用)을 살펴 조사하여서, 힘써 정신 차려 다스리기를 도모하였다.
- 문(文)과 무(武)의 정치가 빠짐없이 잘 되었고, 예악(禮樂)의 문(文)을 모두 일으켰다.

그밖에 개인의 재능으로서 세종의 글씨가 한 점 남아 있고 (家傳忠孝 世守仁敬 가전충효 세수인경, 세종필체 모사본으로 해석), 신악을 지은 것이 있고(세종 31/12/11), 《세조실록》에는 권공이 세종이 그린 그림을 세조에게 바쳤다는 기사가 보인다.

서울특별시 구로구 전의 이씨 문중에서 소장하고 있는 세종이 이정간에게 내린 어필을 모사한 글이다. 이정간(李貞幹)[1360~1439]은 강원도관찰사로 재임하던 중, 100세의 노모를 봉양하기 위해 사직하고 향리에 은거하며, 자신도 80세의 노령이면서 어머니 앞에서는 색동옷을 입고 병아리를 희롱하여 어머니를 즐겁게 하는 등 하늘이 내린 효자로 이름을 날렸다. 세종이 이 사실을 알고 어필을 내렸다.

(화천군 권공이 세종이 친히 그린 난초 그림을 바치다) 화천군(花川君) 권공(權恭)이 세종(世宗)이 친히 그린 난초(蘭草) 그림을 바치니, 임금이 말과 옷을 내려 주었다.(세조실록 7/4/6, 1461)

세종은 그림도 그린 것이다. 이외에 세종은 《월인천강지곡》을 통해 시인으로 불리어야 한다는 의견도 있다.[41] 세종은 글씨와 그림 그리고 신악을 작곡하였고, 시인이었다.

---

41) Werner Sasse는 《월인천강지곡》 강의에서 세종을 시인으로 칭했다. 세종이 소헌왕후의 공덕을 빌기 위하여 찬불가로 지은 『월인천강지곡』은 훈민정음으로 지은 최고最古의 가사다. 연주자는 관객의 관심을 끄는 장치로 주제가 변하는 시점에서 관객에게 높임의 종결어미를 통해 주제를 구분한다. 이런 점에서 세종은 시인이라고 불러야 한다고 해석했다. 세종사랑방 모임 강연, 2017년 3월 30일. 용산 동아사이언스 세미나실.

3) 세종 이도의 철학 정신: 자신自新과 변역變易[생민과 창제]

'세종의 정치철학'을 논한다고 하면 누구나 수긍할 것이다. 그러나 '세종의 철학'이라고 한다면 조금은 의문을 표시하며 세종이 철학자냐 하고 반문할 것이다. 지금까지 학계에는 '세종의 철학', '세종조의 철학' '세종의 정치철학'이란 제목의 논문은 있다. 그 내용을 보면 세종의 철학은 훈민정음에 대한 철학이고 세종조의 철학은 세종 시대의 사상을 말한다. 세종의 정치철학은 세종의 인간론, 물질론, 인식론을 설명한 것이다.

세종의 철학적 접근을 위해서는 《세종실록》 속에서 특징적인 어휘들을 찾아 그 어휘가 용어/개념어가 될 수 있는지 해석하고 논증을 통해 의미를 부여해야 할 것이고, 또한 그 용어는 조선조 다른 임금과 어떻게 다른지 비교할 수 있어야 할 것이다. 이런 과정으로 보면 세종 이도의 철학은 '실록을 통해 본 세종 이도의 개념어 체계'라 할 수 있다.

내용분석방법의 하나로 '실록분석학'이라는 방법을 제안해 본다. 고려할 점은 ㉮실록에 나타나는 언술과 정치 행위[시책]가 인간과 세계에 대해 어떤 방향성을 가지고 있었느냐. ㉯그 방향은 그 시대의 규범적(지배적) 사상과 다른 바가 무엇이냐. ㉰특이한 사상 체계를 구성할 수 있느냐. ㉱실록 안에서 시대에 다른 체계적인 의미 비교가 가능한가. ㉲실록과 동시대 다른 문헌과의 비교에서 사상의 차이점이 있는가, 등이다.

세종의 정치철학의 세계: 용어들

세종의 사상 혹은 철학을 논한 글을 보면 민본론, 자주론, 실용론 등으로 정리한다. 그리고 중용, 융합을 더한다.

민본: 민본정치(박현모), 인도주의(조남욱)
실용주의: 조남욱, 실용사대(이익주)
풍토: 조남욱
중용리더십: 박병련
융화: 조남욱
균형감각: 정윤재

사상의 조화성: 김운태
공공정치: 조성환

그 밖에도 '세종의 국가경영(정윤재 외)' 이라는 책은 '유교 예치(禮治)경영'(강수지), 공론형성과 국가 경영(박현모), 유교적 법치(박영도), 과학기술의 자주성(문중앙) 등을 설명하고 있다.42)

기존 연구에서 나타난 정의는 타당해 보인다. 우리는 세종을 '유교를 넘어선 사상가, 실천가' 즉 '메타유학 정치가' '유학을 넘어선 정치 실현가'로 부를 수 있다. 또 다른 정의로는 '자주적 실용과 민본 중심의 사상가'로 부를 수 있을 것이다. 여기에 이번 글에서는 사맛, 변역/창제와 공향, 공락 정신을 추가하고자 한다.

세종의 정치철학을 나타내는 개념어들은 위에서 보듯 여럿이 있다. 실록 속의 용어들의 출현빈도와 그 시대의 평가가 관련이 있는가, 하는 가설에 대하여 몇 가지 예를 통해 확인해 보자. 이 과정을 통해 그 연장선에서 새로운 세종 사상의 용어를 찾아낼 수 있을 것이다.

먼저 이미 논증된 민본/민위방본, 애민/친민의 출현 빈도를 세종을 중심으로 하여 다른 임금들과 비교하여 보자.

(참고: '원문'은 한자로 검색한 것, '전체'는 조선조 전체 임금)
• '민본民本'은 원문 총 36건 중 세종 8건이다. 세종이 조선 임금 중 가장 많다. 성종 7건, 중종 5건이다.43) ('민위방본民爲邦本'은 원문 총 16건 중 세종 3

---

42) 정윤재 외『세종의 국가경영』, 지식산업사, 2006.
　　조남욱, 『세종대왕의 정치철학』, 부산대학교출판부, 2001.
　　김운태, 『조선왕조정치·행정사: 근세편』, 박영사, 2002.
　　이숭녕, 『세종대왕의 학문과 사상』, 아세아 문화사, 1981.
　　정윤재, '세종의 정치리더십 행동상 특징', 『세종리더십의 핵심가치』, 한국학중앙연구원 출판부, 2014.
　　박병련, '세종의 중용리더십', 『세종리더십의 핵심가치』, 한국학중앙연구원 출판부, 2014.
　　박현모 외, '세종의 민본 정치', 『세종리더십의 핵심가치』, 한국학중앙연구원 출판부, 2014.
　　이익주, '세종의 실용사대', 박현모 외 앞의 책.
　　조성환, '세종의 공공정치', 박현모 외 앞의 책.
43) '민본'은 조선 초기에는 많이 등장하지만 민본의 총 37건 중 세종 8건, 성종 7건으로 다른 임금의 경우 미약한데 민본民本이 중시되지 않았다기보다 다른 용어로 대체되거나 일반화했다고 보인다. 민民을 일컫는 '백성'의 경우 세종은 166건, 성종 220건으로 조선 초

건으로 가장 많다.)

연관어로는 애민愛民(세종 85건/전체 806건), 친민親民(8/186), 휼민(117/1,374), 구민救民(42/465), 민연憫然(2/35), 련민憐憫(52/112)등이 있는데 세종은 골고루 나타난다. 특히 련민憐憫은 세종이 전체의 반으로 세종은 조선의 '련민' 정신의 임금이라 하겠다.(여기서 세종의 애민정신은 생민으로 나타나는데 후술後述한다.)

다음으로 실용, 실학, 실사구시, 이용후생을 보자.
• 실용實用: '실용'은 원문 총 188건 중 세종 3건, 중종 12건, 선조 30건, 영조 15건, 정조 26건 나온다. 연관어로는 실학實學, 실제實際 등이 있다.[44] 세종이 '실용'의 임금으로 불리는 것은 '실학' 외에 실제 시정에서 보여준 실용정치의 결과다. 이 '실용'은 영조 이후 '실사구시', 이용후생으로 나타나고 《세종실록》에는 없다.

자주 혹은 주체의 뜻으로 쓰이는 '풍토'가 있다. 실록 속의 풍토, 의토를 보자.

에 높고 이후 후기에 영조 74건으로 차츰 낮아진다. 반면에 서민庶民은 세종 26건인데 후기 영조 때는 72건으로 많아진다. 신분 호칭이 바뀌는 것이다.
백성이라는 큰 범위에서 조선 초 '사대부와 천민'이라는 두 신분에서 차츰 천인의 신분이 사라지기 시작하는 후반에는 백성보다 서민이라는 명칭으로 대체되는 것을 볼 수 있다. '천인'의 빈도는 세종 시 90건에서 정조 때에는 5건에 불과하다. 시대를 반영하는 신분용어의 변화를 통해 역사를 읽을 수 있을 것이다. 사회적 위상 변화를 가져온 노비 제도의 개선은 순조 1년 1월 28일 (1801) '내노비와 시노비의 혁파를 하교'하는 기사에서 확인할 수 있다. "내노비(內奴婢) 3만 6천 9백 74구와 시노비(寺奴婢) 2만 9천 93구를 모두 양민으로 삼도록 허락하고, 인하여 승정원으로 하여금 노비안(奴婢案)을 거두어 돈화문 밖에서 불태우게 하라." (순조실록 1/1/28)
기사의 건 수는 흐름을 읽는 경향 파악에 참고가 될 것이다. 건수 빈도 자체는 부정확한 것이 있다. 주해서의 설명도 한 건으로 기록되어 가령 '하등下等'이 세종 23년 7월 25일 공법 기록으로 8회 나오지만 실록 상으로는 1회로 계산 된다. 실록 기사 출현 건수는 하루의 기사 단위이지 낱말 단위는 아니다. 이런 점을 감안해 출현 빈도를 해석해야 할 것이다.
44) ·실학實學: 원문 총 85건 중 세종 10건, 성종 8, 중종 23, 영조 1, 정조 6.
·실사구시實事求是: 원문 총 11건 중 영조 6, 헌종 1, 고종 4.
·이용후생利用厚生: 원문 총 22건 중 명종 1, 인조 1, 숙종 1, 정조 6, 순조 1, 고종 8, 순종 4.

- '풍토風土': 원문 총 88건 중 세종 13건. 세종은 선조 15건 다음으로 많다.
- '의토宜土': 원문 총 14건 중 세종 2건이다. 1건 이상 임금은 없다.
- '자주自主': 중요한 정치학 용어로 '자주'를 이야기하지만 《조선실록》에서 '자주'는 '자기가 주관하여'의 뜻이었고 근대적인 '독립적, 자주적'인 뜻으로는 세종 시 중국 문헌의 예例로 나온다.

> 자주: 간혹 뛰어나게 자주성(自主性)을 가진 위(魏)나라 태무제(太武帝)와 당(唐)나라 무종(武宗)과 같은 분이 있어 마음을 단단히 먹고 불교를 도태시켰으나, 얼마 안 가서 이를 고치게 되니, 식자(識者)들이 한스럽게 여겼습니다.(세종 28/10/9) 間有卓然自主如 魏帝, 唐宗銳意沙汰, 未幾改之, 識者恨焉。

자주自主 즉 일상어가 아닌 개념어로서의 '자주성'은 고종 23년(1886) 7월 29일 조선 개국(開國) 495년에 원세개가 '조선 정세를 논함'이란 글을 써서 의정부에 보낸 글 속에 나온다.

> 지금 강대한 이웃 나라들이 조여들고 있는 때에 사람들은 안일만 탐내고 있습니다. 역량을 타산해보면 약점만 나타나서 자주 국가로 될 수 없을 뿐만 아니라 강국의 보호도 받는 데가 없기 때문에 결코 자기 스스로 보존하기 어려운 것은 자연적인 이치로서 천하가 다 아는 것입니다. 當玆强隣逼處, 人務偸安. 量力比權, 不惟孱弱, 徒形不能自主, 且無强國庇蔭, 斷難自存者, 自然之理, 天下所共知也。

실록에서 보면 먼저 민본, 실학, 풍토 등은 세종의 용어가 될 수 있다. 그리고 정치철학의 실천 이념으로서 중용, 절충, 융합, 융화, 포용, 조화 등이 있는데 몇 연구에서 다루는 '융합'은 잘 쓰이지 않았다.
- '중용中庸'은 원문 총 690건 중 세종 24건, 숙종 40/7건, 영조 200건이다.
- '절충折衷'은 원문 총 306건 중 세종 13건이다. 선조/34/5건, 인조 31건, 정조 45건이다.

연관어로는 융합, 융화, 조화 등이 있는데 '융합融合' 원문은 총 7건에 불과하고 '융화融化'도 원문 총 6건에 불과하다.

• '포용包容'은 총 원문 543건 중 세종 51건(다음으로 성종 44건, 선조·인조 39건 등)으로 가장 많다.

다른 연관어로 '조화'가 있다.
• '조화調和' 원문 총 105건 중 세종 9건이다. 숙종 14/3건, 영조 15건이다. 용어 빈도로 보면 세종은 포용과 중용, 조화의 임금이다.

세종 철학의 용어들

이번에 새롭게 다루려는 세종철학 용어 중 일부로 '변역', '공향', '신제', '제조', '창제', '생생지락', '공락'을 보자

• '변역變易'은 원문 총 198건 중 세종 15건, 중종 24건, 숙종 27/1건, 영조 18건 등이다.
• '공향共享'은 원문 총 158건 중 세종 27건으로 가장 많다. 기타 성종 17건, 정조 16건 등이다.

창제는 정책적 방향으로 진행되었다. 창제로서의 '신제', '제조', '창제' 등을 보자.
• '창제創制' 원문 총 60건 중 세종 11건으로 가장 많다. 기타 태종 5건, 중종 7건이다.
• '창신創新' 원문 총 80건 중 세종 4건, 숙종 13건, 정조 12건 등이다.

'창신'은 조선 후기 청나라 기술이 들어오기 이전 시대 중 세종 때 여러 번 등장하는 편이다.

• '신제新制' 원문 총 212건 중 세종 19건이다. 기타 세조 69건(이 중 51개가 新制第略定樂譜), 영조 17건 등이다. 이 중 '신제新制'도 세종의 경우는 '창제'의 뜻이 있었으나 다른 임금의 경우는 '제도의 새로움' 정도로 사용되고 있고 실제 새로운 발명품을 만든다는 뜻은 드물었다. 신제의 연관어로는 창신, 창

제 등이 있다.

• 제조制造/製造(두 어휘 동일하게 검색됨) 원문 총 379건 중 세종 104건으로 가장 많다.

《조선실록》의 기사로 보면 세종은 창제, 신제, 제조의 임금이다.

몇 가지 용어들에 대해 실록 속의 임금별 빈도를 보았는데 용어의 의미가 현대와 다른 점을 고려하고 용어 빈도의 의미, 그리고 긍정적이냐 부정적이냐의 방향성도 함께 분석되어야 할 것이다. 다만 이러한 여러 용어들이 세종시대에는 골고루 나타나고 있다는 특성에는 유념해 볼 필요가 있다.

용어 출현과 시대사상의 다른 한 예를 보자. 가령 '성리학', 그리고 세종 100년 후의 양명학의 주제어인 '마음[心]'의 국역을 보면 총 41,948건인데 주요 임금만 보자.('마음' 800건 이상)

초기: 태종 808, 세종 2,425, 세조 830, 성종 3,208
중기: 연산군 1,060, 중종 3,916, 명종 1,794, 선조 3,517/313, 광해군 2,319/2,022, 인조 1,868, 효종 854, 현종 876/1,160
후기: 숙종 2,525/234, 영조 4,083, 정조 2,633, 순조 1,316, 고종 2,178

단연코 조선 중기 이후 '마음'에 대한 관심과 논의가 활발했음을 보여준다. '心심'은 다른 어휘와 결합하여 계수화 하기 어려울 정도로 다양하다. 이는 마음 즉 성리학의 리기논쟁, 양명학 그리고 인간성의 발견 등으로 실학에 준 영향이 컸음을 반증하고 있다. 너무나 원론적인 비교이지만, 세종의 특성이 민본, 실용, 의토, 생민, 변역, 신제, 창제, 생생지락, 공향 등으로 나타난다면 다른 시대의 임금과 어떻게 다르고, 다른 임금은 어떤 주제어로 나타나는가를 살피는 것도 비교의 한 방법이 될 것이다.

세종과 다른 시대의 비교를 몇 역사 용어의 예를 통해 보자.

• '사대부士大夫' 원문 총 2,423건 중 20건 이상
초기: 태종 29, 세종 121, 세조 23, 성종 185
중기: 연산군 121, 중종 489, 명종 159, 선조 204/43, 광해군 152/133, 인조 178,

효종 63, 현종 31/961

후기: 숙종 96/6, 영조 122, 정조 72, 순조 43, 고종 33

사대부는 실록으로 보면 중종 시 조광조 이래 사림들의 세력이 퍼지기 시작하는 역사적 맥락과 닿아 있다. 초기 400건, 중기 1,636건, 후기 387건이다.

- '분당分黨' 원문 총 124 건 중 5건 이상
  초기: 태종 1
  중기: 선조 12/20, 광해군 9/10, 인조 12, 효종 8
  후기: 숙종 15/3, 영조 23

분당分黨은 초기 1건, 중기 75건, 후기 48건으로 나타났다. 원문으로는 124건이다. 실록 상 선조 때 32건 [동인 대 서인]으로 싹터, 영조 때 23건으로 다시 고개를 들었다.

- '당파黨派'
  초기 0, 중기 0, 후기 고종 3건이다.

당파는 의미로 본 국한문전체 검색건수 통합으로 53건이지만 원문 한자로는 3건이다. 고종시대에만 3건 있다. 당파는 조선 시대 일상적이었지만 '당파'라는 용어는 후대에 들어와 정착했음을 보게 된다. 당파는 근대어인 셈이다.

- '탕평蕩平' 원문 총 523건 중 5건 이상
  초기: 없다.
  중기: 중종 8, 선조 44/2, 광해군 9/9, 인조 9, 효종 5/1
  후기: 숙종 40/6, 영조 345, 정조 24, 순조 8, 고종 6

'탕평'은 초기 0건, 중기 92건, 후기 431건이다. 조선 탕평의 역사를 실록어로 보면 연산군 때 싹이 터 선조 때 자리 잡고 영조 때 극성을 부린 것으로 나타난다.

용어로서의 '사대부'는 중종이후 일반화한다. 이어 사대부들간의 당쟁의 요소가 있는 탕평, 분당, 당파를 보면 중기에는 분당分黨과 탕평이 극성이고, 후기에 분당은 수그러드나 탕평이 극성이고, 당파라는 용어가 등장한다. 초기에는 분당 1건일 뿐 당파나 탕평이라는 용어는 등장하지 않는다. 실록에 등장하는 어휘의 빈도는 절대적이지는 않으나 큰 틀에서 그 시대의 정신이나 '경향'을 파악하는데 상관성이 있고 유용하다.

이에 근거하여 1장에서부터 세종의 용어를 중심으로 그 의미를 해석하게 될 것이다.

세종 사유의 세계

세종의 철학을 당대의 언어로 정리할 수 있다면 바람직할 것이다. 이는 바로 역사 시제時制의 문제이기도 하다. 시제를 흩뜨리는 일을 때로 역사 학습에서 아나키즘이라고 부르기도 한다. 설명은 현대식으로, 용어/개념은 당시대의 것으로 하는 방법이 바람직할 것이다. 세종의 민본[民爲邦本] 정치를 '민주주의를 실현한 세종'이라는 식으로 표현할 수는 없는 것이다. 그보다 15세기 세종의 '살아있는 생생의 정치'를 살피고 '보편적 가치'를 찾아내려고 함은 말할 나위가 없다.

실록의 용어 출현 건수가 그 시대사상을 반드시 반영하지는 않지만 그 시대의 경향을 보여주기에는 충분하다. 세종 시대에 '창제'는 실록에 불과 11회 나오지만 바로 세종 철학의 개념어가 되는데 이로 보면 용어를 보되 시대 해석이 뒤따라야 한다는 사실을 이 예를 통해서도 살필 수 있다.

이런 과정에서 《세종실록》을 꼼꼼히 읽고 세종의 업적을 분석 정리한 정치철학 연구서들이 나왔다. 이제 다음단계는 무엇일까? 세종을 정치사상가 혹은 철학가로 보면서 전체를 아우르는 작업이 필요할 것으로 보인다. 대략 '세종의 정치철학', '인간 세종 이도의 사유思惟세계', '세종 이도의 철학 혹은 사상' 등 개별적이며 총체적인 내용이어야 할 것으로 여겨진다.

〈세종 이도의 철학, 생생의 길〉이란 이 책의 제목은 〈세종 이도의 정치철학 생생지도론生生之道論〉이 되겠다. 세종은 순수한 문인선비가 아니어서 모든 결과는 정사政事를 통해서만 나타났다. 그렇다면 당연히 정치라는 수식어가 들어가야 한다. 그러나 실록 속에는 비록 정치 행위를 통해 나타난 것이기는 해도 개인적 대화와 인간적 감정들의 표현 언술이 많이 포함되어 있다. 신하와의 개인적 대화, 가족과의 관계, 자신의 생각, 종교관 등 개인 중심의 철학[사유체계]이나 사상[신념] 등이 들어 있다. 이런 내용을 들여다보노라면 그것은 '세종의 정치철학'보다는 '이도의 철학'이 더 잘 어울릴 것으로 보였다. 이번에는 '정치철학'으로, 다음 기회에는 '이도철학'으로 세분해 기술할 수도 있으나 이번에 다음 기회에 쓸 글의 제목을 앞서 쓰고, 조금씩 보완하는 방법도 가능하리라 여겨져 이번에 '이도의 철학'을 쓰게 되었다.

링컨에 관한 에세이며 연구서가 1만 5천종이 된다고 한다.(2012년 기준) 일본이란 어떤 나라인가, 하는 책도 80년대에 1천 여 종이었으니 지금은 수천 여 종은 될 것이다. 책이 많다고 하여 링컨이나 일본이 바로 해석되는 것은 아닐 것이다. 세종에 대한 연구는 더욱 다양해져도 좋을 것이다. 이런 데 따라 세종 이도李陶의 사유思惟의 세계 즉 철학적 세계는 없는가, 생각하면서 몇 가지 규칙과 원리를 찾아보려 했다.

세종은 많은 책을 읽었다. 그러나 대신들과 시정을 논의 하려면 현실은 책과 달랐다. 신하들은 자기의 의견을 내세우기 어려울 때 고사故事에 의거했을 것이고, 각기 자기 사상의 틀[frame]을 가지고 정사에 임했을 것이다.

유교, 풍수, 도교, 무교, 불교 등 사조는 있으나 크게는 유가 안에서 자기의 의견을 내야 할 것이었다. 새로운 상황이 닥쳐도 유가는 유가 안에서, 심학은 심학 안에서 합당한 답을 구하려 했을 것이었다. 그러나 새로움이란 유가와 풍수 사이, 무교와 불교 사이에서, 움직이는 현실과 사상의 움직임 속에서, 기존의 틀을 벗어날 때 생겨날 수 있을 것이었다. 《주역》이 이야기하는 자연 순환의 시간이란 선線의 축에서 새로운 생명의 탄생이라는 개별성과 고유성은 인지되지 않은 상태인 것이다. 동식물과 사람의 경우는 차원이 다른 이야기인 것이다.

시간이란 우주의 순환에서로 재생되는 것이 아니라 우주가 팽창하는 가운데, 다시 시간의 경과에 따라 새로운 세계가 생성되는 것이다. 조선사회에서 현실은 언제나 새로움의 모습으로 다가오지만 눈앞에 나타나는데 현상을 새로움으로 받아드리는 의식은 열려 있지 못했다.

세종은 먼저 기존의 틀을 깨지 않으면서 도덕과 윤리 사이, 유교와 심학 사이, 풍수와 무교 사이를 오가며 그들의 실체를 알고자 했다. 기존의 틀을 인정하면서도 현실이라는 새로운 자[尺]를 통해 새로운 가능성을 찾으려 했다. 세종에게서 새로움이란 기존 사상들 사이의 충돌, 일례로 사람과 사물의 변화 사이에 있는 제 3의 세계에 있다고 생각하고 이를 꾸준히 추구해 간 것으로 보인다.

지금까지 세종의 정치 철학에 대하여는 여러 학자들이 ㉮민본 ㉯실용 ㉰자주에 대해 설명하고 있다. 이는 세종의 인간과, 물질관, 인식관과도 잘 어울리고, 인人·지地·천天인 애민, 농사, 주체정신을 설명하는 데도 잘 맞는다.

이를 기반으로 하여 이번 글에서는 무엇을 찾을 것인가. 이 모두를 아우르는 철학정신은 생민, 변역의 생생정신이라고 할 수 있다. 세종의 철학 정신은 인/물(人/物) 즉 사람과 사물에 대한 새로운 변화를 추구하는 데서 출발하고 있다. 생과 생생의 의미, 실록 속의 생생의 뜻, 생생의 구체적 실현 등에 대한 탐구가 차례대로 이어질 것이다. 마음[心]과 자신지리, 변역과 창제, 공향과 공락 등이 세종의 철학 정신으로 논구될 것이다.

4) 세종 이도의 철학 세계 모색: 용어[개념어] 찾기

일반적으로 논증적 글쓰기에서는 문제제기, 가설, 분석(방법론), 논증, 정의 등으로 정리가 이루어진다. 이러한 방법론을 고려하여 세종의 철학적 정신을 모색하는 일은 실록의 기사 중 세종에게서 다수 나타나는 어휘 - 용어에 주목하고 다음에 부수적으로 정언 혹은 명제를 찾을 것이다. 실록 외의 동서 철학적 논리를 원용은 하되 적용하지는 않을 것이다. 이는 세종 이도의 철학을 실록 등 세종의 기록 안에서 구성해야하는 전제를 따라야 하기 때문이다.

글쓰기는 ㉮ 실록 속에서 어휘들을 정리하고 ㉯ 이들의 특성을 용어로 수렴하고 ㉰ 정리하여 개념화해야 할 것이다. 어휘[원의] → 일상어/관용어/규범어 → 용어/주제어 (→ 핵심어) → 개념어 순으로 정리가 될 것이다. 그리고 철학적 차원에서 별도로 '정언定言', '명제命題', '용어用語' 등을 활용하게 된다. 정언 다음으로 명제는 신념이지만 가부可否의 논의가 있을 수 있고, 용어/개념어는 정언이나 명제를 포괄하는 일반 학문에서의 정의[定義, definition]가 된다.[45]

오늘 날에는 쓰이지 않는 세종의 용어를 찾아 복원해 보는 일은 무슨 의미가 있는 것일까. 이는 '세종학'을 구성해가려는 전체 틀 속의 기초 작업으로서 '세종

---

45) 철학에서 정언定言은 어떤 명제나 주장, 판단을 가정이나 조건을 붙이지 않고 단정하여 말하고, 명제命題는 참이나 거짓을 가리기 위해 어떤 논리적 판단의 내용을 언어, 기호, 식 등으로 나타낸 것이다. 이 글에서는 실록에 나타난 기록들에 대해 정언, 명제, 언명, 판단 등으로 분류하고자 한다.

의 용어'를 복원해 내야할 것이다.

이런 큰 틀 속에서 전체를 아우르는 세종의 정신으로는 사람과 물질과 제도를 새롭게 하여 생명과 세상을 새로운 모습으로 바꾸려는 세종의 '생생정신'에 주목하지 않을 수 없게 되었다.

㉮ 생생에서 시작하여 연관어로 구성된 용어들인 생생지망, 생생지락 등으로 넓혀 갈 것이다. 더불어 이 생생의 주체인 생민에 주목한다.46) 세종에게는 '생민生民' 기사가 114건 있다.(1장)

㉯ 생생의 실현을 위한 정치철학과 연관된 용어들로 생인, 생재, 생지, 생산, 혹은 호생, 민생 등에 주목한다.(4장)

㉰ 생생과 의미적으로 통하는 연관어들로 변역, 자신自新, 공향, 생생지락, 공락 등에 유의한다.(5, 6장)

생생의 큰 틀은 사람의 새로움으로서의 '생민' 정신, 제도와 물질의 새로움으로서의 변역[신제·창제]론이 큰 축이 될 것이다. 그 기본 정신은 생생生生으로 우리말로 '거듭나기/새로나기'가 될 것이다.

실록과 생생生生

세종은 조선 왕조에서 '생생지락'을 꿈꾼 임금이라 할 수 있다. 《조선실록》 속의 '생생지락'은 총 16건인데 세종 8건이고 나머지는 태조 1건, 예종 1건, 연산군 1건, 명종 1건, 선조 2건, 국역 1건이다.

세종의 8건 중 6건은 세종 17년~25년 사이 (17년, 19년, 21년, 22년, 24년, 25년) 북방 야인에 대한 기록이다. 야인들이 북쪽에 터를 잡고 생업을 유지해주기 바라는 간절한 소망이다. 이는 ㉮혹독한 삶 속에 있다는 것 ㉯이민족이라는 언어·문화의 이중적 고난을 끌어안는 모습이 전제된다.

세종 5년의 '생생지락'은 백성의 폐해를 구제하는 일, 세종 26년의 '생생지락'

---

46) 생민生民 《조선실록》 원문 총 2,452건 중 20건 이상
   초기: 태조 22, 태종 56, 세종 114, 성종 94
   중기: 연산군 40, 중종 211, 명종 107, 선조 182/28, 광해군 97/81, 인조 101, 효종 49, 현종 21/48
   후기: 숙종 124/5, 영조 187, 정조 132, 순조 74, 고종 131

은 이 모든 것을 함축하는 백성들이 농사에 힘써 즉 생업에 힘써 줄 것에 대한 소망이다. 특히 26년의 기록은 생생지락으로 가는 길 즉 '생생지도生生之道'를 짚어준다.

먹는 것이 하늘: 나라는 백성으로 근본을 삼고, 백성은 먹는 것으로 하늘을 삼는다. 농사란 옷과 먹는 것의 근원으로서 임금의 정치에서 먼저 힘써야 할 바다. 오직 그것은 生民생민의 대명(大命)에 관계되는 까닭에, 천하의 더할 수 없는 노고를 떠맡게 하는 것이다. 위에 있는 사람이 성심(誠心)으로 지도하여 거느리지 않는다면 어떻게 백성들로 하여금 부지런히 힘써 농사에 종사하여 그 생생지락生生之樂을 이룰 수 있겠는가.(세종 26 윤7/25) 國以民爲本, 民以食爲天. 農者, 衣食之源, 而王政之所先也. 惟其關生民之大命, 是以服天下之至勞. 不有上之人誠心迪率, 安能使民勤力趨本, 以遂其生生之樂耶.

위 기사를 정리하면 다음과 같다.

백성: 먹는 것/ 농사(衣食)	→	일/孝/長壽	→	풍족/예의·겸양	→	풍년
하늘/(농)정		성심/인도引渡		교화/근본		평화

(세종 26/윤7/25)

→	생생지락	→	(락생)
	태평시대		(나라의 즐거움)

여기서 다시 생생으로 돌아가 보자. 일반적으로 그간의 연구에서 생생 그리고 생생지도生生之道에 대해, 경전의 글이 소개된 바는 있으나 '생' 혹은 '생생'이 역사 속 현실에서 어떻게 반영되고, 정치에서 정책적으로 어떻게 실현되고, 또한 민民에게서 어떤 의식의 변화로 나타난 바가 있거나, 작용했는지에 대한 연구나 설명은 찾기 어려웠다.

이에 세종의 생생生生 사상思想이 정사政事들을 통해 나타난 바를 제시하고 이를 통해 세종 이도의 사유思惟의 세계를 구성해보아야 할 것이다.

백성들이 생생하게 살기를[생업에 종사하기를] 즐겨한지 무릇 30여년.(세종32/2/17) 民樂生生者 凡三十餘年.

생생의 길: 《주역》 너머로

'생생의 길'[生生之道]은 만물이 끊임없이 나고 살며, 살리고 순환하며 무궁하게 나아가는 천지의 도道[길]다. 생생은 동양에서 가장 오래된 역사책으로 평가받는 《상서尙書》(漢代에는 尙書, 宋代에는 書經이라고)에 "(지도자는) 재물 모으기에 급급해 하지 말고 (백성들이)생생하도록 몸소 힘써라. 無總于貨寶, 生生自庸_ 盤庚, 中"에서 보듯 일상의 모습 가운데 삶에 충실하며 삶을 개선해 나가는 즉 '살아가는' 삶에서 '살아내는' 삶을 말하고 있다. '생명', '생업' 등이 개념어가 될 수 있을 것이다.

'생생'은 《주역周易》의 순환론적 우주관을 나타내는 말로 우주 만물이 끊임없이 생성·순환되는 천도天道의 무궁한 변화상을 가리키며, 《주역》 계사전에 처음 보인다. 곧 음양이 한번 음하고 한번 양하여 태극太極·양의兩儀·사상四象·팔괘八卦·만물萬物로 분화되어 끊임없이 생성되는 천도[一陰一陽之謂道]의 유행을 생생生生이라 하고 그것을 개념화하여 역易이라 한다.[生生之謂易].[47]

'생生'은 생활철학 용어다. 생생은 큰 틀에서는 백성의 먹고 입는 것 그리고 안락한 생활은 이루는 '생생지락'을 향한 정치를 꿈꾸고 있다. 역易에서 한 번은 음이 되었다가 한 번은 양이 되었다 하면서 계속 변화하는 것은 만물의 길[천도]이라 하고 이를 '생생'이라 규정했다. 이때 생성되는 만물에 대한 동양에서의 '생'의 개념은 변형과정(process of transformation)이라고 김용옥은 말하고 있다.[48]

역사 이래 139개의 '文'의 글자꼴이 보이지만 '文' 자가 갑골체에서 위 부수와 아래 부수 사이 공간에 ㅗ과 ㄨ 사이에 칼로 새긴 듯한 x 표시가 보인다.[49]

글월 '文'이 칼로 가슴에 글씨를 새기는 뜻으로 출발했지만 지금 그런 뜻으로 사용하는 사람은 없다. 오늘날에는 ㉮글 ㉯문장 ㉰무武에 대한 인문에 더해 ㉱+

---

47) 《서경》에서 묘사된 삶의 모습이 만물과 결합되어 《주역》에서 우주 만물의 생성원리로써 개념화된 것이다. 《예기禮記》 '악기樂記'에서는 봄에 싹이 나고 여름에 성장하게 하는 끊임없는 계절의 변화를 구체적으로 인(仁)이라고 규정했다. 송에 이르러 정호程顥·정이程頤·주자朱子 등도 《예기》의 주장을 받아들여 이것을 인仁이라고 해석함으로써 우주론적인 개념을 윤리적인 개념과 결합시켜 이해했다. 이후 생생은 역에서 출발하여 장재張載에 의해 음양론의 자연현상철학으로 그리고 태극과 음양의 형이상학, 그리고 이기론으로 발전한다.

48) 김용옥, 『동양학 어떻게 할 것인가』, 통나무, 1987, 276쪽.

49) 『書藝大字典』, 교육출판사, 경기고양, 1985.

말에 대비한 논리적 전개 ㉲자기 사유의 표현을 부호로 남긴 것 등 여러 의미를 내포한다. 마찬가지로 '생생'도 그 말이 태어난 이후 시대가 흐르며 다른 의미를 지니게 되어갔다.

이도의 철학정신을 '생생'이라는 명제와 연결시켜 생각해 본다면 생生에서는 인간(목숨), 개인의 삶으로서의 백성의 삶을 살피게 된다. 넓은 범위에서 이도 역시 생생한 백성인 한 생민이라 할 수 있다. 그리고 '생생生生'에 대해서도 ㉮ 어떻게 이도의 언술 속에 나타나 있고, ㉯ 세종의 시정時政을 통해 저변에 있는 '생생生生'의 부차적 의미를 탐구해 보아야 할 것이다.

주역의 원형이정元亨利貞은 돌아옴을 뜻한다. 마음을 성의정심[大學]의 마음의 기준으로 성誠 - 심心의 변화를 보면 '곡성曲誠 -형形 -저著 -명明 -동動 -변變 -화化 -성誠,[심心]'이 되는데 부분의 성誠이 생생의 길을 거쳐 다음 단계의 誠으로 변화되어 있음을 본다. 이것이 ㉮단순 순환이냐 ㉯진화론적 순환이냐 하는 데는 논의가 따를 것이다.

유가의 순환을 보자. 성誠과 정심正心은 인간이 갖추어야 할 근본적인 덕목으로 여기는 것 중 하나다.

㉮ 부분적인 것에는 진실함[誠]이 있어서 이것이 나타나며

㉯ 형形을 이루고 형이 뚜렷해지면[著] 밝게[明] 되고

㉰ 밝게 빛나면 움직이고[動], 움직이면 변하고[變]

㉱ 변하면 화化하게 되는데 여기에 진실[誠]이 있어야 바른 화化가 이루어진다.(중용 제23장)

화化는 새로운 차원의 성誠의 세계다. 이는 순환적 논리에 따른 새로운 겉모습의 세계라기보다는 진화론적 '새로움의 세계'라고 해야 할 것이다.

인식하지 못했던 마음[誠]이 새로운 성誠의 세계로 옮아가는 과정을 설명한 것이지만 이는 '생생의 길'에 대한 설명이라고 할 수 있다.

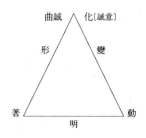

'성의'가 다시 '성의'로 돌아오는 것은 순환이다. 그러나 처음 시작한 성性과 다시 〈변화〉를 거쳐 온 성性이 같은 형질인지는 설명이 없다. 근본의 성性에는 변함이 없다. "변한다는 사실에는 변함이 없다"는 변역의 진리를 확인할 수 있다.

여기서 처음 출발 지점의 성의와 변화를 거쳐온 성의의 지점에서 소박한 진화론적 순환을 찾을 수 있을 것이다.50) 순환이란 모든 몸의 체계를 시간 속에서 지속시키는 리듬의 역동성이다. 반복이란 직선상의 두 개 이상의 시점에서 나타나는 동일한 사태의 현현이다. 순환circulation 속엔 반복repetition은 없다. 모든 순환은 원과 직선의 묘합妙合이다.51) 순환론에 이어 진화론적 순환론 다음에 오는 변화는 무엇일까.

곡성曲誠에서 출발하여 생생의 과정을 다시 제자리로 돌아왔을 때의 변화된 모습은 구체적으로 언급하지 않고 있다. 가령 성誠[心]은 잘못된 부분에서 시작하여 한 바퀴 돌아오는데 돌아온 자리 또한 온전한 성의인지는 알 수 없다. 그렇다면 첫 출발과 한 터울 지나온 심心의 차이는 무엇인가.

세종의 '생생의 길'에서는 실록을 읽으며 어떤 요인으로 변화가 일어나고 변화를 촉진하며 변화 후의 형과 질의 모습은 어떠한지에 유의해 보아야 할 것이다.

명제

변화를 일으키는 철학의 일반론적 명제를 생각해 보자.

(가) 변화는 외형적 혹은 질적 변화가 있다. 형질의 변화다. 또한 성性과 물物 사이의 교환과 충돌이 있을 수 있다.

(나) 일단 변화의 과정에 들어서면 변화가 변화를 이끌어 갈 수 있다.

(다) 변화는 이종 혹은 변종을 낳고 동종 간에는 새로운 변화가 일어나기 어렵지만 변종 간에는 새로운 종을 만들어 낼 수 있다.

(라) 질적 변화를 일으키는 요인으로는 순환이 아닌 모순간의 갈등이 작용할 수 있다. 변증법적 변화의 길을 가게 된다.

이 변화는 이 글의 전체 흐름이 될 것이다.

'생생의 길'은 1장에서 생과 생민, 2장에서 생업, 천직, 국체로 삶의 구조에 대

---

50) 최근덕 외, 『유학사상』, 성균관대학교출판부, 2003, 175~179쪽.
51) 김용옥, 『도올세설』, 통나무, 1990, 147쪽.

해, 3장에서 철학하는 환경으로서의 사유의 영역을 다루고, 4장에서 정치 실천 영역의 생성화 작용을 살피고, 5장에서 인간 생생에 초점을 둘 것이다. 6장에서는 생생의 길의 지향인 변역과 공향의 생생지락에 대한 논구가 따르게 된다.

지금은 '생생'이 자원字源 풀이의 수준인 순환이론에 머물러 있어 보인다. '문文'의 예에서 보듯 모든 의미는 변화하고 진화한다. 세종의 생생을 해석할 수 있어야 할 것이다.

1부
삶[생生]의 길

1장 세종 이도의 삶[생]철학
- 생민론

제1장 '세종 이도의 철학정신'에서는 생과 생생에 근거한 생민론에 대한 논의를 편다. 생민의 정신은 직직職과 업業의 정신으로 이어진다. 개인들이 모여 이루는 집단사회인 국가는 구성원들에 기초한 문화로서의 국격을 갖추게 된다.

1. 생생生生과 생생生生生

1) 생생生

생은 생생으로 이어진다. 생生의 자원字源은 땅속에서 움튼 초목의 새싹이 땅 위로 차츰 돋아나는 모양의 상형이다. 생의 뜻은 너무 다양하여 줄여 설명하기가 어려울 정도다. 사전에 나와 있는 '생'의 뜻은 ㉠동: 낳다, 태어나다 ㉡생기다, 자라나다 ㉢발생하다 ㉣명, 동: 삶(살다) ㉤명: 생계 ㉥명: 생명, 목숨 ㉦명: 생애, 일생, 평생 ㉧동: 지피다, 사르다 ㉨명: 〈佛〉衆生 등이다.

생이란 첫째 태어남으로, 태어난 전생前生을 가리킨다. 둘째 '살다'로 지금 여기에 있음이다. 살아 있는 현생現生이다. 목숨만 있는 게 아니라 의미 있게 살아 있음이다. 그리고 지금의 삶이 앞으로도 연속되어 이어질 것임을 뜻한다. 셋째 앞으로 태어나고 새로이 생겨남이다. 사유적思惟的으로는 지금의 나도 내일은 새롭게 다시 달리 태어난다는 것이다. '거듭나기'의 뜻과 유사한 '거듭살이'라 할 것이다. 변증법적인 회생回生이다. 넷째 포괄적으로 내가 살므로 남을 살릴 수 있다는 뜻이 있다.

생생의 길[生生之道]은 우주 만물이 끊임없이 생성·순환되는 천도天道의 무궁한 변화상을 가리키는 말로, 《주역》「계사전」에 처음 보인다. 상上 5장에 '생생지위역生生之謂易'은 자연세계의 변화 과정과 그 일정한 법칙을 표현한 것으로 핵심 원리가 바로 '생생'이다.[1]

다시 말해 태극太極·양의(兩儀:陰陽)·사상四象·팔괘八卦·만물萬物로 분화되어 끊임없이 생성되는 천도의 유행이 생생生生이고, 그것을 개념화하여 역易이라 한다.

'생생'이란 말은 《서경書經》 「반경盤庚」에도 보이지만 철학적인 의미보다는 여기서는 일상생활의 모습을 표현하는 말로 쓰였다. 《서경》에서 묘사된 삶의 모습이 만물과 결합되어 《주역》에서 우주 만물의 생성 원리로서 개념화된 것으로 여겨진다.[2]

정인지(鄭麟趾)가 《아악보(雅樂譜)》를 완성하고 서(序)를 지으며 오행과 연관하여 사회구성을 예시한 것이 있다.

소리 오행: (《의례(儀禮)》와 《시악풍아(詩樂風雅)》 12편과 《지정조격(至正條格)》과 임우(林宇)의 《석전악보(釋奠樂譜)》 등) 지금의 것을 가지고 참고하여 보면 궁(宮)·상(商)·각(角)·치(徵)·우(羽)의 다섯 가지 소리는 오행(五行)에 기본을 두고, 여기에다 임금·신하·백성·일·물건을 배합한 것이어서, 정치가 잘 되고 못 된다든가, 재난과 길상(吉祥)이 모두 그 종류에 따라서 응답되는 것이다.(세종 12/윤12/1) 以今考之, 宮, 商, 角, 徵, 羽五聲, 本之五行, 配之以君臣民事物, 治亂災祥, 各以類而應。

백성의 생을 표현하는 방법은 다양하겠으나 사회적 산물로 정신과 물질의 차원에서 분류하고 있다. 이는 천지인 즉 사람, 공간, 시간 속에서 사람이 정치[정신]와 경제[물질]와 연관된다. 오행을 임금·신하·백성·일·물건 등의 사회적 구성으로 풀고 있다.

세종시대의 생

《조선실록》에 등장하는 생生에는 생을 규정하는 여러 용어가 있다. 고생苦生,

---

1) 姜任淑, 『주역』의 생생윤리 연구, 경상대학교 대학원 박사학위논문, 2005, 11쪽.
2) (참고): 한국학진흥원, 『유교용어사전』, 2007. 『예기禮記』, 『악기樂記』에서는 봄에 싹이 나고 여름에 성장하게 하는 끊임없는 계절의 변화를 구체적으로 인仁이라고 규정하였다. 송대宋代에 이르러 정호程顥·정이程頤·주회朱熹 등도 『예기』의 주장을 받아들여 이것을 인仁이라고 해석함으로써 우주론적인 개념을 윤리적인 개념과 결합시켜 이해하였다.

도생圖生, 기생寄生, 구생苟生, 영생永生, 부생浮生, 미생未生 등이다.

기생寄生: 공정 대왕(恭靖大王)은 비록 대를 이은 임금이라고 하지마는, 하윤이 일찍이 말하기를, '기생한 임금이라.'하였다.(세종 13/10/14) 恭靖大王, 雖云繼世之主, 河崙嘗言: 寄生之君.

기생: (함길도 감사에게 야인의 군역 복무를 금할 것을 의논하여 아뢰게 하다) 너희 들이 우리나라 안에서 의지해 살고 있으니, 국가에서 지극히 불쌍히 여기고 있다.(세종 17/7/26) 爾等寄生境內, 國家至極憐憫.

부생浮生: 성부원군 한규의 졸기. 嗟夫! 浮生如此.(태종실록 16/11/13)

도생圖生: 동북면 경차관 윤하·박미가 경성·경원 등지의 전황에 대하여 복명하다. (태종실록 10/5/29) 速入柵以圖生.

기생寄生은 '의지해 사는 생', 부생은 '덧없는 인생', 도생은 '살아나가기를 꾀함'이다.

《세종실록》에는 미생未生이 4건 있다. '태어나기 전에'(세종 21/5/3, 22/10/23)라는 뜻이고, 그 중 하나는 '(큰 폐해가) 발생하지 않아'의 뜻이다.(세종 22/3/18) '곡식이 잘 되지 않는다, 패지 않는다'는 뜻의 미생도 있다.

미생未生: 금년의 가뭄이 또 심하여 밀·보리가 이미 되지 않았고, 만일 또 10일 동 안에 비가 오지 않으면 이미 생긴 싹 은 혹 마를 것이요, 아직 생기지 않은 싹은 또한 맹동(萌動)을 하지 않을 것이다.(세종 30/5/11) 今年之旱又甚, 來牟已不遂矣.若又十日不雨, 則已生之苗, 或至枯槁, 未生之苗, 亦不萌動.

'이생', '기생'과 '미생'이 대조적으로 쓰이고 있다. 미생을 사람에 비유한 기록 은 없으나 식물에 인간을 대입하면 '피지 못한 인간의 생'이다. 반면에 구차한 생을 이겨내는 생이 있다. 상생相生과 갱생更生이 그 예이다.

상생相生: 채성우(蔡成禹)의 《지리변망(地理辨妄)》에 세상에는 떠드는 자들이 길흉의 표준이 없음으로써 ... 상극되면 흉하고, 상생되면 길하다고 하다.(세종 1/3/9) 世之爲說 者, 以吉凶之無準, ... 以相克爲凶, 相生爲吉.

갱생更生: 며칠 뒤에 다시 계교하는 마음이 생기다.(세종 7/2/29) 累日後更生計較.

갱생이 여기에서는 부정적 의미로 쓰였다. 위의 갱생更生은 거듭살이 혹은 거듭나기와 같은 함의含意는 갖고 있지 못하고 '다시 생기다'의 원의原義를 지니고 있을 뿐이다. 그럼에도 여기 제시하는 것은 '의미 변화'의 한 예로 보고자 함에서이다. 즉 원의가 어떻게 시대에 따라 변화하는가를 살피는 것이 '실록학' 연구의 한 방법일 수 있기 때문이다. '살기/살이'에 따른 연관어로는 재생, 소생, 활생, 생기生氣, 생기生起 등이 있다.

실록에 나타나 용어를 통해 고생에서 갱생에 이르는 구조를 표로 보자. 정신과 경제적인 측면에서의 긍정/부정 차원을 기준으로 분류해 본다. 여기 마지막 갱생의 길이 '생생화'이다. 미생이 공향[共享/共生]에 이르는 길이 '생생의 길'이 되겠다.

표. 고생에서 갱생까지

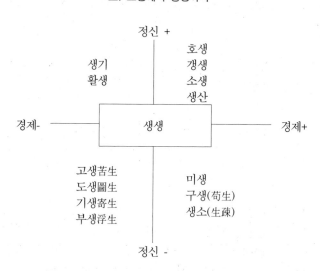

2) 실록 속의 '생생' 용어들

생생으로부터 출발한 인人·물物이 격을 갖추게 되어가는 단계가 생성과 생생이다. 생성과 생생은 생生이 작용하여 내적·외적[질적·형상적]으로 무엇인가로 발현되는 즉 변화해가는 모습이라 하겠다.

생이 '삶'이라면 '생생生生'은 '새로 나기', '되살아나기', '되살기', '거듭살이', '거듭나기' 등이다. '되살아나기'는 죽어가는 곡식이 단비로 되살아나는 경우이지만, 사람과 연관하여서는 잠자고 있거나 마음속에서 꺼져 있던 본래의 의식이 다시 살아난다는 뜻의 '거듭살이/나기'가 조금 더 가까울 것이다.

이번 글의 구성은 생생철학의 구조상 '생' 단계에서 먼저 《세종실록》에 나오는 '생'과 '생생'의 용어 분석에서부터 시작하여 '생생' 기록 전체를 실록상의 시간 중심으로 풀어본다. 실록 속에 나타나는 '생생生生' 원문 총 169건 중 세종이 26건이다.3) 생생의 연관어에서는 세종이 가장 많다. 생생에 대한 세종의 의지와 지향이 사상과 철학으로까지 변통되는 것으로 여겨진다. '생생'의 용어 풀이로만 생생철학을 해석하는 데는 한계가 있겠으나 논증은 다음 과제로 여기고 이번에는 '생생'기사 전체를 풀이해 본다.

생생은 현실적으로 삶의 어려움에서 출발한다. 생생에는 먼저 '참되게 살아가는/살아내는' 뜻의 일상적 의미가 있다.

살아내기: 만약 보양(保養)할 방책을 혹시라도 게을리 하면 살아가(내)기가 실로 어려울 것이니, 환상(還上)과 진제(賑濟)를 제때에 지급하도록 하여 내가 백성을 근심하는 뜻에 부응하도록 하라.(세종 8/9/7) 若保養之方或怠, 則其生生實難。

가) 생생지망

개유생생지망皆有生生之望: 경상도의 각 관에는 대개 사람은 많고 땅은 좁으며, 또 무술년 수한(水旱)의 재앙으로 인하여, 전라의 순천·낙안(樂安)·광양·구례 등처에 이동하여 가서, '거기에 땅이 넓은 것을 좋아하여, 안심하고 모여 살며, 호적까지 붙여 넣었으니, 모두 생생한 희망을 갖게 되었습니다.'(세종 1/7/28) 樂其地廣, 安集付籍, 皆有生生之望。

(주) 皆有生生之望개유생생지망: 모두 삶의 희망을 갖다.

---

3) 생생生生 원문 전체 169건 중
  초기: 태조 2, 정종 1, 태종 2, 세종 26, 문종 4, 단종 1, 세조 9, 예종 1, 성종 27
  중기: 연산군 12, 중종 35, 명종 10, 선조 6, 광해군 1/1, 인조 2, 효종 1, 현종 2
  후기: 숙종 1, 영조 2, 정조 8, 순조 7, 고종 4
  (참고) 《조선실록》에는 성종 29건, 중종 37건이지만 각 2건은 다른 어휘다.

영수생생지망 永遂生生之望: (도도웅와都都熊瓦 가 보낸 서신에 답한 예조 판서 허조許稠의 편지) 나의 지극한 마음을 알리게 하여, <u>스스로 새롭게 사는 길을 열게 하여 주어, 길이 생생(生生)하는 희망을 이루게 하여</u>, 나의 일시동인(一視同仁)하는 뜻에 맞게 하노라.(세종 1/10/18) 使開自新之路, 永遂生生之望, 以副予一視同仁之意。

스스로 새롭게 사는 길을 열게 해주어 삶의 희망을 이루도록 한다.

생생지망生生之望: 제주 사람들이 마소를 도둑질하여 그 생계로 한 것은, 오로지 땅이 비좁고 백성이 조밀해서 농사를 지을 수가 없어서이며, 항산(恒産)이 없는 까닭입니다. 이미 육지로 내보내어 관청에서 토지와 일거리를 주어서 생계를 이루게 하여 모두 살 수 있는 희망이 있으니, 하필 본토(本土)로 내보내겠습니까.(세종 18/6/23) 已令出陸, 官給田業, 俾遂其生, 皆有<u>生生之望</u>矣, 何必送還本土乎?

나) 생생지리/ 생생지본

생생지리生生之理: (소를 교역하는 일을 의논하다)임금이 말하기를, 암소는 생식하는 이치가 있는데 어찌 이(利)됨이 없겠는가. 황소가 비록 소중하나 다만 그 힘을 이용할 뿐이다.(세종 14/6/3) 牝牛有<u>生生之理</u>, 豈無其利? 牡牛雖重, 但資其力耳。

생생지본: 부부(夫婦)는 인륜(人倫)의 시초로서 천지에 근본하고 음양에 순하여 만물의 생생(生生)의 근본을 이루는 것이다.(세종 30/7/22) 夫婦, 人倫之始, 本乎天地, 順乎陰陽, <u>以成萬物生生之本也</u>。

생생지원生生之源: (불씨의 해악을 들어 불당 설치의 불가함을 상소하다) ... 저 불씨는 욕심이라 하여 남녀의 배필을 없애어 생생의 근원을 끊으니, 해가 되는 그 한 가지요.(세종 30/7/22) ... 彼佛者乃曰欲也, 而去男女之配, 絶<u>生生之源</u>, 爲害一也。

생물에 빗댄 '생생지본'과 '생생지원'으로 자연의 이치를 설명하고 있다.

생생무궁生生無窮: (지중추원사 정인지 등이 불교를 숭상하는 것에 대한 우려와 실망을 상소하다): 천지 조화가 가는 것은 지나가고 오는 것은 이어서 생생(生生)이 무궁하오니, 이는 모두 자연의 이치로서 바뀌지 않는 수(數)가 있습니다.(세종 23/12/9) 天

地造化, 往者過, 來者續, <u>生生無窮</u>, 皆自然之理, 有不易之數。

　영등생생지역永登生生之域: 백성들로 하여금 살 곳을 얻게 하였사온데, 이제 갈리는 기일이 닥쳤사오매 백성의 부모를 잃을까 두렵사오니, 비옵건대, 명년 밀·보리가 익을 때까지 한하여 갈지 말아 주시와 우리 백성들로 하여금 영구히 생생(生生)하는 데에 오르게 하소서.(세종 27/5/12) 使民得所。今遞期日逼, 恐失父母, 乞限明年兩麥成熟間勿遞, 俾我黎庶<u>永登生生之域</u>。

각 지역에서 백성들이 '살아갈 영역으로 오르는' 데 공헌한 관리가 있어 유임을 원하지만 결국은 윤허하지 않는다.

다) 생생지업, 생생자육

　득생생지업得生生之業: (호조에서 공법에 대한 여러 의논을 갖추어 아뢰다) 그 집의 식구를 참작하여 농경지의 다과(多寡)를 정하고, 권력 있고 부강한 자가 밭두둑을 연접해서 많은 전지를 강점하는 폐단을 없애어 <u>외롭고 약한 영세민에게 생활을 영위할 수 있는 업을 얻게</u> 한 후에, 손실법(損實法)을 거듭 밝혀 불평의 탄식 소리가 없게 한다면 실로 국가의 무궁한 이익이 아닐까 합니다.(세종 12/8/10) 莫若計其一家之人口 而定其耕田之多寡, 使其豪强無連阡之田, 寡弱得生生之業, 然後申明損實之制, 使無不平之(歡)[歎], 則實國家無疆之利。

농업은 특히 농민이 생활을 할 수 있게 하는 업으로 바로 생생의 업이 될 수 있게 정치가 펼쳐져야 한다. 더불어 '스스로 자라는 힘'을 지속적으로 갖기를 바란다.

　생생자육生生自育: 우리나라는 인물(人物)이 교화(敎化) 속에 살고 있어, 낳고 나서 스스로 자라 백성이 날로 번성합니다.(세종 21/7/20) 我朝人物, 囿於敎化之中, <u>生生自育</u>, 生齒日蕃。

　공향생생지업共享生生之業: (제주 있는 야인의 귀화에 관해 함길도 도절제사에게 전지하다) 저들이 관직을 받고 서울에 살면서 시위(侍衛)하려고 하면, 역시 그 소원대로 들어주어서 영원히 북문(北門)의 울타리가 되게 하여, 함께 생생(生生)의 업(業)을 누리게 할 것이라.(세종 23/7/1) 彼欲受職, 居京侍衛, 則亦從其願, 永作北門之藩, <u>共享生生之業</u>。

라) 생생지리生生之利

생생이란 ㉮살아감에 자기 생활에 이익이 됨을 알게 하고 ㉯강제가 아닌 자발성을 조건으로 한다.

생생지리生生之利: (평안도 함길도 감사에게 목면을 심도록 전지하다) 지금 종자와 심는 방법을 보내니, 경들이 나의 뜻을 본받아 도내의 각 고을에 나누어 먼저 관가(官家)로 하여금 심어서 토지의 성질을 경험하게 할 것이다. '대저 어리석은 백성들은 비록 자기의 생활에 절실히 이익됨이 있더라도, 만약 관가에서 영을 내린다면 반드시 꺼리는 마음을 내게 되니, 모름지기 강제로 이를 심지 말게 하라.'(세종 18/1/6) 大抵愚民, 雖切己<u>生生之利</u>, 若官家所令, 則必生忌憚, 勿須勒令種之。

생생의 이익: 생생의 이익을 이루다. 以遂 生生之利。(세종 21/5/5)

마) 생생지복/생생지락

생생지복生生之福: 민생도 역시 삶을 이룰 수 있을 것이온즉, 이 어찌 백성들의 부모를 섬기고 처자를 기르는 생생(生生)의 복(福)뿐이겠습니까.(세종 17/3/4) 豈徒斯民仰俯 <u>生生之福哉</u>? 實爲殿下保民無疆之休矣。

'생생의 복'이란 관리들의 기강이 서서 어려운 백성의 진제 상황을 살피며, 백성은 부모를 섬기고 처자를 기르는 민생의 기본이 되는 것으로 바로 바른 정치다.

영보생생지락永保生生之樂: (함길도 감사에게 야인의 군역 복무를 금할 것을 의논하여 아뢰게 하다) 지금 국가에서는 차마 너희들에게 공역에 복무하는 일을 맡길 수 없으므로, 군사를 거느리고 읍성을 수비하는 역사는 폐지하도록 하여 생업(生業)에 안정하게 하니, 너희들은 마땅히 국가에서 너희들에게 대우하는 지극한 뜻을 알아서 안심하고 직업을 경영하여 영구히 끊임없이 살아가는 즐거움을 보전할 것이다.(세종 17/7/26) 今國家不忍加汝以服役之事, 許罷率領守禦之役, 俾安生業, 汝等當知國家待汝至意, 安心營業, <u>永保生生之樂</u>。

각수생생지락各遂生生之樂: (백성의 폐해를 구제하는 것 등에) 관리는 깨우쳐서 반성하는 마음으로 관가의 일을 문란하게 하지 못하게 하고, 백성들이 적발하여 아뢰는 기풍이 없음으로써, 또한 원통하고 억울한 처지를 면하게 하여, 전리(田里)로 하여금 근심하고 탄식하는 소리가 영구히 끊어져서 각기 생생하는 즐거움을 이루도록 할 것이다.(세종 5/7/3) 庶幾吏有警省之心, 而不至於敗官; 民無告(訐)[訐]之風, 而亦免於冤抑, 使田里永絶愁嘆之聲, 各遂生生之樂。惟爾吏曹, 體此至懷。

오랫동안[永保] 그리고 각자 모두가 생생지락을 이루도록 하는[各遂] 삶의 보람을 나누고자 하는 알림[효유]이다.

생생지락 生生之樂: (야인 토벌의 계책을 세우도록 김종서에게 명하다) 지난해에는 벼농사가 조금 잘되어 인민들이 비로소 안착하는 마음과 생활의 즐거움이 있었겠으나, 민심이 이미 그 고향을 잊었을까를 알지 못하겠으며, 또 윗사람을 친하고 나라를 위해 죽는 마음이 있을까를 알지 못하겠도다.(세종 19/5/20) 去年禾稼稍登, 人民始有安土之心, 生生之樂, 然未知民心已忘其故居乎? 亦未知有親上死長之心乎?

생생자락生生自樂: (함길도 도절제사가 양인 고조화의 입거를 허락한 것의 불가함을 아뢰다) 고조화 등이 현재 살고 있는 곳은 경작할 만한 좋은 밭이 있고, 수륙(水陸)으로 어렵(漁獵)할 곳이 있어, 대대로 생식하며 즐겁게 살 수 있는데도, 지금 옮겨 살려고 하는 것은 특히 범찰이 한때에 강제로 옮겨 두려는 해를 면하자는 것이요, 영구히 살려는 계책이 아닙니다.(세종 21/9/4)高早化等時居處, 有良田可耕, 有水陸漁獵之所, 生生自樂。今欲移居, 特免凡察一時勒令移置之害耳, 非久住之計。

영향생생지락永享生生之樂: (함길도 도절제사 김종서에게 야인 다스릴 방책을 전지하다) 우리나라에서 너희들이 본업에 돌아오는 정상을 불쌍하게 여기어 덮어두고 의논하지 않고서 생업을 편안히 하게 하였으니, 우리나라의 은혜가 만만 번 중할 뿐이 아니다. 너희들은 마땅히 자제를 서울에 들여보내어 시위(侍衛)에 종사(從仕)하고, 때때로 왕래하여 부모 친척과 만나 보아 생생(生生)의 낙을 길이 누리는 것이 실로 너희들의 다행이 될 것이다.(세종 22/4/24) 然我國憐憫汝等還業之情, 置而不論, 俾令安業, 我國之恩, 不啻萬萬也。汝等當以子弟入送京中, 從仕侍衛, 時時往來, 相見父母族親, 永享生生之樂, 實爲汝等之(辛) [幸]也, 則我國尤見汝等之誠矣。

바) 공향생생지락

생생지락은 개인이 느끼는 기쁨에서 시작한다. 오래 지속되거나 다른 사람과 나눌 수 있는 기쁨은 즐거움이 된다. 이 즐거움이 개인에서 끝나지 않고 다른 사람과 나눌 때 사회적 태평/융평의 기쁨이 된다. 남과 나눌 수 없는 기쁨은 개인의 진정한 기쁨이 될 수 없기 때문이다.

공향생생지락가共享生生之樂可: (함길도의 알타리들을 성심으로 후대하도록 도절제사 이세형에게 전지하다) 이제 너희들은 범찰(凡察)이 도망갈 때를 당하여 일찍이 따라가지 않고, 예전과 같이 생업에 편히 종사하면서 한마음으로 힘을 다하였으니, 이로써 너희들의 나라에 향하는 정성이 종시 변치 아니한 것을 알겠다. 너희들에게 후하게 물건을 주는 것은 너희의 공을 가상히 여기기 때문이니, 너희는 마땅히 이 마음을 더욱 굳건히 하여 길이 나라의 울타리가 되어 같이 살아가는 즐거움을 누리는 것이 마땅할 것이다.(세종 24/1/7) 以此知汝等向國之誠, 終始不渝, 厚加賚賜, 以賞汝功, 汝當益堅此心, 永作藩籬, <u>共享生生之樂可也</u>。

안생락업安生樂業: (김종서에게 북쪽 야인들을 잘 효유하도록 교서하다) 그대로 경성 땅에 있게 하고 옮길 필요가 없겠다. 왕은 오직 잘 무마하고 구휼하여 '생업(生業)에 안락하여 각각 그 살 곳을 얻게 하라.'고 하였기에, 이 칙유를 공경히 받들어 다시 직업에 안착시켜, 우리 백성들과 더불어 길이 생활의 즐거움을 누리기를 바랐더니, ... (뜻밖에 원한을 품고 속이는 계책을 이루고자 간사한 일을 ...). (세종 21/5/14) 使之安生樂業, 各得其所。 欽此。 復令安業, 庶與吾民永享生生之樂。

공향생생지락共享生生之樂: (함길도 도관찰사 정갑손에게 도의 인민을 5진에 입거시키지 않겠다고 했음에도 백성들이 동요하게 두는 것을 책망하다) 비록 타도의 백성이라도 오히려 전거(奠居, 머물러서 살 만한 곳을 정함.) 하게 하여 함께 생생(生生)의 낙을 누리게 하고자 하였다.(세종 25/10/24) 雖他道之民, 尙欲使之奠居, <u>共享生生之樂</u>, 況咸吉一道, 祖宗肇基之地, 其民之安生樂業。

생민지대명生民之大命, 이수기생생지락以遂其生生之樂: (옛 성현들의 예를 들어 백성들이 부지런히 농사에 힘쓸 것을 하교하다) 나라는 백성으로 근본을 삼고, 백성은 먹는 것으로 하늘을 삼는 것인데, 농사하는 것은 옷과 먹는 것의 근원으로서 왕자(王者)의 정치에서 먼저 힘써야 할 것이다. 오직 그것은 백성을 살리는 천명에 관계되는 까닭에, 천하의 지극한 노고(勞苦)를 복무(服務)하게 하는 것이다. 위에 있는 사람이 성심

(誠心)으로 지도하여 거느리지 않는다면 어떻게 백성들로 하여금 부지런히 힘써서 농사에 종사하여 그 생생지락(生生之樂)을 완수하게 할 수 있겠는가.(세종 26/윤7/25) 國以民爲本, 民以食爲天. 農者, 衣食之源, 而王政之所先也. 惟其關生民之大命, 是以服天下之至勞. 不有上之人誠心迪率, 安能使民勤力趨本, 以遂其生生之樂耶.

생생의 락은 북방 야인들과의 관계에서 ㈎ 야인의 자제들을 서울로 보내고, 일하게 하고 ㈏ 부모와 자식의 왕래와 상봉이 이루어지고 ㈐ 야인은 행복, 국가는 그 정성을 보고 ㈑ 생생의 락을 오래 누리고 ㈒ 마침내 생생의 기쁨을 함께 누리는 일이다. 마지막 목표는 각자가 락을 누리며, 락을 함께 나누는 일이다.

이로부터 희망과 ⇒ 원리와 ⇒ 업으로, 그리고 길러[쌓아]가고 ⇒ 그 이로움을 알고 ⇒ 복과 락을 누리게 되며 ⇒ 마침내 함께 즐거움의 삶을 나누는 길을 지향한다.

민락생생자 民樂生生者: (임금이 영응대군(永膺大君) 집 동별궁에서 훙(薨)하였다) 나라 안이 편안하여, 백성이 살아가기를 즐거한 지 무릇 30여 년이다. 거룩한 덕이 높고 높으매, 사람들이 이름을 짓지 못하여 당시에 해동 요순(海東堯舜)이라 불렀다.(세종 32/2/17) 壬辰/上薨于永膺大君第東別宮. 四境按堵, 民樂生生者, 凡三十餘年. 聖德巍巍, 人不能名, 時稱海東堯舜.

단순히 '생생'으로 나타난 기사를 보고 생생 사상을 아우르는 일이 논리적인가 하는 의문이 들 수도 있으나 실로 세종 정치의 시기[시간]별 생생을 개관만 하여보아도 ㈎ 전체적인 구성 속에서 ㈏ 체계적인 변역[변화]이 이루어지고 있음을 발견하게 된다. 이는 마치 세종의 정치는 처음부터 사상[철학]의 기반 속에 기획된 정치가 아닌가, 하는 놀라움마저 갖게 한다. 아래의 분석을 보자.

'生生'에 대해 실록에 나타난 시기 순으로 세종의 '생생' 26건을 정리하면 다음과 같다.

- 皆有生生之望, 왜구침입   세종 1/7/28
- 永遂生生之望, 都都熊瓦의 편지에 허조 답   세종 1/10/18

- 各邃生生之樂　　　　　　　　　　　　　　　　세종 5/7/3
- 絶生生之本　　　　　　　　　　　　　　　　세종 6/3/12
- 則其生生實難　　　　　　　　　　　　　　　세종 8/9/7
- 生生之業　　　　　　　　　　　　　　　　　세종 12/8/10
- 生生之理　예: 牝牛빈우　　　　　　　　　　세종 14/6/3
- 生生之福　　　　　　　　　　　　　　　　　세종 17/3/4
- 永保 生生之樂　　　　　　　　　　　　　　　세종 17/7/26
- 生生之利　　　　　　　　　　　　　　　　　세종 18/1/6
- 皆有 生生之望矣　　　　　　　　　　　　　　세종 18/6/23
- 人民 始有安土之心 生生之樂　　　　　　　　세종 19/5/20
- 以邃生生之利　　　　　　　　　　　　　　　세종 21/5/5
- 永享生生之樂　　　　　　　　　　　　　　　세종 21/5/14
- 生生自育　　　　　　　　　　　　　　　　　세종 21/7/20
- 生生自樂, 대대로 즐겁게 살 수 있는데　　　세종 21/9/4
- 生生自育, 낳는대로 잘 길러　　　　　　　　세종 22/2/6
- 永享生生之樂　　　　　　　　　　　　　　　세종 22/4/24
- 共享生生之業　　　　　　　　　　　　　　　세종 23/7/1
- 生生無窮 생생무궁　　　　　　　　　　　　세종 23/12/9
- 共享生生之樂可也　　　　　　　　　　　　　세종 24/1/7
- 共享生生之樂, …其民之安生樂業　　　　　　세종 25/10/24
- 惟其關生民之大命, 以邃其生生之樂耶　　　세종 26/윤7/25
- 民生可慮 俾我黎庶永登生生之域, 영구히 생생의　세종 27/5/12
  역域에 오르기
- 以成萬物生生之本也　　　　　　　　　　　　세종 30/7/22
- 四境按堵, 民樂生生者, 凡三十餘年　　　　세종 32/2/17

《조선실록》 속의 '생생' 원문은 169건이다.4) 국역은 총 104건 중 세종 30건이
고 성종은 7건, 중종 8건, 그 다음이 영조 13건이다.5) 개관하면 역사적으로 융평

---

4) 초기: 태조 2, 정종 1, 태종 2, 세종 26, 문종 4, 단종 1, 세조 9, 예종 1, 성종 29
   중기: 연산군 12, 중종 37, 명종 10, 선조 6, 광해군 1/1, 인조 2, 효종 1, 현종 2
   후기: 숙종 1, 영조 2, 정조 8, 순조 7, 고종 4
5) 참고로 《조선실록》 '생생' 기사 중 이밖에 세종 1년 3월 7일자에 '생생'이라고 실록에 국
   역이 된 것이 한 곳 있는데 흉년에 사냥에 나선 상왕에 대한 이야기다. "사람들의 이목에
   생생하온데, [在人耳目, 今又巡幸] 지금 또 순행하신다면, 어찌 실신(失信)하는 일이 아니겠

隆平의 정치를 한 세종과 어린 나이에 임금이 된 성종 때 많이 등장한 것을 볼 수 있다. 성종 시대는 조선 초기 세종 이후의 문물제도가 마무리 되는 시점과 연결된다. 생생의 기사 문헌은 있다. 분석과 해석이 필요한 근거는 마련되어 있는 셈이다.

생생 그 자체로는 사상적 의미가 적다. 그러나 생생화 작용과 결합하면 다양한 철학적 함의가 나타나는 것으로 보인다. '생생'의 의미를 조금 더 구체화하기 위해 조선조에 나타난 '생생화 작용'의 몇 예를 본다.

生生之望	원문 총 5건 중 세종 3건, 연산군 1건, 중종 1건 등
生生之理	원문 총 17건 중 세종 2건, 기타 성종 5건, 중종 8건 등
生生之本	원문 총 8건 중 세종 2건, 문종 3건, 단종 1건
生生自育	원문 총 2건 중 세종 2건으로 전부.
生生之業	원문 총 13건 중 세종 2건, 성종 6건, 중종 4건 등
生生之利	원문 총 5건 중 세종 2건, 중종 2건 등
生生之福	원문 총 1건 중 세종 1건
民樂生生者	원문 총 1건 중 세종 1건
生生自樂	원문 총 1건 중 세종 1건
生生之樂	원문 총 16건 중 세종 8건, 중종 2건, 선조 2건

생생과 관련한 실록의 기록을 보면 세종은 생생화의 임금이다. '생생'을 비롯하여 생생 연관어에서도 세종은 골고루 많이 나타난다. 생생의 목적지는 어디일까. 하민이 생민으로 변화해 가는 길이다.

'생생'의 개념 비교를 위해 후세 다른 임금의 예도 보자.

생생은 성리학이 보다 강화되는 조선 중기 이후 그 사용빈도가 높아지고 있다. 그러나 성종, 중종 때의 '생생'은 수사적인 내용이 더 많아진다.

성종조에는 27차례 나오는데 그 가운데 성리학적 표현이 아닌 실생활을 표현하는 문구들이 보인다. 不能生生(성종실록 5/10/9), 我何生生(성종실록 6/8/20), 足以

습니까." 한문으로 된 생생이 아니고 '이목이 생생하다'로 번역되었다. 실록에서 국역으로 된 용어는 실제 한문과 거리가 있을 때가 있다. 세종 이전의 '생생' 기록은 태조 2건, 태종 2건이다.

生生(성종실록 9/2/21), 生生無計(성종실록 15/6/7), 何以生生(乎)(성종실록 16/1/25, 19/윤1/13) 등이다.

생생의 뜻이 보다 생활상의 구체성을 나타내는 변화가 보이고 있다. 명사가 아닌 형용어로 쓰이고 있다. 나머지는 명사名詞로서 성리학적 표현들이다.[6]

《조선실록》중 '생민지정生民之政'은 2건 있다. 세종조에 충청 감사 정인지鄭麟趾가 흉년 구제의 방책을 올린 중에 나온다.(나머지 한 건은 영조 대에 있다.)[7]

> 신(臣)은 생각하기를, 인민을 위한 정치는 음식물과 재물 두 가지뿐입니다.(세종 18/7/21) 臣謂生民之政, 食貨二者而已。

생생화의 마지막 목표인 '생생지락生生之樂'을 다시 보면《조선실록》원문 총 16건 중 세종 8건이다. 세종은 '생생지락'을 실현하려했던 임금이다.

3) 생생의 모습들: 실록 속의 생 그리고 생생

생생의 모습을 알아보기 위해《세종실록》을 중심으로 '생생'과 연관된 용어[주제어]를 살펴보자.

---

6) 중종의 경우는 용어/개념어로서의 '생생'은 22건 그리고 상황 설명어로서 13건이다. 생생 자체 기록에서는 세종보다 성종과 중종이 더 많다. 그러나 생생과 관련한 일련의 과정 즉 '생생의 길'[道, 路] 등 과정과 '생생지망', 목표인 '생생지락'에 이르는 체계적인 구성은 세종이 전체적으로 온전한 틀을 구성하고 있다. 마치 생생의 철학적 명제를 차례차례 생생화의 실천으로 옮긴 듯 일련의 연관성과 필연성이 보인다.

7) "임무를 맡겨 책임을 이루게 한다면 거의 백성들을 구제하는 정사에 보탬이 될 것입니다." (영조 38/10/27) 委任責成, 庶有補於救濟生民之政矣。

표. 세종의 생생화의 흐름(숫자는 세종 년/월)

용어/년도	望	樂	本	生生實	業	理	福	利	自育	自樂	無窮	域	源	生生者
~5	1/7 1/10	5/ 7												
~10			6/3	8/9	12/8	14/6								
~15	皆有 18/6 19/5	永保 17/7					17/3	18/1						
~20		21/5 21/9 永享 22/4			共享 23/7			21/5	21/7 22/2	21/9	23/12			
~25		共享 24/1 共享 25/10			(안생락업 25/10)									
~30		遂~樂26/ 윤7	30/7									永登域2 7/5	30/7	
~32														32/2

여기서 다른 임금들과의 객관적인 비교를 통해 보더라도 세종은 마치 준비된 생생철학을 정치 현장에 옮겨 놓은 듯 생생정치를 펼친 것으로 나타난다.

세종의 생생의식과 실천 과정

위의 전체 흐름을 통해 세종의 생생에 대한 의식과 실천의 과정을 정리해보자. 첫째 시기별로 새로 등장하는 생생의 의미/개념들의 변화다.(괄호 안 숫자는 세종 년도)

초기 1~10년   望(1)   - 樂(5)   - 本(6)
중기 11~20년   業(12)   - 理(14)   - 福(17)   - 利(18)
후기 21~   自育(21) - 自樂(21) - 無窮(23)) - 域(27)
                      源(30)   - 生生者(32)

소망과 즐거움 그리고 근본[理] 대한 마음가짐에서 출발하여, 이를 업으로 연결하고 업業에서 얻는 복福과 리利의 구체적인 소득들을 확인하며, 나아가 스스로 자라고, 기쁨을 만들 줄 알며 그 영역을 넓히며 마지막에 생생한 것[生生者]이 되는 것이다. 이것이 생생이 이루고자하는 '생민生民의 모습'이라고 규정해도 좋겠다.

최소한 세종은 생생자의 모습을 닮아 있다고 말하지 않을 수 없다.

둘째 시기별로 심화되는 몇 용어들의 변화다.(괄호안 숫자는 세종 년도)

표. 생생의 길

	초기(세종1~10년)	중기(11~20년)	후기(21~30년)	말기(~32년)
望	望 (1)	皆有望 (18)		
樂	各逐 ~樂(5)	永保 (17)	永享 樂 (22) 共享 樂 (24) 共享 樂 (25)	
業		業 (12)	共享 業 (23) 樂業 (25)	(民樂生生者)

- 소망: 먼저 소망[望]으로 즉 세종 1년의 누구나 가질 소망所望[皆有生生之望]은 곧 오래 누릴 소망[永逐生生之望]으로, 곧 이어 5년에는 누구나 누릴 삶의 즐거움[各逐生生之樂]으로 발전한다. 왜구 침입에 대한 즉 외부 도전에 따른 시책으로 나오는 언명들이지만 시기에 따라 체계적으로 발전한다. 이는 18년에 모두의 소망[皆 有望]으로 다시 확인된다.
- 락: 락樂은 세종 5년 '각자 누리는 락' [各逐生生之樂]에서 17년에는 영원히[永保] 누리는 락으로, 그리고 22년 영원히 같이 나누는 뜻의 영향永享의 락(22년), 그리고 모두 함께 나누는 공향共享의 락(24년)으로 발전한다. 그리고 마침내 누리[逐](26년)게 된다.
- 업: 업業은 세종 12년 업에서 23년 누구나 혜택을 받는 공향共享의 업으로, 그리고 락업樂業(25년)에 이른다.
- 모두[皆]: 언명에서 출발한 망望, 락樂, 업業들은 개인의 단위에서 모두[皆]로 발전한다.(18년~25년)
- 공향共享[같이/함께]: 같이 나누는 의식으로 그리고 마침내 이를 함께누리는 (혹은 누려야 하는) 단계로 진화해 간다.(25년)

실록에 나타난 특성을 시기별로만 보아도 '생생'에 대한 세종의 일관된 변역 정신이 체계적임을 보여주고 있다.

- 역域, 원源: 생생은 후기에 역域, 원源 그리고 마지막에 생생자生生者이다.(세종 27년, 30년)
- 생생자生生者: 생생한 모습[者]으로서 거듭난 사람으로 다시 태어나게 된다. 즉 이는 앞서 규정한 생생지락의 일정한 틀을 갖춘 생민生民의 모습이라고 할 수 있다.(세종 32년)

목표와 목적에서 목표는 구체적 상황을, 목적은 지향점을 뜻한다. '생생'에서는 생활 속의 구체적 변화를 통해 의식의 변화를 갖추어 가는 모습을 볼 수 있다.

(도도웅와가 보낸 서신에 답한 예조 판서 허조의 편지) 예조에 영을 내려 돌아가는 사자(使者)에게 글을 부쳐, 나의 지극한 마음을 알리게 하여, 스스로 새롭게 사는 길을 열게 하여 주어, 길이 생생(生生)하는 희망을 이루게 하여, 나의 일시동인(一視同仁)하는 뜻에 맞게 하노라.(세종 1/10/18)下令禮曹, 書付回使, 諭予 至懷, 使開自新之路, 永邃生生之望。

자신지로自新之路는 '스스로를 개신'하여 생생지락의 세계로 들어가는 방법을 일컫는다.

'생생生生'은 '거듭살이'라 하겠는데 다른 용어로는 '참살이' '얼살이'의 뜻을 가지고 있기도 하다. 그렇다면 '참살이'는 무엇인가. 삶이란 살아가는 과정 그 자체이고 이를 세분하면 '~살이'가 되는데 '더부살이', '머슴살이', '시집살이', '타향살이, '감옥살이' 등 다양하다. 즉 의식[의지]의 삶이 아닌 구속된 삶을 사는 사람이 많았다. 이런 제도적 상황 속에서도 부여받은 업에 대한 자신의 생각과 시간을 스스로 운용할 수 있는 민民(곧 백성)의 생활, 이것이 참살이로서의 '생생生生'일 것이다. '얼살이'는 근대에 와서 우리말 철학에 의해 이루어진 개념이라 하겠다.[8]

---

8) 함석헌의 『뜻으로 본 한국 역사』, 유영모 등의 저작에서 볼 수 있다.

생생지락

생이 생성을 거치며 다음 단계인 생생의 길로 나아가, 즐거움의 단계인 생생지락에 이른다. 그의 연장선에 락생樂生, 락천樂天 등이 있다.

생생지락 ⇒ 락생樂生 ⇒ 락천樂天

락천에 이르는 길은 종교적 성격을 띠게 된다. 이로 보면 생생지락은 유교가 이르려는 정신적 평안(락)의 세계로 여겨진다.

생생의 마지막 단계인 '생생지락生生之樂'의 횟수도 세종 때가 실록 전체의 반이다. 세종은 바로 백성의 생생을 시작으로 '생생지락'을 추구한 '생생의 길' 철학의 임금이다. 생생은 생생화를 통하여 그 외연을 넓힌다.

㉮ 생생의 연장선에서는 락생樂生, 락천樂天이 있고

㉯ 생활과 연관하여서는 생민生民, 생리生利, 민생民生 등이 있고

㉰ 정치 현장에서는 생재, 생효, 호생 등을 통해 생생작용을 볼 수 있는데 이 또한 세종 시대의 두드러진 특성으로 나타나고 있다.

생생화의 하위 개념으로는 생민, 생업 등이 있는데 이는 바로 1장의 주제가 될 것이고, 세종의 시정時政 철학을 다루는 4장에서는 육조六曹의 순서에 따라 생인론[吏], 생재론[戶], 생효론[禮], 생지론[兵], 호생론[刑], 생산론[工]이 있다. 5장과 6장의 락생樂生과 공향으로 가는 길에는 자신自新과 변역의 과정이 있다.

락생

세종의 경우 '락생樂生'은 원문 23건 중 13건이 락생 지명이고 2건은 음악인 악생이고 나머지가 10건이다.9)

---

9) 락생樂生:《조선실록》원문 총 231건 중 10건 이상
   초기: 세종 23, 세조 17, 성종 31
   중기: 중종 27, 선조 16/2, 광해군 8/4, 인조 15
   후기: 숙종 10, 정조 26

인함락생: 모든 정사가 정돈되지 않는 것이 없고, 사람들이 모든 삶을 즐겨야만, 이 것이 그 직책에 상부한다고 할 것이다.(세종 7/2/25) 必使官得其人, 政無不擧, 人咸樂生, 斯爲稱職。

락생흥사 :(공주목사 鄭容이 하직인사 시) 너의 고을에 가거든 백성들은 생활을 즐 기게 하고, 일을 일으켜서 부유(富裕)하게 되기를 기하라.(세종 9/11/27) 往哉乃邑, 使民 樂生興事, 期以富庶。

락생지리: 민생(民生)이 점차로 안정되어 간다고 하니, 내 마음속으로 생각하기를, 4 진(鎭)도 이제는 생업을 즐기는 이익이 있으리라 하였다. 民生漸安, 予心以謂四鎭乃有樂 生之利。 (세종 21/11/12)

민락생생자: 이웃나라를 사귀기를 신의로써 하였다. 인륜에 밝았고 모든 사물에 자 상하니, 남쪽과 북녘이 복종하여 나라 안이 편안하여, 백성이 살아가기를 즐거한 지 무 릇 30여 년이다.(세종 32/2/17) 使臣以禮, 從諫弗咈, 事大以誠, 交隣以信, 明乎人倫, 察乎庶 物, 南北賓服, 四境按堵, 民樂生生者, 凡三十餘年。

락천

락천樂天의 기록으로 원문 전체 266건 중 세종이 216건이다.[10] 그러나 거의가 다 태종 때 지은 락천정에 관한 글이다.

락천: (근정전에서 책문으로 거자를 시험하다) 책문의 글제를 내기를, 일찍이 육적 (六籍)의 글을 보건대, 그 뜻이 가끔 서로 맞지 않는 것이 있는 듯하니, 내가 그윽이 의심한다.《주역(周易)》에 말하기를, '역(易)을 지은 자는 근심하는 것이 있음인저.' 하 고, 또 말하기를, '하늘을 즐거워하고 명(命)을 아는 때문에 근심하지 않는다.' 하였으 니, 그 말이 서로 어그러지는 것은 무슨 까닭인가.(세종 21/8/20) 樂天知命, 故不憂。

락천지락: '삼한(三韓)의 신민(臣民)들이 이미 이씨(李氏)를 높이 모시고, 백성들도 병화(兵禍)가 없어져 사람마다 각각 하늘의 즐거움을 즐거이 여기니, 이것은 바로 천자

---

10) 樂天락천 원문 총 검색건수: 총 266 건 중 세종 216건이고 그 중 2,014건이 락천정의 준 말이다.

(天子)의 명령이다.' 하였다.(세종 23/1/8) 民無兵禍, 人各樂天之樂, 乃帝命也。

락천은 '하늘의 즐거움'으로 시간적으로 항시적인 즐거움 그리고 감성적 기쁨에서 천리天理에 따른 즐거움의 세계를 가슴만이 아닌 '몸과 마음과 머리로 느끼는' 세계일 것이다.

4) 생생의 외연

생생의 의미를 조금 더 구체화하기 위해 외연을 넓혀 실록 안에서 생생의 연관어를 살펴본다.

(가) 생생으로 구성된 용어들이다.
생생지망, 생생지락 등으로 넓혀 갈 것이다.
(나) 생생 연관어: 생생과 전후로 연관된 용어들이다. 생인, 생재, 생산 혹은 민생, 도생 등.
(다) 생생 의미 연관어: 생생과 의미적으로 통하는 연관어들이다. 애민, 실용, 의토[자주], 절충 등이다.

생생이란 과거 - 현재 - 미래로 가는 변화의 사상으로 생생에서는 생활 속에서 구체적 변화를 통해 의식의 변화를 갖추어 가는 모습을 볼 수 있다.[11]

<table>
<tr><td colspan="4" align="center">생생지락의 흐름</td></tr>
<tr><td>생생자육+생생지본 ⇒ 생생지망</td><td>⇒ 生生之利</td><td>⇒ 생생지락</td></tr>
<tr><td>생생지업</td><td>生生之理</td><td>생생지복</td></tr>
<tr><td></td><td></td><td>민락생생자</td></tr>
</table>

여기서 생생을 보는데 있어 단지 '생생' 혹은 '생생지락'만이 아니라 '생생' 이 '생생지락'으로 가는 길[道程] 속의 여러 과정도 함께 볼 필요가 있다. 이러한 면

---

11) 생생은 중종 때 많이 출현했지만(37건) 정작 생생의 목표인 '생생지락'(2건)으로 연결되지는 않았다.

에서 생민, 생업, 생생, 생생자락은 공향과 어울려 마지막에는 '함께 즐기는 락'으로 공락의 세계를 이루고자 했다. 이렇듯 '생생'이란 용어/개념어 분석만으로도 세종 철학의 전체적인 틀이 짜여 지고 있다. 이 길은 생 - 생민 - 생업 - 변역(신제, 창제) - 공향 - 생생지락 - 공락의 순으로 이루어진다.

이상 생생의 길 구조에서 조금 더 구체적으로 '생생' 연관어를 살펴보기로 한다.

'생생' 빈도 읽기

《세종실록》을 전체로 '생생' 용어에서 ㉮생생 관련 주제어의 조선 전기, 중기, 후기의 추세를 볼 수 있었다. ㉯주제어의 의미 그대로의 사용여부에는 약간의 문제가 있다. 한 예로 '생생'은 성종 때 29건이지만 거의가 '생생하다'는 형용사로 쓰인 게 많아서 '생생'의 명사적 개념어와는 다른 바 있다. 따라서 빈도수도 핵심어의 단순 출현 비교가 아닌 그 어휘가 일상어인가, 주제어인가, 개념어인가를 확인한 후에야 비교가 가능할 것이다. 다시한번 강조하지만 실록 용어 출현 건수는 경향을 살피는 의미가 있다.

성종 시기는 ㉮1450년 마지막 세종조로부터 20여년이 지나 ㉯조선이라는 새 나라의 제도들이 마무리 되는 시기로 세종 시부터 진행되어 오던 여러 제도와 편찬의 작업이 마무리되고 있었고, 사림의 유자들이 등장하여 정치에 참여하였고, 특히 정치제도와 성리학과 관련한 여러 저술들이 출간되었다. 자연히 세종조와 유사한 정치적 어휘들이 나타나게 된 것으로 보인다.

성종은 13세의 어린 나이에, 왕위에 오른 1469년부터 1476년까지 할머니인 정희왕후 윤씨가 섭정으로 수렴청정垂簾聽政을 하게 되었다. 이로 보면 경학經學에 깊은 신하들에게 맡겨 정치의 틀을 바로 잡으면 여러 업적을 낼 수 있다는 사실을 확인하게 된다.[12]

---

12) 성종은 재위기간이 25년 1개월이다.(재위 1469년11월~1494년 12월) 이 시대는 고려로부터 조선 초까지 100여 년간에 걸쳐 반포된 여러 법전, 교지, 조례, 관례 등이 총 망라되고 세조 이래 각종 문화 서적들이 차례로 편찬되어 백성의 생활의 질을 높이려 했다. 성종 시대는 세조 때 공을 세운 훈구세력과 도학정치를 내세운 사림 세력이 있었으나 훈구세력의 신숙주가 죽고 한명회가 연로해지자 영남 사림인 성리학파의 김종직 등이 등장했다. 이들은 고려말기의 유학자로부터 학통을 이은 사람들이었다. 길재의 손제자인 김종직에 이르러 김굉필·정여창·김일손 유호인, 이맹전, 남효온, 이종순 등 당대는 물론 조선

용어/주제어 빈도의 비교를 통해서 만이라도 조선시대 사회상을 읽는 시대비교 연구가 가능할 것이다. 몇 용어의 통계를 보면 '실용'은 세종보다는 중기 선조이후 영·정조 때에 더 많이 등장한다. '실학'은 세종 때보다 중종 때 많다. 그런데 세종 때의 실학은 어의語義 그대로 실제의 학문인데 중종 이후부터는 개념어가 된다. 실학 시대라 할 '실사구시實事求是'와 '이용후생利用厚生'은 영·정조 때 본격화 한다.

'간쟁'은 중종 때 많다. 혼란을 뜻하는 '옥사'는 세종 대에는 6건인데 비해 중종 대는 244건, 선조 140건, 광해군 218건, 숙종 210건, 영조 83건 등이다.

생/생생과 연관한 개념어를 실록 속에서 살펴보면 성종과 영조가 가깝게 연관된다.

주제어의 첫 출현은 그 시대로부터 그 주제에 대한 관심이 시작되었다는 뜻이 있다. '자주'는 나라를 세운 태조나 태종은 자주를 생각할 여유가 없다. 나라를 세우는 태조는 1회, 나라를 잃게 되는 고종은 68회다. 자주는 세종 시 어휘는 있었으나 중국의 교서에 나올 뿐 조선에서는 쓰이지 않았다.

주제어는 다음으로 그 용어가 어떤 의미로 쓰였는지를 검증하여야 한다. 주제어 출현이 많은 것으로 그 시대의 정치 흐름을 읽을 수 있다. 그러나 긍정적으로 쓰였는지 부정적인지 다시 검증하여야 한다. 주제어가 적게 출현한 때는 관심이 없거나 아니면 이제는 그 주제가 일반화했다는 뜻이 있다.

조에서도 이름을 빛낸 문장가들이 모여 있었다. 성종이 훈구파의 세력이 일방적으로 비대해감을 막기 위해 그들을 중요해 중앙으로 진출 하였다. 그리고 주로 삼사三司 계통에 자리하고 언론문필을 담당하였다. 이런 정치 상황 속에서 세조 때부터 편찬해오던 《경국대전》이 수차의 개정 끝에 25년만인 1485년 완성되고 기타 동국여지승람(1481년), 《동국통감》(신라초토부터 고려 말까지의 역사 총 56권 28책), 《동문선》(1478년, 시문선으로 총 130권), 《악학궤범》(1493년, 9권의 악규집 특히 5권에 실린 훈민정음으로 된 '동동'과 '정읍' 등은 악장가사에도 없고 오로지 《악학궤범》에서만 볼 수 있는 귀중한 국문학적 자료다)등을 편찬했다. 이기백, 『한국사신론』, 일조각, 1969, 235~236쪽 등 참고.

'생생' 연관 용어들

'생생'을 알기 위해 '생생'에 대한 연관어를 실록 속에서 찾아볼 수 있다. 모두 '생생'에 대한 부차적인 설명이 되고 있다. 세종 시대에 생생 개념이 부각되었던 것인지 다른 임금 시대와 간접 비교해 보기로 한다. 인간관·물질관·인식론 관련 주제어다. 1장에서 다룰 생민, 생업, 천직, 국체에 대해 살펴보자.

'생민生民'은 《조선실록》 원문 총 2,008건 중에 세종이 114건이다. '생업生業'은 원문 총 252건 중 세종이 59건으로 가장 많다. 생민 혹은 생업의 연관어로 '민생'은 총 2,711건 중 세종이 359건으로 가장 많다.

선비의 생업으로서의 '천직'은 총 166건 중 세종 6건이다. 생민이 생업을 가지고 하민과 사대부가 나라를 이루어 가는 '국체'는 총 1,647 건 중 세종 13건이다.

'생生'과 관련한 기록건수에서 세종이 압도적으로 많지 않은 용어도 있지만 모든 용어에서 세종조에 골고루 나타나는 현상은 특이한 상황이라 하겠다.13)

---

13) 생민生民: 원문 총 2,008건 중 50건 이상
   초기: 태종 56건, <u>세종 114</u>, 성종 94
   중기: 중종 211건, 명종 107, 선조 182, 광해군 97/81, 인조 101, 효종 49, 현종 21/48
   후기: 숙종 124/5 영조 187, 정조 132, 순조 74, 고종 131

   생업生業: 원문 총 252건 중 10개 이상
   초기: 태종 12, <u>세종 59</u>, 세종 20, 성종 29,
   중기: 연산군 10, 중종 26, 선조 9/1
   후기: 숙종 10, 정조 11

   민생民生: 원문 총 2,711건 중 50건 이상
   초기: 태종 69, <u>세종 359</u>, 성종 157
   중기: 중종 301, 명종 234, 선조 254/31, 광해군 119/92, 인조 125, 효종 82, 현종 55/74
   후기: 숙종 85/1, 영조 73, 정조 106, 순조 109, 고종 178

   천직天職: 원문 총 166건 중 5건 이상
   초기: <u>세종 6</u>, 성종 27, 연산군 10
   중기: 중종 22, 선조 10/3, 광해군 4/2, 효종 11, 현종 2/4
   후기: 숙종 4/2, 영조 7, 정조 8, 고종 16

   국체國體: 원문 총 1,647건 중 10건 이상
   초기: <u>세종 13</u>, 성종 72

4장에서 다룰 행정 체계인 육조의 이호예병형공조의 연관된 주제어의 원문 검색 건수를 보면 '생인'에서는 총 187건 중 세종 17건, '생재'는 총 196건 중 세종 10건, '호생'은 총 130건 중 세종 17건, '생산'은 총 130건 중 세종 17건이다. 육조와 관련한 '생'의 용어에서도 골고루 나타난 임금은 세종과 성종이다. 성종이 세종의 정치적 정신과 이어져 있음을 간접적으로 확인할 수 있을 것이다.[14]

5) 생생, 세종 이후

이상에서 '생생'이라는 주제어와 연관되는 세종시대의 어휘를 찾아보았다. 예상보다 다양하게 나타나는데 이는 세종이 '생생화 작용'을 위해 애쓴 흔적이라고 할 수 있을 것이다. 생생은 작용하는 순간 생생화가 일어나는데 '생생화'는《중종실록》에 나온다.

이런 농사 일이 한창인 때를 당하여 어찌 가뭄이 이다지도 심한 것인가? 갈라진 논밭에서는 찌는 듯한 기운이 오르고 화로(火爐)속 같은 들판에서는 뜨거운 기운이 치솟는다. 닷새나 열흘을 먹을 보리도 없고 벼도 없어 한탄하는데 한 달 두 달을 지탱할 만한 기장과 벼가 있기를 바랄 수 있겠는가. 생생(生生)*의 기운을 어디다 쓰고 화화(化化)*의 이치는 어디에 의지할 것인지? (중종실록 39/5/11) 當玆農扈之方劇, 奈此旱魃之太虐 赫赫田龜, 炎炎野爐。五日十日, 已嘆其無麥無禾; 一月二月, 況望其多黍多稌。生生之氣曷施, 化化之理焉依。

중기: 연산군 13, 중종 51, 명종 57, 선조 99/4, 광해군 36/ 27, 인조 67, 효종 34, 현종 61/85

후기: 숙종 191/19, 영조 240, 정조 216, 순조 85, 고종 111

국체 즉 국가 개념은 조선 중기 이후 더 자주 나타난다.

14) 생인生人: 원문 총 187건 중 10건 이상. 태종 5, 세종 17, 성종 13, 중종 14, 선조 14, 광해군 14/13, 영조 11, 정조 17.

생재生財: 원문 총 196건 중 5건 이상. 세종 10, 성종 16, 중종 24건, 선조 19/2, 광해군 7/5, 영조 15, 정조 22, 고종 27.

생효生孝: 원문 총 5건. 세종 0건, 성종 2, 선조 2, 고종 1.

생지生地: 생지는 없다. 다만 니생지泥生地가 보인다.

호생好生: 원문 총 1,037건 중 40건 이상. 태종 55, 세종 56, 성종 72, 중종 120, 명종 60, 선조 51/3, 광해군 45/45, 숙종 45/1, 영조 99, 정조 40, 고종 110.

생산生產: 원문 총 130건 중 10건 이상. 태종 11, 세종 17, 성종 18, 중종 23, 정조 12.

(주) *생생(生生): 만물이 생겨나 퍼져 가는 것.
　　　*화화(化化): 늘 생겨나고 늘 달라짐.

'생생'은 세종 시 이외에는, 앞에서 보았듯 성종과 중종 시 많이 등장하는데 이때 새 용어들이 보인다.

　　성종 시 生生自庸 (성종실록 9/11/6)
　　　　　竟妨生生之道者 (성종실록 12/6/21)
　　　　　而聖上之於應天 皆出於生生之至德也 (성종실록 18/8/5)
　　　　　國家開生生之路 (성종실록 20/12/9)
　　중종 시 百姓生生之道 (중종실록 26/925)
　　　　　生生之地 살아갈 수 있는 처지(터)를 만들어주기는 커녕.(중종실록 33/9/30)

　성종과 중종 시에 나타난 '생생'을 개략적으로 내용분석해 보았다.(분석 내용 생략) 여기서 '생생'이 세종 대에 만의 사상이 아닌 지속적인 것임을 확인할 수 있다. 다만 기록으로 본 성종과 중종의 '생생'에 대한 의식은 세종조에서 보이는 것과 같은 변역적이고, 승평昇平의 모습이 살아 있지는 못해 보인다. 생생의 논리는 현실 정치와 어떻게 접목하였는지가 중요하고 이를 보다 꼼꼼히 다시 확인해야 할 것이다.
　생생은 정신적인 경우는 '거듭나기'로, 그 외는 '거듭살이'로 표기할 수 있을 것이다. 생생은 용어 자체가 긍정적 표현이다. 세종조 26건은 부정적 2건, 중립적 4, 긍정적 20건이지만 부정적인 것 자체도 '絶生生之本절생생지본'(세종 6/3/12)으로 불교개혁에 대한 성균관 생원 101명의 상서문에 나오는 부정의 긍정(부정적 성향orientation의 긍정적 방향direction)으로 쓰이고 있다.
　생생의 분석에서 보듯 세종의 정치에서 백성의 거듭살이[생생]에 대한 열린 정치의 긍정적인 맥락을 살필 수 있다.

2. 생민론

1) 민民에서 생민으로

(1) 민의 현상

민民은 백성 민이라 하고 사람을 가리킨다. 뜻으로는 ①사람 ②잠을 자다의 眠면과 통용된다. 자식을 낳아 기르는 母 자나 女 자의 상하에 점을 더하여 많은 사람의 뜻을 나타낸다. 일설에는 한 쪽 눈에 바늘로 찌른 모양으로 그들의 노예, 곧 지배를 받는 사람을 나타내는 상형자라고도 한다. 민의 일상어는 백성이다.

실록에서는 民민을 백성으로 번역하고 있다. 평남 '안주(安州)민'(세종 즉위 /10/4)은 '안주 백성'이다. 이런 때 민은 개인이 아닌 복수로 정치적 대상으로서의 '인人의 모임'인 셈이다. 《세종실록》에서 국역으로 나타난 '백성'의 총 횟수는 2,667건이다. 民민이든 인人이든 인민이든 백성으로 나타난 용어가 많다는 증거다.[15]

농사가 주업인 세종 초 백성은 경제적으로 또한 정신적으로 여러 가지 고통 속에서 살아갔다.

> 인민: 거제(巨濟)와 남해(南海) 두 섬은 왜적이 지나다니는 곳으로 … 인민들이 나라의 구실*을 피하여 두 섬으로 들어가다.(세종 즉위/8/19) 人民避役于二島。
>
> (주) *구실: 부세(賦稅), 징역(徵役)

인민은 백성의 뜻으로 농사가 주업인 관계로 가뭄이나, 장마, 한파 등으로 류민流民, 유민遊民, 부민浮民 그리고 때로 란민亂民도 생긴다. 무엇보다 먼저 백성은 몸으로 일하는 사람이니 로민勞民이다.

> 로민勞民: 예조에서 전지하여 이르기를, 원도(遠道)에서 각전에 진상하는 것은, … 무릇 근로하는 백성들에게 폐가 되는 물건은 일체 모두 금하라.(세종 즉위/9/20) 忠淸道失

---

15) 조선 초기 민의 구분으로 우선 하나의 무리로서 부르는 인민·민서·생민·예민 다음으로 신분적 의미의 양민·평민·상민·서민 마지막으로 민의 처지나 성격을 나타내는 하민·우민·소민 등이 있다. 한편 민을 사용하지 않고 민의 의미를 지니는 생령生靈·예서黎庶·중서衆庶가 있고 대표적인 단어로는 백성을 꼽았다. 李碩圭, '조선 초기 관인층의 민에 대한 인식', 『역사학보』제 151집 37~38쪽.

農尤甚, 亦依遠道例, 凡勞民有弊之物, 一皆禁之。

로민勞民 이외에 학대받는 백성으로서 학민, 박민 등이 있다. 이밖에도 백성에 대한 용어는 여럿이 있다.

> 학민虐民: 백성을 학대하고 옥사를 팔아서 재물을 거두어 축적(蓄積)하다.(세종19/5 /20) 虐民鬻獄학민죽옥.
>
> 박민剝民: (환자還子 나누어 주고 받을 때) 백성을 침해하는 폐단이 없지 않다 하다. (세종/8/2/22) 不無剝民之弊。
>
> 박민: 이름은 백성을 사랑한다고 하지마는 실상인즉 백성을 해치다.(세종18/7/4) 名 爲愛民 而實則剝民。
>
> 적자赤子: 대개 평민과 중은 다 같은 백성[赤子]들이니 마땅히 일체로 불쌍히 여기고 구 휼하다.(세종 19/1/14) 夫平民與僧 俱爲赤子。('적자'에는 갓난아이의 뜻도 있다.)

그리고 사회적으로 힘없는 하층의 개념으로는 하민, 소민, 소인, 평민 등이 있다. 먼저 하민은 '아래 단계' 즉 하층민의 사람들이다. 정신적으로 경제적으로 사회 구조 아래쪽에 있는 사람들이다.

> 하민下民: 하민들의 바람에 보답하오면, 여염(閭閻)이 재활하고 민덕(民德)이 후하여질 것이다.(세종 13/4/6) 以答下民之望, 則閭閻再活, 民德歸厚。

'소민'에 대하여는 비교적 여러 예가 나온다. 그 주요 정의는 '침학 받고虐小民',(세종 2/11/7) '일이 없고小民全失產業',(세종 4/3/27) '무지한 소민만이 홀로 중형을 받고小民獨受重刑',(세종 4/12/5) 이에 자연히 '소민은 원망이 많고小民多怨',(세종 7/8/26) '무지하니 임금을 착하지 않다고無知小民以我爲不善'(세종 6/4/17)도 한다.

> 소민小民: 대저 소민들은 본디 항심(恒心)이 없으므로, 진실로 유사(有司)가 징수하고 나누어 주지 않는다면 능히 스스로 생존할 수가 없습니다.(세종 17/12/14) 大抵小民本無恒心, 苟非有司斂散, 則不能自存。

소민을 성격적인 면에서 설명하고 있다. 그렇지만 정치는 소민을 구제하고 품어야 한다. "백성의 생활이 염려스러우니, 환상還上과 진제賑濟를 시기에 맞추어 나누어 주어서 소민들을 구제하여야 한다." (民生可慮, 還上賑濟, 趁時分給, 以濟小民。)(세종 9/2/7)

또한 '懷保小民회보소민'으로 "나는 덕이 적은 사람으로 큰 기업基業을 계승하게 되었으니, 우러러 조종祖宗의 훈계를 생각하여 융평隆平의 다스림에 이르기를 기대했으나, 그 방법을 얻지 못하였다. 태정공정대왕도 선왕先王의 뜻을 따라 소민小民을 보호하셨다."고 술회한다.16)

> 회보소민: 태종공정대왕휼추선지 회보소민 太宗恭定大王, 遹追先志, 懷保小民。(세종
> 9 /3/16)
> (주) 회보소민懷保小民: 소민(백성)들을 편안하(懷)게 보호하다.

세종은 소민을 품고 가야한다. 그밖에도 백성에 대하여 소인, 평민의 호칭이 있다.

> 소인小人: (양녕이 밤에 담을 넘어 도망가다) 신의 들은 바가 이러하옵니다. 이로 미
> 루어 보면 경사대부(卿士大夫)로부터 여염집 소인[서민]들까지도 모르는 자가
> 없을 것입니다.(세종 1/1/30) 由是觀之, 自卿士大夫至閭閻小人, 無不知之者。
> 평민平民: 양녕(讓寧)이 항상 말하기를, 평민들과 더불어 같이 살고, 사냥으로써 스스
> 로 마음을 즐기기를 원한다.(세종 즉위/11/7) 讓寧常言: 願與平民處, 以遊獵自適。

정신적으로 하위에 있다는 뜻으로는 우민愚民이 있다.

> 우민愚民: 어리석은 백성들이 말하고 싶은 것이 있어도, ... (세종 28/9/29) 故愚民有
> 所欲言。

---

16) 《세종실록》에 하민下民은 30건 있는데 정신적인 내용이 19건, 경제적인 것 7건 정신/경제적인 것 4건 등이다. 小民은 67건 있는데 정신적인 면의 내용이 33건, 경제적인 것 23건, 노동/일에 관련된 것이 11건 등이다. 이로 보면 하민이나 소민은 정신적인 것을 주로 하여 경제적으로 하층에 있는 민을 가리키는 용어로 함께 쓰였다. 세금을 줄이고, 몸이 아프고, 노역을 줄여야 하고, 술을 금지하는 등 대개 생활에 관계된 기사로 경제와 얽혀있다.

그러나 우민愚民의 훈민정음 해석은 다르다. 훈민정음 해례본 서문에는 우민愚民을 '어린 백성'으로 풀고 있다. 한자는 우愚이지만 우리말은 '어린'이다. 이는 '어리다', '여리다', '순수한'의 뜻을 가지고 있다. 세종조 87건의 우愚가 다 '어리석은'이 아닐 수 있다는 뜻이다. 그밖에 순수한 백성의 뜻으로 백정白丁이 있다. 재인, 화척, 백정에게도 무재가 있는 사람은 갑사직에 서용하고 있다.

> 백정白丁: (재인과 화척의 칭호를 백정으로 개명하게 하다) 병조에서 계하기를, 재인
> 과 화척(禾尺)은 본시 양인으로서, 업이 천하고 칭호가 특수하여, 백성들이 다 다른 종
> 류의 사람으로 보고 그와 혼인하기를 부끄러워하니, 진실로 불쌍하고 민망합니다. 비
> 옵건대, 칭호를 백정(白丁)이라고 고쳐서 평민과 서로 혼인하고 섞여서 살게 하며, 그
> 호구를 적에 올리고, 경작하지 않는 밭과 묵은 땅을 많이 점령한 사람의 밭을 나누어
> 주어서 농사를 본업으로 하게 하고, 사냥하는 부역과 버들그릇[柳器]과 피물(皮物)과
> 말갈기와 말총, 힘줄[筋]과 뿔 등의 공물을 면제하여 그 생활을 안접하게 하고, 그 가계
> 가 풍족하고 무재가 있는 자는 시위패(侍衛牌)로 삼고, 그 다음은 수성군(守城軍)을 삼
> 으며, 그 가운데에도 무재가 특이한 자는 도절제사로 하여금 재능을 시험하여 본조에
> 통보하여 다시 시험케 한 후 갑사직(甲士職)에 서용하다.(세종 5/10/8)

이 계啓에 세종 시대의 사회 분위기가 잘 나타나고 있다. 즉 사대부 양반과 양인 구분이 있고, 재인이나 화척은 본래 양인인데 천하게 여기는 풍조가 있으니 이들을 '백정白丁'이라고 불러 평민들과 결혼할 수 있게 하자고 한다. 그밖에 농사를 위주로 생각하면서 무재武才가 있으면 갑사직에 서용하라고 한다.

백정은 세종 때 82건 이후 성종 때 155건으로 다른 임금에게서는 그리 많이 나오지 않는다. 역사적으로 이후 백정의 뜻이 왜곡되어 소를 잡는 천인이 되었지만 이는 양인들이 중간에 자금을 대는 중간상 노릇을 하여 큰 이득을 취하는 상업화 과정에서 점차 인식마저 나빠지게 된 것이다.

일반적인 평민의 명칭으로 서민, 서인, 사민, 국인, 소민 등이 있다.

> 土民사민: 회암사가 가까이 교관(郊關) 안에 있어서 해마다 떼로 모이어 사민을 유혹
> 하니.(세종 17/4/20)[17] 以誘士民。

---

17) 평민平民: 원문 총 429건 중 세종 80건으로 가장 많다. 다음으로 정조 57건이다.
   천민賤民: 원문 총 364 건 중 세종 46건이고 다음으로 중종 56건이다.

서민: 지난날에는 사대부(士大夫)집에는 말이 두서너 필 이상이 있었고, 서민(庶民)들도 모두 충실한 말이 있었다.(세종 5/8/2) 往時士大夫家有馬, 不下數匹, 庶民皆有實馬。

서인: 황색에 가까운 색옷과 서인 단령의를 금하다.(세종 1/1/9) 命禁近黃色衣及庶人團領衣。

국인: 또 다시 정현과 종무를 옥에 하옥한다면, 나라 사람들에게 부끄러움이 있지 않겠는가.(세종 1/8/16) 又下廷顯, 從茂於(獄)[獄], 無乃有愧於國人乎?

소민: (9월 초 1일부터 마되 이하의 곡식 잡물들의 매매를 금하는 영을 정지시키다) 가난한 백성들의 원망이 많았었는데, 교지가 내리니 국민이 모두 기뻐하였다.(세종 7/8/26) 小民多怨, 敎下, 國人皆喜。

사민土民, 서민 이외에 대마도 정벌 이후 벌어진 논공에서 나온 이야기 중 '국인'이 있는데, '나라 사람'으로 긍정적인 백성을 일컫는다. 잡물 매매에서도 개선이 이루어지자 긍정적인 사안에서 경제적 약자인 하민/소민[백성]이 기뻐한다.

백성의 하민/소민에 해당하는 사대부의 명칭으로는 소인小人이 있다. 사대부가 소인으로 불리면 그 이상의 불명예는 없다. "그러나 군자와 소인은 분별하지 아니할 수 없으니, 군자를 가까이 하고 소인을 멀리하는 것이 인군의 정치입니다."(然君子小人 不可不辨 內君子而外小人 君之政也。)(세종 5/5/17) 사헌부의 계에서 나온 말이지만 그 시대 모두가 동의하는 인군의 사람쓰기[人君之用人] 원칙으로 군자에 대비해 소인小人을 구분하고 있다.

사람에 대한 명칭이 다양하다는 것은 그만큼 정치적으로 평민에 대한 진단과 대응이 다양하다는 것을 뜻한다. 이런 백성에 대한 대응은 각 상황마다 다르게 나타난다. 굶는 백성에게는 구휼을, 무지한 백성에게는 교화를, 재생의 기회를 가지려는 백성에게는 화육을 통한 화민 정책 등이 따른다.

조금 번다하다싶을 정도로 여러 민에 대한 용어를 살펴보았는데 이는 바로 부가설명 없이 민의 명칭 자체만으로도 당시 민의 상황을 가늠할 수 있게 해주기

천인賤人: 원문 총 362건 으로 천민과 원문에서는 99%이상 유사하다.
서인庶人: 원문 총 1,060 건 세종 107건으로 가장 많다. 태종 89건, 중종 141건, 영조 101건이다.
백성百姓: 원문 총 1,717건 세종 166건, 성종 220건 중종 425건 영조 74건이다.
서민庶民: 원문 총 379건 세종 26건, 성종 34건, 중종 34건, 영조 72건이다.

때문이다.

《조선실록》에 나타난 백성의 명칭 변화는 다음과 같다. 전반적으로 백성(총 1,717건)이 가장 많고 일관되게 쓰인다. 그리고 초기에는 평민, 중기에 서인, 후기에 서민이 많이 쓰이고 초기의 천민은 후기에는 없어진다. 참고로 평민은 총 429건, 서인庶人은 총 1,060건, 서민은 총 379건이다.

초기: 평민, 백성, 천민, 천인, 서인
중기: 천민, 백성, 서인
후기: 서민, 서인, 평민 등으로 보인다.

백성에 대해 ㉠신분적 ㉡경제적 ㉢정신적 ㉣대안적 차원에서 정리하면 다음과 같다.

신분적:
단계[계층]: 하민, 소민, 적자赤子,
정착 못함: 란민亂民, 난민難民, 부민浮民, 류민流民, 유민遊民

경제적
가난: 궁민, 기민饑民, 빈민, 세민, 학민, 박민剝民, 로민勞民, 소민, 하민
떠돌이: 부랑민, 피란민, 요민擾民
천한 일: 천민, 하민, 백정, 재인, 화척, 간干, 노비

정신적
무지: 하우, 우민(愚民, 마음 여린 백성), 송민訟民
평민: 백성, 서민, 소민, 소인, 국인, 서인, 중민衆民, 화민化民, 사민士民

대안적
돕기: 구민救民, 휼민恤民, 근민勤民, 요민饒民, 보민保民
되살리기: 화육, 화민

(주) 干간: 간(干) 혹은 척(尺)이라고 칭하였는데 대개 양인(良人)으로서 사람들이 꺼리는 특수한 일들, 즉 봉화(烽火)를 올리는 일, 소금을 굽는 일, 나룻배의 사공일 등을 맡아 보았음.

신분

여러 종류의 민은 사회 속에서 어떤 위치에 있는가. 세종조의 사회 구성을 살펴볼 필요가 있다.

이성무는 양반, 중인, 양인, 노비 4계층으로 이루어졌고,[18] 한영우는 유직자인 양반유사계층은 별도이고 오직 양인과 천인의 개방된 사회라 하고,[19] 송준호는 사족士族과 서인庶人, 귀천, 양천 등으로 이루어졌다고 한다.[20]

특히 한영우 교수는 조선 초기 사회의 개방적인 측면을 신분제도를 통하여 밝히려 했고, 조선초기에는 양인과 천인의 구분만 있었고, 천인을 제외한 양인들은 모두 똑같은 권리와 의무를 가지고 있었고 누구나 관리가 될 수 있었다고 한다.[21]

이후 16세기에 이르러 사림파의 등장으로 양반, 중인, 양인의 구분이 생겨 불평등에로 심화되었으며 이후 여성의 가족 내의 권리도 격하되었다고 한다.

조선의 신분 사회 구조는 사대부(임금), 양민, 천민 등으로 나뉘어져 있다. 학자에 따라 사대부+양민과 천민의 두 부류밖에 없다는 주장도 한다. 그러나 실록에서 나오는 전체 구분은 사대부와 양인 그리고 천민이다.

《세종실록》에 양천에 관한 기사가 보인다.(총 3건 중 1건은 지명)

> (보충군을 환천하는 법의 조문을 논의하라고 명하다) 국가에서 백성이 천한 사람은 많고, 양인(良人)은 적다 하여, 보충군(補充軍)의 제도를 마련하여 종량(從良)하는 길을 넓힌 것입니다. 그 종류가 다섯 가지가 있으니, 양인(良人)의 신분으로 수군(水軍)이 된 자는 양천(良賤) 관계를 분변할 때에, 양(良)·천(賤)된 호적이 모두 분명하지 못하여, 양(良)이나 천(賤)에 일정하게 말하기 어려우므로 수군에다 속(屬)한 것이니, 그 법이 지극히 공평한 것입니다. 이제 도피(逃避)한 까닭으로 천구(賤口)로 정한다는 것은, 신은 가하였다고 볼 수 없습니다, 그 다음은 간(干)이라, 척(戚)이라 이르는 사람은 그 하는 일이 비록 천하였다 하나, 노비(奴婢)와는 다르므로, 그들의 딸자식으로 공사(公私) 노비에게 출가하여 낳은 자식은 다 노역(奴役)에 종사하게 된 것입니다. ...

---

18) 이성무,『조선 초기 양반 연구』, 일조각, 1980.

19) 한영우,『조선전기사회 경제연구』, 을유문화사, 1983.

20) 송준호, '조선 양반고: 조선 사회의 계급구조에 관한 시론',『한국사론 4』, 정신문화연구원, 1983.

21) 이성무, '조선 초기 신분사 연구의 재검토'(『역사학보』 제 102집, 역사학회) 1984. 206~233쪽.

무릇 양반의 자손으로서 천인이 된 자가 스스로 능히 속신(贖身)하였으면, 역시 아비를 따라 양인이 되게 하는 것은, 양인이 적어지는 폐단을 구하려는 것인데, 하물며 그의 공사(公私)간의 본주(本主)들이 이미 그의 속가(贖價)를 받았으니 어찌 도로 붙잡아 둔다는 이치가 있겠습니까.(세종 2/9/1)

양인이 있고 간干, 척戚은 때에 따라 다르고 그리고 노비가 있다. 같은 날 기록이다. 당시 천인이 늘어나는 것을 바람직하지 않다고 생각하고 있었다.

천인賤人: 또는 시비를 물을 것 없는 자로서, 기한 내에 소량(訴良)하였다가 결정되지 못한 것은 본시 천민(天民)이라 하겠거늘, 이를 다시 분변하지 아니하고 모두 보충군(補充軍)에 속하게 한 것은 천인(賤人)이 많아 가는 폐단을 억제하기 위한 것인데, 이제 도망간 죄로 인하여 양천(良賤)도 분별하지 아니하고 곧 천인으로 만드는 것은, 신은 가하였다고 볼 수 없는 일입니다.(세종 2/9/1) 勿問是非者, 以限內訴良未決者, 本是天民也

세종은 11년, 노비와 양민의 구분책에 대해 우의정 맹사성이 의견을 낸다.

(간추려 정리) 공사(公私)의 계집종들이 자기의 아들을 양민으로 만들고자 하면, 양민인 자기의 간부(奸夫)를 가리키며, '이 사람이 실은 이 아이의 아버지입니다.'고 하여, 남의 아비를 제 아비로 만들고 남의 아들을 제 아들로 만듭니다. 사삿집 노비라면 그의 주인이 금지할 수도 있으나 만약 공천(公賤)이라면 누가 그것을 금지할 수 있겠습니까. 이렇게 되면 10년 이내에 공천은 남는 자가 없을 것입니다. 그러나 공천(公賤)은 없을 수 없사옵니다. 그리 되면 다시 양민을 찾아다가 부릴 수밖에 없을 것이니, 장래의 폐단을 생각하지 않을 수 있겠습니까.(이어 소송의 번거로움과 번다함에 대해 설명한다) 대사헌 김효손도 또한 아뢰기를, 전조(前朝)에도 노비는 어미를 좇는다는 법이 있었으니, 이것은 그렇게 하는 것이 좋겠습니다, 하니, 임금이 말하기를, 조종(祖宗)에서 법을 세운 본의가 양민이 날로 불어나게 하고자 한 것이다. 만약 그러한 법을 세운다면 조정의 법을 세운 본의와는 거리가 멀어서 이것은 조종의 법을 고치는 것이 된다. 그러한 법을 세우기보다는 차라리 '노비는 어미를 좇는다.'는 〈전조의〉 법을 복구하는 것이 나을 것이다, 고 했다.(세종 11/7/25)

세종도 양인의 수를 늘이고자 하는 의지를 가지고 있지만 신분사회의 큰 이념을 벗어날 수 없는 한계에 부닥친다. 이런 과정에서도 가능한 한 구제하려는 세종의 인식을 확인할 수 있다.

노비의 법: 우리나라의 노비(奴婢)의 법은 상하(上下)의 구분을 엄격하게 하기 위한 것이다. 강상(綱常)이 이것으로 말미암아 의지할 바를 더하는 까닭이다.(세종 26/윤7/24) 本國奴婢之法, 所以嚴上下之分, 綱常由是而益(因)[固]。

천민賤民은 전쟁으로 인한 포로, 죄를 지은 죄인, 가뭄이나 장마, 전란, 가난 등으로 생계가 막힌 고아나 홀로된 유랑민들의 전락으로 이루어진다. 관리는 죄를 진 경우다.

관노: 내수(內竪) 김맹(金孟)의 직첩을 거두어 부평 고을 관노로 정하고, 김개(金介)의 직첩을 거두어 평양 관노로 정하였다. ... 그가 3년 동안에 틈틈이 궁 밖에 나가서 술을 마시고 노래하고 춤추며 계집을 두고 지냈는데, 이 때에 와서 동료 유실(兪實)과 서로 말다툼을 하다가 발각된 것이었다. 개(介)는 말을 실수한 때문이었다.(세종 7/7/17)

김개는 3품인데 술과 여자로 평양 관노가 된다. 천민과 사대부의 첫 출발은 나와 무관한 태어나기 전의 조건이었지만 이후는 '지금의 나'인 것이다.

결국 세종 시대에는 과거의 조건보다 현재의 재능[능력]이 바로 신분을 바꿀 수 있다. 그럼에도 백성은 태어난 조건과 함께 나를 계발시킬 조건이 사대부보다 나쁜 상황이니 그것이 그 시대의 한계인 셈이다. 이에 우리는 세종이 시대를 극복하려는 의지와 철학에 주목하지 않을 수 없다.

신분에 대해 세종은 법을 고치느니 옛 법을 지키자고 결정한다. 세종의 정치 초기인 2년째(세종 2/9/1)에 진언이 있을 때는 양민에 대해 호의적이고, 이후 11년째(세종 11/7/25)에는 다시 상황이 바뀐 것이다. 공천公賤이 없을 수 없는 상황이기 때문이다. 세종도 현실이라는 벽에 부딪치고 만다. 그러나 근본 의식은 천민의 눈높이를 맞추고 있다. 이 사실은 세종 26년에 직접 설명한다. "노비(奴婢)의 법은 상하(上下)의 구분을 엄격하게 하기 위한 것이다. 강상(綱常)이 이것으로 말미암아 의지할 바를 더하는 까닭"(세종 26/윤7/24)이라는 설명에서 나타난다.

세종은 근본적으로 사람은 신분으로서가 아니라 재주·기술 능력을 통해 그 사람을 생인 혹은 생민의 길을 가게 도우려했다. 천민이 호군이 되는 예는 장영실에서 잘 나타난다. 장영실은 관노에서 호군이 되고 생민이 되었다. "김인(金忍)은 평양의 관노였지만 날래고 용맹함이 보통 사람에 뛰어나므로 태종께서 호군을 특별히 제수한"(세종 15/9/16) 일도 있었다. 이런 변화는 첫째 관노(천민)에서 →

민으로 둘째 기술을 익히고 배우는 민이 되어 → 생업을 가지고 셋째 생업 →
(국체) → 창제로 이어져 생민이 되어가는 과정을 거친다.

세종은 현賢과 능能을 조화시킨 임금이었다. 존현사능尊賢使能(현자를 존중하고
능력자에게 직책을 준다는 맹자 公孫丑章句)이라는 유교의 정신이 있는데, 이를 실천
에 옮기는 일은 또 다른 차원의 일인데 세종은 이를 현실 정치에서 실천으로 옮
겼다.22)

(2) 민의 생성화

이도의 인간에 대한 철학적 개념은 물物과 사람의 생성화 과정에서 출발하는
것으로 보인다. 그냥 들판에 내팽개쳐진 생물이 아니라, 시키는 일을 하는 몸으
로부터 일에 대한 '나'라는 인식을 깨닫게 해주는 과정이 생성의 과정이다. 인식
의 첫 단계라 하겠다.

이전에는 배고파 떠돌고[流民], 빚에 쪼들려 도망 다니고[難民], 자기 고향과 나
라에서 이런 저런 이유로 도망 나오고[亂民, 왜인·여진족], 죄 짓고, 흉년에 배고
파 훔쳐 먹고 살던 사람에게 정착해 살며 일을 하는 '사람'으로 깊게 느끼게 해
주는 단계라 하겠다. 버려진 생존에서 민과 생민으로 넘어가는 과정은 순환의 변
화가 아니라 생성의 길인 셈이다. 생성의 구현은 민본 정치 철학에 기초한다.

 - 천민賤民은 천민天民이 되고, 범죄자는 사면 받는 기회가 이루어진다. 호생好
   生의 기회를 맞는다.
 - 어린이, 여성, 임산부, 노인에게 먹고 입을 것이 주어진다.

이 단계에서는 민이 스스로 알기보다 회생의 기회가 주어진다고 보아야 할 것
이다. 생성해 가는 단계다.

이도의 생생철학의 시발은 하민이 민이 되게 하고, 양인이 화민化民이 되고 사
대부는 사민士民이 되기를 바라는 정신적, 물리적 기틀의 기반 구축과 기회의 제
공에서 시작한다. 이후 생민生民의 길로 간다.

이 때 '오민吾民'은 이방인도 우리의 백성으로 끌어안는 일이다.

---

22) (참고): 박병련, 『한국 정치·행정의 역사와 유교: 유교관료제 형성과 유자 관료』, 태학사,
    2018.

생성: 민의 변화

생성은 하민下民이 민이 되고 민이 생민生民이 되게 하는 '기氣'의 작용이다. 하민이 생민이 되어 '거듭살이'를 하는 일은 겉으로의 변화는 없을지 모르나 생존 속의 자기 실재를 확인하는 과정을 겪는다.

일반적으로 조선조에 사민四民이라 하면 사농공상士農工商을 일컫고 또는 사민士民은 사족과 평민을 지칭하기도 한다. 특히 사민士民의 조건은 육예六藝를 익힌 사람을 지칭함으로 '예禮, 악樂, 사射, 어御, 서書, 수數'를 배워야 사람다워지는 것이다.

백성은 먼저 경제적으로 궁핍한 궁민이고, 정신적으로 피폐한 몽민이다. 여기서부터 정치는 출발하게 된다. 관리는 경제적으로는 진휼 등을 통한 구민救民 정책을 펴고, 정신적으로는 정치에서 근면[勤政殿]하듯 하층의 백성을 위해 근민勤民해야 한다. 그래서 경제적으로는 궁민은 요민饒民이 되어가게 하고, 깨달음을 통해 몽민은 선민善民이 되어가야 한다.

이 모든 과정의 종합은 노민勞民이 자기의 일과 스스로 인식하는 업을 통해 생기하는 민民이 되어야 하고 다시 거듭사는 생민으로 가야 한다.

표로 보면 다음과 같다.

표. 하민·소민에서 생민으로

	실제상황	개선책 (물질적 생생)	안정화 (정신적 생생)	목표
신분적	하민, 소민, 적자 란민亂民, 난민難民, 부민浮民, 류민流民 유민遊民, 평민	민본	량민화 良民化	생민生民 · 천민天民
경제적	궁민, 기민, 빈민, 세민, 박민剝民, 로민勞民, 부랑민, 피란민, 요민擾民 천민, 하민, 소민, 백정, 재인, 화척, 간干, 노비	구민 휼민 위민 민위 제민濟民	안민 요민饒民 부민富民 양민	
정신적	백성, 소민/소인, 중민衆民, 몽민, 송민訟民, 우민, 백민, 천민賤民/천인, 하우下愚, 요민擾民, 학민虐民, 백정/재인/화척, 간干, 노비	애민 근민勤民 친민親民	선민善民 득민得民 사민士民 의민義民 --- 국민 서민, 서인	

(참고)   무리: 인민, 민서, 생민, 애민
　　　　신분적: 양민, 평민, 상민常民, 서민
　　　　성격: 하민, 우민, 소민
　　　　민 외의 명칭: 백성, 생령, 예서隷庶, 중서 등이 있다.(참고: 이석규논문)

인/민에 대해 여러 호칭이 있다. 난민이나 류민은 신분상 아래 층에, 빈민이나 세민은 경제적으로 가난한 층, 우민은 대체를 모르는 즉 지식이나 지혜가 모자란다는 뜻이 있지만 '생민'은 '민'에 대한 자각의 인간이라는 철학적 함의를 지닌다고 하겠다.

여기서 구민救民이나 애민은 임금의 입장에서 보는 백성에 대한 상하관계의 술어다. 그들을 구휼하는 일은 임시적인 처방이지만 근민하게 하려는 시책은 종국에 그들을 한 사람의 의식과 의지를 가지고 스스로 민생民生을 해결해 '생민'이 되게 하려는 정신영역의 활동까지를 포함하고 있다. 아이에게 밥을 먹여주는 것이 아니라 밥 먹는 것을 도와주려는 정신은 여러 노비와, 죄인과, 여성과, 산모들에 대한 시정時政 여러 곳에서 나타나고 있다. 민이 정신적·경제적으로 긍정적인 방향으로 나아가는 길을 여러 '민'의 명칭들에서 찾을 수 있다. 단순히 돕는 것이 아니라 인간으로서 삶과 스스로에 자긍심을 갖게 해주려는 뜻도 포함하고 있다.

표. 생민의 길

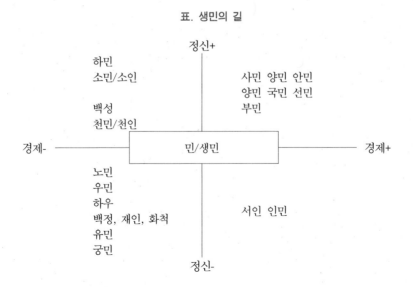

표에서 보듯 경제와 정신적인 면에서 - - (빼기/빼기)인 노인, 궁민 들은 경제와 정신면에서 + +(더하기/더하기)인 양인, 부민으로 가고자 한다. 백성은 하민, 우민, 백정 등으로 불린다. 생민정치는 백성을 살아 있는 백성으로 만드는 목표이고 그 결과의 호칭이다. 즉 정치는 백성을 생민의 상태로 만들어주어야 한다. 여러 부류의 민 각자가 처한 환경에서 어떻게 생민으로 가는지 살피는 것이 세종 철학을 보는 하나의 길이 될 것이다. 민民이 자기 업을 가지고 성취감의 생활을 누리게 되는 상태가 바로 생민生民으로 가는 길이다.

이러한 길은 민을 하늘로 여기는 '천민天民 사상'에 닿아 있다.

천민天民

• 정언: 백성

세종의 백성에 대한 의지는 '천민賤民은 천민天民'이라는 정언적 명제로 나타난다. 더불어 차별 없이 만물을 다스려야할 임금은 양민과 천민을 구별할 수 없다.

> 천민賤民은 천민天民: <u>노비는 비록 천민(賤民)이나 하늘이 낸 백성 즉 천민(天民) 아님이 없다.</u>(세종 26/윤7/24) 況奴婢雖賤, 莫非天民也。
> 대천리물代天理物: (권채와 그의 아내를 형벌로서 신문하며) 임금의 직책은 하늘을 대신하여 만물(萬物)을 다스리는 것이니, 만물이 그 처소를 얻지 못하여도 오히려 대단히 상심(傷心)할 것인데 하물며 사람일 경우야 어떠하겠는가. 진실로 차별없이 만물을 다스려야 할 임금이 어찌 양민(良民)과 천인(賤人)을 구별해서 다스릴 수 있겠는가.(세종 9/8/29) 人君之職, 代天理物, 物不得其所, 尙且痛心, 況人乎? 以人君治之, 固當一視, 豈以良賤, 而有異也。

임금의 직책은 하늘대신 만물을 다스리는 일이다. 이에 양천의 구분은 있을 수 없다. 이것이 바른 민본의 정신이다.[23]

노비를 함부로 구타하거나 죽이지 말 것을 형조에 전지하며 "더욱이 노비는 비록 천민이나 하늘이 낸 백성 아님이 없으니, 신하된 자로서 하늘이 낳은 백성

---

23) 대천리물代天理物은 세종 시 4번 나온다. 조선조 총 76건으로 성종 시 12건, 중종 시 10건으로 조선 중기에 약간 높게 나타나는데 사상적으로는 성리학의 정착과 함께 강조되어 있는 것으로 여겨진다.

을 부리는 것만도 만족하다고 할진대, 그 어찌 제멋대로 형벌로 무고(無辜)한 사람을 함부로 죽일 수 있단 말인가. 임금된 자의 덕(德)은 살리기를 좋아해야 할 뿐인데, 무고한 백성이 많이 죽는 것을 보고 앉아서 아무렇지도 않은 듯이 금하지도 않고 그 주인을 추켜올리는 것이 옳다고 할 수 있겠는가. 나는 매우 옳지 않게 여긴다."고 말한다.(세종 26/윤7/24) 況奴婢雖賤, 莫非天民也? 以人臣而役天民 亦云足矣, 其可擅行刑罰而濫殺無辜乎? 人君之德, 好生而已。坐見無辜之多死, 恬然不禁, 而乃曰揚其主可乎? 予甚以爲不可也。

임금의 덕은 호생好生 즉 사람 살리기를 할 줄 알아야 한다.

높고 낮음을 헤아리지 않음: (승정원에서 노인으로 천한 자는 양로연에 나오지 말게 하기를 아뢰다) 승정원에서 아뢰기를, 노인으로서 천한 자는 양로연(養老宴)에 나오지 말게 하소서, 하니, 임금이 말하기를, 양로(養老)하는 까닭은 그 늙은이를 귀하게 여기는 것이고, 그 높고 낮음을 헤아리는 것이 아니니, 비록 지천(至賤)한 사람이라도 모두 들어와서 참예하게 하고, 그 장죄(贓罪)를 범하여 죄를 입어 자자(刺字)한 자는 참예하지 못하게 하라, 하였다.(세종 14/8/17) 承政院啓: 老人賤者, 請勿赴宴。上曰: 養老, 所以貴其老也, 非計其尊卑也。雖至賤人, 皆許入參, 其犯贓被罪刺字者, 勿參。

이는 천민이 일반 백성과 다름없음을 현실 세계로 환원시키는 장면이다. 함길도 도절제사 김종서에게 교서(敎書)하기를 야인과 우리 백성과 마찬가지로 무휼할 것을 지시한다. 세종의 일시동인一視同仁하는 넓고 큰마음이다.

차이없음: (함길도 도절제사 김종서에게 교서(敎書)하기를) 하늘이 만물을 기를 제 크고 작음을 가리지 아니하고, 임금이 백성을 사랑할 제 이것과 저것의 차이가 없다. (세종 21/5/14) 天之育物, 不遺洪纖; 王者愛民, 無間彼此。

생생은 만물의 움직임에서 기원하지만 세종의 생생은 사람이 우선이다. 세종과 사람 그리고 생생의 관계에서 세종의 사람에 대한 정언은 '인간의 공평함'이다. 공평함과 평등은 조금 다른데 평등이 현대 사회의 공평이라면 공평은 조선시대의 평등의 정신이라 하겠다. 세종은 백성에게 똑같은 기회와 권리를 부여하지는 못했지만 법의 적용에서 그리고 재능 있는 사람에게 공평하게 기회를 주려고 했다.

(참고) 여기서 세종 시대의 공평公平과 평등平等이라는 용어의 수준을 정리해 보자.

● 공평과 평등

· 공평: 공평이라고 할 때 이는 인사나 형정 그리고 교역이나 세제에서 누구에게나 조건이 같게 그리고 거래에서 양방이 조건과 기회를 같게 하려는 원칙으로 나타난다. 한자로는 平, 公으로 표시된다.

- 답험할 것을 명하면, 사전에서 조세 받는 법이 거의 공평할 것입니다.(세종 1/7/18) 命公私田―以中正踏驗, 則私田收稅之法, 庶得其平矣。

- 양(良)이나 천(賤)에 일정하게 말하기 어려우므로 수군에다 속(屬)한 것이니, 그 법이 지극히 공평한 것입니다.(세종 2/9/1) 良賤籍俱不明者, 於良於賤, 難以一定, 故屬之水軍, 其法至公。

- 형벌이 스스로 공평할 것입니다.(세종 15/5/6) 則刑自平允矣。

- 급법에 저촉되지 않는 물건인가를 명백하게 문부(文簿)에 이름을 기록하고, 양편이 공평하게 교역하도록 허가하다.(세종 21/9/6) 不係違禁貨物, 明白附籍記名, 許令兩平交易。

· 평등平等: 평등은 《세종실록》에 단 1건 나온다. 일본 국왕의 사신 규주(主籌)에게서 나오는 말인데 "만약 능히 평등의 자애를 옮겨 자타(自他)의 구별을 잊고 법보(法寶)를 반포하여 그 이익을 널리 한다면, 어찌 복의 근원을 깊이 하고 수의 멧부리를 증가하게 하는 일단(一端)이 아니겠습니까."(若能運平等之慈, 忘自他之別, 頒法寶以博其利, 則豈非深福源, 增壽岳之一端耶。)에서 보듯 불교에서의 평등의식이란 용어가 있다. 당시 일반 사회에서의 평등의식이나 용어는 없다.(세종 5/12/25)

세종의 백성에 대한 태도는 천민天民의식에서 출발한다. 천민天民사상은 세종 철학의 핵심개념이다. 백성 즉 민民이나 업業에서 나타나는 사실들은 전체를 아우르는 틀거리가 되며 이것이 생생의 틀을 구성하게 될 것이다. 조선조 전체적으로 천민天民이란 어휘는 명종 때 유난히 많이 등장하고 그밖에는 다른 몇 임금에게서 한 두 차례 나오는 정도다. 명종 때의 특징은 '천민天民'이 개념어가 아니라 일상어 수준의 형용사로 쓰이고 있다. 같은 어휘라 하더라도 의미를 부여하는 데 따라 개념 정의가 다를 수 있을 것이다. 예를 들면 명종 시는 "민개천민民皆天民"(명종실록 6/12/6), "중도 역시 천민僧亦天民" (명종실록 8/윤3/2) 등 '천민天民'을 일상어 혹은 관용어로 쓰고 있다. 용어 쓰임새에 따라 의미 분석이 달라지는 사례가 되겠다.

실록 속의 천민天民은 ㉮누구나 천민天民이고(세종 26/윤7/24) ㉯양민과 천인을 구별할 수 없고(세종 9/8/29) ㉰사람에게 높고 낮음이 없고(세종 14/8/17) ㉱백성 사랑에 차이가 없다.(세종 21/5/14)로 나타난다.

세종에 나타난 천민天民 기사를 부연하면 ㉮백성은 하늘이 내리고 임금이나 사대부들도 하늘이 내렸다. 다 같이 하나의 '생명체'라는 사실이다. 하늘이 내린 것은 이에 하늘의 도를 따라 그 원리로 살아야 한다는 것으로 이는 절대성과 고유성, 독자성을 뜻한다. 하늘의 본성은 착함에 근거하며 생성, 생생을 이루어가는 데 있다. 천민天民은 생명 사상에 바탕하고 있다. ㉯하늘이 내린 것은 생명의 존재는 같고 사회적 기능은 다를 수 있다. 사람의 근본은 같고 드러나는 조건이 다르다는 것이다. 그러나 절대적이지는 않다. 사대부와 천민賤民의 차이가 있다면 이는 제도일 뿐이다. 사람은 생명의 지속을 위해 일을 해야 하는데 '일하는 사람'은 모두 생민이 될 수 있다. ㉰일을 하지만 기회의 차이로 직업상의 차이가 있게 되는데 여기서 문자를 다루느냐의 유무에 따라 산업인*과 사대부로 갈린다. 신분이 다른 것은 겉에 드러난 방편적인 것이고 절대적인 것이 아니다. 즉 신라의 골품제도처럼 경색된 것이 아닌 것이다. 신라의 품계는 성골, 진골, 6두품 5두품 4두품 등 결혼, 관직의 한계성, 옷의 색깔, 집의 구조 등에서 모든 것이 달랐다. 그러나 세종시대는 생활 차원에서의 차별은 있었으나 개인의 욕망 차원에서는 당연히 다른 해석이 가능할 것이다. 출신이란 본인의 의사와 무관하게 주어진 과거의 흔적인 것이다. ㉱천민이나 사대부나 사람이라면 누구나 한 가지 재주를 지니고 있는데 이 재주가 업으로 발전할 수 있다. 업의 의식은 바로 생업 의식이 된다. 세종은 부차적 신분 조건에 얽매이지 않고 이 조건을 넘어서는 여러 시책을 펴게 된다. 이것이 민에 대한 생생화 작용 즉 시정時政으로 나타난다.

(주) *산업產業: 삶을 이어가기 위한 물질적 생산업을 말한다.

생민의 모습

모든 사람은 하늘이 내린 백성이라는 전제 아래 천민이 사회에서 이루어야할 목적지는 생민이다. 살아있는 넋으로서 생령生靈을 백성이라고 본다. 생령은 자각정신을 갖춘 생민의 다른 한 이름인 셈이다.

우리 고전에서 생민의 유래를 보자. 왕자王者는 위로는 종사(宗社:종묘와 사직)에 기대었고 아래로는 생민生民에 의탁하여 왕토王土를 다스렸다.

생민: ㉠ 창조리가 간하기를, …대왕께서는 이것을 생각하시지 않고 주린 사람들을 부리어 토목공사에 시달리게 하시니, 이것은 백성의 부모된 의미에 매우 어긋나는 일입니다. 더구나 이웃에 강한 적이 있으니 만일 그들이 우리의 피폐한 틈을 타서 온다면 사직과 생민이 어떻겠습니까? 하였다. 倉助利諫…大王曾是不思 驅飢餓之人 困木石之役 甚乖爲民父母之意 而況比隣有强梗之敵 若乘吾弊以來 其如社稷生民何. [삼국사기 권제49, 1장 뒤쪽, 열전 9 창조리]

㉡ 간관 이행 등이 또 상소하기를, 호강이 겸병하여 국용이 핍헐하고 조세가 가혹하여 배나 되니 생민이 시들고 파리하며 강약이 서로 병탐하고 쟁송이 번다하며 골육이 서로 시기하여 풍속이 무너지고 상하니 이는 사전의 폐단 때문입니다, 하였다. 諫官李行等又上疏曰 豪强兼幷 國用乏竭 租稅苛倍 生民凋悴 强弱相吞 爭訟繁多 骨肉相猜 風俗壞敗 此私田之弊也…。 [고려사 권제78, 28장 앞쪽, 지 32 식화 1 전제 녹과전]

㉢ (문하부 낭사가 …소에 이르기를) …임진의 곧은 길을 따라 돌아오시면, 위로는 조종의 마음을 위로할 수 있고, 아래로는 생민의 폐단을 덜 수 있을 것입니다. 하물며, 지금 안으로는 재이의 견책이 있고, 밖으로는 해적의 경계가 있사오니, 오래 순행할 수는 더욱 없습니다. 門下府郎舍疏…疏曰…從臨津直道以還 則可以上慰祖宗之心 下除生民之弊矣 況今內有災異之譴 外有海寇之警 尤不可久於巡幸也。 [태종실록 권제1, 21장 앞쪽～뒤쪽, 원년 윤3 병오(17)][24]

생민의 문제는 세종 때 의제가 되어 영조·정조시에 다시 논의 된다.[25] 세종의

---

24) 〈한국고전용어사전〉 세종대왕기념사업회. 2001.
25) 생민生民: 원문 총 2,008건 중 20건 이상
　　초기: 태조 22, 태종 56, 세종 114, 성종 94

생민 의식을 세종만이 아닌 정조시대와 간접 비교해봄으로서 그 의미를 조금 더 구체화 해보자.

• 생민의 뜻: 세종과 정조 비교

생민은 부정적으로는 가난한 백성, 시달리는 백성 등이고, 중립적은 서술이나 일반 명사로, 긍정적은 축수나 백성을 위한 제도 등이다. 그런데 '부정적'이 많다고 하여 그 사회가 부정적인 것은 아닐 수 있다. 부정적인 문제점을 드러내는 건강성은 가지고 있기 때문이다.

《조선실록》에는 생민生民이 원문으로 총 2,008건인데 세종 114건으로 생민은 세종의 큰 관심사였다. 이를 부정, 중립, 긍정의 내용분석으로 분류해 보았다.

긍정적: 생민지지生民之志(세종 1/7/17), 도주생민叨主生民(세종 5/7/3), 專以天之生民
(세종 14/3/25), 以副盛朝子惠生民之意(세종 29/1/24), 生民之意(세종 28/11/21)

중립적: 『生民』(악장)(세종 즉위/10/3), 生民共祝壽千春(악장)(세종 즉위/11/3), 生民之
衆(세종 1/2/ 12), 卽生民之禍(세종 32/1/15)

부정적: 이해생민胎害生民(세종 즉위/11/3), 拯生民於塗炭증생민어도탄(세종 1/12/17),
有害於生民(세종 2/10/27), 生民之害(세종 22/1/25)

긍정, 중립, 부정은 성향orientation으로 그 다음은 방향direction으로 표기할 수 있다. 한 예로 궁핍한 생지 개척의 삶이지만 '희망을 갖고 사는 삶'은 부정적 성향의 긍정적 방향이 된다.

세종의 '생민'을 긍정, 중립, 부정으로 분류해보면 각 45건, 36건, 33건이다.(분류는 용어와 함께 전체의 의미를 함께 읽어야 할 것이다.) 분류는 전체적으로 균형을 잡고 있다. '중립적'에서는 교서나 음악악장 이름, 일반 용어로 쓰이고 있고, '부정적'에서는 생민의 해를 적시한다. 부정이라고 하지만 생민의 질고를 극복하고자 하는 부정성향의 긍정적 방향으로 나타나고 있다. '생민' 표현에서 그 극복 방안을 제시한다. '긍정적' 성향에서는 생민의 의지를 통해 보다 나은 백성의 복

중기: 연산군 40, 중종 211. 명종 107, 선조 182/28, 광해군 97/81, 인조 101, 효종 49,
현종 21/48

후기: 숙종 124/5, 영조 187, 정조 132, 순조 74, 고종 131

리[행복]를 위해 고심했다.

세종의 생민의 뜻을 조금 더 구체화하기 위해 정조 시대의 '생민'과 비교해 보면, 정조는 3년까지는 중립적, 이후 14년까지는 부정적인 기록이 많고, 14년 이후 24년까지는 긍정적인 기사가 많다.

부정적: 수령들이 탐오(貪汚)를 부리는 습관과 생민(生民)이 침탈을 당하는 걱정 守令貪汚之習, 生民椎剝之患。(정조실록 6/4/25)
: 이는 곧 백성들의 고혈(膏血)인 것이다. 即是生民之膏血。(정조실록 1/3/17)
중립적: 생민(生民)의 휴척(休戚)이 〈언로의〉 개폐(開閉)에 따라 판가름이 나는 것입니다.(정조실록 1/5/5)
(주) 휴척: 근심과 걱정.
긍정적: 신의청이 그 나이와 자손의 숫자 대로 상에게 술을 바치겠다고 청하고 또 감사와 수령을 신중히 선발하여 백성을 기르고 구휼하는 근본으로 삼도록 아뢰었다.(정조실록 15/3/6) (申)義淸請獻其壽與子孫之數, 又奏愼擇監司守令, 以爲字恤生民之本。
(참고): '긍정적'이라 하더라도 비리를 막자는 뜻에서 대비적으로 쓰인 경우가 있다.

표. 생민의 정의定義. 세종과 정조 비교

	부정	중립	긍정	합계
세종	45	36	33	114
정조	59	40	33	132

이 분석은 더 자세히 긍정 부정의 + - 를 구분하면 의미가 달라질 수 있다. 즉 '백성을 해치고 있다'고 말하는 것은 부정적 성향이지만 이를 드러내놓는 일은 긍정적 방향이 된다. 정말 부정적인 것은 비리가 있어도 거론조차 하지 않는 일일 것이다.

백성에게 해를 끼쳤는데도, 감사가 사실을 조사하지 못하고 도리어 상등(上等)의 열(列)에 둔 것이다. 貽害生民, 監司不能覈實, 反置最列。(세종 즉위 11/3)

세종 생민의 한 예로 부정적 사실을 드러낸다. 이는 부정의 + 방향이다.

전체적으로 세종은 긍정적으로 생민을 길러가야 하는 명제와 실천이 두드러지고, 정조 시대에는 생민을 길러내지 못하는 비리를 안타까워하는 부정적 성향 속의 긍정적 방향 기사가 많이 나타나고 있어 두 시대가 비교가 된다.

이로 보면 기사가 아주 없는 것보다는 부정적인 데서 개선의지를 보이는 것이 그나마 바람직하고, 거기에 긍정적인 기사의 출현이 더 바람직하겠다.(조금 더 자세한 분석을 위하여서는 내용의 긍정적, 부정적 성향 그리고 그 다음의 방향의 + - 를 분석해 보아야 할 것이다.)

생민은 개인이며 집단이고, 생인은 개인이다. 생인의 지향점은 생민이 되어 요민饒民 그리고 민락생생자가 되는 것이다. 요민은 세종 때는 '요부무비饒富無比'로 나온다. 정작 '요민'의 용어는 정조(정조실록 24/4/16)때 보이는데 이는 부유민을 말한다.

요부무비饒富無比: 김인우가 새 땅을 개척하여 '곡식은 피와 조를 심을 뿐인데, 해마다 풍년이 들어 곡식이 쌓이고 쌓여서 요부(饒富)하기가 비할 데 없습니다. 해마다 풍년이 들어 곡식이 쌓이고 쌓여서 요부하기가 비할 데 없다'며 벽동 사람 박정朴丁이 새 땅을 발견했음을 말한다.(세종 25/1/10) 唯種稷粟, 歲獲豐稔, 陳陳相因, 饒富無比。

여기서 '생민'에 대한 개념 이해를 위해 참고로 만물의 지위에 대한 주희의 생각을 살펴보자. 주희는 만물의 지위를 무심지심의 단계, 생의의 단계, 지각의 단계, 언어사용의 단계로 구분한다.

무심의 단계는 천지의 경우로 천지에는 스스로의 무심지심無心之心이 있다. "천지의 마음은 별다른 것이 아니다. 천지의 큰 능력은 낳음이다, 라고 했듯이 아무런 생각 없이 만물을 낳을 것을 일컬은 것일 뿐이다."(天地之心別無可做, 大德曰生, 只是生物而已 錢穆 卷 69 역 5)

생의生意의 단계는 곧 식植 생명계 일반에 편재해 있는 현상으로 전목錢穆은 "반드시 생물이 생겨난 뒤에야 생의가 나타난다."(又必有無生物化出有生物, 而後天地之生意始顯. 錢穆 卷 1)고 말한다. 식물에는 생의가 있음을 볼 수 있다. 일찍이 햇볕이 드는 아침에 한 그루의 꽃나무는 마치 자라기가 기쁘기라도 하듯 각질 속에 머물지 않고 뚫고 나오는 듯이 느껴졌다고 설명한다.26)

---

26) 백도근, '심心: 신유학에서 마음', 『마음학』, 백산서당, 2010, 260~268쪽.

지각知覺은 동물의 단계에 이르러서야 비로소 나타난다. 주자는 "동물은 혈기가 있어서 자각할 수 있다."고 하며, 동물이 가진 지각은 다만 한 길에만 통할 수 있을 따름인데 가령 까마귀는 효를 알고, 개는 집을 지키고 소는 밭을 갈뿐이다, 고 말한다.

언어言語사용은 사람만이 할 수 있다. 사람은 앞의 모든 단계를 다 소유할 뿐만 아니라 가장 완전하게 갖추고 있다.

생민이란 무엇인가. 아무 생각이 없이 시키는 같은 일을 매일 하는 천민賤民은 '생의'의 단계의 식물과 같은 존재存在일 뿐이다. 다음으로 지각의 단계에서 사람은 농사에서 손과 몸의 노동으로 기술을 갖게 되는 기능의 길을 가게 된다. 그들은 살아 있는 하민下民이다.

그 다음 언어단계에서 사람이라고 할 때 '언어'는 자기 인식에 다름 아니다. 이 점에서 인간은 '스스로 새로워질 수 있다'는 명제와 민에게 문자를 제공함으로서 '생민'이 되게 하려는 세종의 정치 실현이 바로 세종의 철학의 기본이 되어 있음을 확인할 수 있다.

하민이 주자朱子가 말하는 인간이 되기 위해서는 언어 즉 '자기표현', '자기 생각'이 있어야 할 것이다. 세종 이도가 말하는 '자신自新'의 작용 여부에 달려 있다고 본다. 자신自新은 천리의 '본연성'을 회복하여 자기 인식을 하느냐의 문제다.(이후 다음 단계로 자기 성찰로서의 '수행'과 '행도'의 실천과제가 따른다.)

(3) 민의 생생화

민의 일상적인 삶[생]에서 살아내기[생성화]로 그리고 거듭나기/거듭살이[생생화]로 가는 과정에서 전제로 삼고 있는 철학은 '기본은 같다'는 정신이다.

백성의 변화를 모색하는 일은 인간성의 변화를 촉구하는 일이다. 세종은 사람의 성질이 어떻게 변화할 수 있는가에 관심을 가지고 지속적으로 그 변화를 추구해간다. 사람은 변화를 모색하며 전제 이후 '생생의 길'에서 1단계 자각 - 2단계 자성 - 3단계 회오 - 4단계 회생 - 5단계 갱생의 단계를 거치고 이 과정에서 인간 본성인 자신지리自新之理에 바탕하고 감오感悟 작용을 통하여 변하여 간다. 이 단계에서 세종은 생민지정生民之政을 펴고 이에 민은 생민이 되어간다.

전제: 기본은 같고 성질은 다르다.

세종이 보는 인간에 대한 기본 태도는 천민賤民이 천민天民[하늘의 백성]이듯 근본은 같다. 따라서 ㉠인간의 본성은 같다. 그리고 ㉡각자의 성질은 다를 수 있다고 본다. 거기에 ㉢상황적으로 조금 부족한 백성이라도 얼마든지 '보다 나은 인간'이 될 수 있다고 여긴다. 감성[氣]에 의한 감화, 감발의 과정을 거치며 새로운 사람이 될 수 있다. 그러나 근본적으로는 각자가 깨달아서 스스로 새롭게 하는 힘을 믿고 있다. 이에 세종은 사람의 천성을 근거로 생민에 대해 정언명법으로 언명한다.

정언: 천성

천성天性: 내가 생각컨대, 하늘이 준 바른 덕과 진심[降衷] 그리고 의젓하게 타고난 천성은 생민이 똑같이 받은 것이라, 인류을 도타이 하여 풍속을 이루게 하는 것은 나라를 가진 자의 선무(先務)이다.(세종 16/4/27) 予惟降衷秉彛, 生民之所同; 厚倫成俗, 有國之先務。
천성: 아아. 사람은 진실로 각기 상도(常道)를 지키는 천성(天性)이 있으니, ... 자신(自新)해서 인효(仁孝)의 풍속을 이루게 할 것이다.(세종 11/4/4) 嗚呼! 人固各有秉彛之天 ... 擧得自新, 以成仁孝之風。
(주) 병이秉彛: 秉병_ 잡다. 마음으로 지키다. 彛이_ 떳떳할 이.

하늘이 준 바른 덕과 진심 그리고 의젓하게 태어난 천성은 생민이 똑같이 받은 것이다. 떳떳한 마음으로의 천성도 다 같다. 그리고 인간은 스스로 새로워질 수 있는 능력을 가지고 있다는 것이다. 예조에 내리는 교지에서 "사람의 자식으로 부모가 살았을 때는 효성을 다하고, 죽어서는 슬픔을 다하는 것은 천성天性이 저절로 그렇게 되는 것이고, 직분職分으로서 당연히 해야 할 것이다."고 말한다. 그러나 문제는 그동안 이 천성의 기운을 잃었고 사람마다 때로 성질이 다를 수 있다는 것이다.

성인聖人: 성인을 제외한 그 이하의 사람은 사정(私情)을 쓰는 일을 면하지 못할 것이다. 강경 시험으로 〈시험관과 수험생이〉 면대(面對)하였을 때에 혹은 친척이라던가, 혹은 친구라던가, 혹은 권문세가(權門勢家)의 아들에게 어찌 감히 강인(强靭)하게 질문하겠는가. 혹은 싫어하여 일부러 강인하게 질문한다면 그 또한 공정한 마음은 아닌 것이다. 사람을 뽑는 데에는 공정(公正)한 것을 주로 해야 하는 것인데, 강경으로 면대하여 문답하는 것은 나는 마음으로 온당하지 않게 여긴다.(세종 14/3/13) 聖人以下, 未免私情, 當講經面對之際, 或親戚, 或故舊, 或權勢之子則豈敢强問乎? 嫌而强問, 亦非公心也。取人以公爲主, 講經面對, 予心以爲未安。

(주) 未免私情미면사정: 개인의 정에서 벗어나지 못한다.

인간 본성의 약점 즉 아는 사람에게 개인적인 정으로 편의를 주는 것이 인간이라고 가까운 신하인 권근이나 허조의 예를 통해서도 파악하고 있다. 인간의 한계를 잘 알고 있기에 이를 극복하려고 애를 썼다. 즉 생원시에는 그간의 경서강습, 제술, 강경 등이 종합적으로 이루어져 한다는 취지다.

어린 사람: 나이가 어려서 사리를 알지 못하는 사람이 어쩌다가 훔친 것을 따진다면 무엇 하겠는가. 또 율(律)에도 이러한 조문이 없으니, 이것이 바로 의심나는 일[疑事]이라는 것이다. 불문에 붙이는 것이 좋겠다.(세종 11/7/11)

백성들은 항심(恒心)이 없기 때문에 절용(節用)하지 못하니.(세종 9/12/12) 夫民無恒心, 故用不能節, 爾等敎民節用。

성인聖과 중인: 다만 성인은 사물에 밝게 통하여 만리 밖을 밝게 보고 묘당(廟堂)의 위에서 승부를 판결하나, 중인(中人) 이하의 사람은 일을 시작할 때에 마땅히 의심하는 생각이 있을 것이나, 만약 의심하는 생각으로 결단하지 못하면 어느 때에 군사를 발하여 큰 일을 이룩하리오.(세종 15/3/17) 但聖人洞照事物, 明見萬里, 決勝負於廟堂之上矣。中人以下, 於作事當有疑慮, 若疑慮而猶豫, 則何時發兵, 以成大事乎?

어린 사람, 성인聖人과 중인의 성격의 차이를 분별하고 있다. 여기서 인성에 따른 사람의 가르침의 종류가 달라져야 함을 살핀다. 높은 사람은 벌을 더 엄중하게 주고, 모르거나 나이가 어린 사람은 벌을 감해주는 등 적절한 시책을 시행해야 한다. 이는 기회의 공정함에 근거한다.

중인의 성격: (봉씨를 폐출시킨 이유를 부연하여 대신들에게 알리다) 대체로 중인(中人) 이하의 사람들은 착하게 될 수도 있고 악하게 될 수도 있어서, 여울의 물과 같

이 동쪽을 터뜨려 놓으면 동쪽으로 흐르고, 서쪽을 터뜨려 놓으면 서쪽으로 흐르게 된다. 다만 아주 어리석은 사람의 기질은 변하지 아니한다.(세종 18/11/7) 大抵中人以下, 可與爲善, 可與爲惡, 猶湍水決諸東方則東流, 決諸西方則西流, 唯下愚不移, 雖聖人與居, 亦無如之何矣。

여기서 모순점이 보인다. 누구나 가르치면 개신의 마음을 갖는다는 희망과 함께 고쳐지지 않는 사람이 있다는 현실에 대한 선입감이다. 이 현실은 며느리 봉씨를 내쫓는 당위론으로 어쩔 수 없는 한계상황에 대한 조치이고 변론인 셈이다. 즉 마지막 범죄의 끝에 가서도 개전의 정이 없다면 처벌 하지 않을 수 없는 정치 시정의 시책에서 나온 말이다. 기회를 주되 마지막에는 법에 따른다는 논리다.

근본적으로 소민들은 일시적으로 본성이 가려져 있기에 교화를 통해 선한 본성을 회복해야 한다. 그게 정치가 할 일이다. 사람들은 ㉮효유, 교화 ㉯감화 ㉰사면, 휼민, 화민의 단계를 거치며 ㉱자신지리自新之理의 길로 나아간다. 차례대로 살펴보도록 한다.

가) 효유/교화: 알리기와 가르치기

유교의 덕목은 가르치는데서 출발한다. 안다는 것은 사람이 다른 만물과 구별짓는 출발이다. 맹자도 '천하의 영재를 얻어 교육함이 세 번 째 낙이라.'(得天下英才而 敎育之 三樂也 득천하영재이 교육지 삼락야)고 말한다.

안다는 것은 사람이 '만물에서 참사람'으로 되어가는 전제가 된다. 먼저 가르침에 따른 변화를 기대하게 된다. ㉮가르침은 효유, 교화, 감화, 감발, 감통, 감격 등이다. 이런 가르침 이외에 제도적인 시책으로 무언가를 베푸는 일이 있다. ㉯베풀기는 사면, 화육, 화민 같은 제도다. 직접적인 은혜를 통하여 사람을 바뀌게 하려는 기회의 제공이다.

효유曉諭는 관리에게 내리는 지시다. 《조선실록》총 1,296건 중 세종 97건으로 행정 용어다.27) 세종은 효유의 임금이다.

---

27) 효유曉諭 원문 총 1,296건 중 20건 이상
   초기: 세종 97, 세조 60, 성종 109
   중기: 연산군 52, 중종 125, 명종 48, 선조 137/7, 광해군 37/33, 인조 47
   후기: 숙종 48/2, 영조 80, 정조 132, 순조 47, 고종 140

(주) 효유(曉諭): 깨닫기. 깨우쳐 일러줌.

교화教化는 백성을 가르치는 일이다. '교화'는 전체 1,354건 중 세종 46건이다. 교화는 유교사회의 기본 가치 중의 하나다. 이런 의미에서 관용어에 속한다.

> 《삼강행실》: (집현전에서 《삼강행실》을 편찬하여 서와 전문을 더불어 올리다): 백성들이 ... 내가 그 중 특별히 남달리 뛰어난 것을 뽑아서 그림과 찬을 만들어 중앙과 지방에 나누어 주고, 우매한 남녀들까지 다 쉽게 보고 느껴서 분발하게 되기를 바란다. 그렇게 하면, 또한 백성을 교화하여 풍속을 이루는 한 길이 될 것이다.(세종 14/6/9) 予欲使取其特異者, 作爲圖讚, 頒諸中外, 庶幾愚婦愚夫, 皆得易以觀感而興起, 則化民成俗之一道也。

백성은 "타고난 천성(天性)에 어두워서 항상 각박한 데에 빠졌다."(세종 14/6/9) 이로부터 백성을 교화하고자 하는 것이다. 그런데 우민愚民은 선천적으로 신분이 천민이어서 자기의 지능을 키워볼 교육의 기회가 없고 자기의 재능을 펴볼 여건이 부족한 상황에 있다. 이들에게 훈민訓民의 기회를 제공하려는 것이 세종 시정의 하나다. 몇 가지 시도가 이루어진다.

이두를 통해 큰 죄의 법률 조항을 적어 배포하여 모르고 짓는 죄를 미연에 방지 하려한다. 더불어 그림이 들어간 《삼강행실》을 반포하여 바른 도학의 생활을 유도하려 했다. 백성은 경제적으로 가난한 사람들이다. 백성의 고통은 농사지을 토지가 없고, 땅이 있어도 때로 비가 오지 않고, 지역에 따라 산출물에 대한 세금 부과가 공정하지 못하고, 극심한 가뭄 시에는 춘궁기에 끼니를 이을 방도가 없다. 세종의 시정 중 구휼救恤이야말로 선무先務에 놓여 있지만 급무急務는 농사법 가르치기가 된다. 선무와 급무의 차이에서 선무는 직위에 따라 반드시 직무로 행하여야 할 규범 같은 임무이고 급무는 선무 속에서도 시간을 다투어 할 일이다.

기유년(세종 11년)에도 《농사직설(農事直說)》을 만들어 각도에 반포하여, 쉽게 알도록 했으나 그 실효를 보지 못한 바 있다.

> 《농사직설(農事直說)》: 이제 또 약간의 책을 박아서 여러 도에 더 보내니, 경들은 나의 지극한 뜻을 몸받아서 즉시 각 고을의 수령들에게 반포하여, 농민을 깨우치고 가르쳐 책에 의거해 시험해 보여서 풍속을 이루도록 하라. 만약에 어리석은 백성으로서 자력이 부족한 자나 제 스스로 하기를 원하지 않는 자는 반드시 강제로 시킬 것이 아니

라, 적당하게 권과하기를 시종 게을리 하지 말아서 점차로 흥행하도록 하라.(세종 19/7/23)

농민에게 농사법을 가르쳐라. 그러나 억지로 하지 말고 점진적으로, 꾸준히 시행하라는 구체적인 방법까지를 명한다. 소민인 농민의 성격까지 파악하여 교화를 이루어가려는 노력이 섬세하고 합리적이다.

그리고 사회적으로 천시 받는 천민의 상태를 정신적으로 벗어나게 해주려고 했다. 착한 백성을 백정白丁으로 부르게 한 것이다. 백정은 깨끗하고 힘 있는 사람을 뜻한다.[28)]

나) 감화, 감응, 감발

세종 시 백성을 위한 교화는 효유의 형식으로 공식적으로 하달이 되고 이후는 백성을 향한 여러 가지 활동들이 나타나게 된다. 이에는 감화를 비롯하여 감발, 감통, 감격과 감발, 감응 등이 있다. 그밖에도 백성의 흥기興起, 탄모嘆慕에 대한 언급이 나온다. 몇 예를 보자.

• 감응

생생은 만물과의 공존의 감응의식에서 출발한 것으로 보인다. 그 예로 해괴제 解怪祭를 들 수 있다.

감응: 대개 들으니, '사람의 일이 아래에서 감동[應]하게 되면, 하늘의 변이 위에서 응하는 것이매, 수재나 한재가 드는 것은 모두가 사람이 불러서 일어나지 않는 것이 없다.(세종 7/6/20) 蓋聞, 人事感於下, 則天變應於上, 水旱凶荒之災, 靡不爲人召之也。

해괴제: 올빼미가 내원(內園)에서 울거늘, 괴변을 가시는 제사를 지냈다.(세종 4/9/20) 甲戌鵩鳴于內園, 設解怪祭。

---

28) 재인과 화척의 칭호를 백정으로 개명하게 했다.(세종 5/10/18) 이런 백정의 뜻이 점차 이후 가축의 도살을 이들이 맡으면서 중인들이 물주가 되고 이들은 다시 그들의 이익에 동원되는 구조 속에 사회적으로 다시 최하층의 천인으로 비치게 되는 것이다.

기이한 일이 생기면 해괴제를 지냈다. 조선왕조실록 총 152건 중 세종 39건이니 과하다 싶을 정도다. 어느 면에서 세종 초기에는 천지자연의 현상으로부터 오는 괴이怪異에 위로를 받고 또 자연을 위로하려는 감응感應의 의식儀式이었다고 보인다. 세종 이후는 세조 때 30건이고 그 다음은 거의 사라진다. 의식意識이 아니라 풍속의 문제라고 볼 수 있는 해석이다. 세종 때의 몇 예를 보자.(구태여 여기서 이 사건을 소개하는 바는 인간의 행위변화나 정치가 인식만이 아닌 '마음의 움직임'[감응, 감화]으로부터 시작한다는 예시를 위해서다.)

세종 5/7/16: 경상도 거제의 바닷물이 붉어져 제사를 지내다.
세종 5/10/1: 황해도 강음현 운석에 해괴제를 행하다.
세종 15/3/10: 경녕군의 집 기둥에 벼락이 치니, 해괴제를 행하다.
세종 15/10/27: 부엉이가 홍례문 서쪽 십자각에서 울므로 해괴제를 지내다.

부엉이가 근정전에서 우는 등 부엉이 때문에 지낸 해괴제가 수십 건이다. 자연 만물과의 공존이라고 하여 구태여 부엉이를 잡지 않으려 한 것은 아닐 것이다. 세종 16년 7월 24일 부엉이가 건춘문과 홍례문에서 우니 해괴제를 행했다. 세종이 "부엉이를 잡고자 하는데, 어떻게 잡을 것인가."하니, 안숭선이 아뢰기를, "내금위內禁衛를 보내어, 산직으로 하여금 부엉이 있는 곳을 지시하게 하여 잡는 것이 가하옵니다."하니, 그대로 따랐다. 부엉이를 잡았는지는 불확실하다. 그러나 나중에는 부엉이와 공존하게 된다. 세종 24년 8월 26일에는 해괴제를 거행하는 일이 없도록 예조에게 명하게 된다. "예조에 전지하기를, 금후로는 대궐 안의 부엉이가 운 곳에다 해괴제를 거행하는 일이 없도록 하라." 하였다. 해괴제가 풍속의 문제로 나타나는 예중이다.

- 감화·감발

감발을 실록에서는 '깨달음'으로 번역하고 있지만 인식認識 차원에서의 변통이라고 할 수 있다. 대상을 통한 마음의 느낌, 즉 감성적인 변화로 시작한다.

심득心得: '백성을 몸소 실행하고, 마음으로 얻게 한 결과로써 감화되게 하는 것은 이미 그 지극함을 다하였건만, 그리고도 오히려 흥기(興起)시키는[感興] 방법에 다하지 못한 것이 있을까 염려하여, 드디어 이 책을 만들었습니다.' (세종 14/6/9) 所以化民於

躬行心得之餘者, 旣極其至, 猶慮興起之方有所未盡, 乃爲此書。

집현전에서 새로《삼강행실(三綱行實)》을 편찬하여 올리었다. 그 중에서 효자·충신·열녀로서 우뚝이 높아서 기술할만한 자를 각각 1백인을 찾아내어, 앞에는 형용을 그림으로 그리고 뒤에는 사실을 기록하였으며, 모두 시詩를 붙이었다. 이를 널리 민간에 펴서 어진이거나 어리석은 자이거나 귀한 사람·천한 사람·어린이·부녀자의 구별 없이 다 즐겨 보고 익히 들으며, 그 그림을 구경하여 그 형용을 상상하고, 그 시를 읊어서 인정과 성품을 본받게 한다면, 흠선歆羡하고 감탄하고 사모思慕하여서 권면과 격려로 그들의 다 같은 본연의 선심善心이 감발感發되어, 자기들의 직분의 마땅히 해야 할 것을 다하지 않는 자가 없을 것이라 했다. 책을 읽고 스스로 깨닫는 계기가 감화나 감발이다.

감화는 커뮤니케이션과 닮아 있다. 커뮤니케이션은 ㉮상대와 사귀다 ㉯상대와 이야기하다 ㉰스스로를 생각하다, 등의 뜻이 있다.

감화에서 '감感'은 '마음으로 오가는 과정'이고 '화化'는 '그리 변화한다'는 뜻이다. 감화는 커뮤니케이션의 한자 표현이고 세종의 표현은 사맛[ᄉᄆᆺ]이 되겠다.

감응은 커뮤니케이션론에서 영어로는 communion이라고 한다. 그리고 인간/사물과 사물 사이의 사맛은 correspondence라고 한다. 보들레르시에서는 인간과 자연과의 사맛을 조응照應이라고 번역하고 있다.

세종과 하경복 그리고 하경복 어머니에 대한 세종의 정성이 나라를 안정시키는 북방 정책의 기초가 되었다. "군정(軍政)은 날마다 잘되어 나가고, 간사한 도적들이 틈을 타고 나왔으나 여러 번 승전을 보고하여, 변방의 백성들이 자못 편하게 쉴 수 있게 되었다. … 지금 군사는 경의 위엄과 은혜에 익숙하고 적도 경의 용감한 병략을 무서워하는데 어찌 경을 바꿀 수 있겠는가. 아무리 장수될 만한 사람을 살펴도 경과 바꿀 만한 사람이 없다.(세종 6/11/29) 이에 대한 하경복의 답은 "혼자서 임금의 총애를 받게 되어 감격에 넘친 눈물이 흘러 내립니다. 더구나, 분수에 넘쳐 그 은혜를 뼈에 새겨 보답해야겠습니다."(세종 6/12/19)이다. 그 사이 세종은 하경복 어머니에게 여러 번에 걸쳐 쌀과 생활용품을 보내는 정성을 끊이지 않았다. 마음과 정성의 선물 그리고 신하에 대한 무한의 신뢰감, 이에 감동·감화하지 않을 신하 아니 백성이 있겠는가.

김종서는 어머니가 돌아가시자 상제를 마치게 몇 년 쉬고자 한다. 그러나 이에 대한 답은 "성상께서 혜양(惠養)하시는 은혜가 극진하여 빠짐이 없었으므로, 신의 어머니가 감격하는 정을 비할 데가 없어서 매양 신에게, '너는 빨리 네 직책에 돌아가라. 네가 능히 성상께 충성을 다한다면 나는 비록 죽더라도 유감이 없을 것이다.' 하면서, 아침저녁으로 신에게 가기를 권했습니다."(세종 18/1/21) 속에 들어 있다. 김종서 어머니에게 역시 정성을 보인 세종의 행도에 이미 아들에 대한 답이 담겨져 있었다.

세종의 자상한 마음 쓰기와 정성, 이는 신하와 그의 가족과 함께 어울어져 감동·감화를 통해 세종의 사맛과 생민을 이루게 된 것으로 보인다.

감격感格: (지평해군사 허항 등이 배사하니 접견하다) 오히려 나의 정성과 공경이 하늘의 마음을 감동시키지 못할까 염려하여 밤낮으로 두려워하니, 그대들은 오늘 내가 가르치는 말을 받아들여 관직에 있는 동안 부디 조심하여 긴급하지 않은 공사에의 동원은 모두 중지하고, 백성의 생활을 안전하게 하라.(세종 8/1/17) 尙恐予之誠敬, 未感格於天心, 夙夜恐懼, 爾等體予今日之敎, 愼其在職, 不緊徭役, 一皆除之, 以安民生。

감격: (감찰이 부처에게 절하는 일의 정지하길 청하는 사헌부 상소) 만일 감찰이 절을 하지 않으면 신을 감동하게 할 수가 없다고 한다면, 마음의 정성과 공경이 어찌 절하고 절하지 않는 데에 관계되겠나이까.(세종 31/6/22) 儻曰監察不拜, 無以感格, 則心之誠敬, 豈關於拜不拜哉!

《세종실록》에서는 감동을 감격感格으로 표기하고 있는데, 이는 하늘과 통하는 마음이다. 오늘 날의 감격感激이나 감동의 뜻으로 번역하고 있다. '감격'은《세종실록》에 6번 나온다.

感格天地	천지에 감격하다.(세종 1/7/12)
未感格於天心	하늘의 마음을 감동시키지 못할까.(세종 8/1/17)
誠未感格	정성이 하늘을 감동하지 못하였기에.(세종 9/6/14)
愧無誠感格	감화시켜 바로잡지 못한 것이 부끄럽고.(세종 20/10/27)
而神又感格矣	신(神)도 또한 감격할 것.(세종 24/8/14)
無以感格	신을 감동하게 할 수가 없다고 한다면.(세종 31/6/22)

여기서의 격格에 대하여 이응문은 '격물치지格物致知'의 격을 감통感通으로 해석하고 있는데 격은 역시 천리와 통하는 의미를 품고 있다[29]고 말했다.

인간 혹은 하늘[天理]과의 대화를 강조한 세종시대와 오늘날의 사맛 방식에는 차이가 있다. 먼저 오늘날 사맛방식은 신문, 라디오, 텔레비전 같은 대중 매체로부터 SNS에 이르는 다양한 방식으로 의식, 무의식중에 일방적, 쌍방적으로 소통이 진행되고 있다. 소통을 원하지 않아도 무제한으로 정보가 흐르고 있다.

세종 시 이러한 소통의 기회는 참으로 제한적이다. 초기신문 형태라 할 조보朝報도 없고 관에서 붙이는 방이나 벽보 이외에는 문자로 된 정보는 거의 없는 형편이다. 이로 보면 소문이 가장 강력한 소식이 되고 명분은 가장 강력한 소문의 근거가 된다.

이를 비교해 보면 다음과 같다.

세종시대

대상	정서 반응
하늘	감응 감격(感格)
인간사이	감화 감발 감동
물질	감感 감통

(참고) 감感: 臣父深感知遇之恩.(세종 28/9/10)

현대

인간사이(inter)	감동
인간 속(intra)	공감

다) 사면, 휼민, 화민

앞서 효유와 감화가 정신적인 가르침이었다면 사면이나 휼민, 화민 등은 실질적인 도움을 통한 새로 만듦[생성]의 길이 된다. 정신적, 물질적 고통을 이겨내고

---

29) 이응문, '주역과 대학의 통합적 이해', 한국방송통신대인문학연구소 세미나, 방송대 본관 1층 세미나실, 2015년 4월 30일.

'되살기의 길'을 가는 데는 여러 가지가 방법이 있지만 현실적 첫 대안은 죄인들이 사면 받거나 구제를 받고 갱생의 길로 갈 기회를 얻는 데 있다.

• 사면

사면이란 것은 덕의를 선포하고 더러움[瑕疵하자]을 씻어내어 새로움을 열어가는 길이다.(세종 4/2/5) 죄수에게도 이전의 죄의 생활을 벗고 새 사람이 될 수 있는 길과 기회를 열어준다는 데서 의의를 찾을 수 있다. 법은 중하고 백성들은 무지하다. 많은 죄는 백성들이 몰라서 일어나는 일이라는 전제를 깔고 있다.

어찌하여 중한 법 위에 부지한 백성들을 놓아두어야만 하겠느냐.(세종 6/8/21)

이의 근간에는 형벌을 통해 범죄가 줄어들리라는 기약 속에 시행되어 온 것이다.

사자赦者: (교지를 내리기를) 죄를 사(赦)하는 것은, 이전의 허물을 씻고 스스로 새로운 사람이 되는 길을 열게 하는 것인데, ... 비록 대사(大赦)를 지나도 용서를 받지 못하게 되는 일은 백성에게 신의를 보이는 소이가 아니다.(세종 7/11/9) 教旨:赦者所以蕩滌瑕垢, 而開其自新之路也。 ... 雖經大赦, 尙未蒙宥, 非所以示信於民也。

사면: (대사헌 오승이 상서하다)사면(赦免)이란 것은 하자(瑕疵)와 더러운 행실을 깨끗이 씻게 하고 특별한 은전(恩典)을 널리 베풀어 화기(和氣)를 오게 하는 것이다.(세종 13/11/5) 赦者, 所以蕩滌瑕穢, 廣施殊恩, 而召致和氣。

천민은 핍박받고 억울하고 분할 때 강해지거나 무너질 수 있다. 강한 사람은 강한 대로 '거듭 살기'의 가능성이 있다. 그러나 천민은 자기 힘으로 설 기회가 거의 없다. 여기에 건강, 생활, 환경 등의 제도 개선과 배려가 필요하다. 결국 좋은 정치란 이런 천민에 대한 배려가 어느 정도냐, 로 가늠될 것이다. 천민天民이라는 정언명제에 따른 '판단'은 어떤 사람도 실수로 인한 죄인의 상태에서 사면을 통해 다시 살게 해야 한다는 것이다.

사람은 죽음을 맞아 절실해 진다. 나의 죽음이 아니어도 가족의 죽음에 있어서도 그 상황은 같다. 이때 사면이 사람을 다시 살게 할 수 있다. 거듭살이의 기회다. 사면의 이유와 기회에는 여러 가지 길이 있다. 그 중 하나는 나이가 어려서 모른다는 이유다.

어린 나이: 나이가 어려서 사리를 알지 못하는 사람이 어쩌다가 훔친 것을 따진다면 무엇하겠는가. 또 율(律)에도 이러한 조문이 없으니, 이것이 바로 의심나는 일[疑事]이라는 것이다. 불문에 붙이는 것이 좋겠다.(세종 11/7/11) 上曰: 年少無知之人, 幸而竊之, 何足算乎? 且律無此條, 則是疑事, 勿論可也。

그밖에도 가능하면 여러 기회를 통해 살리려 한다. 처음이어서, 나이가 많아서, 다시 기회를 주면 더 열심히 할 가능성이 있어서 등 가능한 한의 여러 궁리를 하게 된다.

사면과 풍평지치: (명의 황태자를 세운 기념으로 조서를 가지고 오자 사전을 내리기를 명하다) 4월 초8일 새벽 이전에, 모반(謀反), 대역(大逆), 모반(謀叛), 자손으로서 조부모·부모의 살해를 도모하거나 구타 매언(罵言)한 자, 처첩(妻妾)으로서 남편의 살해를 도모한 자, 노비로서 주인의 살해를 도모한 자, 고독(蠱毒)이나 염매저주(魘魅咀呪)하였거나, 사람을 고의로 죽일 음모를 한 자와, 오직 강도를 범한 자를 제외하고는. 이미 판결이 끝났거나 아직 판결이 끝나지 않았거나 간에 다 죄를 용서하고 면제한다. ...아아, 허물과 더러움을 깨끗이 쓸어 없애 버리고, 환한(渙汗)의 은전(恩典)을 널리 베풀어, '즐거이 고무하여 풍성하고 태평한 다스림에 이르기를 기약하노라.' (세종 10/4/8) 鼓舞懽欣, 期底豐平之治。

(주) 豐平之治풍평지치: 풍성하고 태평한 다스림.

세종은 기회가 있으면 사면을 계속한다. 함께 사는 기회를 만든다.

사면: 모반과 대역 모반(大逆謀叛), 자손이 조부모·부모를 모살한 것, 처첩이 남편을, 노비가 주인을, 고독염매(蠱毒魘魅)·모고살인(謀故殺人)과 다만 보통 강도를 제외하고는... 이 모두 사유에서 면제하게 하라.(세종 28/3/13)

두 아들의 사망에 이어 중전이 사경을 헤매자 세종은 자신 가족의 죽음 앞에서 지아비의 심정으로 사면의 전교를 내린다. 선비는 직職 앞에서 죽음으로 간할 때 절실해진다. 그들은 충忠과 의義가 죽음만큼 절실하다고 생각하는 순간 죽음도 불사하고, 죽음 앞에서 의연해진다.

사람이 다시 사는 일은 풍평豐平의 사회로 가는 길이다. 그렇다면 죄를 사해 준다고 그 사람이 새사람이 될까. 이에 대하여 세종은 인간에 대한 근본적인 신뢰 의식을 가지고 사면의 명을 내린다.

사면이란 허물이나 하자와 같은 더러운 행실을 깨끗이 씻고 '자신이 새로워지는 길'[自新之路]을 갈 수 있게 기회를 열어주는 일이다.

> 자신지로 自新之路: (왕지(王旨)에) 사(赦)란 것은 덕의(德意)를 선포(宣布)하고 하자(瑕疵)를 씻어 스스로 새로워지는[改過遷善] 길을 열게 하려는 것이다.(세종 4/2/5) 王旨: 赦者, 所以宣布德意, 蕩滌瑕穢, 使開自新之路。

이는 사죄 전에 발각된 정장과 사죄 후에 포착하여 관주에게 돌려준 것, 그리고 그 정장이 나타나지 않은 것은 추문하지 말게 한 일이다. 그리고 장물이 나타났으면 더 이상 그에 대해서는 두 번 괴롭히지 말라는 지시까지 내린다. 이는 관용 즉 '되살기'의 기회를 주기 위한 것이다.

사람이 자기 존재를 인식하게 되는 계기는 죽음에 직면할 때 그 가능성이 높고 절실하다. 가난과 병고, 외로움에서 겪는 고통과는 다른 차원의 정신세계에 내던져지게 된다. 죽음이란 없음[無]의 상태이다. 이 없음에서 세종은 이런 처지에 빠진 사람들에게 관심을 갖고 그들에게 회생의 기회를 주려고 한다. 그리고 가난, 병고, 외로움, 의지할 곳 없는 사람들에게 먼저 물질적 도움을 주고 이어 위로 행사를 연다.

이는 자기 존재를 확인하고 사면의 기기를 통해 '생성生成의 단계'로 나아가는 길이다. 스스로 자신의 존재 인식을 가질 수 있는 '삶의 진보' 단계로 계속 나아갈 수밖에 없는 것이다. 사면, 감형이라는 생생 작용의 기회를 받았다고 하여 '생생'의 단계에 들어갔다고 말할 수는 없다. 기회가 주어져도 회생·재생의 도약으로는 '거듭살이'가 가능하지 않다. 결국 '되살기'의 과정은 정신적 생성의 단계를 거쳐야 하는 것이다.

백성에게는 감화, 감발 … 같은 기질 변화의 기회가 따라야 한다. 사대부에게는 자각, 각성, 자성 … 같은 의식의 개혁을 요구하게 되는데 본연지성의 리理에서 시작하는 작용이 필요하다.

사람에게 있어 생생이란 기氣의 작용을 통하여 사람이 감발하는 일이다. 찡-

하고 가슴에 울리는 것, 떵- 하고 머리에 와 닿는 것, 이런 울림을 통하여 '거듭살이'의 상태에 들어가는 것, 이것이 생생작용의 단초라 하겠다.

- 휼민·구민

휼민이나 구민같은 물질적 보탬은 정신적 안정에 도움을 주는 작용을 하게 된다.

휼민恤民: (경기 감사에게 명년 공물을 면제 또는 반감하여 민생을 구휼하게 하다) 절반을 감해서 바치게 하여, 민생들을 구휼하소서.(세종 6/11/20) 減半輸納, 以恤民生。

구민救民: 이제 구민(救民)하는 계책은 세금 거두는 것을 박하게 하는데 지나지 않을 뿐이다.(감해주는 일이다)(세종 21/2/15) 當今救民之策, 不過薄稅斂而已。

휼민과 구민 모두 세금을 감해 주는 일로부터 시작한다. '휼민'은《조선실록》1,353건 중 세종 116건이다. '구민'은 조선 실록 총 46건 중 세종 42건이다. 세종은 조선의 '휼민'과 '구민'의 임금이었다.

그 밖에 백성이 입고 먹을 것이 없어 의식衣食을 나누어 주는 것이 구휼이다. 그리고 죽은 사람에 대하여 '예를 표해 제사를 드리는 것'도 휼恤이 된다. 禮當伸於恤章。(세종 9/9/25)

(주) 휼(恤): 돕고 보살핌. 근심하다.

- 화육·화민·투화·귀화·향화

이민족에 대해서는 화육, 화민, 투화, 귀화, 향화 정책이 있다.

화육: (최경신·김요가 사은전을 올리다) 이것은 대개 주상 전하께서 마음은 화육(化育)을 두텁게 하시고 덕은 생성(生成)에 흡족하게 하심을 만난 것입니다.(세종 21/9/25) 何期寸分之長, 獲此風雲之遇? 玆蓋伏遇主上殿下心敦化育, 德洽生成。

화육은 화민이 되게 하는 과정이다. 상서로운 징조들이 나타난 것을 진하進賀하는 표문과 전문에 나타난 글이 여럿이다. 세종조에 9건 있다.

(주) 화육(化育): 자연이 만물을 낳고 자라게 함, 낳고 자라게 하다

화육을 통하여 백성화 시키는 화민정치를 이루게 된다. 화민지정化民之政이라 하겠다.30)

화민지정: (근정전에 나아가 책문의 제목을 내다) 백성을 교화시키는 정치와 오랑캐를 제어하는 계책이 누가 잘했고 누가 잘못했던가.(세종 18/4/9) 化民之政, 御戎之策, 孰得而孰失歟?

비록 중국의 고사를 이어 조선의 정치의지를 밝히고 이를 과거 초시 책문의 제목으로 내놓은 글이지만 백성의 교화에 따른 민의 정착을 위한 정치를 표방하고 있다. 말하자면 효유나 교화의 다음 단계를 일컫는다.

화민: 함길도 도절제사 김효성이 치계(馳啓)하기를, 소로가무(所老加茂)가 회령 절제사(會寧節制使) 이인화(李仁和)에게 말하기를, '나의 부모는 나이 80세를 넘었으니, ...저는 아내를 데리고 부모의 곁으로 돌아가서 아침저녁으로 효도하여 봉양하고 싶습니다.고 말한다. 이에 ... '너의 부모는 너와 함께 나의 관하(管下)에 오래 살아서 우리에게 귀화한 백성이나 다름이 없다.'(세종 26/8/5) 汝雖官高, 汝之父母, 與汝久居吾土地, 與吾化民無異。

야인 소로가무의 거취에 대해 의논하며 화민化民의 마지막 단계는 ㉮그 나라 백성이 되어 ㉯생민이 되고 ㉰자각하는 자신의 주체가 된다는 뜻을 엿볼 수 있다. 이는 경제적인 도움을 받아서 혹은 정신적인 안정감을 통한 깨달음이 따른 결과라 하겠다.

국세國勢의 한 요소로는 국내정치 이외에 국경지역과 이웃 나라와의 관계가 주요 변수가 된다. 중국에 대하여는 '지성사대至誠事大'를 하였고 이러한 사대는 '실용적인 사대'를 선택한 것이라고 근래 정의를 내리고 있다. 그 밖의 일본 특히 왜구나 여진족에 대하여는 여러 가지 유화책을 썼다.

조선 초에 때로 집단 귀화 현상이 있었다. 외지의 이민족이 우리나라로 들어와 살려는 경우 투화投化, 귀화歸化, 향화向化 등이 있다. 투화는 개인이 들어오는 경우다.

---

30) 화민化民은 조선조 총 124건 중 세종은 9건이다.

투화: (귀화한 왜인의 관리에 대해 선지하다) '전에 이미 우리나라에 와서 귀화한 왜인들은 곧 우리나라의 백성이라.' 그 이름을 따로 밝혀 등록하게 하고, 각 포구의 병선에 분배하되, 집마다 세금을 면제하고, 그 이름을 적어서 알릴 것이며, 이 중에 공이 있는 자는 반드시 상을 후히 줄 것이다.(세종 1/5/15) 其在前投化我國倭人等, 卽是我國之民也。

투화投化 원문은 조선왕조실록 총 147 중 세종조에 79건이다. 귀화는 일상어로 쓰인다.

귀화: (이만주가 요구한 도망한 7인의 송환 문제를 논의하다): 임금이 말하기를, 지금 온 이만주(李滿住)의 글에 말하기를, '본토인(本土人) 7명이 도망하여 돌아왔다.'고 하니, 아직 어떤 사람인지는 알지 못하겠다. 실로 저쪽 사람들이라면 돌려보냄이 어떨까."하니, 예조 판서 신상(申商)이 아뢰기를, 앞서 온 7인 중에서 그 3인은 당인(唐人)이옵고, 그 4인은 저쪽 사람들이옵니다. 저들이 말하옵기는, '우리들의 생계가 어려워 살아 갈 수가 없으므로, 이제 나아와 옷을 구할 뿐입니다.' 하옵는데, 만일에 진실로 지금 돌려보낸다면 이는 뒤에 와서 귀부(歸附)하려는 마음을 끊는 것이오니, 어찌 다시 귀화(歸化)하려는 사람이 있겠나이까.(세종 16/4/22)

그러나 이만주의 요청으로 도망한 7인을 '송환하는 것이 편한 것'으로 판단하기도 한다. 귀화 원문은 조선왕조 총 72건 중 세종조에 5건이다. 고종 때 31건으로 그 외 임금 시에는 한 두 건씩이다. 세종조에서는 귀화하는 삶들을 잘 포용하여 먹이고 일자리를 주고 여진의 경우 관직을 주는 정책이 시현되었다. 〈연산군일기〉에 세종조의 투화기사가 보인다.

투화: (이극균이 야인의 투화·이주에 대해 의논드리다) 이극균(李克均)이 아뢰기를, 세종·세조조에는 야인(野人)을 중히 대우하였기 때문에 투화(投化)하여 와서 시조(侍朝, 야인 등이 귀순하여 벼슬하는 일) 한 자가 많았습니다. 또 영안도(永安道- 현 함경도)에는 연변 성 밑에 투화해 와서 거주하는 자가 자못 많은데, 평안도에는 피차 멀리 떨어져 있기 때문에 역시 투화하는 자도 없었습니다. 그 중 시조하는 자는 그 스스로 향화(向化)한 사람이 아니라, 모두 우리나라 사람에게 장가든 자의 소생입니다.(연산군일기 3/5/28)

향화向化는 식물이 햇빛이 있는 쪽으로 가지를 더 길게 뻗듯 마음으로 순응하여 귀화하는 모습이다. '향화' 원문은 총 475건 중 세종 115건[31]으로 세종 시 왜인과 북방 여진에서 많은 사람들의 왕래가 있었던 증거가 된다. 국경을 확장해 건설하는 과정에 따른 긍정적 정책의 결과로 보인다.

향화向化: 귀화 야인 동소라(童所羅)에게 집을 하사하다.(세종 5/2/5) 賜向化兀良哈童所羅家舍。

귀화: 대마도의 왜인 변삼보라(邊三甫羅)와 만시라(萬時羅) 등이 … '본도에는, 전지는 적은데 부세(賦稅)는 과중하여 생계가 매우 어렵습니다. 조선에는 인정(仁政)을 시행한다는 말을 듣고 … 귀화해서 직업을 얻어 편안히 살고자 한다.'라고 하면서 모두 24명을 거느리고 바다를 건너왔다.(세종 5/2/21)

이에 늙은이와 어린이와 부인들에게 양식을 주어 편안히 머물게 하고, 장정은 서울로 올려 보냈다.

평도전: 충청도 비인현에 왜적 50여 척이 침입했을 때 이미 조선에 와서 살던 평도전은 성은(聖恩)을 후히 입고 벼슬이 상호군에 이르렀으니 곧 명하여 도전을 충청도 조전 병마사(助戰兵馬使)로 삼고, 같은 왜인 16명을 거느리고 가게 했다.(세종 1/5/7)
평도전: 평도전(平道全)이 양덕(陽德)에 몸을 붙이고 있사온데 곤궁 막심하오니, 청하건대, 그를 용서하여 주옵소서.(세종 16/3/1)
지문: 일본인 池文도 귀화해 와 있었다.(세종 1/6/20)
동화응합: 평안도 도절제사가 보고해 오기를, 이만주(李滿住) 관하의 천호(千戶) 동화응합(童和應哈)의 남녀 모두 10명이 만포 구자(滿浦口子)에 와서 고하기를, '조선에 살기를 원한다.'(세종 17/3/28)고 하였다.(세종 17/3/28)
말응합 외: 처음에 함길도 감사 김종서가 알리기를, 수주(愁州)에 사는 올량합(兀良哈) 천호(千戶) 거기대(巨其大)가 와서 말하기를, '수빈강(愁濱江)에 사는 혐진우적합(嫌眞亐狄哈) 말응합(末應哈)과 그 아우 아라합(阿剌哈) 등이 지금 본국에 귀화하겠다고 했다.(세종 16/10/8)

북방과 왜의 많은 사람들이 조선에 와서 살고자 했고 조정은 이를 상당수 수용했다. 공향共享의 정신으로 받아드린 것이다. 그 중 '시조(侍朝, 벼슬을 하는 사람)

---

31) 기타 세조 40건, 성종 93건, 중종 48건, 인조 34건 에서 많이 보인다.

는 그 스스로 향화(向化)한 사람이 아니라, 모두 우리나라 사람에게 장가든 자의
소생이었다.'(연산군일기 3/5/28)고 한다.

라) 자신지리自新之理

사람이 과거의 자기로부터 벗어나 사람이 되어 가는 과정은 실록 속에서 5단
계로 찾아볼 수 있다. 이런 변화의 전제로는 사람의 본성은 같다는 것이다. 1단
계는 자각에서 출발한다. 2단계는 자성과 각성 등이다. 3단계는 회개와 후회, 회
오다. 4단계는 회생과 재생이다. 5단계는 갱생의 단계. 마지막에는 '자신지리自
新之理'의 원리에 따라 감오感悟에 이른다. 전제에서 자신지리에 이르는 길을 찾
아보자.

전제: 본성의 회복

병이지천秉彝之天: 사람은 진실로 각기 상도(常道)를 지키는 천성(天性)이 있다.(세종
11/4/4) 嗚呼! 人固各有秉彝之天。

천성: (집현전에서 《삼강행실》을 편찬하여 서와 전문을 더불어 올리다) 삼대(三代)*
의 정치가 훌륭하였던 것은 다 인륜(人倫)을 밝혔기 때문이다. 후세에서는 교화가 점점
쇠퇴하여져서, 백성들이 군신(君臣)·부자(父子)·부부(夫婦)의 큰 인륜에 친숙하지 아니
하고, 거의 다 타고난 천성(天性)에 어두어서 항상 각박한 데에 빠졌다. 간혹 훌륭한
행실과 높은 절개가 있어도, 풍속·습관에 옮겨져서 사람의 보고 듣는 자의 마음을 흥
기(興起)시키지 못하는 일도 또한 많다.(세종 14/6/9)
(주) *삼대(三代): 하·은·주. 정치적 모델로서의 삼대라 하겠다.

본성: 착한 일을 하고 악한 일을 하는 것은 본성에 달린 것이지, 연치(年齒)의 어리
고 장성한 데 있는 것이 아니다.(세종 13/2/5) 爲善爲惡, 在於本性, 不在年齒之幼壯。

사람은 상도常道를 지키는 천성을 가지고 있다. 그런데 교화가 퇴화하고, 습속
에 젖어 있어 이를 끌어올리지 못하고 있을 뿐이다. 이는 다른 말로는 자존 즉
자기 존중의 마음을 찾아가는 과정이기도 하다.

자존:

자신自身을 소중히 여기는 '자존'도 자신自新과 거듭나기의 한 요소가 되기에 충분하다. 실상 관리가 자기 임무를 마음으로 수행하는지 여부는 자존감과 관계 있고 동시에 직이 천직이 되는지 아닌지의 여부도 이 자존감과 관계가 있을 수 있다.

실록 안에서 '자존'은 자기 존중, 자기 존엄 등으로 쓰이고 있다. 그 중에는 자존을 내세우는 일은 겸손하지 못하다고 여겨 여진과 왜에 대하여 자존감을 내세우는 데 대해 부정적 시선으로 보고 있다. 그러나 이는 관점의 차이고, 부정의 긍정적 표현이 된다. 즉 여진이나 왜의 입장에서는 스스로를 내세워 자기를 지키는 일이 되니 긍정적이다.

> 자존: 초무관(招撫官) 강권선(康勸善)이 일기도(一岐島)에서 돌아와 아뢰기를, 호자(呼子)·압타(押打)·지좌(志佐)·좌지(佐志) 등은 피차가 멀리 떨어져 있고 통신하기에도 어려우며 일본 국왕의 명령 역시 미치지 않아, 그 중간에서 망령되게 자존(自尊)하면서 포학하오나, 모두들 도서(圖書)를 받고 우리 조정에 귀순하기를 원하오니, 청하건대, 이 섬의 두목들에게 예전 같이 내왕하게 하고, 이따금 양식이나 주고 도서를 주어 뜻밖의 우환을 대비하게 하소서.(세종 26/4/30)

그러나 객관적인 시각으로 보면 호자(呼子)·압타(押打) 등은 통일이 안 된 일본에서 좌우의 눈치를 보고, 조선의 눈치를 보면서 결국은 도서[책]를 통한 교화과정에서 귀순하고자 한다. 여기서 자존自尊은 자기를 죽이기도, 때로 내세우기도 하는 생존의 수단이다. 옳고 그르고, 좋고 나쁘고의 문제가 아닌 현실적인 생존의 한 방안인 셈이다. 그런 의미에서 긍정 부정의 세계를 떠나 생존을 위해 자존하는 자가 생생화의 길에 서 있음을 보여주고 있다.

> 망자존대妄自尊大 (세종 7/11/4) 망령되게 스스로 높은 체하다.
> 자존통중自尊統衆 (세종 13/1/10) 동맹가첩목아의 자존.
> 망자존대妄自尊大 (세종 26/4/30) 대마도 왜인.
> 자존이불긍하마自尊而不肯下馬 (세종 27/9/4) 자존이 불긍하게. 자기 과신.
> 자존기신自尊其身 (세종 30/4/22) 스스로 높이다.
> 병개자존竝皆自尊 (세종 30/9/14) 모두 스스로 높이다.

세종의 사람됨에 따른 마음가짐에 대하여는 여러 설명이 가능하다. 인지적 측면에서 생각하기[思惟], 자기 관리와 정서적 측면에서 거짓 없음, 성실 그리고 판단·행위적 측면에서의 합리성, 실천성 등 여러 사례가 있을 것이다. 다만 마음속으로 성의를 다하고 사심 없이 판단하여 몸과 마음을 다하여 자기 업에 충실하여야 한다.32) 사람이 할 일을 다 하면 그 뜻이 하늘에 닿는 것이다.

> 진심盡心: 하늘의 뜻을 사람이 돌이킬 수는 없으나, 인력(人力)으로 할 수 있는 것은 마음을 다해서 하라.(세종 13/5/22) 天意非人可回, 其在人力可爲者, 盡心爲之。

자존을 기반으로 자신自新을 통해 생생의 길을 걷는 과정을 보자.

(4) 생생[거듭나기]의 길

생생[거듭나기]의 길에는 1~5단계가 있다. 앞의 (3) 민의 생생화는 정치적인 교화과정에서 ㉮효유 ㉯감화 ㉰사면과 화민 이후 자신의 길로 나간다면, 이번 '거듭나기의 길'에서는 보다 내면적인 단계에 따라 (1)자각 (2)자성 (3)후회[회오] (4)회생[복소] (5)갱생의 길에 대해 살펴본다.

1단계: 자각

거듭나기는 자각自覺으로부터 출발한다. 자성, 각성 등이 보인다.

> 임금이 말하기를, … 또 일에는 시행하지 않은 것이 있고 이미 시행한 것이 있는데, 만약 아직 시행하기 이전이라면 비록 <u>스스로 깨닫지 못하고</u> 다른 사람의 그름을 알고 개정하였더라도, 율에 죄책이 없으니 죄를 가하지 않는 것은 마땅하다, 하였다.(세종 13/6/13) 若未施行之前, 雖不自覺, 他人知非而改正, 則律無罪責, 宜勿加罪。

신개 등이 권매동의 추국과 관련하여 형조·의정부 관리들의 죄를 청한다. 이는 영흥의 군기고 방화사건 이야기다. '자각'이란 스스로 깨닫는다는 뜻인데 머

---

32) '마음'이란 조선조 철학의 대명사가 될 만하다. 《조선실록》에 '마음'으로 '心' 원문은 49,883건 '마음' 국역은 41,596건으로 각 4만 여건이 나타난다. 참고로 충의忠義(원문 1,215건), 도리道理(원문 1,073건), 대덕大德(원문 615건)보다 많은 것을 볼 수 있다.

리와 몸의 느낌이 다를 수 있음을 이해하고 있다. 의식과 연관된 언어로 사대부와 관련한 기사에서 나오고 백성들과 관련해서는 잘 쓰이지 않는다.

신분에 따른 인식의 차이가 용어의 차이로 드러나는 경우다. 이런 발견은 실록을 통한 시대 의식의 발굴이라고 할 수 있다.

'자각自覺'은 조선 중기에 많이 나타난다. 성리학의 영향력이 커진 결과일 것이다.

모르는 일에 대한 깨달음: (상왕의 명으로 임금이 부득이 작은 잔으로 술을 한 잔 마시다) 상왕의 명이시니 불가불 좇으셔야 할 것이요, '이제 일기가 음습하오니, 마땅히 근신을 하셔야 할 것입니다. 비록 연소 무병하다 하옵시나, 병이 몸에 들어오는 것은 스스로 깨닫지 못합니다.'(세종 2/7/22) 今天氣陰濕, 宜加謹愼。雖曰年少無病, 病之入身, 不自覺也。

잘못을 깨달음: 박은은 아뢰기를, 최이의 사람됨이 단정하고 평순하여 해됨이 없으니 지금 관찰사가 되어도 또한 크게 근신할 것입니다. '그 범죄한 것이 비록 과오라 해도 마땅히 자각(自覺)하는 것으로 논할 것입니다.' 其所犯雖誤, 當以自覺論。(세종 2/9/4)

실수를 깨달음: (형조가 다시는 실수하지 않도록 명하다) 임금이 형조 판서 이발에게 말하기를, 형조에서 실수한 일이 작은 일이 아니다. '그러나, 스스로 깨달았으므로 논죄하지 않기로 했는데然以自覺勿論' 다시 이런 일이 있지 않는가, 하니, 이발이 고개를 숙이고 엎드려 사죄(謝罪)하였다.(세종 3/12/23)

깨닫고 보고하여 수습: (의정부에서 양부 소생의 남정이 역을 도피하는 폐단에 대한 시정책을 아뢰다) 그러나, 스스로 깨닫고 보고하였으니 추후하여 의논하기는 어렵습니다.(세종 27/7/18) 然自覺擧, 難以追論。

자각自覺에는 자기도 모르는 일에 대해 어떤 증상을 통해 후에 알게 되는 일, 알고 저지르고 잘못을 늦게 아는 일, 잘못을 늦게 깨닫고 고백하는 일 등이 있다. 자각이란 마음속에 숨어 있는 본성이나 지혜를 뒤늦게 찾고 이를 고백하거나 고치는 과정이라 하겠다.

2단계: 자성

자성自省은 뜻 그대로 스스로를 돌아보아야 하는 일이다. 자각에 이어 스스로에 대해 다시 한번 돌아보는 일이다. 《세종실록》 8건 중 절반이 양녕이 자성하지 못하고 있다고 올리는 소의 내용에서 나온다.

송구한 마음[恐懼自省]: (이영상이 양녕을 핵문하면서) 대군은, … 주상 전하께서는 우애하시는 정으로 특별히 접견(接見)하셨으니, 성은이 지극히 우악(優渥)하셨습니다. '대군은 송구스런 마음으로 스스로 반성하여, 항상 조심하고 삼가는 것이 마땅합니다.'(세종 19/10/7) 大君宜當恐懼自省。

공구자성恐懼自省: (양녕을 탄핵한 이영상을 국문하다) 제의 처지로서는 진실로 공구(恐懼)하고 스스로 반성하는 것이 마땅하다.(세종 19/10/19) 爲褆之計, 誠宜恐懼自省。
(주) 공구자성恐懼自省: 심히 두려워하고 스스로 반성하는 것.

염치 없음: (사헌부에서 아뢰기를) 공조 좌랑 최암(崔庵) …등은 그 고신(告身)을 여러 번 함께 모였었으나, 서경(署經)하지 아니하고 내보냈으되 조금도 반성하지 않고, 숙배(肅拜)도 하기 전에 안연히 녹을 받았으니 조금도 염치가 없다.(세종 19/8/2) 其告身累經齊坐不署出, 暫不自省, 乃於謝前, 安然受祿, 略無廉恥。

'태어나 처음이다', '철들고 처음이다' 등의 관용어는 생활 속에서 얻는 자각에 대한 이야기다. 종교에서도 이에 대한 용어가 있다. 불교는 '깨우침' 등이 그 예이다.
깨우침은 어떤 사건을 당하여, 혹은 불경을 외우고 간절하게 배[절]를 올리는 행위가 앞서면서 마음으로 와 닿는 느낌의 기회를 포함하기도 한다. 스스로의 사색으로 얻으면 '깨달음'으로 이어진다.
연관어로 '각성覺醒'이 있지만 '각성'은 조선조 전체로 영조 때 1건 나온다.

3단계: 후회, 회개, 회오
후회는 자성을 통해 깨닫게 되는 감성의 흔적이다. 총 685건 중 세종조에 40건이 나온다. 이는 일반 명사이기도 하다.

회개: (강상인은 관노로 만들고 박습 등은 귀양보내다) 박습은 성상께서 너그러이 용서하시는 은혜를 생각지 않고 말을 꾸며 등문고(登聞鼓)를 치면서 '망령되이 스스로

하소하여 조금도 회개하는 마음이 없이 더욱 불경한 마음을 품고 있사오니.'(세종 즉위 /9/14) 妄自申訴, 曾無悔改之心, 復有不敬之懷。

회오悔悟: (오도리의 마좌화 등이 토산물을 바치다) 그들이 회개(悔改)하고 각성하고 스스로 안정(安定)하기를 바라서 조금도 힐문(詰問)하지 않고 여전하게 대우하였음은 너희들도 또한 알고 있는 바이다.(세종 22/7/21) 第冀其悔悟自安, 略無致詰, 待之如初, 亦 爾等所共。

4단계: 회생, 복소, 재생, 자신自新

㉮ 회생, 복소, 재생

사람들은 불행한 일을 당하고 이겨내는 과정을 갖게 된다. 이때 회생, 복소의 기회들이 온다. 이는 헛된 욕망의 어지러워진 마음 상태 이전의 평안한 상태로 돌아오/가는 상황의 호전을 뜻한다.

회생: 회회생불(回回生佛(세종 5/1/12)

회생은 《세종실록》에 2건인데 그 중 하나는 회생의 뜻이 신앙화[종교화]한 것 이다.

복소復蘇: 함길도 영흥부의 선원전(璿源殿)에 역사하는 무리들이 모두 기아로 곤핍 하였다가, 추곡이 성숙하기에 이르러서야 겨우 다시 복소하였다, 하니. 내가 민망하게 여기었다.(세종 25/9/24) 皆飢(賊) [餓] 困憊, 至秋穀熟, 乃得復蘇, 予甚憫焉。

재생: '재생'은 몸, 정신, 의지의 새로움을 보여준다. 《세종실록》에 원문으로 8 건이 나온다. 이를 보면 아픈 몸의 회복[되살이] 혹은 죄지어 죽게 된 몸의 기회 [일]의 되살이다. 기회의 되살이는 몸이 풀려나며 일할 기회를 다시 갖는다.

재생: 전하께옵서 의관(醫官)을 명하시와 약을 내리심을 입어 오늘에 이르렀고, 병세 도 점차 경하게 되어 곧 낫게 되었으니, 그 재생(再生)하게 하옵신 은혜는 실로 저 넓 은 하늘과 같다.(세종 10/10/30) 再生之恩, 昊天罔極。

재생지인: (허조가 사직을 원하나 허락치 않다) 직임을 사면하게 하여 오로지 조섭(調攝)하게 한다면, 신은 다시 살게 하여 준 인덕(仁德)에 힘입어 항시 만년의 장수를 축원하겠습니다.(세종 18/3/16) 許免職任, 俾專調護, 則臣庶賴再生之仁, 恒祝萬年之壽。

몸 치료: (병조 판서 안숭선이 병으로 사직하기를 청했으나, 윤허하지 아니하다) ".. 거의 죽을 지경에 임하였더니, 오로지 성은을 입사와 약을 내려 치료하게 하시어 다시 살아남을 얻었사옵니다.(세종 28/6/27) 賜藥醫治, 乃得再生。

재생지은: (김중곤의 상소) 지금 우리 전하께서도 이미 역을 면하게 하였으니, 죽게 된 목숨을 다시 살게 해 준 은혜가 지극하였습니다.(세종 13/12/26) 今我殿下旣使免役, 再生之恩至矣。

ⓝ 정신적 새로워짐: 자신自新

용서와 관용, 사은, 배려를 통해 당사자는 회개나 자성을 갖고 새로운 기회를 맞게 되는 경우다.

재생지은: 사신의 왕래가 빈번하여 어루만져 편안히 하여 주는 뜻을 보이매, 야인들이 두려워하고 복종하여 포로하여 간 백성을 돌려보냈습니다. 이 재생(再生)의 지극한 은혜는 참으로 전대(前代)에 드문 일입니다.(세종 16/10/27) 玆再生之至恩, 諒前昔之所罕。

재생지은: 양녕이 서울에 왕래하게 된 것은 성상께서 '재생(再生)시키신 은택再生之恩'이고 덕이다.(세종 22/1/30) 더불어 죄인 인과 김경재 등에게 '재생하시는 큰 은혜再生之大恩'를 내리시어 다만 관노(官奴)에만 속하고 목숨을 보전하게 하였다.(세종 27/8/1)

㉠물질이나 배려에 대한 다시 살기 ㉡죄에 대한 사면 등의 관용에 따라 다시 살기 ㉢새로워짐과 재생이 이루어진 경우다. 사은이란 자신自新하기를 기대하며 기회를 주는 행위다.

자신自新, 재생再生: (신개·배둔 등이 조말생을 조신으로 두심이 마땅치 않음을 상소하다)조말생(趙末生)은 몸소 대악(大惡)을 범하였으니 목숨[首領]을 보전한 것만도 족하였사온데, 유배된 지 오래지 아니하여 문득 소환되었사오니, 마땅히 스스로 새롭게 하여 재생(再生)의 가없는 은혜를 보답하여야 옳을 터이온데,.(세종 14/12/19) 流竄未久,

遽蒙召還, <u>宜當自新, 以報再生罔極之恩。</u>

　여기서 인간이 새로워질 수 있는 데 대한 세종의 명제는 '자신지리'의 개념이다. '인간은 스스로 새로워질 본성을 가지고 있다'라는 것이다. 이 새로워짐이 바로 생생의 기회다.

　기독교에서는 일찍이 '거듭나기'를 말하고 있다. 자각 속에서 스스로 깨달았든, 성령이 몸 안에 들어와 뜨거움을 느끼거나 회개를 통해 새로운 사람으로 재탄생하여 새 사람이 된다는 것이다. 여기에서 '새 사람'에 대한 정의는 여러 의미를 갖고 있을 것으로, 우리 민족 정신문화 근원에 닿아 있는 것으로 여겨진다. 불교의 '깨달음'이나 '새로워짐'이나 '거듭나기'는 우리말이 철학적인 힘을 갖는 일로 즉 우리말 개념어 획득이라 하겠다.

5단계: 갱생, 생생

　생생의 기회는 사람에게 회생의 기회를 스스로 얻게 하거나 도움을 주는 것이다.

　우리의 삶은 생[태어남]과 죽음[사死] 사이에서 앞으로 올 '그 무엇'을 준비하는 과정이다. 개개인은 이 태어남과 죽음이라는 단순한 '생과 사의 과정 속에서 진화'하는 것이 아니라 그보다 큰 변증법적 진화의 과제를 안고 있다. 단순진화로 보면 생 - 사 그리고 '다음 생'이지만 변증법적 과정으로 보면 생과 사 그리고 '새로운 생' 바로 '생생' 혹은 '거듭나기'의 과정에 이른다. 이에 대한 논의는 종교적인 요소를 안고 있지만 여기서는 현실적인 삶에 국한해 살펴보아야 할 것이다.

　먼저 인간은 생명을 가지고 있다. 생명이라 할 때 단순한 생물학적 생명에 머무르지 않는다. 인간은 식물이나 동물 이상으로 현재에 기반을 둔 자연의 정신적 존재로 볼 수 있다. 세종은 '천성의 본연(本然)을 감발하지 아니하는 자가 없게 되면, ...사람들은 의리를 알고 스스로 새롭게 하려는 뜻을 진작(振作)할 것.'(莫不感發其天性之本然, ... 人知義方, 振起自新之志。)(세종 16/4/27)이라고 한다. '자신지리自新之理'는 사람이 스스로 새로워 질 수 있는 변變·형形의 존재임을 뜻한다.

　만물의 정해진 순환운동과 다른 '생명체'의 독립적 존재에 대한 믿음을 보인다. 이런 차원에서 되살기에 대한 깨닫기는 백성에게는 감화感化, 흥기興起, 탄모嘆慕, 감발과 같은 기 혹은 기질에 관한 것이다. 그 시발은 성리학에서 말하는 본연지성과 기질지성 중 오히려 기질에 연관하는 것이 더 강하다.

회생, 재생보다 갱생이 더 내적 기질이 강화된 '새로나기'라고 할 수는 없으나 단지 다시 사는 것 이외에 다시 기회를 줌으로서 새로나기의 힘을 얻게 하는 과정이 수반되고 있음이 특이하다고 하겠다. 특히 사대부에 대한 자각을 촉진한다.

천성지본연: (이변·김하가 요동에서 돌아오니 인견하고 《소학직해언어》가 가치를 인정받은 얘기를 듣다) 한가로운 틈을 타서는 또 경서(經書)를 잡고 어려운 곳을 물어 천성의 본연을 밝히니, 사문(斯文)에 빛이 있어 과연 아름답고 부럽도다.(세종 16/4/2)
乘閑又能執經問難, 而明天性之本然, 於斯文有光, 可嘉可羨。

우리가 묻고 공부하는 일은 천성으로서의 본연을 밝히려는 일이다. 이런 과정을 통해 갱생으로 가려한다.
'갱생更生'은 총 검색건수는 148건이지만 오늘날 쓰이는 '회개하여 거듭 살기'의 뜻이 아닌 '(마음이) 다시 살아나는' 원의原義에 가까운 의미로 쓰였다.

갱생: 며칠 뒤에 다시 계교하는 마음이 생겨, 염조를 책문하였으니, 그 사이에 반드시 다른 곡절이 있었을 것이다.(세종 7/2/29) 累日後更生計較, 問備於念祖, 其間必有異意。
다시 생겨: 다시 죽음에서 벗어나려는 계략이 생겨나다. 更生脫死之計。(세종 20/6/16)

관리가 임무 중 허물이 있어도 뉘우칠 기회를 주었다. 조말생은 태종때 장원 급제한 인재지만 세종 8년 김도련의 노비 24명의 증여사건으로 사헌부의 탄핵을 받은 바 있다. 다시 병조판서 때 홍충도[지금 충청도]에서 뇌물을 받고 아버지와 아들 군관을 고속 승진시킨 바 있다. 이때 충청도에 유배 후 곧 복귀되고 마침내 파저강 토벌 뒤 함길도 감사로 여진족 재침략에 대비케 했다. 작은 허물을 덮고 후에 큰 일을 하게 하는 세종의 앞을 보는 멀리보는 정치였다.
갱생 외에 개심이 있다.

개심역려: (야인의 습격을 고하지 않은 김윤수에게 재임을 허락하다) 여연군사(知閭延郡事) 김윤수(金允壽)는 야인이 죽이고 사로잡아 간 인구와 우마(牛馬)를 숨기고 아뢰지 아니하였으니,… 임금이 말하기를, "일이 사유(赦宥)를 경과하였으니 어찌 윤수(允壽) 하나 때문에 큰 신의를 잃을 수야 있겠는가. 또 인정(人情)이 잃었던 직임(職任)을 그대로 다시 주면 전의 허물을 면하려고 하여 마음을 고치고 생각을 바꾸는 것이다.

그래서 직임을 갈지 않는 것이다." 하였다.(세종 17/6/17) 上曰: 事經赦宥, 豈可爲一尤壽
失大信乎? 且人情, 任職有失, 仍更授之, 則欲免前愆, 改心易慮, 肆不褫職。

(주) 개심역려改心易慮: 마음을 고치고 생각을 바꾸다.

야인의 습격을 고하지 않은 김윤수에게 그 죄가 중한데 그대로 재임하게 하자
세종은 "인정(人情)이 잃었던 직임(職任)을 그대로 다시 주면 전의 허물을 면하려
고 하여 마음을 고치고 생각을 바꾸는 것."(且人情, 任職有失, 仍更授之, 則欲免前愆,
改心易慮)(세종 17/6/17)이라 하였다. 바로 개심역려改心易慮다. 한 달 뒤 여진 족
다시 침략 적 7명을 모두 화살로 맞추었고 빼앗긴 가축 재산과 작물을 되찾아와
왔다.

황희는 정승에 임명된 8개월 뒤인 세종 9년 1월 사위의 살인옥사에 개입하여
우의정 맹사성과 함께 의금부에 갇히기도 했다. 세종 12년에 뇌물과 간통사건으
로 제주도 태석균의 청탁사건에도 휘말렸다.(세종 12/11/14) 이후부터는 청백리
로 거듭나 처음에는 간악한 소인(태종실록 16/6/22)이었으나 그만두었을 때는 명
재상(세종 31/10/5)이 되어 있었다.

잘못한 일로 물러난 부정적 사건을 허물을 벗게 다시 그 직임을 계속하게 기
회를 주는 것은 바로 긍정적인 변역이다

사람들은 교화와 자각, 자성, 재생. 개심 등을 통하여 마침내 자신지로, 자신지
방, 자신지지, 자신지리의 본연적 원리를 알게 된다.

자신지로: 왕지(王旨)에, 사(赦)란 것은 덕의(德意)를 선포(宣布)하고 하자(瑕疵)를 씻
어 스스로 새 길을 열게[改過遷善] 하려는 것이다.(세종 4/2/5) 王旨: 赦者, 所以宣布德意,
蕩滌瑕穢, 使開自新之路。

자신지로: (교지) 죄를 사(赦)하는 것은, 이전의 허물을 씻고 스스로 새로운 사람이
되는 길을 열게 하는 것이다. ... 비록 대사(大赦)를 지나도 용서를 받지 못하게 되는
일은 백성에게 신의를 보이는 소이가 아니다.(세종 7/11/9) 敎旨: 赦者所以蕩滌瑕垢, 而
開其自新之路也。..., 雖經大赦, 尙未蒙宥, 非所以示信於民也。自今赦文外條敎, 一皆削除。

세종의 인간에 대한 믿음은 스스로 새로워짐과 거듭나기[생생]에 대한 소망이다.

자신지로와 생생지망: (도도웅와都都熊瓦가 보낸 서신에 답한 예조 판서 허조許稠의 편지) 나의 지극한 마음을 알리게 하여, 스스로 새롭게 사는 길을 열게 하여 주어, 길이 생생(生生)하는 희망을 이루게 하여, 나의 일시동인(一視同仁)하는 뜻에 맞게 하노라.(세종 1/10/18) 使開自新之路, 永遂生生之望, 以副予一視同仁之意。

사람들이 새 길을 찾고 새로운 세계에 다다르려는 뜻[志]을 갖게 하려 한다.

자신지방自新之方: 또 음덕을 쌓으라는 교시를 반포하시어 스스로 새 길을 찾게 하옵시니.(세종 1/8/25) 且頒《陰騭》之敎, 俾勸自新之方。

자신지지 自新之志: 사람들은 의리를 알고 스스로 새롭게 하려는 뜻을 진작(振作)할 것이니, 교화(敎化)가 행하여지고 풍속이 아름다와져서 더욱 지치(至治)의 세상에 이르게 될 것이다.(세종 16/4/27) 人知義方, 振起自新之志; 化行俗美, 益臻至治之風。

세종에 있어서의 '천성'과 '본성'이라는 용어는 구별되어 쓰이고 있다. '천성'의 경우는 순수 절대 선善으로서의 원초적 인간성을 뜻하는 것임에 비하여 '본성'은 선과 악의 요소가 혼재된 현상적 측면을 가리키는 경우에 쓰이고 있다. 이는 성리학에서도 전자는 본연지성本然之性으로 지칭하는 반면 후자는 기질지성氣質之性으로 지칭되고 있기 때문이다.[33)

생생화 과정은 헛된 욕망에 가려진 잠자고 있는 기질지성을 일깨워 본연지성을 되찾게 하는 일이다.

자신지리自新之理: 죄는 경하고 중한 것이 있고, 사람은 스스로[자신]를 새롭게 하는 [自新之理]이치가 있는데, 사눌의 죄는 가볍고, 후에 감사를 제수하여 누(累)가 그 몸에 미친 일이 없었으니, 어찌 오늘에 와서 옳지 않음이 있겠는가.(세종 4/2/25) 上曰: 罪有輕重, 人有自新之理。思訥所犯旣輕, 而後授監司, 無有累及其身, 何至今日有不可乎?

이는 사간원 우사간 심도원 등이 유사눌이 사정私情을 썼다 하여 벌 줄 것을 상소하는 글이지만 개과천선의 의지 즉 자신지리自新之理 성격이 있다는 것이다. 임금 스스로도 새 길을 찾아 가는 정치 행도를 보이고 있다. '자신지리'는 곧 '자

---

33) 조남욱, 『세종대왕의 정치철학』, 부산대학교출판부, 2001, 93쪽.

신을 새롭게 하는 근본적 도리'가 있다는 믿음이다. 이런 믿음의 근거는 생명의 근원으로서의 부모에 대한 효의 근원[정신]에서 찾고 있다. 즉 도를 지키는 천성으로 풀이한다. 부모를 아끼듯 인간을 사랑하는 것이 천성이며 도道이고 직분이라는 것이다.

병이지천 거득자신: 사람의 자식으로 부모가 살았을 때는 효성을 다하고, 죽어서는 슬픔을 다하는 것은 천성이 저절로 그렇게 되는 것이고, 직분으로서 당연히 해야 할 것이다.(고려 말에는 장사지내는 날에는 향도(香徒)들을 많이 모아서 술을 준비하고 풍악을 베풀었다) 아아. 사람은 진실로 각기 상도(常道)를 지키는 천성이 있으니, 누가 그 부모를 사랑하지 않으리요마는, 다만 오래도록 습속(習俗)에 젖어 이를 생각하지 못하는 것뿐이다. 지금부터는 유사(攸司)가 나의 지극한 마음을 몸받아 교조(敎條)를 명시하여, 가가로 하여금 구습의 오점을 환히 알도록 하여 자신(自新)해서 인효(仁孝)의 풍속을 이루게 할 것이다. 만약 혹시 고치지 않는다면 감사(監司)와 수령은 엄격히 금지할 것이다.(세종 11/4/4) 下教禮曹曰 人子之於父母, 生則盡其孝, 歿則致其哀, 天性之自然, 而職分之所當爲也。 ... 嗚呼! 人固各有秉彝之天, 誰不愛其父母! 但狃於習俗之久, 不之思耳。 自今攸司體予至懷, 明示教條, 俾家家曉然知舊習之汚, 擧得自新, 以成仁孝之風, 如或不悛, 監司守令, 嚴加禁止。

(주) 병이(지성)秉彝(之性): 잡을 병, 떳떳할 이. 인간으로서의 떳떳한 길을 지켜나가려는 천성.

고려 말기에 무지無知한 백성들이 부모가 죽으면 간사한 마음에 집을 무너뜨리고, 또 부모가 숨이 아직 끊어지기도 전에 외사外舍로 내어 두니, 살아날 길이 있어도 죽음을 면하지 못하게 되고 거기에 장사지내는 날에는 향도香徒들을 모아 술과 풍악을 베풀기까지 했다. 이는 바로 잘못된 습속 탓으로 천성이 가려져 있을 뿐이라는 게 세종의 생각이다. 여기에서 나라가 할 일은 사람의 본성을 찾을 길을 안내하는 것이다. 실록의 번역은 단지 '자신自新해서'로 되어 있으나, '새로워짐을 얻는다'는 것을 강조하고 있다.

위 세종의 교지에 '병이지천秉彝之天'과 거득자신擧得自新이 있다. 병이지천은 '타고난 천성을 그대로 지키는 것이 하늘의 원리'라는 뜻이고 거득자신은 '깨달아서 스스로 새롭게 하다'이다. 병이지천秉彝之天은 《조선실록》에서 세종조에 처음 등장한다. '거득자신擧得自新'은 《조선실록》 전체에 오직 《세종실록》 1건 뿐이다.

위 세종의 교지 속에는 바로 세종의 인간이 새로워질 수 있는 하늘의 원리가 있다는 자신지리自新之理의 철학을 내포하고 있다.

삼강행실 반포: (《삼강행실》을 인쇄하여 반포하고 가르치도록 하고 그에 대한 교서를 짓게 하다) 내가 생각건대, 하늘이 준 충심[바른 덕과 진심, 降衷] 그리고 떳떳함[의 젓함]의 천성은 생민이 똑같이 받은 것이라, 인륜을 도타이 하여 풍속을 이루게 하는 것은 나라를 가진 자의 선무(先務)이다.(세종 16/4/27) 予惟降衷秉彝, 生民之所同; 厚倫成俗, 有國之先務。

(주) 降衷秉彝강충병이: 하늘이 준 진심[충심, 衷心]과 떳떳함을 지키는 길.

여기의 '병이秉彝'는 《시경》에 같은 의미로 나와 있다. 강충降衷은 본성이 주어지는 원초적 측면을, 병이는 그것을 올바로 유지해가는 당위적 측면을 가리킨다.[34]
세종의 '생생'은 이어 교화·감화에서 자각·자성·회개·재생·갱생을 통해 감오感悟를 거치고 자신自新을 이루는 길에 이른다. "밤과 낮으로 느끼고 깨달아 마음을 고치고 생각을 바꾸는 것이다."(세종 9/10/26)

진실로 명(敎命)을 우러러 생각하고 밤과 낮으로 느끼고 깨달아 마음을 고치고 생각을 바꾸는 것이 마땅하옵니다.(세종 9/10/26) 又不 加罪, 只令歸第, 勿使出入, 爲暉者, 固當仰思敎, 夙夜感悟, 改心易慮也

개심과 갱생의 핵심은 '夙夜感悟, 改心易慮 숙야감오 개심역려'로 느낌으로 오고 마음으로 움직이는 감성感性과 이성理性 즉 기氣와 리理가 동시에 움직이는 거듭나기[생생]이다.
세종의 새사람, 생생에 이르는 길은 감오感悟와 자신지리를 통한 생민의 길이다.
'자신지리'에 이르는 과정에는 자신지방, 자신지로 등 여러 가지 길이 있다. 생생은 생존에서 출발하는 새로운 가치의 추구과정이다. 생은 그 자체로 '살아있음'이다. 천민이 그 몸뚱이는 있어도 인간으로서 실재의 감을 느끼고 있었을까. 그들은 생존의 상태에 있을 뿐이다. 그때 그들은 '물物'의 상태다. 비유를 들자면 땅에 뿌리를 두고 사는 식물이다. 때로는 여기저기 들판을 떠도는 짐승과도 같다. 세종조의 유학자 권근은 심학 차원에서 인간의 마음은 천지 생물로서의 생명으로 보고 있다. 이런 사상은 일찍이 예문춘추관 학사 권근이 지은 태조 시의 종의 명銘에 대한 그 서문에서 생명을 중히 여기는 호생지덕好生之德 그리고 생생

---

34) 조남욱, 위의 책, 90쪽.

지락 지향의 사상을 통해서도 살필 수 있다.

　　권근의 종(鐘)의 명(銘): 예문춘추관(藝文春秋館) 학사 권근(權近)에게 명하여 종의
명을 지었는데, 그 서문은 조선이 천명(天命)을 받은 지 3년에 도읍을 한수 북쪽에 정
하고, ... 생각을 다하여 경(經)을 세우고 기(紀)를 베풀어서 자손만대의 태평을 기초하
였으니, 공(功)은 세워졌고 업(業)은 정하여졌다고 이를 만하겠다. '《주역(周易)》에 말하
기를, 천지의 대덕(大德)을 생(生)이라 하고, 성인(聖人)의 대보(大寶)를 위(位)라고 하는
데, 무엇으로 위(位)를 지키는가? 그것은 인(仁)이다, 하였으니, 성인이 천지(天地)의 생
물지심(生物之心)으로 마음을 삼아서 확충하기 때문에 능히 그 위를 보유함을 말한 것
이니, 이것은 하늘과 사람이 비록 다르나 그 마음은 한가지인 것이다. 지금 우리 전하
께서 즉위하시는 날에 군사가 칼에 피를 묻히지 않고 중외가 편안하고 조용하여, 백성
이 학정에 시달리던 자가 모두 생생(生生)의 낙(樂)이 있는 것을 알게 되었으니, 이것은
호생(好生)의 덕이 더할 수가 없으므로 이것을 더욱 명(銘)하지 않을 수 없다.' (태조실
록 7/4/4) 且《易》曰: 天地之大德曰生, 聖人之大寶曰位。何以守位? 曰仁。言聖人以天地生物
之心爲心, 而擴充之, 故能保有其位。是天人雖殊, 其心則一也。今我殿下, 卽位之日, 兵不血刃,
中外晏然, 民之苦於虐政者, 皆知有生生之樂。是則好生之德, 蔑以加矣。是尤不可不銘也。

비록 천민이라도 일을 통해 자신의 존재감이 드러나고, 이때 실재감을 느낀다
고 할 것이다. 천민賤民을 천민天民이라고 부를 때는 인간으로서의 존재를 인정
한다는 것이다. 인간으로서 자기의 업을 통해 천민에서 장인[匠人, 기술자]으로
탈바꿈한 장영실의 존재는 그가 어떻게 자기자리를 세종의 시대에 매김했는지
보여 준 한 예이다.

정언: 자신지리
세종의 인간 성품에 대한 정언적 명제는 '자신지리自新之理'다. 세종의 인간의
'되살이/되살기'(생생)의 근간은 '자신지리'의 정언으로 나타난다.

　　자신지리: 임금이 말하기를, 죄는 경하고 중한 것이 있고, <u>사람은 스스로를 새롭게
하는[개과천선改過遷善] 이치가 있다.</u>(세종 4/2/25) 上曰: 罪有輕重, 人有自新之理。

사람에게는 자신을 새롭게 하는 이치가 있다. 여기의 신新[새로움]이 바로 생
신生新인 셈이다. 스스로를 '되살리기'하는 셈이다. 인간에게는 자기정화 능력이

있다고 믿는다. 자신自新은 《세종실록》에 65건 정도 있다. 새로워짐에 대한 큰 관심이 있었음을 알 수 있다.

주희는 맹자의 성선설을 리理라는 우주만물의 이치에 근거하여 성 = 리 = 선의 이론을 세운다. 이렇게 볼 때 '성즉리'는 맹자의 성선설을 이기철학으로 체계화시킨 이론이라 할 수 있다. 사람이 본래부터 선한 존재인 것이다. '스스로 새로워지는 이치'[자신지리]의 근거에는 이러한 성리학의 형이상학적 이론이 자리 잡고 있다.[35]

5) 《삼강행실》의 생민의 길

사람이 흐려진 본성을 찾아 갈고 닦아 새로운 사람에 이르는가를 모색하는 일은 유교의 명제다. 이 명제를 안고 여러 사례들을 찾아 길을 찾던 중 《세종실록》에서 다음 《삼강행실(三綱行實)》 반포의 글[교서]을 새삼 꼼꼼히 읽어보게 되었다. 세종의 '생민의 길'에 대한 사유를 이리도 명쾌하게 요약해 놓은 글을 그간 빙빙 돌다 찾았다는 생각이 들 정도였다.

삼강은 사람이 지켜야 할 도리의 큰 틀이다. 고금의 사적을 편집編集하고 아울러 그림을 붙여 만들었다. 백성들을 일깨워 주려한 것이다. 주목할 사실은 훈민정음 창제 이전 시기에 행한 세종의 시책인 것이다. 세종 16년 4월 27일의 교서를 찬찬히 보자.

삼강행실: (《삼강행실(三綱行實)》을 인쇄하여 반포하고 가르치도록 하고 그에 대한 교서를 짓게 하다) 임금이 말하기를, 내가 생각건대, 하늘이 준 바른 덕과 진심[降衷] 그리고 의젓하게 타고난 천성은 생민이 똑같이 받은 것이라, 인륜을 도타이 하여 풍속을 이루게 하는 것은 나라를 가진 자의 선무(先務)이다. ... 서울의 한성부 오부(漢城府五部)와 외방의 감사(監司)·수령(守令)은 널리 학식이 있는 자를 구하여 두터이 장려를 더하도록 하되, 귀천(貴賤)을 말할 것 없이 항상 가르치고 익히게 하여, 부녀까지도 친속(親屬)으로 하여금 정성껏 가르쳐 분명히 깨달아 모두 다 알도록 하고, 입으로 외우고 마음으로 생각하여 아침에 더하고 저녁에 진취하여, 그 천성의 본연(本然)을 감발하지 아니하는 자가 없게 되면, 아들된 자는 효도를 다할 것을 생각하고, 신하된 자는 충성을 다할 것을 생각하며, 남편된 자와 아내된 자도 모두 자기의 도리를 다하게 되어, 사람들은 의리를 알고 스스로 새롭게 하려는 뜻을 진작(振作)할 것이니, 교화(敎化)

---

35) 안유경, 『성리학이란 무엇인가』, 새문사, 2015. 178쪽.

가 행하여지고 풍속이 아름다와져서 더욱 지치(至治)의 세상에 이르게 될 것이매, 오직 너희 예조(禮曹)는 나의 지극한 마음을 몸받아 중외(中外)에 효유하라. 하였다.(세종 16/4/27)

予惟降衷秉彝, 生民之所同; 厚倫成俗, 有國之先務。... 京中漢城府五部, 外方監司守令, 旁求有學識者, 敦加獎勸, 無貴無賤, 常令訓習, 至於婦女, 亦令親屬諄諄敎之, 使曉然共知, 口誦心惟, 朝益暮進, 莫不感發其天性之本然, 爲人子者思盡其孝, 爲人臣者思盡其忠, 爲夫爲婦亦皆盡道, 人知義方, 振起自新之志; 化行俗美, 益臻至治之風。惟爾禮曹, 體予至懷, 曉諭中外。

《삼강행실도》 행실도: 조선 세종 때 엮어진 도덕서. 저자 설순 등.

세종 16년 4월의 말씀을 풀어보자.

전제:

- (세종이 말하기를) 하늘이 준 바른 덕과 진심[降衷] 그리고 의젓하게 타고난 천성은 생민이 똑같이 받은 것이라 인륜을 도타이 하여 풍속을 이루게 하는 것은 나라를 가진 자의 선무(先務)이다.

  予惟降衷秉彝, 生民之所同 厚倫成俗, 有國之先務。

- 오전(五典)을 도타이 하여 오교(五敎)를 펴는 도리로 ... 고금의 충신(忠臣)·효자·열녀 중에서 뛰어나게 본받을 만한 자를 뽑아서 그 사실을 따라 기록하고, 아울러 시찬(詩贊)을 저술하려 편집하였다.

  惟是敦典敷敎之道 ... 編輯古今忠臣孝子烈女之卓然可法者, 隨事記載, 幷著 詩贊。

- 어리석은 백성들이 아직도 쉽게 깨달아 알지 못할까 염려하여, 그림을 붙여 《삼강행실(三綱行實)》이라 한다.

  尙慮愚夫愚婦未易通曉, 付以圖形, 名曰 《三綱行實》。

교서에 나타난 《삼강행실(三綱行實)》의 전제를 표로 보자.

予惟降衷秉彝, 生民之所同 여유강충병이, 생민지소동	
하늘이 준 바른 덕과 진심[降衷] 그리고 의젓하게 타고난 천성은 생민이 똑같이 받은 것이라	
厚倫成俗, 先務 후륜성속, 선무	
인륜을 도타이 하여 풍속을 이루게 하는 것은 나라 가짐의 선무(先務)	
敦典敷敎之道 돈전부교지도	
오전(五典)을 도타이 하여 오교(五敎)를 펴는 도리	

즉 秉彝, 生民之所同 ⋯→ 厚倫成俗, 有國之先務 ⋯→ 敦典敷敎之道의 길이다.

(주) 오전 오교: 오륜의 가르침.

천성이 같게 태어난 생민은 풍속이 흐트러져 있어 윤리도 함께 바르지 못한 바 이를 바로 잡아 스스로의 인간성을 찾아 '바른 생민'이 되게 하는 것이 정치가 할 선무 즉 우선할 의무인 것이다.

회유의 방술:

• 항상 가르치고 익히게 하여, 부녀까지도 친속(親屬)으로 하여금 정성껏 가르친다. 常令訓習, 至於婦女, 亦令親屬諄諄敎之,
• 분명히 깨달아 모두 다 알도록 하고, 使曉然共知,
• 입으로 외우고 마음으로 생각하여 아침에 더하고 저녁에 진취하여, 口誦心惟, 朝益暮進,
• 그 천성의 본연(本然)을 감발하지 아니하는 자가 없게 되면, 莫不感發其天性之本然,

결과:

• 아들된 자는 효도를 다할 것을 생각하고, 신하된 자는 충성을 다할 것을 생각하며, 남편된 자와 아내된 자도 모두 자기의 도리를 다하게 되어, 爲人子者思盡其孝, 爲人臣者思盡其忠, 爲夫爲婦亦皆盡道,

- 사람들은 의리를 알고 스스로 새롭게 하려는 뜻을 진작(振作)할 것이니, 人知義方, 振起自新之志,

사회:
- 교화(敎化)가 행하여지고 풍속이 아름다워져서, 化行俗美,
- 더욱 지치(至治)의 세상에 이르게 될 것이다. 益臻至治之風。

이런 근거로 예조禮曹는 나의 지극한 마음을 몸받아 중외(中外)에 효유하라고 말한다. 惟爾禮曹, 體予至懷, 曉諭中外。

이 '생생에 이르는 길'[생생의 길]을 다시 표로 정리해 보자.

표. 교육으로 진행하는 생생화

秉彝, 生民之所同				
訓習, 諄諄敎 → 曉然共知				
	口誦心惟 朝益暮進 → 感發 天性之本然			
		효 충 →義 道		
			→ 自新之志	
				化行俗美 →至治之風

세종이 생각하는 바 생민이 타고 난 천성은 같고 학습을 통하여 천성의 본연을 감발하면 새롭게 할 뜻[자신지지自新之志]을 세울 것이라 한다.

정리: 생민론 1. 자신지리自新之理의 길

《세종실록》 속의 '자신自新의 길'을 정리해 보자. 자신은 '자신지리'에 근거한다. 인간은 스스로 새로워지는 이치를 품고 있는 존재다. 자신과 연결되는 결합어는 여럿이 있다. 여기서 잘 살피면 사람이 스스로 깨우쳐가는 과정을 찾을 수 있다.

1-1		1-2		2		3-1	3-2
수책자신	-	개과·회과	-	자신지방	-	자신지신 -	개행자신
						이득자신	
책임을 느끼고		회개하고		자신의 길을 찾고		개과와 뜻[志]	행동을 바꾼다

처음에 1. 자기에 대한 책임을 스스로 느끼고, 1-2. 마음속에서 이를 깨달아, 2. 자신이 새로 나아갈 길을 찾고 뜻을 세워, 3-1. 옛것을 버리고 마음을 바꾸어, 3-2. 이에 행동을 바꾸어 가는 과정을 볼 수 있다.

1-1. 자신自新 느끼기

수책자신受責自新(세종 21/6/6): 年少之時, 受責自新, 亦幸也。어렸을 때에 꾸지람을 듣고 스스로 마음을 새롭게 고친다면 역시 다행한 것이다.

송구자신悚懼自新(세종 21/9/14): 爲何之計, 當悚懼自新, 圖報聖恩之萬一。마땅히 송구하게 여기어 스스로 고쳐서 성은(聖恩)의 만분의 일이라도 보답하기를 생각하여야 하겠는데.

치이자신恥而自新(세종 22/6/20): 豈以此爲恥而自新哉。어찌 이것으로 부끄럽게 여기어 스스로 새로워지겠습니까.

의당자신宜當自新(세종 14/12/19): 流竄未久, 遽蒙召還, 宜當自新, 以報再生罔極之恩。마땅히 스스로 새롭게 하여 재생(再生)한 그지없는 은혜를 보답하여야 옳을 터이온데.

자신지태自新之態(세종 26/9/6): 般樂無忌, 略無自新之態。꺼림 없이 흥청거리고, 조금도 반성하는 태도가 없사옵니다.

1-2. 느낌과 회과

서기자신庶幾自新(세종 5/2/16): 개과천선(改過遷善)하기를 바랐으나.

회과자신悔過自新(세종 7/9/11) 등 11건: 恐懼修省, 悔過自新, 庶可以回天之心。두려
워 하고 반성하여 허물을 후회하고 스스로 새롭게 하면 거의 천심을
돌릴 수 있습니다.

이개자신以開自新(세종 8/7/17): 所收告身, 亦宜給還, 以開自新。거둔 고신도 마땅히
돌려 주어 자신(自新)하는 길을 열도록 하소서.

이구자신以求自新(세종 6/1/17): 丁寧反覆, 許以改悔, 此正爾等去逆效順, 以求自新之日
也。(최운이 칙서를 가지고 북경으로부터 돌아오다. 양목답올 등에게
보내는 교서) 이는 바로 너희들이 역악을 버리고 순함을 본받아 자신
(自新)을 구할 수 있는 날이다.

이대자신以待自新(세종 5/7/7) 등 3건: 以待自新 개과천선改過薦善할 것을 허락하
셨는데.

자신지려自新之慮(세종 10/9/4): 每思自新之慮, 悚然畏懼, 措身無地, 竭力效忠。매양
스스로 새롭게 할 생각을 하고, 송구하고 두려워 몸둘 곳이 없어 힘
을 다하여 충성(忠誠)을 바치다.

황송자신惶悚自新(12/11/24): 恩至渥也, 禮至隆也, 宜當惶悚自新, 以答殿下待遇之勤。
마땅히 송구한 태도로 잘못을 고치어 전하께서 애써서 대우하시는
은혜에 보답해야 할 것입니다.

2. 자기 알기의 길

자신지방俾勸自新之方(세종 1/8/25): 스스로 새 길을 찾게 하옵시니.

자신지로自新之路 (세종1/7/17) 등 10건: 俾皆知盜賊之可恥, 理之可悅, 此其自新之路,
生理之所在也。도적이 되는 것이 부끄러운 것임과 의리를 지키는 것이
기쁜 일임을 다 알게 하여, 이것이 스스로 새롭게 하는 길이다.

3-1. 자기 깨닫기

제구자신除舊自新(세종 10/윤4/4): 赦者, 欲其除舊自新也。사령(赦令)이란 것은 그
로 하여금 옛 일을 버리고 스스로 새로와지게 하기 위한 것이다.

개오자신改悟自新(세종 10/10/20): 固當改悟自新, 洗心滌慮, 砥礪名節。마땅히 개심
(改心)하여 스스로새롭게 하여 마음과 생각을 세척하고 명예와 절조

를 가다듬어야 할 것이었습니다.

거득자신擧得自新(세종 11/4/4): 俾家家曉然知舊習之汚, 擧得自新, 以成仁孝之風。구습(舊習)의 오점(汚點)을 환히 알도록 하여 자신(自新)해서 인효(仁孝)의 풍속을 이루게 할 것이다.

개심자신改心自新(세종 11/11/16): 則豈獨臣之兄弟感激悔恨, 改心自新, 而圖報聖德之萬一哉! 어찌 홀로 신의 형제만이 감격하고 뉘우치며 마음을 고치고 스스로 새롭게 하여 성덕의 만의 일이라도 보답함을 꾀하겠습니까.

개과자신改過自新(세종 17/5/25): (금지된 단오날의 석척희를 범한 익녕군·서산군을 추방하다) 且賜引從, 宜當小心改過自新. 의당 조심하여 개과자신(改過自新)함으로써 우대하옵시는 뜻에 부응해야 할 것이다.

개과자신改過自新(《세종실록》 총서) 등: 予以其少也, 庶幾長成改過自新, 年踰二十, 顧乃私通群小, 恣行非義。내 처음에는 그가 젊은 만큼 나이가 장성하면 아마 잘못을 뉘우치고 새로운 길을 찾으리라 바랐더니, 이제 나이가 스물이 넘도록 오히려 군소배와 사통하여 의롭지 않은 일을 방자히 저지르다.(《세종실록》 1권 총서)

자신지의自新之意(세종 9/10/26, 23/6/9) 외 1건: 殊未見悔過自新之意。조금도 허물을 뉘우치고 스스로 새롭고자 하는 뜻이 보이지 아니하오니.

회오자안悔悟自安: 그들이 회개(悔改)하고 각성하고 스스로 안정(安定)하기를 바라다.(세종 22/7/21) 第冀其悔悟自安。

3-2. 깨닫기와 행동

개행자신改行自新(세종 14/12/11): 이 사람을 쓰신 것은 반드시 그가 행실을 고쳐서 스스로가 새롭게 함에서일 것입니다. 臣等又念殿下用此人者, 必以其改行自新也。

의당개행자신宜當改行自新(세종 14/12/14): 貪汚之行, 至於如此 ... 宜當改行自新 탐오한 행동이 이 같음에 ... 행실을 고치고 스스로 새롭게 함이 의당하옵거늘.

진기자신지지振起自新之志(세종 16/4/27): 人知義方, 振起自新之志; 化行俗美, 益臻至治之風。사람들은 의리를 알고 스스로 새롭게 하려는 뜻을 진작(振作)할 것이니.

기기자신冀其自新(세종 16/12/21): 冀其自新。 스스로 고치기를 바라다.

정리: 생민론 2. 거듭나기〔생생〕

(이 정리는 앞선 1장 2.생민론, 민의 생생화에 근거해 풀어본다.)

　거듭나기는 자신을 돌보는 데서 출발해 깨닫기를 통해 의식과 신념으로 자신을 행동으로 바꾸어 내는 길이다. 이때 정치적으로는 잘못한 일을 용서하고 재생의 기회를 준다. 한 예로 세종은 가능한 작은 죄는 용서하고 기다리는 태도를 보였다. 세종 23년에 뇌물 받은 이순몽에 대한 예가 있다. 사헌부에서 "사재감정(司宰監正) 김전(金塡) 등이 전에 종루(鍾樓)를 감독할 때에 재목과 숯[炭] 등의 물건을 제조(提調) 이순몽(李順蒙)에게 뇌물로 주었사오니, 청하옵건대, 국문하소서." 하고 고한다. 이순몽은 노하여 제조 박종우(朴從愚)를 꾸짖어 말하기를, "김전이 목욕통[浴桶]을 가져다가 비밀히 그 아우 김돈(金墩)에게 주고서, 어찌하여 도리어 나에게 주었다고 하는가." 이에 박종우·남지 등이 또 아뢰기를, "신 등이 순몽과 함께 도진무(都鎭撫)가 되었사온데, 이제 순몽이 신 등을 시샘하여 싫어함이 더욱 깊어졌사옵고, 또 도진무의 임무는 신 등의 감내할 수 있는 바가 아니오니, 청하옵건대, 신 등의 도진무를 파면하여 주소서." 하니, 임금이 말하기를, "순몽은 어리석은 사람이다. 내가 마땅히 간절하게 타이를 것이니, 경 등은 순몽으로 해서 사면할 수 없다." 하고, 곧 승정원에 명하기를, "... 근년에 순몽이 여러 번 핵문(劾問)을 당하여, 내가 간절히 염려하는 바다. 내가 온천[溫井]에 거둥하였을 적에, 순몽이 관인을 구타하였으므로 유사(有司)가 법대로 논죄하기를 청하여, '내가 불러다가 꾸짖었더니, 순몽이 머리를 조아리며 눈물을 흘리기에, 내 마음속으로 개과(改過)하였거니 생각하였다. 이제 의금부 제조(義禁府提調)와 또 이렇게 하기에 이르렀으니, 그 자신(自新)한 뜻이 없는 것을 알겠다. 내가 깊이 근심하는 바이니, 너희들이 순몽을 불러서 나의 뜻으로써 타이르며 간절하게 책망하고,' (予召責之, 順蒙扣頭流涕, 予心以爲改過矣。 今與義禁提調又至如此, 其無自新之意可知, 予深憂之。 爾等召順蒙, 諭以予意, 切責之。) 인하여 박종우·남지와 속히 화해하게 하라." 하므로, 승정원에서 순몽을 불러서 임금의 교지와 같이 책망하였다.(세종 23/6/9)

　여기서 나타나는 바는 ㉮공이 있어 작은 죄는 용서하고 ㉯개과를 기다리고 ㉰고발한 다른 사람들과 화해하라는 유시를 내린다. 이 속에는 인재를 중시하고 사람이 스스로 개과하고 새로워지기[自新]를 기다리고, 사람 간 화해를 통해 원만한 팀웍을 이루려는 믿음과 융합[조화]의 어진 정치[仁政]의 모습이 보인다.

이러한 과정에서 세종이 확신하는 것은 인간은 자신이 거듭 새로워질 본성을 가지고 있다는 믿음이다. "임금이 말하기를, 죄는 경하고 중한 것이 있고, 사람은 스스로 새로워 질[개과천선改過遷善] 이치가 있다."(上曰 罪有輕重, 人有自新之理。)(세종 4/2/25)

같은 시대의 양촌 권근은 인간의 본성은 자연의 질서[천명]와 일치하는 것으로 파악한다. 자연의 질서는 성性이며 그것이 인간에게 부여될 때 오상五常[인의예지신]이 된다는 것이다. 인간에게 부여된 오상의 본성은 실심으로 나타난다. 인륜을 밝히고 인격을 수양하는 것은 인간이 자기 본성의 선함을 깨달아 그것을 실천하는 것이다.36) (이는 양촌이 추구하는 궁경窮經 수련의 목표이기도 하다.)

인간의 본성이 같음에서 출발하여 자신지리의 이치를 통한 생민이 되는 과정의 구조는 다음과 같다.

표. 본성론의 구조

기본은 같고 성질은 다르다	
가르치기 　　효유 　　교화 　　감화, 감응	사면과 휼민 사면 구휼 휼민 화민 화육 화통 화생
새로나기	

⇓

자각

각성

회개, 회오悔悟

재생, 회생

갱생, 생생, 개신

⇓

감오感悟

(자신지리自新之理)

⇓

생민의 주

---

36) 이애희, 「朝鮮前期 性理學 硏究」, 경인문화사, 2002, 21쪽.

생생은 생명체의 연속적 탄생을 뜻할 뿐 아니라 생을 항구적으로 얻기 위한 인간의 거듭나기까지도 포함한다. 이는 인간의 생생방법을 개별자의 도덕성 확보를 통하여 찾고 있다. 즉 삶의 연속을 위한 인간의 노력과 의지를 촉구하는 개념이 '생생'이다.37)

세종의 '생생'은 보다 구체적으로 인간의 삶에 밀착하고 있다. 교화·감화에서 자각·각성·회오·재생·갱생을 통해 감오感悟를 거치고 자신自新을 이루는 과정을 잘 설명하고 있다.

감오感悟: 진실로 명(敎命)을 우러러 생각하고 밤과 낮으로 느끼고 깨달아 마음을 고치고 생각을 바꾸는 것이 마땅하옵거늘.(세종 9/10/26) 又不 加罪, 只令歸第, 勿使出入, 爲暉者, 固當仰思敎, 夙夜感悟, 改心易慮也。

개심의 핵심은 '夙夜感悟 改心易慮, 숙야감오 개심역려'로 느낌으로 오고 마음으로 움직이는 감성感性과 이성理性 즉 기氣와 리理가 동시에 움직이는 거듭나기[생생]이다.

이는 자신지리自新之理로, 유가의 이상으로 사람이 사람다워지는 길이다. 이러한 인간 본성 찾기의 여러 단계를 거쳐 민民은 생민이 되고 마침내 스스로 '민락 생생자'의 삶을 살게 된다.

지금 여기서 들고 있는 자신自新이라는 명제는 맹자의 성선설에 근거하는 바가 있다. 그런데 이 성선설에 의문을 제기하는 논의도 있다. 우선 중국 유학에 대한 맹신을 비판하며 성선설도 ㈎인간에 대한 분류적 의미와 평가적 의미 ㈏사실판단과 가치판단의 구분 ㈐존재와 당위의 구분이 불분명하다며 논박한다. 철학적 명제라기보다 일방적 '선언'이라는 것이다.38)

이에 성선설에 대한 지지는 성선性善은 생명에 관한 것으로 지식적 성격의 명제는 아니며 성선에 대한 맹자의 논증은 외연적인 논리의 논증이 아닌 내포에 의의를 둔 이론적 논증이라는 것이다. 생명적 반성은 모든 사람이 반성하면 직접 검증할 수 있으며 당장이라도 깨달을 수 있는 것으로서 외부에 요청할 필요가 없는 것이다.39)

---

37) 강임숙, 『주역의 생생윤리와 연구』, 경상대학교 박사학위논문, 2005.
38) 김영건, 『동양철학에 관한 분석적 비판』, 라티오, 2009, 17~35쪽.

도덕적 문맥에서 중요한 것은 한 인간이 도덕적 행위를 하고 있고 그에 따라 착함을 행동으로 보여주고 있다는 것이다. 성선과 성악은 이런 의미에서 이론적 개념이 아니라 실천적 개념이라고 할 수 있다. 그것은 이론적이며 형이상학적 영역이라기보다 행위와 실천을 통해 입증되는 개념이다. … 내가 비도덕적인 행동을 한다면 내가 인간이라는 것은 단지 생물학적 사실에 불과할 것이다. 그러나 내가 자발적으로 도덕적 행위를 실천한다면 나는 비로소 인간의 이름값을 할 수 있다.[40]

유교에서는 일반적으로 꾸준히 자기 들여다보기를 통해 선한 의지에 이르려는 노력을 하고 있다.[41]

세종이 말하고 있는 자신自新은 생물학적 인간에서 벗어나 생명의 실체를 의식하는 생민이 되는 길에서 인간의 본성을 스스로 확인하는 실천적 의지다.

주자가 말하는 하늘의 차원에서 보면 무생물인 돌멩이도 리理를 가지고 있다. 생명체인 식물과 동물은 성性을 가지고 있고, 사람은 여기에 인仁을 가지고 있다. 사람은 이에 리理, 성性, 인仁을 다 가지고 있는 존재다.[42] 주자는 리理가 인간을 비롯한 만물 속에도 깃들어 성性이 되었다고 생각했다. 따라서 주자는 이 성性을 실현하는 것을 목표로 했다. 이렇듯 하민이나 소민이 리理의 대상에 불과한 존재에서 성性을 갖추고 인仁을 찾게 되는 길이 생 - 생성 - 생생의 길에 다름 아니다.

유가에서는 사람다운 사람이 되는 길에 있는 사람을 대인, 군자, 성인聖人이라 부른다. 이런 관계에서 보면 세종에게서 자신自新의 사람은 생민[生民, 생인生人]이라 부를 수 있다.(유가에서 말하는 인간의 성정으로는 내적으로 도심道心, 외적으로 인심仁心이 있다. 맹자는 인내仁內, 의외義外를 제시하기도 한다._ 孟子 告子 下)

생민이란 자기와 환경을 끊임없이 새롭게 바꾸어가는 화생化生[생성화·생생

---

39) 채인후, 『맹자의 철학』, 천명돈 역, 예문서원, 2000, 46쪽.
40) 김영건, 위의 책, 31~34쪽.
41) 맹자의 말이 있다. 君子深造之以道(군자심조지이도)는 欲其自得之也(욕기자득지야) (離婁章句 下 제14장) 심조자득深造自得이다. 나아감이 깊어지려는 것은 자득하기 위해서다. 자득하게 되면 거함이 편안해지고 편안해지면 이용함이 깊어지고 좌우에서 취함에 그 근원을 만나게 되기 때문이다.
42) 이기동, 퇴계 철학의 본질과 현대적 의미, 2018. 3. 18, 사다헌 강의자료.(참고) 天命之謂性 率性之謂道 修道之謂敎(중용 제1장) ; 하늘이 명한 것이 성이고, 그것을 따르는 것이 도이며, 도를 닦는 것을 교라고 한다.

화]43)의 사람이다. 세종은 스스로 민락생생자(民樂生生者, 세종 32/2/17) 속에서 '생민들의 주'[叨主生民, 세종 5/7/3]가 되고자 했다.

천성과 본성

다음은 근본적으로 정치 이상의 사람의 천성에 관한 문제다.

천성: 사람은 진실로 각기 상도(常道)를 지키는 천성(天性)이 있으니, 누가 그 부모를 사랑하지 않으리요마는, 다만 오래도록 습속(習俗)에 젖어 이를 생각하지 못하는 것뿐이다.(세종 11/4/4) 嗚呼!人固各有秉彝之天, 誰不愛其父母! 但狃於習俗之久, 不之思耳。
(주) 병이지천秉彝之天: 하늘은 인간의 본성을 확보한다는 뜻이다.

세종에 있어서의 '천성'과 '본성'이라는 용어는 구별되어 쓰이고 있다. '천성'의 경우는 순수 절대 선(善)으로서의 원초적 인간성을 뜻하는 것임에 비하여 '본성'은 선과 악의 요소가 혼재된 현상적 측면을 가리키는 경우에 쓰이고 있다. 이는 성리학에서도 전자는 본연지성(本然之性)으로 지칭하는 반면 후자는 기질지성(氣質之性)으로 지칭되고 있기 때문이다.

인간 본성론: (우사간 김고가 세자의 강무 수종에 관해 아뢰니, 임금이 말하기를) "그대의 말이 옳다. 그러나 나이가 성년기에 이르지 않았다고 말한다면 내가 태종 때에 나이 겨우 14세에 비로소 활과 화살을 몸에 찼고, 30이 못되어 이를 풀어 버리고는 다시 차지 않았다. 착한 일을 하고 악한 일을 하는 것은 본성에 달린 것이지, 연치(年齒)의 어리고 장성한 데 있는 것이 아니다."(세종 13/2/5) 爲善爲惡, 在於本性, 不在年齒之幼壯。

개과 천선: (사간원 우사간 심도원 등이 유사눌을 벌 줄 것을 상소하다) "죄는 경하고 중한 것이 있고, 사람은 '스스로 새로워 질 수 있는 이치[개과천선改過遷善]'가 있는데, 사눌의 범한 죄는 이미 경하며, 후에 감사를 제수하여 누(累)가 그 몸에 미친 일이 없었으니, 어찌 오늘에 와서 옳지 않음이 있겠는가."(세종 4/2/25) 上曰: 罪有輕重, 人有自新之理。思訥所犯既輕, 而後授監司, 無有累及其身, 何至今日有不可乎?

---

43) "아아, 하늘은 음양 오행으로 만물을 생성하시니, 그러므로 하늘과 땅은 오직 만물의 부모라고 합니다."(세종 9/6/14) 故曰惟天地, 萬物父母天以陰陽五行, 化生萬物。 이 화생化生은 원단 기우제 때 축문 앞머리에 나오는 글이다. "《주역》에 이르기를, '천도의 변화로 모든 것이 생명을 바로 가지며, 구름이 다니고 비가 내리어 각종 물건이 형태를 갖춘다.' 함이 이를 이른 것입니다." 《易》曰:乾道變化, 各正性命。雲行雨施, 品物流形。(세종 9/6/14)

사람은 자신을 새롭게 하는 이치가 있다. 여기의 신新이 바로 생신生新인 셈이다. 스스로 '되살리기'하는 인간에게는 자기정화 능력이 있다고 믿는다. 수행을 통한 다시 살리기이다.

주자朱子는 누구나 차별 없이 공유한다는 '가상의' 인의예지의 착한 본성을 '본연성本然性'이라 하고 사람과 만물, 부여받은 기질에 따라 각기 달리 나타나는 개개인의 성질을 '기질성氣質性'이라 하였다. 대개 본연성이란 공동체에로 향한 인의예지의 마음을 지칭한 것이고 기질성은 개체의 욕망으로서의 이른바 음식남녀飮食男女 등의 욕구를 지칭한 것이다. '가령 먹고 마시는 욕망은 천리에 해당하고 맛좋은 음식을 찾는 것은 인욕에 해당한다.'(飮食者, 天理也, 要求美味, 人欲也. 朱子語類 卷 13 學7)

그렇다면 사람은 어떻게 본성을 발현할 수 있는가. 주자는 맹자의 성선설을 취하여 인성에서의 선악문제를 다루었다. 배고프면 먹고 목마르면 마신다는 본능에 있어서 사람이 금수와 다른 점이 없다고 보았다. 그러나 본능은 주자가 말하는 '성性'이 아니다, 오직 '다른 점이 있다면 사람은 가치의식에 입각해서 바른 몸가짐을 가짐으로서 그 본성을 온전하게 발현할 수 있다.' 其不同者, 獨人於其間, 得形氣之正, 而能有以全其性, 爲所而己. 孟子集註, 離婁 下19。[44]

그러나 모든 사람이 다 이를 실행에 옮길 수 있는 것은 아니다. 착한 생각을 실행에 옮기고 못 옮기는 차이는 의지의 문제와 기질의 문제로 남는다.

2) 생민 정치

(1) 생민의 주

가) 민생과 생민

수령이 지방에서 제일 먼저 해야 할 일은 백성의 수를 헤아리는 일이다.

> 호구법: 생민(生民)의 수는 국가가 있는 자로서 마땅히 먼저 알아야 할 것이다.(세종 22/02/23) 生民之數, 有國家者所當先知。

조선을 개국하며 호적법을 세우고 도망하는 자나 숨겨주는 자는 처벌한다고

---

44) 백도근, '심心: 신유학에서 마음', 『마음학』, 백산서당, 2010, 260~268쪽.

원전(元典)에 실었다. 태종 때는 인보(隣保) 정장법(正長法)을 세워 단속하는 법을 엄정하게 속전(續典)에 실었다. 구(口)를 파악하는 일은 ㉮민정(民丁)의 수를 밝히어 ㉯조세의 기준 마련하고 ㉰군역, 요역(徭役)의 기준을 밝혀 ㉱백성의 유동, 호적 편상상 누락과 허위를 방지하려고 하는 것이다.

이주민들이 변경에 와서 살게 포용하였다. 민이 생활 안정을 가질 수 있게 하려 했다.

> 생업: 은근히 개유하되 너희들이 우리나라 안에서 의지해 살고 있으니, …'지금 국가에서는 차마 너희들에게 공역에 복무하는 일을 맡길 수 없으므로, 군사를 거느리고 읍성을 수비하는 역사는 폐지하도록 하여 생업(生業)에 안정하게 하니, 너희들은 마땅히 국가에서 너희들에게 대우하는 지극한 뜻을 알아서 안심하고 직업을 경영하여 영구히 끊임없이 살아가는 즐거움을 보전할 것이다.'라 하겠다.(세종 17/7/26) 今國家不忍加汝以服役之事, 許罷率領守禦之役, 俾安生業, 汝等當知國家待汝至意, 安心營業, 永保生生之樂。

이주민은 그간 통속統屬이 없어 공역에 복무하며 애를 쓰는 노고는 알지 못하고 있다. 이 무리들은 동족이 아니므로, 마음은 혹여 배반할 마음을 품어 믿기가 어려워 견제하고 무유(撫綏)시켜 그들이 오면 후하게 대우해 주고, 가면 뒤쫓지 않을 뿐이라고 여긴다. 세종의 이주민들에 대한 시정時政은 포용으로 나타난다. 이주민에게는 ㉠공역을 주지 않는다. ㉡생업에 안정하게 한다. ㉢생생지락을 보전하게 한다는 목표로 대우한다. 생업과 현지주의다. 북방의 이만주(李滿住)를 설득해 귀순시키려는 과정에서 행한 다음 사례도 그 한 예다.

> 어루만지기: (함길도 도절제사 김종서에게 범찰 등이 이만주를 귀순시키겠다고 한 것 에 대해 잘 헤아려 시행하라 전지하다): 옛사람들이 이적(夷狄)을 대할 때, 귀순해 오면 이를 위로해 어루만지고, 버리고 가게 되면 뒤쫓지 않았던 사례는 그 유래가 이미 오래인 것이다.(세종 20/8/8) 古人之待夷狄也, 來則撫之, 去則不追, 其來尙矣。

포용

북방 양인인 '이만주李滿住' 기사는 《세종실록》에 원문 167건, '올량합兀良哈' 255건, 함길도 지역의 알타리斡朶里 224건, 일본 구주의 '도도웅와都都熊瓦' 22건,

그리고 이들의 움직임인 '이주移住' 원문 10건, '귀순歸順' 130여건, '향화向化' 115건, '투화投化' 79건 등 당시 북방과 남쪽 바다 건너 일본 등 이민족과의 접촉과 포용은 큰 과제였고 세종은 차분하게 포용해가는 정책을 썼다.

이는 은위병행恩威並行으로 "(야인) 저들이 전일의 위엄과 오늘의 은혜를 알 것이요, 은혜와 위엄을 아울러 행하여 어긋나지 아니할 것이다."(則彼知前日之威, 今日之恩, 恩威並行而不相悖矣。)(세종 15/6/29)로 은혜와 위엄을 함께 병행해 나가고자 한다.

함길도의 알타리들을 성심으로 후대하도록 도절제사 이세형에게 전지하고 북방인들과 '공향생생지락共享生生之樂'(세종 24/1/7)을 유지하는 것이 목표인 것이다. 이에 연관하여 도의 인민 5진 입거 풍문에 관해 회유하도록 함길도 관찰사 정갑손에게 명하는 다른 기록[共享生生之樂]이 있다.(세종 25/10/24)

백성[民]에서 생민으로

병이秉彝: 내가 생각건대, 하늘이 준 바른 덕과 진심[降衷] 그리고 의젓하게 타고난 천성은 생민이 똑같이 받은 것이라, 인륜을 도타이 하여 풍속을 이루게 하는 것은 나라를 가진 자의 선무(先務)이다.(세종 16/04/27) 予惟降衷秉彝, 生民之所同; 厚倫成俗, 有國之先務。

백성이라면 천민賤民이든 우민이든 → 훈민訓民 → 생민生民으로 다시 태어나게 하려는 목표를 가지고 있었다.

생민의 주: (백성의 폐해를 구제하는 것 등에 관해): 백성은 나라의 근본이니, 근본이 튼튼해야만 나라가 평안하게 된다. 내가 박덕(薄德)한 사람으로서 외람되이 생민의 주가 되었으니, 오직 이 백성을 기르고 무수(撫綏)하는 방법만이 마음속에 간절하여 ... 전리(田里)로 하여금 근심하고 탄식하는 소리가 영구히 끊어져서 각기 생생하는 즐거움을 이루도록 할 것이다.(세종 5/7/3) 王旨: 民惟邦本, 本固邦寧。予以諒德, 叨主生民, 惟是惠養撫綏之方, 切切于懷 ...使田里永絶愁嘆之聲, 各遂生生之樂。

세종이 '생민의 주'가 되었다고 고백하는 것은 바로 백성을 대신하여 다스리는 대천리물보다 더 구체적인 정치에서의 위상을 말해주고 있다. 구체적으로 마치 가족에서의 '아들과 아버지' 혹은 농부나 공인工人으로서의 주인과 일꾼의 관계 같은 분위기가 강한 것이다. 이렇듯 세종은 첫째 가족의 관계, 둘째 일하는 살아가는 백성의 주가 되고 싶다는 것이다. 단순히 백성의 임금이 아닌 '기가 살아 있는' '생민의 주'가 되고 싶어 한다는 것이다.45)

　　호생지덕: 말이 여기에 미치매, 전하께서 백성의 부모되신 마음과 <u>자애심(慈愛心)이 많은 덕으로써</u>, 근심하고 조심하심은 말로써 비유하기 어렵습니다. 신 등은 가만히 생각하옵건대 백성을 괴롭혀서 역사를 일으키는 것은 비록 성인(聖人)이 할 수 없는 일이오나, 재해(災害)를 구하고, 환난(患難)을 방비하는 일은 실로 왕정(王政)의 먼저 할 바이다.(세종 3/7/3) 興言及此, 以殿下父母之心, 好生之德, 軫心惕慮, 難以云喩。　臣等竊伏惟念, 勞民興役, 雖聖人之得已, 救災, 備患, 實王政之所先。

비가 한 달이 넘어도 그치지 않아서 도성都城 안이 다시 침몰될 근심이 있는데서 나온 말이다. '호생지덕'을 실록에서는 '자애심이 많은 덕'이라고 번역하였으나 임금의 사명은 '만물을 살리는 임금의 할 바'[好生之德]인 사명감이라고 하겠다.

　　호생: 더욱이 노비는 비록 천민이나 하늘이 낸 백성 아님이 없으니, 신하된 자로서 하늘이 낳은 백성을 부리는 것만도 만족하다고 할 것인데, 그 어찌 제멋대로 형벌을 행하여 무고(無辜)한 사람을 함부로 죽일 수 있단 말인가. <u>임금된 자의 덕(德)은 살리기를 좋아해야 할 뿐인데</u>, 무고한 백성이 많이 죽는 것을 보고 앉아서 아무렇지도 않은 듯이 금하지도 않고 그 주인을 치켜올리는 것이 옳다고 할 수 있겠는가. 나는 매우 옳지 않게 여긴다.(세종 26/윤7/24) 況奴婢雖賤, 莫非天民也? 以人臣而役天民 亦云足矣, 其可擅行刑罰而濫殺無辜乎。 人君之德, 好生而已。 坐見無辜之多死, 恬然不禁, 而乃曰揚其主可乎? 予甚以爲不可也。

이는 앞서의 천민賤民이 곧 천민天民이라는 정언과 같은 말인데 이번에는 노비奴婢가 바로 천민天民이라고 확인하고 있다.

---

45) (주) 생민: 어원이 《시경(詩經)》_대아(大雅)_제2 생민지십(第二 生民之什) 251_생민(生民) 백성을 내다'에 있다.

조선 초는 생민을 위한 시기다.

생민은 먼저 부지런한 일꾼이고 동시에 법리를 깨닫는 화민이다. 세종은 '생민의 주'라고 했다.[46) 이런 생민·화민의 조건으로 먼저 자신을 지키기 위한 사회의 규칙으로서의 법을 알게 해야 했다. 이두를 통한 법요약문의 전파다. 율문을 이두문으로 번역하여 반포하는 것에 대해 허조가 세종에게 이의를 제기한다.

율문을 이두문으로: (임금이 율문을 이두문으로 번역하여 반포할 것을 이르다) 비록 사리를 아는 사람이라 할지라도, 율문(律文)에 의거하여 판단이 내린 뒤에야 죄의 경중을 알게 되거늘, 하물며 어리석은 백성이야 어찌 범죄한 바가 크고 작음을 알아서 스스로 고치겠는가. 비록 백성들로 하여금 다 율문을 알게 할 수는 없을지나, 따로이 큰 죄의 조항만이라도 뽑아 적고, 이를 이두문[吏文]으로 번역하여서 민간에게 반포하여 보여, 우부우부(愚夫愚婦)들로 하여금 범죄를 피할 줄 알게 함이 어떻겠는가.
허조(이조판서): 신은 폐단이 일어나지 않을까 두렵습니다. 간악한 백성이 진실로 율문을 알게 되오면, 죄의 크고 작은 것을 헤아려서 두려워하고 꺼리는 바가 없이 법을 제 마음대로 농간하는 무리가 이로부터 일어날 것입니다.
세종: 그렇다면, 백성으로 하여금 알지 못하고 죄를 범하게 하는 것이 옳겠느냐. 백성에게 법을 알지 못하게 하고, 그 범법한 자를 벌주게 되면, 조사모삼(朝四暮三)의 술책에 가깝지 않겠는가. 더욱이 조종(祖宗)께서 율문을 읽게 하는 법을 세우신 것은 사람마다 모두 알게 하고자 함이니, 경 등은 고전을 상고하고 의논하여 아뢰라.(... 허조가 물러가니)
세종: 허조의 생각에는, 백성들이 율문을 알게 되면 쟁송(爭訟)이 그치지 않을 것이요, 윗사람을 능멸하는 폐단이 점점 있게 될 것이라 하나, 그러나 모름지기 세민(細民)으로 하여금 금법(禁法)을 알게 하여 두려워서 피하게 함이 옳겠다, 하고, 드디어 집현전에 명하여 옛적에 백성으로 하여금 법률을 익히게 하던 일을 상고하여 아뢰게 하였다.(세종 14/11/7)

세종은 일반 백성들을 대상으로 우민愚民, 서민庶民, 천민賤民에서 벗어나 생민

---

46) 《조선실록》 '生民' 원문 총 2,011 건 중 20건 이상.
　　초기: 태조 22, 태종 56, 세종 114, 성종 94
　　중기: 연산군 40, 중종 211, 명종107, 선조 182/28, 광해군 100/81, 인조 101, 효종 49,
　　　　현종 21/48
　　후기: 숙종 124/5, 영조 187, 정조 132, 순조 74, 고종 131

이 되기를 원했다. 경제적인 도움과 함께 그들의 인간으로서 누릴 행복의 기회를 넓혀주려는데 진력했다. 사람은 변할 수 있다.《삼강행실》을 통하여 교화를 이루고 자신이 새로워지려는 뜻을 품게 될 것이니 이는 바로 일과 삶 속에서 '깨달음'으로 유도하려는 시도였다. 이들에게도 농사를 짓거나, 여타 모든 생업에서 자기의 재능을 발휘할 수 있기를 바랐다.

나) 생민론 속의 친민과 신민新民

소민이나 하민이 민이 되어 가더라도 신분사회 속에서는 사대부와 백성의 구분[차이]이 있다. 사대부와 백성 그리고 신민臣民, 친민, 신민新民의 관계를 보자.

신민臣民은 오랜 황제/왕제 국가에서의 왕과 백성의 관계다. 신민臣民이 주자학의 형이상학적 근본 명제인 '본성이 곧 도덕원리[性卽理]'인 데서 나온 것이라 하겠다.

친민親民은《대학》의 3조목 8강령 중에 나와 있다. 친민親民은 확대하여 심학(통칭 양명학)의 기본 명제인 '마음이 바로 도덕 원리'[心卽理]와 관계를 맺고 있다.

"대학지도 재명명덕 재친(신)민 재지어지선 大學之道 在明明德 在親(新)民 在止於至善" 즉 대학의 도는(길은) 본래 '밝은 덕(양심의 보편법칙의 실천)'을 밝힘에 있으며, 백성과(을) 친하게(새롭게)(백성이 날로 새로워지는 것- 스스로의 양심을 밝힘을) 함에 있으며(잘 돌보는 데 있고), 지극히 선한데(최고의 선 - 양심의 온전한 구현에) 머무르게 하는데 있다.

이처럼 백성을 새롭게 만드는 것이 바로 '신민新民'이다. 주희는《대학》을 새로 편찬하면서 고본(古本)《대학》의 '친민'을 '신민'으로 고쳤다. '친'은 어버이 - 아들같이 가깝게 지내 친해져야 한다는 뜻이고, '신'은 새롭게 한다는 뜻으로 가르치고 다스린다는 뜻이다. 당시 유학은 국가를 통치하기 위한 체제이념이었다. 유학자들은 자신이 먼저 인격자가 될 것을 강조하지만 궁극적으로는 자신뿐 아니라 백성에 대한 교화도 생각하고 있었다. 주희도 자신이 명덕을 밝힌 후에는 백성들도 그들이 지닌 명덕을 밝혀 새로운 사람이 되어 올바른 행동을 할 수 있도록 ㉠이끌어야 한고 ㉡가르쳐야 한다는 것을 원칙으로 삼고자 했다.

오랫동안 백성을 주종관계의 신민臣民으로 다스려 오며, 유가에서는 친민의 개념으로 보고 있다가 사회변화에 따라 다시금 백성을 교화를 통한 다스림의 대상으로 보며 교화시키면 신민新民이 될 수 있으리라 기대한 것으로 보인다.

왕과 신하, 백성으로서의 신민臣民과 성리학에서 가르침의 대상인 신민新民은 뜻이 다르지만 주권자가 아닌 통치대상이 된다는 점에서는 비슷한 의미를 부여할 수도 있다. 그러나 사상면에서는 신민新民은 사람 스스로의 변화를 유도할 수 있다는 뜻에서는 신민臣民과는 개념이 다르다 하겠다. 거기에 중국[송이나 명]과 조선의 사회 환경이 다르다면 조선의 신민新民에 대한 이해도 다를 수 있을 것이다.

조선의 신민新民은 세종의 자신自新과 연결되고 생민生民과 함께 논의할 과제를 준다.

여기서 사람이 달라 질 수 있다면 이는 바로 사람의 '마음'이 달라짐을 말하는데 당시 같은 도덕원리라 하더라도 마음을 논한 권근의 '마음과 도덕'의 관계를 상정해 볼 수 있다.

주자학이나 심학은 같은 리학理學이라는 점에서는 이의가 없다. 다만 주자학의 성즉리性卽理의 철학은 성리학이라고 하는데 심즉리의 철학은 현대적으로 심리학에 속한다.(서양의 심리학과 구별하기위하여 심학이라고 부르게 된다.) 그리고 성리학은 리학理學이라고 불리었던 것이다.[47)

신민은 주자학이 지니고 있는 형이상학적 즉 이기론理氣論에서 나온 산물이다. 여기서 리기理氣는 수직적 상하관계가 되고, '본성이 이치이다'고 하여 본성인 본연지성本然之性과 기의 지배를 받는 기질지성氣質之性으로 성性을 둘로 나누었다.

주자학은 리理를 간직하고 살아가는 지도자[사대부]와 기氣에 따라 사는 백성들의 관계를 상하上下와 본말本末로 본 것이다. 이것은 특히 사대부가 형이상학의 근본적인 상위 지도자인데 비하여 공상업은 형이하학의 말단적인 직업이라고 본 사민론四民論에서 두드러진다. 이처럼 주자학은 리理를 궁극적 실제요 표준[太極]으로 보는 리본론理本論의 리학이다.[48)

이에 대하여 심학은 마음이 천리天理이고 '심즉리心卽理'라고 역설하여 리기理氣는 하나라고 보고 본성과 마음[心]도 하나라고 본 것이다. 마음이 바로 천리라고 보고 여기에 본체[理]와 작용[氣]은 하나가 되는 것이다. 마음이 본체인 동시에 작용인 체용일원體用一源의 논리를 가지고 있다.

심학이라고 할 양명학은 명대 중기 왕양명(1472~1529)이 주창한 철학이다. 그

---

47) 정인재,『양명학의 정신』, 세창출판사, 2014, 92쪽.
48) 정인재, 위의 책, 92쪽.

러므로 세종 시대에는 양명학을 거론할 이유가 없다. 그럼에도 《세종실록》에는 '마음'[心]이라는 용어가 자주 나온다. 이때 권근의 《심학도설》 등의 영향을 감안하면 주자학의 정심正心의 '바른 마음'과는 조금 다른 뜻을 가지고 있었던 것으로 보인다. 그 이유는 심학의 근원을 올라가면 맹자를 만나게 된다. 공자는 배움[學]과 생각[思]을 다 중시하였고 맹자는 내면의 깨달음[思]을 통한 도덕의식을 강조했다. 이와 달리 순자는 배움[學]을 통해 도덕이 이루어진다고 하여 외면의 규범[禮]을 숭상하였다. 한당(漢唐) 시대에는 순자의 순학(荀學)이 성행했으나 송명 시대에는 '맹자의 학'[孟學]이 주류가 되었다.49)

심학으로서의 양명학의 논리는 세종 시에는 미처 정립되지 않았다 해도 그 개연성의 씨앗은 있었고 특히 세종이 현실에서 실천적 '마음'을 강조한 점을 기준으로 보면 심학에 대한 기울임이 있었던 것으로 보인다.

부수적으로 '심학과 정감'에 대한 설명을 보자.

양명학은 리기합일론理氣合一論과 도기합일론道器合一論을 주장하였다. 그것은 마음에서 이기와 도기가 합일되기에 마음은 궁극적 실재요 표준인 태극太極이라고 본다. 이것이 심즉리心卽理라고 하는 심본론의 심학이다. '심즉리'는 도덕의리와 도덕 법칙의 동일성을 말한 것이며 진실한 도덕 실천은 바로 여기에서 나오는 것이다. 심즉리의 마음은 이미 도덕의 의지, 도덕의 법칙일 뿐 아니라 또한 도덕적 정감도 가지고 있다.50)

여기서 중요한 것은 심학은 도덕적 정감을 가지고 있다는 것이다. 앞에 나왔듯 사대부와 백성의 사물을 대하는데 대한 반응의 차이를 잘 말해 주고 있는 대목이다. 이미 세종 시대에 이런 환경은 조성되어 있었고 이를 학문적[사상적]으로 표현하지 못했을 뿐이다.

---

49) 정인재, 위의 책, 50쪽.
50) 彭國翔, 良知學的展開, 臺灣: 學生書局, 2003, 29쪽, 정인재, 94쪽 재인용.

표. 신민과 친민

사대부	백성
신민新民 [性卽理]	친민親民 [心卽理]
리학	심학
리理	기
본연지성本然之性과 기질지성氣質之性	체용일원體用一源
수직적	수평적

이를 그림으로 보자

그림. 임금과 백성의 거리

　임금과 사대부는 신민臣民 관계이고 사대부와 백성은 다시 신민臣民/신민新民 관계인데 임금과 백성과의 관계는 친민親民 관계로 보인다. 이는 사대부가 임금의 친민이 아니라기보다 사대부에게 보다 엄격한 직에 대한 의무와 강제를 요구하고 있기 때문이다. 친민은 부자의 관계와 같은 사이[거리]의 가까움을 내포하고 있다.51)

　여기서 기존의 신민臣民시대에서처럼 친민과 성리학의 신민新民 그리고 세종시대의 생민生民에 대한 개념 비교가 이루어져야 할 것이다. 세종은 기존의 친민과 신민新民을 저변으로 실천적 차원에서의 생민사상을 펼쳐간 것으로 보인다.

---

51) 《대학》의 첫머리에 나오는 삼강령 가운데 " 백성을 가까이 하는데 있음"으로 지극히 좋은 것에 머무는 데 있다고 한다. 大學之道 在明明德 在親民 在止於至善(《大學》·經 1章)

(위에서 제기된 생민의 길에서 민의 우리말 표현도 한 과제인데 신민臣民은 부림꾼, 친민은 겯/곁사람, 신민新民은 새사람, 생민은 난/산사람으로 부를 수도 있을 것이다.)

• 심학과 불교와의 관계

앞서의 신민과 세종의 생민사상은 마음의 변화에 주목한다. 세종은 '마음'에 큰 관심을 두었고 마음은 불교와 연관이 깊다. 중국불교의 대표적인 것은 화엄종과 천태종 그리고 선종禪宗이다. 화엄종에서는 법계연기성法界緣起說을 주장하면서 리理와 사事를 기초로 하여 사법계四法界를 설정하였는데 그 법계의 중심 개념은 바로 일심一心이다. 리理와 심心이 결부되어 형이상학적인 실재와 같은 것이 된 것은 화엄학에서 시작된 것이라 할 수 있다.52)

세종 후대의 양명학에서 본심[心]이 바로 천리[理]라고 한 것은 화엄의 마음과 리理를 결부시킨 면과 유사하다. 그러나 본심은 도덕적 판단의 기준인 량지良知이고 천리는 불교의 공리空理와 다르다는 점에서 그 차별성이 있다. 특히 선종의 사상은 뒤에 양명학의 발전에 많은 영향을 주었다. 신유가[특히 육상산, 왕양명]의 심학은 맹자의 도덕적 심心을 기본으로 삼고 있으나 불교의 심학을 거쳐서 대심大心, 우주심宇宙心으로 되었다.53)

(참고): 朱熹(1130~1200): 남송의 성리학자.

陸象山 陸九淵(1139~1193): 주희와 다른 심학파의 선구자.

명대 (1368년~1644) 왕양명(1472~1529)이 발전시킴.

여기서 세종시대의 심학이 아닌 양명학을 거론하는 것은 이미 후대 심학의 기반과 불교의 사상이 세종 대에 있었느냐는 유관성을 확인해보고자 해서이다. 유학에서의 마음과 불교에서의 마음은 서로의 사상을 주고받으며 새로운 논리를 전개해 나간 것으로 보인다. 세종 또한 유교와 불교의 마음을 함께 포용하고 있던 것으로 보인다.

다) '생민의 길'에서의 수행修行

민이 생민이 되고자 한다면 '생민 의식'을 유지하기 위하여 '수행[수련]'을 지

---

52) 펑유란 지음, 정인재 옮김, 간명한 중국철학사, 형설출판사, 2010, 361쪽.

53) 펑유란, 위의 책 53쪽.

속해야 한다.

유교에서의 수행은 먼저 몸의 수행으로 새벽에 일어나 의관을 갖추고 동쪽으로 향해 정좌하고 앉아 무념의 세계로 몰입함으로 욕심을 버리고 맑은 본래의 상태로 돌아간다. 다른 하나는 이때 한 가지만 생각하거나 진리의 내용을 골똘하게 생각하여 정신을 집중시키는 방법 등이 있다. 이것이 바로 경敬 공부다.54) 그 외에도 마음공부, 경신敬身, 거경居敬(居敬以持養항상 마음을 바르게 하여[居敬] 몸을 수양하다.)(문종 2/5/14) 등이 있다.

마음: 마음을 바르게 하여야 조정을 바르게 하고, 조정을 바르게 하여야 백관(百官)을 바르게 하며, 백관을 바르게 하여야 만민(萬民)을 바르게 한다고 하오니, 이는 고금에 뛰어난 격언(格言)이옵니다.(세종 23/12/9) 正心以正朝廷, 正朝廷以正百官, 正百官以正萬民, 此超絶古今之格言也。

마음공부: 동지경연 이지강이 《대학연의(大學衍義)》를 진강(進講)하고, 또 아뢰기를, 임금의 학문은 마음을 바르게 하는 것이 근본이 되옵나니, 마음이 바른 연후에야 백관이 바르게 되고, 백관이 바른 연후에야 만민이 바르게 되옵는데, 마음을 바르게 하는 요지는 오로지 이 책에 있사옵니다, 하매, 임금이 말하기를, 그러나 경서를 글귀로만 풀이하는 것은 학문에 도움이 없으니, 반드시 마음의 공부가 있어야만 이에 유익할 것이다, 하였다.(세종 즉위 10/12) 同知經筵李之剛進講《大學衍義》, 且啓曰:人君學問, 正心爲本, 心正然後, 百官正, 百官正然後, 萬民正。正心之要, 專在此書。上曰: 然。句讀經書, 無益於學, 必有心上功夫, 乃有益矣。

정심성의: 임금이 말하기를, 우리나라의 인심은 대저 간교(奸巧)로써 서로 숭상하여, 유생(儒生)에 이르기까지 그들이 어릴 적에 또한 '능히 마음을 바루고 뜻을 성실히 하지 못했기 때문'(亦不能正心誠意)에 이와 같은 지경에 이르게 된 것이다.(세종 28/10/13)

학령學令과 경신敬身:《소학(小學)》서(書)를 편찬할 때에 명륜(明倫) 뿐 아니라, 입교(立教)로써 첫머리를 하고 경신(敬身)으로써 끝마쳐서, 수신(修身)의 대법(大法)이 갖추지 않은 것이 없습니다.(세종 21/9/29) 後編次《小學》書, 非獨明倫, 首之以立教, 終之以敬身, 修身大法, 無所不備。

---

54) 이기동 편저,『유교』, 전통문화연구회, 2016, 112~139쪽 참고.

세종시대의 유학자인 권근은 "인간은 자기 본성인 선함의 실심을 깨달아 인격수양의 궁경수련이 학문이 추구하는 목표"라고 말한다. 세종 또한 수행에서 배우는 학습을 전제로 정심正心, 마음공부, 성의誠意 등 마음과 경신敬身으로서의 수신修身을 강조하고 있다. 이밖에도 격물, 치지, 실생활에서의 효제, 충서, 예악, 반성과 기도, 인仁, 사단四端, 양기養氣 등을 찾아볼 수 있다.

참고로 마음공부의 주요 개념이 되는 궁리정심窮理正心은 실록에서는 "其於窮理正心之學, 修己治人之方 궁리 정심의 학문과 수기치인의 방법"(태조실록 1/11/14)으로 태조 때부터 보이고 있고, 세종 때는 경학經學과 사학史學가운데 정사政事를 실제 해결하는 사례가 있는 사학의 중요성에 대해 신하들이 머뭇거리자 세종은 신하들의 마음가짐[窮理正心]에 대해 의견을 말한다.

> 내가 집현전의 선비들에게 모든 사기(史記)를 나누어 주어 읽게 하고자 한다. 하니, 윤회가 대답하기를,
> 옳지 않습니다. 대체로 경학(經學)이 우선이고, 사학(史學)은 그 다음이 되는 것이니, 오로지 사학만을 닦아서는 안 됩니다. 하였다. 임금이 말하기를,
> 내가 경연에서 《좌전(左傳)》·《사기(史記)》·《한서(漢書)》·《강목(綱目)》·《송감(宋鑑)》에 기록된 옛 일을 물으니, 다 모른다고 말하였다. 만약 한 사람에게 읽게 한다면 고루볼 수 없을 것이 분명하다. 지금의 선비들은 말로는 경학을 한다고 하나, 이치를 궁극히 밝히고 마음을 바르게[窮理正心] 한 인사(人士)가 있다는 것을 아직 듣지 못하였다. (세종 7/11/29)

참고로 마음 관련 용어의 출현에서 '거경居敬'은 《세종실록》에는 없고 문종(문종실록 2/5/14, 1452, 居敬以持養 몸을 수양하다), 성종(성종실록 22/12/26, 23/12/25, 1492, 伏願殿下 敦居敬之心 거경하는 마음을 돈독히 하소서), 중종 (중종실록 13/1/17, 1518, 立志居敬) 등에서 나타난다. 거경은 후대 퇴계에서 경敬사상으로 정리된다. 거경은 '한 일에 한 가지만 집중하며 마음을 바르게, 몸가짐을 조심하여 덕성을 닦아 늘 깨어 있어서 자신을 바로 세우는 수양 방식이다.'

(2) 생민지정生民之政

'생민지정'은 민이 생민이 되며 업을 생업으로 여기고 사는 백성들의 편에서 정치를 펴게 되는데 이 과정이 생민의 정치다.

선문농사先問農事: (농사 절후와 동궁 가례에 관해 곽존중과 논의하다) 임금이 지신사 곽존중(郭存中)에게 일러 말하기를, ... 이날 이전에 비가 내려서 파종만 하게 되면, 내 근심이 좀 풀어지겠다, 하였다. 언제든지 정사를 볼 때에는 먼저 농사 절후와 민간의 일을 물었다.(세종 7/4/25) 上曰: 此日以前, 下雨播種, 則予憂稍緩矣。每視事, 先問農事節候與民間之事。

백성과 이익을 다투지 않는다. 無與民爭利之心: (공조 참판 권맹손이 염법을 급히 시행할 것을 아뢰니 윤허하지 않다) 만일 시험하여 백성에게 폐단이 있다면 내가 마땅히 행하지 않겠다. 나는 본래 백성과 이익을 다툴 마음은 없다.(予本無與民爭利之心) 옛날에 기름진 땅을 점령하여 국농소(國農所)라 이름하였는데, 내가 즉위한 뒤에 혁파하여 농민에게 주었으니, 내가 어찌 이익을 좋아하는 마음이 있는가. 경 등은 다 내 뜻을 알라, 하였다. 맹손이 두 번 청하였으나, 윤허하지 아니하였다.(세종 27/9/8)

소금을 민간인이 만드느냐 국가가 관장하느냐의 논란인데 여기서 여민與民의 전제는 백성이 일하며 먹을 것을 나라가 끼어들어 백성과 이익을 다투지 않고 백성의 이익을 빼앗지 않는다는 것이다. 이런 여민정치는 여러 제민활동으로 이어진다. 민이 생민이 되는 과정에서 세종이 펴는 정치는 여민정치다. 여민與民은 《세종실록》에 25회 나오는데 이후 성종, 중종으로 이어진다.
'생민지정生民之政'은 백성을 살리는 정치다.

세금 조정: (충청 감사 정인지(鄭麟趾)가 흉년 구제의 방책을 올리다) 신(臣)은 생각하기를, 인민을 위한 정치는 음식물과 재물 두 가지뿐입니다.(臣謂生民之政, 食貨二者而已) 청컨대, 백성들로 하여금 경작하는 토지 10결(結)에 해마다 면포(綿布)로는 1필을 내고, 정포(正布)로는 2필을 내게 하며, 동전으로는 베[布]를 매매하는 값에 따라서 관청에서 거두어 간수했다가, 연사(年事)가 풍년이면 값을 올려서 거두어들이고, 연사가 흉년이면 값을 낮추어 팔게 한다면, 관청과 민간이 다 편리하게 될 것입니다.(세종 18/7/21)

민본에서 나타난 사상은 시인발정으로 즉위교서에 나타나는 언명이며 세종의 정치 철학의 명제다.

시인발정: 아아, 위(位)를 바로잡고 그 처음을 삼가서, 종사의 소중함을 받들어 어짊

을 베풀어 정치를 행하여야 바야흐로 땀흘려 이루어 주신 은택을 밀어 나아가게 되리라.(세종 즉위/8/11) 於戱! 正位謹始, 以奉宗祧之重; 施仁發政, 方推渙汗之恩。

어떤 사람은 시인발정施仁發政은 맹자의 '발정시인'(훌륭한 정치를 베풀어 어짊을 베푼다)에서 가져온 것으로서 새롭지 않은 것으로 여기기도 한다. 그러나 여기서 시대와 사회 환경의 변화를 생각하면 두 언명 사이에 차이가 있음을 본다. 정치가 정착하지 않은 시대와 국가 체계가 갖추어진 시대의 차이일 수 있다. 먼저 정치를 통한 국가체계를 잡으며 인仁을 펼치는 것과 국가 체계 위에 각 백성을 상대로 인을 펼치는 것은 차이가 있다.

인정仁政이란 무엇인가.《향약집성방(鄕藥集成方)》이 완성되었을 때 권채(權採)가 쓴 서문에 나와 있다.

인정仁政: 임금의 도(道)는 인(仁)보다 더 큰 것이 없고, 인도(仁道)는 지극히 크며, 또한 여러 가지 있는 것이다. 이제 우리 주상 전하께서 거룩한 덕으로 지극히 훌륭한 정치를 일으켜 위(位)를 지키고 정령을 내는데 오로지 이 도의 큰 것에 따르고 있거니와, '의약으로 백성을 구제하는 일에까지 이와 같이 힘을 쓰니, 인정(仁政)의 본말(本末)과 크고 작은 것을 남김없이 다한 것이라 하겠다.' 至如藥醫濟民之事, 拳拳若此, 可見仁政本末, 巨細兼盡而無遺矣。(세종 15/6/11)

그리고 또 맹자의 말대로 하면 자칫 정치의 주체가 백성이 아닌 임금 자신으로 비추어질 수도 있다.[55] 정치의 마지막 성취는 백성이 각기 생민이 되는 일이다. 이는《시경》이나《맹자》에서도 가르치고 있다.[56]

이런 생민은 생생이 갖고 있는 태어난 백성, 살고 있는 백성, 살아가야할 백성이라는 넓은 함의를 안고 있는 것이다. 생민을 위한 정치행위의 으뜸인 민본의 구조를 보자.

---

55) (참고) 김준태,『왕의 경영』, (주)다산북스, 2012. 20쪽. 이외에도 조남욱이『세종대왕의 정치철학』에서 소개하고, 박현모의『세종처럼』에서는 순서를 바꾼 것을 시인施仁의 적극성과 백성들의 자발적 참여를 강조하기 위한 것으로 해석하고 있다.
56)《시경》의 시경대아생민지십 詩經大雅生民之什.
　　《맹자》의 공손추 公孫丑 上 自生民以來未有孔子也 등이 있다.

표. 민본의 구조

민	개념	과정(수행)	목표	목적
경제적 정신적	민본(민위방본) 친민 위민	구민 휼민 제민濟民 애민 근민	(新民) 生民	민락생생자
사회적	賤民=天民	民生	(民 → 민생 →)生民	共享生生之樂
정치	휼민	위민, 민본	생민지정	仁政

구체적으로 민본과 수행 과정으로서의 휼민, 구민救民 등은 바로 민생民生이고 이 민생을 풀어가고 업의식을 깨닫고 자신을 깨치는 도달점에서 민이 생민生民 이 된다.

• 신민과 생민

여기서 조선 초의 유학자인 권근은 『입학도설』에서 제가·치국·평천하를 통해 신민新民이 됨을 말하고 있다. 新民신민은 보다 도학적인 차원에서의 '새로운 사 람'57)이고 세종의 生民생민 사상은 보다 업業에 연관해 자신自新을 이룬 건강한 삶을 사는 사람의 뜻이 있다.

생민은 직직職을 가지고 사는 현실 삶속의 민의 뜻과 함께 거듭나는 자기 인식 의 삶을 사는 생명의식과 연결된 유교철학의 성격도 지니고 있다.58)

---

57) 권근의 《대학지도》의 요체를 보자. 명명덕은 격물·치지 그리고 성의·정심·수신과 신민은 제가·치국·평천하와, 지어지선은 지지知止·능득能得과 이어진다. 격물·치지는 지知로, 성의·정심·수신은 행行으로, 제가·치국·평천하 는 극행極行으로 나타난다. 여기에 공부를 계속하여 격 물·치지는 물격物格과 지지知至에 이르고, 성의·정심·수 신은 의성意誠·심정心正·신수身修에 이르고, 제가·치국· 평천하는 제가家齊·국치國治·천하평天下平에 이르러, 지 선至善과 명명덕明明德과 신민新民의 바른 자리를 찾고 마침내 공효功效를 보게 된다.

권근(權近)의 『입학 도설(入學圖說)』에 실려 있는 '대학지 도(大學之圖)' 퇴계 (退溪)도 『성학십도 (聖學十圖)』에서 이 도(圖)를 수록하고 있다.

58) "시인 김수영의 대표시 '풀'을 참여시로 생각하지만 풀의 움직임을 통해 존재에 대한 초 월적이고 영성적인 느낌도 준다는 면에서 종교적인 측면도 있다."고 말한다. 이영준, 『김

권근은 새로운 사람을 신민新民이라 하였는데 세종은 신민新民 이라는 용어는 단 한번 썼다.

임금이 돈에게 이르기를, "김종서의 공이 작지 아니하다. '새 백성'들을 위무(慰撫)해서 모으고 여러 종족을 불러 항복 받아서, 동북 한 지방이 조용하고 사변이 없게 되었으니, 이것이 그의 큰 공이다." (謂墩曰: 金宗瑞之功, 不爲小矣。撫集新民, 招降諸種, 使東北一方晏然無警, 此其功之尤者也。)(세종 22/1/19) 했다.

이때 쓴 신민新民은 '여기저기서 모인 새로운 삶을 살아가려는 백성'이라는 뜻이다. 물론 권근의 유교적인 새사람[新民]과는 다르다. 정치사상적인 뜻을 함께 품고 있다.

'생민'의 기사는 세종의 경우 원문으로 114건이 있다. 세종은 생민에 관심이 깊은 임금이었다. 권근의 유교적 새사람[新民]은 세종에게 있어서는 실천적 생민으로 나타난다 하겠다.

친민親民은 백성과 친하게 된다는 뜻으로 풀이된다.《대학고본(大學古本)》에는 친민親民으로 되어 있었다. 이를 정이(程頤)가 '신新'자로 하여야 옳다고 한 이후 주희도 정이의 견해를 따라 우리나라에서는 성리학의 영향으로 신민新民이라고 했다. "大學之道 在明明德 在新民 在止於至善"(《대학》 1장) 대학의 도는 백성을 새롭게 하는 데 있는 것이다. 신新은 새롭게 한다는 것, 어리석은 백성을 교화시키고, 또한 지배자 입장에서는 통치 체제 안에서 다스린다는 것이다. 그러나 민의 차원에서 본다면 교화되면서 자기 혹은 자기 개발을 이루어가는 일이 될 것이다. 권근이나 이황도 신민新民이라 했다. 신민은 백성을 새롭게 한다는 뜻이 된다. 인人이 아니고 민民인 것은 민에 정치적 용어의 의미가 있기 때문이다.

명덕明德은 사람마다 똑같이 하늘에서 부여받은 덕성德性인데, 나[我]의 명덕만을 밝힌 것으로 만족하지 않고 나의 주위에 있는 동족이 고유의 명덕을 밝힐 줄 모르고 있을 때, 또 알아도 의연히 개혁하려 하지 않을 때, 측은하게 여기고 그들을 새롭게 이끌어 주고 싶은 것은 인지상정人之常情이다. 이런 활동으로 민덕民德을 새로이 유도하고 그 결과 신민이 되어 간다.59)

위에서 유교의 친민, 권근의 신민, 세종의 생민을 약술해 보았다. 생민生民이 친민, 혹은 신민과 어떤 맥락을 이루고 있는지는 더 연구되어야 할 것이다. 다만

수영전집』, 민음사, 2018.
59) (참고)《대학》, 『한국민족문화 대백과』외.

세종의 생민정신은 업의 정신에서 출발하여, 삶에 대한 열망, 마음의 감성화에서 스스로를 인식하는 '자신지리' 등 여러 차원에서 민에 대해 변역을 갖게 하는 길이라 하겠다.

정리: 생민론

하민下民이나 소민小民 상태의 백성은 아직 사람[人]이 아니다. 들판을 떠도는 짐승과 같고 산에서 자라는 풀이나 나무와 같은 생물生物이다. 그들은 그냥 '살아 있음'[생존]의 상태다. 사람은 다 같이 귀하다. 천민賤民은 직업적으로 하위 노동계층일 뿐이다.

여기에 스스로 일하는 사람 즉 로민勞民의 위치로 나아가게 된다. '몸으로 일하는 사람'이다. 몸으로 일함으로써 실제 살아 있는 사람이 된다. 일을 함으로써 내가 '살아 있음'[生存]을 알게 되는 상태다. 삶을 살아낸다. 천민賤民은 천민天民이라고 여기는 인간 중심의 철학 이것이 세종의 인간관이다.

이어 민은 자신지리에 감오感悟의 생생화를 통해 업사상을 깨닫게 되고 생민이 된다. 스스로 감성적인 한 극에서 다른 극으로 가는 변증을 거치게 된다.[60]

여기서 세종의 정치철학은 이런 사회적 제도를 융통성 있게 운영했다는데서 그 특이함을 찾아볼 수 있다. 장영실의 등용, 노인들에게 벼슬 주는 일, 천민 경로잔치에서 천인賤人을 막자 다시 오게 조치하는 결정 등을 보면 이는 천인, 양인, 사대부란 신분보다 어떤 면에서는 직업군의 차이라는 면을 보여주고 있다.

세종 자신도 백성들이 신분 사회의 엄격함을 넘어설 수 없는 절대적 한계를 알고 있었을 것이다. 천민을 줄여가고 싶었는데 양인과 천인의 결혼에서 낳은 자식을 양인으로 삼는 제도에 신료들이 반대하는 것이다. 양인이 많아지면 나라는 부유하게 되는데 양반의 힘을 줄어들고 천민이 많아지면 양반들은 편안하지만 종국에는 나라가 망한다.

나중에는 신료들의 반대에 물러선다. 세종 시에 이런 극단적인 상황을 느낄

---

60) 현대 영국에서는 사회 직업군을 5~6군으로 나눈다. 1군은 회장이나 사장, 2군은 사회 고위전문직이나 중소기업사장, 3군은 기술사·전문직·대기업 사원, 4군은 일반 사무원, 5군은 단순직 노동 등이다. 현대에서는 노력을 통해 직업군 상승의 기회가 열려 있지만 세종조에는 그런 기회가 거의 막혀 있었다는 게 근본적 차이가 되겠다.

만큼 천민제도가 대두된 것은 아니지만 사대부들은 거느리고 있는 천민의 숫자를 줄여야 할 사회적 명분을 찾지 못한 시대적 한계가 있었을 것이다. 기회의 공평이 대안으로 작동되었다.

세종의 생생철학은 다른 말로 생민론이기도 하다. 생민이란 독립된 개체로서의 민으로 "하늘이 준 바른 덕과 진심[降衷] 그리고 의젓하게 타고난 천성은 생인이 똑같이 받은 것亡惟降衷秉彝, 生民之所同"(세종 16/4/27)을 가진, 삶을 살아내는 령靈이 '살아 있는 민'을 말한다.

민은 생명력에 의지한다. 생명의 뜻은 무엇인가? ㉮사람이 살아서 숨 쉬고 활동할 수 있게 하는 힘 ㉯여자의 몸속에서 태어날 존재 ㉰동물과 식물의 생물로서 살아 있게 하는 힘이다. 유의어로는 명맥, 목숨, 숨통이 있다.

생명은 첫째 살아있는 목숨인데 현재형으로 끝나지 않는다. 이보다는 '목숨을 이어 가는 일'이라는 미래지향적인 뜻이 숨어 있다. 즉 어떠한 일이 있어도 '살아 있는 것'[生]은 '이어져 가야한다'[命]는 명제命題를 가지고 있다. 명제라는 용어 속에도 명命 곧 '목숨'이라는 어휘가 들어가 있다.

한 예로, 혁명革命이라는 단어의 革혁에는 생가죽이 새로운 가죽으로 바뀐다는 뜻이 있다. 동물껍질 그대로의 가죽은 썩거나 딱딱하여 그대로 쓸 수가 없다. 이는 무두질을 통하여 부드러우며 질기며 아름다운 오래가는 가죽으로 명命을 이어가며 바뀐다는 뜻이 있다. 그래서 혁명은 '새로움'이 된다. 사회혁명(social revolution)은 사람[가죽]의 겉모습은 그대로이지만 그 사회 속 사람의 체질이 바뀌어 사회가 바뀌게 되는 것이다.

천지간에 중요한 덕德은 바로 생 즉 삶이다. 삶[생]이야말로 가장 위에 있는 큰 가치다. 그리고 사람과 사람이 어울려 새로운 삶을 만들어 내는 화생化生으로서의 생생은 인간 삶의 최고의 가치가 된다.

- 생생과 생민

㈎ 민이란 사회적으로 하층에 있는 신분이나 이런 민도 엄격한 의미에서는 직으로서의 민일 따름이다.

㈏ 로동직勞動職이란 몸을 써 일하는 직업군의 사람들이다. 직은 위로 열려 있으나 신분은 고착되어 있다.

㈐ 민의 생생 작용은 민이 생민이 되게 하는 것이다.

생민이란 살아 있는 민으로서 자신을 돌아보는 기회를 가진 민이다. 사면을 통해 '다시살기'를 감화를 통해 '되살기'를 감통을 통해 '거듭나기'의 기회를 갖게 된다.

㈃ 사대부라면 자각, 각성, 감오感悟의 기회를 통해 생생 즉 '거듭살이'의 기회를 갖게 된다.

세종의 생민론을 보면 정밀하게 직조되어 있음을 보게 된다. 민의 여러 상태를 인지하고 거기에 민의 상황에 따라 알맞은 대응책을 강구해 나갔다. 감회, 감발 등 여러 가지 사맛 정신을 통해 자신이 새로워지는 감오感悟의 자신지리自新之理路의 길로 안내했다. 여기에 자신自新의 전제로 참고할 '자발성'에 관한 기사가 있다.

> 서로 모이면 즐겁게 일: 승정원에 전지하기를, 홍천사(興天寺)의 탑전(塔殿)을 수리하려 하여 호조 판서 안순(安純)에게 의논하니, 순이 말하기를, '대개 승도(僧徒)들은 공가(公家)에서 불러서 역사를 시키면 반드시 싫어하고 꺼리고, 스스로 서로 불러 모이면 즐겁게 일에 나간다.' 고 하니, 그 말이 옳을 것 같다.(세종 17/5/20) 傳旨承政院: 欲修興天寺塔殿, 議諸戶曹判書安純, 純曰: 凡僧徒, 公家召役, 則必生厭憚, 自相召募, 則樂於趣事。其言似是。

여기서 유교적 삶과 신분관계를 보자.

삶- 생존 - 衣食 - 어울리기(共) - 가족/주인 - 마을 - 행복 -		생생작용/氣
삶- 의미 - 의식 - 주체(獨) -	동료/임금 - 국가 - 맑은 생각- 인간의 완성/理	

인간의 생명은 누구에게나 같고 소중하다는 명제 속에서도 신분사회에서는 살아가는 가치 구현에 다른 방식을 가지고 있었다. 의식해결을 위한 노동과 주인과의 관계 속에서 작은 지역 마을이나 직업 공동체에 속한 것이 사회생활의 전부인 상태에서는 마음으로부터 얻는 살아있는 기쁨[생생지락]이 최고의 가치가 된다. 선비들은 먹는 것을 생산하는 것이 주업이 아니라 자기를 다스리고 이어 다른 사람을 다스려 국가를 운영하여야 하는 대리인들이다. 궁극에는 자기완성의 기

뻠을 누려야한다는 정신적 목표를 가지고 있다.

생민을 위한 정치인 '생민지정'에는 앞서의 두 가지 즉 '먹고 사는 업'과 '새로워지는 사람'의 두 가지 뜻이 있다.

- 생민지정生民之政: (충청 감사 정인지가 흉년 구제의 방책을 올리다) 인민을 위한 정치는 음식물과 재물 두 가지뿐입니다.(세종 18/7//21) 臣謂生民之政, 食貨二者而已。

- 생민과 자신自新: (상왕이 대마도 수호 도도웅와에게 교화에 응할 것을 교유한 글) '병조는 글[書]을 대마도에 보내어, 나의 지극한 생각을 알려서, 그 자신(自新)할 길을 열어 멸망의 화를 면하게 하고, 나의 생민(生民)을 사랑하는 뜻에 맞도록 하라.' 하였다.(세종 1/7/17) (兵曹其移文對馬島, 諭予至懷, 開其自新之路, 俾免滅亡之禍, 以副予仁愛生民之志)

생민의 정치에는 음식과 재물 이외에 정신적인 거듭나기가 있다. 여기 거듭나기의 기사는 특히 왜인인 이민족까지 포용하는 열린 자신自新의 정신이다.

- 세종과 백성

세종은 평민[백성]들이 어리석지만 하나씩 배워서 행위로 옮기기를 바란 것이다. 사람들은 근본으로 어진 마음을 갖고 있다고 생각하기 때문이다. 태어나면서부터 도를 알면 성인인데 이는 드물어 공자조차도 겸양으로 '나는 나면서부터 아는 사람이 아니다.'(《논어》述而篇)고 했다. 그렇다면 일반적으로 사대부는 '배워서 알고 이를 옳다고 여겨 행하는 사람'(學而知之 利而行之)인데 비해 평민은 '알려고 애써야 겨우 알고 힘들여 노력하여 행하게 된다.'(困而知之 勉强而行)(중용 제20장 4)

그러나 도(道)[五倫]가 올바른 것임을 알기에만 이른다면 그 앎에는 현인[사대부]이나 범인[凡人/百姓]에 차이가 없다는 것이다. 생각의 깊이나 폭에는 차이가 있지만 이를 밖으로 행했을 때는 차이가 더욱 줄어들 수밖에 없을 것이다. 가령 길에 쓰러진 병자를 일으켜 세우는 일에서 사대부와 백성의 차이가 없는 것과 마찬가지다.

민이 자기의 있음[존재]을 느끼고 살아있음[실재]을 알아 얼있음/참 있음[실존(재)]을 깨닫게 되는 과정이 생민의 길이다.

표. 생민의 정의定義. 세종과 정조 비교

존재	실재	실존(재)
있음	살아있음 숨 있음	얼있음 참있음
나(무생물) 숨나(생물)	새나 산나 알나	얼나 참나

달리 표현하면 살기[목숨 잇기] - 살아있음[살아내기] - 거듭살이[거듭나기]의 과정이다.

하민 소민	- 生	- 生民	- 生生(者)
목숨 붙이기	- 살기	- 살아내기	- 거듭나기 거듭살이

이를 다시 변역[진화]의 관점에서 풀어보면 '순환' 즉 '되돌이 삶'에서 '생' 즉 '살기/살이'의 생성으로 그리고 '생생' 즉 '거듭살이'의 삶으로 간다.

순환	생/재생·회생[생성]		생생
순환[되돌이]	재생[다시살이]	회생[되살이]	생생[거듭살이, 산살이, 참살이, 얼살이]

이런 과정은 다 삶의 그곳[현장]과 길[과정]에서 나오는 사람의 이야기다. 어원으로 보면 '사르다'에서 차츰 '사람'에 이른다.

사르다	→	사롬[살욈]	→	삶·앎	→	사람
살다		삶		삶의 앎		사람

삶으로 신명나게 산다는 노래는 고려가요의 '청산별곡'에 나타나 있다.61)

> 살어리 살어리랏다 靑山에 살어리랏다
> 멀위랑 ᄃ래랑 먹고 청산에 살어리랏다
> 얄리 얄리 얄랑성 얄라리 얄라

세종의 생활 기록을 보면 첫째 궁중 생활의 단조로움을 수시로 벗어나려고 한 행동이 보인다. 대군들의 집에 머물거나 온천 행으로 나타난다. 궁중은 일의 공간이지 휴식의 공간은 아니다. 둘째 궁을 벗어났다고 하여 휴식만을 취한 것은 아니다. 즉 분위기를 바꾸어 가며 생각할 공간을 찾은 것으로 보인다. 초수리행에서 훈민정음 관련 연구의 마무리를 한 듯 보인다.62) 셋째 특히 대군들의 집 순례는 작은(궁보다는) 규모의 공간에서 사대부 수준의 가정의 편안함을 누리며 그 속에서 자유로운 생각의 기회를 찾은 듯하다. 사유의 환경을 찾은 것으로 보인다. 이런 행동 양상과 움직이는 반경은 스스로가 한 백성으로 여기는 생각에 바탕하지 않고는 쉽게 자주 이루어질 수 없는 생활습관이라고 하겠다. 사유하는 철학적 인간으로서의 세종 이도를 발견하게 된다.

세종은 단순히 백성의 '앞선이'[리더, 主]가 아닌 생민의 지도자[叨主生民 세종 5/7/3]가 되고자 했고, 평생을 거듭나는 즐거움[民樂生生者 세종 32/2/17] 의 삶을 살고자 했고, 살아냈다.

---

61) 문헌은 보성출판사의 『고대 가요 향가』 외, 1994 인용.
62) 초수리로 출발한 때는 정음창제가 알려진 세종 25년 1443년 12월 30일 이후 두 달이 지난 때로 '운회'를 번역하도록 지시한 지 13일 지나서였다. 이후 다음 해 세종 27년 1월에는 신숙주·성삼문 등을 요동으로 보내 자문을 구하게 된다. 세종은 초수리에서 훈민정음의 고증과 활용방안을 구상한 것으로 보인다.

2장 생업론: 생민의 환경

업이란 일상의 생활을 영위하기 위한 직職의 연장선에 있다. 직은 업이 겉으로
드러나는 형식이다. 신분사회에서 백성과 사대부의 업에 대한 개념에는 차이가
있겠지만 헌신과 희생이라는 업의 지극한 정신에 있어서는 다를 바 없다.

1. 업

업이란 일반적으로 '생활을 위해 일상으로 하는 일'을 지칭한다. 그리고 그 일
은 그 사람의 '재능[기능]'(세종 즉위/11/3)이나 직과 연결되어 있는 것이 많다.
여기서 말하는 재능이란 남이 갖지 못한 특출한 기술이라기보다 한 가지 일을
열심히 하고 하다 보니 잘하게 되는 경험밥[업業]의 정신이라 하겠다. 그리하여
사대부의 경우 때로 유직자를 유식자와 함께 사용하기도 한다.

'업業'의 자원字源은 상형象形이다. '業'에는 종이나 북을 매다는 틀을 장식하는
판의 모양으로 톱날과 같은 정교한 조각이 있다. 업은 이 판을 가지고 하는 일을
뜻하고 다시 학업學業·공업功業 등의 뜻을 가지게 되었다.[1]

조선에서 태어나면 이미 신분에 의하여 직업의 선택과 폭은 정해져 있다. 양
반은 선비 혹은 관리요, 양인은 농사꾼이나 공인工人이 되는 길이요, 천민은 농사
와 물품 제조를 중심으로 노동에 임하게 된다. 신분이 업이요 업이 신분인 셈이
다. 그렇다면 세종의 업은 무엇일까. 왕이 업이고 생업生業인 것이다.

업이란 무엇인가. 세종이 펴낸 《치평요람》에서 "이 때에 한나라 군사는 업행
의 시점에 있었다. 무릇 일을 시작하였으나 (그가 추구하는 소명이) 아직 성취되
지는 않고 현재진행 중인 것을 업"(是時漢兵已業行 事已爲而未成曰業《치평요람》제

---

1) 교학사 大漢韓사전편찬실, 『敎學漢韓辭典』, 2004.

8집 16권)이라고 말한다. 정인지 등이 펴낸 《치평요람》에서 한고조 유방의 평성 대회전에서의 시행착오를 이야기하며 나온 표현으로 업은 홍업이다.

임금과 연관된 업은 '태조께서 홍업을 초창하시고 부왕 전하께서 큰 사업을 이어받으시다.'(恭惟太祖草創洪業, 惟父王殿下纘承丕緒。)(세종 즉위/8/11)에서 보듯 근정전에서 즉위 교서를 반포하는 때의 말로 홍업이다. 그리고 성균 생원 유이(柳貽) 등이 경찬회에 관해 상소하고, 임금의 마음을 돌리기를 의정부에 청하는 글에 덕업이 있다. 덕업이란 '덕행과 학업'을 일컫는다.

> 덕업: 전하께서는 즉위하신 이후로 밤낮으로 부지런하여 다스리기에 정력을 다하시니, 덕업(德業)의 정함과 정치의 높음이 진실로 당(唐)·우(虞) 삼대(三代)에 손색이 없었다.(세종 23/윤11/24) 殿下卽位以來, 宵衣旰食, 勵精圖治, 德業之盛, 治道之隆, 誠無讓於唐, 虞三代矣。

• 업과 불교 갈마

업業의 개념에는 불교적 요소가 있다. 업業은 몸과 입과 뜻으로 짓는 소행 곧 산스크리트어로 갈마(羯磨, Karma)라고도 한다. 본디 '크르'(kr ; 행하다)라는 동사에서 만들어진 명사로 행위를 가리킨다. 하나의 행위는 원인이 없으면 일어나지 않으며, 일단 일어난 행위는 반드시 어떠한 결과를 남기고, 다시 그 결과는 다음 행위에 크게 영향을 미친다. 그 원인·행위·결과·영향을 총칭해서 업이라고 한다.

업은 바로 생生이기도 하다. 생은 전생-현생-후생과 연결되어 있듯 업은 '불교에서 전세에 지은 악행이나 선행으로 말미암아 현세에서 받는 응보를 일컫는다. 갈마는 동시에 수계受戒나 참회懺悔 때의 의식을 뜻하기도 한다. 그것은 처음에 윤회사상과 함께 인도철학의 초기 우파니샤드사상에서 발생하였는데, 뒤에 불교에 도입되어 인간의 행위를 규제하고 또 살아 있는 모든 중생에게 윤회의 축이 되는 용어가 되었다.

업은 세종의 생생과 닮아 있다. '스스로 돌아보기'의 자성自省의 뜻과도 연결된다. 유가적인 생生이 불가佛家에서의 업業에 비유된다. 즉 선인선과善因善果·악인악과惡因惡果 또한 선인낙과善因樂果·악인고과惡因苦果의 계열은 업으로 지탱하고, 인격의 향상은 물론 깨달음도 업이 인도한다고 여겨지고 있으며, 나아가 업이 미치는 범위는 더 한층 확대되어 전생에서 내세에까지 연장되었다.

또한 불교에서는 신身·구口·의意를 3업三業이라고 하여, 신체와 말과 마음은 언제나 일치해서 행위로 나타난다고 한다. 또 초기의 불교는 업을 오로지 개인의 행위에 직결시켰는데, 얼마 뒤에는 사회적으로 확대되어 많은 개인이 공유하는 업으로 생각하게 되었다. 이것을 공업共業이라고 하고, 개인 한 사람의 것은 불공업不共業이라고 한다.

불교의 업을 노동으로서의 업에 대입시켜 보자.

몸에서 나오는	기(技)	술(術)
입으로 나오는	성(聲)	언(言)
심[몸]으로 나오는	예(禮)	재(才)

바로 생민의 몸 노동, 입에서 나오는 말과 표현, 직職에서 나오는 심心이 노동 차원에서의 업이 된다.

만인의 만 가지 재주를 살리려는 노력, 이것이 세종의 바람이었다. 사람이 업을 유지할 수 있는 근거로 세종은 누구나 각기의 자기만의 재주가 있다는 것을 확신하는 데서 출발한다. 한 관리의 예를 보자.

근근勤謹: 대저 사람에게는 한 가지 능한 것이 있는 법이다. 익평(益平)부원군은 성질이 원래 광망(狂妄)한데다 별로 재덕도 없었으나, 근실(勤實)하기로 이름을 얻었고, 변처후(邊處厚)는 비록 재주와 인망은 없었으나, 관직에 있으면서 부지런하고 근신(謹愼)하였으니, 이것이 취할 만한 것이다.(세종 26/5/20) 大抵人有一能, 益平府院君, 性本狂妄, 別無才德, 然以勤得名; 邊處厚, 雖無才德, 然居官勤謹, 此其可取者也.

첨지중추원사 정척을 사역원 제조로 삼으며 든 설명인데 재주에 있어서 백성의 농사짓는 부지런함, 양인들의 손 기술, 관리의 근실도 신분에 맞는 덕이요 재주에 속하는 것이다. 그밖에 박연의 음악, 장영실의 천문, 과학기술, 김종서의 야인 다루기 등 각자의 소질과 재주와 이를 살려내는 세종의 관심과 안목이 업의식으로 '세종의 문화'를 만들어내는 힘이었다.

세종은 열망을 통해 일을 추진해 나가는 힘을 가지고 있었다. 열망은 이성적인 것은 아니지만 기쁨이나 생생지락과 같은 삶의 환희를 향한 열정이다.

1) 업과 신분

조선 초기 산업의 근간이 농업인 시대에 대부분의 백성은 농사에 종사하고 있었다. 농사에 대한 세종의 인식은 무엇이었을까. 먹는 것의 중요성이다.

정언:
백성은 나라의 근본이요, 먹는 것은 백성에게 하늘같이 소중한 것입니다.(세종 즉위/10/3) 民爲邦本, 食爲民天。

'백성과 물질 관계'에 대한 세종의 정언은 '백성은 나라의 근본이고, 먹는 것은 백성의 하늘이라'는 것이다. 세종 즉위년 10월에 사간원에서 흉작의 정도가 심한 주군의 조세를 면제할 것 등을 상소한데 따른 말씀이다. 이어 다음 해에도 다시 한 번 강조한다.

먹는 것과 정치: 백성이란 것은 나라의 근본이요, 백성은 먹는 것을 하늘과 같이 우러러보는 것이다. ... 요즈음 수한 풍박(水旱風雹)의 재앙으로 인하여, 해마다 흉년이 들어, ... 만약 한 백성이라도 굶어 죽은 자가 있다면, 감사나 수령이 모두 교서를 위반한 것으로써 죄를 논할 것이라.(세종 1/2/12) 王旨: 民惟邦本, 食爲民天。 ... 比因水旱風雹之災, 連歲凶歉, ... 如有一民飢死者, 監司, 守令, 並以敎旨不從論。

연이은 흉년을 걱정하며 굶어죽는 백성이 없도록 잘 살피라는 왕지를 내린다. 이어 세종 7년에도 강조한다.

먹는 것은 백성의 하늘: '백성은 나라의 근본이 되고, 먹는 것은 백성의 하늘이라, 심고 가꾸는 일은 정치의 먼저 할 바'이나 ... 마침 이 여름 달에 한재를 당하매, ... 아픈 마음으로 내 스스로 책망하여 이를 바가 없는 것 같도다.(세종 7/6/25) 民爲邦本, 食乃民天。

먹을 것과 믿음: 그윽이 생각하옵건대, 국가는 <u>백성을 근본으로 삼고, 백성은</u> 배불리 먹고 사는 것만을 바라는 것으로서, 먹을 것이 부족하면 백성들이 국가를 믿고 의뢰하지 못하는 법이다.(세종 16/01/14) 竊謂國<u>以民爲本</u>, <u>民以食爲天</u>, 食苟不足, 則民無所資, 誠不可不慮也。

'민위방본 식위민천民爲邦本, 食爲民天' 즉 '밥은 백성의 하늘이다'. 백성의 기본 전제는 밥에 있다는 정언적 언명이다. 밥이 없으면 '생生' 즉 살 수가 없고 마침내 백성이 국가를 믿지 못하게 된다.[2] 부연하면 의정부의 상소에는 "나라는 백성으로 근본을 삼고 백성은 먹는 것으로 하늘을 삼나니, 홍범(洪範) 팔정(八政)에 식화(食貨)가 먼저가 되었다." (國以民爲本, 民以食爲天。《洪範》八政, 食貨爲先。)고 하여 식화 즉 먹는 것과 재물을 강조했다.(세종 21/9/10)

위 기사 중 사간원의 상소가 있지만 이는 세종의 뜻을 받은 것이고 세종 26년에는 '먹을 것과 입을 것[衣食]'과 생생지락生生之樂을 연결하여 강조하고 있다.

의식衣食: 하교하기를, <u>나라는 백성으로 근본을 삼고, 백성은 먹는 것으로 하늘을 삼는 것인데,</u> 농사하는 것은 옷과 먹는 것의 근원으로서 왕자(王者)의 정치에서 먼저 힘써야 할 것이다. 오직 그것은 백성을 살리는 천명에 [生民之大命] 관계되는 까닭에, 천하의 지극한 노고(勞苦)를 복무(服務)하게 하는 것이다. 위에 있는 사람이 성심으로 지도하여 거느리지 않는다면 어떻게 백성들로 하여금 부지런히 힘써서 농사에 종사하여 그 생생지락(生生之樂)을 완수하게 할 수 있겠는가.(세종 26/윤7/25) 下教曰: 國<u>以民爲本</u>, <u>民以食爲天</u>。<u>農者, 衣食之源</u>, 而王政之所先也。惟其關生民之大命, 是以服天下之至勞。不有上之人誠心迪率, 安能使民勤力趨本, 以遂其生生之樂耶?

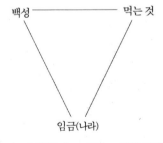

백성 ──────── 먹는 것

임금(나라)

그림. 백성(천민) - 임금 - 밥의 관계

---

2) '밥이 하늘'이라는 말은《세종실록》에 8번 나온다.

세종 즉위년의 신념이 26년에도 나타나고 있다. 물질에 대한 신념은 바로 백성의 '먹는 것과 입는 것'의 정책으로 구현된다. 백성 → 나라 → 먹는 것→ 백성이 된다. '먹는 것'이 바로서야 백성이 바로설 수 있는 것이다.

첫 번 째 생생이 정신에서 생명의 중요성이 강조된 것이라면 두 번 째는 생존으로 '의식衣食'의 문제다. 의衣와 식食이 바로 서지 않으면 백성은 존립할 수 없다. 경제적 조건이 바로 생생의 전제 조건이다. 업이란 생을 유지하기 위한 수단이며 목표가 된다. 즉 하늘은 백성을 낳고 백성은 밥이 최우선이다. 백성의 밥을 책임지지 못한다면 임금이 될 수 없다. 책임지지 못한다는 것은 바로 임금이 업業을 잘못 이행하고 있다는 뜻이 된다. 백성의 밥은 바로 임금의 '업'인 셈이다.

세종은 이 업業의 세계를 바로 '생생의 세계로 옮겨'[生生化] 스스로도 '생업의 주主'가 되기를 원한 것이다.

업과 도: (집현전 부제학 최만리가 상소하다) 공자가 말씀하기를, '부(富)한 뒤에 가르친다.' 하고, 맹자는 말씀하기를, '백성의 하는 도(道)는 일정한 (생)산이 있는 자라야 일정한 마음이 있다.'고 하였으니 이로써 제왕(帝王)의 정치는 먼저 백성을 부유하게 하는 데에서부터 시작하였습니다.(세종 21/4/19) 孔子曰: 旣富而後敎之. 孟子曰: 民之爲道也, 有恒產者有恒心。是以帝王之治, 先自富民始。

고전에 의지한 말이지만 무언가를 생산하는 업이 있어야 도道를 시행할 수 있다는 원리를 확인하고 있다.

임금의 업

사람은 무엇으로 사람이 될 수 있는가? 백성에게 있어서 삶은 노동에서 시작한다. 노동은 생의 근간이고 노동 그 자체는 선비의 학습시간과 같이 신선하다. 노동 그 자체에는 사邪가 없으며 땀이 따르고 근육을 쓰는 힘을 통하여 대지와 사물과 교접하며 호흡한다. 노동이란 누구나 치러야 할 삶의 '시간에 대한 의무'인 셈이다. 그런 의미에서 임금에게도 노동의 의무가 주어지는 것이다.

세종의 정치는 바로 임금이라는 업의 수행에 다름 아니다. 속칭 임금의 직은 머리에 쓰는 면류관 무게만큼 힘이 들 것이라 한다. 가벼운 말총으로 된 갓은 겉으로는 크게 보여 위엄은 있을지 모르나 의무는 상대적으로 더 가벼울지 모른다.

백성들은 평소에 모자[갓이나 망건]를 쓰지 않는다는 면에서도 선비와 구별된다. 모자의 크기와 무게만큼 신분의 무게가 있는 셈이다. 임금의 업은 대업大業, 안업 安業, 환업還業, 홍업弘業, 창업創業, 왕업王業 등 여러 가지로 표현된다.

임금은 늘 자기의 허물을 먼저 이야기하고 나서 신하에게 임무를 부여한다. 가령 가뭄이 있으면 누구의 잘못인가. 하늘의 꾸짖음이다. 그 책임을 스스로 먼저 지고 참회한다. 그러면 무리들도 참회하고 '마음으로 일'해야 한다. 이는 종교에서 안내자[宗師]가 기도하면 신도들이 따라서 함께 회개하는 순리와 같다.

허물은 과인에게: (의정부와 육조의 여러 신하들에게) 금년은 여름은 가물더니 겨울은 지나치게 따뜻하다. … 가만히 생각하니, 그 허물은 실로 과인에게 있는 것으로서, 장차 재앙이 올 징조가 아닌가 두렵다.(세종 7/12/8)

대천리물: 인군(人君)이 하늘을 대리해서 만물을 다스리는 데에는 이 백성을 편안하게 양육하는 것으로써 마음을 먹는 것인데, 근년에는 기근이 잇따르니 내 매우 부끄럽다.(세종 6/6/16) 人君代天理物, 以安養斯民爲心。比年以來, 飢饉荐至, 予甚愧焉。

구별 없음: 임금의 직책은 하늘을 대신하여 만물을 다스리는 것이니, 만물이 제 자리를[그 처소를] 얻지 못하여도 오히려 크게[대단히] 상심할 것인데 하물며 사람일 경우야 어떠하겠는가. 진실로 차별없이 만물을 다스려야 할 임금이 어찌 양민과 천인(賤人)을 구별해서 다스릴 수 있겠는가.(세종 9/8/29) 人君之職, 代天理物, 物不得其所, 尙且痛心, 況人乎? 以人君治之, 固當一視, 豈以良賤, 而有異也?

임금의 덕: 임금된 자의 덕(德)은 살리기를 좋아해야 할 뿐이다.(세종 26/윤7/24) 人君之德, 好生而已。

생육만물: 천지의 마음은 오로지 만물을 생육하는 데에 있고, 제왕의 도는 이 백성을 편안히 기르는 데에 있도다. 하늘과 사람은 비록 다르나, 그 목적은 같은 것이다.(세종 6/10/15) 王若曰: 天地之心, 專於生育萬物 帝王之道, 在乎安養斯民。天人雖殊, 其致則一。

위 말씀에 세종의 정치에 있어서의 민본 정신이 잘 나타나 있다. ㉮임금의 직은 하늘의 법칙에 따른다. ㉯그 업은 덕을 살리는 일이다. ㉰만물이 자라듯 백성도 편안히 살아야 한다.

기근으로 임금이 느끼는 부끄러움, 이것이 인仁 정치의 시발점이다. 민본 사상으로 나타나는 인정仁政은 백성을 위하는 정치로 농경시대에는 백성이 배고프지 않게 '농사'의 여건을 제공하고, 흉년 시에는 구휼하는 정책을 편다.

농정에 전념하되 " '농사에 힘쓰고 곡식을 소중히 여기는 것은 왕정(王政)의 근본'(務農重穀, 王政之本)이므로, 내가 매양 농사에 정성을 쏟는 것이다."(세종 12/2/24) 개인의 취미 영역에 속하는 서예나 꽃구경 같은 것은 '일'이 아닌 것으로 여길 정도로 업에 대한 집중력을 지니고 있었다. 세종은 임금의 업을 깨닫고 있는 '생인'이었다.

> 글 읽는 것이 가장 유익하고 글씨를 쓴다든지 글을 짓는 것은 임금이 유의할 필요가 없다. 讀書有益如寫字製作 人君不必 留意也。(『연려실기술』 제3권 세종조 고사본말)
> 고라니와 사슴을 기르고, 화초를 키우는 것은 본래 긴요한 일이 아니다, 또 나는 꽃과 새를 구경하는 일을 좋아하지 아니한다.(세종 7/12/15)

꽃과 새를 싫어하는 사람이 어디 있을까. 다만 세종은 자신의 직과 업을 생각하고 나머지를 절제하고 있었을 것이다.

사대부와 관리의 업

나라를 이루는 근간은 백성과 사대부다. 사대부는 관리가 되거나 아니면 스스로를 닦는 공부를 하며 지낸다. '먹고살기 위한 일'이라는 뜻의 산업産業에는 종사하지 않는다.

> 산업: 궁녀 세 사람이 지금까지 시집가지 못하고 의지할 데가 없어서 생계가 심히 곤란하다고 한다. '그들을 불러 돌아와서 궁에 들어오게 하고, 조금이라도 산업이 있는 자는 불러 들어오게 할 것이 없다.'고 했다.(세종 즉위/11/9) 其召還入宮, 其稍有產業者, 不必召入。

이처럼 '산업'이란 먹고 사는 일을 몸으로 하는 일이고, 그 대대對待 관계는 정신으로 하는 일이다. 사대부의 업은 '간하고' '진언하고' '충의'를 지키는 정사로 바른 세상을 지켜내야 한다. 사대부의 업을 보자.

• 간하기

수령을 비롯한 관리 그리고 사대부라면 기본으로 가지고 있는 사명이 간諫하기이다. 간한다는 것은 의와 충을 목숨을 걸고 수행해야 하는 의무이고 업이다. 무슨 말을 하여야 할까? 그리고 그 실행방법은? 이것이 사대부의 과제다.

진술 하기: 정부나 육조에서 의논할 때에 대소 관원은 누구나 의견을 진술하게 하였다.(세종 1/9/5) 命政府六曹, 議大小人員陳言。

직언: (임금이 가뭄을 걱정하여 대소신료에게 하교하다) 위로 나[과궁, 寡躬]의 잘못과, 정책이나 법령 그릇된 것과, 아래로 시골 동네의 편안함이나 근심 걱정과 백성들의 이롭고 병 되는 것을 거리낌 없이 마음껏 직언(直言)하여, 나의 하늘을 두려워하고 백성을 걱정하는 지극한 생각에 부응되게 하라, 고 하였다.(세종 5/4/25) 上而寡躬之闕失, 政令之疵慝; 下而田里休戚, 生民利病, 直言盡意, 無有所諱, 以副予畏天憂民之至懷。

진언: 세자가 도승지 이사철과 좌승지 조서안에게 상지(上旨)를 전하기를, 모든 일은 위에 있는 사람이 비록 옳다고 할지라도, 아래 있는 사람이 마음속으로 그른 것을 알면, 진언하여 숨김이 없어야 마땅하다.(세종 31/3/29) 凡事, 在上之人, 雖以爲是, 在下之人心知其非, 則進言無隱, 宜矣。今賢老之事, 以心術觀之, 其爲不肖, 不可勝言。

윗사람의 말이라 하더라도 무조건 따르지 말고 자기 의견을 말하라는 것이다. 기준은 진리와 도리에 있는 것이지 윗사람의 의견에 맞추는 것은 아니다. 사대부는 간언이 논쟁적 쟁간이 되도록 숨김없이 진언해야 한다.

누구나 간하기: (경차관에게 명하여 가난한 백성에게서는 대여한 곡식을 징수하지 못하게 하다) 내가 깊은 궁중에 있으므로 민간의 일을 다 알 수 없으니, 만일 이해관계가 민간에게 절실한 것이 있게 되면, 너희들이 마땅히 모두 아뢰게 하라.(세종 3/1/3)

하늘의 꾸짖음에 대답: (의정부와 육조의 여러 신하들에게 일러 말하기를) 이때에 간언(諫言)을 들어서 하늘의 꾸짖음에 대답하고자 한다. 지나간 옛날을 두루 살펴보니, 비록 태평한 시대에 있어서도 대신(大臣)은 오히려 임금의 옷을 붙잡고 강력하게 간언(諫言)한 자가 있었으며, 또 그 말한 바가 사람의 마음을 두렵게 하여 움직이게 함이 있었다.(세종 7/12/8)

쟁간: 지금으로 말하면 비록 무사하고 평안하였고 하나, 옛날에 미치지 못함이 분명하다. 그런데 아직 과감한 말로 면전에서 쟁간(爭諫)하는 자를 보지 못하였으며, 또 말하는 것이 매우 절실 강직하지 않다.(세종 7/12/8)

숨김없이 말하기: 윤대할 때의 말은 군상(君上) 혼자서 듣고 밖에 누설하지 않으며, 그 말이 혹시 사리에 맞지 않더라도 또한 죄를 가하지 않기 때문에, 마음속에 품어온 바 있으면 숨김없이 말하므로 간혹 진위(眞僞)가 혼란을 가져오기도 하나, 인주에게 유익한 것이 많다.(세종 13/3/5)

세종은 직접 그 사람을 보고 말을 들어 그의 현부賢否와 득실得失을 알게 되는 것도 역시 한 가지 다행이라 말한다. 더욱이 사리에 맞지 않아도 죄를 가하지 않는다. 마치 오늘날 국회 내에서 의원의 의사발언과 같다. 윤대시 나온 말로 간언의 진위도 중요하지만 '생각의 범위'를 파악할 수 있어 유익하다고 말한다.

쓸 말만 하라: (양녕 대군을 불러 보는 것의 부당함을 지적한 상소에 대해) 일반적으로 대간(臺諫)이 이견을 말할[進言] 적에 보면, 어느 한 사람이 앞장서 주장[主唱]하면 비록 그것을 들어주지 않을 줄을 뻔히 알면서도 모두들 연달아 그칠 줄 모르고 떠들어 대니 이것을 어찌 옳은 일이라 하겠는가.(세종 12/1/29)

그러면서 '양녕에게 관계되는 모든 장소(章疏)는 다 태워 버리라.'고 하자 다시 대언 등이 태우지 말기를 청하자, 결국은 대언의 진언에 따른다.

직무상의 간언 여부: (대사헌 안숭선 등이 양녕을 탄핵하니) 임금이 숭선에게 하교하기를, 경은 일찍이 근시로 있었으니 벌써부터 내가 윤허하지 않을 줄을 알았을 터인데, 어째서 이와 같이 군이 청하는 것인가. 남들이 말하지 않고 있음을 나무랄까 두려워서 그러는가. 대간이란 직책에 힘껏 하고자 하여 그러는 것인가. 하니, 숭선이 대답하기를, 신이 어찌 안팎이 다른 마음을 가지겠습니까. 윤허 받기를 기대할 뿐입니다, 하였다.(세종 20/1/6)

간하는 것도 사리와 시의에 합당한 것에 제한되기도 한다. 양녕에 관해 또 불사佛事에 관해 진언을 듣지 않는 바 있지만 이는 임금의 이념 혹은 사상의 범주로 남는다. 옳고 그름의 판단은 논의의 대상이다. 그러나 간하는데도 직분職分에 따라 어쩔 수 없이 직무수행으로 하는 것인지, 마음을 담은 충의로 하는 것인지 의문이 들 때가 있다. 의義에 따른 마음을 담아 간하라는 것이다.

수령은 아니지만 간언을 업으로 해야 하는 직에는 사간원과 사헌부가 있다. 오늘의 감사원이나 검찰이 하는 일이다. 그리고 정치현장을 후세에 간하는 업으로는 사관史官이 있다. 사관은 후세의 판단을 위해 오늘을 기록한다.

> 있는 대로 기록: (경연에서 강하다가) '실행하고 기록하지 않는 것은 성덕(盛德)이 아니다.'라는 말에 이르러, 이 말은 무엇을 말한 것인지 알 수 없다. 사관(史官)은 마땅히 한 시대 행사(行事)의 자취를 다 기록하여 뒷세상에 보일 뿐인 것이다. 임금된 사람이 어찌 능히 사관으로 하여금 착한 것은 기록하게 하고, 착하지 못한 것은 기록하지 못하게 하겠는가.(세종 11/4/9) 輪對, 經筵。又講至作而不記非盛也之語曰: 知此言何謂也。史官當盡記一時行事之跡, 以示後世耳, 爲人上者, 豈能使史官善則記之, 不善則不記乎?

사관이 기록하는 것은 착하고 착하지 못한 것을 가리지 않는 사실事實이며 이는 곧 사실史實이 된다.

선비와 선비의 업

선비의 업은 무엇일까.

> 일찍이 문장(文場)에 승리하여 예원(藝苑)에 〈이름을〉 떨치니, 기린[麟]과 봉황이 세상을 빛나게 하는 자질로서 방현령(房玄齡)과 두여회(杜如晦) 경륜의 업(業)을 쌓았다.(세종 5/1/22) 以麟鳳瑞世之資, 蘊房, 杜經綸之業, 而文之以董, 韓學術之精深。他如詩律之嚴, 筆法之妙, 皆其餘事。

이는 창녕 부원군 성석린에게 제를 내리며 나온 글인데 선비[사대부]는 바른 경륜으로 업을 쌓아야 한다. 더불어 정명正名으로 즉 공자는 자로라는 제자가 정치를 한다면 무엇을 먼저 하겠느냐고 물었을 때, '반드시 명을 바로잡겠다.'(必也正名乎)고 하였던 바 사물의 시비 혹은 덕의 명분을 지키며 옳음을 수행함이 선비의 업의 하나다.

선비가 지향하는 길은 무엇일까. 선비가 관리로 나선다면 그냥 유자儒者가 아니라 통유通儒의 길을 걸어야 한다.

선비는 우선은 전체를 아우르는 통섭統攝이 필요하겠지만 더불어 다른 분야와도 서로 통하는 열린 마음으로서의 수평적인 통섭通攝의 정신을 가지고 있어야 했다.

통섭統攝: 이제 세자(世子)가 국정(國政)을 통섭(統攝)하여 여느 때 세자의 비교가 아니므로, 이미 여러 신하들로 하여금 칭신(稱臣)하게 하였다.(세종 29/9/11) 今世子統攝國政, 非他儲副之比 已令群臣稱臣。

통섭統攝: 호군(護軍)만은 그대로 두어서 오원 근장을 통섭(統攝)하게 하다.(세종 16/10/27) 只存護軍, 仍使統攝五員近仗。

위의 기사는 전체를 아우르는 통섭統攝이다. 우선 세종은 정신적으로 유교에 바탕을 두고 유교적 삶으로 유학과 도리를 무겁게 여기고 있었다.

중유중도重儒重道: 지금 국가에서 어진 이를 뽑고 능한 이를 골라서 스승의 자리에 두어 교양하는 방법을 가하게 하오니, 유학(儒學)을 높이고 도(道)를 중히 여기는 뜻이 지극하다고 이를 만하옵니다.(세종 31/2/16) 今國家選賢與能, 置諸師表之位, 俾盡敎養之方, 其重儒重道之意, 可謂至矣。

중유중도는 성균관 생원 정자청(鄭自淸) 등의 상언에서 나오는 말이지만 당시의 사조를 대변하고 있다.

유능한 인재는 선비라고 일컫는다. 당시는 글을 다루는 문인이나 손기술이 아닌 이론[법칙]으로서의 기술도 모두 선비들이 맡고 있었다. 선비는 어원적으로 우리말의 '어질고 지식이 있는 사람'을 뜻하는 '선비'라는 말에서 왔다고 한다. 선비는 한자어의 사(士)와 같은 뜻을 갖는다. 이에 비하여 한자의 사仕는 '벼슬한다'는 뜻인 사仕와 관련된 말로서, 일정한 지식과 기능을 갖고서 어떤 직분을 맡고 있음을 뜻한다. 이러고 보면 선비는 유학이념을 실현하는 사람이고 바로 유사儒士들이다. 士사는 직분 있는 선비다. 선비는 도의 원리부터 공부하는 사람으로 인문과 기술 그리고 군사의 구별이 없는 통합적 인격체를 지향했다. 선비의 여러 명칭을 통해 보더라도 선비의 일과 기능을 알 수 있다.

학문을 시작하는 유생, 글을 읽는 문유, 이런 선비들의 총칭으로 유사, 유자, 유배儒輩가 있고, 유학으로 맺어진 군신관계에서 임금인 세종이 군사君師라면 신하는 유신儒臣이 되는 호칭이 있다.

선비는 사람의 종류만큼 다양하겠지만 크게 바른 선비의 모습과 그러하지 못한 선비의 길이 있을 것이다.

바른 선비로는 스승으로서의 사유師儒(세종 30/7/22)가 있고, 순유醇儒로서 덕망이 있어 임금이 중히 여긴 대제학 유관(柳觀)이 있다. 세종은 유관에게 술 10병을 내려 준 일이 있다.(세종 1/3/26)

의리를 아는 명유名儒로서 이색李穡이 있고(上曰: 李穡屢見請罪, 何其以識理名儒。)(세종 12/11/23), 진유眞儒도 있다. '권근權近은 바로 우리나라의 진유(眞儒)이니, 어찌 보는 바가 없이 추천하였사오리까.'(夫近, 乃我國眞儒也。豈無所見而薦之歟!(세종 31/2/16)

그리고 뛰어난 유사儒士로는 유종, 석유, 숭유, 홍유, 사유, 대유 등의 호칭이 있다. 판우군 도총제부사로서 치사한 조용(趙庸)이 죽자 종유宗儒(세종 6/6/28)라 하고, 이어 제사와 교서를 내리며 석유碩儒(세종 6/7/18)라 칭송한다.

- 유종儒宗: (세종 1/8/6) 좌사간 대부 정수홍 등이 권근의 문묘 배향을 건의하며 권근을 유종儒宗이라 부른다.
  = 유종儒宗: (세종 6/6/28) 판우군도총제부사 조용의 졸기. '당시 유학의 으뜸이 되니爲世儒宗', 배우는 자가 태산과 북두성같이 우러러 보았다.
- 석유碩儒: (세종 6/7/18) (죽은 판우군 도총제부사로서 치사한 조용에게 제사와 교서를 내리다) 그 교서에 말하기를, "왕은 말하노라. 교화(敎化)를 선포하고 문화를 일으키는 데에는 진실로 석유(碩儒)에게 힘입는 것이요."
- 홍유鴻儒: (세종 21/11/23) 모두가 홍유(鴻儒)·석덕(碩德)으로서 사부(師傅)를 삼다. 率以鴻儒碩德爲之師傅。
- 사유師儒:(세종 22/8/29) 사유(師儒)를 청(請)하소서.
- 대유大儒: (세종 23/9/21) '현덕빈의 지문(誌文)과 명(銘)'에서 高麗大儒中書令文憲公諱(崔)冲을 일컬으며 나온 말이다.

여기서 가장 바람직한 선비는 통유다.

- 통유通儒: (대언이 계사한 것에 대해 박연이 세상일에 통달한 학자라고 말하다) 임금이 대언이 계사(啓事)한 것에 대하여 말하기를, "박연(朴堧)은 세상일에 통하지 아니한 학자가 아니라 세상일에 통달한 학자라 할 수 있다."(上因代言啓事, 乃曰: 朴堧, 非迂儒, 可謂通儒.)하였다.(세종 10/2/20) 통유通儒의 다른 설명으로는 "(임금이 대언들에게 유신으로 하여금 지리의 요령을 강구하여 밝히게 할 것을 말하다) 통달한 선비와 큰 현인도 역시 이것을 싫어하지 아니하였거든"(以通儒大賢尙不避之。) (세종 15/7/10)에서 보듯 유자는 유학만이 아닌 지리 등 다른 분야에도 관심을 가지고 있음을 지적했다.

  통유는 사유思惟의 학문이 아닌 아악이나 풍수와 같은 실체의 분야에서 이루어지는 실학적 선비에게 붙여진 이름이었다. 이와 유사한 말로 유학에서는 맹자의 '존현사능尊賢使能'(孟子 公孫丑章句)이 있다. 학문과 기술을 함께 아우르는 일이 되겠다. 통유의 한 모습으로 유장儒將이 있다.

- 유장儒將: 전조[고려]에서 유장(儒將)을 많이 썼사온데, 강감찬·김부식·조충·김득배가 이것입니다. 前朝多用儒將, 如姜邯贊, 金富軾, 趙冲, 金得培是也。(세종 32/1/15)

그른 유자로는 소유小儒, 부유腐儒, 속유俗儒, 우유迂儒 [멀迂], 용유庸儒 등이 있는데 한마디로 용사속유庸師俗儒로 《동국정운》의 신숙주 서문에 나오는 기사로 "일찍이 책으로 저술하여 그 바른 것을 전한 것이 없어서, 용렬한 스승과 속된 선비가 글자를 반절(反切)하는 법칙을 모르고 자세히 다져 보는 요령이 어두웠다"(세종 29/9/29)고 말한다.

선비는 조선 유교가 지향하는 인간상이다. 숭유의 사회에 "문덕(文德)을 숭상하고 유술(儒術)을 중히 여기매, 미려함을 정하여 좋은 교육을 시행하니, 정치와 교화가 흡족하게 펴이도다. 예의와 음악이 극진히 제작되다."(세종 29/6/4)에서 보듯 중유중도重儒重道의 사회를 그리고 있다. 이에 유자들은 유풍儒風을 진작시키고(15/8/22), 선비는 유업儒業(세종 14/12/15)의 정신으로 일에 임해야 한다.

- 사풍士風 :유장儒將선비들이 지녀야 할 덕목이 바로 사풍士風이다. 사풍은 《조선실록》 원문 총 524건 중에 세종 93건이다. 근 1/5이 세종 대에 언급된다. 성리학이 더 성행한 성종 조 87건, 중종 조 101건으로 성리학의 실천면

에서의 사풍은 세종조에 이미 닦여진 것이다.(이후 높은 빈도는 후대 《정조실록》의 23건이다.)

(참고로 '사도土道'는 실록에 용어로서는 쓰이지 않는다.) 사풍을 지닌 선비들의 기쁨은 어떠한 것일까. 최근 한 신문기사를 보고 옛 선비를 떠올리게 되었다.(조선일보 2018년 6월 7일)

정년을 넘기고 나서 저술활동을 활발히 하는 퇴직 교수들의 이야기였다. 신용하교수는 아침에 아파트 아래층 연구실로 갔다가 몰입하게 되면 새벽 5시까지 책을 보는 일도 있다고 한다. 그러면서 알고 싶은 것을 알게 됐을 때 느끼는 기쁨이 크다면서 간헐적으로 연속되는 기쁨 때문에 피로할 줄 모른다고 했다.

'알고 싶은 것에서 느끼는 기쁨이 간헐적으로 연속되는 일' 이것이야말로 선비가 갖는 생생지락의 모습이 아닐까. 선비의 생생지락 기쁨은 옛날이나 지금이나 다를 게 없는 것으로 보인다.

관리들의 기풍[士風]을 세우게 하여 주소서.(세종 2/3/23) 以勵士風。

선비로서의 관리들의 자세는 어떠해야 할까. 세종은 말한다. "경들은 잘 제도를 의논하여 정해서 더벅머리 선비[儒竪]들에게 기롱을 받지 않게 하라."(卿等善議定制, 毋令取譏於竪儒。)(세종 32/1/18)고 충고하고 있다. 사대부는 막 선비의 길에 들어선 사람의 모범으로 '거듭나는 사람'이 되어야 함을 강조하고 있다.

2) 업과 생업

실록의 기록은 생업에 대한 세종의 관심과 언급이 상당했음을 보여준다.《조선실록》'생업' 원문 전체 기록 252건 중 세종의 언급이 59건으로 약 1/4을 차지한다. 세종은 생업을 강조한 조선의 임금이다. 업에 대한 몇가지 특성을 보자.

다양한 직[업]: 국가에서 십학을 설치하고 ... 매 학(學)마다 제조만 있고 참좌관이 없어서 ... 더구나 악학·의학·음양(陰陽)·풍수 등 학문은 평소에 가르치지도 않다가 임시하여서 고강(考講)하게 되니, 인재를 뽑는 뜻에 어긋남이 있습니다.(세종 즉위 12/17)

바로 십학에 참좌관을 둔다는 것은 학문의 다양성과 진흥책을 펴는 일이다. 업의 개념으로 다양한 분야들이 상호 교류하며 발전하는 방책을 세운 것이다.3) 업/직의 다양성은 기술자들인 공인工人에서 잘 나타난다. 한양의 성을 쌓는데 공장(工匠)이 2,211명이나 동원되었다.4) 세종은 경과 사만이 아닌 산업産業 발전에 공을 들인 임금이었다.

공장工匠: 우의정 정탁으로 도성 수축 도감 도제조(都城修築都監都提調)를 삼고, 제조 33명과 사(使)·부사(副使)·판관(判官)·녹사(錄事)를 합하여 1백 90명을 더 두다. 처음에 병조 참판 이명덕이 그 일을 주관하여 여러 도의 정부(丁夫)를 합계 43만 명을 징발하였다. ...이에 감하여 ... 모두 32만 2천 4백 명이요, 공장(工匠)이 2천 2백 11명이다. ... 군사를 거느린 경력과 수령이 모두 1백 15명이다.(세종 3/12/10)

안거낙업: 본도 인민을 다시 입거시키지 않는다는 교서를 받들고 본계(本界)에 내려와 펴서 읽어 주면, 사람마다 모르던 것을 갑자기 깨달아서 안거낙업(安居樂業)할 것이며, 유리(流離)하여 옮겨 다니는 사람도 모두 전리(田里)에 돌아오게 되어 떠돌아다니는 것이 돈연히 없어질 것이니, 이것이 어리석은 신의 망령된 계책입니다.(세종 25/10/24)

깨달아 이루는 업은 ㉮모르던 것을 알게 되어 안심하고 ㉯제 땅에 돌아와 업에 기쁘게 종사하고 ㉰안거낙업할 것이라는 계획이다. 목표는 모두가 안정되어 업에 종사하여 즐거움을 얻는 것이다.

업과 생업: (허조에게 명하여 도도웅와의 서한에 답서하게 하다) 여러 고을에 나누어 배치한 사람들에게는 이미 의복과 식량을 넉넉히 주어서, 각기 그 생업에 안심하고

---

3) 십학 기사는 태종 시 볼 수 있다. 태종 6년에 유학·무학·이학·역학·음양풍수학·의학·자학·율학·산학·악학 등의 십학을 설치했다. "십학(十學)을 설치하였으니, 좌정승 하윤)의 건의를 따른 것이었다. 첫째는 유학, 둘째는 무학, 세째는 이학(吏學), 네째는 역학(譯學), 다섯째는 음양 풍수학, 여섯째는 의학, 일곱째는 자학(字學), 여덟째는 율학, 아홉째는 산학, 열째는 악학(樂學)인데, 각기 제조관을 두었다.(태종실록 6/11/15)
4) 공장工匠 원문 전체 624 건 중 10건 이상
초기: 태종 18, 세종 70, 문종 33, 단종 9, 세조 14) 성종 47
중기: 연산군 20, 중종 19, 선조 42/2, 광해군75/64, 인조 28, 현종 13/19
후기: 숙종 25, 영조 36, 정조 16, 고종 28

종사하게 하였다.(세종 2/윤1/23) 所請諸州分置之人, 已曾優給衣糧, 使之各安生業。

이민족인 도도웅와에 대한 답서로 최종 목표는 그들도 생업에 종사하게 하려는 배려를 보이고 있다.

생업 즐기게: (지금산군사 등을 인건하다) 박간이 대답하기를, 임금이 말하기를, 그것은 다른 까닭이 아니다. 백성들이 어려움이 많아서 농사를 지을 수 없기 때문이다. 그러나 편안하게 살며 생업(生業)을 즐기게 된다면 어찌 빈 넓은 땅이 있겠느냐. 그대가 가서 백성에게 갈고 심기를 권장하여 은성(殷盛)하고 부유함을 이루게 하라, 하였다.(세종 7/12/7)

박간이 진헌마(進獻馬)를 점검하니 경작할 수 있는 땅은 많으나, 사는 백성이 드물다고 하자, 하신 말씀이다. 농사짓게 환경을 만드는 일이 관리가 할 일이다. 그밖에도 일반 직업으로 '고기도 잡고 술도 팔아서 생활을 해 나가기를 원한다.' (釣魚賣酒, 以資生業。)(세종 8/1/3)는 등 모든 생활을 포용한다.

직업: (수령의 임기에 관한 사헌부 집의 김타의 상소문) 자주 옮기면 사람의 마음이 구차스러워, 직업[무]가 굳건하지 못할 것이며, 오래 맡기면 사람의 마음이 나태해져서 일보는 것이 차츰 쇠해질 것이오니, 자주 옮기는 것과 오래 맡기는 것이 그 폐단은 같습니다.(세종 7/6/2) 數遷則人心苟而職業不固 久任則人心怠而守事浸衰, 數遷與久任, 其弊同也。

업은 직과 연결되어 직업이 된다. 직업은 직과 업의 결합어로 업은 평민과 사대부, 직은 사대부에게 적용된 것을 알 수 있다. 이런 업과 직은 결합하여 직업이라는 일반어가 된다. 직업職業이란 표현은 조선조 전체는 24건이고 세종 1건, 성종 6건, 중종 8건이다. 중기 이후 상업의 발전으로 직업도 다양해져 가고, 성종이후 중종 시에 일반적으로 쓰이게 된 것으로 보인다. 그러나 실록에서는 업이나 직으로 쓰는 게 일반적이다. 업業은 9천6백여 건, 직職은 4만9천여 건이 보인다.

업이 생업이 되는 것은 업에 감성感性을 입히는 일이다. 업을 통하여 느낌으로 즉 마음으로부터 감흥 혹은 즐거움, 때로 성취감[보람]을 느낄 수 있다면 이는 생업이 될 수 있다. '생각할 줄 모르는 사람'이라고 규정하는 천민賤民이 감성을 갖게 된다는 것은 바로 '생각'의 실마리인 '느낌[감화, 감응]'을 갖게 되는 일이다. 이는 사대부의 경우 사명감에 대비된다 하겠다.

• 백성과 사대부

백성과 사대부의 다른 점을 생활 속에 국한하여 살펴보자. 백성은 고통스러운 '이곳'을 벗어나고 싶어 한다. 사대부는 이곳을 벗어나 더 편한 조건의 임지나 직무/위를 찾아보고 싶어 한다. 두 신분이 추구하는 바는 같다. 그러나 백성은 자의적으로 이동할 수 없다. 관리 사대부도 조건은 마찬가지이지만 관리는 나중에 사직할 선택권이 있다. 늘 자신의 '세계'로 돌아갈 기회를 유보하고 있는 것이다. 백성은 '이곳'에서 견디지 못하면 류민流民, 유민遊民, 란민亂民, 학민虐民이 된다.

정신적인 문제에 있어서 다른 점이 있다. 사대부는 스스로를 닦아 참 사람이 되어 사회봉사를 하는 것이 주어진 임무다. 백성은 자신自身의 존재를 모른다. 그러므로 '자기'를 깨닫게 되는 기회를 맞으면 '새 사람'이 될 수 있는 계기를 가질 수 있다. 그러나 정신적인 갱생更生의 기회를 갖는 일은 쉽지 않다. 이런 과정에서 업業을 통한 자기 삶의 확인이 이루어질 수 있다면 이는 생성의 기회라 할 수 있다. 업을 통한 삶과 '생업生業' 의식을 통해 스스로에 대한 새로운 발견의 기회 찾기, 이것이 세종 생민정치의 모습이다.

백성이 가난 혹은 과도한 노동이나 세금에 시달릴 때 사대부나 나라에 대해 절망하지만 궁극적으로는 이를 헤쳐 나가지 못하는 자신과 처지[환경]에 대한 절망이기도 하다. 이때 최소한 의식衣食이 풍족하여야 예의를 알게 되고 형벌에서 멀어질 수 있다.

> 의식衣食과 업: (지함양군사 최덕지 등을 인견하며) 옛날에는 백성에게 예의 염치(禮義廉恥)를 가르쳤으나, 지금은 의식(衣食)이 부족하니 어느 겨를에 예의(禮義)를 다스리겠느냐. 의식이 넉넉하면 백성들이 예의를 알게 되어, 형벌에서 멀어질 것이다. 그대들은 나의 지극한 마음을 본받아 백성들을 편안하게 기르는 일에 힘쓰라.(세종 7/12/10) 古者, 教民以禮義廉恥, 今則衣食不足, 何暇治禮義? 衣食足則民知禮義, 而遠於刑辟。爾等體予至懷, 以安養斯民爲務。

생업이란 살아가기 위한 최소한의 장치다. 생업에 관한 실록의 기사는 세종조에 제일 많다. 생업에 대한 관심과 시정時政의 결과다. 업의식에 근거한 생업정신의 활성화가 바로 세종 생민정치의 한 모습이라 하겠다. 세종은 생업의 임금이라 불릴만하다.5)

사람은 일을 해야 산다. 그 업이 활발히 이루어져야 한다. 이처럼 업에 생생의 작용이 부가되면 생업生業이 된다. 생업의식은 직을 통한 기술을 얻는 경험지經驗知 외에 업을 통하여 삶에 대한 각성과 자신自新을 얻는 상태를 말한다.

사대부의 업 중의 하나는 학업으로, 관리라면 궁중 내 경연 참가도 그 중 하나다. 세종은 재임 중 1,898회의 경연을 가졌다. 월 5회인 셈으로 경연은 단순히 고전을 읽는 것이 아니라 현실정치를 고전에 대비해 명확히 바로잡는 일이었다.

정리: 생업론

《조선실록》에 나타난 생업의 원문은 총 252건이고 그 중 세종이 59건이다. 이를 내용분석해 보면 생업에 대한 기사는 부정적인 표현이 18건, 중립적 28건, 긍정적 13건이다. 업이란 '삶의 근거'로 이는 쉽게 해결되는 일이 아니고 정치 덕목의 최우선 과제임은 예나 지금이나 마찬가지다.

> 부정적: 民失生業(세종 8/7/12), 生業難苦(세종 15/3/13), 以生失業生業(세종 21/10/15)
> 중립적: 使安生業(세종 1/10/11), 未遂生業(세종 19/8/2), 以營生業(세종 18/윤6/18)
> 긍정적: 令其各安生業(세종 6/1/17), 可遂生業(세종 20/10/26), 永遂生業(세종 23/6/15)

세종은 '생업'을 정치적으로 실현하려던 임금이다. 업의 정신적 요소로 사위미성事爲未成이 있다. '사위미성事爲未成'이란 일이 진행되고는 있으나 아직 이루어지지는 않았다'는 뜻이다.

이와 연관해 《치평요람》에 다음 말이 있다. "지혜를 가지고 천하 사람을 모을[來] 수 있으나 그들을 그대로 머무르게[留] 할 수는 없다. 힘으로 천하를 얻을[得] 수는 있으나 천하를 계속 가질[有] 수는 없다. '천하를 계속 갖는 다는 것은 천하

---

5) 생업生業《조선실록》 원문 총 252 건 중 10건 이상.
   초기: 태종 12, 세종 59, 세조 20, 성종 29
   중기: 연산군 10, 중종 26, 선조 9/1
   후기: 숙종 10, 정조 11

를 잊어버리는 것을 말한다.'(有創天下者 忘業天下者也。)" (《치평요람》 제8권 58쪽)

여기서 천하를 잊어버린다는 것은 '천하의 일이 제도의 틀[시스템]에 의해 스스로 돌아가게 한다는 것'으로, 이런 이유로 '창업보다 수성이 더 어렵다.'(創業易 守成難)고 당나라 위징魏徵은 말했다.(오긍,《정관정요》)

한편 성균 생원 이영산 등 648명이 상소를 통해 다음처럼 말한다.

> 아아, 옛사람이 말하기를, '창업(創業)하기는 쉬우나 수성(守成)하기는 어렵다.'고 하였사오니, 예로부터 국가의 사업은 백년을 쌓아도 부족하고, 무너뜨리기는 하루에도 넉넉하였사옵니다.(세종 21/4/18) 嗚呼! 古人有言曰: 創業易, 守成難。自古國家之業, 積之百年而不足, 毁之一日而有餘。

업의식이란 내가 절망에 빠지지 않고 더불어 가족과 더불어 살아갈 수 있는 즉 생생生을 유지시킬 수 있는 정신적인 힘이다. 업에 대한 신뢰는 삶에 대한 신뢰가 된다. 업에 자부심이나 자신감을 갖게 되면 생생生에 대한 희망을 갖게 된다. 즉 절망에 빠지지 않고 자신을 되돌아보게 된다.

수성의 리더십이란 조직으로 하여금 자기지속인 생명력을 갖게 만드는 지도력이다. 생명체가 마치 지속성을 가지면서도 끊임없이 성장을 거듭하여 발전을 해나가는 것과 같이 자기 지속적인 성장 시스템을 구축하는 일이 곧 수성 리더의 책무이다.6)

여기서 '업業'에 대한 믿음과 업에서 오는 자신감은 기쁨 즉 생생지락生生之樂으로 연결될 수 있다.

• 업과 생생

업은 누구나 가질 수 있는 정신이다. 로勞라고 하더라도 삶의 영역과 결부하면 업이 된다. 업은 불교에서 삼업으로 설명하기도 한다. 신업, 구업, 의업인데 불교의 삼업이 생활 속에서의 노동의 업으로서의 직업과 연관되어 있는 것은 아니지만 우연히도 신분사회의 계층의 업과 그 뜻이 유사하다.

업이 단순히 삶 영위를 위한 '노동의 업[勞業]'에서 기氣의 작용에 따라 생업生業이 된다. 이는 생생의 작용에 의한 변화라 하겠다.

---

6) 박현모, 『세종의 적솔력』, 흐름출판, 2016, 245쪽.

이렇게 보면 생민의 업과 선비의 직이 합쳐 '업 ← 직'이 되고 '직업'이 되는 셈이다.

백성은 농사나 노동이나 기술, 장사 등을 하는 신분의 사람들이다. 그들은 업에 따라 한문을 잘 아는 사람으로부터 업을 영위하는 데 필요한 이두나 최소한의 한문을 알아야 하는 등 여러 부류의 사람으로 이루어져 있다.

이두吏讀, 구결口訣 향찰鄕札 등의 차자표기借字表記 방법을 이용하려면 역시 기본 한자를 알아야 하고, 다시 이두로 읽는 법을 알아야 하는 등 이중의 노력이 따르는 불편함이 있었다. 따라서 이런 언어와 신분 관계에서 백성은 다양한 상황 아래 놓여 있었다.

생민이 독립된 개체라고 할 때 조선조에서 민이 깨어 있는 자기를 인식하기는 쉽지 않다. 신분사회에서 민은 업/직을 통해 자기를 드러내는 것이 일반적이다. 그것이 농업이든 화척, 어업, 광업, 목수 노동이든 직이나 업과 연관되는 게 보편적이다.

이런 업/직에 대해 기능을 갖추고 성취감[자부심]을 갖게 되면 바로 '생업'이 된다. 각 업에 대한 그 가치가 생활의 여유로 연결되는 사회를 꿈꾸고 있었던 것이다. 업이 경제적[물적] 여유를 가져다주지는 못했더라도 다만 그 업을 통한 삶의 즐거움을 느끼는 것이 바로 '생업의 가치'라고 하겠다. 나아가 생업의 즐거움을 느끼는 것, 이는 생생지락으로 이어질 수 있다. 이렇듯 민이 '생업'의 의미를 느끼게 될 때 비로소 생민이 될 수 있다.

업은 불교의 업 개념과 일부 연관되어 있다고 보인다. 업은 태어나면서 갖는 사람으로서의 조건이기도 하다. 과거 - 현재 - 미래의 흐름 속에서 자기 위치를 정해야 하는 일이다. 태어나면 사람으로서의 업이 주어지고 이는 과업이다. 몸으로 일하던 상태에서 손이나, 손과 몸을 이용한 기예로, 기技와 술術을 갖춘 '업業'의 인간으로 확장되며 이때 사람으로서의 '있음'[存在]을 알게 되는 의식의 깃들임 단계에 들어선다. 이어 백성은 손의 기술이나 몸의 기예로 혹은 머리의 논리[數理] 등으로 자기표현의 범위가 넓어진다. 그럼에도 아직 이들은 자기 고유의 '말이나 글'[文글]을 갖고 있지 못했다.

· 업은 신분의 차이에서 오며 직으로 나타난다.

· 업은 생생 작용을 통해 태어난 업에서 살아가는 업으로서 새로워진다.
· 생업은 업에 대한 새로운 인식을 찾아 업에 대한 자신감을 얻어가는 과정이다.

하민/소민은 직을 통해 로민勞民이나 공인工人(《조선실록》 전체 358건 중 세종 154건)이 되고 주로 노동을 통한 경험방을 쌓고 또한 공장인工匠人, 이어 장인匠人(세종 7/4/28, 《조선실록》 전체 542건 중 세종 64건)이 되어 업정신에 기초한 생민 정신을 갖추게 된다. 더 나아가 경험방을 통한 '기(술)인[技(術)人]'이 되는 셈이다. 이는 노동에 대한 자기 성취감의 지지를 얻는다. 이에 생민이나 사대부는 천직 정신을 갖춘다. 이러한 생민 정신이란 삶의 가치인 생생지락을 느끼는 기氣가 살아있는 감성을 갖추는 일이다.

업과 직의 차이는 같은 업이면서 겉으로 신분사회의 구분에 따르는 요소의 차이가 있을 뿐이다. 손과 힘을 쓰는 노동은 머리를 쓰는 정신노동의 직이든 그 근본은 무엇일까. 업에 대한 정신적 자세라고 보인다. 업의 정신적 요소로 사위미성事爲未成이 있다. 이룬 것보다 이루어야 하는 과업을 안고 있다.

업이 생업이 되는 조건은 무엇일까. 자기의 업을 인식하는 일일 것이다. 이 인식이란 사대부에게 있어서는 심 즉 마음으로 아는 것을 뜻한다. 유가의 기준에서는 '성의(誠意)·정심(正心)'의 정심이고 심학으로 보면 '마음'이다. 백성에게 있어서는 업을 인식한다기보다 느낀다고 하는 표현이 적절할 것이다. 내가 일을 통해 존재한다는 느낌에서 나아가 작은 노동의 즐거움을 느끼는 것이 바로 업에 대한 인식이라 할 것이다. 업이 생업으로 넘어가는 과정은 단순한 순환의 변화가 아니라 생활의 진화과정이다.

업의 목표는 락업이다. 함길도 도관찰사 정갑손에게 도의 인민을 5진에 입거시키지 않겠다고 했음에도 백성들이 동요하게 두는 것을 책망하는 유서諭書에서 나오는 말이 있다.

안거락업: 신은 원컨대, 특별히 조관을 보내시어, 본도 인민을 다시 입거시키지 않는다는 교서(敎書)를 받들고 본계(本界)에 내려와 펴서 읽어 주면, 사람마다 모르던 것을 갑자기 깨달아서 안거락업(安居樂業)할 것이며, 유리하여 옮겨 다니는 사람도 모두 전리(田里)에 돌아오게 되어 떠돌아다니는 것이 돈연히 없어질 것이니, 이것이 어리석은 신의 망령된 계책입니다.(세종 25/10/24) 臣願特遣朝官, 齋擎本道人民不復入居之敎,

下界開讀, 則人人翻然解悟, 安居樂業, 流離遷徙者, 亦皆還歸田里, 流亡頓息, 此愚臣致安之謬策耳。

죽은 지돈녕부사 이징에게 제사를 내릴 때 그 제문에 칭송으로 락업을 하였다고 기술하였다. 모든 사람이 살아생전 락업을 이룬다는 일은 쉬운 일은 아닐 것이다. 락업은 삶의 지향점이다.

락업: 여러 군대를 관장(管掌)하매 사졸(士卒)이 마음을 같이하였고, 병부를 나누어 군사를 다스리매 인민이 락업(樂業)을 하였도다.(세종 17/10/18)

2. 천직론

1) 직職

직은 각 개인이 업정신에 따라 현실에서 구체적으로 갖는 일의 성격이다. 업은 원리이고 직은 실천이다. 직職의 자원字源자원은 형상이다. 직職이라는 한자를 분석하면 이(耳)와 직(㦤)의 결합자이다. 직의 뜻은 ① 벼슬 ②말뚝 직㦤 ③기旗 즉 치幟와 통용된다. 직(㦤)은 다시 귀 이(耳)와 창 과(戈)의 결합자이다. 듣고, 소리를 내고 창을 쓰는 일이다. 백성도 남의 말을 듣고[耳], 자기 말을 하고[㦤], 동의하지 않을 경우 주먹이나 창[戈]을 들 수 있다. 직職이란 사대부에 어울리는 말이다.

문文과 무武 즉 문무로 바름과 실천을 겸하되 그래도 우선은 들으라는 것이다. 직職에는 織과 같이 糸와 㦤의 결합자로 '피륙을 짜다'의 뜻이 있다. 직職으로서의 사대부는 지식을 가지고 이를 활용하여 벌을 내리는 무기도 가지고 있지만 우선은 남의 이야기와 세상의 소식을 들어야 한다.

아직 관리가 되지 못한 선비는 어떤 사람인가. 士는 선비 사로 자원字源은 회의會意로 十과 一의 결합자이다. 선비는 먼저 수數를 익혀야 하는데 그 수는 一에서 시작하여 十에서 끝나기에 十과 一을 결합하여 벼슬길에 나서는 사람을 뜻하였다.

직분: 예조에 교지를 내리기를, 사람의 자식으로 부모가 살았을 때는 효성을 다하고, 죽어서는 슬픔을 다하는 것은 천성이 저절로 그렇게 되는 것이고, 직분으로서 당연히

해야 할 것이다.(세종 11/4/4)

임금은 효를 강조하며 ㉮'사람의 직분'이라고 말한다. 그리고 ㉯천성에 따르는 것으로 ㉰직분으로서 할 일이라는 것이다.

직분이란 바로 천민, 사대부 가릴 것 없이 사람으로서 할 일을 책임 맡는 일이다. 여기의 직분처럼 유가에서는 보편적인 개념의 덕목이 여럿 있는데 덕 또한 그러하다. 즉 직분이나 덕은 '사람으로서 할 일', 조금 더 구체적으로 신분에 맞는 '업業이나 직職으로서 할 일'을 포괄하고 있다. 그래서 요즘 덕을 '다움'으로 해석하고 있다. '임금다움', '사대부다움', '백성다움'의 표현이 가능할 것이다.

직이란 무엇인가? 직에 대하여 정의한 것이 실록 속에 단 1건 있다.

인함락생: 반드시 그 관직으로 하여금 그 삶을 얻게 하여, 모든 정사가 정돈되지 않는 것이 없고, 사람들이 모든 삶을 즐겨야만, 이것이 그 직책에 상부한다고 할 것이다. (세종 7/2/25) 必使官得其人, 政無不擧, 人咸樂生, 斯爲稱職。

위 기사를 풀이하면 관官과 인人을 대대對待 관계로 설명한다. 대대란 '서로 마주하며 기다린다' 라는 의미로서 지금은 일상어로 사용하지는 않으나 문집에서는 자주 발견되는 용어다. 《주역》의 음양을 대대對待의 관점으로 보면, 음양이 구체적인 사물이나 사물의 양상을 지칭하기보다 두 용어의 쌍을 포섭하는 범주적 개념이라고 볼 수 있다.[7]

관官 - 정政[政事] - 거擧[행하다, 홍기하다]
인人 - 생生 - 락樂

정치적 순환 고리로 보면 관리와 백성은 대대對待관계에 있다. 관리가 정사政事를 잘하면 정치가 홍하고 이에 백성의 생은 락을 얻게 된다. 그렇지 못하면 고통의 시간을 맞는다. 직職이란 각기의 자리에서 맡은 바의 몫을 다하는 일이다. 여기서 신분에 따라 겉으로 드러나는 직의 기능을 보자.

---

7) (참고): 陰陽과 道, 그리고 《周易》의 對待的 論理, 전통문화 연구회 회보, 『전통문화』, 제38호, 2015년 4월.

2) 직의 기능

직職이라 하면 평민들은 농사 등의 노동에 종사하는 데 비해 사대부와 관리들은 기본적으로 관직을 맡고 그 상징적인 자리는 수령이다.

가) 수령의 직

나라는 임금 혼자서 다스릴 수 없고, 지방에 가 100리 이상을 다스리기에 직접 수령의 얼굴을 맞대는[인견引見] 것이다.

> 백성보호: (연풍 현감 권심 등을 사조하니) 옛적부터 임금이 혼자서 다스릴 수는 없는 것이요, 수령을 신뢰하여 백성을 보호하게 하였던 것이다. 이제 수령을 신중히 선발하여 내가 직접 보고 보내는 것은 그 책임이 중대하기 때문이다.(세종 8/2/26) 自古人君不能獨治, 守令以保民。 今者愼簡守令, 親見以送, 重其任也。
>
> (주) 사조辭朝: 외직으로 부임하던 관리가 임금에게 하직하던 일. 연관어로 인견引見이 있다.

> 수령의 직: 수령의 직책은 형벌을 삼가고, 부역(賦役)을 고르게 하고, 백성을 사랑하는 데 불과하니, 가서 그대 직책을 다하라, 하였다.(세종 15/2/9) 守令之職, 過愼刑罰, 均賦役愛民生, 往盡乃職。

> 불쌍히 여기는 마음: (경상도 도사 정사(鄭賜) 등이 사조하니) 모든 <u>관리가 형벌을 사용할 때에 누군들 그 적중(適中)함을 잃으려고 하겠느냐</u>마는, 그 중에는 간혹 형벌을 남용(濫用)하게 되는 것은 착오로 잘못 보기 때문이었다. 비록 부득이하여 형벌을 쓰더라도 만약 불쌍히 여기며 구휼하려는 마음만 있으면 거의 억울하게 죽는 자는 없게 될 것이다, 하였다.(세종 14/1/15) 刑罰重事, 不可不愼, <u>凡官吏用刑之際, 誰欲其失中</u>, 其或濫刑者, 錯見也。 雖不獲已用之, 若存矜恤之心, 庶無枉死者。

형벌중사 불가불신刑罰重事 不可不愼, 형벌은 중대한 일이니 조심하지 않으면 안 된다.

세종은 오후가 되면 각 곳으로 떠나는 수령들을 맞아[辭朝] 직접 당부한다. ㉮백성들을 사랑해 기르는 일에 마음을 바치라.(세종 7/12/8) ㉯백성의 힘을 해치지 말고 ㉰사람으로서의 할 일을 닦도록 하라. 구체적으로는 ㉲긴급하지 아니한 공물(貢物)은 삼가고(세종 7/12/8) ㉣형벌을 삼가고 ㉤요역(徭役)과 부세(賦稅)를 가볍게 하여 그 생활을 펀케 하라.(세종 8/7/7, 세종 5/7/3) 등이다.

조선 시대에는 고을 수령이 해야 하는 수령칠사守令七事8)란 조항이 있다. ㉮ 농상성農桑盛: 농상을 성하게 함 ㉯호구증戶口增: 호구를 늘림 ㉰학교흥學校興: 학교를 일으킴 ㉱군정수軍政修: 군정을 닦음 ㉲부역균賦役均: 역의 부과를 균등하게 함 ㉳사송간詞訟簡: 소송을 간명하게 함) ㉴간활식奸猾息: 교활하고 간사한 버릇을 그치게 한다는 일곱가지로서 《경국대전》 이전吏典 고과조考課條에 실려 있다. 더 구체적으로는 구휼, 교화 등이 있다.

• 구휼: 수령의 할 일 중에 특히 백성을 돕는 직접적인 정사政事는 구휼이다. 농사를 돕는 일도 적극적인 정사의 하나다.

수령의 직: (정읍 현감 우극점이 사조하니)수령은 백성을 가까이 하는 벼슬이니, 백성을 구휼하는 것이 중요한 임무이다. 금년에 한재로 인하여 실농하였으매 나는 굶주리는 백성이 있을까 두려워하니, ... 굶어 죽는 자가 없게 하라, 하였다.(세종 9/11/16) 守令, 近民之職, 恤民爲重。今年因旱失農, 予恐有飢民, ... 令無餓莩。

농사: (지강령현사 양점(梁漸) 등이 사조하니) 그대가 각기 임지에 가서 형벌에 관한 일을 깍듯이 조심하고 농사에 관한 일을 골고루 장려하여 백성의 생계를 풍부하게 하라.(세종 15/7/18) 知康翎縣事梁漸, 珍城縣監閔精辭, 上引見曰: 汝往乃職, 敬愼刑罰, 勸課農桑, 以厚民生。(주) 경신형벌敬愼刑罰: 형벌에 관한 일을 깍듯이 조심하다.

• 교화: 구휼이 경제적인 도움을 주는 일이라면 다음의 일은 교화敎化, 덕화德化를 통한 마음의 변화를 일으키게 하는 감응感應의 기회를 얻게 하는 일이다.

덕화 퍼기: (임강 현감 정승서 등이 사조하니) 령의 직분이란 명을 받들어 덕화(德化)를 널리 펴는 데 있는 것이니, 그대들은 각기 임지에 나아가 오로지 백성을 사랑하는 데에 마음을 써서, 요역(徭役)과 부세(賦稅)를 가볍게 하여 그 생활을 펀케 하라.(세종 8/7/7) 守令職在承流宣化, 汝等各就乃職, 專以愛民爲心, 輕徭, 薄賦, 以安其生。

---

8) 수령칠사守令七事는 세종 1/10/26에 교지[敎] 기사로 나온다.

이를 행정 단위로 보면 이, 호, 예, 병, 공, 형 등 축소된 6조가 수령의 임무 속에 다 들어가 있다. 수령은 지역의 축소된 전권 통치자인 셈으로 백성이 삶의 즐거움을 느낄 수 있게 봉사하여야 한다. 수령의 마음가짐[心]이 우선이다.

생생의 즐거움: (백성의 폐해를 구제하는 것 등에 관해 왕지하다) 관리는 … 깨우쳐서 반성하는 마음으로 관가의 일을 문란하게 하지 못하게, 또한 백성들이 적발하여 고발하는 기풍이 없고, 또한 원통하고 억울한 처지를 면하게 하여, 전리(田里)에서 근심하고 탄식하는 소리가 영구히 끊어져서 각기 생생하는 즐거움을 이루도록 할 것이다. (세종 5/7/3) 庶幾吏有警省之心, 而不至於敗官; 民無告(訐)[訐]之風, 而亦免於冤抑, 使田里永絶愁嘆之聲, 各遂生生之樂。

사대부에게 필요한 마음은 '스스로 경계하는 마음警省之心'이다.

수령의 마음: (홍산현감 조담(趙聃)이 사조하니) 모든 일을 두려워하고 조심하면 실수가 적을 것이니, 그대는 그 고을에 가서 더욱 삼가고 조심하여 굶주리는 백성이 없도록 하여라.(세종 9/11/17) 上曰: 凡事恐懼, 則鮮有差失, 爾往乃邑, 益加謹愼, 使民無飢。
(주) 범사공구凡事恐懼: 모든 일을 두려워하다.

마음: (칠원 현감 양봉래가 사조하니) 대개 일을 쉽게 여기고 하면 성공하지 못하나, 그 일을 어렵게 여겨서 하는 이는 반드시 성공하는 것이니 너는 그것에 힘쓰라.(세종 9/12/8) 大抵易其事而爲之, 事竟不成。難其事而爲之者, 事必成, 爾其勉之。

최선: (각품의 과전을 차등 있게 감하다) 임금이 승정원에 이르기를, 천재와 지이(地異)의 있고 없는 것은 인력으로 할 수 없는 것이지마는, 배포 조치(配布措置)를 잘하고 못하는 것은 사람의 힘으로 다할 수 있는 것이다.(세종 19/1/12)

결국 스스로를 경계하고 일을 어렵게 여겨야 한다.

최선의 관리: (정속이 사조하니 인견하다) 진위 현감(振威縣監) 정속(鄭束)이 사조하니, 임금이 인견(引見)하고 말하기를, 내가 들으니 경기에는 밀·보리가 좀 잘되었다고 하던데, 가뭄이 지금 시작되니 매우 염려된다. 하늘의 뜻을 사람이 돌이킬 수는 없으나, 인력(人力)으로 할 수 있는 것은 마음을 다해서 하라.(세종 13/5/22) 振威縣監鄭束辭,

上引見曰: 予聞京畿兩麥稍盛, 旱氣方作, 予甚慮焉。天意非人可回, 其在人力可爲者, 盡心爲之。

진위 현감 정속에게 '최선을 다하는 것이 관리의 자세'라고 한다. "나의 생각으로는 무슨 일이든지 전력을 다해 다스린다면 이루어지지 않는 것이 없을 것으로 안다."(意以謂凡事專治, 則無不成。)(세종 12/9/11)고 말한다.

세종의 업과 직에 대한 수령의 덕목은 '마음을 다하여 일에 임하는' 정신이다. 마음이란 조선조 철학의 대명사가 될 만하다.《조선실록》에 '마음'은 총 59,973건이 나온다. '마음대로', '마음껏' 등 명사 '마음'이 아닌 부사도 있지만 마음도 '心' 원문은 49,883건 '마음'의 국역은 41,596건으로 3~4만여 건이 나타난다. 참고로 충의忠義(원문 1,215건), 도리道理(원문 1,073건), 대덕大德(원문 615건)보다 더 많은 것을 볼 수 있다.

마음에 대하여는 중종이후 심학이 본격화함을 보여준다. 여기서 다음과 같은 가설을 생각할 수 있다.

백성: 감화 감발　　→ 감동　　＼
　　　　　　　　　　　　　　　　　　마음
사대부: 자각 각성　　→ 자성　　／

즉 신분에 따른 인식에서, 사대부는 리理에서, 백성은 기氣에서 촉발하여 출발은 다를 수 있지만 다 같이 마음[心]이라는 감성을 통하여 새 마음[천심, 본심]의 경지에 들어가기를 소망했다.

수령육기법

수령은 한 지역의 통치자인 만큼 그 지역을 잘 알아야하는데 ㉮임지에 가서 수령칠사에 따라 관행적으로 공정하게 일하다 그 지역을 알만하면 물러나야하는가 아니면 ㉯오래 일하며 그 지역을 살리는 일을 찾아내는 적극성을 지녀야 하는 문제가 있다. 이는 수령의 선택이 아니라 임금의 결단으로 남을 일이다. 그러나 직의 주체는 수령이므로 임금과 수령은 이 근무 연수에 대하여는 긴장관계에 놓이게 된다. '수령 6기법'에 대한 고약해와 세종과의 대화는, 어전회의가 마치 연극의 한 장면으로 비친다.

(형조 참판 고약해가 수령6기법을 무례하게 아뢰자, 그 죄를 탄핵하다) 정사를 보았다. 여러 신하가 겨우 좌정하였는데, 형조 참판 고약해(高若海)가 자리를 피하여 낮은 소리로 말한다.(이하 대화체로 구성해 본다)

고: '소인' (이라고 두 번 말하니 전상殿上이 조용하였다)
임금: 높은 소리로 말하라.
고: 소인이 오랫동안 천안(天顔)을 뵙지 못하였으므로, 일을 아뢰고자 하였사오나, 하지 못하였나이다.
임금: 해될 것이 없으니 우선 말하라.

고: 소인이 충성이 부족하여 천의(天意)를 돌리지 못하옵니다. 전일에 수령의 육기법(六期法)을 혁파하옵자고 청하였으나 윤허하심을 받지 못하였삽고, 또 청하여 또 윤허를 받지 못하였습니다. 이 같은 말할 만한 일을 신이 만약 말하지 아니하오면, 누가 즐겨 전하를 위하여 말하려 하겠습니까. 육기의 법을 세움으로부터 수령으로서 범장(犯贓)하는 자가 많사옵니다. 또 인신(人臣)이 6년 동안이나 밖에 있어, 조계와 상참(常參)에 참여하지 못하오면, 신자(臣子)의 마음에 어찌 억울함이 없겠습니까. 육기의 법은 예전 사람이 비록 이미 행하였사오나, 시대와 일이 다른 것이옵니다. 삼대(三代, 하·은·주(夏殷周)에 덜고 더한 것[損益]이 다 때를 따라서 마땅함을 얻은 것이오니, 굽어 신의 청을 좇으시기를 엎드려 바라옵니다.

임금: (노하여) 신자가 군부(君父)에게 감히 망령되게 말하지 못하는 것이다. 수령으로서 범장(犯贓)한 자가 누구이냐, (하고 옥음(玉音)이 끝나지 아니하였는데, 약해가 감히 말하여 마지 아니하니) 경이 내 말을 자세히 듣지 아니하고 감히 말하는가. 경은 끝까지 들으라. 수령을 지낸 것이 열 두어 고을에 이른 자도 혹 있다. 예전에 인신이 외방에 명을 받으면 어렵고 험한 것을 피하지 아니하고 죽더라도 두 가지 마음을 먹지 않는 자는, 어찌 다 충신이 아니어서 군상(君上)을 잊은 자이겠는가. 다만 그 경중을 가늠할 뿐인 것이다. 경은 겨우 한 고을을 지내고서, 그 싫어함이 이와 같은 것은 어찌 된 것인가.

고: 그 범장한 자는 신이 아무아무라고 지적해 진술할 수는 없사옵니다. 지금 헌사(憲司)의 탄핵을 받아 장물(贓物)이 이미 나타난 자가 2, 3인이 되옵니다. 육기 안에

어찌 범장하는 자가 없겠습니까. 수령으로서 어질지 못한 자는 그 직임에 오래 있게 되면, 생민(生民)이 폐해를 받음이 또한 적지 않습니다. 신이 어려서부터 독서할 때에 성명(聖明)하신 임금을 만나 당세에 도를 행하고자 하였으므로, 신이 처음 육기의 법을 혁파할 것을 청하였으나 전하께서 윤허하지 않으셨고, 두 번째 청하여 또 윤허하지 않으시니, 신은 실로 유감이옵니다. 전하께오서 만약 성명하시지 않으시다면 신이 어찌 감히 조정에 벼슬하겠나이까. 또 신이 어찌 감히 공을 자랑하고 능(能)한 것을 팔아서 한 몸의 이해를 거짓 진술하겠나이까. 신이 그 폐해를 목격하였으므로 감히 말하는 것이옵니다. 대간(臺諫)과 재보(宰輔)가 다 좌우에 있사온데, 신이 어찌 감히 한 몸의 사정(私情)을 함부로 주상 앞에 진술하겠나이까. 이제 비단 불윤(不允)하실 뿐 아니옵고 도리어 신더러 그르다 하시오니, 신은 실로 실망하였나이다.(그 말이 많이 불공(不恭)하므로)

임금: 내가 이미 다 알았다, 하고 (다시 앉으라고 명하였다. 여러 신하가 일을 아뢰고 나서 다 물러가니, 임금이 도승지 김돈(金墩)을 불러 앞으로 오게 하여, 돈이 탑전(榻前)에 부복하니, 임금이 손을 흔들어 내시[內竪]를 물러가게 하고 돈에게 이르기를)

임금: 약해는 뜻은 크나 행실은 가리[掩]지 못하여, 소시(少時)에는 주공(周公)을 성인(聖人)이 아니라 하였고, 또 이르기를, '문공(文公, 주자)의 《가례(家禮)》에는 의심스러운 곳이 많다.' 하였는데, 지금까지 의혹을 풀지 못하였다. 내가 태종께 천거하여 6품에서 4품으로 치위(致位)하였고, 그 후에 내가 등용하여서 재보(宰輔)에까지 이르렀다. 전에 대사헌이 되어 장령 민신)과 서로 합하지 아니하여 모두 파면당하게 되었으나, 그때에 논하는 자들은 민신을 옳다고 하였다. 내가 효령 대군에게 들으니 유계문 등이 경주(慶州)를 사면할 때에, 약해가 효령의 집에 와서 말하기를, '만약 나를 경주에 보내면 내가 마땅히 사면하지 않을 것이다. 그러나 수령의 육기는 괴로운 것이다. 3년이면 가할 것이다. 남의 윗사람 된 자가 거짓을 억측하는 것은 불가하다. 그러나 이조에서 경주 부윤을 주의(注擬)할 때에 약해도 함께 추천하였는데, 내가 생각하기를, 약해는 외임에서 교대된 지가 오래지 아니하였다 하여, 다른 사람을 제수하였으니, 약해가 어찌 듣지 못하였겠는가. 약해의 오늘 한 말은 반드시 미리 후일을 위하여 한 것일 것이다. 인신(人臣)은 진실로 험하고 편[險夷]한 것을 피하지 않을 것인데, 약해가 수령을 싫어하고 꺼려하고 여러 가지로 아뢰니, 인신으로서 임금을 섬기는 뜻이 매우 아니다. 내가 이를 탄핵하려고 하는데, 사람들이 내 뜻을 알지 못하고 나더러 간하는 것을 싫어한다고 할까 염려된다. 인신은 진실로 마땅히 극간하여 반드시 따를 것을 기(期)하다가, 세 번 간(諫)하여 듣지 아니하면 가

는 것이 예전의 의리이었다. 내가 어찌 인신의 극간하는 것을 꺼리겠는가.(세종 22/3/18)

고약해는 신하들의 청으로 탄핵을 받아 물러나지만 같은 해 9월 17일 집현전 부수찬 하위지가 언로의 중요성에 대해 상소하고, 다음해 5월 12일 경창부윤(慶昌府尹)으로 관직에 돌아온다. 일반적으로 수령의 직은 구휼, 교화 등이 선무先務가 된다.

나) 대간의 직

모두들 성심으로 맡은 일을 하면 되는 것이 일반의 직職 의식이다. 그러나 절의節義를 기본으로 목숨까지 내놓고 지켜야할 업으로서의 직이 있으니 바로 대간의 직이다. 실록 속의 대간에 대한 정의를 보자.

대간: 임금이 말하기를, 어찌해서 할 말이 없겠는가. 더구나, 대간(臺諫)은 언책(言責)을 직임으로 삼는 것이니, 해야 할 말이 있으면 반드시 다 말하라.(세종 7/12/8)

대간은 소중: (이승직이 양녕 대군이 서울에 들어오는 것의 부당함에 대해 상소했으나 듣지 않다) 대간을 소중히 여기는 것은 그 사리에 합당하여 들을 만한 일을 말하기 때문이다.(세종 12/1/21)

남따라 주창: (양녕 대군을 불러 보는 것의 부당함을 지적한 상소에 대해 이르다) 이르기를, 일반적으로 대간이 진언(進言)할 적에 보면, 어느 한 사람이 주창(主唱)하면 비록 그것을 들어주지 않을 줄을 뻔히 알면서도 모두들 연달아 그칠 줄 모르고 떠들어 대니 이것을 어찌 옳은 일이라 하겠는가, 하고, 대언 등에게 이르기를, 양녕에게 관계되는 모든 장소(章疏)는 다 태워 버리라, 하니, 대언 등이 태우지 말기를 청하므로 그대로 따랐다.(세종 12/1/21)

대간 주요: 대간의 직책은 잘하고 못함을 바르게 간하고 백관을 규탄하는 데 있으니 다른 제사(諸司)에 비할 것이 아니다.(세종 12/4/28)

대간은 이목: (대사헌 오승이 상서하다) 대간은 임금의 이목(耳目)이요 조정의 의표(儀表)이니, 진실로 직임을 존중하지 않는다면 어찌 능히 임금의 뜻을 거슬러 가면서

바르게 간하여 남의 시청(視聽)을 움직이고 여러 관사를 규찰(糾察) 탄핵할 수 있겠습니까.(세종 13/11/5)

다) 영상/정승의 직

국체: (동지충추원사 조말생이 인혐하여 나오지 아니하다) 원(元)을 몸 받은 것은 임금의 직책이요, 원을 고르게 하는 것은 재상의 일이온즉, 재상이란 임금의 천위에 참여하여 한 가지로 천직(天職)을 다스리는 것입니다. 그러니 <u>진실로 글을 읽어 이치를 알고 국가의 체통[國體]에 통달하지 아니한 자이면 진실로 이 직책에 있음이 옳지 않사옵니다.</u> 신이 일찍부터 유자(儒者)의 업(業)으로 일삼았사오나 늦게까지 이룬 바가 없사옵고 ... 벼슬에 나아가 능히 밝히지 못하였나이다.(세종 14/12/15) 體元者, 人主之職; 調元者, 宰相之事, 則宰相者, 人主所與共天位共治天職者也, 苟非讀書識理通達國體者, 固不宜居是職也 ... 改授臣職, 不勝至願。

영상의 임무는 무엇인가. 원元을 몸으로 받은 사람은 임금이고 이를 고르게 펴는 것은 정승이다. 재상의 일이란 바로 천직이 되어야 한다. 그 직무는 하늘에 닿아 있다. 구체적으로는 정승이 하는 일은 '국가의 체통'[國體]과 연결된다. 조말생은 이날 '일찍부터 유자儒者의 업업으로 학문을 하고 이에 국가의 직무를 맡음에 이룬바 없어' 사직의 의사를 펴고 있다.

(주) 원(元): 하늘의 덕. 즉 천지의 대덕.

• 장상의 직, 직임

평안도 도안무 찰리사 우의정 최윤덕에게 장상의 직임에 대해 말한다.

장상의 직: 장상(將相)의 직임이란 의뢰하는 바 가볍지 않은 것이니, 국가에 근심할 일이 없으면 정치를 바로잡아 정화(政化)를 널리 펴야 하고, 변경에 급변이 있으면 병력을 동원하여 무위를 빛내야 하나니, 내외의 권한을 온전히 맡게 하는 것으로써, 본시 경중의 다름이 없는 터이다.(세종 16/2/5) 批答不允曰: 省所上箋, 辭職事具悉。將相之職, 倚賴非輕。國家無虞, 秉鈞衡以敷化; 邊境有急, 杖斧鉞以耀威, 俾全內外之權, 固無重輕之異。

장상은 국가정치의 일선에서 중대한 일을 맡아 수행한다. 그 자격에는 여러 가지 조건이 따른다. 그 중 한 가지로는 '말이 절실'한 것도 들어간다.

• 정승의 임무

말의 절실: (김종서와 최윤덕의 인품을 논하다) 임금이 좌대언 김종서와 야기를 나눈다.(이하 대화체로 구성)

임금: 경이 최윤덕을 아는가.

김종서: 사람됨이 비록 학문의 실력은 없으나 마음가짐이 정직하고 또한 뚜렷한 잘못이 없으며, 용무(用武)의 재략(才略)은 특이합니다.

임금: 곧고 착실하여 거짓이 없으며, 근신하여 직무를 봉행(奉行)하므로 태종께서도 인재라고 생각하시어 정부(政府)에 시용(試用)하였노라. 전조(前朝)와 국초에 간혹 무신으로서 정승을 삼은 이가 있으나, 어찌 그 모두가 윤덕보다 훌륭한 자이겠는가. 그는 비록 수상(首相)이 되더라도 또한 좋을 것이다. 다만 말이 절실하지 못한 것이 많다. ... 만약 한 사람의 훌륭한 정승을 얻으면 나라 일은 근심 없을 수 있는 것이다.(세종 14/6/9)

정치는 말과 일로 하는 것이어서 말이 우선 절실해야 한다. 이에 형식적인 의논에 그칠 뿐 참다운 간언과 자기주장이 없음을 개탄한다. 정승이 되려면 학문, 마음가짐, 착실함, 부지런함, 정직함, 근신勤愼함이 있어야 한다. 장수라면 용무用武와 재략도 필요하다. 거기에 여러 회의에 참석하여 자기 의견을 발표하는 발음이 뚜렷해야 하고, 표현력에 조리가 있어야 하고 설득력도 있어야하는 것이다. 최윤덕은 말은 절실하지 못했어도 그 나머지 다른 취할 점이 있어 무장이면서 우의정이 된 것이다.

라) 임금의 직

임금은 관리들이 임지로 떠날 때 만나 당부하고 수시로 지방에 감사를 보내고, 지방 관리들에게 유시한다.

수령: (지인천군사 경지(慶智)등에게) 지금의 수령은 곧 예전의 제후(諸侯)이다. 백성의 일을 내가 친히 맡아 볼 수 없기 때문에 그대들을 뽑아서 보내는 것이니, 그대들은 나의 마음을 몸받도록 하라. 그리고 백성들은 항심(恒心)이 없기 때문에 절용(節用)하지 못하니 그대들은 백성들에게 절용하는 것을 가르치고 또 농상(農桑)을 권하여 생활을 즐겁게 하라.(세종 9/12/12) 今之守令, 卽古之諸侯。民事予未能親莅, 故擇爾等遣之, 爾等體予之心, 欽哉! 夫民無恒心, 故用不能節, 爾等敎民節用, 又勸農桑, 使樂其生。

친히 보기[引見]: 지함양군사 최덕지(崔德之) 등을 인견하고 이르기를, 이전에는 다만 2품 이상인 수령만을 접견하였으나, 내가 자세히 생각하여 보니, 시골의 먼 곳을 내가 친히 가서 다스리지 못하고 어진 관리를 선택하여 나의 근심을 나누어 주어 보내는 것이니, 그 임무가 가볍지 않다. 그런 까닭에 2품 이하의 수령도 또한 친히 보고 보내도록 하였다.(세종 7/12/10)

'친히 본다'는 정신은 세종의 사맛[커뮤니케이션] 정신으로 대면정치의 모습을 보여주고 있다. 임금은 마지막 결정을 내려야하는 위치에 있다. 그리고 책임을 져야 한다. 기본적으로 토론을 거치지만 확신이 가는 일은 권도로서 독단 처리하게 된다.

독단獨斷: 무릇 일이 의심나는 것은 여러 사람에게 의논하지만은 의심이 없는 것은 독단으로 하는 것이다.(세종 30/7/18) 凡事之可疑者則謀於衆, 無可疑者則獨斷爲之。

권도: 그대들은 법으로서 말했지만 나는 권도(權道)로서 행한 것이다.(세종 14/12/17) 上曰: 爾等以法言之, 予以權行之。

권과 경: 법은 융통성과[權]과 원칙[經]중에서 그 어떤 한가지만을 고집할 수 없다.(세종 25/10/12) 上曰: 法有權經, 不可執於一也。

"내가 여러 가지 일에 있어서 여러 사람의 의논에 좇지 않고, 대의大義를 가지고 강행하는 적이 자못 많다"고 고백한다. 수령육기守令六期나 양계축성兩界築城(세종 26/윤7/23)을 비롯하여 공법貢法, 불교, 양녕 형님에 관한 것들이 있다.

마지막은 스스로를 돌아보고 절제하는 일이다. 재난을 당해서 세종은 친아들·친손자의 과전科田을 감하게 하는 솔선수범[nobless oblige]을 보였다.

스스로 줄이기: 한갓 천록(天祿)을 허비하고 영선(營繕)이 또한 많아, 감응(感應)으로 부른 재앙이 있는가 생각되어 내가 심히 부끄럽다. 그 나머지 종성(宗姓)들의 과전은 갑자기 감할 수 없으므로 친아들·친손자의 과전(科田)을 감하려고 하는데, 여러 사람의 뜻은 어떠한가. … 금후로는 대군의 밭은 2백 50결에 지나지 말게 하고, 여러 군의 밭은 1백 80결에 그치게 하라. … 하고, 드디어 호조에 명하여 영구한 법으로 만

들었다.(세종 19/1/12)

세종의 마지막 행도行道는 자기희생에 따른 헌신이다.

　　몸의 수고: 내가 만일 곧 잊어버려서 덮어두고 하지 않으면 나의 병든 몸에도 좋겠다. 다만 예전 사람이 말하기를, '몸이 수고로움을 당하여 편안한 것을 뒷사람에게 물려주라.' 하였으니, 이것이 내가 잊지 못하는 것이다.(세종 28/6/18) 但古人云: 身當其勞, 以逸遺後。此予之未能忘也。今集賢之疏, 有連伏五結之語, 予未詳知其意, 爾等言之。

내 몸이 고달프더라도 뒷사람을 위하여 일한다는 정신은 세종의 근면함을 통한 희생정신으로 보여주고 있다.

　　글 읽는 것이 가장 유익하고 글씨를 쓴다든지 글을 짓는 것은 임금이 유의할 필요가 없다. 讀書有益如寫字製作　人君不必　留意也。(『연려실기술』 제3권 세종조 고사본말)

세종은 스스로 임금이 무엇을 해야 하는지를 규정하고 있었다. 글을 읽고 깨달아 이를 정치에 반영하는 것이 직職이며 업業이라고 여겼다. 실용적인 정신의 임금이었다. 세종은 천성이 학문을 좋아하여 항상 글을 읽었고 《좌전》,《초사楚辭》 같은 것은 백번을 더 읽었다. 일찍이 몸이 편치 못한 데도 글을 읽자 태종은 내시를 시켜 책을 모두 거두어 가지고 오게 하였는데 나중에 보니 병풍 사이에 책이 한 권 남아 있었는데 〈구소수간 歐蘇手簡〉이었다. 학습과 사유를 통한 직에 대한 성실성을 보여주고 있는 일화다.

3) 천직

가) 직의 모습

직은 맡은 일이다. 업은 '이루어야 할 일생의 일'이다. 직職에 관한 용어들은 오늘날에도 쓰는 여러 가지 표현이 있다. 먼저는 ㉠일 자체를 뜻하는 것으로 직업, 직분, 직무 등이다. 다음은 ㉡분화된 일의 기능으로 직위, 직책, 직능 등이 있다. 다음으로 ㉢직의 궁극적 소임으로서의 천직사상이다. 천직사상은 업정신의 다름이 아니다. 용어정리 차원에서 직, 직분, 직무의 기록을 보자.

직職: (목천 현감 박용(朴容)이 사조하니) 수령의 직책은 형벌을 삼가고, 부역(賦役)을 고르게 하고, 백성을 사랑하는 데 불과하니, 가서 그대 직책을 다하라, 하였다.(세종 15/2/9) 守令之職, 不過愼刑罰, 均賦役愛民生, 往盡乃職。

직분: 모두가 다 신자된 직분에 당연히 하여야 할 일. 皆臣子職分所當爲。(세종 1/8/22)

직분: 사람의 자식으로 부모가 살았을 때는 효성을 다하고, 죽어서는 슬픔을 다하는 것은 천성(天性)이 저절로 그렇게 되는 것이고, '직분(職分)으로서 당연히 해야 할 것'이다.(세종 11/4/4) 而職分之所當爲也。

직무(職務)는 원문 총 233건으로 세종 2건이고 중종, 명종, 선조 이후 고종 45건으로 고종시 일상어가 된다.

직무: (동궁에 첨사관을 두어 서무를 처리하도록 하고자 하다) 오로지 궁중의 서무(庶務)를 관장하여 직무를 나누어 맡게 하십시오. 임금이 세자로 하여금 서무를 재결(裁決)하게 하고자 하므로 이 관원을 설치하는 것입니다.(세종 24/7/28) 府之政令, 擧其綱紀而修其職務, 少詹事爲之貳。

직무: 첨사원 설치를 반대하는 사간원의 상소문.(세종 9/8/11) 詹事統三寺十率府之政令, 擧其綱紀, 而修其職務。

직의 기능에 관한 것으로는 직위, 직책, 직능 등이 있다.

직위: (황희가 고령을 이유로 사직하자 허락하지 않다) 직위의 해면을 허락하소서. ... 겸손한 생각을 누르고 속히 직위(職位)에 나아가기를 바라노라.(세종 14/4/20) 許免職位, ... 庶抑謙懷, 速踐職位。

직책9): 수령(守令)은 백성에게 가까운 직임이니 중히 여기지 않을 수 없습니다. 지금의 수령들은 60개월로써 기한하여 직책에 오래 있도록 하여 성과를 책임지우게 하였음

---

9) 직업은 총 24건 중 《세종실록》은 1건이고, 직분은 세종 25건, 직무는 세종 2건, 직위는 세종 4건, 직책은 세종 1건이다. '職'이 들어간 말은 실록 총 5만 여건 가운데 세종이 3천 여 건이다.

은 진실로 좋은 법이다.(세종 8/4/12) 守令令限以六十箇月, 久職責成, 固爲良法。

재주 없는 사람, 아첨하는 사람, 오래 있어 백성을 여위게 하고 나라를 병들게 하는 사람도 있다. 또한 재주 있는 사람도 게으른 마음이 생겨 그래서 30개월로 하자는 의견도 제기된다.

여기서 직과 업이 만나는 곳이 직/업이다. '직업職業'은 원문으로 《조선실록》 원문 전체에서 세종 1건뿐이다.

수령의 임기: 자주 옮기면 사람의 마음이 구차스러워, 직업이 굳건하지 못할 것이며, 오래 맡기면 사람의 마음이 나태해져서 일보는 것이 차츰 쇠해질 것이오니, 자주 옮기는 것과 오래 맡기는 것이 그 폐단은 같습니다.(세종 7/6/2) 守令之職... 數遷則人心苟而職業不固; 久任則人心怠而守事浸衰, 數遷與久任, 其弊同也。

직업의식은 생민이 갖는 업정신에 기초한다.

나) 천직

직의 궁극은 천직이다. 하늘의 소명에 부합하게 일해야 한다. 천직은 세종 시 6건이 나오는데 ㉮벼슬 그만두게 하거나 관리 임명 반대 2건 ㉯첨사원 반대 1건 ㉰불교 관계 3건이다. ㉱사대부에게 있어 천직은 봉사를 통해 자기를 희생하는 길이다.

대신: 대신(大臣)은 전하께서 더불어 천위(天位)를 함께 하여 천직(天職)을 다스리는 자로서 의(義)는 팔다리와 같고 일이 있으면 반드시 자문(咨問)하는 것이다..(세종 24/8/17) 且大臣者, 殿下之所與共天位治天職, 義同股肱, 事必咨訪, 近日政府大臣, 駁還此命, 而未聞明降。

사헌부에서 첨사원 설치를 반대하는 상소문으로, 대신은 천직을 다스리는 자로서 의義를 지켜야 한다. 업이 생업이 되는 것은 기를 통해 업에 감성感性을 입히는 일이다. '불당 설치에 반대하며 간하는 말에도 임금이 듣지 않으시니 누구와 함께 나라를 다스리려 하십니까.'(세종 30/7/19)에도 천위, 천직이 등장한다. 업을 통하여 느낌으로 즉 마음으로부터 감흥 혹은 즐거움, 때로 보람을 느낄 수 있다면 이는 생업이 되는 것이다. 사대부의 생업은 때로 희생을 요구한다.

• 직과 천직: 사명감

불윤不允: (황희가 어머니 상을 당한지 석달만에 좌의정에 제수되어 기복의 명을 받고 이를 사양하는 글을 올리니) 상(喪)을 지켜 복제(服制)를 마침은 비록 효자의 지극한 정리이나 나라를 위하여 권도를 따르는 것도 또한 인신(人臣)의 통달한 절의(節義)이다. 또한 재보(宰輔)의 임무는 진실로 모든 서민과는 같은 것이 아니다. ... 효(孝)를 옮겨서 충(忠)을 하는 것이 오직 이 때일 것이니 국가와 더불어 몸을 같이함이 어찌 옳지 않겠는가. 나의 간절한 마음을 힘써 따라서 그 직책에 나아가도록 하라. 사양하는 바는 마땅히 허락하지 아니하겠노라.(세종 9/10/8)

세종의 답은 '불윤不允으로 허락하지 아니하다.'이다. 황희는 75세 되는 때인 세종 13년에도 다시 사직서를 내지만 역시 허락받지 못한다.(세종 13/5/17) 여기에서 관리에게는 국가적으로 ㉮효보다 의義 ㉯재상의 임무는 서민보다 크고 ㉰ 사대부는 효보다 충忠이다. 개인적으로는 효이지만 정승의 효는 국가에 대한 충과 그 비중이 같다. 효는 마음에서 우러나오는 일이다. 이것이 군신으로 확대되면 나라 일이 바로 효의 연장선상에 있다. 다른 예로 이예의 자기 희생정신이 있다. 세종 25년에 대마도에 사신을 보내어 피로된 사람들을 쇄환하려고 하는 일이 논의되자 예조 참판 허후(許詡)가 아뢰기를, "첨지중추원사 이예가 자원한다"고 세종께 아뢴다.

이예의 헌신: 첨지중추원사(僉知中樞院事) 이예(李藝)가 말하기를, '신이 듣건대, 이제 대마도(對馬島)에 사신을 보내어 피로(被虜)된 사람들을 쇄환(刷還)*하려고 하시는데, 신은 어려서부터 늙기까지 이 섬에 출입하여 이 섬의 사람과 사정을 두루 알지 못하는 것이 없으니, 신이 가면 저 섬의 사람들이 기꺼이 만나볼 것이며, 누가 감히 사실을 숨기겠습니까. 다만 성상께서 신을 늙었다 하여 보내시지 않을까 두렵습니다. 신이 성상의 은혜를 지나치게 입었으므로 죽고 삶은 염려하지 않습니다. 이제 종사(從事)할 사람을 가려서 소신(小臣)을 보내도록 명하시면 피로된 사람들을 죄다 찾아서 돌아오겠습니다.'라고 합니다, 하니, 임금이 말하기를, 이예는 전일의 공로도 작지 않은데, 이제 이 말을 들으니 매우 가상(嘉尙)하게 여긴다. 종사관(從事官)은 경 등이 정부와 더불어 선택하여 계달하라, 하고, 드디어 예에게 의복 일곱 벌과 사모(紗帽)를 하사하였다.

(세종 25/6/22) 上曰: 藝之前功, 不爲小矣, 今聞此言, 予甚嘉之。

(주) *쇄환刷還: 원거주지나 다른 나라로 이탈한 주민을 찾아 원거주지로 데려오는 일.

이예(李藝, 1373~1445)는 세종 25년(1443년)에 나이가 70세다. 일흔살 나이에 배를 타고 대마도를 오가는 일이 쉬운 일은 아닐 것이다.[10] 세종도 이예에 대한 공을 알고 이를 잊지 않고 있다.

• 직분인가 직위인가.

천직의식을 가져야 함에도 관리들은 뒤로는 한양에서 내직을 맡기를 원했다. 이에 수령 육기제에서 불만으로 터져 나왔다.

수령육기법의 직분과 직위: (형조 참판 고약해가 수령6기법을 무례하게 아뢰자 그 죄를 탄핵하다) 인신(人臣)이 6년 동안이나 밖에 있어, 조계와 상참(常參)에 참여하지 못하오면, 신자(臣子)의 마음에 어찌 억울함이 없겠습니까.(세종 22/3/18)

어떤 자리[직]에서 사명감이냐 출세 위주의 편의를 선택하느냐, 하는 직職의 개념이 제기된다. 직職이란 하늘[天]을 알아가는 과정이다. 하늘을 알게 되면 직 은 천직으로 되살아나게[生生] 된다. 천직이란 직의 기능을 개념화한 것이다. '맡 은 바 해야 할' 본연의 일이다. 그 맨 앞에 임금이 있고 재상은 임금을 보좌해 그 으뜸을 돕는다.

여기서 천직은 신분사회의 가장 윗자리의 일일까 아니면 직업으로서 지켜야 할 윤리적인 자세를 뜻하는 것일까. 서양에서 말하는 vocation 즉 소명의식이 있 는 직업관이라 할 수 있다. 생을 유지하는 업 이상의 마음의 자세로 자연스레 자 기 몸과 정신의 희생이 요구된다. 그렇다면 천직의 끝은 어디일까. 현실적으로 죽기 전까지 일을 해야 하는 과로사로 나타난다.

많은 정승들의 사직을 '불윤不允'으로 막았고 그들은 과로한 채 죽어갔다. 여 기서 온 몸이 움직이는 병동처럼 되어 있는 임금을 잠시 생각해 보자. 수십 가지

---

10) 이예는 태종 1년(1401)부터 10년까지 3차례 통신사로 오가며 포로 500인, 이후 유구국에
서 40여 인(1416), 세종 1년(1419)에 대마도 정벌, 세종 4년과 6년에 일본에서 포로 70인
등을 데리고 왔다.

의 병을 몸에 지니고 있는 임금의 자리가 영화의 자리이겠는가. 한두 군데만 쑤시고 가려워도 잠을 이루지 못하는 일을 경험 하거늘 당뇨에, 다리 근육통에, 눈이 안 보이는 등 여러 고통 속에서 일을 수행하는 세종을 생각하면, 일 자체에 대한 마음가짐이 상상이 안 갈 정도다. 문제는 임금에게 병이란 있을 수 없다. 아프면 물러가거나 죽거나 아니면 억지로라도 일을 하는 것 이외에 다른 선택은 없는 것이다. 세종 임금도 결국은 과로사로 훙하게 되는 경로를 밟은 것이 아닐까.

천직론

《세종실록》에 나타나는 '天職천직' 원문은 6건이다. 6건 모두 '共天位 治天職'(세종 14/10/14)으로 나타난다.

> 원元을 몸받은 것은 임금의 직책이요, 원을 고르게 하는 것은 재상의 일이온즉, 재상이란 임금의 천위에 참여하여 한 가지로 천직(天職)을 다스리는 것입니다. 體元者, 人主之職; 調元者, 宰相之事, 則宰相者, 人主所與共天位共治天職者也, 苟非讀書識理通達國體者, 固不宜居是職也。

천직론은 업정신에 닿아 있다. 업 그리고 천직 사상에 대한 구체적인 예로는 ㉮자기희생이 따르는 죽기 전까지의 업무수행으로서의 불윤 ㉯위기임 ㉰사풍 등에서 살필 수 있다.

㉮ 불윤不允

실록기록에는 (ㄱ)병이나 (ㄴ)나이 많음 (ㄷ)한 일이 없음을 이유로 들어 사직하려 하지만 많은 경우 허락하지 않는다.[不允]

세종 14년의 경우만을 보면 참찬 이맹균이 칭병하여 사직을 주청하나 받아들이지 않는다.(세종 14/4/12) 69세 때 황희가 고령을 이유로 사직하자 허락하지 않는다.(세종 14/4/20) 우의정 권진이 노병으로 사임하고자 하나 윤허하지 않는다. 이때 권진의 나이는 76세였다.(세종 14/6/22) 대사헌 신개가 사직하니, 윤허하지 아니한다.(세종 14/11/1) 영의정 황희가 다시 사직하려하나 윤허하지 아니한다. (세종 14/12/7)

황희는 고려 말 관리로 출발했지만 4년 참찬으로 복직되어 이후 세종 13년(1431) 영의정부사에 오른 뒤 여러 차례 사직하려했으나 반려되고, 세종 31년(1449) 86세에 치사(致仕: 나이가 많아 벼슬을 사양하고 물러나는 것)하기까지 18년 동안 국정을 살피었다. 86세면 오늘 날에도 공직에서 일하는 사람이 없는 때인데 황희는 당시에 치사한 뒤에도 중대사의 경우 세종의 자문에 응하는 등 영향력을 가지고 있었다. 세종이 훙한 2년 후에 죽음을 맞았다.

정치는 사람이 하는 것으로 일정한 학업을 갖추어 현장에서 경험을 쌓은 인물은 하루 이틀에 길러지는 것이 아닐 것이다. 그들은 더욱 노련해지며 외교 등에서 성과를 이루어 낼 것이다. 이에 세종은 능력 있는 관리에 대해 그들의 헌신이 아닌 희생을 구하게 되었을 것이다. 이는 어디에서 온 확신일까. 세종 스스로 그런 자세로 직을 수행하고 업의식을 가지고 있었던 데 근거했으리라 여겨진다.

ⓙ 위기임爲己任

업의식에 대한 실록의 기사에 '위기임爲己任'이라는 표현이 있다. '맡은 바 자기 일'로 여겼다는 것이다. 고약해와 허조의 졸기를 보자.

고약해의 졸기: 약해(若海)는 타고난 성품이 고상하여 흉중이 넓게 터져서, 사소한 절개에 거리끼지 않고 임금에 <u>충간하는 일을 자기의 임무로</u> 삼아 간혹 직위를 초월하여 감히 말하기도 하였다.(세종 25/1/7) 若海賦性倜儻, 胸次軒豁, 不(狗)[拘]小節, <u>以論諫爲己任</u>, 或越位而敢言。

좌의정 허조의 졸기: 낮이나 밤이나 직무에 충실히 하고, 만일 말할 것이 있으면, 지위 밖으로 나오는 것을 혐의하지 아니하고 다 진술하여 숨기는 바가 없었으니, <u>스스로 국가의 일을 자기의 임무로</u> 여겼던 것이다.(세종 21/12/28) 夙夜供職, 如有可言, 不以出位爲嫌, 盡陳無隱, <u>自以國家之事爲己任</u>。

'직위를 초월하여' 혹은 '지위 밖으로 나와' 감히 말하고 숨기는 바가 없었던 것이다. 그리고 국가의 일을 자기의 임무로 삼은 정신, 이것이 맡은 바 업의식이라고 해야 할 것이다.

㉺ 士風

선비도 어느 정도 수양을 거치면 자기 풍을 갖는다. 학풍이나 현실 인식에서 차이가 드러난다. 정치적으로 현실유지형에서 개혁형 등 그리고 성격에서도 개인의 풍이 생길 것이다. 실록에서 사풍의 기록을 보자.

사풍은 먼저 선비의 염치에서 나타난다.

- 우사간 변계손(卞季孫) 등이 상소하기를, "상벌은 국가의 대전(大典)이고, 염치는 사풍(士風)의 대절(大節)이옵니다."(세종 12/4/14)
- 시국의 폐단에 관한 이숙치의 상서문에서 "풍속이 박하고 악한 것은 사풍(士風)이 탐오(貪汚)하고, ... 착한 것과 간사한 것을 분별하게 하여 국맥(國脈)을 기르옵기를 바랍니다."(세종 18/6/18)
- 우정언(右正言) 정차공(鄭次恭)이 아뢰기를, "비록 품질(品秩)이 낮은 조관(朝官)이라도 저희들 서로가 욕하고 헐뜯는다 하오면, 이것도 사풍(士風)의 불미[사풍불미 士風不美] 한 것이 되옵거늘, 하물며 대신(大臣)으로서 서로 과실과 죄악을 폭로하고 드러냈사옴은 더욱 옳지 못한 것이 되옵니다."(세종 21/11/27)

기본적으로 선비의 기질을 갖고 이를 길러가려는 임금과 신하는 서로 닮아가게 되는 것이 아닐까 생각된다.

(참고) • 거울효과 mirror effect

심리학에서 인간 상호 관계에 관한 이론으로 '거울효과'라는 것이 있다. 호감을 느끼는 상대의 행동을 무의식 적으로 따라하는 심리를 말한다. 일상에서는 내가 어떤 행동을 하면 상대가 무의식적으로 얼마나 따라 하는가를 보고 친구사이의 호감도를 가늠하기도 한다.

세종은 부지런한 학습과 경연에서, 묻는 끈질김에서, 몸으로 보이는 효에서, 현장 방문에서, 새로운 변역·창의 활동에서, 검소함에서 신하들과 교감을 통해 서로 좋은 점을 찾아 긍정적으로 닮아가지 않았을까 생각해 본다. 다음 기사를 보자.

즉위 7년 7월 1일의 일이었다. "임금이 말하기를, 가뭄이 너무 심하다. 장차 벼농사 형편을 나가 보리라, 하고, 서문 밖에 나가 두루 살피고, 대언(代言)들에게 금년 벼농사는 모두들 꽤 잘 되었다, 고 하더니, 오늘 보니 눈물이 날 지경이다. 오늘 본 영서역 홍제원(弘濟院)의 땅은 비옥한 편인가 메마른 편인가, 하니 지신사 곽존중이 대답하기를, 이들 땅은 원래 메마른데다가 더구나 가물어서, 벼농사가 이렇게 잘못 되었습니다, 고 하였다. 영서 땅은 원래는 비옥한 땅인데, 존중이 메마르다고 대답한 것은 그릇된 것이다. 이날 행차에 다만 입번(入番)한 내금위 사금만 거느리고 양산과 부채[산繖과 선扇]는 쓰지 않았다. 벼가 잘되지 못한 곳을 보면, 반드시 말을 멈추고 농부에게 까닭을 물었다. 점심을 들지 않고 돌아왔다."

가뭄에 걱정이 되어 시종 몇 명만을 데리고 양산과 부채도 없이 현장에 찾아 나가 농부에게 묻고, 속이 상해 점심도 거르고 돌아왔다. 이런 임금의 진실한 모습이 조정 관리들에게 반사되지 않았겠는가.

세종정치의 거울효과를 생각하게 된다.

• 속유

사풍이나 사도 士道를 갖추지 못하는 선비는 어찌 되는가. 속유俗儒 혹은 용속庸俗한 사람이 된다. 속유는 어떤 사람인가. 대간에서 연명으로 상소하여 경찬회의 명을 정지하기를 청하며 나오는 말 중에 '용속한 선비'가 있다.

속유: '속유(俗儒)들은 시대의 적당성을 통달하지 못하니 어찌 족히 위임하랴.' 하여 고전에서 빌려왔다. 사마광이 평론하기를, 유자(儒者)도 군자와 소인이 있으니, 저 속유들은 진실로 족히 더불어 다스리지 못할 것이나, 진유(眞儒)만은 취하여 쓰지 못할 것인가.(세종 23/윤11/21) 且俗儒不達時宜, 何足委任? 司馬光論之曰: 儒有君子有小人。彼俗儒者, 誠不足與爲治也, 獨不可取眞儒而用之乎!

용속한 선비: (집현전 부제학 최만리 등이 언문 제작의 부당함을 아뢰자) 임금이 말하기를, 전번에 김문(金汶)이 아뢰기를, '언문을 제작함에 불가할 것은 없습니다.' 하였는데, 지금은 도리어 불가하다 하고, 또 정창손은 말하기를, '삼강행실을 반포한 후에 충신·효자·열녀의 무리가 나옴을 볼 수 없는 것은, 사람이 행하고 행하지 않는 것이 사람의 자질(資質) 여하에 있기 때문입니다. 어찌 꼭 언문으로 번역한 후에야 사람이

모두 본받을 것입니까, 하였으니, 이따위 말이 어찌 선비의 이치를 아는 말이겠느냐. '아무짝에도 쓸 데 없는 용속(庸俗)한 선비이다.' 甚無用之俗儒也。(세종 26/2/20)

속유는 "주문공이 말하기를, 속유의 고식지언姑息之言, 속리俗吏의 자영지계自營之計는 한결같이 형刑을 가볍게 하는 것으로 일삼는다."(세종 21/12/15)고 한다.

4) 직무 상의 처벌과 공과

신하를 거느림에 있어 신하가 잘못하는 때에는 법에 따라 처벌하고 잘 했을 때에는 보은하는 공과의 시기를 맞추는 것도 바른 정치의 기본이 된다.

가) 처벌

불용의不用意: (모화루의 개천 수축의 감역관인 오명의 등을 파면하다) 지신사 허성이, … 감역관(監役官)들이 설계를 잘못하여 겨우 쌓자마자 무너져서 재력을 허비함이 이만한 것이 없사온데, … 하니, '감역관들이 단지 빨리 이룩하기만 힘을 써서 기일이 다 되기 전에 끝을 마쳤으니, 견고하기에 힘을 쓰지 않았음이 명백하다. 그의 벼슬을 파면시켜서 후일을 경계함이 가하다.'(세종 12/6/26) 監役官等但要速成, 不至期日而告訖, 其不用意完固明矣。可罷其職, 以爲後戒。
(주) 가파기직 이위후계 可罷其職 以爲後戒: 벼슬을 파면시켜서 후일을 경계하다.

일에 근실하지 못하면 책임을 물었다. 백성을 굶긴 수령에 대해서는 더욱 엄격했다.

굶어 죽다: (백성을 굶어 죽게한 현감 김자경에) 고양현에 … 사비(私婢) 모란[牧丹]의 모자(母子) 세 사람이 굶주리어 부종(浮腫)이 났고, 어린아이 1명은 굶어 죽었다 합니다. 하니, 의금부(義禁府)에 명하여 현감 김자경(金資敬)을 추핵하여 곤장 80대에 좌죄(坐罪)하였다.(세종 5/6/10)

온천은 백성과 함께: 온수(溫水)가 여러 가지 질병을 치료하는 데 자못 신비로운 효험(効驗)이 있으므로, '내가 이를 구하는 것은 실로 백성을 위하는 것이다.'(세종 20/10/4) 予之求之, 實是爲民。

부평부에 온천이 있다고 하여 찾게 하였으나 고을 사람들은 혹시 번거로운 일이 벌어질 것을 우려해 답을 하지 않았다. 이해 11월 8일 부평부를 강등하여 부평현으로 하였다. 일하기 싫은 관리는 언제 어느 때나 있는 법이다. 임금이 온천을 이용한다 해도 몇 년에 한 번일 터이고, 나아가 머물지 않을 때는 백성도 이용할 수 있을 것인데 아예 처음부터 일을 기피하는 관리는 언제나 있음을 보여준다.

처벌: (진제미를 도적질한 최세온을 목베다) 최세온(崔世溫)을 목베었다. 처음에 세온이 덕천(德川) 고을의 수령이 되어 관가 물건을 도적질한 것이, 계산하면 장물이 40관이요, 기민(飢民)에게 줄 진제미(賑濟米)를 감(減)한 것이 장물은 57관이므로, 이에 헌사(憲司)에서 탄핵하여 청하니, 임금이 말하기를, 이 사람은 진제미를 도적질하여 백성들을 굶어 죽게 하였으니, 다른 장물 먹은 관리와 비할 것이 아니다, 하고, 드디어 목베게 하였다.(세종 6/8/15)

백성을 돌보아야할 관리가 백성의 쌀을 빼돌린 것은 그대로 사형이다.

나) 공과와 보은, 공과 사

사람에게는 단점이 있을 수 있고 그보다는 한 두 번의 실수가 있는데 그 본심마저 비뚤어져 있거나, 거짓말을 하는 것은 싫어했다. 그러나 인정에 얽혀 한 일이거나 관습에 따른 부정은 용서하는 편이었다.

부패 관리: 사헌부에서 계하기를, 김도련(金道練)은 지방의 미천한 인물이며... 자기가 송사한 노비를 각처의 권력가에게 증여하였으니... 제 힘으로는 소송에서 이길 수가 없기 때문에, 세력있는 사람에게 의탁하여 그것을 인연으로 승소 판결을 받기 위한 것입니다... 우의정 조연은 15명을 받았고, 곡산 부원군 연사종은 10명을 받았고, 병조 판서 조말생은 24명을 받았습니다.(세종 8/3/4)

조말생의 경우 태종의 총애를 받아 대마도 정벌 등 군사적인 면에서는 공이 있을뿐더러 전문 지략이 있었다. 병조판서 때 뇌물을 받고 관리를 승진시킨 혐의로 탄핵을 받는다. 세종 8년에 김도련 노비소송과 관련하여 24명의 노비를 증여받은 죄로 조말생은 탄핵 받는다.(세종 8/3/4)

뇌물이 일반화 한 때에 세종은 조말생의 병법과 군사 경륜을 중히 여겨 파직

4년 만에 다시 복직시킨다. 조정 관리며 유생들이 들고 일어나 반대했지만 그대로 자리를 지키게 했다. 이후 조말생은 함경도 감사로서 여진족 내부를 감시하고 분렬시키고 견제하는 역할을 했다. 세종 15년 최윤덕이 압록강 건너편 파저강 일대의 이만주 일당을 성공적으로 토벌한 거사에는 바로 동북면 일대를 보살핀 조말생의 공이 있었던 것이다. 그는 세종 16년 9월 함경도 감사 임무를 마치고 중앙정부에 돌아올 때까지 동북면을 안정되게 다스리는 공을 세웠다.11)

이로 보면 세종은 필요한 인재를 쓰되, 작은 허물에 대하여는 다시 일을 통해 보전(補塡)할 기회를 주고 있다. 이보다 더 눈여겨 볼 일은 임금과 신하의 시각의 차이다. 신하들은 자기 직무에 충실하여 뇌물 받은 관리를 탄핵하지만 임금은 멀리, 그리고 넓게 보아야하는 직위에 따르는 의무가 있다. 세종 8년의 뇌물 사건 때 이미 7년 후의 파저강 토벌을 예상하고 있었다고 보아야 할 것이다. 세종의 '절충'[折衷·調和조화] 정치라고 하겠다.

6기제를 두고 임금에게 작심하고 대든 괴씸죄의 고약해도, 훈민정음에 반대한 최만리도 용서했다. 최만리는 훈민정음이 살린 경우이다.

임금의 자리에 있는 사람은 앞을 보는 시야의 폭과 깊이가 다르다고 여겨진다. 관리는 자기 일만 간하고 주장하면 된다. 때로 목숨을 건다. 임금은 여러 일을 조정하고 먼 앞을 보아야 한다. 결코 관리가 무능해서는 아니다. 각자의 업과 직이 다르기 때문일 뿐이다. 이런 관계의 조화로움이 맑은 정치 여부의 관건이다.

> 궤장 하사: 영의정 황희, 중추원 사 이정간(李貞幹)에 궤장(几杖)을 하사하였다. 희(喜)에게 내린 교서에 이르기를, 정승인 신하가 이미 나이가 많고, 학문과 덕행이 높으니, 군주(君主)는 마땅히 우대하는 은총을 내려야 하는 것이다. 이에 좋은 은전은 사사로운 은혜는 아니다.(세종 14/4/25)

궤장은 임금이 신하에게 하사하는 의자와 지팡이이다. 일흔에 이른 정 1품 신하 중 중요 인물이라 여겨 임금이 치사를 허용하지 않는 이에게 하사한다. 궤장연이라는 연회를 받은 관리는 조선왕조 중 80명이 채 안 된다.

위에서 본 민의 생민화 그리고 업이 생업이 되고 직이 천직으로 생생화 하는 과정에서 천직이 가진 속성을 보았다. 이 모든 작용은 혼자 살기가 아닌 함께 살

---

11) (참고): 더 자세한 내용은 박현모 참조. 『세종이라면』, 미다스북스, 2014, 102쪽.

기 정신에 바탕하고 있다. 이는 바로 세종의 공향 의식이다.

직職은 신분을 떠나 각기의 업정신으로 이어지고, 각 신분에서는 소명감을 갖고 직위가 아닌 직의 업정신에 충실해야 함을 볼 수 있다. 의義에 기초한 자기 헌신과 희생이 따라야함을 확인할 수 있다. 천직정신이다.

정리 1: 생생과 직

• 생생의 변화

실록을 통하여 나타는 생생의 변화 과정은 다음과 같다.

철학에서 말하는 진화과정은 처음은 자연의 순환에서 시작하여 진보와 약동의 단계 그리고 마침내 창조적 진화를 맞게 될 것이다. 이런 과정은 세종에게 있어서는 처음은 순환 혹은 변화로, 다음은 창신 혹은 자신自新의 초기 진보(화) 과정 그리고 마침내 창제의 모습을 띤 생생적 진화의 단계로 접어들게 된다.

변화의 흐름은 다음과 같다.

순환/변화   진보/약동   진화/창조적 진화

순환/변화 - 신제/자신自新 - 창제/생생적 진화

(가) 순환/변화가 일어난다.

(나) 변화는 물리적으로, 정신적으로 나타난다. 물질의 변화는 신제, 창신, 창제 등이 일어난다. 제도의 변화는 신제다. 정신적인 변화는 자신自新이다.

(다) 정신적인 변화는 겉의 모습이 아닌 내부 질적인 변화로 생생과 연관하여서는 재생, 회생, 갱생들이 있는데 모든 경우가 진화의 모습이라고 할 수는 없을 것이다. 창제는 훈민정음 창제와 같이 중국어와 조선어의 모순적 대립이 부정의 부정을 통하여 새로운 제3의 대안을 창출하게 된다.

이를 진화론에 맞추어 보면 순환에서 → 진보 → 진화의 과정이다.

우매함 ⇒	효유 ⇒	창제/ 생생
사정私情	교화	회생/ 재생/ 갱생
	각성	
	자신自新	

거친 자기 욕망[감정]의 세계에서 교화, 각성, 自新자신의 생생화 작용 그리고 마지막으로 창제와 '거듭살이'의 생생작용을 맞게 된다.

인간의 변화는 자기모순을 극복하는 일이다. 생명체가 모순이라는 것은 늘 자기 동일성과 변화의 대립을 지니고 있기 때문이다. 이런 대립물의 통일성이 바로 모순의 구조다. 고대 철학자는 대립되는 의견[사상事象]을 충돌시켜 서로의 모순을 극복하는 것이 진리를 얻는 길이라고 생각했다. 진화론에서 보면 순환의 모습으로 초기 변증법의 모습이다.

위와 아래, 좌와 우, 아버지와 아들의 관계에서 나타나는 모순에서 어느 쪽도 독자적으로 진리가 아니며 오히려 그 통일만이 진리[헤겔적 대논리]라고 생각하게 된다. 모순의 극복이 필요한 것이다. 절충[중용], 융합 등에서도 나타난다.

세종을 대입하면 '질과 양의 변화', '부정의 부정', '모순의 대립' 등을 상정할 수 있다. 우리가 실용 외교라고 일컫는 중국에 대한 지성사대[至誠事大]라는 것도 '지는 것이 이기는 것'이라는 변증법적 이론으로 설명이 가능하다.

• 직/천직

소민에게는 어제가 없다. 오늘을 살 뿐이다. 오늘이 세계의 전부이고 내일을 기대하지 않는다. 백성은 내일을 꿈꾸며 오늘을 산다. 그들은 작으나마 소망 한두 가지를 가지고 삶을 꾸린다. 기술이 더 좋아지고, 더 좋은 물건을 만들고, 관리나 무관으로 나아갈 희망을 갖고 공부하며, 아이들이 자라는 것을 보는 즐거움을 누린다.

사대부의 삶의 근거에는 과거가 있다. 나의 조부가, 아버지가 높은 관직을 지낸 전통과 그들은 몇 천 년 전의 다른 나라의 경經과 전傳을 끼고서 세상을 내다보려 한다. 그 속에서 내일을 경영하려 하지만 내일보다는 오늘을 보다 강고히 다지려는 의지도 강하다.

백성이 몸의 사람이라면 선비는 글의 사람이다. 세종은 이 문언인文言人들과 매일 정사를 논한다. 선비가 어떤 직에 이르면 직에 걸맞은 더 높은 수준의 도덕을 요구 받는다. 자기완성을 향한 정진이 따라야 한다.

천직은 직에서 나아가 남을 위한 봉사의 의미가 있다. 내가 하는 일이 남에게 영향을 미치게 된다. 백성의 업에서는 한 예로 유기그릇을 만들고, 청자를 굽고, 자개소반을 만들지만 선택에 따라 다른 사람들이 사거나 사지 않거나 선택 받는다. 강제성이 없다. 그러나 (관)직에서 이루어지는 일은 제도나 법, 규정 그리고 최소한 교화여서 남이 따를지 않을 수 없는 강제성을 띠고 있다. 그러므로 그 기준은 내가 아닌 남이다. 업業은 내 기술로 충실히 생산하고 제작하면 되지만 (관)직은 남에게 적용되는 것을 전제로 한다. 직이 천리와 도리에 따라 봉사하고자 할 때 비로소 천직天職이 된다. 봉사와 희생을 전제로 만든 규정의 눈높이가 되어야 하고 스스로 모두 지켜야 한다. 백성이 물건을 만들든 관리가 법을 만들든 문자로 된 법아래 놓이게[공유] 된다. 여기에 바른 나눔이 공향정신이 된다.

이에 앞서 업이든 직이든 자기표현을 갖는 사람은 그 업/직을 통하여 자기완성의 단계로 이행하고자 한다. 이 업/직을 통한 직/업 속에서 일을 통한 성취감과 삶의 기쁨을 얻으려 하고 또 얻게 되는데 이것이 '생생지락生生之樂'이다. 그 상황이 복합적이고 지속되는 것이 '락생樂生'으로 이어진다.

• 직/업의 정신

직의 철학적 함의는 무엇일까. 백성과 선비라는 신분의 차이에서 오는 삶의 양태를 몸과 머리인 육체 대 정신, 백성의 본능 대 선비의 지능, 백성의 직관과 선비의 여유로움[자유로움]에 대하여 원론적인 비교를 통해 업과 직의 거리를 살펴보자.

인간과 생명의 관계에서 생명은 인간의 의지·생각과 달리 독립적인 요소이기도 하다. 이는 기계 작용보다는 예술적 창작 논리에 더 가까운 것이다.[12]

---

12) 생명은 최초의 추진력이 그 자신을 성장하고 있는 다양한 형식으로 분리하는 계속적인 과정이지만 근본적인 지시를 내포한다. 생명은 인간의 행위가 어떠한 목표도 갖지 않는다. 바꾸어 발하면 아무도 생명의 미래과정을 예상할 수 없으며 그것은 기계의 작용보다 예술적인 창작에 가깝다. 베르그송, L.콜라코프스키 지음, 고승규 옮김, 『베르그송』, 지성

• 육체 대 정신: 나의 육체는 행위 중심이다. 그리고 의식은 육체를 넘어선다. 백성이 육체의 고통을 받지 않는다면 그것이 락樂의 조건이 될 수 있다. 건강한 정신과 안정된 생활 그것이 바로 생생지락의 기본이다.

• 본능 대 지능: 백성과 사대부의 정신적 기능의 차이는 본능 대 지능이다. 생물학적으로 엄격히 그 차이는 알 수 없다. 본능과 지능은 한 배胚속에 있다. 본능은 배우지 않고 자체로 완벽하다. 지능은 노력과 매개의 장치가 필요하지만 그 결과는 불완전하다. 본능은 공감의 운동에서 생명을 직접적으로 파악하는 능력을 포함한다. 인간은 지식을 무한히 확장하는 언어의 지능이 있다.

• 직관과 지성: 백성에 대한 생생작용은 글이든 그림이든 백성의 자각을 위한 감발, 감화의 작용을 위한 것이다. 접근[접촉] - 직관 - 공감이며 이는 대상의 내부로 우리 자신을 옮기고 대상을 알려진 요소들로 바꾸고 다른 대상들과 공통점을 갖는 요소로 환원시키는 작용을 갖게 된다.13)
백성이 지성이 모자란다고 해도 그것은 지능이 개발되지 못한 것이지 직관이 모자란 것은 아니다. 직관으로 확실한 것은 나 자신으로 돌아오는 것이다. 직관이나 지성이나 최종적으로 나에게 근거한다. 지성은 백성이라도 직관지, 경험지 등으로 자신의 체계를 구성할 수 있고 다만 지성은 모임 혹은 집단으로 복합적 힘을 발휘할 수 있게 된다.14)

• 자유로움에 대한 관념: 자유에 대한 관념은 양적인 측면과 질적인 측면이 있을 것이다. 양적인 측면이 외면적, 객관적이라면 질적인 측면은 내면적, 주관적이다.
양자는 서로 밀접한 관계에 있지만 분명히 구분된다. 예를 들어 노예는 양적·외면적·객관적으로 부자유의 극치이고 주인은 그 반대이다. 그러나 질적·주관적·내면적인 측면에서도 반드시 그런 것은 아니다. 노예라도 내면

의 샘, 1995, 95쪽.

13) 베르그송, L. 콜라코프스키, 고승규옮김 『베르그송』, 지성의 샘, 1995, 49~50쪽.

14) 위의 책. 백성 대 사대부의 특성 본능대 지능, 육체대 정신, 직관과 지성의 유목은 베르그송의 논리를 참고한다. 49~113쪽.

적 주관으로는 자유로울 수가 있다는 것이다. 양자는 각각 법과 덕의 영역에서 상응한다. 자유에 대한 유교 의식은 덕치주의를 통해 후자인 덕의 측면에 치중하는 특성을 지녔다.

양적인 자유의 측면에도 소극적 측면과 적극적 측면이 있다. 유교 국가는 양민養民, 교민敎民의 문제를 중시하는 적극적 자유의 의식에 입각했다고 볼 수 있다. 유교에서는 자유라는 관념보다 도리라는 관념이 비중을 지녔다. … 도리는 견리사의見利思義의 도덕적 이성이라고 풀이할 수 있다. 그렇다면 유교의 도리라는 정신은 도덕은 물론 권리를 함축하는 인륜의 차원이라고 볼 수 있다.15)

정리 2: 민에서 천직으로

민에서 천직으로 가는 과정은 민 → 생민→ 생업→ 천직이다.

백성은 고통의 끝[견뎌냄/해방감]에서 사대부는 욕망의 끝[이겨냄/해방감]에서 곧 생생의 길을 연다. 생생의 길로 가는 데는 다 같이 고통을 수반한다. 고통을 이겨내는 곳에 기쁨[樂]이 있다. '거듭나기'[生生]의 기쁨이다.

먼저는 인人으로, 생물적 존재에서 사람으로 인식하게 하는 단계다. 몸으로 일하며 힘을 가지고 삶의 근거는 힘 즉 노동이다.

다음은 지地의 업으로, 민이 생민이 되는 기본 조건이다. 민은 손으로 혹은 몸으로 일하며 노동을 통해 업을 인식하게 된다. 업은 영혼과 관련이 있고 경험지經驗知를 축적하며 생민으로서의 자긍심을 쌓게 된다. 이 경험지를 인정하고 종합하여 지식으로 만들어가는 작업이 세종에 의해 이루어졌다는 것은 우리 역사의 하나의 보람이다.

다음은 천天으로, 직은 신분에 의해 정신적으로 일하는 사람들에게 붙여진 업의 이름이다. 그들의 무기는 문자다. 그것도 인간 세계에서 가장 비원리적이고 어려운 한자를 도구로 삼는 선비들에게 붙여진 이름이다. 그들에게는 그 직에 맞는 도와 리理를 따라야 하는 천직의 의무가 주어진다. 그들은 도와 싸우는 반면 자신의 완성과도 싸우는 이중 고통을 치른다. 그들은 도道에 따른 업무의 어려움

---

15) 손문호, '조선전기 문헌자료의 준거와 체계', 『한국정치사상문헌 연구 -조선전기편』, 한국학중앙연구원편, 집문당, 2005, 26쪽.

보다 자신의 욕심을 통제하는 일이 더 어려웠을 것이다. 이들 직의 가장 높은 자리에 임금이 있다.

민과 업 그리고 천직의 단계를 보자.

민/생민	업/생업	직/천직
내가 살아 있음을 인지	내가 무엇을 하는지 인지	유용한 일/도리
생존/존재	실재	실존(재)적/봉사·희생

1 단계: 나도 백성이라는 자각과 일하는 백성이라는 인식이다.
2 단계: 나는 할 일이 있다는 것과 손과 몸의 숙련을 통한 성취감을 통한 생성인이라는 자각이다.
3 단계: 내가 하는 일의 도리와 나의 일의 가치 그리고 희생의 요구가 필요하다는 신념이다. 생생의 단계다.

1 단계에서 '나는 살아있음을 확인하고 백성이라는 자각'을 얻는다. 나는 팔과 몸으로 일하는 사람이다. 건강함에 락을 누린다. 2 단계에서 '나는 손과 입으로 일하는 사람'이다. 나는 기술을 갖고 있고 기술을 고도로 발전시키는 직을 연마함에 그것을 통해 성취감과 락樂을 느낀다. 3 단계에서는 머리와 가슴으로 일하는 사람들이다. 기준은 도리에 있다. 생생이다.

스스로 한 백성이 되어 낮은 자리로 내려가 남을 섬기는 것이 직이 천직이 되는 기준이 된다.

표. 하민에서 생생지락으로의 단계

민/생생 단계	하민	민	생민	업	생업	직	천직	공향	락생	(생생지락)
상태	살아있음 [생존]	몸으로 일하는 사람		손(手)사람		글과 말의 사람		(생의 즐거움) (개별적)		
삶의 수단	(버려짐)	로인勞人		기술인		문언인		생성인		
결과	(살아나아감)	생산물·효		제품, 작품		문집·의義		생생인		

사대부는 '수기치인'과 의로써 죽음을 각오하고 간언하는 것이 업이다. 그 중 권력과 부를 탐하는 일부 관리들이 도의 세계에서 이탈하고 있음도 사실이다.

세종은 임금 자리에서 부단히 자신의 몸을 혹사할 정도로 단련시켜 나갔다. 경연이며 강무며 신하들을 일일이 친견하고 임지로 보내고, 밤늦게 학습하는 등 몸을 학대할 정도로 쉬지 않았다. 몸이 피곤하면 온천에 가 휴식을 취하기도 하지만, 세종 26년 2월 28일 왕비와 세자와 함께 초수리에 가서는 정사 대신 훈민정음 창제와 같은 독자적인 연구를 계속했다.

표. 민에서 생민으로

인人	민[백성]	노동·힘	생민으로	생민
지地	업	손/기술	생업 경험지 모아	실용實用
천天	직[사대부]	도/ 정신으로	천직	의토宜土

세종은 임금이라는 직을 바르게 인식하고 실천하려 한다. 세종도 유교를 존숭하는 선비의 한 사람이다. 세종이 지향하는 선비의 모습은 무엇이었을까. 통유通儒를 꿈꾼 것으로 보인다.

통유通儒

조선 초 신분제도 아래 선비는 흔히 사대부라고 불리는데 수학修學하는 사람은 통칭하여 선비라 할 수 있다. 당시는 글을 다루는 문인이나 손기술이 아닌 이론으로서의 기술도 모두 선비들이 맡고 있었다. 선비는 기본적으로 지식인이다.

이런 선비의 바람직한 모습은 무엇일까. 통섭統攝을 강조한 세종은 통섭通攝을 아는 선비로서 관리[신하]가 통유通儒가 되기를 원했다.

> 통섭統攝: 이제 세자(世子)가 국정(國政)을 통섭(統攝)하여 여느 때 세자의 비교가 아니므로, 이미 여러 신하들로 하여금 칭신(稱臣)하게 하였다.(세종 29/9/11) 수世子統攝國政, 非他儲副之比 已令群臣稱臣.

세종이 대군 시절에는 '정치에 대한 대체를 안다'(세종실록 총서)고 했는데 문종이 세자인 때는 통섭을 한다고 했다.

선비는 사람의 종류만큼 다양하겠지만 크게 바른 선비의 모습과 그러하지 못한 선비의 길이 있을 것이다. 바른 선비로는 스승으로서의 사유師儒(종학 박사 김신민, 세종 30/7/22), 순유(醇儒)로서 덕망이 있어 임금이 중히 여긴 대제학 유관(柳觀)이 있고 세종은 유관에게 술 10병을 내려 주었다.(세종 1/3/26)

의리를 아는 명유名儒로서 이색이 있고, (上曰: 李穡屢見請罪, 何其以識理名儒。)(세종 12/11/23), 진유로는 권근이 있다.(夫近, 乃我國眞儒也。豈無所見而薦之歟!)(세종 31/2/16)

가장 바람직한 선비의 길은 통유가 되는 길이다.

통유通儒: (대언이 계사한 것에 대해 박연이 세상일에 통달한 학자라고 말하다) 임금이 대언이 계사(啓事)한 것에 대하여 말하기를, 박연(朴堧)은 세상일에 통하지 아니한 학자가 아니라 세상일에 통달한 학자라 할 수 있다, 하였다.(세종 10/2/20) 上因代言啓事, 乃曰: 朴堧, 非迂儒, 可謂通儒。

통유는 사유思惟의 학문이 아닌 아악이나 풍수와 같은 실제의 분야에서 이루어지는 실학적 선비에게 붙여진 이름이었다.

그른 유자로는 소유, 부유腐儒, 속유, 우유愚儒, 용유 등이 있는데 한마디로 용사속유庸師俗儒로《동국정운》완성에 따른 신숙주의 서문에 나오는 기사로 "일찍이 책으로 저술하여 그 바른 것을 전한 것이 없어서, 용렬한 스승과 속된 선비가 글자를 반절(反切)하는 법칙을 모르고 자세히 다져 보는 요령이 어두웠다"(세종 29/9/29)고 말한다.

선비는 조선 유교에서 유자들이 지향하는 인간상이다. 숭유의 사회에 "문덕(文德)을 숭상하고 유술(儒術)을 중히 여기매, 미려함을 정하여 좋은 교육을 시행하니, 정치와 교화가 흡족하게 퍼이도다. 예의와 음악이 극진히 제작되매"(세종 29/6/4) 중유중도重儒重道(세종 31/2/16)의 사회를 그리고 있다.

이에 유풍儒風을 진작시키고(15/8/22), 선비는 유업儒業(세종 14/12/15)의 정신으로 일에 임해야 한다.

선비로서의 관리들의 자세는 어떠해야 할까.

경들은 잘 제도를 의논하여 정해서 더벅머리 선비[儒竪]들에게 기롱을 받지 않게 하라.(세종 32/1/18) 卿等善議定制, 毋令取譏於竪儒。

세종이 유신儒臣인 신하들에게 하는 말은 더벅머리 선비에게 조롱꺼리가 되지 말라고 한다. 자신의 품격 즉 사도士道를 지키고 자신만의 사풍士風을 가지라는 것이다.

정리 3: 생생과 거듭나기

생민론은 하민이 생민이 되어가는 과정에 대한 논의다. 미생적 윤리에서 생생적 윤리로의 진화다. 이는 몸에서 → 정신 → 새로운 몸으로 → 거듭나는 정신으로 변역하는 순환이다.

'생생'의 단계를 하나씩 넘어갈 때 마다 주의 깊게 관찰할 필요가 있다. '생생'을 어떻게 정의하느냐가 한 과제인데 생생은 ㉮살았다. 태어났다. ㉯산다. 살고 있다. ㉰살아갈 것이다. ㉱살아내다. 두 번 살다. 즉 회생, 재생이다. ㉲거듭 살아간다. 회개, 갱생 등의 뜻이 있다. 시간의 순환 속에서 진화를 품고 있다.

생생의 뜻을 문헌에서 찾아보면 '사ᄅᆞ다'[살리다], '사ᄅᆞ다'[산다], '사뢰다'[말하다]가 있다. 위 의미에 더해 '말씀하다'의 뜻이 있다.

먼저 '살린다'는 뜻으로 세종 시대 〈용비어천가龍飛御天歌〉 제 104장에 있다.[16]

建義臣을 할어는 救호ᄃᆡ 몯 사ᄅᆞ시니
　　모매 브튼 일로 仁心 몯 일우시니
開國臣디을 할어늘 救 ᄒᆞ야 사ᄅᆞ시니
　　社稷功을 혜샤 聖心을 일우시니
(주) 할어늘: 하리하거늘, 헐뜯거늘
(주) 사ᄅᆞ시니: 살리시니
(주) 혜사: 헤아리시어

다음으로는 '산다'는 뜻이 있다. 〈용비어천가〉 제110장과 제111장에 보인다.

四祖ㅣ 便安히 몯 겨사 현[몇] 고ᄃᆞᆯ 올마시뇨

---

16) 문헌은 보성출판사의 『고대 가요 향가』, 1994 외.

몃 聞ㄷ 지븨 <u>사르시리잇고</u> (제110장 일부)
움 무더 <u>사르시니이다</u>(제111장 일부)

그리고 '말하다'이다. 승려 광덕廣德이 661~681년 사이에 지은 서방정토를 희구한 노래로 〈삼국유사〉권5에 실려 있다.

'그리워하는 사람이 있다고 사뢰옵소서'(慕人有如白遣賜立)

劫劫에 어느 다 슬 붕리[사뢰겠습니까, 아뢰겠습니까.(〈月印千江之曲 上〉)

세종의 공향 정신 즉 '더불어/함께', '다 같이 산다'의 뜻을 포용하는 용어가 세종 후대에 다시 나타났다. 민세 안재홍은 이를 '다사리'로 표현했다. 민세는 '다사리' 이념을 '모두 다 말씀하게 하여' 외에 '모든 사람을 다 살게 한다/다 살린다'의 진생盡生의 뜻을 포함했다.[17]

세종의 생생을 논하며 민세의 '다사리'까지 이어졌다. 우리 정신문화는 한 시대의 산물이면서 지속되고 있다는 단면을 볼 수 있다.

다시 세종의 생생정신을 정리해 보자.
㉮ 먹고 사는 업이 생업이 되어 자존감을 이루어가는 삶을 지향했다.: 생업
㉯ 생생 즉 '거듭살이'라는 다시 사는 삶을 강조했다. 자신 스스로를 돌아보고 새로움을 깨닫게 되는 삶이다.: 생민生民
경험이나 지식을 통하여 사회적 통제에서 정신적으로 억압을 이겨내는 삶이다.: 생업
㉰ 생업에서 경험을 쌓고 지식을 쌓으며 변역을 이룬다. 신제, 변역, 창제 등이 이루어진다.: 변역變易
㉱ 이웃과 더불어 사는 길을 가는 삶이다. '공향/공형'을 제시했다.: 공향共享
[호생好生]

---

17) 정윤재, 민세 안재홍(1891, 고종 28년~ 1965)의 다사리 이념분석, 한국/동양정치사상사학회,『동양정치사상』제 11권 2호, 2012. 91~119쪽. 민세의 다사리 이념은 우리말 철학, 비[허공/빛] 씨[種] 몬[물질]의 만물생성원리, 나의 자유론에서 나라와 누리와 상통하는 사상적 유연성을 가지고 있다.

㉲ 자신의 감성을 기쁨으로 바꿀 줄 아는 삶이다. 스스로 즐거운 삶을 누리는 민락생생자民樂生生者가 된다.: 생생지락生生之樂, 민락생생자

㉳ 생생지락은 이웃과 나눌 수 있을 때 진정한 기쁨이 될 수 있다. 이웃과의 즐거움의 세계를 함께[共享] 누리기를 바랐다.: 공락共樂

여기에서 가장 중요한 것은 사람이 사람다운 감성을 되찾는 일이다. '강제가 아닌 자발성에 근거한 거리낌이 없는 마음'을 강조한다.

(평안도 함길도 감사에게 목면을 심도록 전지하다) 대저 어리석은 백성들은 비록 자기의 생활에 절실히 이익됨이 있더라도, <u>만약 관가에서 영을 내린다면 반드시 꺼리는 마음을 내게 되니, 모름지기 강제로 이를 심지 말게 하라.</u>(세종 18/1/6) 大抵愚民, 雖切己生生之利, <u>若官家所令, 則必生忌憚, 勿須勒令種之</u> 。

거리끼지 않는 마음을 스스로 획득해 가는 과정을 제공해 주는 세종의 '련민憐憫'(《조선실록》 총 112건 중 세종 52건) 정신은 민본의 기본 정신이 된다.

련민憐憫: (야인이 침입할 때 농사에 지장 없이 방어할 것을 명하다) 평안도 감사가 치보(馳報)하기를, 이달 18일에 적도(賊徒) 20여 명이 여연군의 조명간(趙明干) 등처에 들어와 침략하였으므로, 우리나라에서 전사한 사람이 3명이고, 적도도 또한 화살에 많이 맞았습니다. ....하니, 임금이 즉시 영의정 황희와 좌의정 최윤덕을 불러 의논하기를, '저들 적도가 이같이 침략하게 되니 여연의 인민이 진실로 불쌍한데, 어떻게 포치(布置)하여 도적을 막을 수 있겠는가, 하다. 彼賊如此侵掠, 閭延人民, 誠可憐憫, 何以布置, 以防寇盜。(세종 17/7/25)

북방 야인들의 침입에 따른 대응책 논의에서 마음으로 곤경을 함께 나누며 대안을 세운다. 백성 즉 하민들의 삶에 대한 아픔나누기이다.

련민憐憫: 병조에서 계하기를, 재인과 화척(禾尺)은 본시 양인으로서, 업이 천하고 칭호가 특수하여, 백성들이 다 다른 종류의 사람으로 보고 그와 혼인하기를 부끄러워하니, <u>진실로 불쌍하고 민망합니다.</u>(才人, 禾尺本是良人, 業賤號殊, 民皆視爲異類, 羞與爲婚, 誠可憐憫)。비옵건대, 칭호를 백정(白丁)이라고 고쳐서 평민과 서로 혼인하고 섞여서 살게 하며, 그 호구를 적에 올리고, 경작하지 않는 밭과 묵은 땅을 많이 점령한 사

람의 밭을 나누어 주어서 농사를 본업으로 하게 하고, 사냥하는 부역과 버들그릇[柳器]과 피물(皮物)과 말갈기와 말총, 힘줄[筋]과 뿔 등의 공물을 면제하여 그 생활을 안접하게 하고, 그 가계가 풍족하고 무재가 있는 자는 시위패(侍衛牌)로 삼고, 그 다음은 수성군(守城軍)을 삼으며, 그 가운데에도 무재가 특이한 자는 도절제사로 하여금 재능을 시험하여 본조에 통보하여 다시 시험케 한 후 갑사직에 서용하고,... 하니, 그대로 따랐다. (세종5/10/8)

재인과 화척 등의 호칭을 바꾸고 그들의 기능을 살리고 무재가 있는 자는 시위패나 수성군을 삼는 등 사람의 기를 살리고 재능을 살려야 한다는 세종의 관심이다. 이것이 바로 사람을 살리는 생생의 련민정신이다.

정리 4: 생생 어록들

■ 생생

· 생생은 생을 통하여 생명이 중요하다고 인식한다.
· 생생은 살아 있고 살아가야함을 중요시하는 영속적인 삶의 의지다.
· 생생은 병들고 육체가 약하고, 아기를 가진 여성에게, 어린이에게, 또한 아직 깨우치지 못한 사람들에게 모자라는 부분을 채워주려는 보완의 정신으로 호생好生의 정신을 살리는 작용이다.
· 생생은 마음에 다양한 작용으로 확장된다.(생생지망 등)
· 생생은 정신적인 기氣로 작용하며 실제적인 방도로 나타난다.
· 생생은 육체적 힘과 정신적인 기를 주고받는 감화感化작용이다.
  감오感悟, 생생지리生生之理 등의 거듭나기이다.

■ 생민

· 생생은 인/민이 생인/생민이 되게 하는 작용이다. 생생은 민이 업을 통해 정신적 안정을 갖게 하는 작용이다.
· 천민賤民이 천민天民이라면 정언 명법 속에는 천민 - 양인 - 생민 - 천민天民이라는 과정을 품고 있다.
· 백성을 살리는 정치인 생민지정生民之政이다.(세종 18/7/21)

생민지정: (충청 감사 정인지가 흉년 구제의 방책을 올리다) 신은 생각하기를, 인민을 위한 정치는 음식물과 재물 두 가지뿐입니다. 청컨대, 백성들로 하여금 경작하는 토지 10결(結)에 해마다 면포(綿布)로는 1필을 내고, 정포(正布)로는 2필을 내게 하며, 동전으로는 베[布]를 매매하는 값에 따라서 관청에서 거두어 간수했다가, 연사(年事)가 풍년이면 값을 올려서 거두어 들이고, 연사가 흉년이면 값을 낮추어 팔게 한다면, 관청과 민간이 다 편리하게 될 것입니다.(세종 18/7/21) 臣謂生民之政, 食貨二者而已。 請令民每於十結, 歲出縣布則一匹, 正布則二匹。 銅錢隨貨布之價, 官爲收藏, 年熟則增價而斂, 年歉則減價而散, 官民兩便。

■ 생업/직

· 생생의 기본은 업으로 이어 생업이 되고 이 생업은 다음으로 직職 그리고 천직天職으로 이어진다. 생생은 직이 업으로 되어가게 하는 작용이다.
· 생생은 직이 천직이 되게 하는 작용이다.
· 생생은 직을 통하여 새로움을 창출하는 작용이다.
  한 예로 불사에서 새로운 기법의 절을 창건한 일을 창신創新이라고 했다.
· 기존의 언어체계를 고찰하여 한민족은 물론 인류 보편의 언어 체계를 창제[新制]하다.

	말	일	글
사대부	의지	업/직	사상/의로움/창제
백성	의견	밥/경험/신제	자유로움/창신

■ 생생지락

· 생생은 생이 락을 얻게 하는 작용이다. 생생은 그 이룸에 대해 일시적이나마 만족이나 성취의 기쁨을 맛보게 하는데 이를 생생지락生生之樂이라 한다.
· 생생의 마지막 단계는 삶의 꼴을 갖춘 락생樂生이다.
· 생생은 궁극적으로 사람의 생명력에 작용한다.
· 생생의 락을 통해 락생樂生으로 가는 생생의 길에는 생생의 망望, 생생의 리理 등이 있다.

생생生生의 길은 민이 생민 生民이 되는 거듭살이 속에서 백성은 생업生業을 갖고 자기의 재능을 살리고, 사대부는 천직 정신으로 봉사하고, 북방민족까지를 포용하여 함께 나누는 공향의 삶[好生]을 살며, 생생의 기쁨[生生之樂]을 오래도록 누리는 모두 같은[평등한] 백성이 되어[民樂], 함께 사는 공향共享과 생생하는[生生者] 길을 포괄하고 있다.

생생/론은 순환론에서 출발하여 반증적 진화, 변증적 창제의 길을 함의한다.

철학 정신에 근거한 세종의 정치는 마치 처음부터 기획되었다는 듯 큰 틀 속에서 멀리 내다보는 시각에 따라 연속적으로 여러 실천[행도行道]들이 인간과 물질 속에서 성과를 거두며 생 - 생성 - 생생으로 질적 변화를 일으키며 창조적 변역을 수행해 갔다.

(앞으로는 조금 더 구체적으로 세종의 정치를 통해 나타나는 생 - 생성 - 생생의 과정을 동양의 리기理氣사상이나 생생/생명철학과 연관하여 구성해보면 좋을 것이다.)

3. 국체론

국체란 소민·하민이나 사대부가 집단 사회를 이루면서 갖게 되는 국가에 대한 의식이다. 백성으로서의 개인이 집단을 이루어 나라를 인식한다는 것은 소민이나 하민보다 사대부 쪽이 더 강하겠으나 구성원의 직무라는 입장에서는 그 무게를 비교하기가 어려울 것이다.

국체란 '나라의 몸'으로 과거의 전통을 이어오는 국맥, 현재를 지켜나가는 국행, 국세 그리고 미래를 건설해가는 국보, 국운 등을 통해 국격을 갖추어 가는 일이다. 개인의 인격과 같은 격을 국가 집단이 만들어가는 길이기도 하다. 수신에서 평천하에 이르는 공공의식의 획득이기도 하다.

국체의 원리는 국가라는 시간과 공간 속에서 국민[인간]의 영속성 유지다. 즉 일정 영토 속에서 역사와 민족의 문화를 지켜가는 일이다. 국체론은 백성이 목숨[생명]으로 살며[생], 거듭나기[생생]로 일하는 민으로[생민], 업의 정신[생업]을 갖고 희생[천직]해 가는 국가라는 구조 속에서의 민에 대한 설명이 되겠다. 민은 개체이며 동시에 국가를 구성하는 다수 중의 하나의 민이기도 하다. 개인의 생생지락은 이렇듯 국가의 융평 여부에 영향을 받지 않을 수 없을 것이다.

조선은 어떻게 이루어졌는가. 화가위국化家爲國이 되었고 임금은 대천리물代天理物하는 것이다.

우리 상왕 전하께서 시기를 맞추어 결단을 내리시고 의(義)로운 거사를 하여, 〈태조를〉 추대하시어 집을 변하여 새 왕조를 이룩[化家爲國]하셨습니다.(세종 즉위/9/11) 惟我上王殿下應時決策, 倡義推戴, 化家爲國。

인군(人君)이 하늘을 대리해서 만물을 다스리는 데에는 이 백성을 편안하게 양육하는 것으로써 마음을 먹는 것이다.(세종 6/6/16) 人君代天理物, 以安養斯民爲心。

조선의 임금은 개인이며 가문이며 국가다. 그러나 국가는 백성이 근간이 되고 정치는 백성의 편의를 위해 펼쳐져야 한다.

실록학에 근거하여 용어 중심으로 국체에 대하여 풀어보자.

1) 국체

국격國格이란 사람에게 인격이 있듯이 나라의 격을 말한다. '잇단 비리 사건으로 국격 훼손'[18]이라는 기사는 정치인의 뇌물 사건으로 피의자가 자살하고 정치인이 검찰에 드나드는 일이 잦아지며 보도된 내용이다. 거기에 2016년 이후 일어난 최순실 사태와 대통령 탄핵에 대한 한마디 평가는 '국격'의 추락이다.

국가와 관련하여 실록 기록의 갈래를 보면 첫째 국맥류로 이는 지나온 나라의 맥이다. 국맥, 국속 등이다. 둘째 현재를 유지해가는 길이다. 국세, 국행, 국사, 국방 등이 있다. 셋째 미래를 설계하는 길이다. 국보, 국운 등이다. 이 모든 것은 나라의 격과 관계된다. 즉 국격을 중심으로 한 여러 요소가 국체를 구성한다.

(1) 국맥: 국가의 과거

국맥國脈은 국가의 관례, 제도, 관행 등을 일컫는다. 그 연관어로 국속도 있다. 국맥은 세종조에 12건이 있다.

국맥國脈: 대신에서부터 작은 관리까지 아무리 작은 일이나 세밀한 행동까지라도 조

---

18) 헤럴드경제, 2015. 4. 21.

심하지 않을 수가 없어서, '나라의 명맥을 유지하여' [維持國脈] 5백 년 동안이나 누리게 된 것이 진실로 이 때문이었습니다.(세종 8/1/26) 大臣, 小吏雖小節細行, 罔不矜愼。維持國脈, 傳祚五百者, 良以此也。

좌사간 허성 등이 1품에서 9품까지를 대성에서 서경[관리 인준]을 실시하자는 상소문을 올리며 말했다. 이전에는 높은 관리들만 하던 서경을 하급 관리까지 검증하자는 것이다. 조선 이전의 왕조가 500여 년 동안 지켜온 전통이 있었던 것이다.

국맥: (한해旱害 대책에 대한 상소문) 지금부터는 새 법을 만들지 말고 한결같이《원전》과 《속전》을 좇아 국맥(國脈)을 기르소서.[以養國脈](세종 8/4/12)
국맥: 권도를 행하는 것이 아니면 물류(物類)를 통솔할 수가 없으며, '정도(正道)를 지키는 것이 아니면 국맥(國脈)을 배양할 수가 없습니다.'(非守正, 無以培養國脈) 권도로서 그 업(業)을 열고, 정도로서 그 세대를 영구하게 하다.(세종 14/8/21)

초창할 때는 권도, 수성할 때 정도正道를 중히 여기어 권도로서 물류를 통솔하고 정도로서 국맥을 배양하여야 한다는 논리다. 국맥은 법으로 말하면 좋은 불문 관습법을 지켜 쌓아 가야하는 과정이다. 그런 방법의 하나로는 부패관리를 척결하거나 유교국가에서 불교를 척결하는 것도 그 중의 하나다.

국맥은 나라의 전통, 나라의 이어감, 나라의 운명, 나라의 명예 등의 뜻이 있다. 국가라는 집단은 살아 움직이고 있는 집단 생명체다. 국맥은 과거로부터 미래로 이어지는 선형의 진행으로 이어진다. 새로운 국맥이 덧씌워지며 국체가 더욱 튼실해지는 것이다. 연관어로는 '국속'도 있다.

국속國俗: (어가가 근교에 도달하자 노상왕·대비·공비가 풍정을 바치다) 국속(우리나라 풍속)에 상감에게 음식을 차려 바치는 것을 풍정이라고 한다.(세종 즉위/10/11) 國俗以享上爲豐呈。

(2) 국세: 국가의 현재

나라의 현재 일을 뜻하는 용어로는 국세를 비롯하여, 연관어로 국행, 국사, 국방 등이 있다. 세종은 학자들이 역사[史籍]에 어두움을 염려하여 주자소로 하여금 역사서를 찍어내게 했다. 《자치통감훈의(資治通鑑訓義)》 등을 편찬하고 특히 동국의 연대에 이르러 국세를 논한다.

국세: 이조 판서 권도(權蹈)에게 명하여 편찬하고 주해(註解)까지 하게 하였는데, 편질(篇帙)이 비록 간단하나 '개벽(開闢)한 이래로 **국운의 장단과 국세(國勢)의 이합(離合)의 본말**' [運祚長短, 國勢離 合本末]을 대략 한눈에 똑똑히 볼 수 있었다.(세종 18/4/4)

국세: (《치평요람》에 대한 우참찬 정인지 등의 전문) 다스린 자는 일어나고 어지러운 자는 망하나니, ... '혹은 합하고 혹은 나뉘어서 국세(國勢)의 강하고 약함의 다름이 있고, 한번 편하고 한번 어지러워 운수의 길고 짧음이 같지 않습니다.'(세종 27/3/30) 或合或離, 國勢强弱之有異; 一治一亂, 運祚長短之不同。

평화로운 요·순·우의 태평의 성대로부터 진(晉)나라 역사가 궁금하여지매 오호五胡가 중국을 어지럽혔고, 원(元)나라가 나라를 잃었으매, 거룩할 사, 명나라가 탄생을 본 중국의 역사를 통하여 한번 잘 다스리고 한번 혼란한 국세의 변화를 인식하여야 하는 것이다.

국행國行은 실록 전체 74건 중 세종 시 17건으로 많은 비중을 차지하는데 거의 가 제사를 지내는 일(예에 따라 국고의 미곡으로 치제하게 하고, 제사 뒤. 以國庫 米穀致祭, 祭後。) (세종 11/11/11)에 관한 것이다.

국사國事는 말 뜻 그대로 '부득이 세자 이도(李祹)를 대리로 하여 국사를 보게 하였다.(세종 즉위/8/14)'에서 보듯 '국가의 일'이다.

국방國防은 '험진 올적합(嫌進兀狄哈)과 우리나라의 방어하는 곳(我國防禦之地)에서 접전하고 있다.'(세종 13/10/14) 국가를 방어하는 일이다.

(3) 국보國步: 국가의 미래

나라는 좋은 전통으로 계속 이어져가는 미래의 길에 올라서야 한다. 이를 국보라고 했다. 국보는 나라 운세가 가는 길이다. 연관어로는 국운, 국속 등이 있다.

국보國步: 이원이 이르기를, 나라의 걸음[운수]은 길이 즐거운 가운데 승평하도다.

(세종 즉위/8/18) 李原云: 國步昇平永樂中。

국보: 민생(民生)의 질고(疾苦)와, 국보의 안위를 신들이 비록 바른대로 말하고자 하다.(세종 즉위/12/20) 與夫民生疾苦, 國步安危, 臣等雖欲直言。

국보는 '나라의 바른 길'로, 나라가 바르게 나아갈 제도, 규칙 등을 포함한 나라의 운명에 대한 연관어로 국운國運이 있다. 《대학연의》를 강하다가 '채미편(采薇篇)'과 '군아편(君牙篇)'에 민간에서 간고(艱苦)를 근심하고 탄식한다는 말에 이르러, 정초가 국보안위國步安危를 아뢴다.

국보의 약어는 '운運'이다. 운의 쇠진과 안정이 대비가 된다.

국운: 고려의 국운(國運)이 이미 쇠진한 때를 당하여 천명(天命)의 거취를 알게 되었다.(세종 4/1/5) 當麗運之旣衰, 知天命之去就。

• 국격, 국도 외

기타 일반어로 쓰이는 용어들은 오늘날도 그 의미가 같다. 그 중 '국격'과 '국도國道'가 있다. 위의 국맥, 국행, 국보 등이 모인 국체가 국격 혹은 국도가 된다.

오늘날 '나라의 품격'을 뜻하는 국격國格이라는 용어는 1509년 중종 때 '국격례'로 처음 나타난다.

국격례: 유구국(琉球國) 사신이 왔을 때에도 통사에게 죄가 있었기 때문에 즉시 나래(拿來)하였으니, 우리나라의 격례(格例)가 이와 같은 것이다.(중종실록 4/2/8, 1509년) 故前此琉球國使臣之來, 通事有罪, 卽拿來。我國格例如此。

이것이 다시 광해군 조에도 쓰인다.

대행 대왕께서는 나라를 빛내고 난(亂)을 다스린 전고에 없던 큰 공렬이 있으니, 진실로 조(祖)라고 일컫는 것이 마땅하다, 고 하였습니다.(광해 즉위/2/8, 1608년) 大行大王有光國格天無前之功烈, 允宜稱祖。

국격國格이라는 어휘는 일부 국어사전에는 아직 올라 있지 않으나 현실적으로는 쓰이고 있다. 세종 시대에는 없었고 세종 후 백여 년이 지난 중종 때(1509년)

에 '나라의 격례'[國格例]로 나타나고, 다시 백여 년이 지난 광해군 시대에 朝家格例(광해조 중초본 8/12/21) 등으로 나타난다. 이는 '국격'이란 용어 발생의 역사를 보여주고 있다.

이로 보면 국체[국격]를 구성하는 것은 국맥을 통한 국가의 이어감[영속], 국보를 통한 나라의 기운, 바로 국세國勢를 강하게 해야 하는데 그 가운데는 액운 방지를 위한 제사로 국행國行이 있다.

국격이란 사람의 인격처럼 전 국민이 나라라는 큰 조직을 갖게 되는 일관되고 지속적인 정신의 흐름이다.

국도國道는 세종 시대에 쓰이던 용어인데 세종 시대에 단 한 곳에 나온다.[19) 사람에게 격이나 덕이 있다면 나라도 마찬가지다. 그것이 국도다.

> 국도國道: (김맹성 등이 연명으로 글을 올려 양녕을 벌할 것을 간곡히 청하다) 신 등은 그윽이 삼가 생각해 보건대, 예로부터 국도(國道)는 공의(公義)에 있고 사정(私情)에 있는 것이 아니므로, 공의와 사정의 구분에 치란(治亂)이 달려 있습니다.(세종 10/1/20) 臣等竊伏惟念 自古爲國之道 在公不在私 公私之分 治亂係焉。

이후 선조 대에 국도國道가 쓰이는데 '국가의 도리'로 풀어쓰고 있다.

> 국도: '우리나라의 도리'[國道理]에 손상되는 것이 적지 않습니다. 우리나라가 일을 진실하게 하지 못하여 명장의 마음을 계속 잃어서는 안 됩니다.(선조실록 27/6/17) 云, 則其於我國道理, 所損非細 我國無以不情之事, 積失天將之心。

국도國道는 선조 시에는 28년, 29년, 39년에도 쓰인다. 이후 정조 시에도 선조 시와 마찬가지로 '在我國道理'(정조실록 14/6/20)로 풀어쓰고 있다.

국도國道 다음으로는 국체國體가 있다. 국체란 국격 혹은 국도를 유지하는 실제적 몸체라 하겠다. 즉 국체라는 구체적 실천들을 통해 국도가 유지된다고 할 것이다.

---

19) 《조선실록》에서 '국도國道'라는 어휘를 찾으면 35건 나오지만 대부분이 국도 즉 도로[길]의 뜻이다.

2) 국체 유지[치체治體]

국체란 포괄적으로 국맥, 국보, 국세, 국사, 국속, 국행 등이 모여 모양을 갖춘 국가라는 조직의 모습이다. 현대어로는 국격國格이고 혹은 국도國道를 갖춘 집단의 모습이다.

> 국체國體: (화재와 도둑에 대해 논의하다) 법을 세워 제도를 마련하는 것은 백성의 마음을 군게 결속하여 국체를 유지하고, 영원히 정치가 잘 되며 오래도록 편안한 효과를 거두기 위한 것입니다.(세종 8/2/26) 立法創制, 所以固結民心, 維持國體, 以收長治久安之效也。

국체란 국가의 주체적 정신을 일컫는다. 국가를 유지하기 위해서는 기본적으로 법과 제도가 밑받침되어야 한다. 그리고 그 법은 실제로 백성의 지지를 받아 오래 지속되어야 생명이 유지된다. 사람과 같이 법이나 제도에도 생명력이 있어야 한다. 그러나 새로운 법이 실시됨에 따라 백성이 원망하면 곧 하늘의 기후가 순조롭지 못하여 재난이 생기며 괴변이 생기게 된다.

구체적으로는 정승이 하는 일은 '국가의 체통'[國體]과 연결된다.

조말생은 일찍부터 유자儒者의 업業으로 학문을 하고 이에 국가의 직무를 맡음에 이룬바 없어 사직 의사를 펴고 있다.

> 국체: (장물죄에 관한 사헌부의 상소문) 그러하온즉 나라를 가진 자로서 가히 국체(國體)를 유지(維持)할 바 도리를 알지 못하며, 선비된 자로서 가히 이름과 절개를 갈고 닦은바 의리를 생각하지 않을 것이옵니까.(세종 29/5/22) 司憲府上疏曰: 然則有國者, 可不知所以維持國體之道! 爲士者, 可不念所以砥礪名節之義乎!

국체를 구성하는 기본 이념은 국체의 도道와 선비로서의 의義다.

국체를 지탱하기 위한 여러 방안들이 있다. 예를 들면 '위국爲國' 즉 나라를 위한 여러 시책들로 그 중 국용國用은 국가가 필요로 한다는 일상어로 세종 시 40건이 있다. 이루 예거할 수 없거니와 국체를 구성하는 것은 ㉮원리로서의 세종의 정치철학 ㉯적용으로서의 정치철학의 실천 ㉰사회 속에서 형성되는 결과물을 통해 구체화 된다.

그렇다면 국가가 국가답지 않은 때는 어떤 경우인가. 집현전 부교리 양성지가 올린 비변에 대한 열 가지 방책 중에 여덟 번째에 이런 기사가 있다.

> 민심: 자치(自治)한 도(道)는 다름이 아니오라 민심을 잃지 않는 데 있을 뿐이옵고, 민심이란 것은 나라의 근본이옵니다.' 근일에 성을 쌓는 일이 백성을 괴롭히는 것을 면치 못하오니, 민심이 흔들리는 것은 국가의 복(福)이 아닙니다.(세종 32/1/15) 自治之道, 無他, 在不失民心而已. 民心者, 邦國之本也, 近日築城之擧, 未免勞民, 民心之搖, 非國家之福。

'비국가지복非國家之福'은 즉 국가가 아닌 경우를 지적하고 있는데 민심이 흔들리는 것은 국가의 복이 아닌 것이다.

국가의 대체란 경영이 원만해야 한다는 뜻이다. 더 구체적으로는 치체가 있다. 치체란 합리적인 다스림의 방법을 일컫는다.

> 치체治體: (남은에게) 식견은 정치의 방법을 통달하고, 총명은 기미(幾微)를 환히 알았었다.(세종 4/1/5) 識達治體, 明炳幾先。

세종의 치체에 대한 정신은 국가의 과거, 현재, 미래에 따른 국도國道를 높이고 국체(세종 8/2/26, 세종 14/12/15)를 유지하는 '생민의 정치'[生民之政]를 펴나가려 했다.

국가의 민은 업과 직의 정신을 가지고 천직의식으로 자기 자신의 자존, 그리고 국가를 위한 봉사 등 모든 상황 속에서 국체를 다지고 국격을 높이고 도道가 자리 잡는 상태를 이루어가려 한다. 이러한 '생민들의 합'이 국체와 국격을 형성하게 된다.

정리: 1부 삶[生]의 길, 1장과 2장

(1) 생과 생생

조선 백성의 삶은 고苦 속에 섞여 있다. 생생의 과정은 인간이 물질적·정신적 고통에서 어떻게 이를 극복해나가느냐 하는 일차적 문제에서 출발한다. 하늘은 땅과 감응하고 지상의 우두머리가 임금이라면 임금의 허물이 바로 하늘의 변고로 반응하게 된다. 백성의 고통 또한 임금이 함께 나누어야 할 짐이다.

고통이란 힘들고 아픔이 자신을 속박하는 것을 말한다. 나아가 인간이 자기표현을 할 수 없게 억눌려 있음을 뜻한다.

고통은 인간에게 있어 본질적인 것이며 정신적인 것이다. 인간은 그것을 인식하고 그것의 함축된 의미를 생각하기 때문에 동물이 느끼는 고통과는 다른 면을 가진다. 또한 고통은 인간 자신과 … 인간의 삶을 둘러 싼 많은 다른 것에 대한 반성의 계기가 된다. 그러므로 고통은 다른 한 면에서 사람을 사람답게 만드는데 결정적인 역할을 할 수 있다. 고통이란 결과를 가져오는 과정도 의식작용과 그 사물에 의하여 형성되며 그 고통을 느끼는 주체도 생물학적인 신체일 뿐 아니라 전 인격일 수 있다는 것이다. 그러므로 인간의 고통은 단순히 시간이 아닌 역사와 관련된다.[20]

고통이란 백성이 하민으로 살며 먼저는 육체적인 하민이지만 정신적으로 주체가 될 계기가 있었는지 역사 속에서 그 가능성을 찾아보아야 할 것이다.

글이란 글씨에 갇히는 일이어서 공자의 정신은 '인仁' 한마디로 요약하기도 하고 수백의 정언定言으로도 부족하기도 하다. 말은 말 안에 갇히고 현실은 말 이상의 것이어서 말과 실천의 변환이 필요하다. 세종 이도의 경우는 다행스럽게 현실이 있는 곳에 말이 따라오고 있었다.

살아있음[生]은 존재하는 현실이고 생성이란 실재의 현실을 인식하는 것이고, '생생'과 '생생지락'은 '실존(재)의 가치[깨달음]'를 몸과 마음으로 느끼는 일이다.

---

20) 김경일, 고통에 대한 철학적 종교적 성찰, 『정신문화 연구』, 1990/제 13권 제4호, 175쪽.

표. 고苦에서 생生으로

	고(苦)	생(生)	생생(生生)
몸	고통. 신고, 체형, 체벌	살이	되살이
정신	더부살이, 억울함, 강제성, 두 번 죽이기	살아있음	되살리기
백성의 상태	민생	생민	(생령)

生生之樂

• 거듭살이

사람의 거듭살이는 물物의 새로나기와 정신의 거듭나기와 어우러져 여러 과학 기술의 새로움으로 나타났다. 물격物格도 정신의 영역 연장 속에 있었던 것으로 보인다. 세종의 '생생의 길'은 인간의 '거듭살이'라는 생명의 소중함을 나타내고 있다. 이 정신이 실생활에서 '변역'을 이루어가는 힘의 원천이 된다.

실로 변역 과정에서 물질의 가치를 다시 알게 되며 물질이 사람의 덕을 높이는데 기여할 수 있음을 안다. 그리고 실제 사물의 변화를 통해 도구의 개선, 발명 등이 이루어진다. 더불어 제도의 개혁 등이 더 나은 생활을 유지할 수 있음을 확인해 간다.

신하된 자는 능히 격치성정(格致誠正)의 학문을 연구하지 못하여, 죄를 두려워하고 복을 바라서 인연과보(因緣果報)의 설에 빠지기가 쉬웠다.(세종 6/3/8) 爲人臣則未能究格致誠正之學; 畏慕罪福, 而易陷於因緣果報之說。

(주) 격치성정(格致誠正):《대학(大學)》의 격물치지성의정심(格物致知誠意正心)을 말함.

사대부는 '격치성정'의 학문을 하고자 했다. 이는 물질과 마음을 함께 학습하는 정신이다. 백성은 고통 속에 살고 있다. 그러나 백성은 교화를 통해 바뀔 수 있다. 교화를 통해 감화되고, 감화하고 감발한다. 사면 등으로 백성에게 다시 사는 새로운 기회를 준다. 사람은 스스로를 개변시킬 원리를 안고 있다. 자신지리 自新之理(세종 7/11/9)를 믿고 싶다.

이를 통해 하민, 소민은 생민으로 거듭나려 한다. 사대부와 선비도 생민[생인] 이 되고자 한다.

(2) 세종의 생민 철학

세종의 철학정신은 임금이 된 후 정치실천으로부터 시현된다. 세종의 철학 체계를 살피고자 할 때 시기에 따라 나타난 현상들을 살피는 것도 한 방법이 될 수 있다.

세종은 임금에 오르는 날 즉위교서로 시인발정施仁發政(세종 즉위/8/11)을 선언한다. 그 구체적 실현의 한 덕목으로 효를 강조한다. "아아. 사람은 진실로 각기 상도常道를 지키는 천성天性이 있으니 자신自新해서 인효仁孝의 풍속을 이루게 할 것이다."(세종 11/4/4) 인간 사랑과 공경의 연장선에서 인효의 정치를 실현하겠다는 의지가 곧 정치에서 인仁을 수단으로 펼치는 게 아니라 인仁을 먼저 펼치면 그게 정치에 다름 아니라는 것이다. 맹자시대의 발정시인의 시대 개념과는 달라 있음을 직시한 것이다.

이 '시인발정'의 전제는 백성은 천민賤民이라도 천민天民이라는 명제로 이어진다. 세종 2년 좌의정 박은이 보충군을 환천하는 법 조문에 대해 천민天民 사상에 대해 헌의獻議한다.

천민天民: 좌의정 박은이 헌의(獻議)하기를... 또는 시비를 물을 것 없는 자로서, 기한 내에 소량(訴良)하였다가 결정되지 못한 것은 본시 천민(天民)이라 하겠다.(세종 2/9/1) 曰, 勿問是非者, 以限內訴良未決者, 本是天民也。

박은이 천인賤人이 많아지는 것을 막기 위한 시정時政의 일환으로 드린 헌의다. 천민天民 사상을 반영하고 있다. '천민賤民이 천민天民'이라는 사상은 후반기인 세종 26년 형조에 보내는 전지로도 확인된다.

천민天民: (형조에 전지하기를) ... 더욱이 노비는 비록 천(賤)민이나 '하늘이 낸 백성'[天民] 아님이 없다.(세종 26/윤7/24) 況奴婢雖賤, 莫非天民也?

천민天民을 대상으로 하는 직은 자연스레 천직이 되어야 하는 명제를 안게 된다. 이는 천직 의식이 된다.

그렇다면 임금은 무슨 일을 하는 직책인가.

인군(人君)이 하늘을 대리해서 만물을 다스리는 데에는 이 백성을 편안하게 양육하는 것으로써 마음을 먹는 것이다.(세종 6/6/16) 人君代天理物, 以安養斯民爲心。

진실로 차별없이 만물을 다스려야 할 임금이 어찌 양민(良民)과 천인(賤人)을 구별해서 다스릴 수 있겠는가.(세종 9/8/29) 豈以良賤, 而有異也?

임금은 하늘을 대신하여 만물을 다스리나 마땅히 천도(天道)를 순응(順應)해야 할 것이다.(세종 12/3/2) 上曰: 人君代天理物, 當順天道。

임금은 하늘을 대신하여 만물을 다스린다. 만물은 비유의 근거이고 대상은 사람이다. 다스림에 천도 즉 하늘의 길을 따라야 한다. 그러나 우주의 개념보다 '사람'의 길에서 출발한다. 그렇다면 하늘을 대신하는 임금의 직과 업은 어떻게 인정되는 것인가?

임금 세우기: 민생들이 하고자 하는 바가 있는데 임금이 없으면 어지러워지므로 반드시 임금을 세워서 다스리게 하였다.(세종 13/6/20) 民生有欲, 無主乃亂, 必立君長而治之。

임금은 백성들이 추대하여 직을 맡긴 자리이다. 임금도 직을 가진 백성의 한 사람일뿐이다. 정치의 기본은 사람 살리기로서의 구휼이다. 굶는 백성이 없게 하는 일은 모든 정치의 기본이다. '구휼救恤'이라는 용어를 단순하게 비교하면《조선실록》원문 전체 243건 중 세종 57건이다. 세종은 역대 임금 중 구휼의 임금이다. 그 시대에 재해가 많았다는 것인지 아니면 세종이 특히 구휼을 많이 폈는지는 또 다른 논의가 된다. 그리고 '구민救民'은 전체 465건 중 세종 42건이다.(기타 중종 48건 숙종 61, 영조 48건이다.) '휼민恤民'은 원문 1,354건 중 세종 116건으로 단순 비교로 중종 - 영조 다음이다.[21]

---

21) '구휼救恤'에 대한 원문 총 242 건 중 5건 이상
  초기: 세종 57, 세조 18, 성종 35
  중기: 연산군 5, 중종 48, 명종 12, 선조 6
  후기: 정조5, 고종 16, 순종 6/6

  '휼민恤民'에 대한 원문 총 1,354 건 중 20건 이상
  초기: 태종 17, 세종 116, 세조 20, 성종 82

백성을 구하는 일이란 먹는 것 만큼이나 '입는 것'도 중요하다.

옷: (안순의 상언을 참작하여 각 수령들에게 진휼에 힘쓰게 하다) 감영(監營)에 저축되어 있는 쌀과 간장으로 죽을 끓여 아침저녁으로 진휼하여 주고, 사흘에 한 차례씩 감영 뜰에 나오게 하여 친히 보고 진휼하였으며, 또 베[布]로 단삼(短衫)과 치마를 만들어 옷이 없는 자에게 주었습니다. 전후(前後)로 나와서 먹은 자가 거의 천여 명이나 되었는데, 6월 그믐께에 이르러 조곡(早穀)이 익은 뒤에 파하여 보냈었습니다.(세종 19/1/2)

(참고) 단삼單衫: '단삼'은 실록에서 원문 총 3건이고 세종 1건이다.

속담에 '입은 거지는 얻어먹어도 벗은 못 얻어먹는다.'는 말이 있다. 아녀자들을 생각해보자. 벗은 채 남에게 구걸할 수 있겠는가. 이걸 보면 옷이 밥보다 먼저다. 밥은 며칠 안 먹어도 죽지는 않지만 입지 못하면 겨울 한 번의 큰 추위에 그냥 스러진다. 역사 속에서 이렇게 굶어 죽는 사람의 통계는 별로 중요시 여기지 않는 것 같다. 사건이 아니니까 그냥 묻히기 때문이다. 전쟁 등을 통해 총 칼에 찔리거나 붙잡혀 가는 사람은 소리 지르며 죽어가기에 사건이 되고 그 숫자가 기억된다. 굶어 죽는 사람은 조용히 죽기에 마치 자연사처럼 여겨지는 듯하다. 늙어 병들어 죽는 사람은 조용히 죽는다. 자연사다. 굶어 죽는 사람도 조용하다. 이들은 자연재해사다. 닮은 점이 있다. 세종에게는 자칫 무심하게 넘길 수도 있는 벗고 굶은 백성들에 대한 구휼이 정치의 첫 번째 과제가 되어 있음은 말할 나위없다.

이러한 임금의 일을 지방에서는 수령이 임금의 명에 따라 대신한다. 가뭄이 심한 탓도 있었겠지만 그보다는 구휼에 관심이 가장 많은 임금이란 것이 옳은 해석일 것이다. 구휼은 모든 사람이 삶을 건강하게 하는 락생의 기본 조건이다.

삶 즐기기: 반드시 그 관직으로 하여금 그 사람을 얻게 하여, 모든 정사가 정돈되지 않는 것이 없고, 사람들이 모든 삶을 즐겨야만(人咸樂生), 이것이 그 직책에 상부한다고 할 것이다.(세종 7/2/25) 必使官得其人, 政無不擧, 人咸樂生, 斯爲稱職。

중기: 연산군 40, 중종 243, 명종 78, 선조 78/2, 광해군 39/25, 인조 71, 효종 42, 현종 30/47

후기: 숙종 80/1, 영조 119, 정조 53, 순조 46, 고종 70

정사政事에서 구체적으로 임금이 수행하는 행도行道들을 보면 잘 듣고, 묻고, 신의를 보이는 일이다. 세종은 여러 사람의 말을 듣는 임금이다. 《조선실록》에 나타난 '듣는다'의 '이문以聞'을 보면 원문 총 4,214건인데 세종 862건으로 압도적으로 많다. 부연설명이 필요 없을 정도로 세종은 많이 묻고, 많이 들었다.

세종은 고전과 옛 제도('옛날 제도를 상고하여 보고하라. 稽古制以聞', 세종 2/9/29)는 물론 여러 신분의 사람으로부터 현장에서 듣는 임금이다. '問於農夫문어농부, 농부에게 묻는다.'(세종 7/7/1)에서 보듯 심한 가뭄으로 농사 사정을 알아보고자 서문 밖에 나가 두루 살피다 돌아왔다. 가뭄이 걱정인데 신하는 홍제원의 땅이 메마르고, 가물다고 책임 회피의 답만 늘어놓는다. 세종은 농부에게 묻고 점심을 먹을 생각이 나지 않아 그냥 돌아왔다. 안타까움을 보이는 세종의 직職 수행 모습이다. 시정에서 가장 중요한 것은 백성들과 나누는 신信[믿음]의 관계다.

신信: 임금이 말하기를, 경의 말이 옳다. '나라를 다스리는 법은 신(信)을 보이는 것이 가장 중요한 것이다.' (爲國之道, 莫如示信) 처음에는 저화를 보물로 삼아 그것을 쓰게 하였다가, 이제 와서 오로지 돈만을 쓰게 하고 그것을 헛되이 버리게 된다면, 백성 중에 저화를 가지고 있는 자가 어찌 근심하고 한탄하지 아니하랴. 민간에 돈을 주고서 저화를 거둬들이는 것이 옳을 것이다.(세종 7/4/14)

백성이 저화를 쓰기 싫어하면 다시 동전을 쓸 수 있게 백성이 원하는 바를 통해 믿음[信]을 보여야 한다는 것이다. 이는 직職 정신을 바르게 실천하는 예이다. 《세종실록》에 "그윽이 생각하건대 나라는 백성에게서 보전되고, 백성은 신(信)에서 보전되는 까닭으로, 임금님의 정사(政事)는 반드시 신(信)을 중하게 여기는 것입니다." (竊謂國保於民, 民保於信, 故人君之政, 必以信爲重也。)(세종 9/1/26) 에서 보듯 백성은 믿음으로써만 지킬 수 있는 것이다.

임금은 신의를 바탕으로 백성에 대하여 호생지덕을 펼친다.

호생지덕好生之德: (허지 등이 이종무 등의 처벌을 상소하다) 이는 다 인정이나 법률에서 반드시 죽여야 할 바이거늘, 전하께서는 특히 호생(好生)의 덕을 가지셔서 차마 법에 처하지 않으시다. 是皆情法之所必誅也。殿下特以好生之德, 不忍置之於法。(세종 2/1/28)

호생이기好生而已: 임금된 자의 덕(德)은 살리기를 좋아해야 할 뿐인데, 무고한 백성이 많이 죽는 것을 보고 앉아서 아무렇지도 않은 듯이 금하지도 않고 그 주인을 치켜올리는 것이 옳다고 할 수 있겠는가. 나는 매우 옳지 않게 여긴다.(세종 26/윤7/24) 人君之德, 好生而已。坐見無辜之多死, 恬然不禁, 而乃曰揚其主可乎? 予甚以爲不可也。

성심誠心: (이조 판서 권진이 글을 올려 사직(辭職)하기를) 신은 나이 75세로 노둔(老鈍)하고 혼매(昏昧)하여, 하는 일마다 실수하고 움직일 때마다 허물만 얻으므로 청의(淸議)에 부끄럽사온데, 더구나 농사철을 당하여 한재가 심하오니 실로 불초한 신이 오랫동안 관직에 머물러 있는 것은 어진 이의 등용을 막습니다. 청컨대 신의 벼슬을 거두소서, 하였으나 윤허하지 아니 하였다.(세종 13/5/17)

연로한 신하의 사직을 금하는 것은 세종이 베푸는 '호생'에 수반하여 정승이라면 헌신과 희생을 할 수 있어야 한다는 의식을 보여주는 일이다. 세종의 천직天職 의식이라 하겠다.

헌신과 희생은 나아가 백성이 기뻐할 일을 찾는 적극성으로까지 확장된다. 세종 25년 7월 10일에 가뭄이 들 때 비를 오게 하기 위해 하늘에 제사를 지내고 나이든 사람에게 영직影職을 제수하고 환상還上을 면제하는 것에 대해 의논하며 백성이 기뻐할 일을 찾으라고 명한다.

(주) 영직影職: 조선시대의 대표적인 산직(散職). 직함만 있고 직사는 없는 허직이므로 '영직'이라고 했다.

백성 기쁘게 할 일: 임금이 말하기를, ... 환상(還上)에 이르러서는 만약 액수를 헤아려 견감(蠲減)한다면 백성이 어찌[얼마나] 기뻐하겠는가. ... 각도의 환상에 대한 견감할 수량을 요량하여 마감해서 아뢰게 하고, 기타의 백성이 원망하는 것과 '백성을 기쁘게 할 일'[悅民之事]을 각각 다 진술하라.(세종 25/7/10) 上曰 ... 至於還上, 若量數蠲減, 則民豈喜悅乎? ... 其他民之怨咨及悅民之事, 宜各悉陳。

특이한 사항은 이 '열민지사悅民之事'는 《조선실록》 전체 중 세종조에만 두 번 나오는 용어다. 백성이 기뻐하게 되면 백성은 생생지락을 누리는 생민이 될 수 있고, 임금은 생민의 주'[叨主生民]가 된다.

생민의 주 叨主生民: 백성은 나라의 근본이니, 근본이 튼튼해야만 나라가 평안하게 된다. 내가 박덕(薄德)한 사람으로서 외람되이 생민의 주가 되었으니, 오직 이 백성을 기르고 무수(撫綏)하는 방법만이 마음속에 간절하여 ...전리(田里)로 하여금 근심하고 탄식하는 소리가 영구히 끊어져서 각기 생생하는 즐거움을 이루도록 할 것이다.(세종 5/7/3) 王旨: 民惟邦本, 本固邦寧。予以諒德, 叨主生民, 惟是惠養撫綏之方, 切切于懷 ...使田里永絶愁嘆之聲, 各遂生生之樂。

천성은 생민 똑같다: 내가 생각건대, 하늘이 준 바른 덕과 진심[降衷] 그리고 의젓하게 타고난 천성은 생민이 똑같이 받은 것이라, 인륜을 도타이 하여 풍속을 이루게 하는 것은 나라를 가진 자의 선무(先務)이다. 予惟降衷秉彝, 生民之所同; 厚倫成俗, 有國之先務。(세종 16/04/27)

임금이 여러 생민의 맨 앞에 서서 한사람의 생민이 되어 있는 셈이다. 더욱이 사람이라면 백성[賤民]이나 임금이나 다 생민이 될 수 있는데 그 천성은 다 같다는 것이다. 이것이 바로 세종의 공평[평등함] 사상이다. 이 '생민의 주'로 인식하는 바가 바로 생민사상이다.

인륜에 밝았고 모든 사물에 자상하니, 남쪽과 북녘이 복종하여 나라 안이 편안하여, 백성이 살아가기를 즐겨한 지 무릇 30여 년이다.(세종 32/2/17) 明乎人倫, 察乎庶物, 南北賓服, 四境按堵, 民樂生生者, 凡三十餘年。

위의 '생민의 주'(세종 5/7/3)와 '민락생생자'(세종 32/2/17)는 바로 세종의 업業 사상을 뜻한다. 직, 직의식 그 다음으로 천직의식 그리고 업의식을 보여주고 있다. 업은 사람이 살며 해나가도 미처 다 이루지 못할 무한한 자기 헌신의 일들이다. 헌신은 때로 자기 몸을 바쳐야 할 희생을 요구하기도 한다. 선비가 의義를 위해 죽을 수 있는 믿음은 업 사상의 한 상징이 될 수 있다. 생민이란 누구이며 그 요체는 무엇인가?

· 덕은 생민(生民)에 흡족하고 마음은 화육(化育)에 돈독하다. 玆蓋伏遇德洽生民, 心敦化育。(세종 11/6/24)
· 배필이 서로 만나는 것은 생민의 시초다.(세종 11/7/20) 蓋聞配匹之際, 生民之始。
· 생민의 수는 국가가 있는 자로서 마땅히 먼저 알아야 한다.(세종 22/2/23) 生民之數, 有國家者所當先知。

· 집현전 부제학 최만리의 첨사원 설치를 반대하는 상소문 세자로 하여금 강학(講學)에 전심(專心)하게 하시면 종묘사직을 위하여 매우 다행한 일이며, 생민(生民)을 위하여도 매우 다행한 일이 되겠습니다.(세종 24/8/26) 使世子專心講學, 宗社幸甚, 生民幸甚。

이상에서 보면 생민은 덕에 기뻐하고, 낳고 낳는 생생의 업을 지니고, 모여 국가를 구성한다. 나라를 구성하는 요체가 사직과 생민임을 알 수 있다.

살아있는 나라의 백성을 뜻하는 생민은 그밖에 다른 용어로도 불리는데 생령生靈이 있고 죽은 사람에 대한 것으로 혼魂, 령靈, 혼백魂魄 등이 있다.

생령生靈: (정언 이휘가 소를 올려 경찬회를 정지하기를 청하다) 전하의 뜻으로는 장차 이것이 사직(社稷)과 생령[생민]에 유익할 것이라고 생각하시어 그러시는 것입니까.(세종 24/3/24) 殿下之意將謂有益於社稷生靈而然歟。

혼魂: (삼한 국대부인 송씨에게 치전한 제문) 혼령(魂靈)이시어, 앎이 있으면 흠향하소서.(세종 6/6/16) 貞魂有知, 庶幾饗之。

령靈: (구주 순무사 평상가가《대반야경》을 요구하는 글을 올리자 우선 정포만 내리다) 선왕의 혼령(魂靈)도 반드시 귀국(貴國)을 위하여 결초보은(結草報恩)할 것입니다.(세종 10/8/26) 而先王之靈, 亦必爲貴國結草。

혼백魂魄: 이제 왕녀의 우제(虞祭)는《문공가례(文公家禮)》에 의하여 혼백(魂魄)으로 반혼(返魂)할 것.(세종 6/3/25) 今王女虞祭, 請依《文公家禮》, 以魂魄返魂。

세종의 직, 업 정신은 생민이 되어 일을 통한 업정신으로 사회에서 변역을 이루게 된다.

다시 요약해 보자. 민이 생민이 되는 길은 직/업의 기준에서 먼저 일을 통해 삶의 활력, 그 다음으로 직에 대하여 업정신을 갖추어 간다.

농민은 손이나 발 즉 네 팔다리를 움직여 노동으로 생계를 유지해야 한다. 로勞의 직職과 업業을 가지고 있는 사람이다. 이어 하늘아래 일하는 백성이라는 의식을 갖게 되는데 이것이 생민의식의 기반이다.

한편 사대부는 머리로 일하는 사람이다. 이들은 글이라는 업/직과 사유를 통해 사물을 판단해야 한다. 사유와 신념으로의 직을 갖게 되고 그 직의 기본 이념은 업의식이 된다. 이는 천명 의식과 연관되어 생업 정신이 되고 다시 천직 의식으로 구체화한다. 이로서 헌신은 물론 희생까지도 감수해야 한다. 스스로 생민이 되는 것이다. 생민의식으로서의 기쁨이 생생지락이고 락생의 세계다.

이처럼 백성이 생민이 되어 생생지락을 누리고, 사대부가 생민으로 락생을 누리게 되는데 이 두 갈래가 합치어 사회적으로 공락共樂을 이루게 된다. 표로 정리해 보면 다음과 같다.

표. 민에서 공락으로

(하민)농민 - 손·발 → 勞·業 - 생업 + 락 → 생민 → 생생지락·락생	
	↘
	공락
	↗
(민)사대부 - 머리 → 직·업 - 생업 + 직= 천직 → 생민 → 생생지락·락생	

(3) 생생의 철학적 사유

세종 이도의 철학을 정의하려면 실록에서 세종의 철학/정치를 살피고 용어[주제어]를 모으고 논증하여야 할 것이다.

세종의 정치철학은 '중용[절충]', '민위방본', '실용', '융합', '공공성' 등으로도 풀어갈 수 있고, 실제 기존의 여러 연구들이 있다. 생생철학은《세종실록》속의 '생생'에 대한 기록과 실천 정신이 조선조 임금 중 가장 활발한 것이 그 첫 기반이 된다.

'생생'과 관련하여서는 더 많은 갈래말이 나온다. 핵심개념어는 '생생'이다. 다음에는 관련된 용어로 생민生民, 생업生業, 생기生氣, 생성生成 등이 있다. 또한 이호예병형공 등의 세종 정치철학과 관련한 '생생' 행위들의 연관 주제어로 생재生財, 생효生孝, 생지生地, 호생好生, 생산生産 등이 있다.

세종 이도의 철학 연구로는 처음인 점을 고려하면 앞으로 ㉠생生이 주역의 순환론과 어떻게 다른가. ㉡진화론적 생생의 현상은 무엇일까. ㉢생생이 함의하고

있는 '생', '생명', '진화적 생생', '창제', '거듭살이'의 생생정신의 개념화가 과제
가 되겠다.

세종과 연관한 생생철학은 변증법적인 생생이라고 말할 수 있을까, 혹은 진화론
적 생생의 변화라고 할 수 있을까, 하는 것은 이번 글의 전제로 삼을 수는 없다.[22]

(4) 생생의 변증적 진화

생생이 어떤 철학적 명제를 지니고 있느냐에 얽매이지 않고 《세종실록》 속의
생생현상을 분석해 보았다. 생생이 순환의 논리를 넘어서는 길은 무엇일까. 변역
[변화]은 사람과 삶[환경]을 변화시킨다. 변화가 변화를 만들어가는 현상에 주목
해야 한다. 변화된 사람과 삶이 다른 삶을 만들어 간다. 즉 변화하면 다른 변화는
이어서 스스로 생겨날 수도 있다. 이는 마치 '생명체' 같은 존재인 것이다. 삶은
살아 있는 생명체여서 그 변화의 방향은 일정하지 않다. 삶 자체에 성공과 패배
의 기준이 없듯 변화는 그 변화로서 의미가 있는 것이다.

문제제기의 방식으로 논지를 펴보면 생생의 단계에서 생업에 대한 인식을 갖
추게 되고 생생의 과정을 통해 자기를 깨닫는 생민이 된다. 이 과정에서 변역과

---

22) 철학교재 편찬위원회, 『철학개론』, 도서출판 한글, 2006, 33~34쪽. 연구방법으로서 변증
    법적 방법도 한 방안이다. 인간만큼이나 역사가 오래 되고 각양각색이다. 변증법은 토론
    에서 상대편의 설說을 논파하는 방법으로 그리스 철학자들이 널리 쓰던 방법이다. 질문
    을 던짐으로써 소크라테스는 인간의 마음에 선재先在하고 있는 지식을 풀어낼 수 있다고
    생각하였다. 〈메노 Meno〉에서 볼 수 있는데 소크라테스는 노예 소년이 아무 것도 배운
    일이 없는데 물구하고 기하학을 알고 있던 일을 보여 주고 있다. 이는 바로 생이지지生而
    知之라 하겠다.
      이 방법을 독일의 헤겔(Hegel)은 '正정(정립, thesis)', '反반(반정립, antithesis)', '合합(종
    합, synthesis)'의 반증법적 삼제[triad]를 발표하였을 때 최대한으로 개발되었다. 헤겔에
    의하면 인간 경험의 어느 시점에서 출발하여[正] 다시 다른 명제命題로 마음이 움직여 최
    초의 것과는 '다른 그 무엇'[an another]이 되는데[反命題] 이 두 개의 상충으로부터 둘 중
    의 그 어느 것도 아닌 새롭고 다른 그 무엇이 생기는데 그게 합명제合命題라는 것이다.
    이 과정은 계속 반복되는데 이 변증법적 방법으로 인간의 마음은 진리를 발견하게 된다
    는 것이다. 헤겔은 이 방법으로 인간은 종국적으로 至高의 합명제인 절대정신(Absolute
    Spirit)에 이르는데 여기에서는 모든 가능한 경험이 포함된다고 한다. 이 체계는 이상적
    또는 유심론적 범신론(spiritualistic pantheism)이라고 불러도 좋을 것이다. 이에 반하는 지
    고의 합명제는 정신이 아니라 물질(matter)이라고 결론을 내리면 이는 변증법적 유물론
    (dialectical materialism)이 된다.

자신自新의 변화가 일어나고 생생지락의 공락을 지향한다. 이는 전체 사회의 틀이라 할 국가의 길[國道]에 통하게 된다.

변화 1	민	→	생민	
변화 2	생민	→	생업	
변화 3	생업	→	직	
	직	→	천직	
변화 4	→		천직 ------ 창제	
			│	
변화 5			생생지락 ------ 락생	
			│	
			락천	

생생지락은 생생의 과정 속에 있다. 마치 기氣가 작용하듯 잠시 마음에 들어와 머물다가 나갈 수 있다. 그러나 그 잔상은 남는다. 그것은 기억으로 그리고 체험으로 다시 몸의 기억으로 남는다. 다만 몸이 기억하는 데는 여러 차례의 경험이 필요하여 한 두 번의 기억으로는 몸이 기억하지 못한다. 박자를 잘 따라가지 못하면 박치라고 하듯 생생지락이라는 즐거움의 기억[감동]도 기본적으로는 몸치에서 출발하여 정서적 훈련을 거쳐야 한다.

그러므로 즐거움도 마음으로 받아드리고 기억하고 느낄 줄 아는 기회를 통해 그 수준을 높일 수 있다. 일상생활을 통하여 그러한 경험에 접할 수 있는 기회를 늘여가는 것이 보람[가치]있는 생활의 조건이 될 것이다.

모든 자연적 과정은 창조적 과정이다. 자연스러운 과정이란 창조적인 생활 방식의 발견이다. 전체 자연 안에서 사람이 동물보다 우월한 것은 아니다. 마찬가지로 사대부가 하민보다 우월한 것은 아니다. 다만 사대부는 하민보다 직에서 권리와 폭이 넓은 것이고 자기 결정권이 있다는 것이다. 벼슬을 하거나 낙향을 하거나 자기 결정이 가능하다. 이는 곧 한 개체가 '자기의 방식'으로서 고등하다는 뜻이다. 다만 살며 기쁨을 누린다는 생활 방식에서는 차이가 없다. 이런 차원에서 신분을 넘는 생명체로서의 사람의 생생에 대한 모색이 가능한 것이다.

철학의 방법론에서 크게 주리적主理的 혹은 연역적演繹的 방법(Rationalistic or eductive Method)과 경험적, 실험적 또는 귀납적 방법(Experimental or Inductive

Method)이 있음을 안다. 그 외에 주정적主情的 방법이 있어서 이성도 경험도 아닌 감동이나 본능 같은 정서적 요소에 의하는 방법이다. 합리주의에 대한 반동으로 나타난 것으로 지식을 얻기 위한 방법으로서 감동이나 직관에 의존하는 것이 가치가 있을지도 모른다.

세종이 강조한 감화나 감발은 이러한 주정주의적 철학과 맥이 이어져 있다. 주정주의가 철학사에서 언제 등장하였느냐의 문제를 떠나 주정주의 의미 자체로 파악한다면 리理에 대한 기氣라고 말할 수 있다. 리理를 기저로 기氣를 발산한 세종에 대한 접근 방법을 고려하여야 할 것이다.

(5) 생生과 유가 철학

'생생'이란 용어는 주역에서 나오는데 주역은 4계절이 있는 곳에서 생긴 사상이다. 오랜 기간 동안의 반복적 경험의 축적과 시간관념의 발달 위에서 성립할 수 있는 사상이다. 《주역周易》은 변화에 관한 사상이고 변화에 대한 법칙적 인식이기 때문이다.[23] 그러므로 하늘의 변화[天]에 따른 땅 위의 산천초목의 변화[地]를 말한다. 이를 토대로 사람[人]의 변화를 그려보려 했을 것이다. 그러나 기원전 시대 이후 덕치에서 법치를 오가며 사회는 순환하되 봄이 되면 그 전 해와 같은 사회가 아닌 새로운 변화를 이루어 왔다. 시간을 거치는 사회는 작년에 핀 나무와 꽃 그대로가 아닌 새로운 사회인 것이다.

생생生生은 이미 역사적으로 주역 울타리에서 벗어나 있었으나 그 원의原義를 찾을 때마다 주역에 가두어 놓고는 더 이상, 이후의 변화를 설명하지 않고 지내 왔다. 생생의 변화에 크게 주목하지 않는 탓일 게다. 이제 '생생生生'을 삶에 기반을 둔 생민들의 사유와 실천의 세계 속에서 풀어보아야 한다.

유교는 사람이 인仁으로 군자가 되어 천리天理에 이르면 편안해 진다고 말한다. 그러나 그 군자에 이르는 길이 학문으로 생이지지生而知之의 것이 아닌 문文과 심心의 닦음으로 이루어져야 한다는 어려운 과정을 말한다. 이 어려운 과정을 뛰어 넘는 것이 종교의 힘이다.

세종 이도의 생생의 철학은 신분에 맞게 현실 생활 속에서 업을 통하여 '생생지락'을 맛보게 하려는 과업이다. 그리고 그 끝에 락생樂生이 있음을 현생現生에

---

23) 신영복, 『강의』, 돌베개, 2013, 107쪽.

서 느끼게 해주려 한다.

현실에서 맛보지 못한 행복을 미래로 옮겨놓는 종교와는 다르지만 유교적 현실의 온전함[온/完]을 맛보게 하며 미래로 향하게 한다는 면에서 유교적 현실에 종교적 믿음(군이 종교성이라고 한다면 불교적 성격의)의 철학이 섞인 모습이라 하겠다. 유교 기반에 불교적 정신이 섞인 모습이라 할 것이다.

업으로서의 삶은 더불어 살아가는 즐거움을 주는데 이 락업樂業을 통하여 생생지락을 느낄 수 있다. 안정된 생업과 즐거움, 이것이 락생樂生의 세계다. 종교는 현세에서 이루지 못할 지극한 행복을 미래로 넘기고 있다. 락천 등은 생생지락의 이상적 영역일 것이다.

소박한 변증론

사상사적으로 볼 때 생생과 연관하여 태극太極은 《주역周易》 '계사전'繫辭傳에서 태극을 정범에 놓고 그로부터 양의(兩儀:음양), 양으로부터 사상四象, 사상으로부터 팔괘八卦가 나온다는 생성론적 도식을 제시하였다. 곧 태극은 사물을 낳는 근원이라는 인식이 이미 성립되어 있었던 것이다. 하지만 '계사전'에서는 그것이 구체적으로 무엇을 의미하는지 확언하지 않았다. 근세 유학을 출발시킨 주돈이(周敦頤)의 《태극도설》에서도 태극은 도덕적 이법성으로서의 성격을 분명히 부여받지 못하였다. 그것에 오늘날과 같은 의미를 확실히 부여한 것은 주희(朱熹)이다. 그는 태극이 모든 조화, 즉 변화의 기틀이자 모든 존재의 근거가 된다고 했다. 따라서 그것을 형이상학적인 것, 곧 구체적인 형상이 없는 것으로 규정하였다. 그리하여 태극은 리理와 같은 함의를 지니게 되었다.

생생의 첫 시작은 《주역》이다. 그러나 이후에도 '생생'을 《주역》에 맞추어 놓으면 그냥 순환론이고 다시 이를 근세 유학에 맞추면 위에서 보듯 소박한 변증론이 된다. 시대와 상황 변화를 도외시하고 그냥 묻어두면 그 사상은 초기 의미에 머물고 만다.

동양의 삼대사상의 주류라고 볼 수 있는 유교사상, 불교사상, 도교사상 중에서도 발전사관과 관련이 깊은 것은 유교사상으로 보였는데 거기에 나타나는 주요한 역사적 개념으로서는 왕조변혁, 물질경시사상, 왕조변혁에 관한 순환론 그리고 진보론 등이 있다. 전통적인 유교사상에서 가장 지배적인 것은 상고주의尙古

主義와 순환사상이었다. 이는 일반적인 진보의 개념과 거리가 먼 것 같이 보이지만 그러나 그렇다고 발전사관 또는 진보사관이라고 부를 수 있는 사상이 없었던 것은 아니고, 소박한 단계를 벗어난 체계적인 진보관이 처음 나타난 것은 일찍이 서기 2세기의 하휴何休(129년~182년)의 설에서였다.《춘추공양전春秋公羊傳》에서 그의 진보관이 나타났고 '張三世의 이론에서 더욱 뚜렷이 발전사관이 전개되었다. 윗, 윗윗 세대별 차이를 '태평太平, 승평升平, 쇠란衰亂'의 시대로 시대가 내려옴에 따라 세상은 발전 향상되어 간다는 것이다.24)

이 글은 실록을 통해 나타나는 세종 이도의 말과 행위에 대한 '생생 철학'적 접근의 탐구이므로. 생생론을 세종시대의 담론에 맞추면 어떻게 될까.

생생은 순환이론에서 더 발전하지 못했다. 여러 현상에 대해 더 내부체계를 분석하고 논리화하지 않고《주역》그대로 풀이해 왔던 것이다.《주역》에서 생긴 개념이라 하여 계속 거기에 머물러 있어야 할 것인가? 그리고 순환 이외에 다른 현상은 없었던 것인가? 소박한 진화 다음의 현상에 유의해 볼 필요가 있을 것이다.

순환이라 하더라도 이는 반복과는 다르다. 순환circulation은 반복repetition이 아니다. 순환이란 모든 몸의 체계를 시간 속에서 지속시키는 리듬[律]의 역동성이다. 순환 속에는 반복이 없다. 모든 사태의 현현은 시간 속에서 동일 할 수 없는 것이다. 모든 순환은 원과 직선의 묘합妙合이다. 인간의 시간 인식은 어느 경우에도 순환과 직선의 묘합이며 그 중 하나만을 취하지 않는다. 모든 순환은 평등적 조화라는 중용의 이상(텔로스telos+목적)을 지닌다. 모든 이상은 내재적이며 과정적일 뿐이다.25)

순환은 반복과는 다르다. 반복이란 직선상의 두 개 이상의 시점에서 나타나는 동일한 사태의 현현이다. 순환 속에는 반복은 없다. 이런 점에서 최근덕도 소박한 진화론적 순환을 이야기한 것으로 보인다.26)

---

24) 고병익, 유교사상에 있어서의 진보관, 234~258, 차하순편,『사관이란 무엇인가』, 청람, 1985. 하휴의 설 이외에 법가주의를 주장한 이사李斯(BC 284년~BC 208년) 의 이론이 전통적인 상고사상尙古思想과 상반되는 사상이었고 좀더 적극적인 진보관은 17세기 이후 중국에서 일어났다고 보인다. 왕부지王夫之는 "정통적인 유교사상에 대담한 수정을 외쳤던 사람으로서 사관 면에서는 사회와 문화가 시대에 따라 점차로 진화되어 감을 논하였고 인간 도덕조차도 진화한다고 보았다.

25) 김용옥,『도올세설』, 통나무 1990, 127쪽.

26) 최근덕 외,『유학사상』, 성균관대학교출판부, 2003, 178~179쪽.

이번 연구에서 반증과 변증의 차원에 대해 유의하고자 한다.

• 생생의 의미 변화

생생의 주역적 의미는 만물이라는 포괄적인 원론적 정의에서 세종에 와서는 특히 인간 세계의 생생으로 적용된다. 천리의 보편적 변화에서 개인의 개별적 변화로 진화하는 셈이다.

변화는 한번 변화의 힘을 얻으면 '변화의 틀'과 '변화의 속도'를 가지고 스스로도 변화하기 시작한다. 이를 통해 마침내 '거듭나기[생생]'의 변화에 이르게 된다.

표. 진화의 단계

물성 차원: 순환	신제	창제
변화 차원: 순환	생성적 순환	생생적 순환
진화 차원: 순환	소박한 진화	생생적 진화

• 생생적 진화

순환 - 소박한 진화 - 생생적 진화

세종의 진화를 생성적 진화에 따른 생생적 진화라고 할 수 있다. 이는 소박한 진화 다음에 일어나는 세종의 여러 '일' 속에 나타난 진화 현상을 찾는 과정이다. 인간은 자기모순에 대면하여 후회·회개를 통한 각성과 자각으로 새로워지고[自新] 거듭나는[生生]의 변화의 모습이 보인다. 물질로서의 도구와 제도가 갖는 비현실과 불합리는 상정소, 집현전, 전문가들에 의해 극복해 가는 변역과 거듭살이의 모습을 띠게 된다.

세종의 철학은 도의 관점에서 본체생성론적本體生成論的이라기보다 상관대대적相關對待的이라 할 수 있다. 여기서 생생론은 소멸과 연속적으로 성장하는 대대의 개념이다.[27] 생성에서 세종의 변역이 순환론적이 아닌 일직선의 진화냐고 묻는다면 이에 대해서는 논증이 더 필요하지만 일단 손익, 신제의 순환적 현상現象을 넘어 혁신과 창신, 창제의 새로운 체계의 정신세계 속에서 격물格物에 대한 자세를 유지하려 한 것은 순환 이상의 생성의 진화라고 해야겠다.

세종에서 나타난 생성은 '지는 것이 이기는 것이다', '나중 간 자가 먼저 간다'와 같은 순환론적이며 자기모순의 극복으로 나타나는 모습이 보인다. 세종의 생성적 진화는 생생적 현상現象이 나타날 때까지 변역을 거친다. 그 목표는

· 생생이라는 진화에 대한 기쁨과
· 생민이 생인이 되고 물物이 창제를 이룬 결실로서의 경지 곧 락樂이라는 즐거움의 세계에 이름을 말한다.

락의 경지로서 생생과 락이 합치어 생생지락으로 나타나는데 이는 '행복론'과 '생성의 철학'에 닿아 있다. 세종의 거듭나기/새로나기[생생]철학은 진화의 모습을 보이는 것으로 나타나고 있다.

생[삶]은 2부 생성의 길에서, 3장 세종 이도의 철학정신에서는 '구 정도 九 正道, 4장 시정철학에서는 육생六生을 살펴본다. 이하 3장과 4장은 1장 생생철학의 실천에 대한 풀이다. 실록기사 인용에서 1장과 중복되는 부분이 자연스레 있을 것이다. 3부 생생의 길에서, 5장에서는 '자신自新과 변역의 생생 거듭나기의 길'로 6장에서 공향, 생생지락, 공락으로 이어지게 된다. 붙임글[부록]에서는 각 장의 내용을 정리하고 세종 철학의 요론을 기술한다.

세종 사유와 행도의 전체 체계를 고려하고 생 - 생성 - 생생의 구조에 따라 세종 철학을 구성하고자 했다.

---

27) (참고) 반복성: 순환적인 것과 직선 지향의 반복이 가능하다.
　　상관성: 미추美醜, 성음聖淫, 장단長短, 고저高低, 전후前後, 화복禍福, 곡전曲全, 손익損益 등 타자와의 관계성을 말하고 있다.

2부
생성生成[지음, 만듦]의 길

3장 세종 이도의 철학 정신

　2부는 생성의 길이다. 3장에서는 세종 철학의 환경으로서 사유 세계를, 4장에서는 현실 시정時政의 환경을 살피게 된다. 3장과 4장은 1장과 2장 생생의 실천 마당에 대한 설명이어서 실록 기사가 일부 중복될 수 있을 것이다. 이는 인용기사의 최적화를 위한 방안이라 하겠다.

1. 사유 세계의 방식

1) 사유의 방식

　임금은 개인인가 국가인가. 임금은 때로 개인적인 사유思惟에 따라 움직이기도 한다. 한 시대에는 그 시대를 움직이는 기본 이념들이 있다. 그것은 종교일 수도 사상(혹은 이데올로기)일 수도 있다. 한 사람의 생각과 행동의 방향도 그 근저에는 동력(motivation)의 노[舵]가 있을 것이다.

　세종 시대의 작동의 기제는 무엇일까. 배움이 산출[output]의 기본이 되듯 사유思惟가 창출의 시작이다. 배운다는 것은 우리가 알고 있는 것보다 알아야 할 것이 더 많다는 점에서 소중하며, 사유란 알고 있는 것들을 생생화 시켜주고 또 더 알아야 할 새로운 것을 찾아준다는 뜻에서 의미가 있다.

　사유의 차원에서 본 이도는 첫째 생각하는 임금이라는 것 둘째 대화정치를 했다는 것 셋째 당시 시대사상을 융합하여 현실에 적응 시켰다는 등의 특징을 보인다. 사유의 범위는 당대의 종교, 사상, 이념에 기초한 것으로 유교, 불교, 도가, 무교, 심학心學, 풍수 등을 상정할 수 있다. 이에 대해 실록의 내용을 중심으로 살펴보자.

　세종 시대는 사상적으로는 유가의 범주 속에 있었다. 그러나 개체로서의 이도는 그 속에서 다양한 변혁을 꿈꾸고 있던 것으로 보인다.

철학이란 우주와 인간의 원리에 대한 사유의 체계다. 역사 속의 철학은 세계 혹은 사람에 대한 태도이기도 하다. 천天은 도道를, 지地는 물物을, 인人은 삶을 표상할 수 있다. 세종 이도의 철학정신이라 하면 한 인간의 사유체계를 말한다. 임금인 세종과 개체인 이도는 같은 몸이지만 통치행위로서의 법칙이나 유가의 윤리를 넘어서는 사유와 행위는 개인 이도의 철학일 수 있다.

이도의 사유思惟 세계를 알아보기 위해 ㉮사유의 환경과 방식은 어떠했는가. ㉯소통[사맛, 커뮤니케이션]방식으로 사물과 사람과의 교류는 어떻게 진행되었는 가. ㉰사유체계의 토대가 되는 당시의 사상을 어떻게 받아 들였는가, 하는 주제를 가지고 실록 속의 말[언사], 일[행위] 그리고 글[사유]을 통해 해석解析해 본다.

이도가 사유의 정치가 즉 '생각하는 임금'이라는 근거는 무엇인가? 이도는 '나는 모른다'로 시작하여 학습에 충실하며, 다음으로 주제를 가지고 생각하며, 사람이 새로워질 수 있는 가능성을 찾는다. 그리고 의논과 토론을 유도하며 필요한 일을 적합한 사람에게 맡겨 그가 업業을 이루도록 독려한다. 그러나 확신이 서는 일에 대하여는 '독단위지'의 확신을 가지고 처리한다. 먼저 세종 이도의 사유의 절차를 보자.

가) 나는 모른다.

세종의 정치는 초기에 '나는 모른다'에서 출발한다. 학문이 깊지만 늘 모자란 다고 생각하며 배움에 목말라 있다. 이처럼 철학은 애지愛知philosophy에서 출발한다.

> 내가 깊은 궁중에 있으므로 민간의 일을 다 알 수 없으니, 만일 이해관계가 민간에게 절실한 것이 있게 되면, 너희들이 마땅히 <u>모두 아뢰게 하라</u>.(세종 3/1/3) 予在深宮, 民間之事不得盡知, 如有利害切於民間者, 爾等當悉啓之。

모른다는 것을 전제로 더욱이 임금이라는 위치에서 사회와 떨어져 있음을 안타까워하고 '모든 것을 물어서 아뢰라' 고 말한다.

> 민정(民情)의 편안하고 편안하지 않는 점을 <u>상세히 찾아 물어서 아뢰라</u>.(세종 5/7/4)

傳旨于京畿監司: 今年損實審檢, 委觀察使乎? 遣敬差官乎? 民情便否, 備細訪問啓達。

나) 또 읽고 싶다.

세종은 즉위 2개월에 접어들 즈음에 유교 경전에 밝은 유관, 변계량, 이지강에 대군시절의 스승 이수를 포함해 14명을 경연관으로 하여 10월 17일부터 경연을 시작한다. 교재는 제왕학이라 일컫는 《대학연의》였다. 그 핵심인 삼강령과 팔조목을 세분해 경전에서 관련되는 설을 모두 인용해 입증하고, 제가의 설을 부연해 《대학연의》의 원의를 해명하는 데 기본을 두었다.

경연에 나아가 《대학연의(大學衍義)》를 강론하였다. 임금이 말하기를, 읽기는 다 읽었으나, <u>또 읽고 싶다,</u> 고 하니, 동지경연(同知經筵) 이지강(李之剛)이 아뢰기를, 읽고 또 읽는 것이 성의(誠意)의 공부를 다하는 것이옵니다, 하였다.(세종 1/3/6)

《대학연의》의 1차 강독은 세종 1년 4월 27일 종강하고 30일에 2차 강독을 시작하여 3개월 뒤 10일 뒤에 마친 뒤 세종 8년 7월 18일에 3차 강독을 시작한다. 마친 뒤 '또 읽고 싶다'고 하자, 신하는 그것이 '성의의 공부를 다 하는 것'이라고 호응한다.(《대학연의》에 대한 애착은 세종 16년 책을 인쇄하도록 명하고 사람들이 쉽게 볼 수 있도록 언자諺字를 붙여 가르치도록 하였다. 이는 종친을 비롯한 여러 정부의 관료들을 위한 배려였다.) 세종에게 읽는다는 것은 어떤 의미가 있을까.

읽기와 생각: 내가 경서와 역사책을 두루 보지 않은 것이 없고 또한 지금 늙어서 기억할 수 없으나 반드시 다시 읽을 필요는 없다. 그런데도 지금 그만 둘 수 없는 것은 다만 <u>책을 보는 것으로 말미암아 생각이 떠올라서 정사政事에 시행하는 것이 많기 때문이다.</u> 이로써 보면 책을 읽는 것이 어찌 유익하지 않겠는가?(세종 20/3/19) 予於經史, 靡不歷覽, 且今老不能記, 不須讀書, 今尙不輟者, 只爲觀覽之間, <u>因以起意, 施諸政事者頗多。</u> 以此觀之, 讀書豈不有益?

이 말은 책을 읽고 → 이에 생각의 빌미와 생각의 열매[결실]를 얻고 → 정사政事로 시행되는 고리가 이어진다는 설명이다. 즉 읽기는 생각을 얻기 위한 것이고 생각은 실천을 위한 기본이 되고 있다. 철학하는 임금 이도는 실천을 위해 생각하는 삶을 살고자 했다. 생각은 먼저 읽은 문헌을 복습을 통해 정리하게 해주는 효과가 있다. 그러므로 학습 후 생각하지 않는다면 배운 것이 몸에 스며들었다고 말할 수 없을 것이다.

다) 어떻게 할까[以爲何如]로 실마리를 잡는다.

세종은 어떤 문제에 부딪치면 처음 하는 말은 '어떻게 할까'다. '이위하여以爲何如'의 첫 언급은 즉위년 8월 13일 전위할 일을 아뢸 중국에 대한 주문사 구성에 관한 일에서다.

> 이위하여以爲何如: 임금이 상왕전에 나아가 영의정 한상경과 우의정 이원을 불러 명나라에 전위(傳位)한 일을 아뢸 것을 의논하니, 모두 말하기를, 세자의 책봉을 청하였을 때에 인준을 받지 못하였는데 또 갑자기 전위하였으니, '중국 조정에서 <u>어떻게 생각할까요.</u>'(朝廷以爲何如)하니, 이때 박은은 병으로 집에 있었으므로 하연(河演)을 보내어 이에 대하여 물었으나, 박은도 역시 확정한 의견을 내지 못하였다. 상왕이 말하기를, <u>마땅히 다시 의논토록 하라</u>(當更議之)하고, ... 판한성(判漢城) 김여지(金汝知)로 사은사를 삼았다.(세종 즉위/8/13)

'이위하여'는 묻는 것을 통하여 토론으로 이끄는 실마리가 된다. 신하에게 묻고 다시 묻고 토론으로 유도하였다. 《조선실록》 전체 337건 중 세종은 66건으로 '이위하여以爲何如'의 임금이다.[1]

'이위하여'에 대한 답은 '당갱의지當更議之'이다. 어떻게 생각할까에 대하여 '마땅히 다시 생각하여야 한다'이다.

라) 생각, 다시 생각한다.

세종은 생각하는 임금이었다. '생각한다'는 실록 속에서 사思, 념念, 유惟(생각할 유) 등으로 나타난다. 실록 속의 '생각'은 국역으로는 총 45,702건이고 세종은 2,920건이 된다. 세종의 비중이 많은 편이지만 그렇다고 이것으로만 '생각하는 임금'이라고 부를 수는 없다.

---

1) 이위하여以爲何如: 총 원문 337건 중 10건 이상
   초기: 세종 66, 세조 13, 성종 63
   중기: 연산군 16, 중종 42, 선조 29/3, 인조 10, 현종 7/5
   후기: 영조 16, 정조 12

신하들이 상소를 올릴 때는 '그윽히 생각하다'[절유竊惟] (예: 변계량의 찬락천정기撰樂天亭記: 臣季良竊惟, 세종 1/9/4)라는 표현을 쓴다. 더불어 '반복사지反復思之'를 쓴다. '반복사지'는 《조선실록》 총 129건 가운데 세종조에 51건이다.[2]

신하들의 '반복사지反復思之'에 대해 세종도 때로는 같은 말로 시작하지만 그보다는 '신중한 생각' 혹은 '깊은 생각'을 뜻하는 '나는 다시 생각하건대'로 '여경사지予更思之'를 쓴다. 이는 실록 원문 총 79건 가운데 세종조에 38건으로 실록 전체의 반을 차지한다. 세종을 '사색의 정치가'로 부를 수 있을 것이다.[3]

여기서 중요한 것은 이런 풍토가 다른 임금에서는 보이지 않고 있다는 것이다. 세종조에는 임금을 따라 신하들도 생각하고, 다시 임금이 생각하여 일을 처리하는 선순환의 습관을 가지고 있었다.

여기서 여경사지予更思之로 생각하는 몇 예를 보자.

· 노복 문제: 세종 7/11/29
· 노비공 문제: 세종 14/6/5
· 이만주 보호할 포로 가서 거느리고 올 일: 세종 14/12/21
· 새매 진헌 문제: 세종 15/12/14
· 야인 토벌 책 16조목: 세종 19/6/19
· 흥천사: 세종 21/4/19
· 온천욕 간청 거부: 세종 25/1/10
· 임영군 집 이어 건: 세종 31/6/18 등

세종이 숙고하는 일들의 내용은 양녕문제, 형벌, 강무, 노비, 국경 포로, 의창, 인사, 중국과의 예물, 야인 토벌책, 왜인, 흥천사 불교 문제, 온천행 병치레, 중궁의 병환문제, 한재旱災 등 실로 깊이 생각하고 처리해야 할 문제들이었다. 모두가 늘 있는 일이 아닌 하나같이 중요한 일인 것을 볼 수 있다. 하나의 예만 더 보자.

---

2) 그밖에 성종 조 19건을 제외하면 몇 임금에서 한 두 건일 뿐이다.
3) 여경사지予更思之 원문 총 79건 중 세종 38건. 5건 이상
   초기: 태종 5, 세종 38, 성종 10
   중기: 중종 8
   후기: (숙종 1, 영조 1).

여경사지予更思之: 내 온천 목욕을 세 번이나 하였어도 별로 신통한 효과가 없었소. ... 나의 병은 하늘이 준 것이니 온천이 어찌 능히 내 병을 고치겠소. 항상 생각하기를, 앞으로는 성문 밖을 나가지 아니하여 남에게 속는 것을 피하고 '천명(天命)'을 기다리려 하오. 내 뜻은 이미 정해져 있으나 대신들이 힘써 청하니, <u>내 다시 생각하겠소</u>'.(세종 25/1/10) 以待天命, 予志已定。然大臣力請, <u>予更思之</u>。

이는 피할 수 없는 병과 죽음에 대하여 생각하는 절실한 경우다. 이밖에도 '깊이 생각한다'는 표현은 더 있다. 여경사지의 유사어로는 '고지반복考之反覆', '반복사지反復思之', '중념重念', '상념想念' 등이 있다.

고지반복考之反覆: 사람들의 어질고 어질지 못한 것에 대하여 매우 자세히 살피고 <u>되풀이하여 상고</u>한 후에 나도 다시 살펴서 선택하겠다.(세종 5/11/25) 於人之賢否, 察之甚詳, <u>考之反覆</u>, 然後予亦更察而用捨焉。

자세히 살피고 되풀이하여 생각한 뒤에 결정하는 원칙은 습관으로 신하들에게 전이되어 신하들도 거듭 생각하는 버릇을 갖게 된다. 어찌 보면 일종의 거울 효과(mirror effect)라고도 할 수 있다.

반복사지反復思之: 대신들이 계속해서 양녕 대군을 출입시키지 말 것을 청했으나 ... '다시는 아뢰지 말라고 명하기까지 하시니, 신 등은 되새기고 되새기어 생각해 보아도 그 옳음을 알지 못하겠나이다.'命勿復啓, 臣等反復思之, 未知其然也.(세종 9/5/11)

그밖에도 '사고思考'에 속하는 유사어로 중념重念, 상념常念이 있다. 중념은 말 그대로 '무겁게 생각하다'이다. 어려운 주제이기에 무거운 것이다. 세종의 양위와 양녕대군에 대한 2건이 있다.

중념重念: 거듭 생각하옵건대 전하께옵서 신을 세워 후사를 삼으실 적에도 오히려 감히 마음대로 하시지 못하고 천자에게 아뢰어 결정하옵셨거든, 하물며 군국의 막중한 것을 마음대로 신에게 주실 수 있겠습니까.(세종 1권 총서) 重念殿下立臣爲後之時, 猶以不敢擅便, 奏于天子, 況以軍國之重, 擅授於臣?

'상념常念'은 '늘 깊이 생각하다'이다.4) ('념念'은 깊은 생각이다.)

상념常念: 지금 지운(志云)이 인덕전의 아들이라고 사칭하였으니 죄가 크다. 그러나 나는 '항상 생각하기'[然予常念]를 사람의 죄가 사형에 처하는 것이 마땅하다 하더라도 만약에 사정에 따라 용서할 수 있다면 모두 용서하고 싶은 것이 나의 본심이오.(세종 6/6/4) 又傳敎曰: 今志云詐稱仁德殿之子, 其罪極矣。然予常念, 雖有人罪當處死, 若緣情可恕, 則悉欲貸之, 予之本心也。

중 지운의 죄는 처음에는 비록 어미 말을 곧이듣고 외람되게 왕자라고 자칭했고 인덕전이 이미 '내 아들이 아니다'고 하였다는 것이다. 이는 죽음에 이를 수 있는 사안이다. 이런 일도 깊이 생각해보면 용서할 틈새를 발견하게 되는 것이다.

조선 초 정도전이 정한 이름이지만 국사를 논하던 장소의 이름이 사정전思政殿이다. '깊이 생각하며 정치를 한다'는 것으로 사정전 앞의 본전인 근정전勤政殿과 함께 짝을 이룬다. '열심히 일하고, 생각하며 일해야 한다'는 교훈을 건물 이마에 매달고 있다.

마) '한 고깃덩어리'로서의 낮은 삶을 살다.

낮은 백성으로 내려가 개인적으로 절실하게 불성[불교적인 마음]을 보이며 스스로를 '고깃덩어리'에 비유한 적이 있다.

고깃덩어리: 이제 한 고깃덩어리가 되어 방안에 앉아서 환자(宦者)로 하여금 말을 전하니, 이것이 모두 웃음을 사는 일이다. 내가 부덕(不德)하기 때문에 경들로 하여금 진언(進言)하지 못하게 하였다. 경들이 또 나이 늙어서 이름을 낚고 녹을 가지는 것으로 말을 하니 내가 생각지 않은 말이다. 비록 젖내 나는 아이라도 내게 말을 하면, 내가 '너는 이름을 낚는다.'고 하지 않을 것인데, 하물며 경들이겠는가.(세종 30/7/23) 今乃爲一塊肉, 坐於房內, 使宦者傳言, 此皆取笑事也。以我不德之故, 使卿等不得進言, 卿等又以年老釣名, 持祿爲言。釣名之言, 予所不意也。雖乳臭之童, 有言於予, 予不曰汝爲釣名, 況卿等乎!

위에서 세종은 ㉠나는 우혹(愚惑)하고 고집이 있다. ㉡내가 부덕하다. 그래서 진언하지 못하게 했다. ㉢나는 이름을 낚지 않는다.[(不)釣名] ㉣칭찬을 원하지 않는다. ㉤"한 고깃덩어리[一塊肉]가 되어 방안에 앉아 있다."고 말한다.

---

4) '상념'에 대한 총 원문은 91건이고 그 중 세종 7건이다.

여기서 세종 이도는 '이름을 낚지 않는다' 는 유교의 논리와 불교적인 표현인 '한 고깃덩어리'라는 어구를 쓴다.

내용은 '나는 우혹하고, 부덕하고 그래서 그토록 강조하던 진언을 막았고, 나는 칭찬을 원할 수도 없고 원하지도 않는다.' 고 한다. 사람이 이보다 더 낮게 자신을 낮출 수 있을까. 어느 면에서 초월의 경지에 들어가 있다. 그것은 마음을 비우는 '불교의 경지'다. 특히 '한 고깃덩어리[一塊肉]'에서 보듯 세종은 지금 한 독부獨夫로서 고깃덩어리에 개인 이도라는 이름을 유지하는 작은 한 백성으로 실재하고 있다. 관념상의 평등성을 보여주고 있다. 이는 또한 불교의 다음 논리를 연상시킨다.

불가의 유식론에서는 서양 철학의 이분법 대신에 현상과 실제의 조화나, 양자를 초월할 수 있는 종합적인 사고를 요구한다. 그 결과 인간도 하늘의 섭리에 따르는 피조물이나 자연계를 지배할 권능이 있는 '유일자'라기보다 천지만물과 조화를 추구하는 불완전한 존재일 뿐이다. 예컨대 '나'라는 존재는 육체, 물질과 관념이라는 이중구조 속에 있지 않고 오히려 양자의 통합체로서의 '몸'이다. 따라서 '몸'은 넋이 빠진 고깃덩어리가 아니라 자아와 세계와의 교통방식이자 육신의 통합물이다. ... 이런 '몸'은 말뿐이 아니라 눈빛, 낯빛, 몸짓과 같은 비언어적 매개물을 통해 세계와 의사소통을 한다.5)

세종은 저 아래로 내려가 몸을 매개체로 하여 스스로를 돌아보는 사유가인 셈이다.

바) 스스로 결정하기: 독단위지獨斷爲之

생각하는 사람의 마지막 실현은 무엇인가. 그것은 생각하고 생각하여 스스로 결단을 내리는 일이다. 이는 신념이고 다른 한편으로는 이데올로기로도 나타날 것이다. 조선의 임금인 세종이 결정하는 일은 개인의 일인가, 국가의 일인가.6)

화가위국: 예조에서 계하기를, 전조(前朝) 말엽에 정치는 산란하고 민심은 이탈하여, ... 천명(天命)과 인심(人心)이 ... 〈태조〉를 추대하시어 '집을 변하여 새 왕조를 이룩'[化家爲國]하셨습니다.(세종 즉위/9/11) 惟我上王殿下應時決策, 倡義推戴, 化家爲國。

---

5) 김정탁, 『禮와 藝』, 한울 아카데미, 2004, 261~262쪽.
6) 이에 관한 연구로 이한수, 『세종시대 家와 國家』, 한국학술정보[주], 2006이 있다.

임금이면서 개인일 수 있는 한 근거는 왕조국가가 한 가족의 연장선상에 있다는 논리에 따른 것이다. 그러나 국가가 바로 왕가는 아니다. 양녕 문제에서 '이것이 비록 일가의 일이라 하여도 또한 국가에 관계되는 것'이라 하였다. 국가가 한 가족의 연장선에 있다는 의식이 있다.[7]

가사와 국사: (상왕이 양녕의 산릉 제사 참여를 못하게 명하다) 이천(利川)과 거리가 멀지 않으니, 양녕으로 하여금 효령의 예(例)에 의하여 내왕간에 능에 가서 절[拜]을 드리게 하는 것이 어떠할는지. 이것이 비록 <u>한 집안의 일</u>이라 하여도 또한 국가에 관계<u>되는 것</u>이니, 그것을 대신들과 조용히 의논하여 계(啓)하도록 하라.(세종 2/8/11) 利川相距不遠, 使讓寧依孝寧例, 來往拜陵何如? 此雖一家事, 亦係國家, 其與大臣密議以啓。

이로 보면 세종 개인으로서는 가족의 일과 국가의 일이 섞여 있고 개인의 의지와 철학이 국가 윤리의 기준이 될 수 있는 개연성이 따르게 된다. 세종 개인의 일에 속하고, 국가 안위에 관계되지 않는 범위의 일이라 판단하여 독단적 결정을 내린 몇 가지 사례가 있다.

'독단위지'는 사유의 마지막 단계에서 세종 스스로 결단을 내리는 일이다. 그 근거를 댈 때는 '경과 권' 그리고 '국가 안위'로 신하들에게 설명한다.

독단위지獨斷爲之: 임금이 말하기를, 내가 권신(權臣)에게 제재를 받을 임금이 아니다. 무릇 일이 의심나는 것은 여러 사람에게 의논하지마는, <u>의심이 없는 것은 독단으로 하는 것</u>이다. 너희들이 나를 권신에게 제재를 받아서 스스로 가부를 하지 못하는 줄로 생각하는가.(세종 30/7/18) 上曰: 予非受制於權臣之君也。凡事之可疑者則謀於衆, <u>無可疑者 則獨斷爲之</u>, 爾等以予爲權臣所制而不能自爲可否乎?

신석조·이사철 등이 불당설치 불가를 아뢸 때 대응하는 방법이 흥미롭다.

불교 논쟁: 그대들이 비록 번거롭게 군이 청하지마는, 현명한 신하의 말이 반드시 무지한 인군에게는 합하지 않을 것이며, 무지한 인군의 말이 현명한 신하의 귀에는 들

---

7) (참고) 우리 상왕 전하께서 시기를 맞추어 결단을 내리시고 의(義)로운 거사를 하여, 태조를 추대하시어 '집을 변하여 새 왕조를 이룩[化家爲國]'하셨습니다.(세종 즉위/9/11) 惟我上王殿下應時決策, 倡義推戴, 化家爲國化家爲國。

어가지 않을 것이다.(세종 28/3/28) 爾等雖煩固請, 賢臣之言, 必不合於無知之君; 無知之君之言, 必不入於賢 臣之耳。

불교를 둘러 싼 일은 국가의 일인가, 개인의 일인가. 이도는 '현명한 신하와 무지한 인군'이라는 반어법으로 풀고 있다. 두 의미가 상충하여 원 의미를 떠나고 있다. 다분히 불교적 표현이다. 즉 국가의 공공 업무로서 백성에게 영향을 끼치는 일에서는 그 결정이 곧 국가법의 기준이 될 수 있으나 개인의 문제에 국한될 때에는 나름대로의 다른 해석을 보이게 된다.

양녕의 문제는 왕권을 어지럽히는 일이지만 세종은 이를 효의 연장선상의 가정 문제로 보고 있고, 불교의 문제는 건국이념과 상충하나 관습과 개인의 신앙(사유세계)의 문제로 보고 있다. 관점의 차이다. 그러나 개인의 문제를 떠나, 정치적 결정으로 이루어진 파저강 전투, 수령육기제, 공법, 훈민정음 실시 등 제도개혁과 창제에서는 경經과 권權 가운데 권도를 보이고 있다. 이보다 덜 충돌적인 부민고소금지법 등은 중용의 방식으로 처리하는 모습을 보인다.

사) 멀리보기[후일지효後日之效]

• 김종서 (1390~1453)의 예

세종은 임금으로 매일 벌어지는 일 이외에도 나라의 미래를 보고 '천년사직'을 유지해 가야 한다. 멀리 보는 눈이 필요한 것이다.

나라의 경계를 지키는 일이 그 중 하나다. 김종서와 조말생의 예가 있다.

후일지효 後日之效: (김종서에게 4진의 형세와 앞으로의 추세를 보고하게 하다) 이것을 가지고 말하면 오늘날 변방을 개방하는 것으로써 상책을 삼으면 의심이 없다. 뜻밖에 첫해의 큰 눈[雪]과 이듬해의 큰 역질(疫疾)로서 사람과 가축이 많이 죽었고, 지난해의 적변으로 피로되고 피살된 것이 또한 적지 않았다. '비록 그렇다 하더라도, 내 뜻으로는 오히려 대사를 이루려면 처음에는 반드시 순조롭지 못한 일이 있어도 후일의 공효는 반드시 바랄 수 있다고 생각한다.' (세종 19/8/6) 雖然予意猶以爲成大事者, 其初必有不諧之事, 後日之效, 必可望也。

김종서에게 4진의 형세와 앞으로의 추세를 보고하게 하며 나온 말이다. '옛날

나라를 다스린 분은 그 토지를 넓히는 데에 힘썼사오니, 공험진(公嶮鎭) 이남은 버릴 수 없습니다.' 하는 상소도 있었고 유생들에게 책시(策試)할 때에 이를 물었었다. '후일지효'는 노력은 당장에는 힘이 드나 반드시 후일에 그 효과를 발휘할 것이라는 실천적 의지와 신념의 산물이다.

- 조말생(趙末生 1370~1447)의 예

조말생은 태종과 세종대에 걸쳐 신임을 받을 정도의 능력을 갖춘 군사전문가였다. 그러나 문제는 김도련 노비 소송 사건에 얽힌 전형적인 탐관오리의 행태를 보이기도 했다. 조말생은 김도련에게 뇌물을 받고 형조 관리들을 포섭해 김생과의 소송에서 승소를 이끌어내어 양민인 김생의 후손 426명이 억울하게 노비가 되고, 그들의 재산은 모두 김도련이 차지하게 된 일에 연루되었다. 세종 4년에 문제가 벌어져 세종 8년에 중신들까지 이 문제에 포함되어 있음을 알게 된다.

세종은 유배지 평산에 있던 조말생을 사면해주고 2년 뒤 1430년(세종 12년) 4월에는 회수했던 직첩까지 돌려주자 또 다시 조정이 시끄러워졌다. 우사간 변계손과 신포서가 조말생의 재임용을 영구히 막으라고 청하지만 세종은 듣지 않는다. 2년 뒤 1432년(세종 14년) 12월 8일에 조말생을 동지중추원사에 제수하자 이에 사간원에서 부당함을 상소하고, 이견기의 11차례 상소에 이르기까지 사간원과 사헌부에서 연일 조말생의 관직을 거둘 것을 간청한다. 그해 12월 15일 조말생은 자신도 조금은 부끄러웠는지 스스로 사직을 청하지만 세종은 이를 물리치고, 12월 17일 권도를 내세우자 이틀 동안 대간들이 전원 사직 시위를 펼쳤지만 세종은 대간들의 말을 듣지 않았다.

세종 15년 당시 함길도 백성들은 여진족의 잦은 침입과 명나라 사신이 행차할 때마다 공물을 징발당하는 등 많은 고통을 당하고 있었다. 세종은 이런 상황을 알고 있었지만 여진족을 섣불리 정벌하다 국경이라도 침범하면 명나라와 외교적 마찰이 빚어질 수 있었다.

조말생은 태종 때부터 병조판서로 8년을 복무하고 대마도 정벌에 참여했던 경험으로 명나라와의 외교를 담당했던 경력을 가지고 있었다. 이에 세종은 군사작전 수행능력이나 외교력이 뛰어난 조말생을 1433년(세종 15년) 1월 19일 함길도 관찰사에 임명한다. 그해 4월 파저강 전투가 있게 된다. 조말생은 함길도에 부임하자 명나라 조정을 설득한 후 여진족의 침입을 격퇴하고 북방을 안정시키는 공을 세우게 되고 이에 조말생에 대한 비난은 누그러진다. 파저강전투는 최윤덕이 지휘하였으나 그 밑작업에서 조말생이 맡은 바가 컸던 것이다.

조말생은 공을 세운 선비고 동시에 탐관오리이기도 하다. 선비의 도道로 보면 조말생은 속유俗儒이지만 세종의 자리에서 보면 국가의 경계를 지켜내는 군사전 문가이다. 세종은 뇌물비리 사건과 국가의 안위를 같은 자리에 놓고 비교할 수 없다는 생각을 가지고 있었을 것이다. 이때 국가의 안위를 더 걱정하고 대비하고 있었던 것으로 볼 수 있다. 언젠가 북방문제는 일어날 것이고 그때 조말생이 필요하다는 것을 예비하고 있었으리라 짐작해 본다.

어떤 역사 연구가는 조말생을 옹호한 세종에 대해 비난하기도 하지만 임금이라는 위치에서 전체를 보고 먼 앞을 그려보는 '관점[위치]'의 차이가 있음도 생각해 볼 일이다.

2) 몸과 사유

몸을 통한 사유란 몸을 움직여 사유할 수 있는 환경을 만들거나 혹은 환경을 바꾸어 새로운 사유의 환경을 만들게 된다.

이어移御: 먼저 두드러진 현상은 잦은 이어였다. 세종이 임금이면서 스스로 한 사람의 백성이라는 현전現前[나타남]은 잦은 이어에서 찾을 수 있다. 이어는 궁이 아닌 사적인 공간에서 몸의 자유를 통한 사유 환경의 여유로움을 찾는 일이고, 스스로 임금이 아닌 한 사람의 백성으로 내려가는 일이다.

세종은 임금의 자리에 있는 중 창덕궁 궁인중 병자가 많아 중궁과 함께 경복 궁으로(세종 3/5/7)으로 옮기고, 초기에는 상왕의 이어에 따른 문안 등에서 시작하여 이후 여러 이유로 창덕궁 - 수강궁 - 경복궁 - 락천정 - 연희궁 - 상림원 - 동궁 등으로 이어했다.

민가로 나가는 첫 기록은 임금 및 중궁과 동궁이 임영대군 이구(소헌왕후 소생 4남)의 집으로 나간 일이다.(세종 16/8/26) 이후 진양대군(소헌왕후의 차남으로 후일 세조다. 진양은 진평, 함평, 진양, 수양 등으로 이름이 바뀐다)의 집(세종 17/8/21), 광평대군(소헌왕후 소생 5남)의 집(세종 21/6/24), 금성대군 이유(소헌왕후 소생 6남)의 집(세종 24/1/9), 수양대군(소헌왕후의 차남)의 집(세종 27/1/8), 효령대군의 집(세종 32/1/22), 심지어 반대에도 불구하고 양녕의 집(세종 28/4/9)에도 간다. 그밖에 부마 연창군 안맹담의 집(세종 23/9/6)에, 평양군의 집(세종 28/12/

15)에 가고, 후기에는 부지돈녕 김중렴의 집(세종 28/12/20)에, 훙하기 한 달 전쯤에는 전첨 이서의 집(세종 32/윤1/7)과 안숭선의 집(세종 32/윤1/24)으로 이어하고 마지막은 영응대군의 집 동별궁에서 세종 32년(1450) 2월 17일 돌아가신다.

이렇듯 궁을 떠나 민가로 찾아다닌 이유는 무엇일까. 추론이기는 하지만 몸의 자유를 통한 사유의 자유로움을 얻기 위한 것으로 풀이하고 싶다. 당시는 역병이 생기면 다른 곳으로 피난하는 것은 자연스러운 관습이었는데 즉위 3년 5월에 궁인들이 병이 많아 경복궁으로 옮겼듯, 세종은 아프다 생각하여 스스로 민가로 피신한 것으로 볼 수도 있다. 특히 26년 이후 부적 이어의 횟수가 늘어나고 세종 26년에는 왕비만 광평대군의 집으로 가는 일(세종 26/11/26)도 있다. 이는 광평이 스무살 나이로 천연두에 걸려 죽은 12월 7일 열흘 전인데 일반 사람은 병이 나면 피신하는데 어머니는 병자를 찾아가는 모습을 보인다.

몸이 아프면 거동이 제일 불편하다. 그리고 아픈 모습을 남에게 보이고 싶지도 않을 것이다. 즉위 24년 이전에는 1년에 한두 차례이던 이어가 24년에는 두 차례, 26년 이후는 년 3~5차례로 증가한다. 이는 25년 훈민정음 창제와 28년 반포와도 무관하지 않다고 보인다. 온천에도 서책을 가져가는 세종이 자유로운 사유의 시간을 가지고 싶어 했을 것은 당연하다. 훈민정음은 천문처럼 수치로 계산하여 나오는 산물이 아니라 사유를 통한 체계의 구성이 필요한 것이다. 이런 면에서 작곡에도 자유로움이 전제되어 있었을 것이다.

특히 후기에 이르러 가족의 여러 죽음을 맞아 인간과 병과 죽음에 대한 문제에 부닥쳐 불교에 빠져 있을 때 자유로운 명상의 시간은 궁중 안에서는 이루어지기 어려운 일이다. 사적인 공간에서의 생각의 자유로움을 가지고 싶은 욕구가 잦은 이어를 낳은 것으로 보인다.

아들의 집에서 그것도 다시 안채와 다른 별채로 지은 동별궁에서 조용히 있는 시간은 오로지 자신의 세계를 구축하는 때인 셈이다. 이 시간이 세종에게서는 창제의 시간이 되었다고 보인다. 이어는 세종이 한 사람의 백성이 되고 또 사유가가 되고자 한 상황을 상징하고 있다.

이어移御 중에는 여러 백성의 한 사람으로 세종의 모습이 보이는 듯하다. '이어'의 출현 빈도 중 많이 보이는 임금은 태종 44건, 세종 156건, 성종 106건, 광해군(중초본) 158건이다. 세종보다 이어의 횟수가 많은 임금은 광해군으로 158건(중초본)인데 즉위년 7월 15일 동궁으로 이어한데 이어 창덕궁 수리를 하는 도중

경운궁으로(광해군 3/12/20) 그리고 7년 4월 2일 창덕궁으로 돌아오고 이후 경덕궁 축성과 수리에 따른 '이어'가 대부분이다. 세종의 이어와는 그 내용이 전혀 다른 궁 수리에 따른 궁에서 궁으로의 이전일 뿐이다.

세종의 다른 움직임은 정사와 관련한 것으로 강무와 강무를 겸한 온천 행 등이 있다.

강무와 온천: 연천漣川, 양주, 철원 지역의 강무는 세종 1년부터 시작한다. 초기에는 태종과 더불어 함께 다니며 정치 수업을 받는다는 의미도 있을 것이었다. 특히 연천 지역 강무는 세종 1년, 4년 등 22년까지 10여 차례에 이른다.

강무講武는 조선조 임금 가운데 세종이 관련기사가 원문 356건으로 가장 많다.8) 강무를 겸한 온천행도 있었다. 한 번의 행차는 몇 달씩 걸리는 큰 행사로 온천행은 특히 세종의 안질로 인한 휴양이 앞세운 목적이었다. 그러나 재위 15년 3월 25일의 온천행은 여진족을 기만하기 위한 시책의 하나로 수행되기도 했다. 다시 재위 25년에는 온양에 왕비와 함께 가고, 26년 초수리에 갈 때는 왕비와 세자가 함께 간다. 그러나 안질치료 휴양이나 강무 이외에 다른 목적도 있어 보인다. 초수리 길은 바로 훈민정음 창제가 알려진 두 달 뒤이고 운회를 번역하도록 지시한 지(세종 26/2/16) 13일 뒤였다. 훈민정음에 대한 후속 실험 확인과 고증이 필요한 때였다. 사유 즉 생각할 시간을 갖고자 한 것으로도 보인다.

환경을 바꾸어 개인의 자유로운 사유의 시간을 가졌던 몸으로 커뮤니케이션을 생성해 간 세종을 만나게 된다.9)

2. 사맛론: 소통의 방식

사맛은 원형이 '스뭇'이다. 훈민정음 서문에는 '서르 스뭇디 아니홀씨'[不相流通]로 되어 있다. 문법적으로는 '사무치다', '사맟'이 옳다. 그러나 여기서는 옛 표현의 맛을 살리기 위해 '사맛'[소통, 커뮤니케이션]으로 쓰고자 한다.

세종의 정치방식은 먼저 고전을 골라 경연을 했고, 경연을 통해 서로의 생각

---

8) 다른 임금은 태종 164건, 세종 107건, 성종 204건 등이다. 기사가 많다고 실제 강무를 많이 나간 건 아니다.

9) 서울특별시, 『세종시대 도성공간구조에 관한 학술연구』, 2010. 219~224쪽.

을 나누고 토론하고 각기 마음에 새기고 이를 실제 정치에 응용하고자 했다. 세종의 정치 초기에는 부왕의 신하들인 고려의 관리들로 채워져 있었고, 부왕이 있어 활동할 수 있는 폭은 제한적이었다. 마음 놓고 할 수 있는 일은 훗날의 정치를 준비하는 일뿐이었다. 준비로는 학습이 우선이며 경연이 있었다.

정치는 말의 사맛을 통하여 이루어진다. 사맛이야말로 정치의 근본 요소가 된다. 사맛이란 소통인데 소통은 이미 의사소통이 되는 사람과는 굳이 소통을 위한 준비가 필요 없다. 그리하여 사맛과 연관해서는 이질적인 요소들 사이에서 혹은 사회 각 이질적인 부문 사이에서 어떻게 소통을 이루어야 하는지에 유의해볼 필요가 있다.

1) 사맛의 양상

인간이 개체에서 벗어나 사회화를 이루려면 사맛이 필요하고 사맛을 위한 수단이 있어야 한다. 수단이란 먼저 물物의 사맛으로서의 교통, 유통, 이동 수단 등이 필요하다. 교통은 육상, 강, 바다, 하늘 길에서 이루어진다. 물건이 오가는 데는 통상관계만 있고 사상은 들어가 있지 않다. 다음은 사람의 교류다. 파발 등이 있다. 마지막에 정보의 사맛[교환]을 위한 언어, 문자, 그리고 사상이 오간다. 군사 신호인 봉수도 일종의 정보 유통이다.

(1) 교통으로서의 사맛

두 대상 간 물자와 정보를 주고받는 교통의 수단에는 물物·인人·신信이 있다. 마지막은 문자/기호의 교환이다. 문자가 있어야 '사상'을 교환할 수 있다.

물(物)	통상	교통
인(人)	통행	교류
신(信)[정보]	통신	교신

• 물자의 교통

교통에서 먼저는 물자가 오간다. 물자는 길, 수로, 시장, 화폐를 통해 교환된다. 사람은 이사, 결혼, 임지발령, 장사를 통해 오간다. 정보는 서신, 교육, 종교, 오락, 음악, 마을놀이 등을 통해 교류된다. 정보교류에서 문자는 중요 요소가 된다. 이런 점에서 사회적 사맛의 범위를 넓히려면 문자의 중요성이 절실했을 것이다.

길	- 육지	도로, 역참, 봉수
	- 바다	바다, 섬 정책
물류	- 유통	길과 운반도구인 수레와 배, 물품의 이동
	- 화폐	저화, 동전, 재화의 이동
사상	- 경험	경험방: 축적과 이전이 어렵다.
	- 문자	이두, 훈민정음: 축적과 이전이 된다.

조선 초에는 왜국의 침입이 잦아 태종 3년(1403)에 무릉도의 주민을 육지에 나오도록 하명하는 것부터 시작한다.(태종실록 3/8/11)

태종은 13년(1413)에 '사사로이 바다로 나가[下海] 이익을 도모하는 자를 금하라'는 명을 내렸다.(태종 13/7/28) 세종 또한 '국경 근처에서 무역을 하거나 바다로 나가는 자에 대하여 장 1백대의 죄로 다스리도록 하였다.(세종 8/4/19)

다른 의견으로는 『대명률』의 '위금하해違禁下海'에 대하여 연해 백성들이 바다에 나가는 것 자체를 금지한 것으로 보는 견해도 있으나 앞뒤 문맥으로 보면 바다를 통한 사사로운 해외 통상을 엄금한 것으로 볼 수 있다.(이러한 조선의 일종의 해금정책은 1876년 부산항을 개항하는 '조일수호조규'를 체결할 때까지 유지되었다.)[10]

세종은 무릉도에 사는 사람의 수, 바람과 파도의 시기별 흐름, 장비와 배의 수를 조사하게 하고(세종 19/2/8), 살 수 없는 섬에 사는 사람들을 쇄환刷還하여 구제하기 위함을 밝히고 있다.(세종 27/8/17)

이 점에 대해 아직 논의가 있지만 백성들이 국역을 회피하여 섬에 들어가는 것을 막기 위한 현실론으로 백성들이 본업인 농업을 피하여 말업未業인 어염魚鹽

---

10) 이는 국내 해상에서 밀거래 행위를 금지한 것이다. 한임선 외, '조선후기 해양경계와 해금', 『동북아 문화연구』 21, 2009, 15쪽.

이나 목축 등에 탐닉하는 것을 막아 국가의 대계를 바로 세워야 한다는 이유가 있기도 하다. 그밖에도 적변賊變이 일어날 경우 위험에 빠질 섬 주민들을 구하기 위해서 또한 황막한 섬에 들어가 사는 백성을 구하기 위한 휼민 정신에 근거한 것이라는 설명도 있다.[11]

시가時價 넉넉하게: 경차관은 그 어염에서 나오는 물건을 공정한 수령을 골라 맡겨서 백성에게 나누어 팔게 하되, 그 값은 미곡·포화(布貨)를 불구하고 시가에 비해 넉넉하게 주며, 뱃길이 통하는 곳은 운반하여 전매(轉賣)하되 거둔 미곡은 의창에 돌리고 포화는 국용으로 들이면, 흉년의 준비와 군국 비용을 거의 넉넉하게 할 것이고, 말리를 따르는 자도 그칠 것입니다.(세종 19/5/1)

더불어 섬은 병선을 만드는 소나무의 재배지로 거론됐다. 세종 30년에 의정부는 소무가 잘 되는 연해 주현의 여러 섬과 곶의 목록을 보고하면서 소나무가 있는 섬과 곶에서 나무하는 것을 엄금하고 나무가 없는 곳에는 관원을 보내 심게 하고 인근의 만호로 하여금 감독 관리하도록 했다. 이때 보고된 섬의 수는 전국에 걸쳐 120개에 달한다.(세종 30/8/27) 또한 섬은 목장의 적지로 거론되어 세종 ~ 성종 간 전국의 섬에 목장을 설치하였다.[12]

세종은 섬을 어염과 소나무와 말을 생산하는 중요 공간으로 탈바꿈 시켰다. 조선은 섬을 국역의 기피공간으로 여겨 섬 주민들을 쇄환하는 정책을 썼으나 세종은 이를 국용산물의 생산처로 활용하기 시작한 것이다. 비록 섬에 살면서 생활을 영위하게까지는 하지 않았으나 이는 그 시대에는 여러 섬에 사는 사람들의 관리가 행정과 배와 관리의 문제 등으로 힘이 미칠 수 없었을 것이고 대신 사람을 쇄환하고 대신 어염, 말목장, 소나무 재배 등 사람과 물질을 동시에 살리는 방법을 택하게 되었다. 이에 따라 어염을 국영화 하는 방안을 취하기도 했다.

목장: (사복시 제조가 평안도에 목장을 세워 사신이 내왕할 때 필요한 말을 기르자고 건의하다) 사복시 제조가 계하기를, 평안도는 지경이 중국에 연하여 있으므로 사신이 내왕할 때에 타고 싶은 말을 민호(民戶)에서 내게 하니, 그 폐단이 한이 없습니다.

11) 강봉룡 '바다로 보는 한국사', 『역사학과 공간』, 2016 역사학회 학술대회, 2016. 8.25. 서울여대, 103~110쪽.
12) 김경옥, 『조선후기 도서연구』, 혜안, 2004, 67~73쪽.

청컨대 본도(本道)의 신이도(身伊島)·직도(稷島)·화도(和島) 등지에 물과 풀을 자세히 살펴서 만약 목장(牧場)을 삼을 만하다면 면포(綿布)와 쌀로써 그 도의 자원하는 사람에게 피마를 바꾸어서 본시(本寺)의 상마와 함께 섞어 방목하게 하여 번식시킨 뒤에, 3, 4세 되는 건장한 말은 국용(國用)에 충당하게 하고, 그 다음의 것은 각 참(站)에 나누어 주어 군사에 이르기까지 모두 이를 살 수 있게 한다면 쇄마(刷馬, 官用의 말)하는 폐단을 거의 면하게 될 것입니다. ... 그대로 따랐다.(세종 9/9/2)

그렇다면 세종이 어염업을 국영으로 하여 백성들이 자유롭게 일할 기회를 줄였느냐에 대하여는 다음 기록이 있다.

염법: (공조 참판 권맹손이 염법을 급히 시행할 것을 아뢰니 윤허하지 않다) 임금이 말하기를, 내가 경 등의 계책을 그르다는 것이 아니라, 단지 금년만은 흉년이 너무 심하니, 만일 갑자기 염호를 수괄(搜括)하면 소요한 폐단이 이루 말할 수 없을 것이다. 대개 법을 만드는 것이 점차로 하는 것을 귀하게 여기니 마땅히 먼저 한 곳에 시험하여야 하거늘, 하물며, 이 일은 그 편하고 편하지 않은 것을 시험하자는 것이지 갑자기 만세의 영구한 계책을 만들려는 것은 아니며, 만일 시험하여 백성에게 폐단이 있다면 내가 마땅히 행하지 않겠다. '나는 본래 백성과 이익을 다툴 마음은 없다.'(세종 27/9/8) 予本無與民爭利之心。

이렇듯 바다와 섬이 고려 이후 다시 해방海方의 진지로 논의되고 이루어지는 것은 역사적으로 임진왜란이 끝난 후 70여년이 지난 숙종 연간에 이르러서이다.

세종의 교통에 대한 생생[새 길]의 정신은 섬의 활용과 뱃길 확보로 나타났다. 재미있는 사실은 교통에서 사람이 물자를 싣고 간다면 이를 물자가 오간다고 하지 사람이 오간다고 하지는 않는다. 현재 남북이 막혀 있는 상태에서도 유엔기구에서 인도적인 사업으로 물자를 전해주려고 방북을 해도 물자가 주인이지 사람이 주인이 아니다.

《세종실록》 속 사맛의 기본인 '유통'을 보면 유통은 유형과 무형의 상호교류를 말한다. 유형의 것으로는 '법보'(4/1/16), (대장경판본) '유통'(7/4/12), '재화'(29/9/23) 등이 있고, 무형의 것으로는 '기불득유통氣不得流通'[病](세종 7/윤7/25), '문자文字'(세종 28/9/29), '교법유통敎法流通'(세종 30/6/21, 32/2/16) 등이 있다.

• 사람의 교류

사람과의 만남, 대면에는 정사政事를 통하는 것 이외에 정치의 예비 작용으로서 경연과 윤대가 있다. 사람이 공식적으로 학습을 같이 나누는 것이다. 그밖에 인견引見 등이 있다.

경연經筵: 경연은《조선실록》총 원문 12,470건 중 세종 2,011건으로 경연을 부지런히 그리고 꾸준히 진행한 임금이다.13) (세종보다 많은 경연 기사가 있는 임금은 성종이다. 성종은 실제로 경연을 많이 가졌다. 성종은 13세의 어린 나이에 왕위에 오르게 되었다. 성종의 경연은 곧 왕의 공부인 성학聖學이며 동시에 왕세자급의 학습인 예학睿學을 포함하는 셈이다.)14)

경연에서는 국정에 필요한 주제를 감안하여 고전을 읽는다.《대학연의》가 대표적 교재로 바로 정치학습이었다. 경연이 갖는 의미는 첫째 현실의 정치를 옛날의 고전에 빗대어 비교한다는 것이다. 나의 이야기가 아니라 남의 이야기를 하듯하며 자유롭게 듣고 자기 의견을 편다. 유가의 첫 과제인 학습의 주제를 역사 속에서 찾아 역사 주제를 현실과 치환하게 된다. 둘째 이야기하는 사이 각 참가자들의 의견과 성향을 알 수 있게 된다. 변화를 원하는지, 변화를 추진할 의사가 있는지 등 개인의 성품을 읽고 성향을 알게 된다. 셋째 다음 날 있게 될 현안 정치에 대한 의견을 조절하고 모으는 기능을 하게 된다. 현안 주제를 조율해가는 정사의 예비 토론 과정이 된다. 마침내 이러한 기회를 통해 신하와 임금이 한 방

---

13) 경연經筵:《조선실록》원문 총 12,470건 중30건 이상
   초기: 정종 40, 태종 59, 세종 2,011, 문종 240, 단종 76, 세조 38, 성종 4,332
   중기: 연산군 825, 중종 1,767, 명종 548, 선조 323/84, 광해군 142/120, 인조 211, 효종 198, 현종 75/114
   후기: 숙종 197/8, 영조 465, 정조 278, 순조 78, 고종 126
14) 성종은 25년간 경연 기사가 가장 많아 4,332건이다. 무슨 이유일까. 성종은 재위기간이 약 9천여일이 되는데 4천 300여건이면 이틀에 한 번 꼴이다, 성종은 즉위한 이후 12월 8일부터 다음해 12월 8일까지 1년에만 255건으로 3일에 이틀을 경연에 대한 기사를 산출한다. 성종은 13세의 어린나이에 왕위에 오르게 되었다. 이런 연유로 경연이 많아지기도 했을 것이다. 이후 1469년부터 1476년까지 할머니인 정희왕후 윤씨가 섭정으로 수렴청정垂簾聽政을 하였다. 성종의 경연은 곧 왕의 공부인 성학聖學이며 동시에 왕세자급의 학습인 예학睿學을 포함하는 셈이다. 성종은 임금을 마치는 때까지 경연을 게을리 하지 않은 실로 학문을 좋아한 임금이라 하겠다.

향으로 뜻을 모을 수 있는 화기에 찬 '학습 마당놀이'의 모습을 보였을 것이다. 이는 바로 소설 속의 소설인 격자소설처럼 현실 정치 속의 허구정치가 끼어드는 듯 격자정치의 기능을 하게 된다. 당시의 경연은 극으로 치면 당대의 광대놀이 [극]처럼 말을 재료로 한 마당놀이의 형식을 빌린 예비정치 토론장이었다. 정치 주제의 마당놀이 특성은 무엇일까. 이는 정치의 또 다른 형태로 학습의 모습을 띤 예비정치인 셈이다. 경연에서 오고가는 자유로운 발표는 다음날 정치에 변통 變通되어 반영될 수 있었을 것이다.

경연 이후의 절차를 보자. 경연은 공부라는 마치 마당놀이 같은 형식을 통해 당면한 정치 주제에 대한 공감대를 형성하고, 또 다른 의견들을 사전 조율하는 단계에까지 이르게 한다. 갈등의 큰 요소를 사전에 제거하고 토의와 정책 결정을 본론 수준에서 다룰 수 있게 해주고, 일의 차후 진행에 속도를 붙게 해준다.

정보와 지식이 부족했던 시대에 이보다 더 효율적으로 정보와 정책을 조율시키는 방법은 없었을 것 같다. 지금도 중국의 7인 위원회는 정기적으로 외부 전문가를 초청해 현안에 대한 강의를 듣는다. 우리나라의 내각 구성원들도 그럴 것이다. 그리고 오늘날에는 각 부서별로 연구소가 있어서 필요한 정보를 제공해 준다. 그리고 지금은 정보시대로 정보가 주위에 널려 있다.(그러나 정작 필요한 최고급의 기술정보나 안보에 긴요한 비밀 정보는 역시 막혀 있을 것이다. 모두가 다 아는 정보는 이미 정보의 가치를 상당 수준 상실하고 있는 셈이다.)

경연 등에서 혹시 의제가 설정되면 토론으로 이어지는 동시에 다음으로 조사가 이루어질 것이다. 조사는 개인이 하기도 하지만 집현전의 몫이 되었다. 조사 이후 정리된 내용은 마지막으로 다시 정승들이 토론을 하고, 검증하게 된다. 이후 각 의제는 대전大殿 회의에서 결정을 보게 될 것이다.

경연에서는 수많은 문헌이 대상이 되었다. 즉위년 11월의 『송조명신사적宋朝名臣事跡』(세종 즉위/11/7)을 비롯하여 초기의 몇 주요 문헌을 보면 강講《대학연의》(즉위/11/15), 강《춘추》(1/7/13), 시강 《통감강목》(4/윤12/20, 8/12/4)), 필《대학》(6/3/20), 필《논어》(6/4/20), 시강 《중용》(6/4/23), 시강 《맹자》(6/7/28), 시강 《시》(6/8/20), 시강 《좌전》(7/1/5), 강 『춘추호전』 필(7/12/11), 시강 《주역》(7/12/12), 시강 『六典』(7/12/12), 시강 『송조명신 언행록』(16/3/6) 외에 《성리대전서》(10/3/2)도 있다. 세종 15, 16년경부터는 경연의 강독 대상이 중국의 고전만이 아니라 서사 또는 조정에서 일어난 사건의 토론이 잦아져서 경연은 일종의 논리적 발표와 토론[세미나] 형식이 되어 갔다. 이 경연은 21년 윤 2월까지 지속되고 그 이후는 거의 중단된 것으로 보이는데 아마도 세종의 신병身病과 새 정치 이슈의 제한에서 온 것이 아닌가 여겨진다.

윤대輪對: 윤대란 문무 관원이 윤번으로 궁중에 들어가서 임금의 질문에 응대하기도 하고, 또 정사의 득실을 아뢰기도 하는 일이다. 세종 7년(1425) 6월에 처음으로 동반東班 4품 이상, 서반西班 2품 이상으로 하여금 날마다 들어와서 대답하게 하였는데, 조계朝啓에 참여하지 아니하던 각사各司는 매일 1인이 입대入對하여 일을 아뢰게 하였다. 그리고 사관을 물리치고 하급관리들의 윤대도 게을리 하지 않았다. 윤대 또한 《조선실록》 원문 총 2,686건 중 세종 1,159건으로 압도적으로 많다. 세종은 윤대를 중히 여긴 임금이라는 증거다.[15]

이밖에 세자의 대면학습의 형태로 서연이 있다. 교육 차원의 서연書筵은 보다 본질적인 정치 학습의 방향을 잡아주는 기능을 했을 것이다.

인견引見: 임금이 임지로 떠나는 수령을 만나는 일이 인견 중 대표적이다. 인견은 《조선실록》 원문 전체 8,847 건 중 세종 677건이다. 영조(52년간) 2,163건, 숙종(46년간)은 1,351 건으로 세종보다 많은 임금인데 오랫동안 임금 직에 있었고 당쟁 시대인 탓이 있었을 것이다. 두 임금 다음으로 세종은 부지런히 신화와 대화를 나눈 임금이라 칭할 수 있을 것이다.

• 사상의 교환[교신]

경연을 통해 고전을 학습하는 일은 인간의 생각과 사상을 원본으로 각자의 의견을 교환하는 일이다. 그리고 경직된 형태로 의견을 나누는 대면, 전체 회의가 있는데 윤대, 상참, 조참, 조계 등이 있다.

---

15) 윤대輪對 원문 총 2,686 중 30건 이상
　　초기: 세종 1,159, 문종 182, 세조 56, 성종 428
　　중기: 연산군 48, 중종 178, 명종 35, 인조 33, 효종 39
　　후기: 숙종 38, 영조 92, 정조 194, 순조 119

상참·조계·윤대: 정사를 보았다. 임금이 여러 승지에게 이르기를, 대저 군주가 처음에는 비록 정치에 부지런하더라도 종말에는 반드시 게을리 하게 되므로, 당나라 현종(玄宗)과 헌종(憲宗)이 더욱 밝은 거울이 되니 내가 매우 이를 부끄럽게 여긴다. 내가 왕위에 오른 이래로 정사를 하는 데는 부지런히 힘쓰는 것만 같지 못하다고 생각하여, 이에 상참(常參)·조계(朝啓)·윤대(輪對)를 시행하여 날마다 여러 신하를 접견하고 모든 서무(庶務)를 친히 결재하지 않은 것이 없으니, 그런 까닭으로 형옥의 판결이 지체됨이 없고 모든 사무가 폐기되지 않았다.(세종 24/6/16)

눈병으로 인해 세자로 하여금 서무를 보게 하려는 뜻을 여러 승지에게 이르며 나온 말이다. 정사를 하는 데는 부지런히 힘쓰는 것만 같지 못하다고 생각하여, 이에 상참·조계·윤대를 시행하여 날마다 여러 신하를 접견하고 모든 서무 친히 결재하지 않은 것이 없다.16)

상소와 대답: 신하들이 상소를 올리며 앞에 붙이는 관용어는 절념竊念 즉 '그윽히 생각하건대' 이다. 생각하고 다시 생각하여 올린다는 생각의 정치를 한다는 뜻이다. 이에 대한 세종의 답은 '너의 뜻은 아름답다'(爾等之意美矣)이다.

한 사례를 보자. 사헌부 장령 이백첨과 사간원 좌정언 윤면이 종친의 살곶이에서의 매사냥이 부당함을 아뢰는 상소를 올린다. 사헌부 장령 이백첨(李伯瞻)과 사간원 좌정언(左正言) 윤면(尹沔)이 아뢰기를, "서울을 지키는 종친을 시키어 살곶이[箭串]에서 매사냥을 하게 하셨는데, 신 등이 생각하옵기는, 살곶이는 전하께서 사냥을 구경하시는 곳이옵고 신하들의 사냥하는 곳이 아니옵니다. 또 전하께서 거둥하신 때를 당하와 문밖에서 매사냥을 하는 것은 의리로 보아 옳지 못하오니, 청하옵건대 이 분부를 거두시옵소서" 하니, 임금이 말하기를, "옛적에 종친

---

16) (참고) 상참常參: 당상관이상의 대신과 해당 참상관(6품 이상)을 모아 거의 매일 열던 조회다.
조참朝參: 조참 때에는 참여 계층의 제한이 있던 상참(常參)과는 달리 서울에 있는 모든 관리가 참석하였다. 『경국대전』예전조에는 매월 4회(5·11·21·25일) 열리는 것으로 규정되어 있는데 이를 사아일(四衙日)이라고 하였다.
조계朝啓: 매일 아침 문무 백관이 상복(常服) 차림으로 임금을 조알하는 상참(常參)을 마친 후, 조신(朝臣)들이 임금에게 국사(國事)를 아뢰는 정규 회의.
윤대: 동반 6품 이상 이상과 서반 4품 이상 각 아문의 차례대로 매일 윤대하였고 인원은 5명을 넘기지 않음.

이 궁궐을 빌어 거처하는 일이 있었는데 이는 비록 본받을 일은 아니나 옛 사람도 오히려 혐의함이 없었고, 더구나 살곶이는 본디 원유(園囿)가 아닌지라, 종친이 서울을 지키면서 심심하겠기에 내가 매사냥이나 하라고 한 것이니 무엇이 의리에 해로울 것이냐" 하니, 백첨과 면이 다시 아뢰기를 "임금이 사냥하시는 곳에서 신하들이 말달리고 돌아다니는 것은 진실로 불가하옵고, 더구나 거둥하신 때를 당하와 종친은 더욱 조심하여 수도를 지키는 것이 마땅할 것인데, 문밖에서 말을 달려 짐승을 쫓아다니는 것은 나라 체통에 어떠하옵니까. 청하옵건대, 신등의 말씀을 윤허하시옵소서." 하니, 임금이 말하기를, "너희들의 뜻은 아름답다. 그러나 그 언사가 너무 지나치다." (上曰: "爾等之意美矣, 然其辭過矣.")하였다.(세종 15/3/4)

상대를 고려하는 부정어법이다. 커뮤니케이션의 교신은 상대방 혹은 상대 국가와 정보[信, 사람의 말], 글을 교환[通]하는 일이다. 두 나라 사이에 믿음[信]이 오가는[通] 일 즉 믿음이 통하는 바가 바로 통신사 교환이 된다.

사맛의 단계를 보자.

(1) 조사: 계고제
- 다단계 축적의 사맛방식

사대부가 하는 조사와 연구는 집현전 중심으로 이루어져 갔다. 먼저 할 일은 옛 문헌과 자료의 수집이다. 자료의 수집에는 계고제稽古制, 의고제依古制, 고고제考古制 등이 있고 유사어로 고고제개지考古制改之가 있다.

경험지방: 각도에 공문을 내어 메밀[蕎麥]을 경작하게 하되, 《농상집요(農桑輯要)》·《사시찬요(四時纂要)》 및 본국의 경험방(經驗方)으로 시기에 따라 경작할 것을 권면시키라.(세종 5/6/1) 各道行移, 蕎麥耕種, 考《農桑輯要》, 四時纂要》及 本國經驗之方, 趁 時勸耕。

여기 '본국경험지방'이란 말은 실록 전체에서 세종시대에 단 1 건이다. ㉮주체[宜土]정신과 ㉯경험이 지식이라는 믿음의 말이다. '경험지방'은 실록 전체에서 세종 이외에는 단 2건인데 선조 시에는 선조가 아프니 아침에 흰 죽을 들라는 경험방 즉 시중처방으로 하겠다는 내용이고(선조실록 6/1/21), 정조 시에는 허준

許浚의 《동의보감(東醫寶鑑)》에 정조가 교정을 가하고·범례凡例를 붙여 《수민묘전(壽民妙詮)》 9권을 만들어 낸 다음 내의원이 여러 처방들을 채집한 경험방經驗方을 그 사이에 첨부해서 세상에 유행시킬 수 있는 책 1부를 따로 편집하게 하였다는 내용이다.(정조실록 23/12/11)

세종이 강조하는 점은 산업에 필요한 지식 이외에 인간에게 주어진 본능으로서의 '생지生知/생이지지生而知之'에 대한 믿음이다. 이는 논리적인 지식은 아니어도 근원적으로 인간은 지혜를 가지고 있다는 믿음이다. 생지生知는 살며 경험을 통해 몸으로 아는 지식들이다.

세종은 이러한 경험 지식을 수집하여 이를 종합하여 지식화하려 했다. 이것이 경험지식이고 경험방이다.

세종은 일을 해나감에 있어 명의 제도 이외에 중국 역대의 제도나 시책을 연구하여 이를 적용하려고 했고 이것이 '계고제稽古制'다.

> 계고제稽古制: '예조에서 계하기를, 옛날 법제를 상고하면, 국상 중에 형(刑)을 금하는 기한이 없으므로', 삼가 정부와 육조에 의논하였는데, 모두 말하기를, '무식한 백성들이 형벌을 쓰지 아니한다.' 하고, 법을 범하는 자가 많으니, 도(徒)·유형(流刑) 이외에는 법에 의하여 시행하소서 하니, 그대로 따랐다.(세종 4/6/18) 癸卯/禮曹啓曰: 竊稽古制, 國喪內, 無禁刑期限。

계고제는 조선조 총 93건 중 세종조에 64건이다. 다른 임금에 비해 얼마나 많은 옛 문헌과 제도에 관심을 가진 것인지 알 수 있다. 많은 출현이 많은 문헌을 이용한 것이라고 단언할 일은 아니지만 옛 제도와 문헌에 대한 관심은 지대했다는 증거는 충분히 될 것이다.

그뿐이 아니다. 계고제와 같은 의미의 의고제依古制도 조선조 전체 209건 중 세종조 123건이다. 반이 넘는 숫자다.

> 의고제依古制: (종친 훈신과 문무 1품이상의 상장(喪葬)을 전담하는 도감을 상시 설치하다) 원컨대 예전 제도에 의거하여 상시로 도감을 설치하여, 이 일을 맡게 할 것입니다, 하니, 임금이 그대로 따랐다.(세종 즉위/11/11) 乞依古制, 常置都監以掌之。上從之。

연관어로 고고제考古制도 조선조 전체 155건 중 세종조에 62건이다.

고고제考古制: (안숭선이 방패 세우는 것을 없앨 것과 조회 때 의장 세우는 곳에 관해 아뢰다) 임금이 집현전으로 하여금 옛 제도에 상고하여 아뢰게 하라고 하였다.(세종 15/9/17) 上令集賢殿, 考古制以啓。

고제를 참고하는 일이 바로 '참고고제參考古制'다. '참고고제이문參考古制以聞'(세종 7/12/25), '우령집현전참고고제又令集賢殿參考古制'(세종 13/3/17) 등 '참고고제'는 8건이 있다. 그밖에도 '고제이문古制以聞'(세종 11/4/12), '사적이문事跡以聞'(세종 12/5/28), '기계고전其稽古典'(세종 14/10/13) 등이 있다. 이 중 고제이문古制以聞은 조선왕조실록 전체 36건 중 세종 26건이고, 사적이문事跡以聞은 전체 중 세종 단 1건이고, 기계고전其稽古典은 조선 전체 3건 중 세종 3건이 전부다.

세종 시대에는 여러 제도를 정착시키려고 수많은 문헌에 대한 탐구가 있었다. 세종은 조선조 계고제의 임금이다.

위는 몇 예시지만 "문면 속에서의 중국제도나 사적事迹의 고려는 참으로 절대적인 것이며 이외의 상소문에서도 '계고'가 사용됨을 보면 일종의 시대풍인가 한다."[17]

이 가운데 특이한 것은 옛 것을 기초로 새로운 것을 만들어 가는 정신이다.

고고제개지考古制改之: (상정소에 고신을 서경하는 법을 유사에 명하여 고칠 것을 전지하다) 상정소(詳定所)에 전지하기를, 사헌부의 상소에, '4품 이상의 관원에게 고신(告身)을 서경(署經)하는 법을 만약 ... 청컨대 유사(攸司)에 명하여 '옛날 제도를 상고하여 이를 고치소서."(考古制改之)하였으므로, 이에 집현전으로 하여금 상고하게 하니, ... 그것을 옛날의 제도를 모방하고 지금의 적의한 것을 따라서 자세히 의논하여 아뢰라, 하였다.(세종 14/9/18) 其倣古之制, 從今之宜, 熟議以聞。

고고제개지考古制改之 즉 '옛날 제도를 상고하여 이를 고치소서' 하는 전지로 나타난 것은 실록 중 이것 하나다. 제도를 고치는 일은 많았겠으나 명시된 것은

---

17) 이숭녕, 세종대왕의 개성의 고찰, 『세종대왕의 학문과 사상』, 아세아문화사, 1980, 157~158쪽.

이 1건이다.

위의 사례들은 문헌을 통해 제도를 고쳐가고 새로 만들어가는 즉 세종의 '생생의 길'이라 하겠다.

한 나라의 소통은 백성과 임금 사이에서 사대부[관리]들이 백성의 의견을 받아 잘 전달해 이를 정치에 반영해야 한다. 이 소통의 길이 원활한가의 여부가 좋은 정치와 연결됨은 당연하다. 세종의 사맛 정신은 인간을 대하는 도리이며 세종 정치의 기본 정신이 되었다.

고적古籍 상고: 근정전에 나아가 조회를 받고, 윤대를 행하고, 경연에 나아갔다. 임금이 부제학 이선(李宣) 등에게 이르기를, '무릇 즉시 거행할 일을 사람들이 혹 잊어서 시기를 잃으므로, 저번에 집현전으로 하여금 날마다 행할 일을 초(抄)하게 하였으니, <u>그대들은 고적(古籍)을 상고하여 빨리 초하여 아뢰라.</u>' 하였다.(세종 15/2/26) 凡趍時擧行之事, 人或遺忘而失時, 故曩者令集賢殿, 抄逐日可行之事, 爾等考古籍, 速抄以啓。

고열증원고閱證援: 증빙(證憑)과 원용(援用)을 살펴 조사하다.(세종 32/2/17)

원활한 소통을 위해 개별적으로 혹은 제도적으로 여러 방안들이 시도되었다. 개별적으로는 신문고, 격쟁 등이 있으나 활성화되지는 못했다. 백성이 자기 의견을 관에 올리는 일이 금지된 것은 아니나 역시 활발하지는 못했다. 이보다는 기회 있을 때마다 의견을 내라는 기록은 많다. 이런 의견 구하기는 높고 낮은 관리는 물론 노인이나 현장에서 일하는 경험이 많은 백성들에게서 구하려 했다. 이는 현장의 경험지식으로 한 시대의 지혜이기도 하다.

또한 조사 중에는 선현이나 선왕이 한 일을 참고로 살피는 일도 중요하다. "성신(聖神)하신 전하께서 왕업을 계승하매, 선왕의 뜻을 이어 닦아 옛 국경을 회복하고 영토를 견고하게 하여서, 처음 나라의 터전을 삼았던 땅을 소중하게 여기시다."(聖神繼作, 紹述先志, 復舊境固封域, 以重肇基之地) (세종 15/12/21)에서 보듯 '소술선지紹述先志'로 과거의 성과를 이어 받아 한 걸음 더 나아가게 되는 것이다.

집현전은 스스로 조사하고, 연구하며 모으고 편찬한다. 이런 문헌과 연구들은 경연에서 의제가 된다. 그리고 경연장[홍문관]이나 사정전에서 수시로 대신들과 대화와 토론을 한다. 이런 토론의 결과는 대전에서 다시 논의되고 의결을 거친다. 모든 결정의 핵심은 의제를 만들어 내는 몇 기관의 유기적인 관계와 임금의 열정이라 할 것이다.

각 기구에 곁가지가 있다. 집현전에는 수많은 문헌들과 음악, 천문 등의 전문가들 그리고 사정전 곁에는 홍문관의 경연청, 근정전 앞에는 조정朝廷 마당이 있다.

(2) 묻기·듣기·간하기

세종은 전체적으로는 신하들의 간諫을 잘 들었다. 간이란 자기의 의지를 논리화하여 임금에게 묻는 것이다. 간하기는 사대부의 업이며 동시에 '직'으로의 의무다. 좌의정 허조가 한 말을 줄기를 통해 보자.

간하면 행: 내 나이 70이 지났고, 지위가 상상(上相)에 이르렀으며, 성상의 은총을 만나, 간(諫)하면 행하시고 말하면 들어주시었으니, 죽어도 유한(遺恨)이 없다.(세종 21/12/28)

가뭄 때문에 대언들에게 간언을 구하는 교서를 내리며 세종이 말한다.

말과 죄: 정사의 잘못된 것과 생민의 질고를 숨김없이 다 진술하여, 내가 하늘을 두려워하고 백성을 애휼하는 뜻에 부합하게 하라. '그 말이 비록 사리에 꼭 맞지 않는다 하더라도 또한 죄주지는 않으리라.'(세종 1/6/2) 言雖不中, 亦不加罪。

주자의 말도 의심: 경연에 나아갔다. 강독하다가 주문공이 옛말의 잘못을 바로잡은 대목에 이르러 말하기를, 문공은 진실로 후세 사람으로서는 논의할 대상이 아니다. 그러나 잘못을 바로잡은 말에도 혹 의심스러운 곳이 있다. 그리고 그 자신이 한 말도 또한 의심스러운 곳이 있다. 주자의 문인으로서 스승의 말을 취하지 않은 자가 있었던 것이니, '비록 주자의 말이라도 또한 다 믿을 수는 없을 듯하였다.' 雖朱子之說, 疑亦不可盡信也。(세종 19/10/23)

세종은 성리학에 기초한 시대에 주자의 말도 의심할 점이 있다고 이론을 제기했다. 시대와 사회에 맞지 않으면 새로운 논리를 찾아야 한다고 생각하고 있었다. 세종은 듣는[以聞] 임금이었다. '이문以聞'은 《조선실록》 원문 전체 4,211건 중 862건이었다. 세종은 신하로부터 백성으로부터 듣고 또 들었던 임금이다.[18] 더불어 세종은 묻는 데서도 적극적인 임금이었다. 묻는다는 '이문以問'은《조선실록》총 552건 중 세종 28건이다.

　　신지新地 묻기: 구하기를 성심으로 하면 반드시 이를 얻을 수 있을 것이다. 경은 이를 알아서 경내의 고로인(古老人)과 일을 아는 각 사람 등에게 현상(懸賞)하여 묻기도 하고, 혹은 설명하여 묻기도 하는 등, 여러 가지로 계획하여 널리 탐방하여서 아뢰라, 하였다.(세종 23/7/14) 況此新地, 在吾域中, 尤不可不知, 求之以誠, 必有得之之理也。卿其知悉, 境內古老人及事知各人等處, 或懸賞以問之, 或開說以訊之, 多方計畫, 廣行咨訪以聞。

　　이는 "지난날 강원도의 무릉도(武陵島)를 찾으려고 할 때에 모두 말하기를, '있는 곳을 알지 못한다'고 하였는데, 뒤에 조민(曹敏) 등이 이를 찾아내어 상(賞)을 탔다. 요도(蓼島)에서 바라볼 때에 조민의 일을 듣고서, 역시 제 스스로 찾겠다고 희망하는 자가 간혹 있었다"(세종 23/7/14)에서 보듯 울릉도, 독도의 확인이 이때 이루어진다. 새 땅도 지역 노인들에게서 묻는 것으로부터 출발한다.

(3) 토론: 현장 전문가의 경험방

　　사맛은 사람들과의 교류를 통해 마지막에는 사상을 교환하는 구조다. 지식과 지혜는 사람 사이의 커뮤니케이션[사맛]을 통해 이루어지는 산출물이다.
　　안다는 것에는 지식과 지혜가 있다. 세종조 당시 지식의 양상은 문자를 아는 사대부들의 일로 경전을 통해 과거의 경험을 익히고 지혜를 논리화 하고 실천으로 옮기려 한다. 토론과 연구를 통해 지식으로 정립하여 간다.

　　락어토론: 덕(德)이 비록 성하시나 더욱 토론을 즐겨하시다.(세종 16/4/11) 德雖盛, 尤樂於討論

　　위 기사는 세종 16년 4월 성균 생원 방운 등의 상서에서 나오는 말이지만《조

---

18) 검색어 以聞이문: 원문 4,211 중 64건 이상
　　초기: 태조 64, 태종 522, 세종 862, 세조 141, 성종 248
　　중기: 중종 147, 선조 137/21
　　후기: 광해군 85/51, 인조 252, 효종 73, 현종 162/148
　　　　숙종 (321)/3, 영조 193, 정조 363, 고종 74

선실록》전체에 단 한번 나온다. 세종은 토론을 즐긴 조선의 유일한 임금이었다.

지혜는 현장의 노인, 기술자들의 경험에서 얻는다. 생활 속의 발견이 지혜로 자란다. 전국 각지, 과거로부터의 전수, 여러 생활 현장에서 얻는 '생업의 앎[정보]'이다. 동적인 지식이다. 이는 경험적 지식이지만 지혜의 속성을 지니고 있다. 스스로 깨우쳤기 때문이다.

지식은 정적이고 경經이나 전典/傳 그리고 집단 조사 등으로 쌓인다. 지식은 상정소나 집현전 등에서 집단으로 쌓이며 집단 지성의 모습을 보인다.

세종시대에 지성을 바탕으로 정치를 이루어 가는 구조를 그림으로 보자.

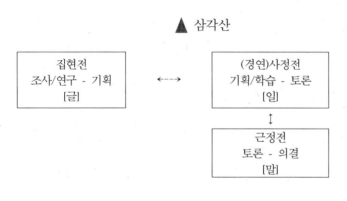

그림. 세종의 지성 정치 구조

이 그림에서 경복궁의 구조가 그대로 확대되어 국가의 정치 구조가 되어 있는 모습을 보인다. 개체발생은 계통발생을 반복한다는 헤켈의 논리 구조의 모습이다.[19] 생각하는 임금이라면 그 구도를 궁 안에서 나라 전체로 확대해 갈 수도 있

---

19) "구조론으로 본 진화의 원리", 구조론연구소, http://gujoron.com/xe/2187 헤켈, Ernst Heinrich Haeckel 독일의 생물학자·철학자. 해서(海棲) 무척추동물을 자세하게 비교 연구하였으며, 다윈의 진화론에 동조하여 그 보급에 노력하였다. 1866년 '생물의 개체발생은 그 계통발생을 되풀이 한다'는 생물발생법칙을 제창하였다. 또한 생태학(ecology)이라는 용어를 명명하였다. 1834.2.16~1919.8.9. 이러한 견해를 주장한 헤켈의 논문은 나중에 반론을 맞았다. 구조론에서는 단지 계통발생의 기본단위가 되는 표준모델과 이에 연동된

을 것이다. 시계/시간, 음악, 활자, 문자는 그런 작용의 도구가 될 것이었다.
세종이 일하는 영역의 주요 건물은 글 - 일 - 말의 구도를 가지고 있는 셈이다.

표. 지혜의 속성

산 지식	속성	표현
- 살아있는 지식	현재	책
- 날 지식	경험	손과 몸
- 신선한	감동	마음
- 설어 있는	부작용	서툰 손

• 현장조사

조선 초기의 경험 지식의 체계는 어떻게 구성되어 있을까. 농사법은 농부들이
알고 있을 것이다. 특히 지역마다 풍토가 다르니 지역마다 오랜 농사를 지은 노
인들이 그 지역의 정보를 가지고 있을 것이다. 배는 바닷가 사람이 그리고 공산
품들은 그 직종의 종사자들이 전문가일 것이다. 다만 문제는 그런 산업적 기술이
관이 아닌 이상 민간에서는 자료로 정리하기 어려웠을 것이다. 그러므로 오랜 현
장 경험자의 '경험방'이 곧 그 시대 기술의 최전선이 된다.

• 경험방 - 의방·경험방 등

의방: 임금이 말하기를, 의술은 인명을 치료하므로 관계되는 것이 가볍지 않으나,
그러나 그 심오하고 정미한 것을 아는 자가 적다. 판사 노중례(盧重禮)의 뒤를 계승할
사람이 없을까 염려되니, 나이 젊고 총명 민첩한 자를 뽑아서 의방(醫方)을 전하여 익
히게 하라, 하였다.(세종 22/6/25)

경험방: 호조에 전지하기를, 각도에 공문을 내어 메밀[蕎麥]을 경작하게 하되,《농상
집요(農桑輯要)》·《사시찬요(四時纂要)》 및 본국(本國)의 경험방(經驗方)으로 시기에 따
라 경작할 것을 권면시키라, 하였다.(세종 5/6/1)

모듈화의 원리가 있다고 말한다.

문어농부問於農夫: 영서 땅은 원래는 비옥한 땅인데, 존중이 메마르다고 대답한 것은 그릇된 것이다. 이날 행차에 다만 입번(入番)한 내금위 사금(內禁衛司禁)만 거느리고 산(繖)과 선(扇)은 쓰지 않았다. 벼가 잘되지 못한 곳을 보면, 반드시 말을 멈추고 농부에게 까닭을 물었다. 점심을 들지 않고 돌아왔다.(세종 7/7/1) 見禾稼不盛之處, 必駐馬問於農夫, 不晝膳而還。

노농에게 물어: 평안도·함길도는 농사에 몹시 서툴러 땅의 생산력을 다하지 못하고 있으니, 이제 가히 행할 만한 농사법을 채택하여, 그들로 하여금 배워 익히고자 하니, 무릇 오곡이 토양의 성질에 적합함과, 갈고 씨뿌리고, 김매고 거두는 법과, 잡곡을 번갈아 심는[交種] 방법을 모두 각 고을 '노농(老農)들에게 물어서 요점을 모아 책을 만들어 올리도록 하라', 하였다.(세종 10/7/13) 悉訪各官老農等, 撮要成書以進。

(주) 悉訪各官老農실방각관로농: 각 고을 농부에게 묻다

세종 시의 용어는 아니지만 그밖에 속방俗方이란 용어가 있다.[20]

• 토론과 현장조사

경연관을 합하여 한 번으로 하고 강한 후에는 경연청에서 종일토록 토론하게 했다.

종일 토론: 경연에 나아가니 동지경연(同知經筵) 탁신(卓愼)이 아뢰기를, 근래에 경연관(經筵官)이 번(番)을 나누어 나아와서 강(講)하는데, 모두 다른 사무를 맡은 관계로 많은 글의 깊은 뜻을 강론할 여가가 없어서, 나아와서 강할 즈음에 상세히 다하지 못하게 되오니, 원컨대 지금부터는 합하여 한 번(番)으로 하여, 나아와서 강(講)한 후에는 경연청(經筵廳)에 물러가서 종일토록 토론하도록 하소서, 하니, 임금이 그 말을 좇고, 또 점심밥을 주도록 명하였다.(세종 즉위/12/17)

• 고험考驗[여론] 조사

조선의 토지 제도는 조선 건국 1년 전의 과전법에서 출발하여 다시 공법貢法의 개정 준비를 하고 있었다. 당시 관인층에게 땅을 나누어주고 수조권收租權을 주었다. 이 때 밭에 나가 작황조사를 하는 것을 답험법이라고 이에 풍흉 등급을

20) 속방俗方: 스스로 세속의 방문(方文)으로 치료할 것입니다.(중종실록 39/5/19일) 當以俗方治療。

매기는 것을 답험손실법이라 했다. 이 과전법의 전세 수취방법의 문제점을 개혁하는 기관이 바로 세종 18년의 공법상정소貢法詳定所였다.

이에 전 관청과 여염의 소민에 이르기까지 공법 찬반 의견조사를 실시하게 했다. 호조의 보고로는 공법 시행을 찬성하는 품관 촌민이 9만 8657명, 반대가 7만 4149명이었다.

이는 ㉮민본 정신에 따른 위민정치라는 것 ㉯백성 의견을 정치에 반영하는 역사적으로 처음 실시된 일로 이런 방법은 18세기가 되어서야 다시 시도되는 일이었다.

최진석교수는 세종의 공법 처리를 장자의 '무위無爲'로 설명한다. "세종은 정책 하나를 실현하는데 10년, 20년씩 토론을 거쳤습니다. '무엇이 반드시 그래야 한다'는 믿음을 마음속에 품는 한 일이 순탄하게 진행될 수 없습니다. 반대로 분명한 신념이나 믿음을 약화시킨 상태에서 무위無爲의 입장을 취한다면 일은 반드시 이루어집니다." 즉 (무위는) 내 의도를 세계에 주입하는 것이 아니라 세계에 나를 맞추는 것이기 때문에 주도권을 세계[원칙]에 두게 된다고 설명한다.21)

세종의 공법 여론조사는 바로 '국민에 의한 by the people' 동의를 얻어 정치를 펴는 민본民本 정치의 모습을 실현해 보인 것이다.

세종은 생각하고 실험하는 조선의 임금이라 하겠다. '고험考驗'이란 용어는 《조선실록》 73건 중 세종 21건으로 실록 전체에서 3분의 1이다. "상고해 실험하는 법칙은 의상(儀象)과 귀루(晷漏)에 있으니"(而考驗之則, 在於儀象晷漏)(세종 16/7/1)에서 보듯 천문 기기를 실험하는 정신은 일반 제도에서도 물리[격물]의 정신으로 검증[고험]을 거치게 된다.

2) 집단 지성

개인이나 부처의 조사로 이루어진 자료는 다시 집현전이나 상정소로 넘겨진다. 관리들의 모임체인 상정소는 그때그때의 당면문제를 의결하고 집현전은 전문 학자와 기술인들이 모여 지속적 연구를 수행한다.22) 그밖에 주로 의례를 중심으로 처리하는 도감都監이 있다.

---

21) 최진석,『생각하는 힘 노자인문학』, 위즈덤 하우스, 2015, 246쪽.
22) 《조선실록》에서 상정소는 세종 240건/전체 352건, 집현전은 세종 456건/전체 773건이다. 조선왕조 전체의 절반을 넘고 있다.

• 상정소詳定所

상정소는 조선 시대 국가의 법규·법전을 제정하거나 정책 및 제도를 마련하기 위해 설치한 임시기구다. 상정소에는 육전상정소(六典詳定所)·예조상정소·공안상정소(貢案詳定所)·전제상정소·의례상정소 등이 있으며, 사안에 따라 여러 종류의 상정소가 설치되어 전문 학자와 관료가 상정관으로 임명되었다.[23] 세종 때 상정소 기사는 240건이 있다.

표. 《세종실록》 상정소 기사

	이조	호조	예조	병조	형조	공조
건수	53	47	138	6	21	5

240건을 분류해 보면 이조 53건, 호조 47건, 예조 138건, 병조 6건, 형조 21건, 공조 5건 등이다.(이 분류는 두 부서에 걸친 일이 있기도 하여 성질에 따라 달라질 수도 있다. 한 예로 예조에서 생원시 숫자를 정하면 이는 이조의 인사문제이기도 하다.)

상정소는 가) 급한 과제에 대응하기 위한 기구다. 세종 18년 윤 6월 15일 공법상정소를 두고, 다시 세종 25년 전제상정소를 설치한 이후 10여 차례 관련기사가 보인다. "전제상정소(田制詳定所)를 설치하고, 진양 대군(晉陽大君) 이유(李瑈)로 도제조를 삼고, 의정부 좌찬성 하연(河演)·호조 판서 박종우(朴從愚)·지중추원사 정인지를 제조로 삼았다."(세종 25/11/13) 나) 의례에 관한 사안을 많이 다루었다. 태종 8건 세종 22건으로 조선 초기에 의례제도 정비에 상정소 활동이 활발했다. 제의祭儀, 봉사奉祀, 국상國喪, 의식儀式, 예장禮葬, 제향, 의주儀註, 축문, 부의賻儀, 의궤, 복제, 관복 제향음악 등이다. 다) 부처간 통합 토의가 필요한 문제를 상정소에서 처리한다.

상정소 실록 기사 총 원문 총 352건 중 세종 240건이다. 세종은 상정소를 제도적으로 활용한 임금이다.

장기간 연구인 경우는 집현전이 맡기도 한다.

---

23) (참고) 세조 때 설치된 육전상정소의 경우에는 상정관 최항(崔恒)·한계희(韓繼禧)·강맹희(姜孟喜) 등을 중심으로 경제육전(經濟六典)·속육전(續六典)을 정비, 통합하여 조선왕조의 기본법전인 경국대전(經國大典)의 찬술을 시작하였다.(〈한국고전용어사전〉, 2001. 3. 30. 세종대왕기념사업회.)

• 도감都監

고려·조선 시대 나라의 중요한 일을 관장할 목적으로 수시로 설치한 임시관청이다. 비상설적인기구여서 조선시대의 도감은 고려의 도감제도를 본떠 산릉(山陵)·천릉(遷陵)·봉릉(封陵)·부묘(祔廟)·주성(鑄成)·실록(實錄)·녹훈(錄勳)·책례(册禮)·가례(嘉禮)·빈전(殯殿)·국장(國葬)·존호(尊號) 등을 두었다. 이 밖에도 1594년(선조 27)부터 1882년(고종 19)까지 존속했던 훈련도감이 있었고, 또한 공이 있는 공신들의 업적을 조사하여 표창하기 위한 공신도감이 있었다. 도감都監은 실록 원문 총 7,620건 중 세종 259건으로 광해군 -영조 -(고종) 다음으로 많다.

도감都監의 실록기사 수를 보면 원문 총 7,620건 중 태종 153건으로 태종 시부터 활발했고, 세종 259건, 이후 성종 때 315건으로 여러 일을 정착시킨다. 란亂에 휩싸인 선조는 1,022건이고, 광해군은 1,413/1,146건, 인조는 461건으로 임시 긴급 처리하는 일에 임했음을 보여준다.

• 집현전集賢殿

집현전은 세종조에 관련 기사가 456건으로 그 활동은 광범위하다. 정종 때 집현전이 설치되었으나, 얼마 뒤 보문각(寶文閣)으로 개칭되고, 이것마저 곧 유명무실해졌다. 그러나 건국 이래 유교주의적 의례·제도의 확립이 필요했고 대명 외교도 과제였다.

이런 과제를 원만히 수행하기 위해 인재의 양성과 문풍文風의 진작을 위해 세종 2년 집현전을 설치하게 되었다. 집현전의 전임관, 즉 학사의 수는 설치 당시에는 10인이었다. 그러다가 세종 4년(1422년)에는 15인, 1426년에는 16인, 1435년 초에는 22인, 그 해 7월에는 32인으로 점차 늘었으나, 세종 18년에 20인으로 축소되어 고정되었다. 자격은 문사文士로 재행才行이 있는 연소한 자를 적임자로 삼았다. 1456년 세조 2년 폐지될 때까지 37년간 100여명의 학사를 배출하고 그 중 20여 퍼센트는 자연과학 계통의 기술전공자들이었다.

세종 대에는 일단 집현전 학사에 임명되면 다른 관직으로 옮기지 않고 그 안에서 차례로 승진해 직제학 또는 부제학에까지 이르렀고, 그 뒤에 육조나 승정원 등으로 진출하는 것이 보통이었다.

집현전은 학문 연구 기관으로서 제도적으로는 도서의 수장(收藏: 수집과 보관)과 이용의 기능, 학문 활동의 기능, 국왕의 자문에 대비하는 기능 등을 가지고

있었다.[24)

제1기 [세종 2~세종 9]는 전 시기를 이끌어나갈 기능을 마련하고, 학문적 수련
을 쌓아 자기 충실을 기한 시기였다. 이 시기에 집현전은 경연관(經筵官)·
서연관을 비롯 외교문서의 작성, 풍수학 연구 등의 직무를 담당하였다.

제2기 [세종 10~세종 18]는 집현전의 정원이 16인에서 32인까지 증가되었다.
고제古制 연구와 편찬 사업을 시작해 가장 활기찬 시기였다. 의례·제도
의 상정(詳定)을 위한 고제 연구에는 예조·의례상정소(儀禮詳定所)도 함
께 참여하였다. 여러 편찬 사업으로 우리나라와 중국의 각종 사서의 편
찬과 주해 사업이었다.[25) 집현전의 이 같은 고제 연구와 편찬 사업은
세종대의 원동력이 되었다.

제3기 [세종 19~세조 2]는 집현전의 정원이 20명으로 축소 조정되고, 점차 정
치성을 띠는 전환기였다. 그러나 세종 24년 세종의 신병으로 인해 세자
의 정무 처결 기관인 첨사원(詹事院)이 설치되면서 집현전 학사들은 종
래 맡아왔던 서연직(書筵職)과 함께 첨사원직까지도 거의 전담하게 되
어 정치적 영향력이 커지게 되었다.

집현전은 세종의 훈민정음 창제 이후 후속작업을 돕는다.

상정소와 집현전은 공식 집단지성의 모임체로 조선 초기의 의례·제도의 확립
과 더불어 연구·출판에 대해 조언했다. 상정소는 관점이 다른 관리들이 모여 토
의하고 집현전은 전문가들의 집단 연구기관이다. 다음으로는 실천의 단계로 넘어
간다. 이때도 선제의 제도나 선현의 업적을 참고하고 이어간다. '소술선지紹述先
志'(세종 15/12/21)로 과거의 성과를 이어 받아 한 걸음 더 나아가게 되는 것이다.

---

24) (참고) 한국민족문화대백과, 한국학중앙연구원, 1991.

25) 《치평요람治平要覽》·《자치통감훈의資治通鑑訓義》·《정관정요주貞觀政要註》·《역대병요歷代兵要》·
《고려사》·《고려사절요》·《태종실록》·《세종실록》 등이었다. 그리고 조선 사회의 유교화를
위해 유교 윤리서인 《효행록孝行錄》·《삼강행실三綱行實》 등을 편찬했고, 국가의 유교적 의
례 제도의 정리 사업인 《오례의주상정五禮儀註詳定》·《세종조상정의주찬록世宗朝詳定儀註撰
錄》 등도 이루어졌다. 특히 훈민정음의 창제와 이에 관련된 편찬 사업인《운회언역韻會諺
譯》·《용비어천가주해》·《훈민정음해례》·《동국정운》·《사서언해四書諺解》 등은 우리나라의
문화 유산으로서 귀중한 것이 되었다.

여기서 세종 사맛을 정리해보자.

정리: 세종의 사맛 오계五啓

세종의 사맛에 대한 실천적 수행은 5단계로 진행된다.

㉮ 교류하라: 고전 경연 등을 통해 사람과 뜻을 나누고, 육로·수로를 통해 물물과 사상을 나눈다.

㉯ 조사하고 듣고 물어라: 옛 문헌을 조사하라. 그리고 듣고, 찾고, 물어라.

　재결사고裁決師古 주자용중疇咨用中: 재결하시는데 옛일을 스승으로 삼았다. 묻기를 널리하여 알맞은 것을 쓰시다.(세종 32/2/22)

　문어농부問於農夫: 농사는 나이든 농부에게 물어라.(세종 7/7/1)

　광순박방廣詢博訪: 널리 묻고 고루 찾았다.(세종 15/11/27)

㉰ 간하라: 소신껏 간諫하고 전문가에게 물어라.

　허금납충虛襟納忠: 허심탄회하게 충성스러운 말을 들어주신다.(세종 32/2/22)

　간행언청諫行言聽: 간하면 행하시고 말하면 들어주시었다.(세종 21/12/18)

㉱ 토론하라: 여론 조사 및 의논·숙의하고 논쟁하라.

　락어토론樂於討論: 더욱 토론을 즐겨하시다.(세종 16/4/11)

㉲ 연구하라: 상정소와 집현전과 전문가들이 연구를 이어간다. 이 상황 걸맞은 용어로는 '의당치려宜當致慮' (세종 18/10/6)가 생각난다. 이는 북방 국경을 지키는 데서 나온 이야기이지만 '마땅히 정신을 써야 하는 일'이 된다. 생각할 일인 것이다.

자료는 집현전 학자를 중심으로 모으고, 그밖에 전문가, 경험가, 현장 백성의 의견, 정승들의 종합토론, 임금과의 시행을 위한 회의 등이 진행된다. 다음으로 실시에는 관리, 전문가, 백성, 정승 임금이 다 관여하게 된다.

세종 사맛의 특성은 먼저 상대를 인정하여 듣는다. 그리고 전문지식은 전문가에게 맡기고 이를 수시 점검한다. 더불어 직職 당사자들의 의견을 수렴한다. 그리고 모두가 동의할 때까지 정책을 실시하지 않는다. 시행 시는 법제화, 제도화, 규칙화 한다.

신하의 의견과 반대의 입장이 되는 때는 ㉠보다 신하의 헌신적인 봉사를 독려하는 경우 ㉡보다 국가적 미래를 생각하는 관점에서 ㉢보다 백성의 차원에서 생각하고 ㉣보다 개인적인 사유를 통해서 판단하는 때이다. 종국적으로 세종은 문헌적 연구와 토의를 거쳐 전문가들의 의견을 모아 시험하고 생성하고 신제하기를 독려하였다. 세종의 사맛정신은 세종 철학의 일부가 될 수 있을 것이다.

한편 사맛에 장애[잡음noise]를 주는 일에 대하여는 엄정하였다. 사헌부 지평 최경명이 양녕대군의 일로 아뢸 때 나온 기사다.

언로: 재삼 진언하였사오나 한 번도 계달을 보지 못하고 있으니, 신 등은 아마도 '언로(言路)에 어떤 가림이 있지 않은가 합니다.'竊恐亦有虧於言路也절공역유휴어언로야. (세종 17/1/4)

(주) 虧: 이지러질 휴

잘못전달[誤傳]: 처음 계청(啓請)이 있었을 때에 품종(品從) 이외의 아전·일수·시위패는 모두 뽑지 말라고 하였는데, '김하(金何)가 잘못 전달한 것이다'.(세종 15/10/3) 金何誤傳也。

세종 15년 보장산 강무와 구군의 선발에 관한 논의에서 김하가 명령을 잘못 내시부에 명령한 일로 김하를 장杖 60대를 치게 한 뒤에 드디어 의금부에 가두었다. 의사 전달에 잘못[noise]이 있으면 엄정하게 처리했다.

3) 사맛의 양식: 주체들

말에서 시작하여 실현에 이르는 길이 정치적 사맛인데 사맛은 언어적 전달(communication) 그리고 물품의 전달인 교통(transportation)이 있다. 바로 사맛 양식은 겉으로 정치의 외피가 되고 안으로는 철학을 내포하고 있다.

세종시대 커뮤니케이션 양식은 어떠했을까. 백성에게는 문자가 없으니 입으로 전해지는 소문이 자체적 커뮤니케이션의 전부다. 이런 면에서 천민과 소문은 닮은 점이 있다.

첫째 천민과 소문은 자체적으로 생명력을 가지고 있고 둘째 움직임이 분방하다. 어디로 튈지 모른다. 셋째 논리적이지 않다. 넷째 드러나지 않은 잠재된 힘을 가지고 있다.

백성의 경우 구전 이외에 다른 사맛 수단이 없던 시대에는 사람이 모여드는 곳에서 말이 생성된다. 말의 씨는 우물가에서 야채를 씻고 냇가에서 빨래를 하는 가운데 더 보태진다. 한번 흘러 다니는 소문은 자체적으로 일정기간 생명력이 있어서 그 소문에 대치될 새로운 정보가 있어야 수정된다. 가령 '고을 원님이 나쁜 사람'이라는 소문은 더 나쁘게 불어날 가능성이 높고, 이를 지우려면 상당한 선행善行이 있어야 지워질 수 있는 것이다. 그 이유는 사회적으로 다른 사람을 설득할 뚜렷한 대체 소통 수단이 없기 때문이다.

부언浮言(세종 6/1/22), 와언訛言(세종 31/4/6) 등 구전口傳이나 소문 커뮤니케이션이 주가 되는 시대에 가장 중요한 덕목은 어떤 일에는 그에 맞는 명분이 따라야 한다는 것이다. 명분은 그 상황에서의 당위성을 말한다. 명분이 있다 하여 반드시 합리적인 것은 아니다. 사람의 의식이 기본적으로는 합리적이지만 일상에서 반드시 합리적으로 행동하지 않는 것과 같다.

백성과 달리 사대부들은 탁주를 놓고 시를 읊조리지만 시 속에는 세상사가 들어 있다. 사대부는 백성에 비해 서로들 사이에 오가는 서한이나 모임, 토론 등 상대적으로 다양한 방법이 있어서 저들의 의견을 모으고 조정할 수 있는 수단과 기회가 있었다.

먼저 논의를 좁혀 정치적 사맛에 국한하여 신분별 사맛 양식을 보자.

(1) 백성: 경험방

백성에 대한 임금의 사맛은 수령에게 효유하고 수령은 교화를 통해 백성을 쉼 없이 교육시키려 한다. 그러나 여느 임금과 달리 세종은 백성의 '능력'을 인정하였다는 것이다. 백성을 통해 그들의 경험, 현장 지식을 인정하고 이를 활용하려 했다.

> 노농 방문: (충청·전라도 감사에게 농사일을 도울 책을 만들게 하다) 무릇 오곡(五穀)이 토양의 성질에 적합함과, 갈고 씨뿌리고, 김매고 거두는 법과, 잡곡을 번갈아 심는[亥種] 방법을 모두 각 고을 노농(老農)들에게 물어서 <u>요점을 모아 책을 만들어</u> 올리도록 하라, 하였다.(세종 10/7/13) 傳旨忠淸, 悉訪各官老農等, 撮要成書以進。

평안도·함길도는 농사에 몹시 서툴러 땅의 생산력을 다하지 못하므로 충청 전라도의 농부에게 농사법을 묻는다.

경험방: 각도에 공문을 내어 메밀[蕎麥]을 경작하게 하되,《농상집요(農桑輯要)》·《사시찬요(四時纂要)》및 본국(本國)의 경험방(經驗方)으로 시기에 따라 경작할 것을 권면시키라.(세종 5/6/1) 各道行移, 蕎麥耕種, 考《農桑輯要》,《四時纂要》及本國經驗之方, 趁時勸耕。

훈민정음 제작 이전에 백성에게 문자가 없었음에 방언과 이어俚語를 조사해 두고 있었다.

방언과 이언: 우리 동방의 예악 문물(禮樂文物)이 중국에 견주되었으나 다만 방언(方言)과 이어(俚語)만이 같지 않으므로, 글을 배우는 사람은 그 지취(旨趣)의 이해하기 어려움을 근심하고, 옥사를 다스리는 사람은 그 곡절(曲折)의 통하기 어려움을 괴로워하였다.(세종 28/9/29)

(2) 사대부: 간언

세종의 사맛정신은 사대부나 백성 누구에게나 갈릴 것 없이 의견 구하기로 시작한다. 가뭄이나 장마 혹은 국가 천리天理에 이상이 있을 경우 더욱 의견 구하기를 강조한다. 직언하라, 간언하라 등이 있다.

가뭄으로 대언들에게 구언: 임금이 대언들에게 이르기를, "가뭄이 너무 심하니, 정사의 잘못함이 없는가. 널리 옳은 말을 구하는 것이 가할 것이다. ... 바르고 충성된 말을 들어서 재변이 풀리기를 원하노니, 대소 신료와 한량(閑良)*·기로(耆老)는 각각 마음에 생각하는 바를 다 말하여, '이때에 정사의 잘못된 것과 생민의 질고를 숨김없이 다 진술하여, 내가 하늘을 두려워하고 백성을 애휼하는 뜻에 부합하게 하라. 그 말이 비록 사리에 꼭 맞지 않는다 하더라도 또한 죄주지는 않으리라.' 惟是時政闕失, 生民疾苦, 極陳無隱, 以副予畏天恤民之意。言雖不中, 亦不加罪。(세종 1/6/2)
(주) *한량閑良: 무관이 될 수 있는 가문의 출신자로 아직 무과에 합격하지 못한 자를 이름.

신료, 무신, 노인들까지 할 이야기를 하라고 당부한다. 사람이 정성을 다해야 하늘이 응한다는 자세 낮추기의 모습이다. 이는 위기를 맞을수록 더욱 절실하다. 그리고 설혹 잘못 된 이야기라 하더라도 죄를 주는 일은 없다고 덧붙인다.

숨김없이 말하라: 대개 들으니, 사람의 일이 아래에서 감동하게 되면, 하늘의 변이

위에서 응하는 것이매, 수재나 한재가 드는 것은 모두가 사람이 불러서 일어나지 않는 것이 없다. ... 여러 신료들은 각기 힘써 생각하여 과인의 잘못이라든지, 정령(政令)의 그릇됨이라든지, 민생의 질고(疾苦)되는 것을 숨김 없이 다 말하여, 나의 하늘을 두려워하고 백성을 근심하는 지극한 심정에 도움이 되게 하라.(세종 7/6/20)

대간의 말: 대간은 언책(言責)을 직임으로 삼는 것이니, 해야 할 말이 있으면 반드시 다 말하라.(세종 7/12/8) 況臺諫則以言責爲任, 事有可言, 必盡言之。

특히 대간은 진언을 직과 업으로 삼는 사람들이어서 그들의 임무를 다시 한번 강조한다.

한 곳에 모여 상의: (조속한 공사를 위한 회의 방법을 정하다) 하지하기를, 무릇 의논의 대상이 될 만한 공사는 정부(政府)나 여러 조(曹)가 한 장소에서 가부를 회의하여, 서로 논란한 뒤에 계달하는 것이 옳은 것인데, 전자에 여러 조(曹)의 낭청(郞廳)들이 서류를 싸 가지고 여기저기 다니다가, 자연 공사가 더디게 되니, 금후로는 의논 대상이 되는 공사로서, 하지(下旨)가 있을 때에는, '정부와 육조 당상(六曹堂上)이 한 곳에 모여 가부를 상의 결정하여, 빨리 계문(啓聞)하는 것으로 항구한 법식을 삼으소서.'(則政曹, 六曹堂上會于一處, 可否商量, 疾速啓聞 以爲恒式。)(세종 3/8/5)

조속한 공사 즉 급무는 정부와 육조의 당상관들이 한 곳에 모여 상의하여 결정하라고 명한다. 임시 기동부대[task force, 과업집단]를 만들어 결정하라는 것이다. 세종은 이밖에도 집단 지성을 위한 도감, 상정소, 집현전 등을 활용했다.

(3) 임금의 몸 언어

슬플 때 눈물을 흘리고 화날 때 고함을 치고 자기 뜻과 다를 때 상대에게 화를 내는 등 임금으로서 여러 몸 언어가 있을 수 있지만 세종은 화를 내는 데는 다른 임금에 비해 약한 편이었다. 태종이 화[上怒와 上大怒]낸 횟수가 97회라면 세종은 21회, 영조 151회고, 월수로 보면 각기 0.46회 대 0.06회 대 0.24회다.

재위 3년째(1451년)인 5월 7일 경회루 동편 초라한 띠집에서 생활하는 일이 일어났다. 당시 계속되는 가뭄과 역병 때문에 고통 받는 백성들을 생각하면 마음과 몸이 편치 않았던 것이다. 기록에 따르면 세종이 경복궁으로 옮기기 전 경회루 동편에 띠집 두 칸을 마련하였는데 '주춧돌[柱礎]도 쓰지 않고 띠[茅草 모초]를 덮어 만들었다고 한다.

띠집: 어느 날 띠집에 들어가려 하는데 그 자리에 짚자리 [藁席짚자리]가 있는 것을 보게 됩니다. 임금의 잠자리가 너무 열악하다 싶어 신하들이 넣은 것으로 보였습니다. 세종이 말한다. 내가 말한 것이 아닌데 어찌 이런 것을 만들었느냐. 지금부터는 내가 명한 것이 아니면 비록 작은 물건이라도 안에 들이지 마라.(세종 3/5/7)

세종은 간절함을 몸으로 나타냈다. 이런 일이 있은 후 5일 뒤에 비가 내렸다. 세종 즉위년(1418) 11월 7일부터 세종 4년 2월 28일(1422)까지 수강궁에 문안한 기록이 219건 있다. 40여 개월에 219건은 주 1~2회에 이른다. 임금의 거동 시 홀로 가는 몸이 아닌 것을 생각하면 정성이 깃든 몸으로 보이는 효孝의 실천이다.[26] 세종은 몸을 통해 자기의 뜻을 신하들에게 보이는 임금이었다. 비언어의 언어적 표현을 충분히 이해한 임금이었다. 어떤 효과를 알고 그리 했다고 생각하지는 않는다. 생각과 몸이 일치했던 것이다. 그것이 비언어적 표현으로 나타났고 실록에 기록된 것이다.

몸으로 보이는 행동은 이야기와 감성[느낌]을 만든다. 현대적으로 스토리텔링이 된다. 줄거리 있는 이야기는 많은 느낌을 주게 되고 쉽게 인지되고 오래 기억된다. 세종은 몸의 대화가 갖는 효능을 잘 이해한 사유인이다. 그리고 마음으로부터 이를 실천하려고 했다.

인건: (지함양군사 최덕지崔德之 등을 인건하고 이르기를) 이전에는 다만 2품 이상인 수령만을 접견하였으나, 내가 자세히 생각하여 보니, '시골의 먼 곳을 내가 친히 가서 다스리지 못하고 어진 관리를 선택하여 나의 근심을 나누어 주어 보내는 것이니, 그 임무가 가볍지 않다.' 그런 까닭에 2품 이하의 수령도 또한 친히 보고 보내도록 하였다. ... '의식이 넉넉하면 백성들이 예의를 알게 되어, 형벌에서 멀어질 것이다. 그대들은 나의 지극한 마음을 본받아 백성들을 편안하게 기르는 일에 힘쓰라.' 閭閻遐邈, 予不親往莅之。選擇良吏, 分憂差遣, 其任不細, (세종 7/12/10)

---

26) (참고) 수강궁: 1418년 건립 창덕궁 동쪽 현재 창경궁 자리. 태종은 수강궁에 머물다가 1422년 5월 10일 승하했다.

여기서 수령을 임지 보내며 친히 대면하여 부탁하고 있다.

세종은 내적으로 인仁을 갖추었더라도 밖에 보이는 예禮의 크기만큼 속에 인仁이 차있으리라는 것을 알고 있었다. 모든 행동은 드러나 보이는 만큼 몸 자체가 바로 언어라고 이해했다. 몸은 의식意識의 연장으로 몸을 이용한 비언어(非言語, non verbal)가 일상적으로 수행되었다 할 것이다. 세종은 '몸을 통한 말하기' 의 의미를 알고 있었다.

무릇 유교의 도는 몸으로 나타나는 '예禮'에 의해 완성된다. 몸이 곧 언어이며 도의 실천이라는 것을 세종은 보여주고 있다. 이도가 불교의 어느 지점까지 심취해 들어갔는지는 알 수는 없으나 언어와 불교의 관계에서 몸과 언어의 관계를 잘 알고 있는 듯하다. 말 - 몸 - 뜻의 구밀, 신밀, 의밀의 관계를 잘 이해하고 있는 것으로 보인다.

• 춤 언어: 신하들과 춤추는 임금

사람들과 친밀한 관계란 '거리 커뮤니케이션'과 관계가 있다. 떨어져 악수하는 데서부터 가장 가까운 건 서로 뺨을 비비는 인사가 있다. 옛 공산권 대표들 사이에 더욱 많다. 지역에 따라 코를 비비는 인사도 있다. 이보다 더 친밀한 거리는 함께 부여안고 춤을 추는 일이다. 중세 왕조시대 임금과 끼어 안지는 못해도 마주보고 춤을 춘다는 것은 더 이상 가까이 근접할 수 없는 거리가 된다. 더불어 함께 음악을 타고 있는 동질적 공유자가 된다. 박은은 태종 상왕의 허리를 잡고 세종의 다리를 안은 일도 있었다. 임금과 접촉이 가능한 사람은 중전을 포함한 자녀들밖에는 없는 시대에 일어난 파격적 표시인 셈이다.

김홍우교수는 말한다. "《세종실록》은 곳곳에서 '춤추는 태종'의 모습을 보여준다. 이것은 너무나도 놀랍고 충격적인 기록이라 하지 않을 수 없습니다. '춤추는 왕'의 모습과 관련해서는 혹《성서》에서 다윗이 '뛰놀며 춤추는' 모습을 보여주기도 하고, 또 이를 보고 그를 업신여긴 그의 아내 미갈의 일화를 연상해 볼 수도 있겠지만, 웬만해선 이런 일은 동서를 불문하고 목격하기 쉽지 않다고 생각합니다. 특히나 '아버지를 아버지라 부르지 못하고 형을 형이라고 부르지 못한' 〈홍길동전〉의 이야기나 그런 류의 전기적 장르에 익숙해있는 한국의 보통사람들의 정서에서는 도저히 받아들여지지 않는 기록이라고 생각됩니다. 그래서 저는 오늘 이 자리에서 '춤추는 왕'에 대한 기록을 소개했으면 합니다."27)

세종께서 왕위에 오르신지 일주일하고 하루가 지난 1418년 8월18일에 임금은 상왕 태종을 위해 잔치를 베풀었다. 이 자리에서 상왕은 '여러 신하에게 명하여 춤을 추라 하고, 상왕도 또한 춤을 췄다'고 기록하면서, '연회가 극히 즐거운 가운데 밤이 이슥해서 파했다'고 밝힌다. 한 달이 지난 9월16일에는 세종이 창덕궁으로 왕궁을 옮겼음을 축하하여 상왕께서 잔치를 베푸셨는데, '상왕이 매우 즐거워하여 일어나 춤을 추니, 여러 신하들도 또한 모두 일어나 춤을 추었고, 밤이 깊어 여러 신하들이 나간 뒤에도 상왕은 대언들을 남게 하여 서로 마주 춤을 추었다'고 기록한다. 10월28일에는 상왕이 임금을 위로하기 위해 주연을 베풀고, 여러 신하들도 참석하였는데, 이 때도 '두 임금이 다 일어나 춤을 추니, 모든 신하들도 번갈아 춤을 추어 밤이 사경에 이르러서야 파했다.' 12월22일에도 상왕이 거처하는 수강궁에 임금이 문안하고 잔치를 베풀었는데, 맹사성·허조·조말생·변계량 등 배석한 신하들이 '술이 취하여 여러 사람이 한 귀씩 불러 한 편의 시를 지었고', 이어 상왕이 말하기를, '주상이 나를 성심으로 위로하니, 내가 어찌 감히 즐기지 않겠느냐. 다만, 주상이 몸이 편안하지 못한 것이 염려될 뿐이다' 하니, 임금이 아뢰기를 '신이 비록 술은 마시지 못하오나, 몸은 이미 편안합니다'고 하였다. 상왕이 일어나서 춤을 추니, 여러 신하들이 또한 춤을 추었고, 밤이 2경에 이르러서야 연회를 파했다. 닷새 후인 12월27일에도 의정부와 6조에서 상왕에게 헌수[장수를 비는 뜻으로 술잔을 올림]하니, 임금이 종친과 더불어 연회에 배석하여 매우 즐기었다. … 유정현 등이 일어나 춤을 추니, 두 임금이 또한 일어나서 춤을 추며 극히 즐기었다. 박은이 두 임금의 허리를 안기를 청하니, 두 임금이 이를 허락하매, 박은이 무릎으로 걸어가서, 먼저 상왕의 허리를 안고, 그 다음에 임금의 다리를 안았다,고 했다.

이후 태종이 서거한 1422년 5월10 일까지 《조선실록》은 대략 5번에 걸쳐 왕의 춤을 더 기록하고 있다. 그 중 한 가지 더 소개하면 다음과 같다.

임금의 춤: 임금이 상왕의 탄신일이므로, 면복차림으로 백관을 거느리고 수강궁에 나가 하례하고, 또 [지신사] 원숙이 술잔을 노상왕(정종)에게 … 드리며 일어나 춤을 추

27) 김홍우, 세종 대왕 기념학술대회 기조강연, 세종 리더십과 청년 세종 탄신 619돌 세종학학술회의, 2016. 5.7 세종영릉재실, 주최 한국학진흥사업단, 주관 여주대 산학협력단 세종 리더십연구소. 2쪽.

니, 노상왕도 또한 춤을 추[었]다. 노상왕이 연귀를 지어 이르기를, '천고에 오늘같은 모임은 드물도다.' 하니, 제신이 모두 땅에 엎드려서 하례하고, 실컷 놀다가 밤늦게 파할 때에, 상왕이 주상과 더불어 노상왕의 견여를 받들고 궁문까지 모셔다 드리고, 돌아와 중문 내정에 이르러서, 임금이 효녕과 더불어 상왕의 좌우를 부축하니, 상왕이 춤추며 변계량과 허조에게 명하여, 맞대어 춤추게 하고, 오랜만에 안으로 들어갔더니, 사람들이, <u>두 신하가 군왕과 대하여 춤춘 것을 세상에 드문 영광</u>이라고 하였다.(세종 1/5/16)

임금은 외로운 존재다. 스스로 '독부'라고 되뇐다. 정창손은 불당 설치의 불가함을 상소하며 사직한다. 그리고 세종은 학업을 파한 유생들을 국문할 것을 명한다. 사맛[커뮤니케이션]이 단절될 때 사람은 자신으로 돌아간다. 신하들과 사맛이 이루어지지 않았을 때 세종은 홀로임을 되새긴다.

독부: 지금 집현전이 온 관사가 파하여 가고, 유생이 또한 흩어져 갔으니, 대성(臺省)도 역시 이를 좇아갈 것이다. 내가 이제 이미 독부(獨夫)가 되었구나. 인군이 허물이 있으면 신하 된 사람이 버리고 갈 수 있는 것인가.(세종 30/7/23)

4) 사맛의 공간 구조: 경복궁

경복궁의 건물은 생생의 구조를 축소해 보여주고 있다. ㉮5문 3조 체계 ㉯연조·치조·외조 ㉰동심원 구조를 이룬다.

강녕정/교태전 중심으로 그려 나갈 수 있고 사정전 중심으로 그려나갈 수도 있다. 강녕전은 사람을 생산하는 신성한 곳으로 왕조를 이어가는 왕자를 탄생시키는 곳이다. 이보다 신성한 장소는 있을 수 없다. 한편 사정전은 삶[生]과 직을 연결시키는 겉으로는 치조이지만 연조와 외조를 아우르는 곳이기도 하다. 그러므로 국가를 이어간다는 통시적 차원에서는 강녕전이, 정치라는 공시적 차원에서는 사정전이 중심이 되어 궁과 그 바로 밖의 궐 그리고 주위의 관악산, 낙산, 삼각산, 인왕산 그리고 한양 밖 백두대간들과 여러 산하들과 동심원 겹으로 연관되어 이어진다. 건축가 임석재는 14겹이 있다고 말한다.[28]

---

28) (참고) 임석재,『고건축미』, 서문당, 1988. 삼문삼조(三門三朝)는 〈주례공기周禮工記〉에 다른 궁제宮制로 제왕의 궁궐에는 외문인 고문庫門, 외조와 치조 사이의 치문雉門, 치조와 연조 사이의 로문路門이 있고, 세 개의 영역으로 왕이 정사를 보는 치조治朝, 신하들이 모여 국사를 논하는 외조外朝, 왕과 가족들이 거주하는 곳 연조燕朝를 갖추어야 한다.

불교 중에 '중중무진법계'라는 말이 있다. 무한한 다양성과 연관성을 밝힌 것으로 찰나와 낱낱이 모여 전체를 이루는 요소다. 세상의 무한 다양성과 연관관계를 설명하는 말이다. 얼핏 정반대인 것처럼 생각되겠지만, 공(空)이라는 말과 뜻은 같으면서 표현이 다른 것이다. 이처럼 시간적이나 공간적, 또는 분석적이나 통합적인 어느 것으로도 제한적이지 않은 것이 우리의 삶이며 이 세상인 것이다.[29]

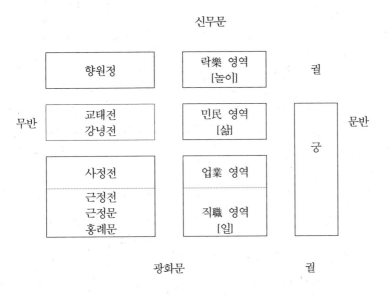

건물의 배치를 세종의 생생의 원리로 풀어보면 다음과 같다.

---

29) (참고) 주남철, 『한국건축사』, 2006, 고려대학교출판부 ; 문화원형백과, 한국콘텐츠진흥원, 2005. ; 창덕궁, [네이버 지식백과] 문화콘텐츠닷컴. 중국에서의 궁궐제도.

공향 樂[息]	향원정 [공락共樂] 아미산[樂]		천天
(個)生	경회루 [共樂]	강녕전 (교태전) 삶[휴식]	燕朝　人[家]
업/직	집현전 글 [思]	사정전 맡업]	治朝　地[個]
		근정전 일[職]	外朝　地[國]

그림. 경복궁의 구조: 5문 3조와 동심원 구성

건물은 유교를 실물로 보여주고 있다. 위 그림의 구조를 보면 궁 안에는 생민의 영역에서 교태전/강녕전이 자리하고 생업의 영역에 사정전과 우좌로 만춘전, 천추전이 있고, 직의 영역에 근정전/조정이 있다. 그리고 궐로 남으로는 근정문 - 홍례문 - 광화문이 있고 북으로는 향원정, 신무문이 있다. 이 구조는 현대 심리학자들이 말하는 원만한 인간 생활의 요소인 '일(思政殿 /勤政殿) - 사랑/삶(康寧殿/交泰殿) - 놀이(香遠亭)'의 체계를 갖추고 있다. 바로 세종 이도의 철학이라 할 일인 생업으로서의 사정전, 천직으로서의 근정전, 그리고 개인적인 삶과 사랑으로서의 강녕전/교태전이 생민의 영역으로 있고, 놀이의 영역인 향원정이 락樂으로서 자리하고 있다. 경회루(慶會樓)는 일과 놀이를 겸하는 공간이다.

놀이·삶·일의 체계는 바로 놀이/수신修身, 삶/제가齊家, 일/치국治國의 구조가 되어 있다.

이러한 부분들은 외연으로서 궐 밖 조선으로 연장되는데 광화문 앞 육조의 배치에서부터 한양 도성 그리고 전국으로 확장 연속된다. 궁 좌우에는 사대부로서의 문반과 무반 그리고 그 밖으로 백성들과 천민들이 에둘러 싸고 있는 형세다. 여기서 궁이 갖는 일차적 구조가 조선으로 연장될 때는 단순한 궁 안의 질서와 다른 구조적, 기능적, 발생적 총체를 갖게 된다.

이를 보면 궁궐의 형태가 마치 한 시대의 모습을 축약하고 있는 듯하다. 거꾸로 궁 안의 임금과 대부들이 어떻게 유기적으로 궁 안 살림을 잘 하느냐에 따라 이의 외연 확대가 국가[백성]에게 미치는 면을 살필 수 있을 것이다.

세종은 조선 백성의 한 사람[生民]이고 업業은 정치인이고 직職은 임금이다. 업은 사람으로서 해야 할 일의 공간이고, 직의 공간은 일을 하는 위치다. 일이 끝나면 사생활 영역으로 옮기고 거기서 다시 향원정 등 휴식의 공간으로 이동하기도 한다.

궁은 일과 가족(자손 생산)의 공간이고 궐은 업무와 휴식의 연장 공간이 되어 있다. 궁궐을 벗어나 한양으로 넓히면 흥인지문興仁之門[동대문], 돈의문[서대문], 숭례문[남대문], 소지문炤智門(북대문으로서 肅淸門이고 중종 이후 肅靖門)을 세웠고 종로에 보신각으로 인의예지신을 갖추었다. 그 사이로 혜화문[동소문], 소의문[서소문], 광희문[남소문], 창의문[북소문]을 세웠고 중앙 종로에는 보신普信閣으로 믿음의 신信을 으뜸으로 삼았다. 인의예지신이라는 이념을 큰 도시 안에 실물로 전시하고 있는 셈이다. 주련柱聯을 넘어서는 일종의 거대한 기명器銘이다.[30]

그리고 광화문光化門을 비롯하여 돈화문(창덕궁 정문, 태종 12, 1412), 홍화문(경희궁 정문, 광해군 8, 1616), 홍화문(창경궁 정문, 성종 15, 1484)인 혜화문이 있다.(혜화문은 동소문으로 홍화문으로 불리었다가 성종이 14년(1483) 창경궁을 짓고 그 동문을 홍화문이라 불러 동소문과 혼란을 일으키자 중종 6년(1511) 동소문의 이름을 혜화문으로 바꾼다.) 경운궁[31]의 인화문仁化門이 있다. 화化는 '되다, 모양이 바뀌다'처럼 백성을 정신적으로 가르치고 이끌어 감화하게 한다는 교화의 의미를 담고 있다. 이는 세종의 변역 철학과도 연관이 된다. '화민지정化民之政'(세종 18/4/9) 즉 '백성을 교화시키는 정치'도 이런 뜻과 연결되어 있을 것이다.

3. 사유思惟 세계의 배경

정치는 사맛의 방식을 통해 나타난다. 많은 경우 신하들과의 토론으로 이루어지지만 그 마지막은 임금의 결단으로 이루어진다. 그 결단의 근저에는 임금의 생

---

30) 공송과 기명: "옛 제왕(帝王)들의 공송(工誦)과 기명(器銘)의 남긴 뜻을 대신하고자 하옵니다."(퇴계의《學聖學十圖》중) 공송(工誦): 악공(樂工)들이 시편(詩篇)을 외어서 임금에게 들려주어 경계토록 하는 것. (주) 기명(器銘): 임금의 일용 기물에 명문(銘文)을 새겨 임금으로 하여금 깨우치고 경계토록 하는 것이다.
주련: 기둥이나 담에 글씨를 넣는 일.
31) 경운궁은 1593년 선조 26년에는 선조의 행궁으로, 1611년 광해군 3년에 경운궁으로, 1901년 순종 1년에 덕수궁으로 이름이 바뀌었다.

각/사유와 결단이 따라야 한다.

세종 이도의 사유세계는 유교에서 출발한다. 그러나 뿌리에는 불교가 있고 마음속에는 심학이 있어 사회적으로 퍼져 있는 풍수며 무교에도 관심을 갖는다. 사유의 핵심은 당시 지배적이었던 유가에 머물러 있지 않은 포용성이다. 이는 임금이라는 직職에 충실한 실천적인 실용성에 기인한 것으로 보인다. 세종의 직에 대한 태도는 결코 한 사상에 매몰되지 않고 여러 사상을 백성[나라]과 현실에 적용할 수 있는가를 가늠했다.

세종의 행위는 거의 모두가 공공적인 시정으로 나타나지만 그 중에는 개인적인 신념이 혼재된 분야의 일도 있다. 몇 가지 예로는 양녕 형님에 대한 대우, 불사佛寺 보수 등에 대해서는 수비적인 자세를 취하지만 오랫동안 준비해온 훈민정음 창제는 느닷없이 발표하고 창제 이후 논쟁에서는 적극적 공세를 취한다. 신념과 철학의 소산으로 나타나고 있다. 때로 독단적으로 집념을 보인 정책도 있다.

양녕문제는 개인적인 도리에 따르고 불교문제는 권도에 따른 신념의 문제로, 훈민정음은 천지인 삼재와 음양의 철학으로 다스리고 있다.

1) 유교, 불교, 도교, 무교, 풍수

(1) 유가: 효, 직분, 정명, 의義, 신信, 도道

조선이 유교 즉 성리학에 근거하여 정도전의 설계로 이루어졌음은 주지하는 바이다. 세종의 철학을 민본으로 풀이한다 하여 넘칠 것이 없고 믿음[信]으로 설명한다고 하여 모자랄 것이 없다. 또한 중용으로 기본을 세운다 하여 모자랄 것이 없고 마음[心]으로 설명한다고 하여 남을 것도 없다. 다만 복합적인 세종의 사유의 세계를 어떻게 체계화 하여 큰 틀을 구성하느냐의 과제가 남게 된다. 세종 사상의 근저에는 유교가 자리 잡고 있음은 부정할 수 없다. 유교의 몇 주요 개념을 살펴보자.

효孝: 임금과 어버이는 오륜에 있어 다만 이름과 자리만 다를 따름이요, 전쟁이 있을 때는 비록 안위(安危)에 관계된다 하여도 어찌 충(忠)과 효(孝)는 두 가지 도(道)가 아니고 시행하는 것은 모두 한 가지이다. 이보다 더 큰 것이 되겠는가.(세종 9/10/8)

탈정 기복하라는 명에 황희가 사양하는 전을 올리나 이를 돌려보내며 한 말이다. 백성에게는 효를 앞세우고 사대부에게는 의를 앞세운다. 기본적으로 직의 정신과 통하는 점이 있다. 이는 바로 직분론이고 포괄적으로는 정명론正名論이다. 이름[정명]이라고 할 때 그 이름에 걸맞은 직무를 수행하여야 한다는 것이다. 유가의 논리가 세종에게서 효와 충으로 맞부딪칠 때 관리들에게는 충/의를 앞세운 것으로 보인다.

몸의 효: 임금이 태상왕(태종)을 모시고 연화방(蓮花坊) 신궁(新宮)으로 옮겼다. 병환이 위독하여 방위를 피함이었는데, 임금과 여러 왕자들은 모두 걸어서 갔다. 임금이 태상왕을 간호한 이래 약품이나 음식과 반찬을 모두 친히 받들어 올리고, 병환이 심할 때에는 밤새도록 간호하여 잠시라도 옷을 벗고 자지 아니하므로, 여러 신하들이 모두 걱정하였다.(세종 4/5/8)

세종은 몸으로 효의 모습을 보였다. 태종은 이틀 뒤 10일 연화방에서 훙하신다.

- 직분職分

직분은 직에 충실함을 말한다. 우리말로 '할 일'이다. 자기 헌신의 정신으로 궁극으로는 천직 정신에 이르러야 완성된다.

천직: 대사헌 신개(申槩) 등은 상소하기를, 맹자가 사람을 쓰는 도리를 논하여 말하기를, '천위(天位)를 한 가지로 누리고 <u>천직을 다스린다.</u>' 하였다.(세종 14/10/14) 孟子論用人之道曰: 共天位, 治天職。

김토의 판사 임명을 거두고 자급에 따라 서용할 것에 관한 우사간 금유 등의 상서문에 나온 말로 근거는 맹자의 말이다. 세종은 자신의 인격을 '이름'에 비유하여 말한다.

이름[정명]: 내가 부덕하기 때문에 경들로 하여금 진언(進言)하지 못하게 하였다. 경들이 또 나이 늙어서 이름을 낚고 녹을 가지는 것으로 말을 하니 내가 생각지 않은 말이다. 비록 젖내 나는 아이라도 내게 말을 하면, 내가 '너는 이름을 낚는다.'고 하지 않을 것인데, 하물며 경들이겠는가.(세종 30/7/23) 以我不德之故, 使卿等不得進言, 卿等又

以年老釣名, 持祿爲言。釣名之言, 予所不意也。雖乳臭之童, 有言於予, 予不曰汝爲釣名, 況卿等乎!

논어 제 13장 '자로'편을 보면 "그러므로 군자가 이름을 붙이면 반드시 말할 수 있으며, 말할 수 있으면 반드시 행할 수 있는 것이니, 군자는 그 말에 대하여 구차함이 없을 뿐이다."(故君子名之必可言也, 言之必可行也 君子於其言, 無所苟而已矣) 라고 했다. 공자는 말과 행동의 일치, 또는 말보다는 그 본래의 뜻과 행실을 좀 더 중요시하는 의사 소통관을 지녔다. 이런 유가의 입장은 정명사상正名思想으로 이어졌는데 이는 '이름을 바로 잡는 사상'을 말한다. 이는 말의 내용과 겉이 일치하여야 한다는 의미론적 뜻을 가지고 있어 보인다.32)

정명은 이름 즉 언어의 중요성 즉 순조로운 언어 사용이 이루어지기 위하여 또한 어떤 과제가 수행되기 위하여 필요하며, 예악의 흥성은 형벌의 공정성을 위하여 요구되며 형벌의 공평성은 사회적 안정을 위하여 긴요한 것이다. 이는 명名 → 언言 → 사事 → 예악 → 형벌로 구체화 시키면 전자가 후자의 조건이 되고 있다.33)

세종 말년 가까이 자신을 가엾이 여기며 하는 말씀이 있다. "우선 한 가지 일을 가지고 말하더라도 이제 한 고깃덩어리가 되어 방안에 앉아서 환자(宦者)로 하여금 말을 전하니, 이것이 모두 웃음을 사는 일이다."고 고백한다.

이름이란 특히 사대부들이 최후에 남겨야 할 인간의 가치인 셈이다. 이름을 남긴다는 것은 개인이 한 평생 아니 죽은 후에도 영원히 산다는 우주시간에 이르는 보편적인 가치를 얻는 일이다.

---

32) (참고) 이에 대한 보완 설명은 '자로子路'편에 나와 있다. "... 자로가 말했다. 위나라 군주가 선생님께 정치를 맡기신다면 맨 먼저 무엇을 하시겠습니까. 공자가 말하기를 반드시 이름부터 바로 잡겠다. 선생님께서 무슨 이런 답답한 말을 하십니까. 무슨 이름을 바로잡을 필요가 있습니까? 명名을 바로 하지 않으면 말이 순조롭지 못하고 말이 순조롭지 못하면 일이 이루어지지 않는다. 일이 이루어 지지 않으면 예악이 흥기할 수 없고 예악이 흥기하지 않으면 형벌이 적중하지 못한다. 형벌이 적중하지 못하면 백성이 수족을 둘 바를 모르게 된다. 그러므로 군자는 사물에 이름을 붙이면 반드시 말할 수 있어야 하고 그것을 말하면 반드시 행할 수 있어야 한다."

33) 김정탁, 『禮와 藝』, 한울 아카데미, 2004, 296~297쪽.

• 의義/충의忠義

세종조 실록에서 충忠의 기사를 보자. 충의는 평소에는 모르나

(ㄱ) 불의를 저질렀을 때 드러나고: 박호문(세종 20/3/19)

(ㄴ) 죽었을 때 평가의 요목이 되고: 김여지(세종 7/1/6), 정역(세종 7/2/6)

(ㄷ) 공이 있는 사람의 덕목이 된다.: 황희, 이정간의 충의는 두텁고. 忠義益敦。
   (세종 14/4/25)

(ㄹ) 세자에게 《직해소학(直解小學)》과 《충의직언(忠義直言)》을 가르치도록 하라.
   訓世子以《直解小學》及《忠義直言》。(세종 20/3/19)

(ㅁ) 백성에게 가르쳐야. 教民忠義。(세종 18/윤6/19)

• 신信

신信은 개인적이면서 사회적인 덕목이다. 그 가운데 구체적인 것은 화폐사용
에 대한 사회적 신뢰다. 저화의 사용은 송나라에서 시작하였고, 원나라에 이르러
돈과 저화를 겸용하려 하였으나, 채 하지도 못하고 망했고, 명나라에서도 역시
겸용하지 못하고 있다. 그만큼 보급이 어려운 것이다. 이에 그간 포폐(布幣)를 쓰
기도 하고 전폐를 쓰고 전폐나 미곡이나 포목을 모두 백성이 원하는 대로 따라
서 시험하는 것이 좋을 것이라며, 전날에 저화를 백성이 매우 싫어하였는데, 이
를 금방(禁防)하고 어기는 자는 죄로 벌을 주게 되니, 백성들이 곤란을 겪게 되어
그 폐해가 적지 않았다고 참찬 탁신(卓愼)이 건의한다. 이에 임금이 말한다.

   경의 말이 옳다. 나라를 다스리는 법은 신(信)을 보이는 것이 가장 중요한 것이다.
   처음에는 저화를 보물로 삼아 그것을 쓰게 하였다가, 이제 와서 오로지 돈만을 쓰게
   하고 그것을 헛되이 버리게 된다면, 백성 중에 저화를 가지고 있는 자가 어찌 근심하
   고 한탄하지 아니하랴.(세종 7/4/14) 爲國之道, 莫如示信, 初以楮幣爲寶而用之, 今專用錢
   而空棄之, 民之有楮幣者, 豈無愁歎? 給錢於民間, 以收楮貨可矣。然恐楮貨多而錢尙少也。

신信은 보편적 가치다. 충忠·효孝·별別·서序 다음 가장 보편적으로 실천해야
할 덕목이다. 충·효·별·서는 대인對人 소통 방식이다. 두 사람 사이에 가져야 할
마음이다. 그러니까 두 사람 사이의 관계를 넘어 사회라는 구성체로 넘어 오려면
신信이 있어야 가능하다.

백성에 대하여는 신信을 보여야 하는데 이는 바로 인간에 대한 믿음의 마음이다. "그윽이 생각하건대 나라는 백성에게서 보전되고, 백성은 신(信)에서 보전되는 까닭으로, 임금님의 정사(政事)는 반드시 신(信)을 중하게 여기는 것입니다." (竊謂國保於民, 民保於信, 故人君之政, 必以信爲重也.) 대사헌 최사강 등의 소訴에서 나오는 말이지만 그밖의 소訴에서도 같이 쓰이고 있다.

《세종실록》에는 '국보어민 민보어신'(國保於民 民保於信)(세종 9/1/26 외)이 4건 보인다.

• 충·효·별·서·신의 관계

(충은 효)와 상관되고 (효는 다시 별과 서)와 상관되고 이 모든 것은 신信에 포용된다. 따라서 신信이 마지막으로 백성과 만나는 덕목이다.

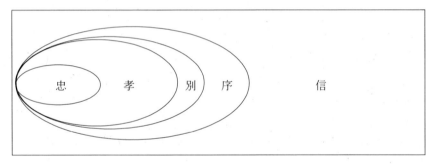

그림. 오륜의 구조

유교의 사회적 덕목에서 충·효·별·서·신에서 마지막에 신信이다. 신을 파자하면 '人'변과 '言'이다. 믿음이란 사람의 말에서 시작한다. 사람과 사람 사이의 말[사상]에 대한 믿음이다.

• 도

충과 효: 임금과 어버이는 오륜에 있어 다만 이름과 자리만 다를 따름이요, 충忠과 효孝는 두 가지 도道가 아니고 … 도가 그 행함을 얻으면 교(敎)가 따라서 세워질 것이요, 일이 옳음에 당하면 행함이 어찌 이지러짐이 있으리오. 효를 옮겨서 충을 하는 것이 오직 이 때일 것이다.(세종 9/10/8) 忠孝非二道… 道得其行, 敎由以立; 事當其可, 行何

有虧? 移孝爲忠, 惟其時矣。

탈정 기복하라는 명에 황희가 사양하는 전을 올리나 이를 돌려보내며 나오는 말이다. 그러면서 황희의 사직을 허용하지 않는다.

사대부는 불의를 보고 간諫하지 않으면 선비가 되지 못한다. 그런데 간하는 데도 구분이 있다. 간하기 위한 간 그리고 직분이 간하는 자리에 있으니 형식 상 하는 간, 진심으로 하는 간 등이 있다. 목숨을 걸고 의義를 앞세우고 충간하는 선비가 절의의 참 선비다. 이것이 도학道學 정신이다.

본격적으로 오륜이 장려된 것은 역시 유교가 관학으로 된 조선조에 들어와서이다.

세종 14(1431년) 《삼강행실도(三綱行實圖)》의 간행
중종 13(1518년) 《이륜행실도(二倫行實圖)》의 간행
정조 21(1797년) 《오륜행실도(五倫行實圖)》의 간행
조선왕조가 얼마나 오륜을 강조했는가를 알 수 있다.

(2) 불교

세종 시대의 국가적 이념은 유교이고 세종도 이를 부정하지 않는다. 태종은 건국에 직접 관여한 바 있어서인지 불교를 앞세우지는 않고 살아 있는 동안에 불교에 내색하지 않는다. 그러나 풍습으로 이어오고 어머니의 질병 앞에서는 기원祈願하는 마음을 억누를 수가 없는 것이다. 관습이 갖는 무서운 힘이다.

세종 2년 5월 27일 대비(어머니가) 학질을 앓기 시작하자 29일부터 병석을 지킨다. 그리고 환관을 개경사(開慶寺)로 보내 관음께 쾌유를 빌도록 한다. 개경사는 지금의 구리시에 있는 태조 이성계의 능인 건원릉의 재궁齋宮이며 태종 13년에 해인사의 대장경을 인쇄해서 봉안한 사찰이기도 하다. 이후에도 매형인 청원부원군 이백강을 질병 치료를 맡고 있는 약사여래에게 기도하게 하고, 6월 1일에는 맹인 승려 7명을 불러 기도를 부탁하기도 했다.

절과 소격전: 청평 부원군 이백강(李伯剛)을 개경사에 보내어 약사여래에 기도하고, 길창군 권규(權跬)를 소격전(昭格殿)에 가서 북두칠성에 초제(醮祭)하고, 사알(司謁)·사약(司鑰)을 나누어 보내어 두루 송악·백악·감악·양주 성황의 신에 기도하고, 저녁에

소경 중[盲僧] 7인을 불러 모아 삼십품 도량[三十品 道場]을 낙천정 안뜰에 배설하고, 임금이 수라도 진어하지 아니하고 침소에도 들지 아니하며 정성을 다하여 기도하였다.(세종 2/6/1)

세종은 여기에서도 몸으로의 효를 보였다. 이도 효험이 없자 6월 10일 도가류道家流의 중 해순(海恂)에게 둔갑술을 행하게도 했다. 그러나 궁극적으로 세종은 가족사를 벗어난 시정時政에서는 유교와 불교 사이에서 어느 쪽에도 치우치지 않고 사안의 핵심에 접근하여 판단하였다.

    승려와 유생: 나도 또한 승도들이 잘못하였다는 것을 들었다. 그러나 그렇다고 하여 홀로 유생들에게만 치우칠 수는 없다. 마땅히 허심탄회(虛心坦懷)하게 추문(推問)하여야 할 것이다.(세종 24/7/28)

유생과 승려의 싸움에서 종교가 아니라 싸움 자체에 따라 공정하게 처리하였다. 세종 개인의 불교에 대한 대책은 30년 12월 5일에 불당佛堂이 이룩되니, 경찬회를 베풀고 5일 만에 파하였다. 하루 동안에 공궤한 사람이 7, 8백 명에 내려가지 아니하고, 소비한 쌀이 2천 5백 70여 석이었다. 음성공양音聲供養으로 신곡을 지어 관현에 올리고, 악기를 모두 새로 만들어서 공인 50명과 무동舞童 10명으로 미리 연습시켜서 부처에게 공양하는 대규모 행사였다. 이때 수양대군은 경찬회를 그림으로 그리고, 또 계문契文을 지어 모인 사람들에게 축軸을 만들어 나누어 주었다.

세종의 아들 수양이 불교에 심취해 있으면서 세종의 뜻을 받아 여러 불경 편찬을 도운 실마리는 다음 대화를 보면 알 수 있다. 수양대군과 성임의 대화를 보자.(이하 실록내용 대화체로 구성)

    수양: 너는 공자(孔子)의 도(道)와 석가가 누가 낫다고 이르느냐.
    주서 성임(成任): 공자의 도는 내가 일찍이 그 글을 읽어서 대강 그 뜻을 알거니와, 석씨(釋氏)에 이르러서는 내가 일찍이 그 글을 보지 못하였으니, 감히 알지 못합니다.
    수양: '석씨의 도가 공자보다 나은 것은 하늘과 땅 같을 뿐만 아니다.' 선유(先儒)가 말하기를, '비록 좌소용마(挫燒舂磨)* 하고자 할지라도 베푸는 바가 없다.'고

하였으니, 이는 그 이치를 알지 못하고 망령되게 말한 것이다.(세종 30/12/5)

大君曰: 釋氏之道過孔子, 不啻霄壤。

(주) *좌소용마(挫燒舂磨): 몸을 꺾어 태우고 찧어서 가는 것.

세종이 불교를 믿는다는 것은 '나는 불교를 믿는다'는 선언이 아니라 내가 믿고 있음을 신하들이 인지해주기를 바라는 이심전심, 공인된 묵인을 기다리는 마음이다.

> 불교: (집현전에서 왕비를 위한 불경 편찬의 뜻을 거둘 것을 아뢰나 받아들이지 아니하다) 임금이 말하기를, 그대들은 고금의 사리를 통달하여 불교를 배척하니, 현명한 신하라 할 수 있으며, 나는 의리는 알지 못하고 불법만을 존중하여 믿으니, 무지한 인군이라 할 수 있겠다. 하물며, 내가 근년에 병이 많아서, 궁중에 앉아 있으면서 다만 죽을 날만 기다릴 뿐인데, 그대들은 나를 시종(侍從)한 지가 오래되었으니, 내가 불교를 믿는가 안 믿는가를 알 것이다. 그대들이 비록 고집하여 다시 청하지마는, 내가 접견하지 않으므로 개설하고 변명하기가 어려울 것이다.(세종 28/3/28)

세종은 죽음을 거론하며 불교에 빠져 있음을 고백한다. 이런 상황은 세종이 심취한 것이 아니라 개인 이도가 불교에 심취한 것이다.

세종이 시정時政 등에서 불교를 앞세워 정치를 한 일은 없다. 불교의 교리를 경연 등에서 펴지도 않았다. 불교와 관련해 한 일은 홍천사 복원이나 불교를 소개하는 《석보상절》 그리고 석가를 찬양하는 《월인천강지곡》 등의 편찬이다. 불교는 펴되 정치화하지는 않았던 것이다.

독서를 통한 마음 닦기와 본심 찾기, 이것이 유교의 길이라면 수행을 통해 마음의 지혜를 얻고자 했던 길이 바로 불교다. 마음이 비어 있는 상태, 무심의 경지, 이는 불교를 통해 다다를 수 있는 세계다.

불교 사상은 모든 생명과 금수초목은 물론 흙 한 줌, 돌멩이 한 개에 이르기까지 최대의 의미를 부여하는 화엄학이면서 동시에 모든 생명의 무상함을 선언하고 있다. 화엄과 무상이라는 이율배반적이라는 모순이 불교 속에 있는 것이다.[34]

'종교니까 믿음으로 설명할 수밖에 없다'고 동어반복으로 말해야 할까. 세종이 왜 불교에 빠졌을까. 이때는 세종이 아니라 개인 이도로 돌아간 셈이다.

---

34) 신영복, 『강의』, 돌베개, 2013, 47쪽.

그러면서 차츰 정무는 후반기 들어 "임금이 늙고 병들면 세자(世子)가 정사를 섭행(攝行)하는데, 이것은 고례(古禮)다"(세종 25/4/17)하면서 세자에게 넘겼다. 훈민정음을 창제하고(세종 25/12/30)난 이후 이제는 '나도 한 사람의 백성이 되었다'는 안도감과 성취감을 맛보게 된다. 그런데 다섯째 아들 광평대군 이여가 죽었다.(세종 26/11/26) 이어서 일곱째 아들 평원대군 이림이 죽었다.(세종 27/1/16) 살아생전 한을 간직하면서도 자식들과 지아비를 사랑하던 부인 소헌왕후가 죽었다.(세종 28/3/24) 이제 세종의 몸이 노쇠했다기보다 몸과 마음이 온통 아픈 것이다.

왕비를 위한 불경: 대군으로 하여금 왕비를 위하여 불경을 만들게 하려고 의향을 보였더니, 대신들이 모두 옳다고 하는 까닭으로 이에 따랐던 것인데, ... 내가 이미 불교를 좋아하는 임금인데, 경 등이 모두 버리고 이를 잊었지마는, 나는 이단의 일로써 경 등을 허물하지 아니하니, 그것을 알 것이다, 하였다.(세종 28/10/4)

세종의 반격이다. 한번 동의한 적이 있지 않느냐이다.

불당설치의 불가함과 봉선: 도승지 이사철(李思哲) 등이 또 아뢰기를, "나의 이 일은 조종(祖宗)을 위하는 것이니 다시 무슨 말을 하겠는가." 하고, 사철 등이 두세 번 청하여도 윤허하지 않았다. 불법(佛法)이 일어난 뒤로부터 역대 인주(人主)가 혹은 어질고 혹은 어질지 못하나, 2천여 년 동안에 능히 다 사태(沙汰)시킨 임금도 있지 않고, 또한 다 사태한 날도 있지 않다. 간혹 명철한 임금이 있어 부처와 중을 사태시켰으나, 그 법을 다 없애버린 사람은 없다. ... 이미 제거하지 못한다면 선왕을 위하여 한 불당을 세우는 것이 무엇이 불가한가. ... 창덕궁의 불당은 선왕을 위하여 베푼 것이니, 지금 다시 세우는 것이 오로지 봉선(奉先)하는 효심에서 나와서, 그 폐한 것을 차마 앉아 보지 못하는 것이다.(세종 30/7/18)

유교의 개념들은 관념적이어서 개념들 사이의 거리가 멀고 이르러야 할 길에 대한 구체적 방안이 가물거린다. 이에 비해 불교는 논리적이며 사유적이고 체계적이다. 모든 언어에 유기성이 있다. 불교는 탐구의 대상이 되고, 불당에 앉아 있으면 마음 수도를 위한 구체적 수행이 따른다. 아니 먼저 보낸 아들과 부인에 대해 최소한의 도리를 할 수도 있다. 유학에서라면 아들과 딸, 부인에게 예禮를 표할 방법이 딱히 없다. 불교라면 묵상을 통해 이야기를 나눌 수 있을 것 같다. 저

승에서의 락생樂生을 빌어볼 수도 있다. 이도는 이런 마음을 가져 보는 것이다.

개인적으로 절실하게 불교적인 마음을 보인 일은 자신을 '고깃덩어리'에 비유한 말이다.

> 고깃덩어리: 이제 한 고깃덩어리가 되어 방안에 앉아서 환자(宦者)로 하여금 말을 전하니, 이것이 모두 웃음을 사는 일이다.(세종 30/7/23) 今乃爲一塊肉, 坐於房內, 使宦者傳言, 此皆取笑事也。

이때 몸은 보잘 것 없는 근육질 덩어리임을 알고 있다. 그러나 의식은 더 살아서 주위와 대화를 한다. 말없이 조용히 불당에 앉아 있는 자신의 모습 그대로를 신료들이 보아주기를 바랄뿐이다. 정치적으로는 무언 속에 비움의 내적 사맛 시기에 접어들었다 하겠으나 중신들은 종교로서는 용납할 수 없을 것이다.

'임금이 곧 나라'라는 의식으로 신하들은 세종을 윽박지를 수 있기 때문이다. 나라는 임금 개인의 나라가 아니기 때문이다.

> 절하지 않음: 늦으막에 비록 불사(佛事)로써 혹 말하는 사람이 있으나, 한 번도 향을 올리거나 부처에게 절한 적은 없고, 처음부터 끝까지 올바르게만 하였다.(세종 32/2/17) 晚年雖或有以佛事言者, 未嘗一燒香禮佛, 終始以正云。

세종은 절에 앉아 있었으나 "한 번도 향을 올리거나 부처에게 절한 적은 없고 처음부터 끝까지 올바르게만 하였다." 향이나 절을 하는 것은 예불이다. 예불이란 부처[佛]에 대한 예의 표시다. 예불을 하지 않은 것은 임금이라는 국가적 정체성正體性의 문제가 얽혀 있을 수 있다. 임금이 절할 수 있는 대상은 지상에는 없다. 혹시 황제를 만날 때 일 수 있으나 그런 일은 원칙적으로 없다.

세종은 임금으로서가 아니라 이도李祹로서 부처보다 불교 철학에 대한 신앙을 보인 것이다. 겉으로 절을 올리지는 않았다 해도 마음으로는 매번 절을 하였을 것이다. 절을 하지 않고 불당에 앉아 있다는 것은 자신을 돌아보는 철학의 시간에 다름 아니다. 불당이 곧 사유의 공간인 셈이다. 마음으로부터 죽은 아들이나 지어미에 대한 명복을 빌었을 것이다. 유교에서 보류하고 있는 인간의 내세로서의 영생에 대한 철리哲理를 음미했을 것이다.

세종의 형인 효령대군은 불교를 신봉하여 수륙재를 성대하게 벌이고 스스로 승려가 되기도 하였다. 세종의 아들인 수양대군과 안평대군도 불경에 심취하여 불교교리의 심오함에 깊이 공감하고 있었다.[35]

불교는 세종 말기에 시정 비판의 대상이었다. 특히 내불당을 세우고 경찬회를 여는 등의 시행은 신하들의 극도의 비판을 받았다.

> 집현전 여러 선비들이 나를 버리고 가버렸으니 장차 어떻게 할꼬. 集賢諸生 棄我而去 將若之何 (〈연려실기술〉 제3권 세종조 고사본말)

세종이 내불당을 짓자 대신들이 간했으나 듣지 않았고 집현전 학사들이 간해도 듣지 않았다. 학사들이 모두 물러나 집현전이 비었다. 세종대왕이 눈물을 비치며 황희를 불러 이르신 말이다. 그러자 황희가 "신이 가서 달래겠습니다."하고 두루 학사의 집을 찾아가 간청하여 돌아오게 하였다.[36]

> 음성공양: (승군을 사역시켜 사리각을 수리하게 하다) 공궤할 때에는 악공과 광대 [俳優]들이 많이 모여서 항오에 따라 돌며 풍악을 연주하여서 중들을 즐겁게 하였는데, 이것을 '음성공양(音聲供養)'이라 하다.(세종 20/2/19)

세종이 불교에 친근함을 가진 것은 앞서의 '음성공양' 한마디로 정리할 수 있을 것이다. 《조선실록》에 '음성공양音聲供養' 기사가 3건 있는데 세종뿐이다.

(3) 도교

세종 1년 동당의 고강하는 법에 대해 묻자 정초(鄭招)가 "근일에 새로 뽑힌 생원들은 겨우 10여 명이 대궐에 들어와서 절을 하였는데, 신진들의 기풍이 이보다 더 경박할 수는 없습니다."고 말한다.

> 선비의 마음을 바로잡으려면, 법으로써 제지하지 아니하여서는 안되겠습니다. 지금 전하께서 날마다 경연에서 도학(道學)을 강명(講明)하시니, 무릇 이목이 있는 자라면, 누구나 보고 느끼지 아니하오리까.(세종 1/2/17) 今殿下日御經筵, 講明道學, 凡有耳目者,

---

35) 금장태, 『세종조 종교문화와 세종의 종교의식』, 한국학술정보, 2003, 122쪽.
36) 세종과 불교에 대하여는 이한우의 『세종, 조선의 표준을 세우다』, 해냄, 2006. 115~121쪽 참고.

孰不觀感乎?

여기의 도학은 선학禪學으로서의 도道라기보다 원리 혹은 천리에 충실한 도道이고 실천을 전제로 한 도라고 보아야 할 것이다. 실천에 약한 경박한 선비를 보니 더욱 실천적인 도학의 필요성을 절실히 느낀다.

　장자: 주자소(鑄字所)에서 인쇄한 장자(莊子)를 문신들에게 나누어 주었다.(세종 7/1/17) 分賜鑄字所印《莊子》于文臣。

세종이 신하들에게 《장자》를 나누어 준 것도(세종 7/1/17) 어쩌면 조삼모사를 넘어선 허심응물虛心應物[마음이 비어 사물에 잘 대응한다]의 현실적 리더가 되기를 바랐기 때문이었을 것이다.

실제로 세종의 정치는 자기가 딛고 서 있는 구체적인 현실[實事]에 말미암는 '실학'이자 '실정實政'이었다.[37] 그래서 추구하는 학문도 구체적인 현실에 뿌리 박고 있는 '실학實學'이고, 지향하는 정치도 백성들의 삶에서 출발하는 '실정'이며, 관심을 갖는 사건은 실제로 벌어지고 있는 구체적인 사태[실사實事]이다. 그는 어색한 이론에 말미암지도 않고 추상적 이념에 호소하지도 않는다. 단지 '지금 여기'[是]라는 '현실'[實]에 충실할 뿐이다.

세종의 마음은 이러한 장자의 뜻에 닿아 있는 것으로 보인다. 다른 《장자》기록은 예조에 전지하여 재계일에 술 마시는 것이 옳은지 그른지를 아뢰게 했는데 예조에서 장자를 인용해 답했다. '장자의 말에, 술을 마시지 아니하고 냄새나는 푸새를 먹지 아니함이 제사의 재계이다.' 하였다.(세종 27/2/7)

도교와 도학은 세종에게 있어서는 '실천'을 염두에 둔 해석을 하고 있다.

세종조에 도교에 대한 검색자료는 7건 있다. 도교를 풀이한 기록을 보자.

　음즐서: (사신 황엄이 가지고 온 선양을 윤허한다는 칙서) 원숙(元肅)을 보내어,《음즐서(陰騭書)》 1천 권을 받아 오게 하였다.[38](세종 1/8/17)

---

37) 조성환, '세종이 《장자》를 나눠준 까닭은?' (사)한국형 리더십개발원 리더십에세이, 2014.6.9.
38) 《음즐서(陰騭書)》는 도교의 음덕을 받는다는 서적이다.

도사: 도사(道士)라는 것은 매우 허황한데, 중국에도 있었는가, 하니, 영의정 이직이 대답하기를, 있었습니다. 매일 조회에도 참예합니다, 하였다. 임금이 말하기를, 도교와 불교는 모두 믿을 것이 못된다. 그런데 도사의 말은 더욱 허황하다. 우리나라의 소격전 (昭格殿)의 일은 또한 도교이다. 그러나 별[星]에게 제사하는 것은 큰 일이므로 역대로 전해 와서 지금까지 폐하지 않았다, 했다.(세종 7/7/15)

경신 지키기: 종친의 공치는 놀이[打毬]를 보고, 술잔치를 베풀어 '밤새도록 경신을 지키려'[夜守庚申야수경신] 하였으나, 마침 우레와 번개 때문에 그만두었다.(세종 14/11/5)

경신일庚申日에는 잠을 자지 않고 밤을 지켜야 총명하여지고, 복을 얻는다는 도교에서 나온 풍습으로 보인다.

도교 서적: 옛날 송나라 철종(哲宗)이 도사 진경원(陳景元)을 시키어 도교의 서적을 교열하게 하였더니, 범조우(范祖禹)가 조정의 체모를 손상시킨다 하여 깊이 배척하였사오니, 도사를 시키어 도교 서적을 교열하는 것이 무엇이 해롭겠습니까마는, 임금의 명령으로 하는 것이기에 불가하다고 한 것입니다.(세종 15/7/15)

불교와 도교: 말이란 마음의 소리[聲]이요, 시(詩)란 그 뜻을 말하는 것인데, 그의 시를 보게 되면, '평생에 석가의 글은 알지 못한다.' 하였고, 또 말하기를, '불교·도교의 두 길[兩途]은 원래 무심히 지났으나, 공맹[洙泗]의 학에 맴돌면서부터 두 귀밑털이 희어졌다.'고 하였다.(세종 18/5/12)

그리고 대비(어머니)가 아프자 환관(세종 2/5/27), 매형인 이백강(세종 2/6/1)에게 그리고 신하들에게, 맹인 승려 7명에게(세종 2/6/10)에게 기도하게 했다. 그러다가 도가류의 스님을 찾아가기도 했다.

도가: 임금과 양녕·효령이 대비를 모시고 도가류(道家流)의 중 해순(海恂)으로 하여금 먼저 둔갑술을 행하게 했다.(세종 2/6/10)

도교는 유교의 뜻으로 또한 자연의 신선 사상을 포함하고 있다. 도교 혹은 도가 사상은 삼국시대에 들어왔다. 〈삼국사기〉에는 4세기 후반 도교《도덕경》의 문구가 보이고 신라의 화랑을 국선國仙이라 부른 점은 도가 사상의 영향이 있는 것으로 보인다.

도가사상이 노자와 장자의 사상을 기반으로 한 사상이라면 도교는 한나라 때 노장사상을 업고 만든 종교였다. 이후 수와 당 시절 불교와 도교가 국교가 되어 종교로 자리 잡았다. 고려는 불교와 함께 도교를 높였고 하늘에 제사를 지내고 복을 비는 도관道觀을 많이 지었다. 복원궁, 신격전, 태청관, 태일관, 구요당, 청계배성소 등은 모두 그러한 역할을 하는 곳이었고 이름도 궁宮이나 전殿이었다. 조선조에 이르러 건국이념으로 내세운 성리학의 영향으로 소격전 하나로 통일되었다가 다시 소격소로 낮춰졌다.[39]

소격소는 하늘에 제사를 지내는 기구이지만 단순히 제사의 기능만이 아니라 해와 달과 별의 오행을 살피고 기록하기도 했다. 세종은 그 정신을 가장 잘 구현하였다. 당시 신하들은 천체 관측이 ①노자를 존숭하는 이상의 행사이고 ②하늘에 대한 제사는 중국천자만이 할 수 있다고 하여 제후국인 조선은 지낼 수 없다고 반대하기도 했으나 내면에는 왕권에 대한 신권의 확장이라는 점도 숨어 있었다고 보인다. 세종은 이를 우리 실정에 맞는 편민便民의 달력이 필요하다 하여 제천행사와 천체관측을 이루어냈다.[40]

(4) 무교巫敎

무당: 장령(掌令) 조자(趙孜)가 아뢰기를, 음사(淫祀)의 금법(禁法)은 여러 번 교지를 내리셨고, 또《원전(元典)》에 기재되어 있사온데, ...이제 또 금방(禁防)을 세우신 것이 지극히 엄밀(嚴密)하옵니다. 그러하오나 나라 무당[國巫]이 아직도 있사오니 이는 근본(根本)이 끊어진 것이 아니옵니다. 청하옵건대, 원방(遠方)으로 내쫓아서 그 요술(妖術)을 팔지 못하게 하소서. ... 하니, 임금이 말하기를, 음사(淫祀)의 금지는 조종(祖宗) 때부터 시작하였지만, 무녀들이 아직도 끊어져 없어지지 아니하였으니, 내 어찌 감히 갑

---

39) (참고): 차주환,『한국도교사상』, 동화 출판 공사, 1984 ; 朝鮮王朝實錄事典/한국민족문화대백과, 한국학 중앙연구원, 1991, 외.
40) 도교는 그밖에도 의학과 지리에 대한 신앙이 결합되어 있었다. 김시습이나 곽재우를 통한 양생법, 이황의 활인심방活人心方 이후〈동의보감〉편찬에 도움이 된 정작鄭碏이 참여한 丹學波 등에 영향을 미쳤다. 김교빈, 주영하 외 한국학의 즐거움 중 '한국의 철학' 후머니스트출판, 2100. 120쪽.

자기 혁파할 수 있겠는가. ... '무릇 법을 세우는 것은 시행하기 위해서인데, 시행할 수 없는 법은 세울 수 없는 것이다.' (세종 25/9/2) 凡立法, 爲可行也, 不可立不可行之法也。

무교 또한 사회의 풍습으로 존재하고 있고 그보다 더욱이 법으로 강제할 문제가 아닌 문화의 영역임을 제시하고 있다.

(5) 풍수風水 등

풍수: (임금이 최양선의 파직에 대해) '양선이 마음으로 깨달은 이치가 없다.' 하면 가하거니와, 지리(地理)에 어찌 마음으로 깨달을 이치가 있겠느냐 함은 불가하다. ... 모두 자손의 길흉으로써 말하였는데, 양선의 말한 것이 무엇이 가히 죄가 될 것인가. ... 이제 양선의 말한 바를 불순하다 하여 만일 버리고 쓰지 아니하면, 이는 뒷사람들의 말할 길을 막는 것이므로 파직시키는 것은 불가하다, 하였다.(세종 25/2/7)

이조吏曹에서는 풍수를 하는 최양선에 대하여 지리를 마음으로 깨달아 안다는 것은 허위라고 죄목을 댄다. 세종은 "최양선의 인품으로 천리에 대해 마음으로 깨달은 것이 있다면 못 믿겠으나 지리와 연관해 지리에서 길한 곳이 자손에게도 길하다고 하는 것은 일종의 마음의 깨달음이 아니겠느냐."고 되묻는다. 즉 천리에 관한 것은 성품과 연관이 되지만 기술 즉 실용에 관한 것은 마음과는 다르다는 것이다. 풍수란 예전이나 지금이나 순수 과학은 아니지만 생활과학의 성격이 있음은 사실이 아닌가.

세종은 풍수를 일부 인정했으나 풍설은 안 믿었다. 용의 소문이나 풍설에 대하여 이를 과학 정신과 구별하고자 했다. 경연 중에 나온 말이다.

용은 구름인가: 송(宋) 휘종(徽宗)이 이르기를, 누런 용과 푸른 용은 길한 징조요, 흰 용과 검은 용은 재변이다. 내가 즉위(卽位)한 뒤에 검은 용을 한 번 보았으니 이것은 변(變)이다, 라고 한 데 이르러서, 사람이 용을 볼 수 있느냐, 고 물으니, 검토관 김빈(金鑌)이 대답하기를, 지난번에 양산군(梁山郡)의 용당(龍塘)에서 용이 나타났는데, 사람들은 그 허리만을 보고 머리와 꼬리는 보지 못하였습니다, 하였다. 임금이 말하기를, 구름과 비 사이에서 굼틀굼틀하며 움직이며 어떤 형태를 이룬 것을 보고 사람들은 이 것을 용이 하늘로 올라간다고 하지만, 나의 생각으로는 이것은 용이 아니요, 곧 구름·

안개·비·우레의 기운이 우연히 뭉쳐서 형태가 이루어져서 그런 것인 듯하다, 고 하며 신빙할 수 없다.(세종 12/윤12/19)

다시 제주에 나타난 용에 대하여 세종이 묻는 조목이 재미있어 소개한다.

　　다섯 마리 용: 제주 안무사(濟州安撫使)에게 전지하기를, 병진년에 최해산(崔海山)이 도안무사(都安撫使)가 되었을 때, 치보(馳報)하기를, '정의현(旌義縣)에서 다섯 마리의 용(龍)이 한꺼번에 승천(昇天)하였는데, 한 마리의 용이 도로 수풀 사이에 떨어져 오랫동안 빙빙 돌다가 뒤에 하늘로 올라갔습니다.' 하였는데, 용의 크고 작음과 모양과 빛깔과 다섯 마리 용의 형체를 분명히 살펴보았는가. 또 그 용의 전체를 보았는가, 그 머리나 꼬리를 보았는가, 다만 그 허리만을 보았는가. 용이 승천할 때에 운기(雲氣)와 천둥과 번개가 있었는가. 용이 처음에 뛰쳐나온 곳이 물속인가, 수풀 사이인가, 들판인가. 하늘로 올라간 곳이 인가(人家)에서 거리가 얼마나 떨어졌는가. 구경하던 사람이 있던 곳과는 거리가 또 몇 리나 되는가. 용 한 마리가 빙빙 돈 것이 오래 되는가, 잠시 간인가. 같은 시간에 바라다본 사람의 성명과, 용이 이처럼 하늘로 올라간 적이 그 전후에 또 있었는가와, 그 시간과 장소를 그 때에 본 사람에게 방문하여 아뢰도록 하라, 하였다. 뒤에 제주 안무사가 아뢰기를, 고로(古老)에게 방문하니, 지나간 병진년 8월에 다섯 용이 바닷 속에서 솟아 올라와 네 용은 하늘로 올라갔는데, 운무(雲霧)가 자우룩하여 그 머리는 보지 못하였고, 한 용은 해변에 떨어져 금물두(今勿頭)에서 농목악(弄木岳)까지 뭍으로 갔는데, 풍우(風雨)가 거세게 일더니 역시 하늘로 올라갔다 하옵고, 이것 외에는 전후에 용의 형체를 본 것이 있지 아니하였습니다, 하였다.(세종 22/1/30)

용에 대한 객관적 분석을 하고 있다. 세종의 실용적 변역정신은 이런 질문에서부터 출발하고 있음을 보게 된다.

정리: 사유 세계의 배경

　　세종은 유교를 근간으로 삼고 있으나 여타 풍속과 정신적인 세계인 불교, 도교, 무교 그리고 탐구의 대상으로 풍수까지도 포용하는 실용적인 현실 반영의 자세를 지니고 있었다.

2) 마음[心]

　　세종은 '마음'에 대한 언급이 많다. 마음은 일반 명사이면서도 드문 순수한 우

리말 철학 용어이고 개념어가 될 수 있다. 마음은 포괄적이고 역사적으로 그 의미
도 변하여 왔다. 마음 단독으로보다는 다른 단어와 연관하여 더욱 많이 쓰인다.
《조선실록》속의 '마음'이라는 용어는 국역으로 총 41,596건인데 세종 2,425건
이다.41) 마음은 조선 중기 이후 양명학 등의 도입과 더불어 본격적으로 논의되
는 철학의 영역이다.42)

먼저 '바른 마음[正心]'에 대해 동지경연 이지강이 《대학연의》를 진강하고 말
한다.

정심正心: 임금의 학문은 마음을 바르게 하는 것이 근본이 되옵나니, 마음이 바른
연후에야 백관이 바르게 되고, 백관이 바른 연후에야 만민이 바르게 되옵는데, 마음을
바르게 하는 요지는 오로지 이 책에 있사옵니다. 하매, 임금이 말하기를, 그러나 경서
를 글귀로만 풀이하는 것은 학문에 도움이 없으니, 반드시 마음의 공부가 있어야만 이
에 유익할 것이다, 하였다.(세종 즉위/10/12) 同知經筵李之剛進講《大學衍義》, 且啓曰: 人
君學問, 正心爲本, 心正然後, 百官正, 百官正然後, 萬民正。正心之要, 專在此書。上曰: 然。句讀
經書, 無益於學, 必有心上功夫, 乃有益矣。

심정心正 - 바름: (양주 부사 권맹손(權孟孫) 등이 하직인사를 하자) 마음이 바르면
백성을 다스리는 것이 어렵지 않을 것이다. 경기도가 일이 복잡한 것이 다른 도에 비하
여 갑절이나 될 것이니, 마땅히 백성의 폐해를 제거할 것을 언제나 생각하도록 하라,
했다.(세종 8/1/12) 心正則治民無難。

심정心正: 지평해군사(知平海郡事) 허항(許恒) 등이 배사하자, 마음이 바르면 사무를
처리하는 것도 어렵지 않다, 하였다.(세종 8/1/17) 心正則處事無難。

마음 - 정성, 공경의 마음: 늙은이를 공경하는 것은 국가의 아름다운 일이라, 그러므
로, ... 이제부터는 만일 마음을 쓰지 않는 자는 수령이면 중죄로 논할 것이요, 감사도

---

41) 세종보다 많은 임금은 성종 3,208건, 중종 3,916건, 선조 3517/353건, 숙종 2,525/234건,
    영조 4,083건, 정조 2,633건 등이다.
42) 한자로 된 '심心' 원문은 총 49,882건인데 세종은 2,930건이다. 세종보다 많은 임금은 성
    종 3,358, 중종 4,766, 선조 4,698/363, 광해군 3,174/2,828, 숙종 3,086/255, 영조 4,887, 참
    고로 정조 2,858 건 등이다. 이 중에는 청심정(淸心亭)같은 마음의 뜻과 다른 용어도 있어
    정확하지는 않으나 경향은 알 수 있을 것이다. 국역의 '마음'이든 원문의 '心'이든 많이
    등장하는 임금은 거의 유사하다.

그 책임을 면하지 못하리라, 하였다.(세종 15/8/28) 敬老, 國家美事, 故去壬子年, 始設養老宴, 會大小老臣, 親臨饋之.... 自今如前不用心者, 守令則當重論, 監司亦不得辭其責矣。

정심 이외에 '심정心正'처럼 바른 마음은 물론 비록 늙은이를 대접하더라도 친히 대하지 아니하고, 또한 찬수가 매우 소박해서 공경하는 뜻에 어긋남이 있다면 수령과 감사를 중죄로 논할 것이라고 하였다.

바른 마음인 정심正心의 기록을 보면 조선조 초기(태조~성종)는 73건, 중기(연산군~현종)는 282건, 후기(숙종 이후)는 125건이다.

다음으로 몸과 마음을 다하는 정성을 보여야 하는 일이 있다.

몸과 마음 다하기에서는 ㉮몸으로 실천하는 것을 받아 ㉯순행 즉 두루 움직이고 ㉰정성을 다하는 마음가짐을 강조했다. 더 구체적으로 마음을 써 재판하는 일에서는 마음을 비운 상태에서 사건에 임해야 한다고 말한다.

> 허심청찰虛心聽察: 대저 옥사(獄事)를 국문(鞫問)하는 사람은 마땅히 공평무사한 마음으로 청찰(聽察)하여 그 실정을 알아내어야 한다.(세종 28/12/18) 大抵鞫獄者, 當虛心聽察, 以得其情。

마음이란 이처럼 바른 마음, 정성, 성심, 진심盡心, 공경을 뜻하는 실천적 철학 용어다.

마음[心]은 세종 때에는 아직 그 개념이 불명하지만 세종은 마음에 큰 관심을 가지고 있었고 현실정치에서도 '마음과 정치'에서 시인施仁(관면寬免하는 조목을 널리 반포함은 신서臣庶에게 인仁을 베푸는 것.)(誕布寬條, 用施仁於臣庶)(세종 즉위/11/9)을 강조했다. 그밖에도 마음에는 개심改心, 용심用心, 항심恒心, 진심盡心 등이 있다.

경상도 도사 정사(鄭賜)·지서산군사 양서적(梁思逖)이 사조하니 그대들은 다 학문의 공력이 있으니 불쌍히 여기며 구휼하려는 마음을 가지라 했다.

> 용심력: 함길도 경력(經歷) 이사철(李思哲)이 하직하니, 불러 보고 말하기를, 나의 족속(族屬)은 모두 학문을 모르므로, 네가 학문에 힘쓰는 것을 깊이 아름답게 여겨 내가 오래도록 집현전(集賢殿)에 두고자 하였으나, 너는 시종(侍從)한 지가 오래 되어 나의

지극한 마음을 아는 까닭에, 특별히 너를 보내어 그 임무를 전적으로 맡기는 것이니, 너는 가서 게을리 하지 말라, 하니, 사철이 아뢰기를, 소신이 본디부터 사물(事物)에 정통하지 못하와 잘못 그르칠까 두렵습니다, 하매, 임금이 말하기를, 너의 자질(姿質)이 아름다움을 아노니 하지 않으면 그만이거니와, 만약 마음과 힘을 다한다면 무슨 일인들 능히 하지 못하리오, 하고, 이어 활과 화살을 하사하였다.(세종 22/7/21) 上曰: 知汝質美, 不爲則已, 若用心力, 何事不能也? 仍賜弓矢。

하지 않으면 그만이려니와 만약 마음과 힘을 다한다면 무슨 일이든 하지 못하리오, 하며 이에 너의 자질이 아름답다고 덧붙인다. 근면, 성실 이는 세종의 격려이며 마음이다.

진심盡心 - 열성: 가뭄이 지금 시작되니 매우 염려된다. 하늘의 뜻을 사람이 돌이킬 수는 없으나, 인력(人力)으로 할 수 있는 것은 마음을 다해서 하라, 하였다. 旱氣方作, 予甚慮焉。天意非人可回, 其在人力可爲者, 盡心爲之。(세종 13/5/2)

진심盡心 - 임무감: 창성(昌盛)이 호군(護軍) 박혈(朴絜)이 마음을 다하여 물고기를 잡지 않는다고 노하여 그를 매질하였다.(세종 11/6/7) 昌盛怒護軍朴絜, 不盡心捕魚, 杖之。

진심盡心 - 성실: 나의 지극한 생각을 몸받아서 곡진하게 조치하고, ... 순행하면서 마음을 다해 구료하여 운명하지 말게 하라, 하였다.(세종 25/5/15) 卿其體予至懷, 曲盡措置, ... 互相巡行, 盡心救活, 毋使隕命。

진심盡心: 그대들은 다 학문의 공력이 있으니 백성에게 대하는 일을 익숙하게 강론하였겠구나. 각기 마음을 다하여 어루만지고 사랑하라. 형벌은 중대한 일이니 조심하지 않아서는 안 된다. 모든 관리가 형벌을 사용할 때에 누군들 그 적중(適中)함을 잃으려고 하겠느냐마는, 그 중에는 간혹 형벌을 남용(濫用)하게 되는 것은 착오로 잘못 보기 때문이었다.(세종 14/1/15) "爾等皆有學問之功, 其講臨民之事熟矣, 其各盡心撫字。刑罰重事, 不可不愼, 凡官吏用刑之際, 誰欲其失中, 其或濫刑者, 錯見也。雖不獲已用之, 若存矜恤之心, 庶無枉死者。

• 권근과 마음

마음과 연관하여 세종조에서는 권근(權近, 1352~1409)을 살펴볼 필요가 있다. 권근은 조선 초기에 성리학 사상을 가장 잘 소화한 인물이다. 정도전은 성리학에 밝았지만 성리학의 모든 이론을 폭넓게 이해하고 일관되게 정리한 것은 권근이었다. 그런 면에서는 고려 말의 이색에 비교될 수 있는 인물이다. 이색이 고려 말의 성리학자라면 권근은 조선 초기를 대표하는 성리학자였다.

권근이 지은 책으로는 『입학도설』과 『오경 천견록』이 있다. 앞의 책은 모두 35개의 그림으로 성리학의 기본 개념과 이론을 설명했다. 뒤의 책은 유교의 다섯 가지 경전에 대한 해설서이다. 권근은 '사람이 가지고 있는 본래의 마음을 이해하여야만 도덕적으로 행동할 수 있다'고 주장한다. 성리학의 용어인 '인간의 본심'에 대한 이해를 중시한 것이다. 그렇지만 성리학에서는 '본심에 대해 아는 것보다 도덕적 원리에 대해 아는 것'을 더 중시한다. 평범한 사람들은 인간의 본심이 무엇인지 알 수 없기 때문에 본심에 대해 이해를 중시하다가는 오히려 잘못된 결과를 낳을 수 있다는 염려 때문이다. 그래서 주자는 인간의 본심을 아는데 힘을 쏟기보다는 우선 무엇이 바른 행동인가를 알아야 한다고 주장한다.

다른 비유로 하면 주자의 '이 일은 착한 행동이니까 그렇게 하라'와 권근의 '너의 본래 마음은 착하니까 네가 알아서 하라'고 권유하는 것과 유사하다. 주자는 사람을 도덕적 원리와 규율로써 통제하려는 입장이라면 권근은 도덕적으로 행동할 수 있는 사람의 자율성을 더 존중하는 입장이다.[43] 송대의 성리학이 조선 초에는 인간의 자율성을 인식하기 시작했다고 보이는 입장이다.

권근은 성리학 입문서인 『입학도설入學圖說』에서 성리학의 중심사상을 그림으로 만들어 해설하고 있다. 이 책의 맨 앞에 〈천인심성합일지도天人心性合一之圖〉에서 인간·심心·성性에 대해 설명했다. 기와 질 그리고 선과 악을 논한다. 여기서 천인합일이라는 유학적 이상을 심성 수양을 통해 달성할 수 있다고 보았다.

세종이 권근과 같은 시대에 살며 이러한 심학을 이해하고 인간 개개인을 생명체로 여기며 마음에서의 자율적 변화를 기대한 것으로 볼 수 있다. 특히 백성과 다르게 생각하는 것이 본업인 사대부를 향한 철학으로는 권유의 성리학보다는 스스로를 의식하라는 심학이 보다 더 설득력이 있을 것이다.

실록에서 한자 '심心'이나 국역 '마음'으로 나타나는 출현은 역시 조선 중기, 후기에 갈수록 많아진다. 시기적으로 중종 이후 양명학이 들어오며 심학이 일반화한 경향이 있게 된다.[44]

---

43) 한국철학사상연구회편, 『이야기 한국철학』, 풀빛, 1996, 180~181쪽.
44) 양명학은 중국 명나라의 학자인 왕수인(1472~1528)이 세운 유학의 한 학파다. 조선에서

• 마음 논의

마음[心]에 대하여는 세종 후대의 사람이지만 명나라 감산(憨山, 1546~1623)과 지욱(智旭, 1599~1655) 두 고승의 《대학》 해석이 참고가 된다.[45]

감산은 '대학'의 개념 기준을 '소인'이 아니라 '대인'을 이루는 학문으로 해석하고 있으며 그것은 주자가 《대학》을 '대인의 학문'[大人之學]으로 정의하는 입장을 그대로 받아드리고 있다. 다만 감산은 '대인'이 되는 학문의 내용을 세상 사람들의 통속적 작은 견해가 아니라 '자기가 본래 가지고 있는 심성'[自己本有心性]을 찾아서 깨달음을 이루는 것으로 분명하게 제시하고 있다. 그만큼 감산은 유교의 정통적 해석인 주자의 해석을 받아들이면서 그 핵심 개념으로 '본유심성'의 발견과 '깨달음[悟]'의 실현이라는 불교적 의미를 부여하고 있는 것이다.

이에 비해 지욱은 '대학'이라는 말 자체를 불교적 의미로 해석하고 있다. 대학은 '대'와 '학'으로 나누어 해석한다. '대'를 나의 현재의 드러나는 하나의 생각으로서의 마음[吾人現前一念之心]이라 해석했다. 그것은 모든 세계를 포괄하는 전체로서 근원적 본체 그 자체를 마음으로 제시하는 불교의 '일심一心' 개념을 대학의 '대' 개념으로 확인하고 있다. 또한 '대학'의 '학'을 깨달음[覺]으로 해석하여 '대학'의 '대'와 '학'을 마음[心]과 깨달음[覺]의 불교적 근본 개념으로 대치시켜 파악하고 있음을 보여준다.

그는 '대'와 '학'을 '깨달음'의 양상으로 해석하여 '본각'과 '시각'의 체용구조로 제시하며 동시에 '성性'과 '수修'의 개념으로 파악하고 있다. 이를 대비하면 다음과 같다.

는 왕수인이 학파를 세운지 얼마 되지 않아 소개되었으나 퇴계 이황의 저서인 『전습록변』에서 양명학에 대해 매우 체계적으로 날카로운 비판을 가한 것을 시작으로 류성룡과 같은 성리학자들의 이단 취급을 받게 되어서 한동안 주요한 학파로 자리 잡지는 못했다. 당대의 대 학자였던 소재 노수신 같은 경우 양명학에 관심을 두고 연구해 성취가 있었다고 전해지나 같은 학자들의 날선 공격과 그 역시 정여립의 난에 얽혀 후학을 양성할 틈도 없이 정계와 학회에서 사라졌고, 양명학을 이단시 하는 영남학파의 견제로 그의 이름은 이황이나 조헌 같은 학자만큼 알려지진 않았습니다. 그러나 17세기 이후 (정확히는 인조반정 이후 서인 정권에 의해 관념론적 이기론이 발달하면서) 장유, 최명길 등이 양명학에 대해 다시 연구하기 시작하였다.

45) '大學直指', 7쪽; 금장태, 『불교의 유교경전 해석』, 서울대학교출판문화원, 2012 187~188쪽.

〈大〉 - 心 (常·遍)/   本覺(體)/ 性
〈學〉 - 覺 (自覺覺他)/   始覺(功)/ 修

지욱이 '대학'을 '대'와 '학'으로 구분하여 심心·각覺, 또는 본각과 시각, 성性
과 수修로 해석하고 있는 것은 '대'와 '학'의 두 가지 사이에 기본적으로 체용體
用 구조가 성립하고 있는 것으로 파악하고 있는 것이요, 이 두 가지가 서로 분리
되지 않는 양면을 이루고 있음을 보여준다.

여기서 다음과 같은 가설을 생각하게 된다.

백성: 감화·감발   → 감동 \
                                        마음
사대부: 자각·각성·자성   → 마음 /

즉 신분에 따른 인식의 출발이 달라 사대부는 리理에서, 혹은 백성은 기氣에서
촉발하여 다 같이 마음[心]이라는 감성을 통하여 새로움의 경지에 들어가기를 소
망했다. 이렇듯 세종이 생각한 마음은 성리학과 실천적 도학, 불교적 깨달음[覺]
의 융합 체계의 모습을 보인다.

'마음'에 대하여는 조선 중기에 논의가 많아진다. 중종 이후의 양명학의 영향
일 수 있을 것이다.

실록에서는 심학이 중종 8년 1513년이 되어서야 거론된다. 세종 이후 60여년
이 지난 뒤의 일이다. 중종이 야대에 나가 치도를 논하는 중 검토관(檢討官) 정사
룡(鄭士龍)이 "송나라 이종(理宗)이 비록 임금의 도리를 다하지는 못하였으나,《강
목(綱目)》을 진강하게 하고, 또《강목》을 국자감(國子監)에 보내 간행하게 하였으
니 이학理學을 높인 임금이라 이를 수 있습니다." 하자 임금이 말했다.

심학 중요: 지금도 이학을 아는 사람이 있느냐? 하매, 참찬관(參贊官) 이자화(李自華)
가 아뢰기를, 근자에 이학을 아는 자는 적어서 오직 김응기 한 사람뿐입니다. 제왕의
학문은 심학(心學)을 중하게 여기는 것이니, 다스리는 도가 이에 지나지 않습니다, 했
다.(중종실록 8/9/20, 1513) 上曰: 今亦有知理學者耶? 參贊官李自華曰: 近者識理學者蓋寡,
唯金應箕一人而已。帝王之學, 心學爲重, 治國之道, 莫踰於此。

마음에 대한 불교의 설명을 보자. 일반적으로 우리는 시각, 청각, 후각, 미각, 촉각의 오각을 통하여 인지한다. 다음으로 우리는 '내가 생각한다'고 여긴다. 그러나 『유식삼십송』을 쓴 인도의 고승 바수반두[世親]의 가르침에 따르면 전오식前五識의 지각활동으로 제6식인 의식이 발동하는데 그 의식이 발동한 것인 '생각'은 서양철학이 말하는 이성의 소산이 아니라 제1차 무의식 상태로 의식되지 않고 있는 제7식인 말나식의 영향이라고 한다. 말나식은 생각하고 계산하는 사량식思量識이라고 번역하기도 한다. 그것은 말나식이 온갖 의식의 표상表象을 무의식적인 자기의 심상대로 그리게 하는 진원지라는 것이다. 제7식이 말나식이 사량하는 대상은 외부의 대상이 먼저가 아니라 제7식보다 더 깊숙이 저장되어 있는 가장 심층적인 제8식인 아뢰야식[藏識]이다. 물론 제9식의 순수불심인 아말라식[無垢識]을 더 말하기도 한다.46)

아뢰야식은 내가 태어나기 이전부터 있었던 과거의 생각과 행동의 습관들이 저장되어 있는 것으로 오래 전의 업業의 습관에 다름 아니다. 이것은 숙업으로 작용을 미치고 있는 셈이다.

(참고: 불교에서 마음은 일반적으로 意manas 및 識vijñāna과 동일하게 사용한다. 그러므로 심·의·식은 이름만 다르고 그 체體는 같다. 이는 개개의 심리작용을 가리키는 것이 아니라 고찰하고 사량思量하고 요별하는 심리작용을 총괄적으로 표현한 것이다.)47)

특히 원시불교 이래 마음은 윤회의 주체이자 깨달음의 주체로 이야기되고 있다. 유심사상에서 일심一心, 유식설이 전개되는데 일심은 모든 차별과 모순을 포용하고 그것을 넘어서는 해탈자의 마음이다.48)

마음은 원시불교에서 원효가 말한 일심의 '일체유심조一切唯心造'가 기억이 난다.49)

이 과정을 혜민스님은 5감각의 인지 다음으로 제6식識에 '생각하는 나', 그리고 그 다음의 식[7식]으로 '생각을 바라보는 나' 그리고 그 다음의 식[8식]으로 '고요' 혹은 '침묵'의 상태를 설명하기도 한다.50) 유학에서 이야기하는 무극 혹은 태극 상태로의 접근이다.

---

46) 김형호, 『마음 혁명』, 살림, 2011, 358~359쪽.
47) 조수동, '불교에서 마음', 『마음학』, 백산서당, 2010, 218쪽.
48) 조수동, 위의 책, 252~253쪽.
49) 식識, 위의 책, 273쪽.
50) 혜민 TVN, 〈어쩌다 어른〉 강의. 2016.12.23.

실록속의 유교 차원에서 마음은 어떤 모습일까. 제 6식은 떠오르는 '생각'의 마음이고 제 7식은 무의식 세계의 마음을 포함하고 제 8식은 인간 마음[본성]의 근원적인 세계다.(제 9식은 종교적인 세계여서 논의의 범위를 넘어선다.) 부연하면 제 7식은 마음을 보는 자신의 마음이다. 제 8식의 마음은 인간 본성 안에 숨어 있는 자기가 자기를 보아야 하는 마음이다.

조금 더 구체적으로 《세종실록》 속의 '마음'은 어떤 형태로 나타나고 있는지 연구해 볼 과제다. 정치가 대화와 소통의 산물이라고 본다면 제 6식은 몸의 행동 수칙으로 정치에서는 수령의 8조 수행이 한 예이다. 커뮤니케이션에서는 인간 간[사이] 커뮤니케이션인 인터 컴inter commmunication이다. 제 7식은 마음으로 느끼는 성실성, 의지의 발현 등이다. 이는 무의식에서 자연스럽게 올라와야 한다. 커뮤니케이션에서는 인간 속[내] 커뮤니케이션으로 인트라 컴intra communication 의 영역이다. 제 8식은 헌신을 넘어선 희생정신의 영적 모습이다. 자연성 - 불성 - 신성의 존재론적인 영역의 문제다. 제 9식은 영적인 종교의 영역이다.

세종조의 성리학은 사회적 변혁 속에서 학문보다는 실천에 대한 관심으로 나타난다. 세종 이후의 성리학을 보면 그 추이를 알 수 있다 15세기에 이르러서는 기氣를 강조한 화담 서경덕과 리理를 강조한 회재 이언적으로부터 학문적인 기초가 시작되어 이후 이황과 이이에서 이기론의 논쟁으로 이어진다. 리理는 사물의 이치이고 불변의 선이고 기氣는 끊임없이 바뀌고 변하는 현상이다. 이언적은 리를 가지고 불변의 도덕의식을, 이황은 내 안의 본성이 주체적으로 도덕 실천을 이끌어 낼 수 있는 기반이라 했고, 이에 대해 이이는 내 스스로의 기질도 바꿀 수 있고 사회 문제점도 고칠 수 있는 인간의 의지를 강조했다.[51]

본성이든 기질이든 원리보다는 시정時政이라는 실천을 현실에서 구현해 내야 하는 정치에서 세종은 리기의 한 관점에 설 수는 없을 것이었다. 세종은 리기를 분별하되 이를 조화롭게 정치에 구현한 것으로 보인다.

유학에서 주희의 리理는 외화外化된 '하느님(= 天)의 착한 본성'이다.[52] 주자는 '마음', '성', '정'의 관계에 대하여 "인의예지는 성性이다. 측은, 수오, 사양, 시비는 정情이다. 어진(= 仁) 마음으로 사랑하고, 의로써 미워하고, 예로써 사양하고,

51) 주영하 외, 『한국학의 즐거움』 중, 김교빈, '한국인, 한국문화, 한국사상', 후머니스트출판, 2011, 115쪽.
52) 백도근, '심: 신유학에서 마음', 『마음학』, 백산서당, 2010, 259쪽.

아는 것은 마음이다. 성은 마음의 리理이다." 고 한다. 정은 마음의 용用이고, 마음은 성과 정의 주인이다.53)

마음은 성과 정의 주관자인 셈이다. 그러므로 세종에서 나타나는 마음은 성性과 정情의 분화적 실체인 인의예지의 덕성지를 포함하고 이를 실행에 옮기는 실천지實踐知로 이어지는 것으로 보인다.

• 마음의 양상

마음이란 유교와 불교에서 다 같이 몸과 정신이 함께 어울려 작용하는 인간이 인간일 수 있는 존재의 핵심이다. 특히 '마음'이라는 우리말은 이런 존재를 잘 나타내는 합당한 철학용어가 될 수 있다. 세종 당시의 실록에서 心심/마음으로 나타나는 용어는 많다. 몇 주요 사례를 살펴보자.

첫째 마음에 대한 일반 정의이다. 마음/心, 심성心性, 인심人心, 민심民心 등 개인과 개인이 모인 사회적·정치적 관심 대상으로서의 마음이다.

둘째 마음에 대한 위상 즉 마음의 위치를 비유해 마음 상태를 나타내는 용어들이다. 심근心筋, 심중心中, 정심正心 등이 있다.

셋째 마음의 작용과 활동에 관한 것이다. 충심衷心, 충심忠心, 선심善心, 심덕心德 등이 있다. 성심誠心은《조선실록》전체 원문 1,092건 중 세종 110건으로 중종 147건, 선조 114/12건에 이어 세 번째로 많다.(중종시대가 양명학의 영향이 있던 시대임을 짐작하게 한다.)

넷째 특히 생생철학과 연관해 주목할 인간과 마음의 변화와 그 움직임에 주목할 여러 용어들이다. 개심改心, 용심用心, 항심恒心, 진심盡心 등이 있다.

다섯째 마음의 근원에 관련한 용어들로 본심本心, 천심天心 등이 있다.

이들을 근거로 세종의 생생철학으로서의 '세종 생생 오심[다섯 마음]'을 설정해 보고자 했다. 여기에서 '생생'이란 참 마음을 위해 변화하는 마음의 작용을 말한다.(다섯 항목은 마음의 상태와 변화[변역]를 중심으로 생각하였고 부수적으로《조선실록》세종조에 나타는 용어의 빈도를 참고하였다.)54)

---

53) 仁義禮智, 性也, 惻隱羞惡辭讓是非, 情也 以仁愛, 以義惡, 以禮讓, 以智知者, 心也 性者, 心之理也, 朱子大全 券67 元亨利貞設) 백도근, 심: 신유학에서 마음, 『마음학』, 백산서당, 2010, 273쪽.
54) 이윤희, '유가 심성수양법(心性修養法) 분류안'『동양예학』18권 0호, 동양예학회, 2008. 이

• 세종의 생생[거듭나기] 오심五心[다섯 마음]

㉮ 개심改心

개심척려改心滌慮: 마음을 바꾸어 생각을 깨끗이 씻다.(양녕 대군의 말을 거두어들
이려 했다가 그만두다) (세종 1/12/21) 命元肅傳旨于廣州, 令收讓寧馬三匹。俄而引
見肅密諭曰: 讓寧不孝于父王, 得罪于天, 而不自改心滌慮。

개심역려改心易慮: 마음을 바꾸어 다시 생각하다.(망령되이 광흥창에서 녹을 받으려
한 의 산군 남휘를 율에 따라 치죄하기를 상소하다) 又不加罪, 只令歸第, 勿使
出入, 爲暉者, 固當仰思敎, 夙夜感悟, 改心易慮也。진실로 명[敎命]을 우러러 생
각하고 밤과 낮으로 느끼고 깨달아 마음을 고치고 생각을 바꾸는 것이 마땅하
다.(세종 9/10/26)

개심자신改心自新: (권도가 형 권천을 문병하고 치료할 수 있도록 간청하니 허락하
다) 마음을 바꾸어 스스로 새롭게 하다.(세종 11/11/16) 伏望論臣以罪責, 而許臣
以往來踐貶所, 省視供藥, 則豈獨臣之兄弟感激悔恨, 改心自新。

개심귀순 改心歸順: 마음을 바꾸어 귀순하다.(세종 16/8/26) 원접사 문제.
: (세종 24/8/26) 망가(야인)의 문제.

개심향화改心向化: 마음을 바꾸어 귀화하다.(세종 20/8/8) 범찰의 문제.

개심회과改心悔過: 마음을 바꾸어 회개하다.(세종 19/11/3) 야인 문제 등이 있다.

'개심'은《조선실록》전체 원문 총 158건인데 그 중 세종이 20건으로 가장 많
다. 그밖에도 다수 보인다. 개심의 핵심은 '夙夜感悟, 改心易慮 숙야감오 개심역려'
로 느낌으로 오고 마음으로 움직이는 감성感性과 이성理性 즉 기氣와 리理가 동시
에 움직이는 거듭나기[생생]이다.

㉯ 용심用心

'용심'은《조선실록》전체 원문 총 1,371건인데 그 중 세종이 205건으로 두 번
째로 많다.

용심用心: 너의 자질(姿質)이 아름다움을 아노니 하지 않으면 그만이거니와, 만약 마

윤희는 심성수양법을 크게 12단계로 설명하고 있다. 중간에 정심- 극기- 진심盡心의 단계
가 있다.

<u>음과 힘을 다한다면 무슨 일인들 능히 하지 못하리오.</u>(세종 22/7/21) 上曰: 知汝
質美, 不爲則已, 若用心力, 何事不能也? 仍賜弓矢。

용심用心: 또 추핵하는 관리로서 용심(用心)하지 않은 자는 율(律)에 따라 죄주게 하
다.(세종 26/3/4) 又不用心推覈官吏, 依律抵罪。

용심은 마음과 온 힘을 다하는 모습이다. 조선조 도학사상의 태두이며 기묘사
화에 희생된 조광조가 일찍이 중종에게 말하기를 "그 몸을 불고하고 나랏일을
도모하여, 일을 당하여는 감히 화환禍患을 헤아리지 않는 것이 올바른 선비의 용
심用心"이라고 하였다.[55]

연관어로 심지心志(세종 30/11/26), 협심協心(세종 6/10/27), 수심修心(세종 6/2/7),
심행心行(세종 6/1/25), 시심矢心(마음속으로 맹세, 세종 29/10/5), 집심執心(세종
8/5/15), 신심身心(세종 21/4/21) 등이 있다. 그리고《대학》에서 제시한 성의誠意(須
盡誠意工夫) (세종 1/3/6)도 여기에 속한다.

⑭ 항심恒心

항심: 백성들은 항심(恒心)이 없기 때문에 절용(節用)하지 못하니 그대들은 백성들에
게 절용하는 것을 가르치고 또 농상(農桑)을 권하여 생활을 즐겁게 하라.(세종
9/12/12) 夫民無恒心, 故用不能節, 爾等敎民節用, 又勸農桑, 使樂其生。

항심: (백성들의 유망을 막을 방법을 논한 상소문) 백성으로 하여금 항산(恒產)을 갖
게 하고, 항심(恒心)을 갖게 하는 길을 논함에 있어, 반드시 말하기를, '옮겨 살
거나 죽어 장사하는데도 그 고장을 나가는 법이 없다.' 하였으니, 그러하다면
백성의 유망(流亡)을 금지하여, 일정한 거처가 있게 하는 것이 진실로 백성을
다스리는 큰 방비책입니다.(세종 8/8/27) 使民有恒產, 有恒心之道, 必曰死徙無出
鄉。然則禁民流亡, 使有定居, 固爲治之大防也。

'항심'은《조선실록》전체 원문 총 88건인데 그 중 세종이 15건으로 가장 많다.
연관어로 심중心中(세종 6/4/4), 중심中心(세종 17/5/20), 일심一心(세종 15/5/16), 신
심信心(세종 5/12/25), 류심留心(세종 2/8/24 등 15건), 존심存心(세종 24/11/30) 등이

---

55) 정암집 권3, 참찬관시계 참조. 유승국,『한국의 유교』, 세종대왕 기념사업회, 1999. 207쪽.

있다.

항심보다는 '정심正心'이 바를 수도 있다. 그러나 실록 중 세종에 나타나는 정심正心은 7/84건(세종/전체)이고 항심은 15/88건으로, 세종에게는 이론적인 '정심'보다는 실천 수양으로서의 '항심'이 보다 친근하다.

㉒ 진심盡心

진심盡心: (사조한 지예천군사 정하 등에게 가뭄에 굶주린 백성과 죄수들을 구휼할 것을 당부하다) 매년 내려오면서 수재와 한재가 잇따랐는데 금년이 더욱 심하다. ... 그대들은 '마땅히 각기 마음을 다하여 백성을 구휼하도록 하라.'(爾等宜各盡心恤民) 만약 다른 도의 굶주린 백성들이 그 경계에 유랑하여 옮겨 온다면 모름지기 모두 진휼하도록 하라. 그리고 외방의 옥에 갇힌 죄수도 여름의 비올 때와 대단한 추위에 죽게 되는 사람이 있을 것이니, 또한 마음을 다하여 무휼(撫恤)하고(亦當盡心撫恤) 죄수의 판결에 지체됨이 없도록 하라, (세종 9/7/13) 하였다.

진심盡心: (평안도 도안무 찰리사 우의정 최윤덕이 관직을 사직하기를 청하자 이를 허락하지 않다) "신이 마땅히 이 몸이 다할 때까지 진심 진력(盡心盡力)하겠사옵니다.(세종 16/2/5) 則臣當盡心盡力, 斃而後已。

'진심盡心'은 《조선실록》 전체 원문 총 2,822건인데 그 중 세종이 243건으로 많은 5명 임금 중에 속한다. 연관어로 심정心正(세종 즉위/10/12), 성심誠心(세종 2/윤1/23) 등이 있다.

㉓ 천심天心

(평안도 도절제사 최윤덕이 야인 평정을 하례하는 전을 올리다) 성인의 덕이 천심(天心)에 합하고, 인의(仁義)의 군사가 오랑캐를 평정하니, 장수와 군사들은 기뻐하여 노래를 부를 뿐이옵니다.(세종 15/5/5) 聖人之德, 允合於天心; 仁義之師, 悉平其獷俗。

'천심'은 《조선실록》 전체 원문 총 1,385건인데 그 중 세종이 53건으로 많은 9명 중 한 임금이다. 천심은 성리학이 더 활성화한 중기 이후에 더 활발히 나타나는 용어다. 중종 83건, 선조 65/8건, 숙종 64/4건, 영조 76건 등이다,

'천심'과 관련하여 인간의 순수한 마음으로서의 '본심本心'이 있다. '본심'은

《조선실록》 전체 원문 717건 중 세종 24건이고 조선 중·후기에 많이 나타난다. 연관어로 경심敬心(세종 6/11/3), 인심仁心(세종 6/4/25), 성심聖心(세종 7/6/2), 소심素心(세종 5/11/25), 진심眞心(세종 30/7/20) 등이 있다.

• 세종의 생생[거듭나기] 오심五心[다섯 마음]

세종의 생생을 위한 마음 쓰기에는 전제로서 먼저 '개심改心'이 있고 이후 마지막 지향으로서 '천심天心'으로 나아가는데 그 과정에 '용심用心'으로 의지를, 그리고 그 상태를 '항심恒心'으로 유지해 가고, '진심盡心'으로 몸과 마음을 함께 하여 실천으로 옮겨야 한다.

개심改心: 마음을 고치다 예: 夙夜感悟 改心易慮也(숙야감오 개심역려야) 밤과 낮
　　　　　으로 느끼고 깨달아 마음을 고치고 생각을 바꾸는 것이 마땅하옵거
　　　　　늘.(세종 9/10/26)
용심用心: 마음을 쓰다
항심恒心: 늘 한결 같은 마음
진심盡心: 마음을 다하다
천심天心: 하늘의 마음

당시 유학을 근거로 하는 유생은 마음가짐이 어떠해야 할까. 세종은 산속에서 유생들이 떼지어 놀다가 중들과 싸운 일에 대하여 말한다. "유생의 도리는 마땅히 심성을 수양하여 사설을 물리쳐야 되는데,"(儒生之道, 當存心養性, 以闢邪說)(세종 24/11/30) 어찌 중을 구타하는 일로써 이단(異端,불교)을 물리친다고 하겠는가, 고 묻는다. '존심양성存心養性' 즉 본 마음을 지키고[유지하고] 바른 하늘의 성[천성]을 길러야 한다.

사람답게 마음을 바르게 쓰는 데는 먼저 마음을 고쳐 잡고[改心], 마음속에 간직하지만 말고 행동으로 바꾸어[用心], 늘 한결 같은 마음으로[恒心], 마음에 몸을 다하여[盡心], 하늘의 뜻[天心]에 부합하여야 한다.

정리: 사유의 세계·마음 정리

세종은 유자인가 불자인가. 이 말의 전제로 임금은 개인인가 국가인가 하는 문제부터 규정되어야 한다. 유교 시대에 임금은 당연히 국가다. 그러나 세종의 경우 개인의 성향이 여러 곳에서 드러남을 보게 된다. 다만 임금의 경우 사생활이라 할지라도 임금의 직 즉 법도에 맞느냐 하는 문제가 늘 따라다닌다. 그렇다면 임금이 겉으로 행하는 생활이외에 사유와 사상의 범주에 속하는 사생활의 경우는 어찌해야 하는가?

세종에게서는 유자와 불자의 흔적이 같이 보인다. 다만 기록으로 남는 주 개념은 말할 것도 없이 유가의 명제들이다. 그럼에도 결과적으로 세종은 유자이면서 동시에 불자였고 도교적으로 산천과 소격전에서 초제醮祭를 수행했고, 무교를 일부 묵인했다. 풍수는 학문으로 연구해 보고자 했다. 사유의 세계 속에는 불교, 도교, 무교 등이 있겠으나 다만 철저히 현실에 바탕을 두고 있는 것으로 해석된다.

세종은 공부[학업]을 통해 지식을 쌓고 각성을 통해 자신自新을 이루어 간다. 이는 순순한 마음에 이르는 길로 그 종국에는 생이지지生而之知의 지혜의 세계에 이르고 있다.

일반적으로 지식은 하나둘 씩 쌓아가고 쌓인 지식은 논리를 구성하여 이론이 되어간다. 이에 반해 지혜는 태어날 때부터 가지고 있던 인간 본연의 성性이 이런 저런 세파에 가려 있어 이를 밝고 맑게 닦아내게 된다. 이로 보면 유교는 학업을 통해 생의 길을 열며[쌓으며] 자기 변화[自新, 본성]를 가져오는 지혜 얻기이며, 불교는 수행을 통해 생의 근원을 찾아[거듭하며] 자기 발견[명상, 불성]의 과정이다. 다 같이 마지막에는 원리적인 본성으로서의 지혜를 얻게 된다. 유교는 가려져 있던 마음속의 선한 본성을 자신自新[학습·각성·체현]을 통해 닦아 내는 일이요, 불교는 수행과 명상을 통해 마음속에 숨어 있던 불성을 찾아 이루어내는 일이다. 둘 다 심학에서 저 무의식의 마음에 이르는 깨달음이라는 점에서 다를 바 없다. 깨달음은 불교에서 말하는 의식이 되지 않는 제 7식인 말나식의 영역과 근본식인 제8식 아뢰야식에 일부 닿아 있다고 보인다.

유교 치유의 모델	학업·지식	自新과 각성	깨달음·본성	\
				마음 - 지혜
불교 발견의 모델	수도·수행	명상과 수양	깨달음·불성	/

세종이 마음의 공부에 방점을 찍는다. 진강하는 이지강도 《대학연의(大學衍義)》
를 '임금의 학문은 마음을 바르게 하는 것'(人君學問, 正心爲本)에 귀결시킨다. 임
금이 말하기를, "그러나 경서를 글귀로만 풀이하는 것은 학문에 도움이 없으니,
반드시 마음의 공부[心上功夫]가 있어야만 이에 유익할 것이다." 하였다.(세종 즉
위/10/12) 마음이 공부를 통해 수양을 통해 이루어야 할 목적지인 것이다. 결국은
마음으로 수렴되는 세종의 사상을 보면 세종은 당시의 사유의 자유로움 속에서
자신을 한 사상의 틀에 몰아넣지 않았다.

오늘날에도 대통령은 국가 행사에 기독교·불교·천주교·원불교를 가리지 않고
참여하는 일이 있다. 그 종교 행사는 국민의 일이고 대통령은 국민의 대표가 되
기 때문일 것이다.

유학이나 불교나 공부의 초점은 언제나 마음으로 모아진다. 생성, 소멸하고 부
단히 변화하는 이 세계 속에서 어떻게 하면 마음의 고요한 본체를 회복하는가
하는 점이 공통적인 관심사다. 이를 한 연구가는 성리학을 '회복의 모델', 불교를
'발견의 모델'이라고 부르기도 한다고 말한다.56) 그러나 다음에 '마음'으로 모아
진다는 과정을 보면 그 목적지는 같은 곳이다.

마음의 차원에서 드러나는 것은 공부를 통한 지식 쌓기와 자기 각성의 깨달음
인 자신自新이든, 학습[공부]와 수도를 통한 명상 속의 깨달음이든 다 같이 발견
하고 깨닫고 깨치는 것이다. 이를 자기 '회복'과 '발견'이라는 용어로 나눌 수는

---

56) 정순우, 겨레의 큰 스승 세종대왕, 여주대학교 산학협력단 세종리더십연구소 세미나,
2015년 10월 9일, 37쪽 ; 홍콩 씨티대학의 아이반호 Philip J Ivanhoe는 성리학의 마음
공부란 본래적으로 있는 인간의 자연성을 정화 혹은 '회복'해 간다는 의미에서 이를 '회
복의 모델' recovery model이라고 칭한다. 반면 불교는 자기 마음속에 있는 불성을 발견
하는 것이 공부의 최종처라고 할 수 있는 바 이는 일종의 '발견의 모델 discovery model'
이라고 할 수 있다. 아이반호의 Confucian moral self cultivation, Hackett Publishing Co.,
INC, 2000 등이 있다.

있으나 이는 순차적이며 동시적인 현상으로 볼 수 있다. 가령 본성을 찾는 성리학의 경우는 생이지지生而知之를 찾는[회복하는] 령적靈的 지혜[깨달음] 얻기이고, 불교에서도 불성을 찾는[발견하는] 깨침 얻기이다.

4. 세종 정치철학의 세계
- 구 정도 九 正道

바른 정치는 정도正道를 뜻한다. 시대 상황에 따라 정도와 권도가 달라질 수 있다.

> 정도와 권도: 초창할 때는 권도(權道)를 행하는 것을 귀하게 여기고, 수성(守成)할 시대에는 정도(正道)를 지키는 것을 귀하게 여기니, 권도를 행하는 것이 아니면 물류(物類)를 통솔할 수가 없으며, 정도를 지키는 것이 아니면 국맥(國脈)을 배양할 수가 없습니다. 권도로서 그 업(業)을 열고, 정도로서 그 세대를 영구하게 하다.(세종 14/8/21), 臣等竊惟草創之時, 與守成之世不同, 草創貴乎行權, 盈成貴乎守正。非行權, 無以摠統物類; 非守正, 無以培養國脈。

고신과 제사의 법을 행하는 것에 관한 대사헌 신개(申槩) 등이 상소한 말에서 나온다. 세종이 직접 언급한 것으로 중국 사신이 청한 병졸에 관한 건을 논의하며 한 말이 있다.

> 정도正道: 우리나라에서 칙지(勅旨)를 공경히 받들어 물품 주는 것을 행하지 아니하였은즉, 누가 그르다고 하리오. 고금과 천하에 성노로써 행하는 것을 그르다고 하는 사가 있음을 보지 못하였노라.(세종 13/8/4) 本國敬遵聖旨, 不行贈遺, 人孰非之? 古今天下, 以正道行之, 未見有非之者。

세종 정치철학의 구성 내용은 기본적으로 천·지·인 사상과 연관지을 때 자연스럽다. 몇 연구들이 이런 점을 원용하고 있다. 정치철학이란 세종의 말 일 글 가운데 생각하고 실천하는 바를 시정時政을 통하여 펼쳐 나가는 기본 원리다. 구九 정도正道는 순서적인 것은 아니지만 인간, 물질, 인식의 요소들이 구성 변통하는 차원에서는 순환, 생성, 생생의 단계로 정리가 가능하다.

세종의 정치철학은 민본, 실용, 주체의 가치를 목표로 하고, 중용, 융합, 사맛의 방법을 통하여 변역, 공향, 공락의 결과를 얻어가는 과정이다.

세종의 현실정치에서 정치철학의 '바른 길'[正道]로 나타나는 아홉 길 구九 정도正道는 ㉮민본 ㉯실용 ㉰의토와 풍토 ㉱중용 ㉲융합 ㉳사맛 ㉴변역/창제 ㉵공공 즉 공향共享 ㉶공락 등이다.

1) 민본

세종 정치 철학의 기본 정신으로는 민본을 들 수 있다. 정치의 최우선을 백성에 두고 백성을 살리는 생생 정책으로 천민賤民이나 우민愚民을 생민生民으로 만드는 정책이다. 즉위 교서에 시인발정으로 나와 있고 실천 명제로는 애민·휼민·친민·민위방본 등이 있는데 편민便民 정책이라 할 수 있다. 그 근간에는 련민憐憫(세종 1/2/12) 정신이 자리 잡고 있다.

조선 초기 사회구조는 사대부와 서민이라는 두 신분이 있고 그 갈래는 세습적이어서 예외적인 경우가 아니면 이동할 수가 없었다. 그러나 세종은 백성을 양인과 천민으로 가르는 벽에 대해 회의하고 가능한 한 그 경계를 허물고 싶어 했다. 이에 세종은 사대부와 양민을 대생적對生的[마주나기] 존재들이 아니라 호생적互生的[어긋나기] 관계라고 생각을 한 것이다.(나뭇잎들 가운데는 서로 엇갈려 나면서 잎이 자라는 종이 있다.)

> 백성은 나라의 근본이다.民爲邦本.(세종 즉위/10/3)

민본과 관련한 민유방본民惟邦本은 《세종실록》에만 14회 나오고 기타 연관어로서 민위방본民爲邦本 등 총 30여 차례 나온다. 그밖에 민民이라는 연관어도 백성을 위한 것으로 수십 건이 더 보인다.

이에 따라 정신적으로는 노비도 천민天民으로 여기고 있다.

> 호생이기好生而已: 더욱이 노비는 비록 천민이나 하늘이 낸 백성 아님이 없으니, 신하된 자로서 하늘이 낳은 백성을 부리는 것만도 만족하다고 할 것인데, 그 어찌 제멋대로 형벌을 행하여 무고(無辜)한 사람을 함부로 죽일 수 있단 말인가. 임금된 자의 덕

(德)은 살리기를 좋아해야 할 뿐인데, 무고한 백성이 많이 죽는 것을 보고 앉아서 아무렇지도 않은 듯이 금하지도 않고 그 주인을 치켜올리는 것이 옳다고 할 수 있겠는가. 나는 매우 옳지 않게 여긴다.(세종 26/윤/7/24) 況奴婢雖賤, 莫非天民也? 以人臣而役天民亦云足矣, 其可擅行刑罰而濫殺無辜乎? 人君之德, 好生而已。坐見無辜之多死, 恬然不禁, 而乃曰揚其主可乎? 予甚以爲不可也。

다스림은 천도를 따라야 한다. 이에 임금은 하늘을 대신해 하늘이 낳은 백성 즉 천민天民을 다스리는 존재라는 것이다.

임금은 천도(天道,우주 자연의 근본원리)에 순응해야 한다.(세종 12/3/2)

백성은 하늘이 내린 사람들이고 임금은 하늘을 대신해 백성을 다스리는 존재라는 신념을 가지고 있었다. 세종의 인간론이라 할 수 있다.

세종 정치의 시발은 시인발정으로 나타난다.

세종이 시인발정施仁發政이라고 할 때 연구자들은 맹자의 '발정시인'에서 출발했다고 한다. 옳은 말이다. 그러나 여기서 잠시 생각해야할 점이 있다.

첫째 맹자는 언명이지만 세종은 실천 행위의 명제로 나타나는 점이다. 2천여 년 전에는 정치를 바로 세우고 나서 인仁을 정립하는 것이 필요했다. 세종에 이르러서는 인을 이념으로 하는 정치가 시작한다는 진화의 시기에 와 있는 것이다. 정치와 인仁의 관계에서 단순히 앞뒤 순서가 바뀌는 것이 아니라 세종은 이념으로 인仁을 설정하고 이를 실천으로 펴나가는 정치를 하려 한다.

둘째 시인발정의 중요한 점은 인仁과 정치의 관계인데 인이 무엇인가 하는 것은 〈논어〉에서 보아도 쉽지 않다. 인에 대해 19여 언명을 보면 인仁 즉 A는 B라고 한마디로 정의하지 않고 '의지가 굳세고 기상이 과감하며 순박한 사람'(子路 二十七)이라고 하고, 또는 자장(子張)이 물었을 때 '공손함과 너그러움과 믿음성과 민첩함과 은혜를 베푸는 이 다섯 가지'(陽貨 六)를 인이라고 답하기도 한다. '인자는 근심치 아니하며'(子罕 二十八) '극克, 벌伐, 원怨, 욕欲을 자제하여 행하지 아니하는 이를 인자仁者라 하올까요. 공자가 말하기를, 그렇게 하기도 어렵거니와 그것이 인자인지는 나도 알지 못하노라.'(憲問 二) 한다.

인仁은 어찌 보면 이것이 인이라고 하는 순간 인은 사라진다고 말하기도 한다. 그래서 인 즉 A는 결국 B의 형체일 뿐이다. 그래서 인은 A/A'인 인일뿐이다. 따라서 인仁은 인의 행적들로 이루어지게 된다.

인仁을 파자하면 사람[人] 과 둘[二]이 합성으로 이루어진 글자이다. 사람 간의 사맛[소통]의 문제인 것이다. 《서경》에서 본심은 도심道心이고 인심人心은 욕심으로 나타난다고 한다. 사람은 이에 본심을 키워야하는 데 나만이 아니라 다른 사람의 도심道心과 연결되어야 한다. 즉 나의 본심인 도심과 남의 본심인 도심이 만나 일심이 되어야 한다. 이것이 한마음이고 인仁이다.[57) 인은 '어질 인'이라 하는데 똑똑하고 착한 것을 일컫는다. 또한 불교가 지향하는 지식과 깨달음의 뜻도 포함하고 있다.

인은 세종에게 있어서 여러 시정時政으로 실현된다. 이런 연유로 실록에 비록 중국의 고전의 경經·사史의 예가 많아도 이는 어디까지나 참고에 지나지 않고 실천에서 나타는 바가 바로 인仁이고 인의 정치인 셈이다. 세종의 정치에서 나타나는 민본의 모습들을 보자. 제일 중요한 것은 '먹고 입는 것'이다.

먹는 것: 백성은 나라의 근본이 되고, 먹는 것은 백성의 하늘이라, 심고 가꾸는 일은 정치의 먼저 할 바이나, 진실로 단비[甘雨]가 아니면 이를 어찌 성취하리오.(세종 7/6/25) 民爲邦本, 食乃民天。 稼穡之利, 爲政所先。

옷: (수령이 재물을 사용해도 가한 조목을 나열하여 법을 제정하는 방안을 논의하다) 경내의 인민 중에 만약 환과고독(鰥寡孤獨)과 병든 자가 있으면 모두 장부를 만들어 두고 구호하며, 길거리에 굶주리고, 옷 없고, 늙고, 병든 자가 있으면 역시 다 구호해야 하며, 호랑이를 잡는 사람까지도 혹 쌀·무명·염장 등을 주게 됩니다.(세종 7/11/14)

의식衣食: 의식이 넉넉하면 백성들이 예의를 알게 되어, 형벌에서 멀어질 것이다. 그대들은 나의 지극한 마음을 본받아 백성들을 편안하게 기르는 일에 힘쓰라.(세종 7/12/10) 衣食足則民知禮義, 而遠於刑辟。 爾等體予至懷, 以安養斯民爲務。

생활 풍족: 교서에 이르기를, 임금은 이르노라. 백성은 오직 나라의 근본이요, 정치는 백성을 기르는 데에 있으니, 백성의 생활을 풍족하게 하여 나라의 근본을

---

57) 이기동, 퇴계 철학의 본질과 현대적 의미, 2018. 3. 18, 서울 사다헌 강의자료.

튼튼히 하는 것이 나라를 다스리는 급선무다.(세종 12/윤12/9) 王若曰: 民惟邦本, 政在養民, 厚民生以固邦本, 爲國之先務也。

백성은 먹는 것이 하늘이다. 정치란 백성에게 밥을 주고 다음에 입을 옷을 주어야 한다. 옷이 없으면 나라에서 주는 구휼미를 받으러 관가에 갈 수도 없다. 벗고 다닐 수는 없으니 여자라면 더욱 그러할 것이다. 그에 앞서 추운 날씨에 벗고 있으면 병들어 죽을 수도 있다. 의식이 넉넉해지면 자연스레 예의도 알게 되어 억울한 죄를 짓지 않을 수 있다. 결국 정치란 백성이 먹고, 입고, 예의를 알게 해주게 되면 나라 전체가 튼실해진다는 논리 위에 있다.
마지막 단계는 신信이다. 믿음[信]은 민본의 근간을 이루고 있다.

신信: 임금이 말하기를, 나라를 다스리는 법은 신(信)을 보이는 것이 가장 중요한 것이다. 처음에는 저화를 보물로 삼아 그것을 쓰게 하였다가, 이제 와서 오로지 돈만을 쓰게 하고 그것을 헛되이 버리게 된다면, 백성 중에 저화를 가지고 있는 자가 어찌 근심하고 한탄하지 아니하랴.(세종 7/4/14) 上曰: 卿之言善矣。爲國之道, 莫如示信。

처음에는 저화를 쓰게 하다가 지금에 와서 못 쓰게 한다면 이는 백성들에 대한 도리가 아니라 강조하고 "민간에 돈을 주고서 저화를 거둬들이는 것이 옳을 것이다."고 한다. 백성이 정부의 시책을 따르게 하려면 국가가 먼저 신의를 보여주어야 한다는 것을 강조했다.

믿음/신信: 그윽이 생각하건대 나라는 백성에게서 보전되고, 백성은 신(信)에서 보전되는 까닭으로, 임금님의 정사(政事)는 반드시 믿음[신信]을 중하게 여기는 것입니다. (세종 9/1/26) 竊謂國保於民, 民保於信, 故人君之政, 必以信爲重也。

가뭄으로 그만두기로 한 강무를 병조의 계로 다시 강무하는 데 대해 정지시키자는 상소가 올라온다. 강무를 해야 하거나 백성의 노고를 생각해 하지 않는 두 주장에 다 '믿음'을 내세우니, 그래서 토론의 정치가 필요한 것이다.

신의: 신의(信義)를 백성들에게 보이는 것이 못됩니다. 신의란 것은 임금의 아주 귀중한 보배입니다. 나라는 백성에게 보전되고 백성은 신의에 보전된 까닭으로, 임금의

말은 반드시 신의에 따라야 됩니다.(세종 9/9/22) 夫信者, 人君之大寶也。國保於民, 民保於信, 故人主言必由信, 言或不信, 國保於民 民保於信。

믿음/신信: 신 등은 그윽이 듣건대, 믿음[信]이라는 것은 인군(人君)의 대보(大寶)로서, 나라는 백성으로부터 보전되고 백성은 믿음으로 보전된다고 합니다.(세종 11/9/30) 臣等竊聞信者, 人君之大寶也。國保於民, 民保於信。

세종 11년의 기사는 불교 도첩(度牒)의 법에 대하여서이다.
그리고 그 다스리는 원리는 하늘의 도에 있어서 하늘과 사람을 구별할 수 없다는 논리로 백성의 평안이 우선이다.

하늘과 사람 _ 목적은 같다: 근정전에 나아가 유지(宥旨)를 중외에 반포하였다. 왕은 이르노라. 천지의 마음은 오로지 만물을 생육하는 데에 있고, 제왕의 도는 이 백성을 편안히 기르는 데에 있도다. 하늘과 사람은 비록 다르나, 그 목적은 같은 것이다.(세종 6/10/15) 王若曰: 天地之心, 專於生育萬物; 帝王之道, 在乎安養斯民。天人雖殊, 其致則一。

천지지심天地之心이고 임금의 길이다. 이에 궁극적으로 하늘과 사람은 그 목적은 같은 것이다. 세종의 민본 사상은 편민에 근거한 민련사상이다.

민련憫憐: 형조에 전지하기를, … 비록 사유(赦宥)를 지날지라도 모두 가두어 두고 원범인(元犯人)의 죄가 판결되기를 기다리므로, 혹 병들고 얼[凍]고 굶주리며, 인하여 목숨이 끊어지는 데에 이르니 진실로 불쌍하고 가엾다.(세종 19/4/30) 傳旨刑曹: 京外司獄官吏凡重罪所建, 不分情理輕重, 雖經赦宥, 竝皆囚繫, 以待元犯人之決罪, 或因疾病凍餓, 以致隕命, 誠爲憫憐。

죄수들을 향한 전지이지만 무엇인가 모자라고 고통 받는 백성에 대한 근본적이고 동질적인 호생好生의 공감이 바로 민본에 근거한 민련憫憐사상이다.

이러한 민본의 근간은 천하에 버릴 사람은 없고 천지의 길과 사람의 길이 같고 마지막으로는 백성 모두가 생생지락의 기회를 누리고자 하는 것이다.

천하에 버릴 사람은 없다[無棄人也]: (박연이 무동의 충원과 방향의 제조, 맹인 악공

처우 등의 일을 아뢰다) 옛날의 제왕은 모두 장님을 사용하여 악사를 삼아서 현송(絃誦)의 임무를 맡겼으니, 그들은 눈이 없어도 소리를 살피기 때문이며, 또 세상에 버릴 사람이 없기 때문인 것입니다.(세종 13/12/25) 古先帝王皆用瞽者, 以爲樂師, 委之絃誦之任, 以其無目而審於音, 且以天下無棄人也。

이 여러 절차는 백성들이 생생지락의 기회를 누릴 수 있게 하는데 있다.

생민의 주 叨主生民: 왕지하기를, 백성은 나라의 근본이니, 근본이 튼튼해야만 나라가 평안하게 된다. 내가 박덕(薄德)한 사람으로서 외람되이 생민의 주가 되었으니, 오직 이 백성을 기르고 무수(撫綏)하는 방법만이 마음속에 간절하여 ... 백성들이 ... 원통하고 억울한 처지를 면하게 하여, 전리(田里)로 하여금 근심하고 탄식하는 소리가 영구히 끊어져서 각기 생생하는 즐거움을 이루도록 할 것이다.(세종 5/7/3) 王旨: 民惟邦本, 本固邦寧。予以諒德, 叨主生民, 惟是惠養撫綏之方, 切切于懷, ... 而亦免於冤抑, 使田里永絶愁嘆之聲, 各遂生生之樂。

백성에게 필수 요소는 먹는 것, 입는 것이고 다음으로는 사람으로서 자신을 찾는 얼나의 길을 찾아가게 하는 마음이다. 이를 거쳐야 생생지락의 길에 이를 수 있다.

2) 실용

세종의 정치철학에서 나타나는 실용정신은 특히 강렬하다. 이는 후대 정조 때의 실사구시 실학의 초기 모습일 수 있다는 주장이 나올만하다.

실용이라는 용어는 그밖에 연관어로 실학實學, 실제, 변역, 신제, 창신, 창제 등과 연관되어 있다. 근대의 과학정신에 닿아 있다.

실학: (경연에 나아가 경연관에게 동당의 고강하는 법에 대한 문답 중) 말해 놓은 이외의 이치를 물어서 능히 답하는 것은 바로 곧 실학(實學)이거니와, 문장을 논하는 데 있어서는 사람마다 거의 같으며, 특이한 것이 없습니다.(세종 1/2/17) 問言外之理而能答, 乃實學也。至於論文, 人人之所同, 而無特異者也。

언어 밖의 이치를 알아서 답하는 것, 이것이 바로 실제적인 학문으로서의 실학인 것이다. 즉 책 속의 이론은 모두가 외우고 그대로 답을 말하니 인재를 뽑는

데 별 효용이 없다는 뜻으로 말했다. 실용實用은 실제로 소용이 된다는 뜻이다. 《세종실록》에는 총 4건이 있다.

실용_ 말(馬) :(나주 교수관 진준이 제주의 토지개량과 말의 관리에 대해 올린 글) 이제 각처에 마땅한 곳을 조사해서 마굿간을 설치하여, 미리 길러서 겨울을 지나면, 거의 전일의 병이 없어지고 다 실용이 될 것입니다.(세종 1/7/13) 今於各處, 量宜置廐, 預養經冬, 則庶無前日之病, 而皆爲實用矣。

말[馬]은 군국軍國에서 소중히 여기는 것인데 산림에 놓아 제 천성대로 자라서 사람에게 길들여 익히지 않았다가 어느 날 갑자기 붙들어 매어 여러 날 주리고 목마르게 하다가, 배에 실려서 바다를 건너게 하면, 풍토와 물이 각각 다른지라, 목말라 물을 마시다가 병이 나면, 못쓰는 말이 되어 나라에 무익한 것이라고 하며 미리 준비하여 길러야 한다는 상소다.

실용_경서: 경서(經書)를 깊이 연구하는 것은 실용(實用)하기 위한 것이다. 바야흐로 경서와 사기(史記)를 깊이 연구하여 다스리는 도리를 차례로 살펴보면, 그것이 보여 주는 나라 다스리는 일은 손을 뒤집는 것과 같이 쉽다. 그러나 실지의 일에 당면하면 어찌할 바를 모를 것이 있는 것이다. 내가 비록 경서와 사서(史書)를 널리 찾아 읽었으나, 오히려 아직 능하지 못하니, 이와 무엇이 다르겠는가.(세종 7/12/8) 窮經, 所以致用也。 方其窮覽經史, 歷觀治道, 則其視爲國猶反手, 及其臨事, 不知所措者有之。予雖涉獵經史, 猶且未能, 其與此何異?

정치는 현실에 부딪치면 원리로는 잘 알 수 없는 일이 많다는 것이다. 현실의 다원성과 다양성의 벽을 인식하고 있다. 경서經書를 깊이 연구하는 것은 실용實用하기 위한 것이다. 바야흐로 경서와 사기史記를 깊이 연구하여 다스리는 도리를 차례로 살펴보면, 그것이 보여 주는 나라 다스리는 일은 손을 뒤집는 것과 같이 쉽다. 그러나 실지의 일에 당면하면 그래도 어찌할 바를 모를 것이 있는 것이다.
세종의 실용정신은 '실제로 유용한가' 하는 근원 캐기이다.

실용: 형조 판서 정진(鄭津)이 계하기를, 동전의 법은 그 유래가 오랩니다. 그러나 우리나라 사람들의 마음이 다 이것을 싫어하니 개혁(改革)하는 것이 어떻겠습니까, 하

니, 임금이 말하기를, 나는 이 법이 시행할 만한 것이라 생각한다. 어찌 폐지하겠는가. (세종 7/12/8)

법의 시행 여부: 장령(掌令) 조자(趙孜)가 아뢰기를, 음사(淫祀)의 금법(禁法)은 여러 번 교지를 내리셨고, … 청하옵건대, 먼 곳으로 내쫓아서 그 요술을 팔지 못하게 하소서. … 하니, 임금이 말하기를, '음사의 금지는 조종 때부터 시작하였지만, 무녀들이 아직도 끊어져 없어지지 아니하였으니, 내 어찌 감히 갑자기 혁파할 수 있겠는가. … 무릇 법을 세우는 것은 시행하기 위해서인데, 시행할 수 없는 법은 세울 수 없는 것이다.(세종 25/9/2)

이는 법의 실행 가능성 즉 실용의 법인가 하는, 전제가 성립되어야 한다는 것이다. 법과 풍속을 분리하고 있다.

인재_ 지리: (헌릉(獻陵) 내맥(來脈)의 길 막는 일에 있어서 술수 전문가 이양달과 최양선 등이 각기 제가 옳다고 고집하다) 지신사 안숭선 등이 아뢰기를, 경연은 오로지 성현의 학문을 강론하고 구명하여 정치 실시의 근원을 밝히는 곳이온데, 풍수학(風水學)이란 것은 그것이 잡된 술수 중에서도 가장 황당하고 난잡한 것이오니, 강론에 참예시킴이 옳지 못하옵니다, 하매, 임금이 말하기를, '비록 그러하더라도 그 근원을 캐보아야 하겠다.'하였다.(세종 15/7/7) 雖然不可不究其源也。

언어 밖의 이치를 알아서 답하는 것, 근원 캐기 이것이 바로 실제적인 학문인 것이다.

실용은 현실을 바꾸는 천문, 측우기, 인쇄술 향상, 《농사직설》, 《의방유취》 등의 편찬으로 이어진다.

조선 후기 실학의 근원은 세종에서부터 시작되었다고 하겠다. 백성을 사랑하고 실생활에 필요한 유용한 경험방(經驗方)과 집단지식을 모아 새로운 신제를 개척한 정신은 바로 실용, 실학 정신이라고 할 것이다. 당시로는 신제 정신이 되겠다.[58]

---

58) 몇 중요 용어의 실록 안에서의 빈도수를 보면 '실학實學'은 원문 총 85건 중 세종 10건이다. '실용實用'은 원문 총 188건 중 세종 3건이다. 실용의 연장선에는 변역, 손익, 신제, 창신, 창제 등이 있다.
신제新制는 총 원문 222건 중 세종 19건으로 역대 임금 중 가장 많다. 신제도 음악, 시, 석경, 제도, 화포, 훈민정음, 의장儀仗 등 다양하다. 세종보다 더 많은 임금으로는 세조가

세종시 실용이나 실학의 용어는 다수 출현하지 않았지만 그 정신은 다지고 있었다. '실학'은 조선 초기의 절반을 세종이 언급하고, 세종의 편찬 작업은 성종이 마무리하였다. 그리고 중기, 후기에 강조되었다. '실용'도 역시 세종이 제기하고 중기, 후기에 이르러 강조되었다.

신제新制에서도 이는 주로 제도의 개혁, 개정의 뜻이 있는데 세종 때 작동되었다. 이러한 것이 종합적으로 창제로 나타나게 되는데 '창제'는 조선조 전체 임금 중 《세종실록》에서 그 빈도가 가장 높다. 세종은 바로 창제創制의 임금이다.

우리가 말하는 조선 후기의 '실학'으로서의 '실사구시'는 실록에서 영조 이후, '이용후생'은 명종 이후에 나타난다.59)

69건이지만 그 중 60건이 '新制略定 樂譜'로 음악 정리의 일이다.

격물은 《조선실록》 원문 총 85건으로 격물치지와 연관해 쓰이는 게 다수다. '격물치지'는 원문 총 49건이다. '격물/치지'로는 세종조에서는 나오지 않는다. 세종조에는 '격물치지 성의정심'으로 2건 나온다.

'격물치지 성의정심'을 줄인 '격치성정格治誠正'으로는 원문 총 60건이 나온다.
초기: 태조 1, 정종 1, 태종 2, 세종 4, 성종 1   소계   9건
중기: 중종 8, 인종 1, 명종 5, 선조 7, 광해군 4/4, 인조 2, 효종 4, 현종개수   338건
후기: 숙종 2, 영조 5, 정조 3, 고종 3   13건

실학實學 총 원문 검색건수: 85건 (5건 이상)
초기: 세종 10, 성종 8   21건
중기: 중종 23, 선조 4/4   39건
후기: 정조 6, 고종 11   25건

실용實用 원문 총 검색건수: 188 건 (3건 이상)
초기: 세종 3, 성종 3   10건
중기: 중종 12, 선조 30/5, 광해군 9/8, 인조 14, 효종 9, 현종 5/9   104건
후기: 숙종 4/3, 영조 15, 정조 26, 순조 6, 고종 18   75건
실용의 연장선에는 변역, 손익, 신제, 창신, 창제 등이 있다.(1장 국체에서 논하였다.)

신제新制 총 검색건수: 121건 중   5건 이상
초기: 세종 9, 세조 19, 성종 6   37건
중기: 중종 10, 선조 5/2, 효종 3. 현종개수 2   31건
후기: 숙종 7/1, 영조 11, 정조 10, 고종 18   51건
59) 實事求是실사구시 총 원문 검색건수: 11건

실용정신의 다른 발현은 검소와 실제사용, 생활문화, 풍습 등 실제로 있는 관습들에 대한 합리성 여부에 대한 의문과 그 대안 찾기이다.

교지를 내리기를, 금후로는 탄일(誕日)의 회례(會禮)를 없애라, 하였다.(세종 16/3/20)

실용은 천리天理의 세계에서 한 걸음 더 나아간 현실 속에서의 실제적 상황과의 만남이다. 실학이 그러하고 풍수도 물리치기만 할 허언虛言은 아니고 집현전의 집단 연구는 지성으로 뭉치고 현장에서는 사물의 개량과 신제로 현실을 보다 나은 융평隆平의 세상으로 이끌어 간다.

세종의 실학, 실용, 신제, 창제 정신이 조선 후기 실학의 씨앗으로 자라고 있었다고 보면 정조 시에 작은 결실을 맺게 되었다. 조선 후기 실사구시, 이용후생의 밑거름이 세종 때 이루어진 것이라 보아도 무리가 없을 것이다. 세종은 초기 실학을 실현한 임금이었다.(세종의 실학정신과 정조 시대의 실학에 대한 연관성에 대하여는 앞으로 더 논의가 이루어져야 할 것이다.)

실록학 연구에서 보는 실학

《조선실록》에 등장하는 '실학實學'기사는 총 83편이다. 초기에는 '경학과 같은 진실한 학문'이라는 일반적 명사의 뜻에서 출발하였다. 선조대 이후는 실학은 성리학에 한층 근접하여 진실한 유학, 공리·과거에 휩쓸리지 않는 유학이라는 의미를 포괄하는 것이었다. 영조 때는 소론의 학자 양득중梁得中이 건의한 '실사구시實事求是'를 벽에 걸어 놓을 정도였는데(영조실록 10/1/18) 정작 용례가 드문 것

초기: 0
중기: 0
후기: 영조 6, 헌종 1, 고종 4

利用厚生이용후생에 총 원문 검색건수: 22건
초기: 0
중기: 명종 1, 인조 1
후기: 숙종 1, 정조 6, 순조 1, 고종 8, 순종 4

經世致用경세치용: 없다.

은 명칭과 의미 사이에 불일치에 대해 다시 생각케 한다. 이후 1884년에는 '변통' 옹호의 수사로 쓰고 있다.(고종실록 11/6/13; 고종실록 21/7/22) 그런데 1884년 에서는 서양의 실학과 동양의 허문虛文, 사물의 진리를 캐는 격치학格致學[과학], 동서양에 적용 가능한 천하의 공학公學 등으로 실학을 사용하였다.(《한성순보》 1884년 3월 24일)

개념사의 방법을 활용한 실학 개념의 형성을 살핀 논문이지만 조선 전기 경학으로 발하여 18세기 이후 경세치용, 이용후생을 모토로 하는 새로운 사유가 형성되었다. 이 흐름에서 세종 시 강경(1418), 경학(1437) 등이 사장詞章 등의 반의어로 쓰이며 실학 개념의 시초가 되었다.[60]

3) 의토宜土[주체]

세종이 정치를 펴며 부닥친 환경은 모든 사상과 제도가 중국문화를 중심으로 정리되어 있다는 상황이다. 말이 다르고 역사가 다르고 날씨가 다르고 땅이 다르고 풍속이 중국과 다른데 중국의 제도가 곳곳에 자리 잡고 있는 현실이다.

개혁은 이런 다르다는 점의 인식에서부터 출발한다. 그간 중국 것을 이용해오며 안주하는 것과는 다르다. 세종은 다르다는 것을 의식했고 우리 것이 무엇인가를 생각했다. 이는 우리 풍토에 대한 인식으로 바로 의토宜土다. 현대용어로는 자주정신이 되겠다.

'風土풍토'에 대한 《조선실록》 원문은 총 88건으로 그 중 세종 13건이다. 다른 왕은 선조 15건, 중종 8건, 정조 8건 등이다.[61] 기사가 많은 임금은 선조인데 15건으로 전쟁으로 인한 지역, 사람의 풍토에 대한 논의여서 일반 시정時政과는 다른 점이 있다.

'宜土의토'는 원문 총 14 건으로 세종 1건이다. 정조 7건으로 문화 변환기의 한 모습을 보여주고 있다.[62]

---

60) 이경구, 개념사와 내재적 발전: '실학' 개념을 중심으로, 『역사학보』 제213집, 2012.3. 49~70쪽.

61) 풍토 원문 총 88건 중 5건 이상
    초기: 태종 5, 세종 13, 세조 6, 성종 6
    중기: 연산군 5, 중종 8, 선조 15, 광해군 3/2
    후기: 정조 8

62) 의토宜土

의토: 민간의 옛 늙은이가 한 가지 약초로 한 병을 치료하여 신통한 효력을 보는 것은, 그 땅의 성질에 적당한 약과 병이 서로 맞아서 그런 것이 아닐까.(세종 15/6/11) 唯民間故老, 能以一草療一病, 其效甚神者, 豈非宜土之性, 藥與病値而然也?

의토는 현대에 와서 북한에서는 '토법'으로 쓰이고 있다. 핵무기 분야에서 북한은 순수 자체기술이라는 뜻의 '토착공법'을 줄여 '토법'으로 쓰고 있다.[63]

우리는 우리의 조상이 있음에도 제祭를 지내는데 소홀했음에 생각이 미쳤고, 궁중에서 쓰는 음악에서 우리 악기의 소리가 중국 악기 소리가 다르다는 것을 상기했고, 하늘의 별을 보는 위치가 중국과 우리가 다르다는 것을 찾아냈고, 병자를 고치는 약이 그 자라는 풍토가 중국과 다르다는 것을 지적했고, 농사법이 중국과 달라야 한다는 것을 의식했고, 우리와 중국의 역사가 다른 우리 역사 속의 교훈을 생각해《치평요람》을 만들었고, 우리말을 기록할 문자로 훈민정음을 창제했다.

우리가 세종의 정치 특성의 하나로 '자주'의 개념을 들지만 정작 '자주'는 쓰이지 못했다.

간혹 뛰어나게 자주성(自主性)을 가진 위(魏)나라 태무제(太武帝)와 당(唐)나라 무종(武宗)과 같은 분이 있어 마음을 단단히 먹고 불교를 도태시켰으나, 얼마 안 가서 이를 고치게 되니, 식자(識者)들이 한스럽게 여겼습니다.(세종 28/10/9) 間有卓然自主如魏帝, 唐宗銳意沙汰, 未幾改之, 識者恨焉。

'자주'라는 용어는《세종실록》에 나온다. 그러나 중국과 연관한 황제의 교서에서 나온다. 우리는 풍토 혹은 의토를 썼다. 지금은 '자주'를 쓰고 있으니 '자주'의 권리회복이라고 할 것이다.

우리 풍토에 맞는 일을 추진해 가는 예는 농사, 목축, 문자 창제 등에 걸쳐 있다.

· 《농사직설》의 서문. 以五方風土不同。 (세종 11/5/16)

초기: 태종 1, 세종 1, 성종 1
중기: 중종 1, 명종 1
후기: 영조 1, 정조 7, 순조 1
63) 조선일보 2016년 6월 28일 기사 참고.

- 의정부에서 황해도에 대나무를 시험 재배하는 방법을 아뢰다.(세종 20/4/6)
- 함길도 도절제사 김효성이 건의한 수레 싸움 법을 받아들이다.(세종 25/2/14)
- 세자에게 윤참관 중추원 부사 권맹경이 의주 백성들이 유이하지 않게 할 방도와 토관을 더 설치하여 의주를 부성시킬 것을 건의하다.(세종 26/2/3)
- 집현전 부제학 최만리 등이 언문 제작의 부당함을 아뢰다.(세종 26/2/20)
- 옛 성현들의 예를 들어 백성들이 부지런히 농사에 힘쓸 것을 하교하다.(세종 26/윤 7/25)
- 하삼도 도순찰사 김종서가 각지의 목장 적임지에 대해 아뢰다.(세종 27/10/9)
- 《훈민정음》이 이루어지다. 어제와 예조 판서 정인지의 서문.(세종 28/9/29)

풍토_일본 교류: 이웃나라를 사귀는 의리는 고금에서 소중히 여기고 또 그 습속(習俗)과 풍토(風土)도 또한 살피지 않을 수가 없다.(세종 28/9/9) 交隣之義, 古今所重。且其習俗風土, 亦不可不審。

의토: 민간의 옛 늙은이가 한 가지 약초로 한 병을 치료하여 신통한 효력을 보는 것은, 그 땅의 성질에 적당한 약과 병이 서로 맞아서 그런 것이 아닐까. 천 리를 멀다 하지 아니하고 펴지 못하는 무명지를 펴려고 하는 것은 사람의 상정(常情)인데, 하물며 나라 안에서 나가지 아니하고 병을 치료할 수 있는 것이랴.(세종 15/6/11) 唯民間故老, 能以一草療一病, 其效甚神者, 豈非宜土之性, 藥與病值而然也。

농사/ 의학 /풍수

농사

농사 풍토: 오방(五方)의 풍토(風土)가 같지 아니하여 곡식을 심고 가꾸는 법이 각기 적성(適性)이 있어, 옛 글과 다 같을 수 없다 하다.(세종 11/5/16) 以五方風土不同, 樹藝之法, 各有其宜, 不可盡同古書。

풍토 다름: 황해도에서는 본시 대[竹]가 생산되지 않습니다. 그러나 남북의 풍토(風土)가 같지 않다.(세종 20/4/6) 黃海道 本不產竹, 然南北風土不同。

농사 시의(時宜): 위에 있는 사람이 성심(誠心)으로 지도하여 거느리지 않는다면 어떻게 백성들로 하여금 부지런히 힘써서 농사에 종사하여 그 생생지락(生生之樂)을 완수(完邃)하게 할 수 있겠는가. ... 어떤 이는 농경의 적절한 시의(時宜)를 알지 못하고 한갓 권과(勸課)한다는 이름 얻기만 꾀하여 너무 일찍 심기를 독려하기 때문에, 종묘 (種苗)가 살지 못하여 도리어 농사를 해치는 자가 있는가 하면, 어떤 이는 참으로 절후 (節候)의 이르고 늦은 것을 알지 못하고 스스로의 계획이 어설퍼서 일이 시기를 잃게 하는 자도 또한 있다.(세종 26/윤7/25)

이들이 각 지역의 풍토를 생각하지 않음은 물론 절후를 고려하지 않고 습관에 젖어 있음을 지적한다. 이로 인해 행정이 늑장 처리되고 더불어 부역 등으로 농사 방해 하지 않게 하라는 명을 내린다. 그리고 모든 말에는 '일하는 것과 풍속과 예의를 지키는 댓구'가 함께 한다.

일의 부지런함과 정신의 개선을 통해 '태평시대의 즐거움'(共享熙皞之樂공향희호지락)을 지속하려는 것이다.

의학

《향약집성방》:《향약집성방(鄕藥集成方)》이 완성되었다. 권채(權採)에게 명하여 서 (序)를 짓게 하였는데, 이르기를, … 유명한 의사가 병을 진찰하고 약을 쓰는 데는 '모두 기질에 따라 방문을 내는 것이요', (豈非宜土之性) 처음부터 한 방문에만 구애되는 것은 아니다. 대개 백 리나 천 리쯤 서로 떨어져 있으면 풍속이 다르고, 초목이 생장하는 것도 각각 적당한 곳이 있고, 사람의 좋아하는 음식도 또한 습성에 달린 것이다. 그러므로 옛 성인(聖人)이 많은 초목의 맛을 보고 각 지방의 성질에 순응하여 병을 고친 것이다. 오직 우리나라는 하늘이 한 구역을 만들어 대동(大東)을 점거하고, 산과 바다에는 무진장한 보화가 있고 풀과 나무에는 약재를 생산하여 무릇 민생을 기르고 병을 치료할 만한 것이 구비되지 아니한 것이 없으나, 다만 옛날부터 의학이 발달되지 못하여 약을 시기에 맞추어 채취하지 못하고, 가까운 것을 소홀히 하고 먼 것을 구하여, 사람이 병들면 반드시 중국의 얻기 어려운 약을 구하니, 이는 7년 병에 3년 묵은 쑥을 구하는 것과 같을 뿐만 아니라, 약은 구하지 못하고 병은 이미 어떻게 할 수 없게 되는 것이다. '민간의 옛 늙은이가 한 가지 약초로 한 병을 치료하여 신통한 효력을 보는 것은, 그 땅의 성질에 적당한 약과 병이 서로 맞아서 그런 것이 아닐까. 천 리를 멀다 하지 아니하고 펴지 못하는 무명지를 펴려고 하는 것은 사람의 상정(常情)인데, 하물며 나라 안에서 나가지 아니하고 병을 치료할 수 있는 것이랴. 알지 못하는 것을 걱정할 뿐이다.' 唯民間故老, 能以一草療一病, 其效甚神者, 豈非宜土之性, 藥與病值而然也? 夫不遠千里, 求伸無名之指者, 人之常情也, 況不出國中, 而可以療疾者乎?

예전에 판문하(判門下) 권중화(權仲和)가 〈여러 책을〉 뽑아 모아서 《향약간이방(鄕藥簡易方)》을 짓고, 그 뒤에 … 신해년2107) 가을에 집현전 직제학 유효통(兪孝通) 등에게 명하여... 한 해를 지나서 완성하였다. 이에 구증(舊證)은 3백 38가지인데, 이제는 9백 59가지가 되고, 구방(舊方)은 2천 8백 3가지인데, 이제는 1만 7백 6가지가 되었으며, 또 침구법(鍼灸法) 1천 4백 76조와 향약 본초(鄕藥本草) 및 포제법(炮製法)을 붙여서 합해 85권을 만들어 올리니, 이름을 '향약집성방'이라 하였다. 간행하여 널리 전하려고 할 때 권채에게 명하여 서(序)를 짓게 하였다. 신 채는 그윽이 생각하건대, ... 의약으로 백성을 구제하는 일에까지 이와 같이 힘을 쓰니, 인정(仁政)의 본말(本末)과 크고 작은 것을 남김 없이 다한 것이라 하겠다.(세종 15/6/11)

임금의 도道는 인仁보다 더 큰 것이 없는데 의약으로 백성을 구제하는 일이 인정仁政이라고 말한다.

정신적인 의토로서의 우리 것[자주]

자주는 실록학적으로 보아 '우리 것'이라는 뜻에서 '풍토' 혹은 '의토'라 해야 한다. 풍토를 의식한 것은 앞서의 농사, 의학, 풍수 등이고 정신적으로 우리 풍토를 의식한 것은 주체, 자주정신을 통해 볼 수 있다. 이에 몇 사례를 보자. ㉮단군 제사 ㉯우리 시간 찾기 ㉰우리 음악 찾기 ㉱역사에서 주체적 의식으로서의《고려사》와《치평요람》편찬 ㉲국방과 외교에서의 주체의식 ㉳무기 ㉴훈민정음의 창제 등이다.

㉮ 단군

단군신앙: 신의 생각에는 단군의 사당을 별도로 세우고, 신위를 남향하도록 하여 제사를 받들면 거의 제사 의식에 합당할까 합니다.(세종 7/9/25)

사온서 주부 정척(鄭陟)이 올린 글에서 평양에 있는 기자사당을 보니 기자 신위는 북쪽에서 남쪽을 향해 있고, 단군(檀君) 신위는 동쪽에서 서쪽을 향해 있었다. 생각해보니 단군은 요 임금과 같은 시대에 나라를 세워 스스로 국호를 조선이라고 하신 분이고, 기자는 주(周) 나라 무왕의 명을 받아 조선에 봉(封)하게 된 분이니, 역사의 햇수를 따지면 요임금에서 무왕까지가 무려 1천 2백 30여 년이 된다. 이에 조선의 여러 제사 의식을 상고하니, 향단군진설도(享檀君陳設圖)에 '신위는 방의 중앙에서 남쪽을 향한다.'고 하니 전일에 본 서향 좌차(坐次)는 이 도식과 합치되지 않아, 만약 단군과 기자가 같은 남향으로서, 단군이 위가 되고, 기자가 다음이 되게 한다면, 나라를 세운 선후가 어긋나지 않을 듯하다고 글을 올리고 세종은 이를 받아드린다. 이후 예조에서 마련한 안을 따르게 된다.

단군(檀君)의 신위판에 '조선후 단군지위(朝鮮侯檀君之位)'라 쓴다.(세종 12/8/6)

㉯ 시간

《제가역상집》: (동부승지 이순지의 《제가역상집》 발문) 《제가역상집(諸家曆象集)》이 이루어졌다. 모두 4권인데, 동부승지 이순지(李純之)가 발문을 쓰기를, … 선덕(宣德) 계축년(1433) 가을에 우리 전하께서 거룩하신 생각으로 모든 의상(儀象)과 구루(晷漏)의 기계며, 천문(天文)과 역법(曆法)의 책을 연구하지 않은 것이 없어서, 모두 극히 정묘하고 치밀하시었다. 의상에 있어서는 이른바 대소 간의(大小簡儀)·일성정시의(日星定時儀)·혼의(渾儀) 및 혼상(渾象)이요, 구루(晷漏)에 있어서는 이른바 천평일구(天平日晷)·현주일구(懸珠日晷)·정남일구(定南日晷)·앙부일구(仰釜日晷)·대소 규표(大小圭表) 및 흠경각루(欽敬閣漏)·보루각루(報漏閣漏)와 행루(行漏)들인데, 천문에는 칠정(七政)에 본받아 중외(中外)의 관아에 별의 자리를 배열하여, 들어가는 별의 북극에 대한 몇 도(度) 몇 분(分)을 다 측정하게 하고, 또 고금(古今)의 천문도(天文圖)를 가지고 같고 다름을 참고하여서 측정하여 바른 것을 취하게 하고, 그 28수(宿)의 돗수(度數)·분수(分數)와 12차서의 별의 돗수를 일체로 《수시력(授時曆)》에 따라 수정해 고쳐서 석본(石本)으로 간행하고, 역법에는 《대명력(大明曆)》·《수시력(授時曆)》·《회회력(回回曆)》과 《통궤(通軌)》·《통경(通徑)》 여러 책에 본받아 모두 비교하여 교정하고, 또 《칠정산내외편(七政算內外編)》을 편찬하였다.(세종 27/3/30)

여러 가지 시계를 만들어 도성에 설치하기도 하고 마침내 《칠정산내외편》을 통해 조선의 시간을 찾게 되었다.

㉰ 음악

우리 음악: 박연(朴堧)이 조회의 음악을 바로잡으려 하는데, 바르게 한다는 것은 어려운 일이다. 《율려신서(律呂新書)》도 형식만 갖추어 놓은 것뿐이다. '우리나라의 음악

이 비록 다 잘 되었다고 할 수는 없으나, 반드시 중국에 부끄러워할 것은 없다. 중국의 음악인들 어찌 바르게 되었다 할 수 있겠는가', 하였다.(세종 12/12/7) 我朝之樂, 雖未盡善, 必無愧於中原之樂, 亦豈得其正乎?

아악보: 《(아악보)가 완성되고 정인지가 서를 달다) 아깝게도 그 음악 서적이 완전한 대로 남지 못하고 악보의 법도 전하지 못하여, 음악이 무너졌다는 탄식을 자아내게 한 것이다. '옛 음악은 이미 다시 볼 수 없으나, 이제 황종(黃鍾)을 음성의 기본에서 찾아내어 28개의 음성을 마련하였고, 크고 작으며 높고 낮은 것이 제 차례를 문란시키지 아니한 점에 있어서는, 주자와 채씨(蔡氏)의 뜻이 천 년 이후에 이르러 조금이라도 펴게 되었으니, 이것은 반드시 우리 왕조를 기다리어 이루어졌다고 아니할 수 없다.'(세종 12/윤12/1) 古樂旣不可復見矣, 若其求黃鍾於聲氣之元, 制二十八聲, 大小尊卑, 不相奪倫, 朱子, 蔡氏之志, 少伸於千載之下, 則必不能無待於聖朝焉。

신악: (악의 존폐 여부를 의정부와 관습 도감에서 논의하게 하다) 임금이 승정원에 이르기를, 이제 신악(新樂)이 비록 아악(雅樂)에 쓰이지는 못하지만, 그러나, 조종(祖宗)의 공덕을 형용하였으니 폐할 수 없는 것이다. 의정부와 관습 도감(慣習都監)에서 함께 이를 관찰하여 그 가부를 말하면, 내가 마땅히 손익(損益)하겠다, 하였다. 임금은 음률을 깊이 깨닫고 계셨다. 신악(新樂)의 절주(節奏)는 모두 임금이 정하였는데, 막대기를 짚고 땅을 치는 것으로 음절을 삼아 하루저녁에 제정하였다. ... 연(堧)이 일찍이 옥경(玉磬)을 올렸는데, 임금께서 쳐서 소리를 듣고 말씀하시기를, 이칙(夷則)의 경쇠소리가 약간 높으니, 몇 푼[分]을 감하면 조화가 될 것이다, 하시므로, 박연이 가져다가 보니, 경쇠공[磬工]이 잊어버리고 쪼아서 고르게 하지 아니한 부분이 몇푼이나 되어, 모두 임금의 말씀과 같았다.(세종 31/12/11)

박연이 종률(鍾律)을 정하도록 하고 옥경을 만들었는데 "이칙(夷則)의 경의 소리가 조금 높으니 몇 푼[分]을 감하면 조화가 이루어질 것이라고 하였다." 경쇠공[磬工]이 잊어버리고 고르게 하지 아니한 부분을 지적했다.

세종 당시의 음악은 정해진 음률에 가사를 입히는 일이 주였다고 한다. '신악의 절주(節奏)는 모두 임금이 하였는데 막대기를 짚고 땅을 치는 것으로 음절을 삼아 하루저녁에 제정하였다고 한다.' 새로운 곡을 만드는 일은 음악 세계에서는 새로운 일이었다. 추론이지만 이때 세종은 눈병으로 눈이 잘 보이지 않게 됨에 따라 귀는 그 반대로 더 예민해졌다고 할 수 있을 것이다.

㉑ 《고려사》·《치평요람》

우리 것을 보려는 노력은 역사에 대한 우리 시각을 보는데서 출발한다. 역사를 알면 10년후~100년 후를 볼 수 있다고 믿기 때문이다. 역사를 바르게 기술하는 정신은 ㉠《고려사》와 ㉡《치평요람》 찬술에서도 잘 나타나고 있다. 먼저 세종 11년 윤대 후 《좌전(左傳)》을 강講하다가 말한다.

사관의 기록: (윤대를 행하고 경연에 나아가다) 실행하고 기록하지 않는 것은 성덕(盛德)이 아니다, 라는 말에 이르러 말하기를, 이 말은 무엇을 말한 것인지 알 수 없다. 사관(史官)은 마땅히 한 시대 행사(行事)의 자취를 다 기록하여 뒷세상에 보일 뿐인 것이다. 임금된 사람이 어찌 능히 사관(史官)으로 하여금 착한 것은 기록하게 하고, 착하지 못한 것은 기록하지 못하게 하겠는가, 하니, 검토관(檢討官) 설순(偰循)이 대답하기를, 마땅히 이른바 '써서 법되지 않으면 후사(後嗣)가 무엇을 보겠느냐.'는 말과 같아야만 경계하는 말이 되어 임금을 깨닫게 할 것입니다.(세종 11/4/9)

모든 선과 악을 다 기록하는 것은 뒤의 사람에게 경계하는 것인데, 어찌 재이라 하여 이를 기록지 아니하랴.(세종 2/2/23) 上曰: 凡善惡皆錄, 所以鑑後, 豈以災異而不錄乎?

이 기록 정신은 한마디로 직서直書 정신이다.

직서直書: 옛사람이 이르기를, '앞사람의 과실을 뒷사람이 쉽게 안다.'고 하였거니와, 경이 말한 것같이 지금의 사관이 그것을 보고서 쓸 것이라는 것은, 즉 '사실 그대로 쓴다'[直書]는 말이니, 사실을 사관이 그대로 쓴다 해서 무엇이 해롭겠는가.(세종 5/12/29) 古人云: '前人之失, 後人易知.' 卿所謂今之史官見而書之, 直書其事之語, 史官書之何害?

이는 지관사 유관·동지관사 윤회에게 《고려사》를 개수케 하며 세종이 한 말이다. 이때는 실록 기록의 방법으로 직서법으로 해야 한다는 주체적 의식을 강조했다.

《고려사》: (지관사 유관·동지 관사 윤회에게 《고려사》를 개수케 하다): '오늘 사필(史筆)을 잡는 자가 이에 성인이 취하고 버리신 본지를 엿보지 못할 바엔 다만 마땅히 사실에 의거하여 바르게 기록하면, 찬미하고 비난할 것이 스스로 나타나서 족히 후세에 전하고 신빙할 수 있을 것이니, 반드시 전대(前代)의 임금을 위하여 그 과실을 엄폐하려고 경솔히 후일에 와서 고쳐서 그 사실을 인멸케 할 것은 없는 것이다.' 그 종을 고쳐서 왕으로 일컬을 것도 사실에 좇아 기록할 것이며, 묘호(廟號)·시호(諡號, 제왕이나 선비 등이 죽은 후 그 공을 칭송하여 추중하는 칭호)도 그 사실을 인멸하지 말고, 범례(凡例)에 고친 것도 이에 준하여야 할 것이다.(세종 5/12/29) 今之秉筆者, 旣不能窺聖人筆削之旨, 則但當據事直書, 褒貶自見, 足以傳信於後, 不必爲前代之君欲掩其失, 輕有追改, 以沒其實也。

사실 기록: 다만 마땅히 사실에 의거하여 그대로 쓰면, 칭찬하고 깎아내린 것이 자연히 나타나 족히 후세에 믿음을 얻을 수 있는 것이니, 반드시 전대(前代)의 임금을 위하여 그 사실을 엄폐하려고 경솔히 추후로 고쳐 그 진실을 잃게 할 수 없을지니, 그 종이라 한 것을 고쳐 왕이라 한 것은 가히 실록에 따라 묘호(廟號)와 시호(諡號)의 사실을 없애지 말라. 범례를 고친 것은 이것으로 표준을 삼으라, 하시니, 신 등이 공경하여 명철하신 명령을 받고 드디어 원종(元宗) 이상의 실록을 가지고 새 역사와 비교하여 종(宗)을 고쳐서 왕(王)이라 하였고, 절일(節日)을 생일(生日)이라 하였고, 조서(詔書)를 교서(敎書)라 하였고, 짐(朕)을 여(予)라 하였고, 사(赦)를 유(宥)라 하였고, 태후(太后)를 태비(太妃)라 말하였고, 태자를 세자라 말한 것 같은 유(類)는 다시 당시의 실록 옛 문귀를 좇았으니, 편찬하기를 이미 끝내매, 사적(事跡)이 대강 완전하여 책을 펴면 권(勸)하고 징계하는 것이 분명하게 여기에 있는지라.(세종 6/8/11)

《치평요람》: 임금이 지중추원사(知中樞院事) 정인지(鄭麟趾)에게 이르기를, 무릇 잘된 정치를 하려면 반드시 전대(前代)의 치란(治亂)의 사직을 보아야 할 것이요, 그 사적을 보려면 오직 역사의 기록을 상고하여야 할 것인데, 주(周)나라 이래 대대로 역사가 있으나 편찬한 것이 방대하여 쉽게 두루 상고할 수 없다. 내가 근래에 송유(宋儒)가 편찬한 자경편(自警編)을 보니 가언(嘉言)과 선행(善行)을 절(節)로 나누어서 유(類)에 따라 편찬하였는데, 간요에 힘썼으니, 예전의 서적을 저작한 자가 사람들이 즐겨 보도록 하려고 한 것을 알 수 있다. 진실로 사람마다 학문에 대하여 박람(博覽)하기가 어려운 것인데, 하물며 임금이 만기(萬機)를 보살피는 여가에 능히 박람할 수 있겠는가. 경이 사적(史籍)을 상고하여 열람해서 그 선(善)하고 악(惡)한 것에 가히 권징(勸懲)이 될 만한 것을 뽑아내어 하나의 서적으로 편찬하여, 관람하기에 편케 하여 후세 자손의 영원한 거울이 되게 하라. 또 동방(東方)에도 건국한 것이 오래이니 흥폐 존망(興廢存亡)을 역시 알지 않을 수 없을 것이다. 아울러 편입시키되 번다하거나 간략한 데에 치우치게 하지 말라, 하고, 인하여 사명(賜名)하기를 《치평요람(治平要覽)》이라 하였다.(세종 23/6/28)

《치평요람》을 통해 중국 고사는 물론 특히 우리나라의 옛 역사에서 교훈을 찾고자 했다.

㉔ 국방, 외교

• 국방

임사이구 호모이성 臨事而懼, 好謀而成: 옛 사람이 큰 일을 당할 적에 반드시 <u>일을</u> <u>임해서는 두려워하고 지모를 내어 성사시키라</u> 하였는데, 일을 임해서 두려워 하는 것은 두려울 것이 없지 않다는 것을 말함이요, 지모를 내어 성사시킴은 두려워하기만 할 것이 아니라는 것을 말함이다. 지금 너무 두려워하여 소요스러울 것도 없고, 또한 두려워하지 않아 방비를 잊어서도 안 되는 것이니, 이 두 가지를 요량하여 알맞게 처리하라. 경 등은 이 뜻을 알아 포치(布置)하라.(세종 31/9/2) 하였다. 古人當大事, 必云: '臨事 而懼, 好謀而成。' 臨事而懼, 謂不可無畏也; 好謀而成, 謂不可徒畏也。故今不可過畏而騷擾, 亦 不可無畏而忘備, 當量其二者之間, 適中以處之, 卿等知此意布置。

두려워하지 않고 방비를 잊어서는 안 되는 것이니 큰 일을 당해서는 반드시 일에 임해 두려워하고 지모를 내어 성사시키라고 전한다.

• 외교

외교는 지성사대와 근신외교다. 이를 사대 중심으로 읽을 수 있으나 당시대의 외교의 한 유형으로 보아야할 것이다.

• 사대 아닌 예도

당시 국제질서의 하나로 우리나라와 중국 왕조에 대한 사대는 책봉·조공 등으로 나타나는데 5세기 고구려와 북위 사이에 맺어진 이래 19세기말 조선 청관계가 청산될 때까지 오랫동안 유지해왔다. 이는 중국왕조 중심의 세계질서이기는 하지만 그렇다고 해서 책봉국의 일방적인 주도로 이루어지는 국제관계는 아니었다. 그것은 하나의 책봉국과 다수의 조공국 사이에 상호 필요에 따라 맺어진 국제질서였다. 한·중 간의 '가장 사대적'이며 '가장 자주적'인 시기가 바로 조선 세종 대이다. 세종의 외교는 가장 사대적인 것이 가장 자주적이라는 역설을 담고 있으며 그 성과는 국내에서 민족문화의 발달과 영통의 확장이라는 실리로써 구현되었다. 그러한 점에서 세종 시대의 사대외교를 '실용사대'라고 부를 수 있을

것이다.[64)]

실용과 주체정신이 결합된 외교 정책이었다.

⑭ 무기

소화용: (소화용을 만들어 당(唐) 소화용과 구분하다) 병조에서 계하기를, 전지(傳旨)에 의거하여 당(唐) 소화용(小火㷁) 1백 25자루는 이미 만들었는데, 본국(本國)에서 만든 것을 당 소화용이라고 일컫는 것이 불편하오니, 지금 만든 화용(火㷁)은 당이란 글자를 없애고 소화용이라 일컫고, 전에 만든 소화용은 중국의 소화용이라고 일컬을 것입니다, 라고 하니, 그대로 따랐다.(세종 5/1/19)

처음은 세종 5년에 일어난다. 당唐 소화용小火㷁을 만들었는데 그렇다면 이것은 당소화용인가 조선의 소화용인가 하는 것이다. 신제로 새 이름을 얻게 된다.

⑭ 훈민정음

훈민정음: (《훈민정음》이 이루어지다. 어제와 예조 판서 정인지의 서문) 이달에 《훈민정음(訓民正音)》이 이루어졌다. 어제(御製)에, 나랏말이 중국과 달라 한자(漢字)와 서로 통하지 아니하므로, 우매한 백성들이 말하고 싶은 것이 있어도 마침내 제 뜻을 잘 표현하지 못하는 사람이 많다. 내 이를 딱하게 여기어 새로 28자(字)를 만들었으니, 사람들로 하여금 쉬 익히어 날마다 쓰는 데 편하게 할 뿐이다.(세종 28/9/29)

구 정도正道 중 위의 민본, 실용, 의토는 사람과 정신과 삶의 운용에서 변화를 유도하고 있다.

---

64) 이익주, '세종의 실용사대', 『세종 리더십의 핵심가치』, 한국학중앙연구원 출판부, 2014, 75쪽.

표. 민본 자주 실용

민본	자주	실용
사람다움	국가의 살아 있음	물질의 되살아남
생민: 되살기 사대부: 자각	중국과의 관계	변용: 활성화

4) 절충〔중용〕

중용을 세종의 중심 사상으로 드는 연구자가 있다. 최상용 교수를 비롯하여 지금도 중용을 주제로 한 연구가 이루어지고 있다. 중용을 세종은 '절충'으로 표현하기도 한다.65)

경[중용]에 '중(中)과 화(和)를 〈사람으로서〉 다하면 천지도 그 자리를 정할 것이며, 만물이 양육(養育)된다.'고 하였으니, 이 도리를 다한다면, 재이(災異)도 소멸될 수 있고, 태화(泰和)한 세상도 기약할 수 있을 것인가. 나의 대부(大夫)들은 경술(經術)에 통달하여, 정치하는 본의 대체를 잘 알아서 말을 할 만한 시기를 기다린 지가 오래되었을 것이니, 마음에 있는 것을 다하여 대답하라. 내가 장차 친히 볼 것이다.(세종 5/3/28) 致中和, 天地位, 萬物育. 盡斯道, 災異可消, 泰和可期歟? 子大夫通經術, 識治體, 以待可言之日久矣。

이에 여러 논의를 거쳐 제조 허조는 마침내 "신이 원한 바는 원억을 호소하는 소장을 수리하지 말아서 상하의 구분을 전일(專一)하게 하고자 한 것입니다. 그러나 두 번 아뢰어도 윤허(允許)를 얻지 못하였으니 어찌할 수 없습니다. 이 교지를 반포하신다면 거의 중용(中庸/득중得中)을 얻을 수 있겠습니다."(세종 15/10/24) 하고 동의를 한다. 提調許稠曰: 臣之所願, 則不受訴冤之狀, 以專上下之分, 然再啓未蒙允許。無已則頒此敎旨, 庶可得中。

• 권과 경

중용[절충]으로 나타나는 행도 중에는 권權과 경經의 절충이 있다. 세종 14년

---

65) 최상용, 『중용의 정치사상』, 까치, 2012; 『중용의 정치』, 나남, 2002 등이 있다.

이견기·최사유 등이 조말생을 탄핵할 때 '법과 권도' 그리고 '절충'에 대한 설명이 나온다.

집의 이견기: 장리(贓吏)를 서용하지 않는 법은 영갑(令甲, 법률과 명령)에 뚜렷이 있사옵니다. …신이 이 관직에 있는 동안에는 조말생의 파면을 청하지 않을 수 없사옵니다.
세종: 그대들은 법으로서 말했지만, 나는 권도(權道)로서 행한 것이다. [上曰: 爾等以法言之, 予以權行之。
이견기: 대신에게 두루 물으셨을 때에, 다시 쓰기를 청한 자는 누구입니까. 비옵건대 전하께서는 신 등에게 하유(下諭)하시와 그 사정[情由]을 묻게 하옵소서.
세종: 대저 일을 의논할 때에는 각각 저마다의 뜻을 말하는 것이요, 나는 절충(折衷)하여 따르는 것인데(上曰: 大抵議事, 各言其志, 予折衷從之。)그대들의 이런 말은 무례(無禮)하지 않을까.
이견기 등: 신 등으로 하여금 이 직책에 있게 하시려면 말생을 내치시고, 말생으로 하여금 재상의 반열에 있게 하시려면 신 등을 파면하옵소서. 끝내 윤허하지 아니하였다.(세종 14/12/17)

권과 경: 법은 권(權)과 경(經)이 있어서 하나로 고집할 수는 없는 것이다.(세종 25/10/12) 上曰: 法有權經, 不可執於一也。

좌정언 윤면이 김후의 본직환임의 불가함과 3, 4품인 수령을 경관의 예에 의해 서경할 것을 건의하자 세종은 권도론을 말한다. 권도란 법이 시대적 상황에 따라 변화를 갖는다는 것이다. 법에 대한 해석이지 법리에 얽매이지 않음을 뜻한다. 평시에는 남녀가 가까이 앉지도 않지만 여자가 물에 빠지거나 심하게 다쳤을 때는 손을 잡거나 업어 구할 수도 있는 것이다.

변계량이 아뢰기를, 오늘 일은 상왕께서 권도로 처리하시는 일이요, 법을 세운 것은 아닙니다.(세종 2/8/11) 季良曰: 今日之事, 上王權時處之, 非欲立法也。

세종에게는 경도와 권도가 있다. 경經은 원리이고 원칙이다. 경자체가 정치에 근간이 되는 원전이기도 하다. 유가의 사상이든 법가의 사상이든 하나의 이론 속에 질서를 가져다준다는 입장에서다. 유가에서 경經은 원리이고 권權은 변통이다.
권도는 경도經道와 대칭되는 개념이다. 경도가 '늘 올바른 진리'라고 한다면 권도는 '변화에 처한 임기응변'이라 할 수 있다. 이는 '보편성과 특수성의 문제'로 혹은 '일반상황에서의 원칙론과' '특수상황에서의 상황론'으로 볼 수 있다.[66]

세종은 시정時政에서 경을 지키되 필요시 권도權道를 내세웠다. 불교와 형님 양녕에 대한 일이 그 예이다. 사적인 생각이라기보다 '내재적 질서'에 관한 것이고 '수신제가치국평천하' 가운데 '수신제가'에 관한 사항이기도 하다.

> 권도: (하연(河演)·황보인(皇甫仁)·박종우(朴從愚)·정분(鄭苯)·정갑손(鄭甲孫)·허후(許詡) 등과 일본국과의 무역에 대해 대신들과 의논하다)이것은 특히 장사하는 왜인에게 물건을 무역하는 것이오라, 두 나라에서 통신(通信)하는 예절에 관계되는 것이 아니오니, 비록 권도를 따를지라도 굳이 사필(史筆)에 해됨이 없을 것이옵니다.(세종 32/윤1/15) 此特商倭懋遷之物耳, 非關於兩國通信之禮也。雖從權道, 固無害於史筆。

'권도'라는 용어는《세종실록》중 이곳 한 곳에 나온다. 신하들이 이런 상업의 경우 임금의 의견을 따라도 역사에 어긋나는 일은 아니라고 인정해준다. 임금이 자유롭게 결정할 '일'의 폭이 제한적인 것을 상징하고 있다.

> 경서와 사기는 체와 용: 경연에 나아가서 임금이 말하기를, 경서(經書)와 사기(史記)는 체(體)[본체]와 용(用)[작용·활용]이 서로 필요하여 편벽되게 폐(廢)할 수는 없는 것이다. 그러나 지금 학자들은 혹시 경서를 연구하는 데 끌려서 사학(史學)을 읽지 아니하고, 그 경서를 배우는 자도 혹시는 제가(諸家)의 주석한 것에만 힘쓰고, 본문과 주자의 집주(輯註)한 것을 연구하지 아니한다. … 그러나 여러 가지 일을 시행하는 데에는 사기(史記)가 절실히 필요한 것입니다, 하였다.(세종 20/12/15) 經則體, 史則用, 固不可偏廢, 而至於施諸事業則史爲切要也。

경서는 체體고 사기는 용用이다. 경서는 원리이고 사기는 실제이다. 이에 세종은 경經과 사史를 병립시키고자 했다.

경학과 사학을 병립시키고 있다. 여기서 경학은 체體요 사학은 용用의 대비관계에 선다. 경학을 위해서는 사서오경 공부에 총력을 기울이면 된다. 사학은 경학에 대하여 용用이 된다.[67]

---

66) 吳錫源, 유가의 상도常道와 권도權道에 관한 연구, 『동양학』, 단국대동양학 연구소, 제27집, 272쪽.

세종은 중용을 실제 시정에서는 '절충'이라는 표현으로 썼다.

- 중용·절충

《세종실록》의 '절충'은 13건이다. 중용사상을 실제 정치에 응용할 때는 절충折衷으로 나타난다.

절충: (집의 이사철이 첨사원 설치를 반대하는 의견을 아뢰다) 모든 행사 때에 옛 것을 상고하여 절충하는 것은 좋으나, 어찌 마땅히 먼저 옛 제도를 상고하여 하나하나 효방(效倣)할 수 있겠습니까.(세종 24/8/2) 凡行事之際, 稽古折衷可也, 豈宜先稽古(製)。

5) 융합·조화

세종이 시정에서 정치를 통해 이루어지는 일에서 융합 즉 조화로 나타나는 여러 시책을 수행했다. 문과 무의 조화, 권과 경, 경서와 사기, 여진족에 대한 회유와 포용 등 여러 면에서 나타난다.

경문위무經文緯武 문무(文武)의 지략(智略)을 갖추다.(세종 8/7/14)

경문위무經文緯武 즉 문文을 경으로 무武를 위로 즉 문을 날줄 무武를 씨줄로 삼는다는 말은 무인에게도 학문을, 문인에게도 군사를 알게 한다는 기사다. 좌의정으로 치사하여 작고한 유정현을 치제하는 데서 나온 말이지만 세종은 무인에게도 글을 읽게 하는 등 문과 무의 조화를 이루게 했다.

권과 경: (좌정언 윤면이 김후의 본직환임의 불가함과 3, 4품인 수령을 경관의 예에 의해 서경할 것을 건의하다) '법은 권(權)과 경(經)이 있어서 하나로 고집할 수는 없는 것이다. 후(厚)가 비록 죄가 있다 하나, 이미 제수하였으니 고칠 수 없었다.' 수령의 직을 행하는 자가 관교를 받는 것은 그 법이 이미 섰으니, 비록 다시 서경의 법을 세우더라도 이해(利害)에는 관계가 없을 것이다.(세종 25/10/12)

좌정언(左正言) 윤면(尹沔)이 아뢰기를, "종성(鍾城)은 지경이 오랑캐와 연접하

---

67) 이숭녕, 앞의 책 153쪽.

여 다른 군읍(郡邑)과 비할 수 없는데, 김후(金厚)가 전에 본군을 진수(鎭守)하였을 때에 탐오(貪汚)를 자행하였으니, 지금 다시 맡긴다 하더라도 어떻게 인심을 진압하고 복종시키겠습니까. 청컨대, 이를 고쳐 임명하옵소서." 하니, 그에 대한 답이다. 법은 조문에만 구애되지 않고 운용의 묘를 살려야 한다.

앞서 든 "경서經書와 사기史記는 체(體, 본체)와 용(用, 활용)이 서로 필요하여 편벽되게 폐할 수는 없는 것이다."(세종 20/12/15)는 말은 융합 혹은 조화의 예로도 들 수 있다

융합은 융화주의라고도 하겠는데 조남욱은 통치와 교화, 법치와 덕치의 융화, 명분과 실리의 조화를 들고 있다.[68]

6) 사맛

사맛은 사람과 사람사이의 소통, 의논, 토론 등과 사람과 물질 사이의 교감, 거기에 물질과 물질 사이의 관계도 포함할 수 있다. 사람들이 수행하는 여러 정치 현상을 서로 교류시킬 수 있어야 '큰 힘'을 발휘할 수 있다. 바로 '사맛[소통]'의 힘이다. 3장에서 사맛에 대하여는 논의한 바 있고 여기서는 사맛의 연관어로 오늘날 강조하고 있는 '통섭統攝'에 대해 살펴본다. 일찍이 통섭은 세종조에 원문으로 14건이 보인다. 함길도 도절제사 김종서에게 귀순해오는 여진 족 홀라온에 대한 대책으로 전지를 내리는데서 나온다. 그간 홀라온이 귀순해 와 가상한 일이라고 하여, 사람 수의 다소와 문서의 인신印信이 있고 없는 것을 묻지 아니하고, 오는 대로 받아서 다 서울로 보내어 예절이 있게 필요한 것은 허락하여 후하게 대해주었는데 이후 사을공개(沙乙工介)의 문서와 모당개(毛當介)의 문서에는 극묵이 하위(克默而河衛)의 인신을 빌어 찍는 일이 있었다. 이에 통섭이 필요하다.

통섭統攝: 이같은 간사한 무리가 꽤 많아서 낱낱이 들어 말하기는 어려우나, 생각하건대, '저 무지한 놈들이 본래부터 통섭(統攝)함이 없이 각각 제 스스로가 어른이라고 하는데, 소식을 듣고 서로 이끌어서 거짓 문서를 꾸며 가지고 서로 꼬리를 이어서 오니, 만약 법을 세워 금지하지 아니한다면, ...반드시 원한을 품고 변란을 일으키고야 말 것이다.(세종 21/10/8) 如此姦詐之類頗多, 難以一一枚擧。 意彼無狀之徒, 本無統攝, 各自爲長, 聞風相引, 假做書契, 絡繹而至。 若不設法禁約, ...起怨生變而後已矣。

---

68) 조남욱, 『세종대왕의 정치철학』, 부산대학교 출판부, 2001. 232~258쪽.

통섭統涉: 《대명률》 감림주수조(監臨主守條)에는 말하기를, '감림(監臨)이라 함은 내외 여러 관사가 소속된 바를 통섭함에 있어 문서로 서로 관련되어 교섭 있는 것과 비록 관할하는 백성이 아니라도 다만 관계된 사건이 내 손 안에 있는 것은 곧 감림이 되고. (세종 7/5/21) 凡稱監臨者, 內外諸司統攝所屬, 有文案相關涉及雖非所管百姓, 但有事在手者, 卽爲監臨。

《세종실록》 속의 통섭統攝은 전체를 도맡아 다스리는 질서가 잡히는 상태를 말한다. 오늘날에는 이외에 통섭通涉이라 하여 수평적인 소통을 강조한다.

진정한 통섭通涉은 학제 간, 세대간, 이념간의 접근을 넘어선 초학문적 혹은 범학문적 접근을 지향한다. 즉 서로 이질적인 것들이 섞여 새로운 지식을 원리에 따라 새로움을 창출해 내는 다이내믹한 과정이다.[69]

우리가 바라는 진정한 통섭은 '소통'을 뜻하는 수평적인 통섭通涉과 '전체를 도맡아 다스림'이란 뜻의 통섭統攝의 두 가지 성격을 가져야 한다. 세종은 통섭通涉을 기반으로 하는 '통유通儒'를 선호하고 기르고자 했다.

7) 변역變易

생성을 거치고, 생생의 단계에서 변역을 맞게 된다. 변역은 사람이 먼저 변통하고 이어 물질의 변역으로 이어진다. 물질의 변역은 앞서의 실용과 연관되어 있다. 실용이 물질적이라면 변역은 보다 정신적인 데서부터 출발한다. 자신自新으

---

69) 통섭 - 지식의 융합, 창조경제와 융합, 2014년 4월 15일. 커뮤니케이션북스 ; consilience & 統攝 | 通攝(通/攝/總攝) [링크/스크랩] William Whewell윌리엄 휴얼이 'consilience'를 사용한 바는 jumping together의 의미로 쓰였다 한다. '더불어 뛰어넘다.' 자세히 풀어쓰면 '서로 다른 현상들로부터 도출되는 귀납들이 서로 일치하거나 정연한 일관성을 보이는 상태'다.
Edward O. Wilson에드워드 윌슨이 제명으로 사용한 바를 제자 최재천 교수는 '사물에 널리 통하는 원리로 학문의 큰 줄기를 잡는 것'으로 소개하고 있다. 반론을 제기한 상지대 최종덕 교수 등은 윌슨의 정의는 '인문학이 자연과학에 종속되는 일방향적 통합'에서 출발하였다고 지적하기도 한다. cf. 손제민, '"통섭, 왜곡 번역됐다"…최종덕 교수 세미나서 지적', 경향신문, 2007년 8월 7일.
통섭(統攝)은, 다양한 것들을 하나로 수렴하려는 지향이라는 점에서 편입과 통합의 권력적 속성이 수반할 수 있다. 이에 비해 통섭(通攝)은, '다양한 것들이 각자의 자리에서 서로 열고 껴안을 수 있는 지평'이라는 점에서 권력적 위계나 흡수의 유혹을 원천에서 해체시킨다. - 박태원 [출처] consilience &統攝 | 通攝 (通/攝/總攝).

로 사람이 바뀌면 용用으로서 실제 생활에서 제도와 물질의 변화를 일으킬 수 있다. 정신적인 면에서는 손익, 혁신, 경장, 개혁 등이 있고 물질적인 면에서는 창신, 신제, 창제 등 새롭게 만드는 것이 있다.

신제

신제에는 신제, 창신, 창제 등이 있다. 세종 시 새로운 물질의 변화가 일어났다. 활자, 인쇄, 화기, 농업, 의학 분야를 비롯하여 도량형과 음악을 과학적으로 정리하였다. 그리고 천문을 연구하여 달력을 만들었다.

정치는 민심과 직결된다. 그러나 세종은 백성들의 농사에 도움을 주는 실질적 도움에 열의를 가지고 있었다. 농사의 절기와 시간이다.

세종은 세종 14년(1432년), 그때까지의 중국의 천문학 이론을 정리하여 우리나라에 맞는 천문·역법을 만들기로 마음먹는다. 이를 위하여 당시 산학算學과 천문 연구를 병행하며 김담, 이천, 이순지와 정인지를 비롯한 집현전 학사를 투입하여 10년 만에 『칠정산 내외편』이 완성된다.

1442년(세종 24년) 정인지(鄭麟趾, 1396~1478)와 정흠지(鄭欽之, 1378~1439), 그리고 정초(鄭招, ?~1434) 등이 『칠정산 내편』을 만들어 1444년에 출판하였다. 이어 『칠정산외편』은 이순지(李純之, 1406~1465)와 김담(金淡, 1416~1464) 등이 총 5책으로 편찬하였다. 태음력법인 회회력(回回曆)을 참고하여 만들었다.

전 세계 여러 민족 중 1442년에 이만한 수준의 천문학 계산을 할 수 있던 나라는 중국과 아라비아 외에는 조선뿐이었다고 한다. 당시 조선의 천문학은 세계 최고 수준에 있었던 것이다.

세종이 경험만을 채택했다면 그건 한계에 부닥쳤을 것이다. 세종은 경험 이외에 합리적 지식체계로 정리하고자 했다. 농업 의학이 경험의 과학 영역이었다면 산학算學·천문학·음악·훈민정음은 논리적 지식체계의 산물이었고 과학이었다. 제도적인 새로움은 상정소를 통해, 물질적인 새로움은 집현전의 집단 지성을 이용해 이루어 나갔다.

만듦: 임금이 영응 대군 집 동별궁에서 훙하다. 종률(鍾律)과 역상(曆象)의 법 같은 것은 우리나라에서는 옛날에는 알지도 못하던 것인데, 모두 임금이 발명한 것이다.(세종 32/2/17) 如鍾律曆象之法, 皆東方前古所未知, 而皆自上發之.

• 변역과 창제

제도와 물질의 새로움은 변역變易으로 나타나고 더 구체적으로는 창제다. '창제/제 創制/製'는 인터넷상 원문 전체 60건 중 세종 11건으로 나오지만 다시 세어 보면 14회 나온다. 다음으로는 중종 7건인데 중종 시 '창제'를 하는 것이 아니라 '창제'를 부수적으로 설명하는 내용이어서 실제 창제와는 무관하다. 세종의 경우는 실제 창제와 연관되는 것이 많다.

창제의표 創制儀表。(세종 19/4/15)
창제 정음 이십팔자: 癸亥冬, 我殿下創制正音二十八字, 略揭例義以示之, 名曰訓民正音。
(세종 28/9/29)

세종은 현상의 사회를 변역을 통한 진화를 이끌고 간 임금이었다.

8) 공향共享

정치의 주체는 백성이다. 정치 결정은 사대부 관리가 하지만 그 시행 대상은 백성이다. 바로 이렇듯 대상을 향해 정책 결정을 하는 경우 이것이 바로 공공정치다. 바로 대상을 함께 넣어 만드는 시정時政, 이것이 공공정치의 시발이고 끝이다. 시정이 백성에게 미치느냐 사대부에게 미치느냐에 따라 공공성의 여부가 결정된다. 정치가 백성을 위한 것이어야 한다면 곧 공공성 지수가 바로 좋은 정치의 기준이 될 수 있다.

'백성과 함께 한다[與民公共]'는 정치가 그 시대 현실을 담고 있으면 여실공공 與實公共 정치가 된다.[70]

공향은 유형무형의 자산을 모든 백성과 함께 나눈다는 정신이다. 함께, 더불어, 껴 누리는 일이다.

공향희호지락 共享熙皡之樂 태평시대의 즐거움을 함께 누릴 수 있을 것이다.(세종 26/윤7/25)

(주): 熙皡 빛날 희, 밝을 호.

---

70) 조성환, '세종의 공공 정치', 『세종리더십의 핵심 가치』, 한국학중앙연구원, 2014. 116쪽.

공향은 '더불어 함께 껴서 하는 일'이란 뜻이다. 공유 공생의 뜻이지만 함께 나누는 것 이상의 정신적 공감, 공유, 배려의 정신을 스스로 인식하는 의식을 포함하여야 한다.

9) 공락共樂

기쁨과 즐거움의 차이는 무엇일까. 기쁨은 일시적이고 개인적인 느낌이 들고 즐거움은 집단의 기쁨이거나, 자주 혹은 오래 이어지는 지속적인 기쁨이다.

사람이 삶의 목표로 생생지락과 락생을 꿈꾼다면 그 마지막 소망은 이웃과 '함께 누리는 즐거움'의 공락 세계다. 세종은 이 공락의 세계를 강조했다. '공락' 기사는 《조선실록》 전체 원문 14건 중 《세종실록》에서 6건이다. 세종은 조선 임금 중 공락에 대한 이상理想을 그린 임금이다.

'공락'의 상황인식에 대한 기사가 있다. 공락은 '여러 사람들과 함께 즐기는 것與衆共樂'(세종 11/8/24)으로 유관이 3월 3일과 9월 9일을 영절로 정한 후 즐겁게 놀게 할 것을 상소하고 세종이 이에 답한다.

> 만민공락: 고려(高麗)에서는 당나라의 법을 본받아 3월 3일, 9월 9일을 영절(令節)로 정하고 문무 대소 관원들과 일반 서민에 이르기까지 모두 마음대로 즐기게 하였습니다. 3월 3일은 원야(原野)에서 노니는데 이를 답청(踏靑)이라고 하고, 9월 9일은 산봉우리에 올랐는데 이를 등고(登高)라고 하였습니다.... '이제는 오곡(五穀)이 모두 풍년이고 온 백성이 함께 즐거워합니다. 태평성세(太平盛世)의 모습은 당나라나 송나라보다 뛰어납니다.' 況今五穀咸登, 萬民共樂, 太平盛際, 超軼唐宋。

한 사람의 즐거움은 서로 나누어야 한다. 이것이 공향의 즐거움이다. 공향은 《조선실록》 원문 총 14건 중 세종 6건이다. 세종은 이런 공향의 정신으로 '락을 함께 누리려'[공락] 했던 임금이다.[71] 공락은 '오곡(五穀)이 모두 풍년이고 온 백성이 함께 즐거워하는 태평성세의 모습'이다. 그 가운데는 80세 이상의 노인과 함께 그리고 동창 등 북방의 이민족인 여진족과의 공생도 포용한다.

---

71) 《조선실록》 '공락' 원문 총 14건 전부
   초기: 세종 6
   중기: 없음
   후기: 숙종 1, 경종 1, 영조 2, 정조 2, 순조 1, 고종 1

공락에는 노인공락老人共樂(세종 18/5/26), 여인리공락與人吏共樂(관리들과 향락) 등이 있다.(세종 5/5/28) 만민공락_ '변방에서는 전쟁하는 소리가 끊어지고 백성들은 피난 다닐 노고가 없어졌습니다. 더군다나 이제는 오곡(五穀)이 모두 풍년이고 온 백성이 함께 즐거워합니다.'[72](세종 11/8/24) 도 있다.

• 기타: 외교 / 국방

은위병행: 야인들이 이 말을 듣고 성심으로 와서 투항하고, 우리나라에서 다 돌려보내면, 저들이 전일의 위엄과 오늘의 은혜를 알 것이요, 은혜와 위엄을 아울러 행하여 어긋나지 아니할 것이다.(세종 15/6/29) 彼野人等聞此言誠心來投, 我國盡還, 則彼知前日之威, 今日之恩, 恩威並行而不相悖矣。

은위병행: 밖으로는 회유의 은혜를 보이고 안으로는 비어備禦의 일을 닦아야 한다.(세종 19/8/6)

성誠과 신信: 대국을 섬기기를 정성으로써 하였고, 이웃나라를 사귀기를 신의로써 하였다.(세종 32/2/17) 事大以誠, 交隣以信。

외교: (왜인·야인을 접대함에 허술함이 없게 하라) 임금이 동부승지 정이한(鄭而漢)에게 이르기를, 왜인·야인을 접대하는 것은 관계되는 것이 가볍지 않은데, 평안한 것이 몸에 배어, 해가 오래고 날이 깊어, 모든 일에 게으르고 늦어질까 두려우니, 마땅히 삼가 조심하기를 항상 하루같이 하여, 혹시라도 조금도 허술함이 없도록 하라.(세종 32/2/14) 上謂同副承旨鄭而漢曰: 接待倭, 野人, 所係匪輕, 怚於平安, 歲久日深, 凡事恐或至於緩弛, 當謹愼常如一日, 毋或少弛。

홍하시기 3일 전 정사의 마지막 당부로 국가의 안전을 걱정하고 있는 세종의 모습은 가슴을 울리는 일이다.

---

72) 고려에서는 당나라의 법을 본받아 3월 3일, 9월 9일을 영절(令節)로 정하고 문무 대소 관원들과 일반 서민에 이르기까지 모두 마음대로 즐기게 하였다. 3월 3일은 원야(原野)에서 노니는데 이를 답청(踏靑)이라고 하고, 9월 9일은 산봉우리에 올랐는데 이를 등고(登高)라고 하였다. 이것은 태평성시를 즐기게 하기 위한 것이었고 이를 받아 즐거운 시기를 보내고 있다.

정리: 세종 정치철학: 9 正道

그간의 여러 연구자들의 세종 정치의 개념은 자주, 실용, 민본, 중용, 융합 등
이다. 모두 인정할 수 있는 덕목이다. 여기에 사맛과 변역, 공향, 공락을 추가할
수 있다.

세종 정치철학을 관통하는 원리는 생생이다. 모든 것 즉 인간과 물질에 전체
를 아우르는 자신自新, 생민, 생업, 사맛, 공향, 변역의 정신은 인간과 물질의 '새
로워 짐'[생생]이다. 자신지리 원리와 격물의 치지로 창제정신이다.

세종은 스스로 시범자로, 보이지 않는 큰 길을 열도록 뒤에서 독려했다. 남이
보는 앞에서는 몸으로 작은 실천을 수 없이 보여주었다. 여기서 세종의 정치철학
9 정도正道를 정리해 보면 다음과 같다.

표. 세종의 생생 정치철학 9 정도[바른 길]

개념	내용	근거/방식	목표
민본	생민	휼민 구민	생민
실용	생업	실학/실제	신제·창제
의토[자주]	생생	생기/회개	自新, 생생자
중용	절충, 풍평	토론	풍평
융합	호생, 조화, 융평	논의	융평
사맛	소통	지식과 경험방	공감
변역	신제, 창신	경험방, 지성	혁신
공향	공생, 호생	공형, 공생	공락
공락	공향생생지락	공공	락생

위의 9정도正道를 하나로 모으면 생생[생성]철학이다. 민본·실용·의토는 정치
철학의 기본이 되고 중용·융합·사맛은 사람과 물질이 이어감[生命]으로 새로움
[변역·창제]을 맞게 된다. 변역은 정치철학의 실행에 다른 산출물이다. 이를 바
탕으로 함께 어울리기/나누기[공향]로 바로 모두의 생생지락[공락]에 이르게 된
다. 생생지락은 먹고사는 것보다 높은 정신적 자기 발견이고, 공락은 다른 사람
이 편안함으로서 더불어 누리게 되는 안정의 세계다. 이 모든 요건을 한 곳에서
찾는 다면 훈민정음 창제 정신에서 찾아도 무방할 정도다.

나랏 말쓰미 중국과 달라 문자와로 서로 사맛지 아니할쌔

:이호異乎/ 개체 /자주

이런 전차로 어린 백성이 니르고자 할 배 있어도

:욕언欲言/ 욕구 /수단

마침내 그 뜻을 실어 펴지 못할 사람이 많으니라.

:불통不通/ 불편 /민본

내 이를 위하여 어여삐 여겨 새로 스물여덟 글자를 만드노니

:신제新制/ 변역 /창제

사람마다 하여 쉽게 익혀 날로 씀에 편안케 하고자 할 따름이니라.

:便於 日用/ 쉬움/ 편의

國之語音 異乎中國 與文字不相流通 故愚民 有所欲言 而終不得伸其情者多矣 予爲此憫然 新制二十八字 欲使人人易習便於日用耳。

이는 먼저 나의 인식에서 출발하여 말이 중국과 다름을 알고, 둘째 욕구의 발아로서 말과 문자, 글을 통해 표현을 구한다. 말하는 것을 그림으로 보는 불편을 인식하고 있다. 셋째 이에 임금은 새 글자로 변역하려는 것이다. 넷째 신제로서 문자의 자주적 창제를 한다. 창제란 언어 원리에 맞는 합리적인 글이라는 점이다. 다섯째 일용으로 일상에서 편하게 이용할 수 있어야 한다. 편하다는 것은 배우기 쉽고 사용하기 편하고 효용성이 높다는 모든 요소를 포함한다. 여섯째 공향 共享으로 사대부나 백성 모두 쓸 수 있다는 공공의식이 있다.

훈민정음 서문 한 예 속에서만도 민본, 실용, 풍토, 융합, 사맛, 창제, 공향 정신이 깃들어 있다. '중용'은 문자 창제 기간 중 반대하는 사대부들을 의식하여 은밀히 추진하여 마지막에는 강력하게 반포한 과정 그 자체라 하겠다. 반포 이후에 《용비어천가》나 불경 그리고 과거시험 과목으로 삼는 등 훈민정음 이용이 실생활과 제도에서 생생 정신의 실천 수단이 될 수 있게 했다.

• 세종은?

세종은 과학자인가, 철학자인가, 정치가인가? 세종은 원리를 존중하고 상황에 맞게 적용하며 변역해 가려는 생생[거듭살이]의 길로 나아간 사유하는 생민으로서의 변역의 정치가였다.

장자를 읽게 하는 일은 사유의 폭을 넓히고, 풍수를 공부하는 일은 실용 정신으로, 불교에 대한 관심은 개인 수양의 방법으로 인용된 것이 아닐까.

주위에서 세종을 여러 동서양의 역사적 인물과 비교하는 발표를 들었다. 레오나르도 다빈치, 니체, 링컨, 청의 강희제와 비교하며 세종의 성격과 성과를 발표했다. 세종 사상의 다양성을 찾는 연구들이 더 많이 나오기를 기대하는 바이다.

4장 세종 이도의 삶살리기[시정時政] 철학

세종의 정치철학은 말과 글을 실제 구현한 '일'인 삶살리기의 시정時政으로 나타난다. 세종 정치구현의 통로였던 6조를 중심으로 분석해 보는 것도 세종의 정치를 이해하는 한 가지 방법이 될 것이다.

세종조에 '정치' 용어로는 '시정時政'(원문 총 660건 중 세종 25건, 중종 92건, 정조 68건, 이하 많거나 시대를 고려한 임금의 건 수), '정사政事'(원문 총 1,337건 중 세종 37건, 중종 358건, 명종 92건, 선조 140건, 고종 66건), '정치政治'(총 353건 중 세종 29건, 중종 68건, 고종 57건) 등이 조선조 전 시기에 걸쳐 보인다. 시정時政은 현재는 시정施政으로 쓰이고 있고 정사, 정치는 오늘날에도 그대로 쓰이고 있다.

유교정치에서 주체적 역할은 천인합일의 상태에 이르기 위해 백성을 교화하는 것이며 교화의 기본적인 방법은 예禮·악樂·형刑·정政의 4가지다. 예·악이 도덕적·문화적 교화라면 형·정은 법률적·행정적 교화다. 법제·형정의 법치 현상은 예악에 의한 덕치·예치의 실상에 비하여 인간적 본연성을 드러내지 못하는 근원적 폐단이 있어 백성을 괴롭히는 부작용이 따를 수 있기에 유교정치에서 바람직하지 못한 현상으로 보고 있다.[1] 자연히 유교시대 정치에서는 법제·형정의 정치보다는 덕치·예치를 강조하지 않을 수 없는 것이다. 조선 정치 체제는 민본과 덕치의 기본 원칙으로 이루어져 있었다.

육조는 태조 때부터 시작하여 이어져왔다. 조선조 유교 정치 체제의 법제적 전범典範으로 활용된《조선경국전》에서는 주례周禮의 육전六典 체제에 따라 치전治典, 부전賦典, 예전禮典, 정전政典, 헌전憲典, 공전工典으로 구성되어 있다.

육조의 정치를 분석함에 있어 정치구현의 시간적 경과를 고려하여, 기본 이념을 가지고 미리 준비하는 예생적豫生的 차원, 현실적으로 부딪쳐 문제를 풀어가

---

1) 강광식, 조선조 유교정치 문화의 구조와 기능,『조선조 유교사상과 유교정치문화』, 한국정신문화원, 1992, 33쪽.

는 현생적現生的 차원, 그리고 더 나은 미래에 대비하는 후생적後生的 차원으로 정리해 보고자 한다. 시정時政은 세종 정치 철학의 근간인 거듭나기[생생]의 차원에서 바로 실천정치철학이 된다.

앞선 1장에서 여러 연구자들이 세종의 민본, 중용, 실용, 자주, 공론, 예치, 유교 정치 등에 대하여 논구한 자료들을 보았다. 여기서는 육조의 정치를 세종의 생생 정치적 관점에서 보도록 한다.

1. 생인론生人論 생인[참나]: 이조吏曹

생생과 관련한 이조吏曹의 업은 생인론生人論이다. 재능을 가진 사람을 찾아내고, 고르고, 가르쳐 잠재되어 있는 재능과 정신을 한 층 더 높게 살려내야 한다. '생인 生人'은 실록에는 '살아 있는 사람'(세종 6/11/8)이라는 뜻에 머물러 있으나 여기서는 그밖의 생生의 의미를 살려 '사람을 살린다/활성화 시킨다'는 '참된 사람'의 확장된 뜻으로 쓰고자 한다.

육조 중에 이조吏曹가 우선이다. 현재의 정부조직에서 행정안전부가 우선하는 이치와 다를 바 없이 한 나라의 정치는 전쟁 중에 있을 때는 국방이 우선이지만 평화 시에는 사람을 뽑고 그들을 배치하는 일이 가장 중요하다.

이조를 통한 시정은 예생적으로 첫째 재능과 재주를 가진 숨어 있는 사람을 찾아 기회 살리기에 주력했다. 현생적으로 둘째 인재 교육과 능력 살리기에 진력하고 셋째 마음 살리기와 믿기이다. 재주 있는 인재들의 능력을 최대한 끌어올리기 위해 독려한다. 후생적으로는 넷째 인재들을 한 번 믿으면 끝까지 쓰고 보호하여 오랫동안 그 일을 맡아 전문가로 키우는 일이다. 동시에 인재들의 집합체라고 할 집현전 등을 운영했다.

인재관리에서 한 특징은 작은 허물에 대하여 용서하고 회복할 기회를 준다. 황희, 최윤덕, 조말생, 김윤수 등에게 공적功績으로 허물을 덮게 할 기회를 주었다. 마음을 살리고 기회 제공으로 다시 사람을 얻는다. 이에 대한 조건으로 직을 받은 사대부 관리는 간하기를 서슴지 말아야 하고 성실히 마음[心]을 다하여 일해야 한다.

《세종실록》에 '생인生人'은 17번 나오지만 기본적으로는 '삶을 사는 사람'의 뜻이다.

'불교가 생인에게 유익함이 있으면 비록 1백 70만호로써 17만의 중을 기를지라도 진실로 아까울 것이 없다. 왜 그런가, 허비되는 것은 재물이지만 얻는 것은 착한 도(道)이기 때문이다.(세종 23/윤11/14) 使佛教有益於生人,何者? 所費者財力, 而所資者善道。

사리각 경찬회에 반대하는 최만리의 疏疏 중의 글로, 생인은 때로 '생인 다수'의 뜻인 생민生民으로도 쓰인다. 한자 인人은 일반적으로 덕과 도를 아는 사람, 민民은 아직 그렇지 못한 사람을 가리키나 민은 '백성 민'으로 자연스레 복수의 사람을 뜻하기도 한다. 위 기록도 도道와 결부해 종교적인 성질이 포함된 정신세계의 설명이다.

생인 혹은 생민의 정신은 무엇일까? 생인은 사람으로서 '정신적인 기氣 혹은 교훈'을 얻는다는 뜻을 내포하고 있다. 즉 사람이 '그냥저냥 사는 것'이 아니라 정신적으로 '얼을 갖고 살게 되는 삶'을 뜻한다. '생인'은 생각하고 사는 사람으로 우리말 철학용어로는 '참나' 혹은 '얼나'가 되겠다. 일을 통해 생기를 얻는 일이다. 이는 사람이 재물보다 유가의 도를 앞서 확인하는 정신이다.

'생인론'이란 사람들로 하여금 끊임없이 생각하고 느끼며[감흥] 다시 살 기회를 주는 일이라 하겠다. 특히 사대부들에게 있어 생인 의식은 헌신과 희생을 요구하는 기제機制가 된다.

1) 사람 찾기: 인재 살리기

세종의 인재에 관한 명제는 사람 찾기와 재능 살리기이다. 즉 재능 있는 사람을 찾아 그 재능을 십분 발휘하게 해주는 정치를 펴려고 한다.

가) 의부·절부·효자·순손은 의리상 표창해야 될 것이니, 널리 방문하여 사실을 자세히 적어 아뢰어 표창하게 할 것이다.(세종 2/1/21)
나) 재주와 도덕을 가지고 초야에 숨어서 세상에 널리 알려짐을 구하지 않는 선비는, 내가 장차 고문(顧問)하여 직임(職任)을 맡길 것이니, 감사가 널리 구하여, 이름을 자세히 적어서 아뢸 것이다.(세종 즉위/11/3)

세종은 즉위하자 효를 행한 사람과 함께 인재 찾기부터 시작하였다. 또한 나라를 위해 희생한 사람의 자손과 재주 있는 사람을 찾으라 했다. 시인施仁 정치의 시작과 끝은 사람으로부터 나오는 이치에 따른 것이다. 이런 신념은 '천하에 버릴 사람[재목]은 없다.則天下無可棄之材'(세종 5/5/17)는 믿음에 근거한다.

천하무기인야: (박연이 아뢰다) 옛날의 제왕은 모두 맹인을 사용하여 악사를 삼아서 현송(絃誦)의 임무를 맡겼으니, 그들은 눈이 없어도 소리를 살피기 때문이며, 또 세상에 버릴 사람이 없기 때문인 것입니다.(세종 13/12/25) 古先帝王皆用瞽者, 以爲樂師, 委之絃誦之任, 以其無目而審於音, 且以天下無棄人也。
(주) 天下無棄人也천하무기인야: 천하에 버릴 사람은 없다.

인재에 대한 기본 사상은 세상 모든 사람은 자기의 몫이 있고 또 할 일이 있다는 것으로 맹인은 음악을 잘 하는 재능이 있다.

세종은 사람을 고르는데 있어서 개인의 판단에 의지하지 않으려 했다. 즉위하자 스스로 사람을 알지 못함을 고백하고 인사에 대해 의논할 것이라고 밝힌다.

인물 고르기: 임금이 하연(河演)에게 이르기를, '내가 인물을 잘 알지 못하니, 좌의정·우의정과 이조·병조의 당상관(堂上官)과 함께 의논하여 벼슬을 제수하려고 한다.' (세종 즉위/8/12) 予未知人物, 欲與左右議政, 吏兵曹堂上, 同議除授。

이 말에 하연은 "이제 전하께서 처음으로 정치를 행하심에 있어, 대신과 함께 의논하심은 매우 마땅하옵니다." 하였다. 그 임금에 그 신하의 응답이다. 22살의 임금은 '잘 모르니 의논하자'고 한다. 변계량은 세종의 학문은 이미 문형文衡[대학자]이라고 말하고, 부왕도 정치의 대체[大體, 큰 줄거리]를 안다고 인정한다. 세종은 처음 출발을 신하들과 함께한다는 겸양 속에 아직 부왕의 신하들과 어울려 나가야 한다는 점진적 계획을 표방하고 있다.

세종은 그중 선비 뽑는 일의 다양성을 제기했다. 더불어 과거라는 제도에 얽매이지 않고 천거를 통하여서도 뽑는데 이는 새로운 정치로 사회 풍속을 바르게 하는 기풍을 기를 것으로 기대하는 마음에서였다. '우리나라에는 과거로써 선비를 뽑을 뿐이고 덕행 있는 사람을 천거하는 법이 없으므로, 부조(浮躁)하고 경쟁하는 풍습이 점차 이루어지고 있는 풍습이 계속되게 조장할 수는 없다'(세종

20/3/12)고 생각했다.

인재: (인재는) 만약 몸가짐을 방정(方正)하게 하여 절조와 염치가 있는 자와, 마음에 작정한 것이 강개(慷慨)하며 바른말로 지극히 간하기를 능히 하는 자와, 선비로서 우뚝한 행실이 고을 안에 알려지고 특이한 재예(才藝)가 남에게 믿음을 받는 자이다. … 대저 열 집이 사는 고을에도 반드시 충직하고 신실한 사람이 있는 것이어늘, 하물며 온 나라 안에 어찌 사람 없음을 걱정하랴. 다만 한스러운 것은 구하기를 정성껏 못하고 천거하기를 조심하지 않는 것이니, 너희들이 어진이를 흥기(興起)시키려는 나의 뜻을 능히 몸받아서, 백성을 교화하고 풍속을 이루게 하라, 하였다.(세종 20/3/12)

특지, 문음, 취재, 보거: 그러나 지금 제수(除授)하는 법을 살펴보면, 특지(特旨)라든가, 문음(門蔭)이라든가, 취재(取才)라든가, 보거(保擧)라든가 하다.(세종 6/2/17) 今按除授之法, 有曰特旨, 曰門蔭, 曰取才, 曰保擧, 而前案付亦與焉。

인재를 '과거科擧만이 아닌 인성을 보는 방법으로 찾아내게 하고 이에 경중에서는 한성부가, 외방에서는 감사와 수령이 항상 찾아서 직품의 유무, 수효가 많고 적은 것에도 구애되지 말고 그 사람의 행적을 갖추어서 모두 나라에 신고하라.'(세종 20/3/12)고 하였다. 세종은 신하들의 반대에도 재주 있는 사람을 뽑으려 여러 가지 방법을 썼다. 이는 사사로이 운영하면 파국이지만 세종은 가벼운 정에 흐르지 않을 신념을 가지고 있었던 것으로 보인다.

세종은 신하들과 더불어 인재에 대한 여러 말을 남긴다.

- 정치하는 요체는 인재를 얻는 것이 가장 선무인 것이다.(세종 5/11/25) 爲政之要, 得人爲最。
- 재능 있는 사람: 어질고 재능이 있으며 재주와 덕행이 있는 자는 차례 없이 가려 뽑아 공평하고 진실하게 사람을 썼다.(세종 32/2/22) 而其賢能才行者則不次擢拔, 用人平允。
- 인재 발탁: 만일 쓸 만한 인재가 있을 때에는 승진하는 차례를 무시하고 발탁하여 채용하기로 함이 어떠한가.(세종 12/윤12/27) 若其可用之才, 不次擢用何如?

인재의 중요성과 공평하게 사람 쓰기이다. 승진의 경우 차례를 어기는 것에 대해 찬성 허조(許稠)가 대답하기를, "옛적에 소동파(蘇東坡)는 문림랑(文林郎)으로 한림학사(翰林學士)와 예부 상서(禮部尙書)가 되었습니다. 이것은 관계가 관직과는 상관이 없었던 법입니다.”고 답한다.

인재 고르기와 더불어 인재의 교육과 양성은 이미 세종 2년(1420)에 집현전을 설치하여 집단지성을 기르는 지식경영으로 시작된다.

2) 직임 정신: 능력 살리기

인사에 있어 현생적 차원에서 인사 시정은 선발한 인재의 능력을 최대한 살리는 방안을 찾아 교육 시키고 북돋우며 믿음을 갖고 일하도록 여건을 만들고 키워주는 일이다.

> 인재: 한 시대의 정치가 흥왕하려면 반드시 일대의 영특한 인재가 있고 만세의 큰 공을 세웠으면 만세의 특이한 은총이 있는 것이니 이는 고금의 공론이요 국가의 당연한 법규다.(세종 6/7/11) 王若曰。興一代之治, 必有一代之英材 ; 立萬世之功, 宜膺萬世之異寵。此古今之公論, 而國家之恒規。

우의정 정탁(鄭擢)에게 제사를 내리는 교서에서 한 말이다. 시정 초기 인재의 필요성을 절감하며 사람이 곧 정치라는 말을 대변하고 있다. 신분을 뛰어넘는 인사의 한 예로 장영실이 있다.

> 장영실: 행사직(行司直) 장영실(蔣英實)은 그 아비가 본래 원(元)나라의 소주(蘇州)·항주(杭州) 사람이고, 어미는 기생이었는데, 공교(工巧)한 솜씨가 보통 사람에 뛰어나므로 태종께서 보호하시었고, 나도 역시 이를 아낀다. 장영실에 대하여 임인 계묘년에 상의원(尙衣院) 별좌(別坐)직을 주려할 대 당시 이조판서 허조와 병조 판서 조말생은 반대했으나 벼슬을 내렸다. 매양 강무할 때에는 나의 곁에 가까이 모시어서 내시를 대신하여 명령을 전하기도 하였다. 그러나 어찌 이것을 공이라고 하겠는가. ‘이제 자격궁루(自擊宮漏, 물시계)를 만들었는데 비록 나의 가르침을 받아서 하였지마는, 만약 이 사람이 아니더라면 암만해도 만들어 내지 못했을 것이다.’(세종 15/9/16) 今造自擊宮漏, 雖承予敎, 若非此人, 必未製造。

세종은 장영실에 대해 나의 곁에서 심부름 한 친분이 공이 아니라 그의 기술을 높이 산다고 했다. “만대에 이어 전할 기물을 능히 만들었으니 그 공이 작지 아니하므로 호군(護軍)의 관직을 더해 주고자 한다."하자 황희는 태종시 평양 관노 김인金忍이 있었는데 날래고 용맹하여 호군에 임명한 바 있다고 했고, 임금이 이에 따랐다. 건국초기에 사람이 신분제도보다 더 절실하고 세종이 이를 현실화했다. 장영실은 태종시 경주관노에서 올라왔다. 그는 제련製鍊·축성築城·농기구·무기 등의 수리에 뛰어났으며 1421년(세종 3년)에 윤사웅·최천구와 함께 중국으로 유학하여 각종 천문기구를 익히고 돌아왔고 이후 세종의 총애를 받아 정5품 상의원尙衣院 별좌別坐가 되면서 관노의 신분을 벗어나 궁중기술자로 활약하게 된다.

3) 믿고 살리기: 오래 맡기기

인재를 두 번 생각하여 뽑았으면 다음은 능력을 키워주어야 하고 그 다음은 믿어야 한다.

> 믿음: 허조는 … 어진이를 구하기 위하여 노력하고, '인재를 얻으면 편안해야 하며, 맡겼으면 의심을 말고, 의심이 있으면 맡기지 말아야 합니다.' 전하께서 대신을 선택하여 육조의 장을 삼으신 이상, 책임을 지워 성취토록 하실 것이 마땅하며, 몸소 자잘한 일에 관여하여 신하의 할 일까지 하시려고 해서는 아니 됩니다, 고 하였다.(세종 1/1/11) 勞於求賢, 逸於得人, 任則勿疑, 疑則勿任。

인재를 얻었으면 의심하지 말고, 의심이 있으면 맡기지 말아야 한다. 믿음은 신하들의 일에까지 전염되어 신하들도 소신껏 일을 하게 된다. 허조의 소신을 보자.

> 허조의 소신: 임금이 일찍이 인견하고 일을 의논하다가 사람들이 혹 말하기를, 경이 사사로 좋아하는 자를 임용한다고 하더라, 하니, 대답하기를, 진실로 그 말과 같사옵니다. 만일 그 사람이 현재(賢才)이라면, 비록 친척이라 하더라도 신이 피혐(避嫌)하지 아니하고, 만일 그 사람이 불초(不肖)하다면, 신이 어찌 감히 하늘의 조화(造化)를 가져다가 외람되게 사사로 친한 자에게 주겠습니까, 하였다.(세종 21/12/28) 上嘗引見議事, 因言曰: 人或稱卿任用所私。對曰: 誠如其言。如其賢也, 雖親戚, 臣不避嫌, 如其不肖, 臣何敢以天之造化, 濫加所私乎?
> (주) 수척불피雖戚不避 비록 친척이지만 피하지 않는다.

허조(許稠, 1369년, 공민왕 18년~1439년, 세종 21년)의 당당함이 엿보인다. 허조 나이 70세이니 거칠 것이 없는 나이다. 허조는 이 해에 죽는다. 이런 허조의 자신감은 어디에서 나오는 것일까. 자신이 바르다는 것을 임금이 알 것이라는 믿음에서다. 이는 바로 인재를 얻고 나면 의심 말고 일을 맡기고, 의심이 있으면 맡기지 말아야 한다는 상호 믿음으로 발전[진화]한다.

허조(세종 1/1/11), 조서강(25/6/22), 지평(持平) 정자제(鄭自濟)(세종 26/1/22)가 평안도의 축성을 정지할 것을 청하자 세종이 말한다.

믿음: 너희들 말이 그럴듯하다. 그러나 사람을 쓰는 도리는 〈일을〉 맡겼으면 의심하지 말고, 의심하려면 맡기지 말아야 하는 것이다.(세종 26/1/22) 汝等之言然矣。然任人之道, 任則勿疑, 疑則勿任。

그리고는 "이제 대신(大臣)에게 맡겨 놓고 너희들의 말을 들어서 또 고친다는 것은 참으로 옳지 못한 일이다. 다른 날에 너에게 일을 맡겼다가 남의 말을 듣고 그 명령을 거두면 너희들의 마음은 어떻겠느냐." 하였다.

이조에서의 생생화는 사대부가 자기의 마음[心]을 바로잡아 천직으로서의 직무를 바르게 수행케 하는 작용이다. 사람이 자기의 존재를 인식하며, 일을 통해 백성에게 봉사하며 자신이 '살아있음'을 느끼는 상태가 '생인'의 경지가 아닐까.

세종의 이조吏曹에 대한 지향은 불교의 정신에 닿아 있다. 사대부가 지녀야 할 자질로 신언서판을 갖추어야 하는데 이는 불교의 삼밀과 유사성이 있다. 몸과 말, 그리고 마음으로 하는 정치와 삼밀 정신을 비교해 보자.

표. 업의식의 구조

구분	정사政事	불교	정신
몸	만나기, 대면, 경연	신밀	신身
입	간하기	구밀	언言
마음	정신	의밀	서書, 판判
직무	봉사	몸, 義	판判 = 言 + 義
천직	희생	업	

민은 생각하는 생민 혹은 생인이 되어 업의식과 만나야 한다. 이에 사대부나 선비가 일을 맡으면 직보다 당연히 업의식을 가져야 하고 이에 봉사, 헌신이 따라야 한다. 몸은 의義를 위해, 판判은 말과 의意가 서는 곳에서 이루어져야 한다.

사대부가 생업으로서 직에 발을 내딛었으면 죽는 날까지 봉사하는 희생을 각오해야 한다. 조선조에서 백성과 직접 만나는 전국 주, 부, 군, 현은 327개소이고 각 지역 수령의 숫자는 330명이다. 특히 이들은 천직의식으로 직을 수행해야 하는데 나이가 들어도 몸이 아파도 자의로는 그만 둘 수 없다. 죽는 날까지 임무를 수행해야하는 숙명의 고리에 얽혀 있다.

업의식에 대한 실록 기사에 '위기임爲己任'이라는 표현이 있다. '맡은 바 자기 일'로 여긴다는 것이다. 고약해와 허조의 졸기를 보자.

논간위기임論諫爲己任: (개성부 유수 고약해의 졸기) 약해(若海)는 타고난 성품이 고상하여 흉중이 넓게 터져서, 사소한 절개에 거리끼지 않고 임금에 <u>충간하는 일을 자기의 임무</u>로 삼아 간혹 직위를 초월하여 감히 말하기도 하였다.(세종 25/1/7) 若海賦性倜儻, 胸次軒豁, 不(狗)[拘] 小節, <u>以論諫爲己任,</u> 或越位而敢言。

국가지사위기임: (좌의정 허조의 졸기) 낮이나 밤이나 직무에 충실히 하고, 만일 말할 것이 있으면, 지위 밖으로 나오는 것을 혐의하지 아니하고 다 진술하여 숨기는 바가 없었으니, <u>스스로 국가의 일을 자기의 임무로 여겼던 것이다.</u>(세종 21/12/28) 夙夜供職, 如有可言, 不以出位爲嫌, 盡陳無隱, <u>自以國家之事爲己任。</u>

'직위를 초월하여' 혹은 '지위 밖으로 나와' 감히 말하고 숨기는 바가 없었던 것이다. 이것이 맡은 바 업의식이라고 할 것이다.

분화되지 않은 조선사회에서는 선비가 지방 관리로 나가면 곧 행정·사법 등 여러 부문의 실무가가 되어야 한다. 따라서 전문 지식도 중요하지만 '인간/성' 즉 인仁의 정신이 더 중요할 수밖에 없었을 것이다. 재판을 하고, 검시를 하고, 세금을 거두어 드리고, 안전을 책임져야 하고 … 현대의 경찰이나 농정, 교육, 문화, 법원, 세무서 등이 하는 행정·사법의 여러 일을 지역 안에서 책임지고 맡아야 하는 것이다. 오늘날 지방 행정의 관리管理를 맡은 관리官吏와는 다를 것이다.

4) 되살리기: 직무의식과 기회 다시 주기

관리가 나라의 직을 맡았으면 후생적인 차원의 목표로서 희생까지 요구하기에는 가혹한 면이 있겠으나 세종은 그것이 관리로서의 직이고 업이라고 생각했다. 그 한 예로 수령 육기제가 있다. 육기제는 고과에 의해 영향을 받지만 일단 믿은 관리들을 오래 그 자리에 두고자 하는 세종의 인사 철학의 결과다. 수령의 임기에 대한 논란으로 장기근무제가 바람직한 것이냐 혹은 30개월의 단기 근무제가 옳은 것이냐? 하는 문제에 대해 집현전 부제학 신장(申檣) 등 13인은 소소(訴)를 통해

- 아비는 남쪽에 있고, 자식은 북쪽에 있어서 오래 봉양을 궐한 자도 있고
- 아들이 컸고 딸이 장성하였어도 혼인하고 시집보내는 시기를 잃은 자도 있고
- 나이 많고 기력이 쇠하여 그 종말을 나태하게 하는 자도 있고
- 벼슬에 성공하고 명성이 나게 되면 그것으로 세월을 놀고 보내는 자도 있고
- 세납 재촉하기에 급하여서 민생에게 폐해를 끼치는 자도 있고
- 겉치레에만 능숙하여 감사에게 칭찬을 받는 자가 간혹 있기도 하다는 것이다.

이런 이유로 단기제가 필요하다고 하였다. 수령의 육기六期 제도를 혁파하자는 데 대하여 형조·공조·사간원에서도 역시 진언했다. 세종은 이에 폐단을 지적한다.

인계상의 폐단: 처음 육기로 하여 정한 것은 태종께서 끼치신 뜻이니, 이는 예전의 9년과 지금의 3년의 제도에서 그 중간으로 작정한 것이요, 또 30개월 될 때에 임기가 차서 서울 벼슬로 제수되어 옮기게 된 자로서, 만약 전곡(錢穀) 같은 관사라면 전관(前官)이 창고 정리를 마치지 못하고 신관이 와서 교대하기에는 그 폐단이 적지 않을 것이다.(세종 7/6/22)

다시 5일 후 수령의 임기를 30개월로 하자는 부제학 신장 등의 상소문이 있었다.

육기의 폐단: 너희들이 육기로 결정한 것을 혁파하고 3년 법을 다시 행하자고 하지만, 관리가 자주 갈리고 창고를 자주 뒤지는 데에 폐단이 있는 것은 처음부터 헤아려 보지 아니한 것이다. 나의 하는 바가 그렇게 매우 그른 것인가. 너희들은 모두 사기

서적[史籍]을 읽었을 것이니, 오래 맡기는 것이 불가함과 자주 갈리는 것이 유익하였다는 것이 어느 전적(典籍)에 기재되어 있더냐.(세종 7/6/27)

이들이 고백하지 않은 점을 세종은 반복해 짚어낸다. 즉 첫째 관리가 자주 갈리는 행사 등 낭비와 백성의 번거로움과 둘째 창고를 다시 뒤져 재고를 세는 일 등은 생각해 보지 않았느냐고 되묻는다.

세종은 겉으로 드러내지는 않았으나 근본적으로 직으로서의 사명감이냐 아니면 편의성과 중앙 관직에 대한 선호의식이 탓이냐 하는 직책론과 직위론의 문제로 이를 인식한 것으로 보인다. '생생론'의 눈으로 보면 직책職責이라는 천직론의 차원이냐, 직위職位라는 개인의 욕심/공명심의 차원이냐 하는 두 갈래의 논의를 안고 있다. 여기서 세종은 직보다 업業이 생업生業으로 변화하기를 바랐고, 개인의 욕생欲生을 위한 직위職位나 직무를 선택하게 할 수는 없었다. '생생의 길'에서 신하들에게 직무의 신성함을 강조하지 않을 수 없었을 것이다.

아버지는 강릉 군수지만 어머니가 천인이었던 황희는 충녕이 아닌 양녕을 지지했으며, 박포 아내 간통 사건이나 뇌물사건 등이 있었으나 세종은 이를 다 덮어 주어 다시 불러 정승으로 써서 새로 날 수 있게 해주었고 황희는 그에 부응했다. 언제나 상수常數로서의 반대론자인 고약해가 22년 3월 18일 임금에게 무례하게 소신이 아니라 '소인'이라고 대들어 다음 날 탄핵되었지만 이듬해 5월 12일 경창부윤(慶昌府尹)으로 임용했다.

아전 출신의 이예를 재상급인 동중추원사(종2 품)로 발탁해 중용하고, 조말생이 뇌물 사건에 걸려 있음에도 북방에 대해 잘 알고 있는 그의 역할을 인지하고 용서하고 후일 파저강 전투에 대비하는 모습 등은 이런 큰 그림 속에 먼 앞을 보는 임금의 눈이 열려 있음을 보여주는 사례이다.

세종은 그 사람의 재능을 알고 언젠가 다시 쓰일 기회가 있다는 '멀리 보는 눈'을 가지고 있었다. 이런 면에서 개인과 임금은 그 직위에서 갖는 미래를 보는 눈의 높이와 깊이가 다르다 할 것이다.

사람 되살리기는 생생화生生化작용으로 첫째 가벼운 죄는 용서하여 시간을 연장시켜 기회를 제공하는 정적靜的 대안과 둘째 잠재력을 키워 생기를 주는 동적 대안이 있다. 사가독서제 등은 전문가를 기르는 일이었다.

음률이나 천문(天文)에 이르기까지도 모두 밝게 통달하며, 신하를 예도로서 대우하여 왕의 세상이 끝나도록 사대부(士大夫)로서 형벌에 죽은 자가 없었다.(세종 32/2/22)

세종의 치세 동안 일반 범죄로서 벌을 받은 관리들은 있지만 임금이나 국가와 맞서 당쟁, 역모 등으로 처벌 받은 사대부들은 없었다. 세종의 이조吏曹 정치의 처음이자 끝은 인재 우선이었다.

세종의 인재: 생인[생민]의 사례들

세종은 ㉮인재를 잘 고른 후 ㉯알맞은 일을 맡기고 ㉰계속 관심을 가지고 격려하며 ㉱한번 믿으면 오래 맡기었다. 달리 말하면 인재들을 고르고 맡은 일을 업의 정신으로 수행하는 생생정치의 선순환은 다시 집단 지성으로 이어지며 '상정소' 혹은 '집현전'과 같은 집단 연구로 진화하는 형태로 나타나게 되었다고 하겠다. 분야별 인재들의 면면을 보자.

먼저 정치 전반에서 실천적 현장을 만들어낸 인물들이다. 황희, 맹사성, 허조 등이 있다.

황희黃喜(1363~1452)는 전체 정사를 조율했다. 영의정으로 18년 동안 있으며 세종을 대신하여 일을 수행했다고 할 정도다. 허조, 최윤덕, 안숭선 등이 황희의 후원에 힘입은 바 있었다.

허조許租(1369~1439)는 세종 정치에서 황희 다음의 인물로 별명이 '말라깽이 송골매 재상'이라 하여 10여 년간 이조 판서로서 천거되는 인재들을 꼼꼼히 검증하였다. 허조는 유교 원칙론자였다. 요즘 표현을 빌리면 유교원리주의자인 셈이다. 그래도 세종은 허조를 안고 갔다. 허조는 의견이 한쪽으로 기우는 것을 막는 버팀목의 기능을 하고 있었고 이를 감내한 세종의 폭넓은 정치 도량이 융합으로 드러나는 장면이라 하겠다.

변계량卞季良(1369~1430)은 외교 문서를 맡았다. 세종 2년 집현전이 설치된 뒤 20여년간 대제학을 맡으며 외교 문서 작성을 전담하였다.

맹사성孟思誠(1360~1438)은 세종 9년 우의정으로, 이때 황희는 좌의정으로
『팔도지리지』를 편찬했다. 맹사성이 관습도감 제조로 있을 때 정악을 조율하
고 악공들에게 새로 지은 곡을 가르친 일이 있는데 세종은 이를 높이 평가하여
칭찬을 아끼지 않았다. 그는 소를 타고 그 위에서 피리를 부는 삶을 살았다.

재산을 다루는 호조 관리로는 대조적인 두 사람이 있었다. 먼저는 유정현(柳
廷顯, 1355~1426)으로 세종의 장인인 심온을 국문하여 죽게 한 인물이다. 그러
나 오랫동안 호조 일을 맡아 보면서 출납하는 것이 지나치게 인색하다는 평을
들었다. 다른 한사람은 안순(安純,1371~1440)이다.

지렴지산知斂知散: 임금이 말하기를, 호조는 돈과 곡식의 출납을 맡았으니 비용을
절약하는 것은 진실로 당연하다. 그러나 거두는 것만 알고 흩을 줄을 모르며 당연히
쓸 데에 쓸 줄을 모르는 것도 잘못이다.(세종 7/10/16) 上曰: 戶曹掌錢穀之出納, 省費節
用, 固其宜也.然知斂而不知散; 當用而不知用, 亦非也。

진제장: 판중추원사 안순(安純)이 상언하기를, 계묘년에 동서 양계와 강원도·황해도
가 흉년이 들었는데, 신이 그 때에 함길도 감사의 임명을 받았습니다. 각 고을에 진
제장(賑濟場)을 배치하여 놓고, ... 곧 본부에 따로 진제장을 설치하고... 감영에 저축되
어 있는 쌀과 간장으로 죽을 끓여 아침저녁으로 진휼하여 주고, ... 또 베[布]로 단삼(短
衫)과 치마를 만들어 옷이 없는 자에게 주었습니다. 전후로 나와서 먹은 자가 거의 천
여 명이나 되었습니다.(세종 19/1/2)

안순은 거두어들이는 방법[렴斂]만이 아니라 흩어서 쓰는 법[산散]도 아는
관리였다.

영토 개척에 공이 큰 무장들이 있었다.

이종무李從茂 (1360~1425)는 태종이 기획한 1419년 6월 19일 대마도 정벌에
나섰다. 1424년에는 사은사로 중국에 다녀오기도 했다.

김종서金宗瑞 (1390~1453)는 국경문제와 외교에서 일했다. 육진 개척 공로가
있지만 문관이다. 전쟁을 통해 육진을 개척하는 것이 아니라 안정된 치세를
통해 주민들의 승평昇平의 생활을 기획한다는 뜻에서 세종은 강직한 문인 학
자인 김종서를 북방에 보낸 것으로 보인다.

최윤덕崔潤德 (1376~1445)은 세종 4년 1422년에 평안도 절제사가 되어 6년
간 변방에 머물렀다. 무인으로 재상에 올랐으나 무인으로 남는 것을 영광스럽

게 여겨 스스로 정승자리를 내놓기도 했다.

이예李藝 (1373~세종 27년, 1445)는 외교에 공을 세웠다. 원래 울산군의 기관(記官) 출신인데, 1396년(태조 5) 왜적에게 잡혀간 지울산군사 이은(李殷) 등을 시종한 공으로 아전 역에서 면제되고 벼슬을 받았다. 1401년(태종 1) 처음으로 이키도[壹岐島]에 사신으로 가 포로 50명을 데려온 이후 그 뒤 1410년까지 해마다 통신사가 되어 삼도에 왕래하면서 포로 500여 명을 찾아오고, 벼슬도 여러 번 승진해 호군이 되었다. 세종 1년(1419년)에 이종무를 도와 왜구의 본거지인 대마도를 정벌하기도 하였다. 조선 초기에 사명으로 일본에 다녀온 것이 모두 40여 차례나 되었다 한다. 세종 25년에 대마도에 사신을 보내어 피로(被虜)된 사람들을 쇄환(刷還)하려고 하는 일이 논의되자 나이 70에도 자원하는 일이 있었다.

과학혁신의 선구자들로는 정초, 이순지, 장영실 등이 있었다. 세종 시대에는 천문학에서부터 농업, 의학, 화기. 인쇄술 등에서 변혁이 시도되었다. 이 중 천문 연구의 서운관이 있었다. 고려 때 서운관 관원이 20여명이던 것이 세종 때에는 80여명이 되었고 앞의 정초, 이순지, 장영실, 외에 이천, 정흠지, 김담, 김빈, 김조 등이 있었다.

정초鄭招 (?(잘모름) ~1434)는 경서는 물론 천체학과 역산曆算에 밝았다. 1429년《농사직설》편찬을 주도했다. 1433년에는 혼천의를 만들었다.

이순지李純之 (1406~1465)는 불과 20대 후반의 나이에 세종의 야심찬 기획인 천문역법 사업의 책임자가 되어 이후 중국과 아라비아 천문역법을 소화하여 편찬한《칠정산》내·외편을 완성했다. 이순지의 공헌으로 15세기 조선은 우리 역사상 처음으로 관측과 계산을 통한 독자적인 역법을 가진 나라가 된다.

장영실蔣英實 (?1390, 1423 상의원 별좌~1442 파면 후?)은 원나라 사람인 아버지와 기생인 어머니 사이에서 태어난 동래현의 관노였다. 세종은 그의 재능을 살려 주었다. 장영실은 1424년 물시계를 완성했고 이로 정5품의 행사직行司職으로 승진하였다. 간의, 혼천의를 완성하고 대간의·소간의·현주일구 앙부일구 등을 만들었다. 그 외 자격루, 자동 물시계인 옥루를 만들고 이천 등과 함께 갑인자를 만들었다.

이천李蕆 (1376~1451)은 뛰어난 무장이자 과학자로서 남방의 대마도 정벌과 북방의 야인 정벌 등에 공을 세웠으며, 금속활자와 천문기구 제작의 책임자였을 뿐만 아니라 화약무기 개발, 악기 개량, 도량형 표준화 등에 주도적인 역할을 한 다재다능한 인재였다. 이천의 활약상은 천민 출신이었던 장영실과 달리 실록에 매우 자세히 기록되어 있다. 그것은 그의 신분이 양반이었기 때문이다.

세종은 당시 자신이 기획한 과학기술프로젝트에 인재들을 적재적소에 배치했다. 신분에 구애됨이 없이 장영실이나 이순지, 김담, 정인지, 정흠지 등 개인적으로 최고의 역량을 갖춘 전문가들을 한데 모은 다음, 이천이란 인물을 중심에 세웠다. 이천은 천문기기의 실제 제작과 개발을 담당한 장영실의 뒤를 이어받아 이론 천문학자인 이순지나 정인지 등 일선 실무자들에게 정확하게 도움을 줌으로써 《칠정산》이라는 조선의 독자적인 역법을 개발하고 농업의 과학화를 완성하는 데 결정적인 역할을 했다. 조선의 천문을 일구어낸 사람들은 내편의 정흠지, 정초, 정인지, 외편의 이순지, 김담 등이었다.

음악에는 박연과 앞서 소개한 맹사성이 있었다.

박연朴堧 (1378~1458)은 음악으로 세종 시대의 음악을 정리하는데 공헌했다. 그는 중국 음악에 심취하여 중국의 음악 이론서를 보고 악기를 만들어냈다. 충청북도 영동에서 태어난 그는 태종 11년(1411) 진사 시험에 합격했을 때는 음악가가 아니었으나 세종은 박연의 음악 재능을 보고 음악을 맡기었고 그는 마음껏 음악을 꽃피웠다.

세종 변역의 꽃인 훈민정음 창제에는 정인지를 중심으로 집현전 교리 최항, 부교리 박팽년, 수찬 성삼문, 부수찬 신숙주(1417~1475), 이개, 이선로, 강희안 등이 있었다. 집현전 학자로는 성삼문(1418~1456), 최항, 박팽년 등이 있었다.

정인지鄭麟趾 (1396~1478)는 문형文衡[최고학자]으로 훈민정음, 《고려사》 편찬에 진력했다. 세종의 훈민정음 창제, 《고려사》 편찬 등에 대해서는 지지했지만, 세종의 불교 믿음에 대하여는 비판적인 비판하는 지지자였다.

세종은 인재를 찾고 거기에 그 인재의 잠재력을 최대한 끌어내고 또 지원했다. 조선시대 세종 때에만 인재들이 많이 태어났을 리는 만무하다. 인재는 언제나 있으나 찾고 길러지는 것임을 세종의 생생정치를 통해 확인할 수 있다. 그렇다면 사대부들은 어떤 정신으로 일에 임했을까. 그건 업정신 즉 헌신과 희생정신이 필요했다. 그리고 임금과 신하 사이에는 신뢰가 근간이었다.

견신어인見信於人: (황희가 박용 등의 문제로 사직을 아뢰으나 윤허하지 않자 굳이 사퇴하다) 스스로 생각하건대 신의 평소의 행동이 이미 남에게 신임을 받기에 부족하면서도 지위가 신하로서 지극한 자리에 있기 때문입니다.(세종 10/6/25) 自念臣之素行, 旣不足以見信於人, 而位極人臣之致耳, 且緣臣之故, 累及憲府, 不堪驚駭, 深自爲愧。

세종 31년까지 일한 황희가 세종 10년에 사의를 표한 일이지만 여기에서 보듯 임금과 신하 사이에는 믿음[信]이 우선하고 있음을 확인하게 된다. 직에 대한 헌신과 자기희생의 업정신에 근거한 것이리라.

2. 생재론生財論 재용財用: 호조戶曹

세종의 생생과 관련한 호조의 일은 생재론生財論이다. 유교에서 생재는 인간이 예의를 알기 위한 전제가 된다. 유교에서는 물질보다 마음에 더 큰 비중을 두고 인仁을 역설해왔다. 그럼에도 국가의 건전한 재용은 필수적인 것이 된다.

국가 재용: 다행히 우리나라는 재용(財用)에 여유가 있는데도 사신을 영접하는 준비는 일체 백성에게 맡기니 옳지 못한 듯합니다.(세종 8/4/12)

중국 사신을 맞는 데 대한 국가와 지방의 재정 분담 문제이기는 하지만 원컨대 여러 항목(項目)의 물건은 모두 국비로 쓰게 하여 관장한 각 관사(官司)로 하여금 고제(古制)에 의거하여 나누어 맡게 하여 ... 부당하게 백성에게서 징수하여 백성을 시끄럽게 하는 폐단을 막아야한다고 박안신 등이 상소한다.

의식과 예의: 백성을 구제할 방법을 항상 가슴에 생각하라. 옛날에는 백성에게 예의 염치(禮義廉恥)를 가르쳤으나, 지금은 의식(衣食)이 부족하니 어느 겨를에 예의를 다스리겠느냐. '의식이 넉넉하면 백성들이 예의를 알게 되어, 형벌에서 멀어질 것이다.'(세종 7/12/10) 衣食足則民知禮義, 而遠於刑辟。

식위민천: 백성은 나라의 근본이요 밥은 백성의 하늘이다.(세종 29/4/15) 民惟邦本 食爲民天。

밥은 하늘: 밥은 백성의 하늘이니 농사는 늦출 수 없는 것이다.(세종 1/2/2) 食爲民天, 農事不可緩也。

굶는 백성과 교서 위반: 만약 한 백성이라도 굶어 죽은 자가 있다면, 감사나 수령이 모두 교서를 위반한 것으로써 죄를 논할 것이라.(세종 1/2/12) 如有一民飢死者, 監司, 守令, 並以敎旨不從論。

세종은 정사를 보며 "경계(經界)가 바르지 못하여 세금 거두는 것이 맞지 않을까 염려하여, 땅의 기름지고 척박하며 연세(年歲)의 흉풍에 따라 그 등급을 나누어"(세종 32/2/22) 공정한 세금을 거두려 했다. 그리고 근원적으로는 "정사가 고르지 못하면 하늘이 재앙을 보여 잘 다스리지 못함을 경계한다."(予聞, 人主不德, 布政不均, 則天示之災, 以戒不治。) (세종 5/4/25)는 정신을 가지고 있었다.

구휼은 굶어는 백성을 살리는 일이기도 하지만 궁극적인 목표는 예의를 아는 생민을 만들기 위한 길[방책]이다.

세종의 생재론은 '백성은 하늘이고 백성의 하늘은 밥이'라는 정언적 명제에 담겨 있다. 시정(時政)은 예생적으로 첫째 버려져 있는 땅을 찾아 생산 기반을 마련하는 일이다. 현생적으로 둘째 가뭄으로 인해 굶는 백성을 적극적으로 찾아 구휼한다. 셋째 농사에 대한 여러 경험을 모아 새로운 농사법을 보급해 나간다. 후생적으로 넷째 농사에 관한 합리적인 제도를 바꾸는 데, 전국 백성에게 물어 세제를 개선해 나간다. 증세가 목적이 아닌 합리적인 세제 개혁을 위해 오랜 기간에 걸쳐 전6분 연9등의 공법을 개선한다. 그밖에 의창의 운영, 중기(重記) 제도 등 오늘 날의 복식 부기의 제도를 통해 회계 업무를 합리화 하고 지도, 동전사용, 호시(互市), 수차 등을 활용해갔다.

조금 더 구체적으로 각 항목에 대하여 알아보자.

1) 개간: 땅 살리기

세종의 생재론은 예생적으로 백성의 밥을 늘릴 수 있는 새로운 농사법에서부터 출발한다. 그 시작은 중국의 농사 관련 문헌이나 전국 농민의 경험방과 지혜를 모으는 일이다. 다음으로는 이를 위한 생지生地를 비옥한 농토로 만드는 방법을 찾아 버려진 땅을 개간한다. 개간한 뒤는 개간자에게 농토 개발의 혜택을 준다. 농토가 생기면 주민이 이주를 한다.

세종실록 『지리지』에 도별 전결田結 수 및 호구 수와 태종 4년 의정부에서 조사한 각도 전답호구 수를 비교한 자료가 있다.

표. 태종과 세종조의 전田 비교

구분	태종 4년 의정부 조사				《세종실록지리지 》의 도별 통계			
	전(결)	호	구	호당 구의 수	전	호	구	호당 구의 수
계	782,543	153,404	322,786	2.1	1,625,234	201,853	692,477	3.4

여기서 보면 태종 4년 이후 약 25년간 전국의 전 및 호구 수에는 상당한 차이가 있음을 보게 된다. 전田에서 태종 4년 경기도를 제외하고서도 642,352결이 증가해 그 증폭이 배에 이르고 있다. 뿐만 아니라 호戶와 구口도 각기 27,607호, 319,339구가 증가했다. 이것을 도별로 보면 평안도가 302,103결로 무려 전체 증가폭의 47%를 차지하고 있으며, 다음으로는 함길도가 127,142결이 증가해 19%를 점하고 있다. 이를 합하면 평안·함길도가 전체 증가폭의 66%를 차지하고 있는 셈이다.

이와 같은 전·호·구의 증가는 토지의 개간, 인구의 자연증가의 영향도 있겠지만, 불과 25년 만에 거의 배에 달하는 토지의 개간과 호구에서 자연증가가 가능했다고 믿어지지는 않는다. 이것은 곧 국가가 직접 지배하는 토지의 증가·호구의 증가로 보아야 하지 않을까 한다. 즉 이러한 증가는 조선왕조의 건국 이후 추진되었던 집권적 통제 체제가 확립되어가는 과정에서 국가의 수세지收稅地와 역역 동원의 대상자를 적극적으로 파악했던 결과일 것이다.[2]

이상에서 보면 평안도와 함길도의 개간지가 대폭 늘어났고 국가의 지배 토지가 증가하고 통제체제가 확립되어갔음을 보게 된다. 세종의 4군 육지의 개척은 단순한 영토의 개척이 아니라 그 안의 전田의 증가로 백성이 생업 안정을 기하고 민이 생민화에 이르게 됨을 뜻한다.

이런 노력으로 고려 말까지 50만결에 불과하던 농지면적이 세종 대에 이르러 167만결로 세배 이상 늘었다. 이는 조선 중기까지 이어진다. 이에 따른 전田과 개

2) 정두희, 『왕조의 얼굴』, 서강대학교출판부, 2010, 178~179쪽.

간지의 세제 문제의 조정이 있게 되고 당연히 농민들의 생활에도 변화가 일었을 것이다.

> (참고) 결: 결의 크기는 일정하지 않다. 곡식 100짐을 수확하는 토지면적으로 비옥도 여부에 따라 달라진다.(10줌이 1뭇이고 10뭇이 1짐이고 10짐이 1동이고 10동이 1결이다.)

새 땅을 얻는 방법의 하나로 강무장을 헐어 농사짓는 땅을 만들고 때로 사냥도 하게 했으나, 전반적으로는 새 강무장을 찾기도 하고 사냥을 금하기도 하는 등 균형을 맞추어 나갔다.

- 강무장의 농사: 병조에 전지하기를, 경기도의 연천(漣川)·안협(安峽)·삭녕(朔寧)·임강(臨江)과 강원도의 김화(金化)·금성(金城)·회양(淮陽)과 황해도의 우봉(牛峯) 강무장(講武場)은 이제 모두 혁파하였으니, 백성이 개간하여 농사짓는 것을 허락하라, 하였다.(세종 6/9/19)
- 강무장 밭: 해주 강무장에 전지하기를, 나무를 베어 밭[田] 일구는 것을 금하지 말라, 하였다.(세종 8/12/14)
- 강무장 혁파: 병조에 전지하기를, 경기도 연천(漣川)의 성황당산(城隍堂山)과 삭녕(朔寧)의 장군사산(將軍寺山)등 8곳, 철원의 남산과 북변(北邊)의 수청산(水淸山)등 3곳 지석(支石)·북변산(北邊山), 송림(松林)의 동·남·서촌(東南西村)·대덕산(大德山) 등지와, 해풍(海豐), 평강(平康), 강릉및 이천(伊川), 황해도의 평산(平山)과 해주 등 30여 곳의 강무장은 모두 혁파하라, 하였다.(세종 9/10/18)
- 강무장 농사: 병조에 전교하기를, 강원도 강릉부 방림(方林)·홍계역(洪溪驛) 등지에 있는 강무장(講武場) 안에 사람이 살 만한 땅에는 백성들이 거주하고 농사짓는 것을 허락하되, 노루·사슴 외에 곰·멧돼지·호랑이·표범 등은 잡는 것을 금하지 말게 하라, 하였다.(세종 13/7/25)

새로운 땅이 생기면 거기에 따라 세금 문제가 얽히게 된다. 생지生地에 대한 조세 규정이다. 당시 새로운 개간지는 2년까지 면세하고, 3년째 되는 해는 50%를 감세하며, 4년째에 들면서부터 정상적인 세금을 내게 되어 있었다. 그러나 그 와중에 경상도 관찰사는 기존의 토지와 새 땅을 구별하기 힘드니 세금을 일괄적으로 부과하자고 건의한다. 세종은 백성과 새로운 땅에 대한 관리의 안이한 생각을 질책한다.

개간 토지: 경상도 감사가 아뢰기를, 토지를 다시 측량한 뒤 새로 개간한 밭을 알아내기가 매우 곤란하오니, 오래전부터 경작하던 토지의 예에 따라 세를 받아들이게 하소서, 하니, 임금이 말하기를, 어째서 알아내지 못한단 말이냐. 만일 그것이 의심스럽다면 백성과 같이 하면 될 것이니, 이렇게 하도록 호조에 이르라, 하였다. 이것은 과거에 새로 개간한 토지에 대하여는 2년까지는 세를 면제하고, 3년에는 절반을 감하고, 4년째에 가서 전액을 받기 때문에 이런 보고가 있었던 것이다.(세종 12/12/20)

백성의 편에서 판단하라, 이것이 바로 민본정신이다.

2) 휼민[배고픈 사람 살리기]: 의창과 국고

굶는 백성이 없게 하는 일은 현생적인 시정時政의 선무先務이며 급무急務가 된다. 휼민의 기본은 구민, 휼민, 구휼, 진제 등이고 간단없이 이루어진다. 그리고 보완적으로 의창과 국고가 있다.

의창: (사간원에서 흉작의 정도가 심한 주군의 조세를 면제할 것 등을 상소하다) 사간원에서 상소하여 아뢰기를, 백성은 나라의 근본이요, 먹는 것은 백성에게 가장 중요한 것이온데, 이제 흉년을 만나 민생이 염려되오니, 각 군의 조세를 경창(京倉)에 전납(轉納)하는 것을 제하고는, 곡식으로 거두어 각기 그 고을에 두었다가, 내년의 씨앗으로 예비하게 하고, 그 농사를 그르침이 더욱 심한 주·군(州郡)은 ... 고사(古事)에 따라 조세를 전부 면제하시기를 청하나이다, 하여 임금이 이에 따르다.(세종 즉위/10/3) 司諫院上疏曰: 民爲邦本, 食爲民天, 今値年歉, 民生可慮。請各郡租賦, 除京倉轉納, 收之以穀, 各置其官, 以備來歲種子, 其失農尤甚州郡, 依漢文古事, 全免租稅。

비록 상소의 글이지만 이는 당시 세종도 인식하고 있는 일반적 정치사상을 대변한 것이다. 구휼은 세종 시대가 포용하고 있는 정치철학의 한 덕목이라 하겠다.

의창과 국고: (충청도 감사에게 흉년을 구제하는 조건을 보내다) '의창(義倉)은 빈민에게 대여하는 것이요, 국고(國庫)는 군수(軍需)에 대비하는 것이다. 옛날 사람도 또한 말하기를, '나라에 3년 견딜 저축이 없으면 나라가 그 나라 구실을 할 수 없다.'고 하였는데, ... '혹은 대여하기도 하고 혹은 진휼(賑恤)하기도 하여, 백성을 구제할 수 있는 방법을 상세히 의논하여 아뢰게 하라'.(세종 18/7/6) 義倉, 所以貸貧民也; 國庫, 所以備軍

需也。... 或賑, 救民之術, 熟計以聞。

3) 농사 살리기: 농사법 개량

호조의 현생적인 시정時政으로는 농사법 개량이나 휼민정책 등이 있다.

노농에 물어: (충청·전라도 감사에게 농사일을 도울 책을 만들게 하다) 무릇 오곡
(五穀)이 토양의 성질에 적합함과, 갈고 씨뿌리고, 김매고 거두는 법과, 잡곡을 번갈아
심는[交種] 방법을 모두 '각 고을 노농(老農)들에게 물어서'(悉訪各官老農等) 요점을 모
아 책을 만들어 올리도록 하라.(세종 10/7/13)

《농사직설 農事直說》: 여러 가지 책을 수집하여《농사직설》을 만들어 각도에 반포하
여, 어리석은 백성이라도 역시 명백하게 쉽게 알도록 하였다.(세종 19/7/23) 蒐輯諸書,
撮爲《農事直說》, 頒于各道, 使愚民亦得明白易知。

농사 개량법을 각 지역의 노농에게 물어 이른바 경험방을 살려 이를 책으로
엮어 각 도에 배포한다. 이는 평안도·함길도는 농사에 몹시 서툴러 땅의 생산력
을 다하지 못하고 있으니, 행할 만한 농사법을 채택하여, 그들로 하여금 배워 익
히게 하려 한 것이다.

또한 충청·전라도 감사에게 농사일을 도울 책을 만들라고 명한다. 농사가 나
은 충청과 전라의 지혜를 이전하는 일이다. 농사와 관련한 시책은 쉬임 없이 나
온다. 몇 내용의 요약을 보자.

· 좌의정 이원과 참찬 허조 등이 충청·전라·경상도의 보리 종자를 강원·경기·황해
  도에 나누어 주기를 계하다.(세종 4/8/22)
· 충청·전라도 감사에게 농사일을 도울 책을 만들게 하다.(세종 10/7/13)
·《농사직설》의 서문.(세종 11/5/16)
· 바람에 견디는 볍씨를 관가에서 심어서 시험하게 하다.(세종 19/11/29)
· 묵은 대·소맥으로 새 종자에 대신하게 하다.(세종 21/7/16)
· 전제상정소에서 각도의 수확량 측정 방법에 대해 아뢰다.(세종 26/7/4)

《농사직설》 등의 경작법 권유: 먹는 것은 백성에게 으뜸이 되고 농사는 정치의 근본

인 까닭으로, 수령들의 백성에게 가까이 하는 직책은 권농(勸農)보다 중한 것이 없다. 만약에 수재·한재나 충재(蟲災)·황재(蝗災)같은 재변은 하늘의 운수에서 나오는 것이니 어찌할 수가 없으나, 그 사람의 힘으로 할 수 있는 일이라면 의당 마음을 다 써야 할 것이다.(세종 19/7/23)

강제와 권과: 만약에 어리석은 백성으로서 자력이 부족한 자나 제 스스로 하기를 원하지 않는 자는 반드시 강제로 시킬 것이 아니라, 적당하게 권과하기를 시종 게을리 하지 말아서 점차로 흥행하도록 하라, 하였다. 또 전지하기를, 근년 이래로 각도에서 황충이 자주 있어서 내가 심히 염려한다.(세종 19/7/23)

자의성: 대저 어리석은 백성들은 비록 자기의 생활에 절실히 이익됨이 있더라도, 만약 관가에서 영을 내린다면 반드시 꺼리는 마음을 내게 되니, 모름지기 강제로 이를 심지 말게 하라, 하였다.(세종 18/1/6)

목면 심기: (평안도 함길도 감사에게 목면을 심도록 전지하다) 목면(木綿)은 … 평안도·함길도는 겨울의 추위가 다른 도보다 배나 더하나, 그 인민들이 겨울 추위를 막는 계책에 소홀하여 이를 심기를 즐겨하지 않는 까닭으로, 지금 종자와 심는 방법을 보내니, 경들이 나의 뜻을 본받아 도내의 각 고을에 나누어 먼저 관가로 하여금 심어서 토지의 성질을 경험하게 할 것이다.(세종 18/1/6)

구체적으로, 마치 오늘날 연구소에서 시험재배를 마치고 그 결과에 따라 재배하듯 평안도·함길도에 목면을 심도록 했다. 추운 지방인 평안도와 함경도에 내린 전지 가운데 나온 말이다. 의식주의 기본인 옷에 관한 독려이다. 여기서 주목할 일은 백성들의 품성을 고려해 강제성을 띠지 말고 권유하라는 계책이다.

농사에서 사람의 의식변화를 농사개량보다 더 중요시 여기고 있다. 현대 개혁 커뮤니케이션에서도 신제품을 통한 업무개혁에 있어서 이를 받아드려야 하는 수용자 연구가 더 중요하다는 사실이 일찍 확인되는 장면이다. "우리나라 백성들은 조심성이 항상 있지는 않아 농사일에 정신을 쓰지 않아서 조금도 근본에 힘쓰는 마음이 없다. 그러므로 지난 기유년에 여러 가지 책을 수집하여《농사직설》을 만들어 각도에 반포하여, 어리석은 백성이라도 역시 명백하게 쉽게 알도록 하였다. … 각 고을의 수령들에게 반포하여, 농민을 깨우치고 가르쳐 책에 의거해 시험해 보여서 풍속을 이루도록 하라." 백성에게 《농사직설》 등의 경작법을 권유하도록 각도 감사에게 명한다. 그리고 세종이 직접 비록 여러 책에서 본 것이지만 농사 처방을 직접 내린다.(세종 19/7/23, 1437)

좋은 종자 고르기의 예를 보자.

여러 농사책을 상고해 보니, 《농상즙요(農桑輯要)》와 《사시찬요(四時纂要)》 등의 책과 범승(氾勝)의 《오곡종자피자방법(五穀種子辟蚜蚄法)》에 말하기를,

1) '말을 끌어다가 곡식 더미에 나아가게 하고 몇 입[口] 먹이고서, 말이 먹다 남은 것으로 종자를 하면 며루 등 벌레가 없어진다.

2) 씨앗이 상하거나 습하거나 조밀하게 익으면 벌레가 생긴다.

3) 박토(薄土)로서 분전(糞田)할 수 없는 데는 해묵은 누에의 똥으로 볍씨에 섞어서 심게 되면, 벼에 벌레가 없어진다.

4) '말 뼈다귀를 거두어 1석을 썰고 물 3석을 타서 세 번이나 끓여 건데기를 걸러내고, 남는 찌꺼기 물에 부자(附子) 5개를 담구었다가 3, 4일 만에 부자는 버린다.

5) ... 6, 7차례를 반죽하여서 그만둔다. 바싹 말리어서 잘 갈무리하여 다시 습기차게 하지 아니한다. 심을 때에 남아 있던 물에 반죽해서 심게 되면, 볏곡이 충재나 황재를 입지 않는다.

- 말 뼈다귀를 구하지 못할 때에는 역시 눈 녹은 물[雪汁]을 쓸 수도 있다.(세종19, 1437, 7/23)

《농사직설》을 각도에 반포하고, 어리석은 백성이라도 쉽게 알도록 하였다. 그리고 수재(水災), 한재(旱災), 충재(蟲災), 황재(蝗災)에 대한 대비를 구체적으로 수령들에게 지시했다.

세종의 독서와 관심이 어디까지 이르는지 그 세심함이 다시 한번 우리 눈을 멈추게 한다.

4) 제도 살리기: 중기重記 등

후생적인 호조의 시정에 전제 개혁과 회계제도 개선 등이 있다.

조선왕조는 건국 초에 먼저 내정 개혁의 출발점으로 전제개혁을 단행하였다. 공사 모든 전적을 불태워버리는 한편 새롭게 양전을 행하여 사전을 몰수하고 토지의 재분배를 꾀하였다. 그리하여 '과전법科田法'을 제정하고 건국에 공로를 세

운 신하들에게 대한 공신전(功臣田)을, 그밖에 왕실, 국가기관, 관료들에 대해서도 일정한 토지를 지급하였다. 그러나 조선의 토지제도는 왕토사상에 의해 원칙적으로 국왕의 소유로 되어 있었다. 따라서 과전법에 의한 토지의 지급도 원칙적으로는 조세권租稅權을 준 것이었다.[3]

전분연분법田分年分法

당시에는 손실답험법損失踏驗法이라 하여 중앙에서 파견된 조사관이 풍흉의 정도를 보고 세액을 매겼다. 세종은 장기적으로 인내심을 가지고 우리 역사 최초의 전국 여론조사를 실시해 전분연분법으로 전분 6등법과 연분 9등법의 세제개혁을 이루게 되었다. 무려 17년간 (1427~1444)의 긴 토론을 거치며 몇 단계의 과정을 거쳤다.

먼저는 세종 12년(1430년) 관료로부터 농민에 이르는 17만 인민을 대상으로 한 찬반 여론 조사를 했다. 9만 8,645명이 찬성하고 7만 4,149명이 반대했다. 토지 생산력이 낮은 함길·평안 양도의 경우는 1,410 대 3만 5,912로 반대편이 우세한 반면, 경상·전라 양도에서는 찬성 6만 5,864, 반대 664로 찬성이 압도적이었다. 둘째는 이 조사를 기초로 사대부들로 하여금 찬반 이유를 보고하게 했다. 마지막으로는 고위관리들과의 토론과 지역별 실시 단계를 거쳐 결정하게 되었다. 부자가 가진 좋은 땅과 가난한 백성들의 척박한 땅에 대한 중간의 세금은 농민에게 불리하고 이를 극복하기 위하여 객관적인 기준을 미리 마련하려 한 것이다.

세종은 기다리고 기다리며 6년간 보류 상태에 두었고 마침내 그간 반대하던 황희나 맹사성 같은 정승들도 모두 찬성하게 하였다.(세종 26년, 1444)

여론 조사의 뜻으로 실록에는 민간 대상의 '방문訪問'(세종 20/7/10), 민간의 의견을 묻는 '민간가부지의民間可否之議'(세종 12/8/10) 그리고 '실방가부이문悉訪可

---

3) (주) 이후 관료가 많아지고 과전이 불어나자 세조 12년 (1404) 과전법을 폐지하고 직전제 職田制를 도입하여 ①현직 관료에게만 주고 ②수전자收田者가 사망 시는 국가에 토지를 반납하고 ③조세의 수납은 국가가 행하고 국가가 일부 쌀을 관료에게 지급하는 형태가 되었다. 이후 녹과제祿科制가 되어 관료의 봉급은 모두 현물로 지급하게 된다. 이후 차츰 현실적으로 사전私田이 증가하는 추세의 역사가 이어지게 된다. 이런 사유제는 당과 싸움으로 촉진되고 전쟁이후 황폐화된 토지로 더욱 촉진되기도 했다. 김일곤,『유교문화의 질서와 경제』, 143~144쪽, 한국경제신문사, 1985.

否以問'(세종 12/3/5) 등이 있다. 그리고 '고험考驗'이 있다. '호조에서 평안도 관찰사의 관문에 의거하여 올린 손실 사정'(세종 3/9/7)에 관한 계에서 '이빙고험以憑考驗'(세종 3/9/7)이라 하여 '고험'은 현장에서 실제 사물과 접해 확인하는 의미가 있다.

제도 개선 가운데 특히 회계제도의 개선이 있다.

• 중기重紀 제도

중기重紀: (사용한 물건을 창고 관리가 중기에 올리도록 할 것을 김점이 아뢰다) 김점이 계하기를, 모든 창고 관리가 마음을 쓰지 않아서, 여러 해 동안 이미 쓴 물건을 아직껏 중기(重記)에 올리지 않았으니, 청컨대 임금의 뜻을 받들어 엄하게 고찰하게 하소서, 하니, 임금이 말하기를, 이미 법을 세웠으니 어찌 반드시 다시 명을 내린 후에야 검찰하리요. 자주 명령을 내리면 도리어 명령이 가볍게 생각되리니, 경이 검찰하되 좋지 않는 자가 있거든 아뢰고 의논하라, 하였다.(세종 2/1/11)

중기重紀는 지금의 교차점검[크로스 체크]의 개념이다. 현대 복식부기의 초기 모습이라 할 것이다. 세종은 중기와 함께 법률의 효율성을 지적하고 있다. 법률은 국가를 유지하는 근간인데 국가나 백성이나 법을 지키려면 법을 알아야 한다.

중기重記는 물품의 출납에서 하나의 장부 이외에 출出과 납納의 장부가 있는 것으로 보인다. 보라지가 중기를 속인 일이 일이 발각되어 정현·보라지·백서(白緒)등의 죄상을 추궁 받게 되었다.(세종 5/11/17)

중기는 지금의 이중 교차 점검 개념으로 고려조 이래 개성상인이 복식 부기 형태를 사용했다고 한다. 중기를 강조하면서도 창고 관리에서는 "자주 명령을 내리면 도리어 명령이 가볍게 생각되리니, 경이 검찰 하되 좋지 않는 자가 있거든 아뢰고 의논하라", 하였다.(세종 2/1/11)

여기서도 명을 자주 내리면 법의 권위가 지켜지지 않음을 내세워 신중히 접근할 것을 지시한다.

기타 제도 개선과 연관하여서는 새로운 지도 만들기, 동전 사용, 호시 활성화, 수차 개량 등이 있었다.

• 지도

또한 바른 지도를 통해 토지를 효율적으로 이용하고 물류 유통에 편의를 구하고자 했다.

새 지도: (지도를 바로잡고자 각도의 수령과 감사로 산천·내맥·도로 등을 그려 바치도록 하다) 호조에 전지하기를, 이 앞서 그린 우리나라의 지도가 자못 서로 틀린 곳이 꽤 있으므로, 이제 이미 고쳐 그렸으니, 각도의 각 고을 수령으로 하여금 각각 그 경내의 관사 배치의 향배 처소(向排處所)와 산천 내맥(山川來脈)·도로의 원근 이수(遠近里數)와 그 사면의 이웃 고을의 사표를 갖추어 자세하게 그림으로 그려 감사에게 전보(轉報)하도록 하라, 하였다.(세종 16/5/24)

• 동전 등

농사 다음으로는 시장 유통에 대한 시책이 있다. 그 하나는 동전 유통에 관해서다. 세종 5년에 저폐사용에 불편함이 있음을 보인다.

저폐 사용: 지금 장거리[시사, 市肆]에서 저폐(楮幣)를 쓰지 않고 다른 물건을 쓴 사람은 그 죄를 다스리고, 인하여 그 가산을 몰수하여 저폐(楮幣)의 법을 단단히 시행하였는데, 그러나 부상(富商) 큰 규모의 장사꾼[대고, 大賈]들은 법을 범하여 형(刑)을 받은 사람이 있다는 말을 듣지 못하였고, 다만 빈궁한 백성만이 매양 죄에 걸려서 가산을 탕진하게 되니, 내가 심히 민망히 여긴다. 저폐의 법은 비록 고칠 수 없지마는, 이와 같은 흉년을 당하여 민간에서 무역하는 것은 잠정적으로 그 편의를 보게 하라, 고 하였다. 명령이 내리매 백성들이 크게 기뻐하였다.(세종 5/1/16)

큰 물류의 이동을 위해서는 대형 수송수단인 배나 큰 마차 그리고 화폐의 사용이 필요하다. 세종 시대에 화폐를 쓰려고 여러 노력을 기울였으나 쉽지 않았다. 시장에서 백성들이 사용을 꺼린 것이다. 세종 7년에 형조 판서 정진(鄭津)이 계를 올렸다.

동전 사용: 동전(銅錢)의 법은 그 유래가 오랩니다. 그러나 우리나라 사람들의 마음이 다 이것을 싫어하니 개혁(改革)하는 것이 어떻겠습니까, 하자 세종은 나는 이 법이 시행할 만한 것이라 생각한다. 어찌 폐지하겠는가, 하였다.(세종 7/12/8)

시장을 활성화시키기 위한 동전의 사용을 위해 여러 노력을 기울였으나 백성들은 동전보다 실물 거래를 선호했다. 쌀이나 무명이 흉년이 지는 해에는 값이 변동하여 동전의 가치가 유지되지 못하는 것이 이유가 되기도 했다. 시장이 형성되지 않은 인위적인 화폐 거래는 가능할 수 없는 한계가 있었다. 말년에 이르기까지 화폐 유통은 일반화하지 못한다.

> 화폐 유통: 의정부에서 말하기를, '꼭 법을 세우지 아니하여도 자연히 흥용(興用)될 것이라.'고 하더니, 이제 들으매 백성들이 즐겨 쓰지 아니한다고 하니, 어떻게 할까.(세종 31/1/27)

경제를 활성화 시킬 수 있는 제도라는 걸 알지만 백성들이 잘 받아드리지 못했다. 제도는 시대적 상황, 환경이 함께 만들어내는 게 현실이다.

화폐를 사용하지 않았다 하여 가혹한 법 운영으로 일어난 자살 사건이 있었다. 가죽신장이 이상좌(李上左)가 가죽신을 쌀 1말 5되와 바꾸어 팔았는데, 돈을 사용하지 않았다는 이유로 경시서(京市署)에 잡혔다. 서에서는 상좌의 나이가 늙었으므로 곤장으로 때리거나 군역(軍役)에 충수하지는 못하고 속전으로 8관을 바치라고 하였다. 상좌는 가난하여 돈을 꾸어 1관만을 바쳤다. 본서에서 독촉하였더니 상좌는 집 앞의 홰나무에 목매어 죽었다. 이에 세종이 듣고 크게 놀라서 "나라에서 법을 세운 것은 돈을 많이 이용하도록 하려는 것이지 사람을 죽게 하려는 것은 아니었다. 상좌가 죽은 것은 반드시 경시서에서 가혹했기 때문이니 내 마음이 아프다. 너희는 그 실정을 조사하여서 아뢰어라. 만약 가혹하였다면 죄를 용서하지 않겠다." 하고, 상좌의 집에 쌀 3석을 주고, 받았던 속전은 돌려주도록 명하였다.(세종 7/8/23)

- 호시互市

첨지중추원사(僉知中樞院事) 고득종(高得宗)이 대마 도주 종정성이 부탁한 바를 아뢰던 중의 이야기인데 왜인들과의 거래가 이루어지고 있었다는 기록이다.

> 호시互市: 우리나라에 이미 부산포(富山浦)·내이포·염포 등 각포에 호시(互市)를 통하여 그 생활을 이바지하도록 허락하였는데, 지금 또 고초도(孤草島)를 허락하면, 고기

낚는 것을 가탁(假托)하고 그 섬에 머물러 살 것이니, 혹 변경을 노략질하는 일이 있을까 염려된다.(세종 22/5/29)

국제 유통의 형태로 호시互市가 있다. 호시는 오늘 날의 무역으로 원문 호시는 109건 중 세종 7건, 성종 22건이다.

세종 초기 대마도 왜인들은 궁핍한 사정을 무역이 없이는 해결하기 어려운 입장이어서 여러 차례 호시[무역/통상]를 요구한다. 이에 조선은 부산포·내이포·염포 등 각 포에 호시를 통하여 생활을 이바지하도록 허락하였는데, 이후 매년 많을 때는 80여척까지 고초도(孤草島)에 와서 고기잡이를 하고 있어 문제가 되었다.(세종 22/5/29) 더불어 북방 요동 중외의 상인들의 요구도 함께 있었다.(세종 15/3/21) 이후 요동밀무역 금지 문제도 일어난다.(세종 26/10/28)

• 수차

수차는 《조선실록》 원문 총 54건 중 세종 16건이고 다음으로 정조 9건이다. 세종은 수차에 관심을 가진 임금이다.

수차 보급: 호조에 전지하기를, 본국 인민들이 다만 제언(堤堰)의 몽리(蒙利)만을 알고 수차(水車)로 관개(灌漑)하는 유익한 방법을 몰라서, 한재(旱災)만 당하면 농사를 실패하곤 하니 실로 딱하고 민망한 일이다. 각도의 감사로 하여금 수차를 설치할 만한 장소를 조사하여 지금 반포한 수차의 모양에 따라 제조하게 하고, 감사가 수시로 이를 고찰하라, 하였다.(세종 12/9/27)

• 공물 제한

세종은 필요시 왕가족의 재산을 내놓아 국가 재정으로 쓰는 등 작은 봉사도 보인다. 더불어 대군들의 집 규모와 공물의 규모도 일정 한도에 지나치지 않도록 규정을 정한다.

대군의 밭 제한: 금후로는 대군의 밭은 2백 50결에 지나지 말게 하고, 여러 군의 밭은 1백 80결에 그치게 하라, 하고, 드디어 호조에 명하여 영구한 법으로 만들었다.(세종 19/1/12)

세종의 생재론은 농업 이외에도 여러 방면에서 시대를 넘어서 혁신적인 방안
들을 취하고 있음을 볼 수 있다.

(참고)〈유교의 생재론生財論: 그 원형과 변용〉

원시유가사상은 공자에서 맹자에 이르러 꽃피고 있다. "대저 인정仁政이란 반드
시 토지의 경계를 바로 잡는 일부터 시작된다."(맹자, 滕文公章 句 上)

원시 유가사상에 있어서의 생재론이란 농본주의적 생산론을 현실적 기반으로 하
면서 생재론의 독자적인 진행이 아니라 ㉮기본적으로 절용의 차원에서 인식되고 있
으면서 ㉯유교적인 도덕적 실천 내지는 도덕국가의 실현을 위한 수단의 차원에서
인식되고 있었다고 할 수 있다.

이로 생재 자체의 독자화를 진행시키는 것은 어려운 일이다. 여기에 결정적으로
경제적 확대론이 아닌 정치적 안정론을 강조하는 말을 하고 있다. "나라를 거느리고
있는 제후라든가 가家를 거느리고 있는 대부大夫는 그 물자의 부족함을 근심하지
말고 민民에의 배분이 균등하지 아니함을 근심하고, 민民의 생활이 빈곤함을 근심하
지 말고 인심人心이 안정하지 아니함을 근심하라."(《論語》, 季氏篇, 有國有家者, 不
患寡而患不均, 不患貧, 而患不安。)

여기서 보면 리利라든가 인간의 자연적 욕구를 소인(또는 피치자)의 영역에 묶어
놓은 것을 보게 된다.

조선후기 실학사상으로 이용후생론자들의 생재론은 첫째 정덕론正德論보다 이용
후생利用厚生을 그 자체로서 독자화 시켜가는 사고의 도정이 열리고 있었으며 둘째
로는 그것이 농農·공工·상 商의 영역에서 모색되고 있었다는 것이다.

실학사상에 있어서의 생재론은 '근대'를 향해 변용해가고 있었다고 할 수 있다.

(자료: 朴忠錫, 『정신문화연구』 제13권 제4, 한국정신문화연구원, 1990, 36~44쪽)

---

3. 생효론生孝論 생기生氣: 예조禮曹

세종의 생생정치와 연관한 예조의 시정時政은 생효론生孝論에 기초한다. 예조
는 바로 형조와 달리 백성을 얼사람으로 대우하며 개인을 가족에 연결시키며 가

족이 사회라는 전체 질서에 동참하도록 효유하려는 작용을 하는 부서다.

세종의 예조에서는 예생적으로 첫째 예의 으뜸으로 효를 강조하며 사회 질서의 기초로 삼고 있다. 현생적으로 둘째는 교화, 교육의 강조다. 죄는 몰라서 짓는 일로 규정한다. 이에 교육은 계발과 감화의 기회를 제공하기 위해 절대적이었다. 궁민에게는 농토를 주고 밥을 먹게 해주면 삶이 나아지지만 우민愚民은 그대로 놓아두면 언제까지나 우민일 것이다. 교화란 무엇이 죄인지 모르는 사람을 대상으로 사전 교육을 통한 '사람 미리 살리기' 방안이다. 셋째 몸이 아픈 사람 살리기다. 병원, 의료시설, 구호시설 등을 통한 몸이 아픈 사람들에 대한 배려를 폈다. 후생적으로 넷째 나라라는 큰 집단의 질서를 위하여 사대부는 충을 통한 의리정신, 그리고 집단을 아우르는 음악의 필요성을 느낀다. 음악은 그 음악에 모든 사람을 집중시키고 또 교감하게 하는 기능이 있다. 더불어 음악을 통한 개인의 정서적 안정과 집단의 규율 세우기이다. 음악은 소리를 통해 사람을 한데 모으고 질서를 잡는데 기여한다. 스포츠도 마찬가지다. 그런 뜻에서 격구며, 사냥, 강무도 국가의 군사를 통한 예의 실천마당이라 하겠다. 다섯째 외교는 백성의 생활 안정의 기초다. 전쟁이나 분란을 일으키지 않는 것이 외교의 목표였다. 언제든 닥칠 수 있는 불행을 막는 행위로 국가 간의 교류인 예절 외교가 있다. 평상시 마음으로 이웃과 교류하는 정신이 바로 예禮이다. 외교는 중국에 대해 지성사대를 내세우지만 그 본질을 보면 신信과 성의誠意이다. 굳이 중국에 대한 지성만이 아니라 이웃 국가에 대한 성의가 우리의 안전이라는 굳은 실용적 의지를 가지고 있었다.

기타 불교 등 종교를 통한 사회정화를 인정하고 있다. 사회질서를 위한 유교의 강화, 그리고 풍속으로서의 무교, 고려 시부터 이어져 온 불교는 음악과 함께 백성을 정서적으로 교화할 순기능을 수행할 수 있다고 여겨 이를 제어하지 않았다.

더불어 백성이 삶의 참 즐거움을 위해 음악의 즐거움, 휴식의 즐거움으로 천지산하의 아름다움을 즐길 여유를 가질 수 있게 배려했다. 마음의 즐거움, 이것이 바로 생의 즐거움인 것이다. 생의 즐거움은 밥걱정이 끝나는 다음에 가질 수 있는 생민의 즐거움으로 바로 생생지락이다. 조금 더 구체적으로 살펴보자.

1) 효: 공경

효: 왕은 말하노라. 근본에 보답하는 데에는 부모를 높이는 것보다 클 것이 없고, 정치를 하는 데에는 효도를 세우는 것보다 더 할 것이 없다.(세종 6/7/12) 王若曰; 報本莫大於尊親; 爲治無加於立孝。

이는 광효전에서 원경왕후 제사를 지내고 종묘에서 추향대제를 행한 후 한 말씀이다.

효: 예조에 교지를 내리기를, 사람의 자식으로 부모가 살았을 때는 효성을 다하고, 죽어서는 슬픔을 다하는 것은 천성이 저절로 그렇게 되는 것이고, 직분으로서 당연히 해야할 것이다. ... 지금부터는 지극한 마음을 몸받아 교조를 명시하여, '가가(家家)로 하여금 구습의 오점을 환히 알도록 하여 자신(自新)해서 인효(仁孝)의 풍속을 이루게 할 것이다.' 하였다.(세종 11/4/4) 俾家家曉然知舊習之汚, 擧得自新, 以成仁孝之風。

효자 찾기: 임금이 처음 즉위하여 중외에 교서를 내리어, 효자·절부(節婦)·의부(義夫)·순손(順孫)이 있는 곳을 찾아 실적(實迹)으로 아뢰라고 했더니, 무릇 수 백인이 되었다.(세종 2/1/21)

세종은 효를 치治의 근본을 삼는다고 했다. 이는 예조에서의 예생적인 이념이기도 하다. 효는 스스로 실천할 수 있는 정치적 덕목이 될 수 있다는 뜻에서 더욱 깊은 이중적 의미를 지닌다. 효가 이루어지면 사회 기본 질서가 잡히는데 바로 이 효는 임금 스스로도 효를 보일 기회를 가진다는 장점이 있다. 그리고 효는 행동으로 보여야 하는데 몸으로 실천한 효의 산 실체가 세종이다. 그러나 역설적으로 정작 생효*라는 용어는 실록에는 나오지 않는다. 스스로 효를 실천하고 스스로 생효를 했다고 해도 자신의 입으로 스스로 말 할 수는 없는 것이 진정한 효라는 것을 보여주는 듯하다

(주) *생효生孝: 부모상 중의 극심한 슬픔 속에서도 최소한의 침식으로 생명을 유지하는 것.4)

---

4) 晉書〈王戎傳〉帝 謂劉毅曰 和嶠毁頓過禮, 使人憂之. 毅曰嶠雖寢苦食粥, 乃生孝耳. 南朝宋, 劉義慶〈世說新語, 德行〉王戎 和嶠同時遭大喪, 俱 以孝稱 ... 仲雄曰, 和化嶠雖備禮, 神氣不損, 王戎雖不備禮, 而哀毁骨立. 臣以和嶠生孝, 王戎死孝.(참고: 漢韓大辭典)
모후께서 병환이 들어 마침내 효험을 얻지 못하였는데 몸이 죽고 사는 것은 감히 염려할

세종은 몸을 사리지 않는 몸의 효 즉 생효生孝 정신을 보이고 있다. 세종 4년 5월 11일 태종이 승하하자 세종은 묽은 죽을 든다.

연사종·변계량이 계하기를, … 전하가 부왕의 병환이 위중할 때로부터 지금까지 음식을 들지 아니하셨습니다. 성인의 훈계에 이르기를, '죽은 이를 위하여 생을 상하게 하지 말라.'하였으니, 원컨대 전하께서는 애통한 마음을 절제하고 음식을 드시어, 큰 효도를 온전하게 하소서, 하였다. 이에 임금이 묽은 죽을 조금 들었으나, 하루 한 끼에 그쳤다.(세종 4/5/11)

이 일 이전에 4월 25일에는 '태상왕의 병환이 여러 날 끌고 감으로, 임금이 고기반찬을 들지 아니하였다'는 기록도 보인다.

여막생활: 전에 잠저에 계실 때에 어머님이신 신의(神懿) 왕후의 상사를 슬퍼하실 적에는 세상일을 떨어버리시고 제릉 능소 옆에 여막을 지으시고 모셨다.(세종 1/9/4)

문안: 왕위에 오르신 이후에도 항상 태조께 조석으로 문안하지 못함을 한탄하시다가 병술 년에는 왕위를 물러나시려고까지 하셨으니, 항상 시측(侍側)하시려는 뜻을 이루려 함이다.(세종 1/9/4)

민중이 살아남는 방법에서 마지막으로 의지할 곳은 가족 이외에는 없다. 유교 사회에서 충은 타의적이고 계율적인 요소가 있어 보편적으로 강조해야할 것은 효孝일 수밖에 없을 것이다. 충忠의 행위는 눈에 잘 보이지 않고 국가적 행사는 늘 있는 것은 아니고 개인적이지도 않고, 구체적이지도 않다. 이에 비해 효의 행위는 구체적이다. 거기에 부모가 연로하거나 아프기라도 하면 더욱 일이 많아진다.
효와 밀접한 윤리로는 부부의 별別과 형제의 제悌가 있다.

• 별別

부부관계는 소헌왕후가 낳은 8남 2녀의 자녀의 수만 보아도 원만한 가정을 이루었음을 반증한다. 또한 세종 4년 7월 29일 소헌왕후가 아프던 때에는 정성을

것이 아니다.(《증보문헌비고》 제 66권 禮考 13 國恤 2)

다하여 쾌유를 빌었다.

8월 1일에는 효령대군 이보(李補)에게 빈전(殯殿)의 삭제(朔祭)를 섭행(攝行)하라 명하고, 8월 5일에는 흥천사와 소격전에서 빌고 8월 7일에는 다시 사찰·신사에서 기도드렸다.

이후에도 소헌왕후가 병이 들자 이를 걱정한 세종이 병을 낫게 하기 위한 온갖 방안을 강구했다. 또한 나이가 들어 부부동반으로 온양군온정(溫陽郡溫井)(세종 25/3/1)에, 임금과 왕비가 청주 초수리(椒水里)에 거둥할 때는 세자가 임금을 모시고 따라갔다.(세종 26/2/28)

그리고 1446년 소헌왕후가 승하하자 눈에 띠도록 약해지는 세종의 모습을 찾아볼 수 있다. 소헌왕후 사후, 두 번째 정궁을 맞아들이지 않았고 소헌왕후의 능을 조성할 때, 합장릉으로 만들 것을 명하였다. 자신이 그 옆에 묻힐 것이라는 것을 미리 명한 것이다. 영릉은 조선 최초의 합장릉이 된다. 그리고 이 합장릉을 그 아들들이 조성한 게 아니라 남편인 세종이 앞서 조성했다는 점에서 세종의 소헌왕후에 대한 부부애를 보여준다.

• 제제悌/ 서序

세종 15년 양녕의 문제로 신하와 맞선다. 신료들은 의義를 내세워 양녕을 멀리 두라고 한다. 세종의 인仁을 내세워 허락하지 않는다. 한 가지 일을 두고 두 의견으로 나뉘는데 의義도 옳고 인仁도 옳다.

이 시점에서 세종 곧 이도는 가내의 준거를 내세우게 된다. 부왕 때부터 하던 일이던 공적 사안이 개인의 일로 수렴된다. 즉 양녕의 문제는 ㉠왕권 안정에 지장이 없다. ㉡백성에게 영향이 있는 일이 아니라고 생각한다. 그러나 겉으로 내세우는 명목은 ㉠상왕이 이미 취한 조치다. ㉡임금의 인仁 정치다. ㉢효제孝悌와 관계된 개인적 일이라는 것을 내세우고 있다.

• 기타: 노인 공경

양로: 승정원에서 아뢰기를, 노인으로서 천한 자는 양로연(養老宴)에 나오지 말게 하소서, 하니, 임금이 말하기를, 양로(養老)하는 까닭은 그 늙은이를 귀하게 여기는 것이고, 그 높고 낮음을 헤아리는 것이 아니니, <u>비록 지천(至賤)한 사람이라도 모두 들어와서 참예하게 하고</u>, 그 장죄(臟罪)를 범하여 죄를 입어 자자(刺字)한 자는 참예하지 못하

게 하라, 하였다.(세종 14/8/17)

노인 공양: (90세 이상인 사람에게 봉작과 관직을 제수하게 하다) 하교(下敎)하기를, 늙은이를 공경하는 예(禮)가 내려온 지 오래다. 예전 제왕들이 혹은 친히 연락(宴樂)에 나아가 존경하는 뜻을 보이고, 혹은 아들이나 손자에게 부역을 면제하여 공양하는 일 [共億之事]을 이루게 하였다.(세종 17/6/21)

노인 공경: 노인으로 1백 살 이상 된 사람에게는 정월에는 쌀을 주고, 달마다 술과 고기를 주며, 80세 이상인 사람에게는 작위(爵位)를 차등 있게 주고, 중추(仲秋)마다 남자는 왕이 친히 나아가고, 부녀자는 왕비가 친히 불러서 잔치를 내려 주었습니다.(세종 32/2/22)

나이 90세 이상 백신(白身, 무위무관인 평민)에게는 8품을 주고, 원직(元職)이 9품 이상인 사람에게는 각각 1급을 올려 주고, 백 세 이상은 백신으로부터 원직이 8품인 사람에게까지는 6품을 주고, 원직이 7품인 사람에게는 각각 1급씩을 뛰어 올려주되 모두 3품을 한계로 하여 그치고, 부인의 봉작은 여기에 준한다. 천구(賤口)는 90세 이상의 남녀에게는 각각 쌀 2석을 내려 주고, 백 세 이상인 남녀는 모두 천인을 면케 해주고, 남자에게는 7품을 주고, 여자에게는 봉작(封爵)하여 늙은이를 늙은이로 여기는 어짐을 베푼다. 임금이 정부와 육조에 의논하고 집현전으로 하여금 예전 제도를 상고하게 하여, 드디어 이 명령이 있게 된 것이었다. 더불어 혼기를 놓친 사람에게는 곡식을 내려주었다.

혼기 놓친 사람: (가난하여 혼기를 놓치는 사람이 없도록 하다) 예조에 전지하기를, 가난하고 곤궁하여 시기를 넘기고 능히 혼가(婚嫁)를 하지 못한 사람은, 내외(內外)의 친족으로 하여금 함께 자장(資粧)을 준비하여 시기를 잃지 않도록 하고, 그 중에서도 가난하고 곤궁함이 더욱 심한 사족(士族)의 딸은 관청에서 곡식을 주도록 하다.(세종 17/9/29)

세종 효의 특성은 몸으로 실천해 보이는 효라고 하겠다. 특히 부왕인 태종이 훙했을 때는 헌릉을 여러 번 찾아 울음을 보이기도 했다.

2) 의식 살리기: 교화·교육

예조가 하는 일은 현생적으로 교육과 효의 진흥인데 이는 한자의 어원에서도 같다. 바로 교육의 교教는 효孝에 회초리를 든 모양이다. 효와 교는 뿌리가 같다. 배움의 여건이 충분하지 않았던 시대에 어떤 방법으로든 사람들에게 교육의 기회를 넓히는 일은 먹고 입는 것 다음의 일이 된다. 예나 지금이나 배움은 곧 힘이 되고 권력이 된다.

교육제도로는 향교, 서원, 성균관, 종학 등이 있고 그밖에 교육용 도서들의 발간을 들 수 있다. 실록의 '향교' 기사는 원문 474건으로 초기에 152건, 중기에 223, 후기에 99건이다. 세종 시에는 50건으로 세종보다 많은 건수의 임금은 중종 52건 뿐이다.

> 향교: 경상도 관찰사 신상(申商)이 계하기를, ... 향교의 생도들은 그들의 생업을 버리고 향교에서 글만 읽고 있기는 참으로 지낼 수 없는 바이오니, 청컨대 이들의 번(番)을 나누어 방학(放學)하게 하다.(세종 즉위/9/28)

서원에 관한 실록의 기록은 세종 8건으로 미미하다. 아직 서원의 일반화 시대가 아니다. 실록 속의 서원 기록은 선조 27건 이후 숙종 148건, 영조 202건으로 조선 후기에 이르러 보편화한 것으로 읽힌다.

> 서원 표창: 평안도 관찰사가 계하기를, 함종현(咸從縣) 사람 생원 강우량(姜友諒)이 서원을 사사로이 설립하고 학도를 교수하니, 전일 하교하신 교지에 따라, 그 이웃 가까운 주군(州郡)의 교도(校導)를 제수하여 표창하게 하소서, 하므로, 이조에 명을 내렸다. (세종 2/9/24)

이로 보면 조선 초기에는 향교로 시작하여 중기부터는 서원으로 발전하게 된다.

삼국시대부터 유교가 정치이념으로의 역할을 상당부분 맡았고 향교는 고려 인종 때 군현제의 바탕 위에서 유교이념 보급을 위해 지방 교육기관으로 설치되었다. 그러나 고려의 향교 교육은 사학 12도(私學 十二徒) 등 사립교육기관에 의한 성과보다는 저조했다.

이에 비해 조선왕조는 건국이후 세종 대부터는 현縣 단위 이상의 모든 고을에 향교를 설치하고 교육 문화적 기능을 대폭 강화했다. 아울러 향교의 재정을 위해 토지와 노비 등을 지급하고 종6품의 교수敎授나 종9품의 훈도訓導 등을 파견했다. 향교는 공자를 비롯하여 중국과 우리나라의 선현을 모시고 받드는 공간과 교육을 위한 공간으로 구성되어 있었다. 대표적인 구조가 성균관으로 봉사奉祀기능은 대성전, 교육기능은 명륜당이었다.[5]

즉위년에 세종은 신료들에게 마땅히 행해야 될 조목들로 교육에 대해 유시하였다.

교육: 학교는 풍속과 교화(敎化)의 근원이니, 서울에는 성균관과 오부 학당을 설치하고 지방에는 향교(鄕校)를 설치하여, 권면하고 훈회(訓誨)한 것이 지극하지 않음이 없었는데도, 성균관에서 수학(受學)하는 자가 오히려 정원에 차지 않는다.(세종 즉위/ 11/3)

이에 그 교양의 방법, 사람들의 추향趨向과 그 진작振作하는 방법을 연구할 것을 지시한다.

향교: 향교의 생도는 비록 학문에 뜻을 둔 사람이 있더라도, 있는 곳의 수령이 서역(書役)을 나누어 맡기고 빈객을 응대하는 등, 일에 일정한 때가 없이, 사역(使役)하여 학업을 폐하게 하니, 지금부터는 일절 이를 금지시키고, 그 유사(儒士)들이 사사로이 서원을 설치하여, 생도를 가르친 자가 있으면, 위에 아뢰어 포상하게 할 것이다.(세종 즉위/11/3)

이 기록은 교육을 강조하고 있음을 보여준다. 생도를 가르치는 일이 포상의 대상이니 백성 교육이 일반화지 않았음을 반증한다.

왕의 가족은 종학에서 가르쳤다. 세자 교육은 서연書筵이라 하여 시강원에서 맡았다.

종학의 설치: 처음으로 종학(宗學)을 설치하여 모든 종적(宗籍)에 속한 자를 모두 학문을 배우게 하였다.(세종 32/2/22)

세종의 인재를 통한 경험방과 개인의 지식을 집단지성으로 이끄는 일은 집현

---

5) 고석규·고영진, 『역사속의 역사 읽기 2』, 1996, 풀빛, 134~135쪽.

전을 통해서였다.

집현전: 집현전을 설치하여 선비들을 모아 고문(顧問)을 갖추었으며, 또, 널리 고금의 충신과 효자·열녀의 사적과 도형기전(圖形紀傳)을 모아 시(詩)와 찬(讚)을 써서 이름하기를,《삼강행실》이라 하여 안팎에 반포하니, 궁벽한 촌 동리의 아동 부녀에 이르기까지 보고 살피지 않는 이가 없게 하였습니다. 또, 주나라 처음부터 이제까지와 우리나라의 모든 치란 흥망으로서 본받을 만한 것과 경계하여야 할 일을 널리 찾아 기록한 것이 모두 1백 50권인데, 이름하기를《치평요람》이라 하였다.(세종 32/2/22)

백성에 대한 교육은 여러 양태로 수행되었다. ㉮ 한자 이외에 글이 없으니 이두나 이문 그리고 그림으로 ㉯ 책을 그림으로 만들고 ㉰ 몸으로 보이고 ㉱ 백성과 노인에게 잔치를 베푼다. ㉲ 교육과 형벌의 관계를 조절하는 시책을 세운다. 이로써 가르쳐야 형벌이 줄어드는 것이라고 여겼기 때문이다.《삼강행실》로 효를 통한 사회 안정 그리고《치평요람》을 통한 국가의 주체성 확립을 모색했다.

• 조선시대의 출판
세종 시대의 출판물은 이웃 다른 나라보다 많았다. 특히 세종 당대인 1400년대에 발행한 출판물은 인근 국가에 비해서도 월등하다.
분석에 사용한 자료는 서울대학교 규장각 및 한국학 중앙연구원에 소장된 목록을 비롯해 현재 전국에 소재하고 있는 1400~1910년까지의 고서 목록이다. 도서관에 소장된 자료 중 해당기간으로 검색한 총 목록 수 20만 건이지만 기록이 잘못된 것, 고문서 성격, 중복된 자료를 제외하였다. 또한 조선의 지식체계에 영향을 살펴보기 위하여 한국인이 저술한 서적뿐 아니라 중국과 일본으로부터 수입된 도서들을 포함한 22,204건의 도서를 분석 대상으로 삼았다.

표. 인문, 사회, 자연과학류 서적 비중추이

	연도구간	인문	사회	자연	예술	기타	총계
한국	1400~99	322	13	3	6	6	350
중국	1400~99	28	2	-	-1	-	31
일본	1400~99	5	-	-	-	-	5

표는 현존하는 서적 중 한국인의 저술과 중국 및 일본에서 수입된 도서들의 출간연도를 표시한 것이다. 표에서 조선의 저술들은 대체로 80~90%가 인문학에 경도되어 있었음을 본다. 이런 경향은 각 나라 모두 1800년대까지 이어진다.[6]

그리고 근세, 1900~10년까지 10년 사이에 한국은 인문 2,295, 사회 694, 자연이 110인데 비해 중국은 779 대 118 대 37, 일본은 781 대 362 대 34이다. 여기서 일본의 1876~99년 사이에 괄목할 숫자 증가가 눈에 띄고 특히 자연에서 229라는 큰 변화가 주목된다. 일본의 근대 산업 발전과 연관이 있다고 보인다.[7]

조선 초기에 출판이 성행했는데 주로 인문 쪽(92%)에 대부분의 서적이 출간되었다.

교화教化와 관련한 시정時政으로는 편찬을 들 수 있다. 《고려사》를 통한 역사기록과 우리나라 역사를 편찬하는 일이다.

세종의 재위기간에 편찬되거나 간행된 책이 무려 350여종이나 된다. 그중 특히 역사서 류의 편찬이 주목되는데 《자치통감》과 《자치통감강목》을 편찬하여 중국역사를 정리하였다. 우리의 역사는 《고려사》를 지속적으로 개수하고 《치평요람》을 편찬함으로써 그 기초를 닦았다.[8] 특히 《고려사》의 편찬 정신은 세종의 역사의식을 잘 나타내 주고 있다.

세종이 하늘로 여기는 것은 하늘 즉 시간에 대한 인식이다. 임금의 모든 일이 기록되어 후대에 전해진다는 것이 바로 하늘의 원리다. 즉 일을 바르게 하고 일을 있는 그대로 기록해 전하는 행위 그 자체가 하늘의 원리를 지키는 일이다. 이런 의식은 고려사 편찬에 잘 나타난다.

《고려사》: '모든 선과 악을 다 기록하는 것은 뒤의 사람에게 경계하는 것인데 어찌 재난[災異]이라 하여 이를 기록하지 아니하랴.'(세종 2/2/23)

《치평요람》: 우리나라의 과거의 모습을 반추하여 미래로 연결시키는 편찬으로 역사를 당대가 아닌 과거와 미래로 연결시키는 고려사의 확장작업이었다.(세종

---

6) 이후 한국은 1800~75년에 인문이 3,211에 사회는 382, 자연은 56인데 비해 같은 시기에 중국은 인문 816 대 사회 155, 자연 64, 일본은 807대 199대 52다. 그리고 1876~1899년까지 23년간에 한국은 인문 1,156, 사회, 245, 자연 24인데 중국은 889대 126대 50, 일본은 1,854대 1,078대 229다.

7) 박희진·황준석, '조선시대 지식의 확산방향, 1392~1910 -전국도서관 자료를 중심으로', 2014 제 57회 전국역사학대회 발표집, 379~383쪽.

8) 박현모, 『세종이라면』, 미다스북스, 2014, 291쪽.

• 산학算學

세종이 산법[수학]을 장려하여 천문과 생활에 이용했다는 기록은 세종 당대보다 《세조실록》에 잘 실려 있다. 세조 6년 6월 16일의 기사를 보자.

(이조에서 역산 생도를 권려하고 징계하는 일의 개선책에 대해 따르다) 이조에서 아뢰기를, 지금 역산 제조(曆算提調)에게 내리신 단자(單子)안에, '정통(正統) 13년(1460년) 정월 23일에 역산 생도(曆算生徒)에게 권려하고 징계하는 법을 전지하였으나, 자못 미진한 점이 있다.' 하므로, 지금 다시 마련하여서 아룁니다.

1. 산법(算法)은 육례의 하나를 차지하나, 주나라 빈객이 국자(國子)를 능히 가르친 이래로 역대에서 그대로 답습하여 과를 설치하여 선비를 취하였고, 위나라·당나라 연간에는 산학이 더욱 전일(專一)하여 유휘(劉徽)와 같이 《구장(九章)》(산수책)에 주(註)를 달고 《중차(重差)》(고대 산술의 하나) 를 속찬(續撰)하고, 순풍(淳風)이 《십경(十經)》을 주해하고 《보문(補問)》을 자세히 설명하니, 널리 종합되고 정밀하고 자세하여져 한때의 독보적인 존재였습니다. 그 후 과목이 이미 폐지되었고 산법을 전함이 드물었습니다. 더구나 우리 동방은 멀리 바닷가에 있어서 이미 산서(算書)를 구하지도 못하였으며, 누가 능히 산법을 알지 못하는데 또 어찌 능히 역법(曆法)을 알겠습니까? (세조실록 6/6/16)

역산소曆算所나 의서醫書 등을 학습할 관리를 길러야 한다는 진언이다. 이후 세종의 시책이다.

오로지 우리 세종께서 역법(曆法)의 밝지 못함을 탄식하고 생각하시어 역산(曆算)의 책을 널리 구하였는데, 다행히 《대명력(大明曆)》·《회회력(回回曆)》·《수시력(授時曆)》·《통궤(通軌)》와 《계몽(啓蒙)》·《양휘전집(揚輝全集)》·《첩용구장(捷用九章)》 등의 책을 얻었습니다. 그러나 서운관(書雲觀)·습산국(習算局)·산학 중감(算學重監) 등에서 한 사람도 이를 아는 자가 없었습니다. 이리하여 산법 교정소(校正所)를 두고 문신 3, 4인과 산학인(算學人) 등에게 명하여 먼저 산법을 익힌 뒤에야 역법(曆法)을 추보(推步)하여 구하게 하였더니 수년 안에 산서(算書)와 역경(曆經)을 모두 능히 통달하였습니다. 그래도 오히려 후세에 전하지 못할까 염려하여, 또 역산소(曆算所)를 설치하고 훈도(訓導) 3인과 학관 10인이 산서와 역경을 항상 익히게 하고, 매일 장부(帳簿)에 적어서 열흘마다 취재하여 그 근만을 상고하여 부지런한 자를 권장하고 게으른 자를 징계하여 학업

을 연마하게 하였기 때문에 산법을 아는 자가 서로 잇달아 나왔습니다. 저 삼사(三司)*
의 사람들은 승제법(乘除法)*을 조잡하게 익힐 뿐이요, 입방개법(立方開法)*을 오히려
알지 못하는데, 어찌 3승방(三正(員)[負]乘方)·4승방(四乘方)을 능하게 알아서 9승방(九
乘方)의 법과 저 방정(方程)*·정부 正(員)[負]*·개방(開方)*·석쇄(釋鎖)·도고(度高)·측심
(測深)·중표(重表)·누구(累矩)·3망(三望)·4망(四望)·구고(句股)*·중차(重差)의 법에 이르
겠습니까? 역산 학관(曆算學官)은 비단 산서(算書)뿐만 아니라 역경(曆經)에도 또한 능
히 익숙하고 겸하여 통달하였으나, 삼사(三司) 사람들의 학업은 맡은 바가 가볍지 아니
한데, 만약 역산소(曆算所)가 없었다면 우리나라에서 산법(算法)을 아는 자는 거의 없었
을 것입니다.(세조실록 6/6/16)

(주) * 삼사(三司): 서운관(書雲觀)·습산국(習算局)·산학중감(算學重監).
    * 승제법(乘除法): 수학의 곱하고 나누는 법.
    * 입방개법(立方開法): 세제곱근을 계산하여 그 답을 구하는 방법.
    * 방정(方程): 방정식(方程式).
    * 정부: 양수에 해당하는 수가 정수(正數), 음수에 해당하는 수가 부수(負數).
    * 개방(開方): 제곱근이나 세제곱근 따위를 계산하여 그 답을 구하는 일.
    * 구고(句股): 직각 삼각형(直角三角形)에서 세 변의 길이를 구하는 방법.

3) 사람 살리기: 아픈 사람 살리기

현생적으로 아픈 사람이나 버려진 사람을 돌보는 일이 예조의 일이었다. 이는
이조, 형조 등과 연관되어 있는 일이기도 하다.

버려진 아이: 형조에 전지하기를, 근년에 경중과 외방의 사람이 어린애를 길에 버리
게 되니, 비록 자기의 낳은 자녀가 아니지마는 잔인함이 아주 막심한 일이다.(세종
17/8/14)

그리하여 버린 자를 고발해 잡아드리도록 효유하라 한다. 그리고 '그 양자는
받아 기른 사람에 한해서 그 요역을 제가 대신하여 은공을 갚도록 하며, 비록 공
사천인(公私賤人)이라도 관청이나 원 주인에게 돌려주지 말며, 만약 기르기를 자
원하는 자가 없으면 제생원(濟生院)에게 전례대로 구호하여 기르도록 하게 했
다.'(세종 20/3/20)

시설 3간: 의료 지원으로 제생원 옆에다 온돌(溫埃), 서늘한 방, 밥짓는 곳 등 3간을 지어 구호하게 하였다.(세종 17/6/22)

한증소: 한증소에 대하여도 이익과 무익을 따져 보라고 했다. 병든 사람으로 한증소(汗蒸所)에 와서 당초에 땀을 내면 병이 나으리라 하였던 것이, 그로 인하여 사망한 자가 흔히 있게 된다. 환자가 오면 그의 병증세를 진단하여, 땀낼 병이면 땀을 내게 하고, 병이 심하고 기운이 약한 자는 그만두게 하라, 하였다.(세종 4/8/25)

의료인 기르기: '사람을 살리는 사람 기르기'에도 관심을 두어 의술은 인명을 치료하므로 가볍지 않으나 그 심오하고 정미한 것을 아는 자가 적으니, 판사 노중례(盧重禮)의 뒤를 계승할 사람이 없을까 염려되니, 나이 젊고 총명 민첩한 자를 뽑아서 의방(醫方)을 전하여 익히게 하라, 하였다.(세종 22/6/25)

4) 예악: 기 살리기

후생적인 예조의 일로 집단 전체를 아우르는 기제로 음악을 고려한다. 교화나 교육은 받아들이는데 있어 개인적이다. 그러나 사회는 집단이어서 집단의 질서 유지에 필요한 규율은 법 이전에 악樂이다. 악률은 律 그대로 규칙인 것이다.
음악은 원칙적으로 듣는 것은 각자이고 그 감흥도 각자의 것이다. 그러나 여럿이 같이 듣는 음악은 듣기는 각기 들어도 감흥은 서로 나누고 교류하게 된다. 음악이 서로를 잇고 하나로 묶는 끈으로 작용한다. 나아가 집단적 의식儀式에서의 음악은 그 집단의 의식과 행동 그리고 규율에 질서를 부여하고 집단을 주도하게 된다.

아악: (아악 연주의 타당함 등에 대해 의논) 아악(雅樂)은 본시 우리나라의 성음이 아니고 실은 중국의 성음인데, 중국 사람들은 평소에 익숙하게 들었을 것이므로 제사에 연주하여도 마땅할 것이다. '우리나라 사람들은 살아서는 향악(鄕樂)을 듣고, 죽은 뒤에는 아악을 연주한다는 것이 과연 어떨까 한다.' 하물며 아악은 중국 역대의 제작이 서로 같지 않고, 황종(黃鍾)의 소리도 또한 높고 낮은 것이 있으니, 이것으로 보아 아악의 법도는 중국도 확정을 보지 못한 것임을 알 수 있다.(세종 12/9/11) 我國之人, 則生而聞鄕樂, 歿而奏雅樂, 何如?

중국의 이론에 얽매이지 말고 원리대로의 악기 제작을 주장하고 있다.

우리 음악: 박연이 조회의 음악을 바로잡으려 하는데, 바르게 한다는 것은 어려운 일이다. 《율려신서(律呂新書)》도 형식만 갖추어 놓은 것뿐이다. '우리나라의 음악이 비록 다 잘 되었다고 할 수는 없으나, 반드시 중국에 부끄러워할 것은 없다. 중국의 음악인들 어찌 바르게 되었다 할 수 있겠는가, 하였다.(세종 12/12/7) 我朝之樂, 雖未盡善, 必無愧於 中原之樂, 亦豈得其正乎?

신악: (신악의 존폐 여부를 의정부와 관습도감에서 논의하게 하다) 임금이 승정원에 이르기를, 이제 신악(新樂)이 비록 아악(雅樂)에 쓰이지는 못하지만, 그러나, 조종(祖宗) 의 공덕을 형용하였으니 폐할 수 없는 것이다. 의정부와 관습 도감(慣習都監)에서 함께 이를 관찰하여 그 가부를 말하면, 내가 마땅히 손익(損益)하겠다.(세종 31/12/11)

세종은 절대음감의 소유자로 생각된다. 그 예로는 박연이 종률(鍾律)을 정하며 옥경(玉磬)을 올렸는데, 세종이 쳐서 소리를 듣고는, "이칙(夷則)의 경쇠소리가 약 간 높으니, 몇 푼[分]을 감하면 조화(調和)가 될 것이다." 하여, 박연이 가져다가 보 니, 경쇠공[磬工]이 잊어버리고 쪼아서 고르게 하지 아니한 부분이 몇 푼이나 된 것을 알게 되었다.(세종 31/12/11) 세종은 성음聲音의 청탁과 높낮이도 한 번 귀에 들어가면 그 윤리를 심찰할 정도로 총명과 예지가 특출하였다.(세종 5/12/23)
세종이 직접 음악을 정리하겠다는 의지의 표현이다. 신악의 절주(節奏)는 모두 임금이 하였는데 막대기를 짚고 땅을 치는 것으로 음절을 삼아 하루 저녁에 제 정하였다고 한다.

문무와 무무: 고대로부터 제왕이 읍양(揖讓)으로 천하를 얻으면 문무(文舞)를 먼저 연주하고, 정벌로 천하를 얻으면 무무(武舞)를 먼저 연주하였다. 이제 태조에게는 무무 를 연주하고, 태종에게는 문무를 연주하는 것이 옳겠다. 태조께서는 천운에 순응하여 나라를 여시고, 태종께서는 그 뜻을 이어서 일을 닦아 밝히시매 예악과 문물이 찬란하 게 크게 갖추어졌다.(세종 14/6/14)

이를 통해 보더라도 태조의 무무武舞와 태종의 문무文舞를 거쳐 수성의 의지를 보여주려는 세종의 의지를 확인하게 된다.

5) 외교: 마음 나누기

외교란 이웃을 신의로 대하는 일로 이는 효의 외연확대 정신이다. 어른에 대해 효라면 이웃에 대하여는 신信이다. 신을 지키기 위한 태도는 예경을 갖추고 근신勤愼하는 것이다.

> 왜인 평안: 섬에 사는 왜인과 야들도 위엄을 두려워하고 덕을 사모한 지 30여 년간에, 백성이 전쟁하는 것을 보지 못하고 편안 하게 살면서 생업을 즐기었습니다.(세종 32/2/22)

조선은 위로 여진과 옆으로 중국, 아래로 일본 특히 왜구의 압박을 받고 있었다. 늘 긴장하지 않을 수 없는 상황 속에 있었다. 외교는 전쟁을 막는 일선정치의 마당이 되어 있었다. 이에 외교를 전쟁에 임하는 자세로 신중하게 대비한 점이 여러 곳에서 드러난다.

> 예경대지禮敬待之: 임금이 예조 판서 신상에게 이르기를, 근래에 사신이 아니 오는 해가 없으니, 중국이 우리나라와 서로 한 집같이 합하여 정답고 친함이 지극하나, 사람의 사귐이란 친하면 반드시 버성겨지는 것이 자연의 이치이다. 이제 사신을 대접함에 있어 서로 친함만 믿지 말고 더욱 예도와 공경을 갖추어 대접하여야 옳다, 하다.(세종 13/7/15) 近來使臣, 無歲不來, 中國與本朝, 合爲一家, 情親至矣。然凡人之交, 親則必疎, 理之自然。今待使臣, 不以相親爲恃, 盖修禮敬待之可也。

> 근신: 왜인·야인을 접대하는 것은 관계되는 것이 가볍지 않은데, 평안한 것이 몸에 배어, 해와 날이 오래되고 깊어, 모든 일에 게으르고 늦어질까 두려우니, 마땅히 삼가 조심하기를 늘 하루같이 하여, 혹여 조금의 허술함도 없도록 하라.(세종 32/2/14) 接待倭, 野人, 所係匪輕, 忸於平安, 歲久日深, 凡事恐或至於緩弛, 當謹愼常如一日, 毋或少弛。

예조와 병조에 명하여, 해당되는 관리를 경계하여 신칙[조심함]하라 하였다. 임금이 동부승지 정이한에게 이르기를, 왜인과 야인들에 대해 더욱 조심하여 허술함이 없도록 하라는 당부다.

세종 초기부터 지성으로 사대하는 것에 대하여 명도 알고 인정하고 있을 정도로 진실했다. 홍하시기 3일전 몸이 아픈 가운데 이루어지는 거의 마지막 일은 국가안위였다. 이런 세종의 시책을 보노라면 지금도 가슴이 아리다.

교린이신交隣以信: 대국을 섬기기를 정성으로써 하였고, 이웃 나라를 사귀기를 신의로
써 하였다. 인륜에 밝았고 모든 사물에 자상하니, 남쪽과 북녘이 복종하여 나라 안이
편안하여, 백성이 살아가기를 즐겨한 지 무릇 30여 년이다.(세종 32/2/17) 事大以誠, 交
隣以信, 明乎人倫, 察乎庶物, 南北賓服, 四境按堵, 民樂生生者, 凡三十餘年。

몸이 불편하여 자신의 죽음을 예지하고 있는 32년에서도 한결같이 명에 대하
여 정성[誠]으로 하였고 왜인과 야인이게 예경禮敬과 근신勤愼으로 대하였다. 그
기본정신은 신 즉 교린이신交隣以信이었다.

실록에는 지성사대至誠事大 외교로 적고 있다. 지성사대는 원문으로 174건이
있다. 당연히 임진왜란을 겪는 선조가 33건으로 가장 많고 성종 27건, 세종 20건
이다. 명과 어려운 일이 없던 때에도 '전략적 모호성'을 띠지 않고 지성사대를
하였는데 이는 실용적으로 유용하였기 때문이라는 실용외교로 보는 측면이 있
다. "한·중간의 책봉·조공관계에서 가장 '사대적'이며 '가장 자주적'인 시기가
바로 조선 세종 대이다. 세종의 외교는 가장 사대적인 것이 가장 자주적이라는 역
설을 담고 있으며, 그 성과는 국내에서 민족문화의 발달과 영토의 확장이라는 실
리로서 구현되었다. 그러한 점에서 세종의 사대외교를 '실용사대'라고 부를 수 있
을 것이다.'[9]

명에 대한 세종의 외교를 지성사대라고 하지만 이때 지성至誠은 명明에 대한
것만은 아니다. 이웃 왜인이나 야인에 대하여서도 "마땅히 삼가 조심하기를 늘
하루같이 하여, 혹여 조금의 허술함도 없도록 하라."(當謹愼常如一日, 毋或少弛당근신
상여일일, 무혹소야)고 당부한다. 중국에 대한 마음이나 이웃 다른 나라에 대하여
도 마찬가지인 셈이다. 국가 대 국가는 지성으로 대하여야 한다는 원칙에는 다름
이 없는 것이다.

국가라는 집단이 이웃과 함께 살아가는 길인 국체로서의 외교에서 세종의 시
정 방향은 성誠과 신信에 기초한 예禮와 경敬이었다. 외교와 국방의 방법론으로
는 '너그럽고 맹렬함이 중도를 얻고 은혜와 위엄이 아울러 나타나게' 해야 한다.

---

9) 이익주, 세종의 실용사대, 『세종리더십의 핵심가치』, 정윤재 외 지음, 한국학중앙연구원
   출판부, 2014, 75쪽.

세종의 성심을 보여주는 기사가 있다.

마음과 실리의 사대: (진헌할 해청의 수에 대해 의논하다) 이제 많이 잡은 것을 수를 감하여 바쳐서 천총(天聰)을 속인다면, 내 마음이 미안하니 있는 숫자대로 다 바쳐서 스스로 그 도리를 다함만 같지 못할 것이다. … 또 이제 채방사(採訪使)에게 위임해서 보내지 않고 나에게 칙서만을 내리셨으니 성의를 다하지 않을 수 없다. 만약 교묘한 계책을 내어서 마음을 다하지 않는다면 혹시 채방사(採訪使)를 보낼지도 모른다. 만일 그렇게 된다면 폐해가 더욱 심할 것이다.(세종 11/11/16) 上曰: 若生巧計而不盡心, 則恐或差人採訪矣。若然則受弊尤甚矣。

지성사대: (함길도 도순찰사·접반사 등에게 해청을 보면 잡고, 곧 사신에게 알리라고 전지하다) 내 지성으로 사대하였고, 철이 난 이래로 조금도 거짓된 일을 행함이 없음은 천지신명(天地神明)이 다 아는 바이거늘, 하물며 이 일에 있어서 감히 속이는 마음을 두리오.(세종 14/11/18) 予事大至誠, 自有知識以來, 無一毫行詐之事, 天地神明所共知也。

세종 14년 명의 사신이 와서 함길도에서 해청을 잡으려하자 조정에서는 지난해에 이어 금년에도 왔으니 뒷날이 걱정된다며 "고의로 잡기 어려운 척하라 하시고, 비록 잡았더라도 놓아 버리라고 하시어, 긴 앞날의 폐단을 덜어 버리게 하소서." 했다. 그러나 세종은 "이것은 진실로 어려운 일이나, 그러나 대신들이 이미 멀리 생각한 것인즉, 내 말리기 어렵도다."하고, 함길도에 유시하라 하였다. 그러나 조금 있다가 후회하여 말하기를, "내 지성으로 사대하였고, 철이 난 이래로 조금도 거짓된 일을 행함이 없음은 천지신명(天地神明)이 다 아는 바이거늘, 하물며 이 일에 있어서 감히 속이는 마음을 두리오." 하고, 곧 함길도 수령 등에게 전지하기를, "만일 해청을 보게 되면 마음을 다하여 잡고, 곧 사신에게 알리라." 했다. 이런 전지가 있은 뒤에 경성 사람이 해청 1연(連)을 잡았으나, 이징옥(李澄玉)이 짐짓 놓아주었다.

세종은 성심이 끝내 통한다는 의지를, 신하는 현실을 모면하려는 응변應變을 보인 장면이다.

심열성복心悅誠服: (첨지중추원사 이예가 대 왜인정책에 대해 아뢰다) 국가 대의(國家大義)로 타이르며, 인하여 술[酒]을 내려 주고, 또 서여서도(西餘鼠島)에 왕래하며 소원대로 고기를 잡도록 허락하여 그 생업을 유지하게 하오면, 대마도의 왜인들이 마음 속으로 기쁘게 순종[誠服]할 것입니다.(세종 22/3/22) 開諭國家大義, 仍賜酒, 又許令往來 西餘鼠島, 從願捕魚, 以資其生, 則對馬 倭人心悅誠服矣。

세종의 외교는 마음으로 나누고[心悅誠服] 그리고 더욱이 실리로 하는 것이라 는 사실이 이 말에도 잘 드러나 있다.

차이없음: (김종서에게 북쪽 야인들을 잘 효유하도록 교서하다) 하늘이 만물을 기를 제 크고 작음을 가리지 아니하고, 임금이 백성을 사랑할 제 이것과 저것의 차이가 없다. 오직 저 동창·범찰 등은 그 선대(先代)로부터 본국의 경성(鏡城) 땅에 살았는데, 우리 조종께서 관직(官職)과 의식(衣食)을 주어서 편하고 즐겁게 생활하도록 한 것이 대개 여러 해가 되었다.(세종 21/5/14) 天之育物, 不遺洪纖; 王者愛民, 無間彼此。粤惟童倉, 凡察 等自其先世, 居于本國鏡城之地, 惟我祖宗授以官職, 給其衣食, 安生樂業, 蓋有年矣。

북방의 이만주(李滿住)를 설득해 귀순시키려는 과정에서 한 말씀이다.

기타로 예조에서는 불교와 민속적인 관습으로의 무교, 백성의 생생지락에 대 한 여러 시책들이 있었다. 여러 교화 활동은 백성이 거듭나는 길을 가게 하려는 과정이고, 몸으로 보이는 생효는 성의를 다하는 모습을 체현하는 일이고, 음악은 바른 마음과 몸을 통해 질서를 잡고 기쁨을 누리게 하려는 작용이고, 이웃 국가 들과의 외교는 성심[신信]을 나누어 이웃 국가와 함께 누리며 사는[공형共亨] 활 동이었다.

4. 생지론生地論 생토生土: 병조兵曹

생생과 관련한 세종 시대의 병조의 일은 생지론이다. 생지는 새 땅을 확보하 는 일이다. 국가란 영토, 주민 주권으로 이루어지는데 그중 영토의 확보가 가장 중요하다. 먼저 안으로는 영토 내 황무지의 개간이고 밖으로는 국경을 안정시켜 야 한다. 4군 6진의 개척과 주민의 정착이 잇따른다.

이에 병조의 일은 4군 육진의 새 땅 정착과 안정, 한 지역을 지키기 위한 성

쌓기와 군사 훈련 그리고 궁중에서의 강무 훈련, 그리고 적극적 수비로서의 대마도 정벌과 파저강 전투 1, 2차가 있다.

생生은 자신이 살아가기도 하지만 상대를 살릴 수 있는 요소를 갖추고 있다. 새 땅을 얻는 일은 그것이 개간이든 새 영토를 확보하는 일이든 다 같이 소중했다.

병조는 예생적으로는 첫째 생지生地, 생토生土 등 새 땅과 국경 지역을 확충하는 일에 우선했다. 현생적으로는 둘째 축성과 군의 정비, 무기의 개발 등 적극적 방어 준비에 충실했다. 셋째 하루하루의 기본적인 군사적 일상에 충실했다. 강무, 격구마저 이런 일련의 군사훈련활동의 하나로 여겼다. 이는 기살리기이고 긴장감을 심어 준다. 후생적으로는 넷째 적극적 방어 태세의 몸가짐을 취했다. 대마도 정벌이나 파저강 전투는 공격이라기보다는 적극적 방어로 나타난다. 적극적 방어는 안정에 어긋나는 상황을 사전에 제어하는 효과가 있는 것이다. 역사적으로 대마도 정벌 이후 왜구는 줄어들었고, 파저강 전투 이후 여진도 조금 안정되었다. 후생적 살림이라 하겠다.(이후 200여년이 지나기 전 왜구는 임진왜란으로, 뒤이어 여진은 청이 되어 병자호란으로 조선을 침범한 사실은 역사적 아이러니라 하지 않을 수 없다. 반복되는 역사 교훈에 대한 중기 조선의 무지라고 여길 수밖에 없겠다.)

1) 생지: 땅 살리기

생지는 사전에는 ①생명 보존 ②새로운 땅 ③타고난 자질의 뜻이 있다. 그리고 새로 일군 밭이라는 생전生田도 있다.[10)]

국어사전에는 ①본디 그대로 굳은 땅. 유의어 생땅(生-) ②눈에 익지 않아서 낯선 땅 ③태어난 곳. 출생지 ④사지(死地)에 상대하여, 살아 돌아올 수 있는 곳을 이르는 말 등이 있다.

정치학에서 국가란 영토, 주민, 주권으로 성립한다. 국토는 중요한 국가 구성의 요소이지만 조선에서는 국토의 개념도 사람에게 종속될 수 있었다. 북방 지역에 여진들이 많이 들어와 살면 여진의 땅이 될 수가 있다. 국경이 바다를 두고 경계를 가지지 않는 한 주민이 영토보다 우선할 수 있다. 세종은 이 점을 잘 인식하고 있었다.

오늘날에는 국토의 개념이 경제력, 언어, 종교, 문화, 사이버 영토 등 다양하게

---

10) 『漢韓大辭典』, 단국대학교 동양학연구소, 2006.

나타나고 있지만 세종 시대에는 영토의 확보와 이에 따른 주민의 이주 등이 초점이었고 이를 확보하기 위해서는 소극적이 아닌 적극적 방어를 하였다. 파저강 전투 1, 2차는 전쟁이 아닌 적극적 방어책이었다. 이전에 태종으로부터 군사에 대한 학습을 받은 것이 큰 도움이 되었음은 말할 나위 없다. 북방의 4군 6진 개척은 한 국가의 국방이지만 동시에 조선 임금의 직무로서 조종으로부터 내려오는 업인 셈이다. 이는 우리 영토였던 지역을 회복하는 일이기도 했다.

한치의 땅: (경원성을 옮겨 쌓는 일을 살피게 하고자 황희를 파견하다) 영의정 황희를 불러서 말하기를, "토지의 정한 영토는 조종에게서 받은 것이니 비록 한 자 한 치라도 줄일 수 없는 것이다. 마땅히 굳게 지키고 옮기지 말아야 한다."고 하다.(세종 14/3/6)

국경: 고려의 윤관(尹瓘)은 17만 군사를 거느리고 여진(女眞)을 소탕하여 주진(州鎭)을 개척해 두었으므로, 여진이 지금까지 모두 우리나라의 위엄을 칭찬하니, 그 공이 진실로 적지 아니하다. 관이 주(州)를 설치할 적에 길주(吉州)가 있었는데, 지금 길주가 예전 길주와 같은가. 고황제(高皇帝)가 조선 지도를 보고 조서(詔書)하기를, '공험진(公險鎭) 이남은 조선의 경계라.'고 하였으니, 경들이 참고하여 아뢰라.(세종 15/3/20)

영토회복: (영북진을 알목하에 경원부를 소다로로 옮겨 영토를 확장시킬 것을 논의하다) 황희·맹사성·권진(權軫)·하경복(河敬復)·심도원(沈道源) 등을 불러 이를 의논하여 말하기를,.. 내가 드디어 정벌을 명령하여 성공하였다. 그러나, 그것은 특히 행운일 뿐이고 숭상할 만한 것은 못된다... 나는 그곳[알목하]의 허술[虛]한 기회를 타서 영북진(寧北鎭)을 알목하에 옮기고, 경원부(慶源府)를 소다로(蘇多老)에 옮겨서 옛 영토를 회복하여서 조종(祖宗)의 뜻을 잇고자 하는데 어떤가.(세종 15/11/19)

먼저 국경에 대한 윤곽을 잡으려 했다. 윤관의 북방영토 개척의 의의와 명태조가 공험진 이남은 조선 땅이라고 하였음을 상기시키고 있다.[11]

---

11) (참고): 공험진 公險鎭. 고려 예종 3년(1108)에 성을 쌓아 진을 설치하고 방어사를 두었다. 6년(1111)에 산성을 쌓았다.[공주(孔州), 혹은 광주(匡州)라고도 한다. 선춘령의 동남쪽, 백두산의 동북쪽 있는 지역이라고 하며 소하강(蘇下江) 가에 있는 지역이라 한다.] 공험진 [公險鎭],『국역 고려사: 지』 2011. 10. 20, 경인문화사.

(주) 공험진: 공험진은 고려 예종 때 윤관(尹瓘) 등이 동북여진을 축출하고 개척한 지역에 쌓은 9성 가운데 하나이다. 이후 방어사(防禦使)를 설치하고 병민(兵民) 523정호(丁戶)를 남쪽으로부터 옮겨살게 하였다. 그러나 여진과의 강화에 따라 9성 지역을 여진에게 돌려 주었는데, 공험진은 그 뒤에도 축성 사실이 보인다. 『세종실록 지리지』와 『신증동국여지 승람』의 기록에 의하면, 공험진에는 내방어소가 있어 내방어소는 경원도호부(慶源,都護府) 자리에, 외방어소는 두만강 북쪽 700리의 공험진에 두었던 것으로 보고 있다. 조선시대의 관찬문서와 지도·지리지 등은 공험진의 소재를 두만강 북쪽 700리에 항상 선춘령(先春嶺) 과 함께 있는 것으로 기록·주기하였다.(《세종실록》 155권/지리지/함길도)

영토 회복 후 생토 개간이 이루어진다. 농사를 짓지 않으면 식량 공급이 안 되기 때문이다. 4군 6진으로 나타나는 영토 지키기는 뒤이어 사민斯民 정책, 여진족을 받아들이는 화민정책, 여진세력 회유하기, 땅 개간하기, 성 쌓기, 훈련, 장수의 임명 등으로 확충된다. 안정된 여건 속에서 농사의 업을 통한 생생지락의 삶을 살게 하기 위한 조치들이다. 땅 넓히기는 앞서 호조에서 보듯 강무장을 헐어 농지로 만든 예에서 볼 수 있다.

세종의 병조는 친민 정책과 적극적 방어를 통한 일련의 적극적 주권 지키기를 추진했다.

㉮ 영토 확정: 국토·주민·주권의 확립을 통한 나라 살리기

㉯ 생토 개간: 땅과 경제 되살리기

㉰ 주민 이동: 주민 신분의 상승 이동

㉱ 주권: 이민자를 받아들여 생생지락를 얻게 한다.

지역이 확보되면 다음은 사람들이 거주하여야 한다. 사람을 이주시키는 것이 바로 사민정책이다. 세종은 "옛날부터 제왕(帝王)들은 국토를 개척하여 나라의 근본으로 삼는 일을 소중하게 여기지 않은 이가 없었음은, 역사책을 상고하여 보면 분명하게 알 수 있다."고 했다.(세종 15/11/21)

이주移住: 내가 선인들의 뜻을 이어 이루어서, 다시 경원부(慶源府)를 소다로(蘇多老) 에 되돌려 옮기고, 영북진(寧北鎭)을 알목하(斡木河)에 옮긴 뒤에, 이주할 백성들을 모아서 충실하게 만들고자 한다.(세종 15/11/21)

"삼가 조종으로부터 물려받은 천험(天險)의 국토를 지키고, 변방 백성들의 교대로 수비하는 노고(勞苦)를 조금이나마 덜어 주고자 할 뿐이니, 큰 일을 좋아하

고 공(功) 세우기를 즐겨하여 국경을 열어 넓히려는 것과는 다르다."(세종 15/11/21)고 말한다. 이러한 노력은 쉬지 않고 이어졌다.

사민斯民: 임금이, 들어가 살게 할 인구는 하삼도(下三道)의 향리·역졸·공천(公賤)·사천을 물론하고 만약 자진하여 응모하는 자가 있으면, 신역(身役)을 면제하여 주어서 들어가 살게 하며, 혹은 토관직(土官職)을 제수하여 군대의 수에 충당하게 하는 것이 어떻겠는가, 하였다.(세종 15/11/19)

사민斯民: 축년 겨울에 경원부(慶源府)를 소다로(蘇多老)로 옮기고, 영북진(寧北鎭)을 아목하(阿木河)로 옮겨서 남도의 백성 2천 2백 호나 이사시켜 채웠고, 또 강원·충청·경상·전라도의 사람을 모집해 보태어 장차 부역과 과세를 가볍게 하고, 그 생활을 후하게 하여 군사를 훈련해 길러서 변경을 굳게 하려고 하였다.(세종 19/5/20)

황희 등이 "함길도의 함흥 이북의 인민들을 먼저 뽑아 들어가 살게 하고, 부족하면 부근의 다른 도의 인민을 뽑아서 들어가 살게 하는 것이 좋겠습니다."하고, 맹사성은 아뢰기를, "만약 장수로서의 지략이 있는 자가 있어서 거기를 지킨다면 어찌 패하는 일이 있겠습니까. '지금 시기가 이처럼 절호(絶好)하니 바로 국토를 넓힐 때입니다.'(今其時如此, 正是(鬪)[闢]國之秋也。)(세종 15/11/19)고 했다. 나라의 가을 바로 열매를 맺을 때인 것이다. 모든 일에는 시기가 있음을 상기시킨다. 이어 이틀 뒤 다시 사민 정책을 확인한다.

그러나 같은 시기에 큰 눈으로 가축이 많이 죽었으며 또 이듬해에는 역질(疫疾)이 크게 일어나서 죽은 자가 심히 많았으니 새로 이사한 백성들이 그 곳에 살기가 불안하여 고향으로 돌아가기를 생각한다든가 혹은 망명하는 데 이르렀고, 인하여 말을 지어내기도 했다.

국경: 새 읍은 영구히 세울 수 없으니 곧 파해야 마땅하다, 하고, 한 두 대신들까지도 말하기를, 고려 때에도 오히려 두만강을 경계로 삼지 못하였으니, 이제 마천령(磨天嶺)으로써 경계를 삼으면 또한 지킬 수 있다, 고 했다.(세종 19/5/20)

이에 세종은 "안팎이 시끄럽게 떠들어대서 서로 '뜬 말'[浮言]에 움직이나, 나는 큰 계책을 굳게 지켜서 잡된 말에 의혹하지 아니하고, 북문의 일을 오로지 경

(김종서)에게 위임하여 그 포치를 맡기노라.”(세종 19/5/20)고 단호하게 말한다. 흔들리지 않는 신념에 따라 세종은 오늘날 한국의 국경을 정비한 임금이다. 독도와 북방 국경이 그것이다. 조선조 임금 중 세종은 새 땅[新地]을 확보한 임금이다.[12]

　　무릉도 찾기: 함길도 관찰사·도절제사에게 전지하기를, 도내에 새 땅이 있다는 일은 떠들썩하게 전하여진 지가 이미 여러 해가 되었고, … 친히 말하는 자도 역시 한둘로 계산할 수 없었으니, 어찌 그 까닭이 없이 그러했겠는가. 생각하건대, 그 실상이 있을 것 같다. 그러나 사람을 보내어 찾게 한 것도 한두 번이 아니었지만, 아직도 찾지 못하였다. … 지난 날 강원도의 무릉도(武陵島)를 찾으려고 할 때에 모두 말하기를, ‘있는 곳을 알지 못한다.’고 하였는데, 뒤에 조민(曹敏) 등이 이를 찾아내어 상을 탔다. 요도(蓼島)에서 바라볼 때에 조민의 일을 듣고서, 역시 제 스스로 찾겠다고 희망하는 자가 간혹 있었으니, 이로써 본다면, 무릇 토지나 서적을 찾아낸다는 것이 역시 매우 어려운 일이므로, 반드시 성심으로 구한 연후에야 얻게 되는 것이 천하고금의 상사이니, 그것을 얻고 얻지 못하는 것은 구하는 데에 있어 정성 여하에 달려 있는 것이다. 이제 새 땅의 일도 역시 이와 같은 것이니, 만약 그 실지가 없는 것이라면 전(傳)하는 것이 어찌 이 같이 오랠 것이며, 말하는 자가 어찌 이같이 많겠는가. 하물며 이 새 땅은 우리 강역(疆域) 안에 있는 것이니 더욱 알지 않을 수 없는 것이다. 구하기를 성심으로 하면 반드시 이를 얻을 수 있을 것이다. 경은 이를 알아서 경내의 고로인(古老人)과 일을 아는 각 사람 등에게 현상(懸賞)하여 묻기도 하고, 혹은 설명하여 묻기도 하는 등, 여러 가지로 계획하여 널리 탐방하여서 아뢰라, 하였다.(세종 23/7/14)

　　새 땅을 찾는 일을 함길도 관찰사·도절제사에게 전지한 기사다. 독도에 대하여는 지리지를 만들며 분명하게 다시 기록하였다. 독도의 이전 기록은 우산국이 신라에 귀속되고(신라 지증왕 13년, 512년), 왜구 출현으로 주민 쇄환정책을 실시했다.(태종실록 17/2/8, 1417)

　　독도: (김인우(金麟雨)를 무릉(武陵) 등지 안무사(安撫使)로 삼았다.) 호조 참판 박습

---

12) 신지新地《조선실록》전체 원문 46건.
　　초기: 세종 32, 문종 3, 성종 7
　　중기: 연산군 2, 명종 1, 선조 1
　　후기: --

(朴習)이 아뢰기를, "신이 일찍이 강원도 도관찰사로 있을 때에 들었는데, 무릉도(武陵島)의 주회(周回)가 7식(息)이고, 곁에 소도(小島)가 있고, 전지가 50여 결(結)이 되는데, 들어가는 길이 겨우 한 사람이 통행하고 나란히 가지는 못한다고 합니다.(태종실록, 16/9/2, 1416)

(참고): 무릉도(武陵島)는 울릉도(鬱陵島)를 말하는데, 그 옆의 소도(小島)는 분명히 독도(獨島)를 가리키는 사료임.(《조선왕조실록》의 註)

이후 『세종실록지리지』에 울릉도·독도 내용이 수록되었다.(1454, 단종 2년) 그 외의 영토인 대마도정벌은 1396년(태조 5)과 1419년(세종 1)에 있었다.(정벌 이후 권리를 방기한 것은 역사에 대해 생각할 과제를 주는 일이다.)

생지의 연관어로는 생토가 있다. 생토는 맨흙의 땅이다. 국어사전에는 있으나 실록에는 없다. 실록에는 이생지泥生地라는 말이 있고 토지를 개간하는 일과 연관되어 있었다.

이생지: (수릉관 유보가 강가의 땅을 수호군에 절급하여 줄 것을 청하다) 신이 듣기로는 강가에 이생지(泥生地)가 있는데 뽕나무는 심을 수 없고 농사는 지어 먹을 수 있다 하니 이 수호군에게 절급(折給)하여 생계를 이어가게 하는 것이 어떠하겠습니까?(중종실록 27/3/16)

2) 대비: 적극적 준비

대비는 불안을 없애는 일이다. 불안을 없앤다는 것은 예생적이고 현생적인 활동으로 안정감을 살려 생기生起를 일으키는 일이다.

전쟁에 대비하는 일에는 먼저 군인의 확보, 축성, 훈련, 무기 개발 등이 있고 군대 정비로 중앙군과 지방군의 정비, 문무의 조화, 충분한 토론을 통한 군신의 힘을 모으는 전략도 중요하다. 그러나 군사에서도 중요한 것은 병사다. 강력한 무기가 없던 시대에는 사람 즉 병사수가 바로 군대의 힘이 되었다.

목자 명부: 목장의 목자의 명부도 없이 지내오다가 병조에서 각도의 목자와 목마군을 찾아 따로 명부를 작성하여 대개 3년에 한 번씩 고치게 하소서, 하니, 그대로 따랐다.(세종 10/4/7)

군사훈련: 재위 중반에는 모화관에서 격구로부터 기사騎射, 기창騎槍, 화포 발사 등 각종 군사 훈련을 실시하기도 하였다.(세종 16/0315)

(주): 역대 명장의 행적을 기록한 병서.

성 쌓기: 임금이 말하기를, 사람들은 모두가 말하기를, 승평(昇平)한 세상에서 어찌하여 성을 쌓기에 급급히 구는가. 하지만 나는 그렇지 않다고 생각한다. 편안한 때일수록 늘 위태로운 것을 잊지 않고 경계함은 나라를 위하는 도리이니, 어찌 도적이 침범하여 들어온 후에야 성을 쌓는다는 이치가 있겠느냐. 성을 쌓는다는 일은 늦출 수 없는 것이다.(세종 14/10/10)

전함: 전함을 더 만들어 수전을 익히게 하였으며 요해(要害)한 땅을 가려 성과 보(堡)를 많이 설치하여서 뜻밖의 변환을 대비하였고, 본국의 옛날 경계가 북으로는 두만강을 지났는데, 고려가 망할 무렵에 와서 연변의 땅이 모두 잡종야인(雜種野人)의 점거한 바 되었는데, 왕이 처음으로 여러 진(鎭)을 설치하여 옛날의 경계를 회복하였으며, 야인과 왜노를 접대하는데 알맞게 하여 사방이 경계할 것이 없었습니다.(세종 32/2/22)

화포와 말: (올량합의 동정을 살필 것과 화포를 시험할 것에 관해 의논하다) 임금이 또 말하기를, 화포의 법을 우리나라에서 정밀하게 익히지 않음은 아니나 한 번도 이용하지 않았으니, 나의 생각으로는 화포를 말에 싣고 한 사람이 타며, 화포를 쏘는 사람도 말을 타고 전장에 들어가서는, 말에서 내려 화포를 쏘면 잘 쓸 수 있을 것이라 생각된다, 고 했다.(세종 15/1/15) 上又曰: 火砲之法, 我國非不精熟, 然一不利用. 予意以謂載火砲于馬, 一人乘之, 放火之人, 亦乘馬入戰場, 下馬以放, 則可以善用矣。

소나무 기르기: 왕세자가 서연(書筵)에서 강(講)하는데, 윤참관 이조 판서 박안신(朴安臣)이 아뢴다. 왜(倭)를 막는 방책은 전함이 제일이온데, 배를 만드는 재목은 반드시 백년을 기른 연후라야 쓸 수 있는 것입니다. … 바라옵건대, 각도로 하여금 (소나무를) 심어 가꾸게 하고 엄하게 고찰을 더하여 후일에 쓸 수 있도록 하게 하시옵소서. 왜를 제어하는 방책이 이보다 나은 것이 없사오니, 원컨대, 유의하시옵소서, 하니, 세자가 대답하기를, 이미 알았노라, 하였다.(세종 26/1/26)

군사서적: 평안할 때에 위태로운 것을 잊을 수 없다 하여 장수와 군졸을 뽑아 쓰는 제도를 엄하게 세우고, 고금에 전쟁터에서 군졸을 사용하던 사적을 모아서 무경(武經)에 대질하여 이름하기를, 《역대병요(歷代兵要)》라 하였다.(세종 32/2/22)

《장감박의(將鑑博義)》*는 다만 의견을 논술토의論述討議한 것뿐이므로, 본전本傳에 있는 사적事跡을 더 넣어서 장수와 사졸을 가르치게 하였다.(세종 19/7/19)

(주) *역대 명장의 행적을 기록한 병서.

해양관계에서는 일관되게 바다로 나아가는 시책을 취했다. 거제현(세종 7/2/27, 9/1/13), 강진현(세종 9/5/11), 해남현 (세종 16/6/19), 남해도 (세종 19/6/23) 등의 관청을 해안가로 이전하거나 그곳에 청사를 새로 지었다. 또한 무인도를 적극 개척해 사람들이 거주하게 하고(세종 23/11/19) 방어기지를 조성하기도 했다.(세종 16/6/19) 이는 대규모 간척사업과 그에 따른 농업 증진과도 맞물려 있다.[13]

해군에 대하여, 세종은 초기에는 해군에 대한 인식이 약했다. 세종 1년 5월 14일의 기사다. 전함을 폐지하는 문제에 대해 논의하며 세종은 "각도와 각 포구에 비록 병선은 있으나, 그 수가 많지 않고 방어가 허술하여, 혹 뜻밖의 변을 당하면, 적에 대항하지 못하고 도리어, 변환(邊患)을 일으키게 될까 하여, 이제 전함(戰艦)을 두는 것을 폐지하고 육지만을 지키고자 한다." 하니, 판부사 이종무와 찬성사 정역(鄭易)들이 답하기를, " 우리나라는 바다에 접해 있으니, 전함이 없어서는 안 될 것입니다. 만약 전함이 없으면, 어찌 편안히 지낼 수 있겠습니까." 하였다.

이후 장수들의 의견을 듣고 개선해 나간다. 사리판단을 하는 임금이다.

해군: 세종의 해양에 대한 인식은 '해적을 제어하는 데는 선군(般軍) 같은 것이 없으니 예전 그대로 하는 것이 마땅하다.'(세종 17/4/13)

3) 강무: 기 살리기

궁중의 일과는 오락이어도 국가적인 의미를 품고 있었다. 강무와 격구 등이 그것이다. 큰 환란이 없는 한 강무는 정기적으로 행하였고 격구도 행했다. 강무 시의 사냥도 일종의 훈련을 겸하였던 것이다. 상왕이던 태종이 사냥을 일시 업처럼 여긴 일이 있었으나 세종은 강무 시 사냥을 겸했는데 이는 차라리 놀이가 아닌 말타기 훈련에 속했다.

---

13) (참고): 박현모, 『세종이라면』, 앞의 책, 162~163쪽.

격구: 내가 이것[격구]을 설치한 것은 유희를 위하여 한 것이 아니고, 군사로 하여금 무예를 익히게 하고자 한 것이다. … 내가 임금이 되기 전[潛邸]에 일찍이 이 일을 시험하여 보았는데, 참으로 말타기를 익히는 데에 도움이 되었다.(세종 7/11/20)

한번은 신하들이 격구를 금지해야 한다고 하자, 이렇게 답한다.

격구: 격구(擊毬)하는 것을, 조정 신하들이 고려조의 폐해를 들어 폐지를 청한 자가 많았으나, 그러나 격구는 본시 무예(武藝)를 연습하기 위함이요, 희롱하는 것이 아니다. … 내가 비록 친히 이를 치지는 않았으나, 그 치는 이치를 고구하여 보건대, 말을 잘 타는 자가 아니면 능히 하지 못하고, 그 달리는 재능에 있어서도 반드시 기마병[騎射] 보다 갑절이나 능해야만 칠 수 있기 때문에, 무예를 연습하는 데는 이보다 나은 것이 없다.(세종 12/9/21)

강무 등 훈련은 옛일을 상고해 보아도 많았고 모두 무예 습득을 통해 자신감을 살리는 일이다. 대간들이 강무를 한갓 임금 한 사람의 기욕(嗜慾)으로만 여기고는 번거롭게 간할 뿐 아니라, 대신까지도 간혹 이를 비난하는 자가 있자 세종은 강무의 중요성을 강조한다.

강무: 강무(講武)의 일이란 군대를 상비하는 국가의 중대사이며, 이는 곧 태종께서 자손을 위하여 이루어 놓으신 법인지라 폐할 수 없는 것이다. (그러면서) 이왕에 평안도 연변 각 고을에 성을 쌓던 일을 가지고 보니, … 이제 변란이 발생한 뒤에 창졸간에 성을 쌓으려 하니, 백성들의 노역이 도리어 심하지 않았던가. 정치의 대체를 돌아보지 않고 한갓 폐단의 제거만을 들어서 번거롭게 오활한 말들을 늘어놓는 것은 나는 매우 잘못으로 안다, 하였다.(세종 16/1/15)

훈련은 적절히 농번기와 추운 겨울을 피하고 나아가 군사에 필요한 서적을 출간하여 훈련에 활용하였다.

수어: 그리고 동쪽의 야인(野人), 남쪽의 왜적의 근심이 없어, 군사들이 창을 메지 아니하고 백성들이 편히 잠을 자고 있으니, 우리나라가 오늘날처럼 편한 적이 없었다, 고 하며 대저 인심이 오래 편안한즉 점점 맥이 풀리고 게을러져서 비록 창졸히 급한 변이 있어도 반드시 수어(守禦)할 계책을 생각지 않을 것이다. 군사(軍事)는 나라의 큰

일인데 근래에 농번기와 추운 겨울에 외방(外方)의 군사들로 하여금 번(番)들러 올라오게 하지 아니한 것이 몇 해가 되었으매, 혹 게으름에 편하여 경계하고 신칙함을 잊을까 염려되니, 외방 군사로 하여금 7월부터 번들러 올라오게 하되 시기를 헤아리지 말고 연번(連番)으로 번이 갈리도록 하라, 고 명한다.(세종 12/5/16)

문무 아우르기: 문관(文官)과 무관(武官)을 아울러 쓰는 것은 국가를 장구히 편안하게 하는 방도(方道)인 것이다.(세종 18/8/17)

이제부터는 군사를 매일 50명씩 후원(後園)에 불러 들여 만나보고 그들의 "활 쏘고 말달리는 것을 시험하여, 만약 말 타는 것과 활 쏘는 데 있어 말달리는 것과 손쓰는 것이 다 같이 빨라서 능히 다섯 번 쏘아 다 맞히는 사람이 있으면 도(到) 2백을 주는 것이 어떠할까." 하였다. 이에 모두들 동의하였다.(세종 18/8/17)

강무講武의 실록 기록을 보면 원문 전체 1,106건 중 세종 356건 다음으로 태종 164건이다. 정작 왜란이나 호란의 기운이 있던 선조는 15건, 인조 6건, 효종 9건이다.

일하는 임금은 여러 가지 국정을 다 하고, 일하지 않는 임금은 이도저도 하지 않는 형국이다. 외국의 큰 침략이 예상되지 않던 세종 시대 강무가 많았던 것은 어떤 이유에서일까. 세종 참 정치의 한 모습을 보게 된다.[14]

4) 적극적 방어: 국체 살리기

병조에서 후생적인 조치로는 적극적 방어, 반간의 운영책 등이 있다.

적극적 방어

방어: 함길도 도절제사 김효성(金孝誠)과 평안도 도절제사 김자옹(金自雍)에게 유시하기를, 변방을 방비하는 계책은 공격하고 수비하는 것을 넘지 않는데, 그 옷점은 그때 그때의 시기에 따라 제어하여 이기는 데에 있을 뿐이다.(세종 25/10/4)

---

14) 검색어 강무講武: 총 원문 1,106건
초기: 태종 164, 세종 356, 문종 23, 세조 107, 성종 204
중기: 연산군 58, 중종 86, 명종 7, 선조 15, 인조 6, 효종 9
후기: 정조 17

국방에서 세종은 무조건의 공격을 통한 제압보다는 적절한 방어를 통한 적극적 제어론을 폈다. 대마도와 파저강의 공격이 있었으나 궁극적으로는 적극적 방어를 통해 두 나라가 함께 사는 길을 택한 것이다.

파저전투: 전일에 파저(婆猪)의 전역(戰役) 때에는 대신과 장수와 재상들이 다 불가하다고 말하였다. 이 말들은 바로 만세에 변함이 없는 정론(正論)이었다. 그런데, 내가 드디어 정벌을 명령하여 성공하였다. 그러나 그것은 특히 행운일 뿐이고 숭상할 만한 것은 못된다.(세종 15/11/19)

국방의 평상시 업무는 외교로 나타난다. 외교책이 전쟁을 방비하는 것은 물론 기타 교류로까지 이어진다. 칙사 영접례 군사 상제 변란시의 방비책 등에 대해 논의하면 두려움과 방비를 같이 하라, 한다.

적중이처: 옛 사람이 큰 일을 당할 적에 반드시 일을 임해서는 두려워하고 지모를 내어 성사시키라 하였는데, 일을 임해서 두려워 하는 것은 두려울 것이 없지 않다는 것을 말함이요, 지모를 내어 성사시킴은 두려워하기만 할 것이 아니라는 것을 말함이다. 그러므로, 지금 너무 두려워하여 소요스러울 것도 없고, 또한 두려워하지 않아 방비를 잊어서도 안 되는 것이니, 이 두 가지를 요량하여 알맞게 처리하라. 경 등은 이 뜻을 알아 포치(布置)하라, 하였다.(세종 31/9/2) 古人當大事, 必云: '臨事而懼, 好謀而成.' 臨事而懼, 謂不可無畏也; 好謀而成, 謂不可徒畏也。故今不可過畏而騷擾, 亦不可無畏而忘備, 當量其二者之間, 適中以處之, 卿等知此意布置。

중국의 달달(達達)이 침입하자 황제가 친히 군사를 거느라고 정벌하였다는 이야기를 중국사신을 통해 듣고서 대신들이 약간 소요하였음으로 침착성을 당부하여 하신 말씀이다.
또한 왜인·야인을 접대함에 대하여는 허술함이 없도록 하라고 이른다.

근신: 임금이 동부승지 정이한(鄭而漢)에게 이르기를, 왜인·야인을 접대하는 것은 관계되는 것이 가볍지 않은데, 평안한 것이 몸에 배어, 해가 오래고 날이 깊어, 모든 일에 게으르고 늦어질까 두려우니, '마땅히 삼가 조심하기를 항상 하루같이 하여, 혹시라도 조금도 허술함이 없도록 하라.'(세종 32/2/14) 當謹愼常如一日, 毋或少弛。

유화: 8년 4월에 우리나라 변방 장수가 도적의 종적을 탐지하여 무찌르니, 이만주(李滿住) 등이 힘이 궁하여 도망갔고, 그 졸개를 잡아 왔더니, 곧 칙유(勅諭)를 받들었는데, '모두 돌려보내라.' 하시므로, 왕이 공경하여 따라서 즉시로 1백 40여 명과 세간살이 자질구레한 물건까지 모두 다 돌려보냈습니다.(세종 32/2/22)

앞서 임금의 몸이 완전하게 평복되지 못하여서, 승정원(承政院)에서 사건을 아뢰지 않았으므로, 일이 지체되는 것이 많았는데, 임금이 동부승지 정이한(鄭而漢)에게 이르기를, 왜인과 야인들에 대해 더욱 조심하여 허술함이 없도록 하라는 당부이시다. 몸이 아픈 가운데 이루어지는 거의 마지막 생각이(3일 뒤 훙하시다) 국가안위에 대한 걱정이었다. '함께 살기[공향]'의 정신이 돌아가시기 직전까지도 나타난다.

전쟁에서 싸우지 않고 이기는 것이 진정한 승리다. 또한 전쟁을 하게 되면 상대에 대한 정보가 필수다. 이 정보를 얻는 길이 반간의 운영이다.

반간反間의 운영

《조선실록》에서 간첩間諜은 원문 총 75건 중 세종 12건, 선조 25건, 인조 11건이다.

첩자諜者는 원문 총 6건 중 세종 2건, 선조 1/1건, 광해군 1/1건이다.

반간反間은 원문 총 49건 가운데 세종 16건이다. 왜란을 치른 선조 17건, 인종 2건인 걸 보면 세종의 여진족에 대한 주도면밀함을 엿볼 수 있다.

세작細作은 원문 총 57건 가운데 선조 16건, 광해군 13/9건이다.

체탐體探은 원문 전체 246건 가운데 세종 29건, 성종 48건, 중종 49건, 선조 65건 등이다.

전체적으로 왜란이 있던 선조와 호란의 시기인 인조를 빼고 평화 시기인 세종 때 간첩, 첩자, 반간, 체탐이 많이 거론되는 것을 보면 국방에 대한 다각적인 세종의 대비를 엿볼 수 있다. 세종 시는 반간이, 선조 시에는 세작이 많이 등장한다. 세작은 적의 정찰 요원으로 왜의 세작이 잡힌 일이 있었고(선조실록 31/3/17), 숙종 때는 청의 세작도 잡힌 일이 있다.(숙종실록 2/12/23)

첩자: 원컨대, 북방 경계에서 반간과 간첩을 행할만한 자를 널리 모집하여(願於北界, 廣募可以反間行諜者),혹은 직위로 상 준다든가, 포백으로 상을 주되, 만약 이에 응하는 자가 없다면 서울의 군사와 한량으로 이를 취하게 하고, 다시 여기서도 응하는 자가 없으면 죄를 범했거나 도둑을 범하여 종[奴]으로 편입되어 귀양간 자로서 이를 취할 것입니다.(세종 18/윤6/18)

반간: (야인에게 간첩을 보내는 일에 관한 논의)함길도 감사 정흠지(鄭欽之)에게 전지하기를, ... 지금 야인 중에 저들과 인연이 있는 사람을 뽑아서 저들과 사사로운 일로 인하여 반간을 행하되, 그로 하여금 그 후한 상을 탐내게 하고, 제가 반간이 된 것을 스스로 알지 못하게 한다면(不自知其爲反間), 저들은 실정을 숨기지 아니할 것이니, 우리는 그 계획을 시행할 수가 있게 될 것이다.(세종 18/7/18)

반간反間은 제가 첩자인줄 모르게 운영되어야 한다.

반간: 만약 적을 제어하고자 한다면 저쪽 땅에서 오는 사람들을 모름지기 온갖 방법으로 오게 하고, 중한 상으로 불러 들여서, '그들을 써서 반간(反間)으로 삼고, 그들을 써서 첩인(諜人)으로 삼아'(用之爲反間, 用之爲諜人), 그곳의 산천의 형세가 험준하고 평탄한 것과 길의 돌고 바른 것과 멀고 가까운 것을 알아서, 번갈아 왕래하면서 크게 군사를 일으켜 죄목을 들어 정벌한다고 선언(宣言)하고 저들의 반응을 살펴, 방비함이 있거든 그만두고 행하지 아니하여, 이같이 하기를 서너너덧 번 한다면 저들은 반드시 태만하여져서 방비하지 않을 것이니, 그런 후에 틈을 타서 군사를 숨겨 가서 습격한다면 승리하게 될 것입니다.(세종 18/9/30)

필요시 정규적인 전투 외에도 반간을 이용한 거짓 정보 흘리기와 기습적인 군사전략을 잘 활용했다.

체탐인: 이달 초3일에 이산(理山) 정탐꾼 김장(金將) 등 다섯 사람이 파저강을 몰래 건너서, 올라산 북쪽 모퉁이에 있는 오미부(吾彌府)에 곧장 이르러 보니, 물 양쪽 언덕에 큰 들이 모두 개간되어 농민과 소 가 들에 흩어져 있었으되 말은 보이지 않았으며, ... 도적 다섯 기(騎)가 밀림 속에서 나와 고함을 치면서 쫓아 쏘기에 할 수 없이 나무에 의지하여 도리어 활을 쏘았는데, 김유생(金有生)이 적의 왼쪽 뺨을 맞히니, 그 뒤로는 모여 서서 쫓지 아니하므로, 몰래 도망할 즈음에 그 뒤를 돌아보고야 군인 김옥로(金玉老)가 없음을 깨달았으나, 사로잡힌 것은 아니고 반드시 떨어져서 홀로 나오다가

짐승에게 먹혔거나 또는 물에 빠진 것이었습니다.(세종 28/1/4)

여진족 마을에 잠입하여 정탐하는 일이 체탐인데 맹수며, 급류, 여진족의 감시 등 장애물이 많았다. 이밖에도 세종 21년 8월 16일 "고산리(高山里) 체탐 패두(體探牌頭) 최만(崔萬)이 쫓아서 적이 도망갔고 또한 만포(滿浦) 체탐 패두 김유정(金有精)이 각(角)을 불며 쫓으니, 적이 또한 도망가서 상을 주었다"는 기록이 있다.

체탐인은 보통 구자口子라고 하는 5~9명이 한 조가 되어 일종의 경비초소에 배속되고 3명 정도가 한 조가 되어 3~5일 동안 적정을 살피고 돌아오곤 하였다. 실록에서 보면 체탐인의 수가 400여명 넘게 배치된 것으로 보인다.[15]

이런 제도가 성종 대에 이르러서는 약화된다. 평안도 절도사인 김백겸(金伯謙)이 치계(馳啓)하기를, "야인이 강북의 땅을 불질러 초목(草樹)이 다 타서 의지할 데가 없습니다."하니 이에 신승선(愼承善) 등은 "조종조(祖宗朝)에서 이미 연대(煙臺)를 설치하고 또 체탐을 보냈던 것은 그것이 사려가 깊었던 것입니다. 지금 비록 야인[彼人]들이 산야를 다 불태웠다 하나, 광야의 임목이 어찌 모두 불타서 없어졌겠으며, 더구나 지금은 나뭇잎이 우거져 있을 때이니, ... 청컨대 전례대로 체탐하여 변방의 수비를 엄하게 하도록 하소서." 했지만 심회(沈澮) 등이 "방어하는 것을 굳게만 한다면 비록 체탐(體探)하지 않더라도 가할 것이니, 아뢴 바에 의하여 이쪽 강[압록강]가에 있는 산의 높은 곳으로 환히 바라보이는 곳에서 후망(候望)하는 것이 좋겠습니다." 하여 이를 따른다.(성종실록 17/4/2)

세종 대 이후 국경을 지키는 제도가 취약해감을 보게 된다.

병조의 일을 요약하면 가) 군역의 관리 나) 수세적 방어책 다) 그리고 군사훈련이라 할 때, 세종은 첫째 정기적인 군사훈련과 궁중 강무를 통해 군인을 기르고 국방 의식을 높였고 둘째 공세적 방어를 통해 지역을 안정적으로 확보하고 주민을 이전 시켰으며 셋째 국경 지역에서 주민이 지속적으로 생활할 수 있는 생업의 기반을 위해 진력했다.《세종실록》에 나오는 '생업' 기사는 총 59회인데 국경에 사는 야인과 왜인들에 대한 기사가 반 이상 차지한다.

---

15) 정명섭, 『조선직업실록』, 북로드, 2014, 35쪽.

5. 호생론 호생好生: 형조刑曹

세종의 생생정신이 잘 드러나는 육조의 시정은 형조에서다. 바로 사람의 생명을 살리는 호생好生을 통한 큰 덕의 베풂이다.

호생은 《세종실록》에 거의 모두가 '호생지덕好生之德'으로 쓰이고 있다. 세종은 생명에 대한 소중함을 인식한 임금이다. 조금 더 세부적으로는 ⑦호생은 대개 '호생지덕'과 연합해 쓰인다. '호생' 53건 중 '호생지덕'(세종 즉위/8/17 외)은 20건이다. ④다음으로 '호생지심'(세종 1/6/9 외)이 15건이다. 그밖에 '호생지인好生之仁'(세종 19/11/3 외) 3건, '호생지의好生之意'(세종 19/3/3) 등이 있다.

세종은 형조의 시정時政에서 예생적으로 첫째 죄인에 대한 배려를 수행했다. 호생을 통한 '더불어 누리기'[공향共享] 정신이 기본에 깔려 있다. 현생적으로 둘째 수령에 대해 모든 죄인에게 관용을 베풀라고 신신당부를 내린다. 셋째 어쩔 수 없이 법을 집행할 때는 신분을 가리지 않고 공평하게 하라는 것이다. 그러면서도 특히 신분이 낮은 천민, 어린이, 노인 그리고 부녀자들에게는 사대부와 달리 최대한 관용을 베풀라고 한다. 법에 대한 규정이 아니라 법보다 사람에 대한 규정으로 시정이 이루어져 온 것을 볼 수 있다. 후생적으로 넷째 삼심제 등 법의 공정한 실시를 위해 여러 제도의 개선을 이루어갔다.

세종의 형조 운영의 기본 사상은 이렇듯 호생 정신이다. 다음에 드는 몇 가지 실록의 예는 이런 규칙의 실천록들이다.

1) 호생: 살고 살리기

세종시대의 호조의 예생적 기본 조치는 호생지덕好生之德이라는 정언적 명법에 근거한다. 호생은 상대를 살림으로써 서로가 사는 호생互生을 안고 있다. 서로 살리기로 이는 바로 '더불어 누리기[共享]' 정신으로 이어진다. 기본적으로 시인 발정施仁發政의 인仁 즉 '사람과 사람 사이의 관계'에서 사람을 사랑하는 정신이다. 즉 남과 같은 마음 바로 일심一心이 되는 것으로 바로 사랑함으로써 혼자가 아니라 사회 속에서 더불어 사는 존재가 된다.

호생이기好生而已: 상주고 벌주는 것은 임금 된 자의 대권(大權)이건만, … <u>임금된 자의 덕(德)은 살리기를 좋아해야 할 뿐</u>인데, 무고한 백성이 많이 죽는 것을 보고 앉아서 아무렇지도 않은 듯이 금하지도 않고 그 주인을 치켜올리는 것이 옳다고 할 수 있겠는가. 나는 매우 옳지 않게 여긴다.(세종 26/윤7/24) 然賞罰, 人君之大柄, … <u>人君之德, 好生而已</u>。坐見無辜之多死, 恬然不禁, 而乃曰揚其主可乎? 予甚以爲不可也。

호생은 세종 즉위년부터의 정치 이념이다. 사헌부에서 도망간 죄인의 부모나 처자를 고문하는 것에 대한 건의에서도 나온다.

범인과 판결: 범인이 나타나지 않으면 법률 조문에 의거하여 판결을 내리고 판결문을 작성해 두었다가, '뒷날에 범인이 나타나기를 기다려 죄를 결단하도록 하시와 호생(好生)의 덕(德)을 넓히시옵소서.'(세종 즉위/8/17) 以待後日現身決罪, 以廣好生之德。

호생은 실록 전체에서 원문 1,037건이고 세종은 54건이다. 세종 이전부터 일반화한 개념이기는 하다. 세종의 의지는 즉위년부터 무고한 백성을 살리는 호생의 정신으로 시현된다.

막비천민 莫非天民: 더욱이 노비는 비록 천민이나 하늘이 낸 백성 아님이 없으니, 신하된 자로서 하늘이 낳은 백성을 부리는 것만도 만족하다고 할 것인데, 그 어찌 제멋대로 형벌을 행하여 무고(無辜)한 사람을 함부로 죽일 수 있단 말인가.(세종 26/윤7/24) 尙且不僭, 況奴婢雖賤, 莫非天民也? 以人臣而役天民 亦云足矣, 其可擅行刑罰而濫殺無辜乎?

천민이 주인과의 다툼이 있을 때 신분상 위에 있는 주인의 편을 이유 없이 들 수 없다는 것이다. 국가는 법을 통하여 질서를 유지하는 것이지만 궁극적으로 세종은 사람을 살리는 게 목적이다. 교화나 화민책 등 사전적事前的 방법으로 살아갈 터전을 마련해 주거나 사면 등 직접적인 방법과 그밖에 각자의 자성과 각성을 촉구하는 간접적 방법 등이 있다.

사람을 살리는 작용은 바로 '되살리기' 작용이고 당사자는 '되살기'를 통해 이후 '되살이'를 하게 된다.

대마도 정벌도 사람을 죽이는 왜구를 막고 조선백성을 살리기 위해서였다.

왜구의 나쁜 짓: 내가 <u>삶을 좋아하는 마음</u>으로, 한 사람이라도 살 곳을 잃어버리는 것을 오히려 하늘과 땅에 죄를 얻은 것같이 두려워하거든, 하물며 이제 왜구가 탐독(貪毒)한 행동을 제멋대로 하여, 뭇 백성을 학살하여 천벌을 자청하여도 오히려 용납하고 참아서 토벌하지 못한다면, 어찌 나라에 사람이 있다 하랴.(세종 1/6/9) 以予好生之心, 苟有一夫之失所, 猶恐獲戾于上下, 矧今倭寇肆行貪毒, 賊殺群黎, 自速天禍, 尙且容忍, 不克往征, 猶爲國有人乎?

호생지덕好生之德은 세종조에 원문으로 20건 나온다. 태종은 32건, 중종 72건이다. 정치가 평탄치 않은 임금에게서 많이 보인다. 세종의 호생정신에 대한 제 삼자의 평가인 후세의 《성종실록》을 보자.

호생지덕: '세종의 사람 살리기를 좋아하는 덕과 사람을 죽이지 않는 인자(仁慈)는 백대의 제왕보다 뛰어나서 일찍이 형벌을 신중히 하라는 교서를 내리셨고, 고금 형옥(刑獄)의 거울을 삼을 만하고 경계를 할 만한 것 10여 조목을 낱낱이 채록하도록 하여 수만 언(數萬言)이 넘었으니, 정녕(丁寧)한 교회(敎誨)는 형벌을 맡은 사람으로 하여금 본받아서 연구하게 하고 준수하여 시행하도록 하였었다.' ... 그런데 어찌해서 세종께서는 대순의 형벌을 신중히 하여 죄인을 불쌍히 여기는 마음을 가졌는데도, 사사(士師)의 관원은 한 사람도 고요(皐陶)와 같이 송사(訟事)를 공평하게 처결한 일이 없었는지? (성종실록 6/8/26) <u>世宗好生之德, 不殺之仁</u>, 高出百王, 嘗下恤刑之敎, 歷探古今刑獄之可鑑可戒者十餘條, 踰數萬言, 丁寧誨諭, 欲使司刑者, 體而究之, 遵而行之.

이는 태조(太祖)께서 고려의 법을 고쳐서 흠휼(欽恤, 죄인의 심리審理를 신중히 함)과 명신(明愼)으로써 선무(先務)를 삼도록 하고 태종께서는 이것을 계승한 후 세종의 호생지덕이 있었다는 《성종실록》의 기사다. 세종의 호생의 마음에 비해 관리들은 제대로 직을 수행하지 못함을 탄식하고 있다. 그밖에 '호생지의好生之意'(세종 19/3/3)도 보인다. 이런 호생의 현실적 추진을 위해서는 교화에 힘을 쓰게 된다.

범죄와 범인에 대한 처벌은 형법 운영에서 늘 당면하는 과제였다. 세종 17년 장물죄, 세 번 이상 범죄한 사람의 징벌문제, 죄인을 고발하거나 잡은 사람들에 대한 포상 문제가 있었다. 형조에서 발의했다.

육벽:《근사록(近思錄)》에 장자(張子, 송의 유학자 장재(張載)는 말하기를, '육벽(肉

辟)*을 지금 세상의 사형 중에서 취(取)한다 하더라도 또한 백성의 죽음을 너그럽게 하는 것이다.'고 했다.(세종 17/7/29)

(주) *육벽(肉辟): 몸에 상처를 내는 형벌. 곧 코를 베는 의형(劓刑), 다리를 자르는 비형(剕刑) 등임.

《근사록》의 맥락은 몸에 형벌을 가하는 것으로 사형제도를 완화시키는 방법을 제시한 것이다. 그러면서 "예의를 밝혀 교화하여 민심을 안정시키는 것을 생각해야지 단지 형벌을 가볍게 해서 죽음을 늦추는 것은 능사가 아니다."16)고 하였다. 즉 궁형宮刑과 비형剕刑의 형벌로 응징하면서 그 생명을 보전하는 방법을 모색하고 있다.17)

세종 조정에서 행해진 이러한 논의는 유교가 지향하는 바의 '교화에 의한 통치'와 '형벌을 통한 질서' 사이의 고민이 반영된 것으로 보인다.

2) 교육: 미리 막기

호생好生에서 현생적 제도로 미리막기[살리기]와 법제도 살리기[법제도 정비]가 있다. 사람을 살리는 방법으로 죄지은 후 살리려 하는 것은 후책이다. 죄를 짓기 전에 미리 죄를 짓지 않게 하는 것이 더욱 필요하다. 이런 시정時政에는 《삼강행실도》를 통한 효의 강조, 그리고 이두를 통한 법률 조항 알리기 등이 있다. 미리 막기의 조치다.

세종이 이두[吏文]로 율문의 주요 조항을 백성이 알게 반포하자고 하는데 대해 이조판서 허조와 토론한다.

세종: 비록 사리를 아는 사람이라 할지라도, 율문(律文)에 의거하여 판단이 내린 뒤에야 죄의 경중을 알게 되거늘, 하물며 어리석은 백성이야 어찌 범죄한 바가 크고 작음을 알아서 스스로 고치겠는가. '비록 백성들로 하여금 다 율문을 알게 할 수는 없을지나, 따로이 큰 죄의 조항만이라도 뽑아 적고, 이를 '이두문[吏文]으로 번역하여서 민간에게 반포하여 보여, 우부우부(愚夫愚婦)들로 하여금 범죄를 피할 줄 알게 함이 어떻

---

16) 《근사록(近思錄)》 法治 肉辟於今世死刑中取之, 亦足寬民之死, 過此當念其散之之久.
17) 이숙인, '《近思錄》의 해제', 세종문헌DB팀 3차년도 제2차(19차) 공동세미나, 여주대학교, 2015. 12.30, 8쪽.

겠는가.'(雖不能使民盡知律文, 別抄大罪條科, 譯以吏文, 頒示民間, 使愚夫愚婦知避何如?)

허조(許稠): 신은 폐단이 일어나지 않을까 두렵습니다. 간악한 백성이 진실로 율문을 알게 되오면, 죄의 크고 작은 것을 헤아려서 두려워하고 꺼리는 바가 없이 법을 제 마음대로 농간하는 무리가 이로부터 일어날 것입니다.

세종: 그렇다면, 백성으로 하여금 알지 못하고 죄를 범하게 하는 것이 옳겠느냐. 백성에게 법을 알지 못하게 하고, 그 범법한 자를 벌주게 되면, 조사모삼(朝四暮三)의 술책에 가깝지 않겠는가. 더욱이 조종(祖宗)께서 율문을 읽게 하는 법을 세우신 것은 사람마다 모두 알게 하고자 함이니, 경 등은 고전을 상고하고 의논하여 아뢰라.

... 허조가 물러가니

세종: "허조의 생각에는, 백성들이 율문을 알게 되면 쟁송(爭訟)이 그치지 않을 것이요, 윗사람을 능멸하는 폐단이 점점 있게 될 것이라 하나, 그러나 모름지기 세민(細民)으로 하여금 금법(禁法)을 알게 하여 두려워서 피하게 함이 옳겠다."하고, 드디어 집현전에 명하여 옛적에 백성으로 하여금 법률을 익히게 하던 일을 상고하여 아뢰게 하였다.(세종 14/11/7)

임금이 죄를 짓는 백성을 보며 생각한 대안은 어떻게든 이두를 써서라도 율문을 알려야 한다는 것이다. 사전에 할 일은 예방으로 법조문 알리기이다. 이렇게 상참을 받고 정사를 본 후 율문을 이두문으로 번역하여 반포할 것을 이르게 하였다. 그러나 이에 반대한 허조는 처음도 끝도 사대부 중심의 질서 유지가 곧 유가의 질서라고 대변한다. 이런 갈등 사이에서 사람 살리기의 돌파구를 찾고자 한 것이 세종의 민본정신이다.

3) 법제도 살리기: 제도정비

현생적으로 유교사회는 예禮로 사회질서를 바로 잡고 흐트러진 질서는 법法으로 바로 세운다. 법의 정비는 사회질서의 기준을 제시하게 된다. 법은 임금의 것도 백성의 것도 아닌 모두의 것이고 후대의 것이기도 한다. 이에 가능한 한 공정하게 지킬 수 있는 것을 법으로 정하고, 가능한 사람을 살릴 수 있는 방법으로, 일단 만들면 굳건히 지키는 원칙을 수행해 나갔다. 다음은 겸대사헌 이지강이 세종에게 하는 말이다.

법의 공공성: 법이란 천하고금이 공공하는 바로 전하가 사유화 할 수 있는 것이 아

닙니다.(세종 6/7/28) 法者, 天下古今之所公共 非殿下所得而私空也。

법의 집행에 있어서 법의 실수를 막는 일로 중한 죄는 세차례 거듭 조사하게 하였다. 사죄삼복법私罪三覆法이다.

사죄삼복법: 형조에 교지(敎旨)를 내리기를, 무릇 사죄(死罪)를 세 차례 거듭 조사해서 아뢰게 하는 것은, 사람을 목숨을 소중히 여겨, 혹시 차오(差誤)가 있을까 염려하는 까닭이다. 지금 형조에서 두 차례 거듭 조사하고 세 차례 거듭 조사할 때에, 다시 원권(元券)은 상고하지 않으니, 법을 마련한 본 뜻에 어긋남이 있다. 지금부터는 두 차례 거듭 조사하여 아뢸 때는, 원권을 상세히 상고하여 의논을 정한 후에 아뢰기로 하고, 이를 일정한 규정으로 삼으라, 하였다.(세종 3/12/22) 今刑曹二覆三覆時, 更不考元券, 有違立法之意。自今二三覆啓時, 元券備細相考定議, 然後啓聞, 以爲恒式。

다음 날에도 거듭 강조하였다. 형조 판서 이발에게 말한다.

삼복三覆: 무릇 형(刑)을 결단할 적에 두 차례나 세 차례나 거듭 아뢰게 하는 것은 고금의 좋은 전법(典法)이니, 마땅히 다시 참작할 것이다.(세종 3/12/23) 上又曰: 凡斷刑, 再三覆奏者, 古今令典, 宜更參酌。

삼복법은 선대인 태종 13년 8월 30일 순금사 겸 판사 박은의 건의로 사형을 행함에 앞서 시행했다.
범죄의 당사자는 '되살기'를 통해 이후 '되살이'를 하게 된다. 이밖에도 백성이 신분적으로 윗사람에 대해 부단한 고통을 당할 때 이를 고소할 수 있느냐, 하는 일이 있다. 부민고소금지법이다. 이는 신분제와 관련되어 논의가 많을 수밖에 없었다. 결과적으로는 중용을 이룬다.

부민고소 금지법: (부민의 수령을 고소 금지 조관을 보내 고찰하는 것 등에 대해 논의) 백성이 고소하는 것을 금하면, 관리들이 두려워하고 기탄하는 마음이 없을 것이며, 장차 고의로 오결(誤決)하는 자가 있을 것입니다, 하고, 판서 신상·정흠지·대사헌 신개 등이 아뢰기를, 비록 부민들의 고소를 금할지라도 자기의 억울한 것을 호소하는 것은 정(呈)하게 하고, 그릇 판결한 것은 다른 관에 이송하여 고쳐 바르게 한 것은 이미 격례(格例)가 되었습니다, 하니, 임금이 말하기를, 자기의 억울함을 호소하는 것도 받지

못하게 하는 논의는 내 마음에 합당치 못하다, 고 하였다.(세종 13/6/20)

부민 고소금지법: 형조에 전지하기를, 대체로 낮고 천한 백성이 존귀한 윗사람을 침범할 수 없는 것이므로, 부민(部民)이나 아전의 무리가 자기의 위에 있는 관리를 고소하는 것을 금지하는 것은 진실로 좋은 법이며 아름다운 뜻이다. 다만 자기의 원억함을 호소하는 소장(訴狀)만은 수리하여, 다시 옳고 그른 것을 가려서 판결한다는 것은《육전(六典)》에 실려 있다. 그런 까닭에, 오판이라고 하여 소장을 제출하는 것은 그것을 다시 판결하기를 기다려서, 오판이 있었다면 반드시 관리에게 오판한 죄를 엄중히 처벌하는 것이다. 생각하건대 만약 자기의 원억함을 호소하는 소장을 수리하지 않는다면 원억한 것을 풀 수 없어서 정치하는 도리에 방해될 것이며, 또 그 고소로 인하여 문득 오판의 죄를 처단한다면 낮은 사람이 높은 사람을 능범(陵犯)하는 듯한 악영향이 있어서 진실로 온당하지 않다. 지금부터는 다만 자기의 원억을 호소하는 소장을 수리하여 바른 대로 판결하여 줄 뿐이고, 관리의 오판을 처벌하는 일은 없게 하여, 존비(尊卑)의 분수를 보전하게 하라. 그 밖의 아랫사람이 윗사람을 고소하는 것을 금지하는 일은 일체《육전(六典)》의 규정에 의거하여 시행하라, 하고, 임금이 이미 하교의 기초(起草)를 명하여 상정소에 보였다.

이에 도제조 황희·맹사성 등이 아뢰기를, "신 등은 전일에 이미 성상의 하교(下敎)를 받았습니다. 교지(敎旨)의 취지가 진실로 타당하기 때문에 한 마디도 보탤 수 없습니다."(세종 15/10/24) 하고 찬성하였다. 그러나 허조의 뜻은 조금 달랐다.

법의 중용: 신이 원한 바는 원억을 호소하는 소장을 수리하지 말아서 상하의 구분을 전일(專一)하게 하고자 한 것입니다. 그러나 두 번 아뢰어도 윤허를 얻지 못하였으니 어찌할 수 없습니다. 이 교지를 반포하신다면 거의 중용(中庸)을 얻을 수 있겠습니다. (세종 15/10/24)

수령을 고발하게 하되 벌을 주지는 않는 절충안을 찾았다. 감옥에 가지 않을지는 모르나 그에 합당한 고과나 조치는 따르게 된 것이었다. 그리고 명백하고 신속한 판결을 기대했다. 신속한 판결이란 재판 업무를 공연히 늦추지 말라는 당부였다.18)

---

18) 이미 세종은 삼한의 법 (註. 삼한(三限): 옥송(獄訟)의 지체를 막기 위하여 기한을 정해서 처리하도록 한 법 ; 당(唐)나라와 송(宋)나라에서 실시한 법이다)을 강조한 바 있다.(세종

세종의 법 집행에서 주목할 점은 세종은 결코 법 집행에서 백성과 다투지 않는 다는 것이다. 이는 호조의 염업에서 백성과 이익을 다투지 않는 것(세종 27/9/5)과 같은 이치다.

이익다툼: (공조 참판 권맹손이 염법을 급히 시행할 것을 아뢰니 윤허하지 않다) 임금이 말하기를, 대개 법을 만드는 것이 점차로 하는 것을 귀하게 여기니 마땅히 먼저 한 곳에 시험하여야 하거늘, 하물며, 이 일은 그 편하고 편하지 않은 것을 시험하자는 것이지 갑자기 만세의 영구한 계책을 만들려는 것은 아니며, 만일 시험하여 백성에게 폐단이 있다면 내가 마땅히 행하지 않겠다. 나는 본래 백성과 이익을 다툴 마음은 없다.(세종 27/9/8) 上曰: 凡作法, 以漸爲貴, 當先試於一處, 矧此事欲驗其便否, 非遽以爲萬世永久之策也? 若試之而有弊於民, 則予當勿行矣。

(주) 予本無與民爭利之心 나는 본래 백성과 이익을 다툴 마음은 없다.

이 말씀에서 3가지 원칙이 확인된다. ㉮법은 먼저 한 곳에서 시험한다. ㉯이후 영구 계책을 세운다. ㉰백성과 이익을 다투는 일은 하지 않는다.

여기서 법의 시행과 백성과 이익을 다투지 않는 여민與民정신이 확인된다. 산업 진흥에서 국가가 할 일과 민간이 할 일을 구분했다. 백성이 할 수 있는 일을 국가가 간여하거나 독점하지 않는다는 생재生財 정신을 보여주고 있다.

법은 지킬 수 있는 범위 안에 있을 때 법이다. 나라에 무당[國巫]이 아직도 있어 멀리 내쫓아서 그 요술(妖術)을 팔지 못하게 하여야 한다는 청에 세종은 답한다.

법 시행: 음사(淫祀)의 금지는 조종 때부터 시작하였지만, 무녀들이 아직도 끊어져 없어지지 아니하였으니, 내 어찌 감히 갑자기 혁파할 수 있겠는가. … '무릇 법을 세우는 것은 시행하기 위해서인데, 시행할 수 없는 법은 세울 수 없는 것이다.' (세종 25/9/2) 凡立法, 爲可行也, 不可立不可行之法也。

무교 또한 사회의 풍습으로 존재하고 있고 그보다 더욱이 법으로 강제할 문제가 아닌 문화의 영역임을 제시하고 있다.

25/4/14) 곧 사죄死罪)에 관계되는 대사大事는 90일, 도류형(徒流刑)에 관계되는 중사(中事)는 60일, 태장(笞杖)에 관계되는 소사(小事)는 30일을 한하여 결옥(決獄)하도록 하였다.

세종의 생각은 백성이나 어린이나 법을 몰라서 죄를 짓게 되는 일이 있다고 여긴다. 미리 법의 큰 틀을 알려주지도 않고 어느 날 죄를 지었다고 벌을 주는 것은 바른 정치가 아니라고 생각한다. 거기에 백성은 글도 모른다. 그때 일부 쓰이던 이두를 거론하여 이조판서 허조와 토론한 바 있다.

기왕 죄를 짓고 죄인이 된 이후는 죄인을 생명체로 보고 생명의 귀중함에 유의했다.

옥수獄囚로서 죽은 자 아뢰라: 형조에 전지하기를, 옥(獄)이라는 것은 본래 악한 것을 징계하자는 것이요, 사람을 죽게 만드는 것이 아닌데, 옥을 맡은 관리가 마음을 써서 규찰하지 아니하여, 옥에 갇힌 사람들이 혹은 병에 걸리고, 혹은 얼고 굶주리거나, 혹은 옥졸의 핍박과 고문으로 인하여 원통하게 생명을 잃는 자가 없잖아 있으니, 지금 서울 안의 옥수(獄囚)로서 죽은 자가 있거든 죄의 경중을 분별할 것 없이 모두 다 사연을 갖추어 아뢰라, 하였다.(세종 19/1/23)

날씨가 추울 때: 날씨가 매우 추우니 여러 법사(法司)에 갇힌 가벼운 죄수들은 모두 다 놓아주고, 또 사형수(死刑囚) 외의 중한 죄수도 또한 그 경중을 작량(酌量)하여 보석하여 내보내고 심문하라.(세종 4/11/7)

처벌 시기: 옛날에 상은 봄·여름에 시행하고, 형벌은 가을·겨울에 행했던 것이며, 옛 사람이 또한 말하기를, 사형은 계추(季秋) 후에야 청한다, 고 했다.(세종 12/3/2)

신장訊杖의 형제刑制: 오직 우리 본조(本朝)에서는 죄의 경중을 묻지도 아니하고, 무릇 정상(情狀)을 자백(自白)하지 않는 자는 모두 신장을 쓰게 되므로, ... 전하의 형벌을 신중히 하는 뜻에 어긋남이오니, 지금부터는 의금부와 본조에서 상시 쓰는 신장을 참작하여, 교판을 만들어 서울과 지방에 포고하게 하소서.(세종 3/6/9)

신장의 형제는 길이가 3척 3촌인데, 그 안에 1척 3촌 이상은, 원경(圓徑)이 7푼 [分]이요, 2척 이하는, 넓이가 8푼이요, 두께가 2푼이다.

(참고) 교판較板: 표준 원형 판목
  신장訊杖: 고신(拷訊)에 쓰는 현장(刑杖). 길이 3척 3촌, 方의 넓이 8분, 두께 2분

감옥내 위생: 옥내를 수리하고 쓸어서 늘 정결하게 할 것이요, 질병 있는 죄수는 약

을 주어 구호하고 치료할 것이며, 옥바라지할 사람이 없는 자에게는 관에서 옷과 먹을 것을 주어 구호하게 하라.(세종 7/5/1)

이는 "심한 추위와 찌는 더위에 사람을 가두어 두어 질병에 걸리게 하고, 혹은 얼고 주려서 비명에 죽게 하는 일이 없지 않다"고 걱정하며 질병 있는 죄수는 약을 주어 구호하고 치료할 것이며, 옥바라지할 사람이 없는 자에게는 관에서 옷과 먹을 것을 주어 구호하게 하라며 내린 말씀이다.

옥의 관리와 죄수의 인권: 관리가 혹 ... 철저하지 못하여, 죄수들로 하여금 질병에 걸리어 드디어 생명을 잃게 되니, 참으로 염려된다.
1. 매년 4월부터 8월까지는 새로 냉수를 길어다가 자주자주 옥 가운데에 바꾸어 놓을 것.
1. 5월에서 7월 10일까지는 한 차례 자원에 따라 몸을 씻게 할 것.
1. 매월 한 차례 자원에 따라 두발을 감게 할 것.
1. 10월부터 정월까지는 옥 안에 짚을 두텁게 깔 것.
1. 목욕할 때에는 관리와 옥졸(獄卒)이 친히 스스로 검찰하여 도망하는 것을 막을 것이라 하다.(세종 30/8/25)

더위에 할 일: 더운 때를 당하거든 동이[盆]에 물을 담아 옥중에 놓고 자주 물을 갈아서, 죄수로 하여금 혹 손을 씻게 하여, 더위가 들리지 않게 하는 것이 어떠한가. 전에 이 법이 있었는가 상고하여 아뢰라.(세종 30/7/2)

죄수 무휼: 전교하기를, 중앙과 지방의 죄수를 오랫동안 가두어둠으로 굶주리고 추움을 면하지 못하여, 혹은 운명(隕命)하기에 이르니, 가벼운 죄는 즉시 결단하여 내보내고, 중한 죄도 역시 구휼(救恤)을 베풀어 굶주리고 어는 데에 이르지 않게 하라, 하였다.(세종 4/11/26)

15세 미만인 자의 절도죄 처리 문제를 고하자 "나이가 어려서 사리를 알지 못하는 사람이 어쩌다가 훔친 것을 따진다면 무엇하겠는가."(세종 11/7/11)며 다시 의논하라고 이른다. 그리고 법집행에 있어서 고려할 점이 있음을 강조한다. 나이가 어리거나 노인, 임산부들에 대한 배려가 그 예이다.

노인, 어린이 구속과 고문 금지: 지금부터는 15세 이하와 70세 이상된 자에게는 살인·강도 이외는 구속함을 허락하지 아니하며, 아무리 죽을 죄를 지었더라도 구속하거나 고문하지 말고 모두 여러 사람의 증언에 의거하여 죄를 결정하라.(세종 12/11/27)

어린이 죄: 나이가 어려서 사리를 알지 못하는 사람이 어쩌다가 훔친 것을 따진다면 무엇하겠는가. 또 율(律)에도 이러한 조문이 없으니, 이것이 바로 의심나는 일[疑事]이라는 것이다. 불문에 붙이는 것이 좋겠다.(세종 11/7/11)

노인, 어린이 자자 금지: 나이가 70세 이상인 자와 15세 이하인 자에게는 자자(刺字)하지 말라, 하였다.(세종 11/7/30)

죄수 등 치지 마라: 사람의 오장은 모두 등과 가까운 자리에 있기 때문에 등을 다쳐서 죽는 사람이 흔히 있다. 그러므로 일찍이 법을 세워서 등에는 매질을 하지 못하게 하였다.(세종 12/11/21)

4) 죄수 살리기: 죄수복지

후생적 조치로 법의 운영에서 법을 지키되 법이 허용하는 범위 안에서 가능한 한 많은 사람을 살리려고 했다. 죄수의 건강을 살펴가며 뉘우치기를 기대하는 여러 조치를 취했다. 이는 죄수 복지로 나타나고 끝내 바라는 바는 그들이 거듭살이[생생]의 길을 가도록 배려했다.

시기적으로 세종조에는 살인 집행이 많았고 또 다른 성군으로 지칭되는 정조 때에는 살인 집행 수가 적었다고 비교하는 경우도 있으나 이는 시대의 환경이 다른 것으로 같이 비교할 수 없을 것이다. 세종은, 죄인은 징계하여 새 사람을 만드는 일이지 생명을 죽이는 일이 아니라 언명한다.

형조에 전지하기를, 옥(獄)이란 것은 죄 있는 자를 징계하자는 것이요, 본의가 사람을 죽게 하자는 것이 아니다.(세종 7/5/1)傳旨刑曹: 獄者, 所以懲有罪, 本非致人於死。

세종은 송사의 심리를 명백하게 하고 판결을 신속히 하도록 하였다. 크고 작은 형벌을 애써 삼가서 불쌍하게 할 것을 관리에게 경계하도록 했다.

표어 걸기: 비록 일태 일장(一笞一杖)일지라도 모두 조정 율문(朝廷律文)에 따라서 하고, 절대로 함부로 억울하게 하는 것을 금하여, 교령(敎令)에 기재하여 나라 안에 반포하고, 관청의 벽에 걸어 항상 경계하여 살피기를 더하게 하기를, 안옥(犴獄)에 이르기까지 하게 하다.(세종 32/2/22)

죄수에게 생기를: 임금은 죄수들의 편의를 위해 전옥을 옮기려 한 것은 형조와의 거리가 멀고, 사역원은 죄수들의 왕래하는 것이 편리하기 때문이다, 하였다. 신개 등이 그 사이의 거리가 크게 멀지 않아서 3백여 보(步)에 지나지 않사오며, 또 음양(陰陽)의 이치로 말하더라도 서울 밖의 옥(獄)은 모두 동남쪽 모퉁이에 두는 것은 대개 생기(生氣)를 받으려 한 것이오며, 무의(無意)로 이르는 것이 아닙니다, 하니, 임금이 내가 경 등의 청을 따르겠다, 하였다.(세종 26/6/2)

관리들에게 율문을 관청의 벽에 걸어 놓고 보게 하고, 죄수들을 위해 전옥을 옮기려고도 했다. 일종의 주련柱聯이나 기명器銘인데 늘 깨어 있으려는 정신이라 하겠다. 죄수에게 생기를 주려는 것은 이성적인 것보다는 기질에 관한 문제다. 세종의 리기理氣에 대하여 본다면 생기生氣를 기반으로 하고 있음을 보게 된다.

옥이란 죄 있는 자를 징계하는 곳으로 신중한 형벌을 요구했다.(세종 7/5/1) 일단 죄를 지은 자들에 대한 복지로서 죄수의 고통을 덜어주려는 노력은 가히 자상할 정도다. 너무 많아 한두 가지 예만 살핀다.

산삭 산후 100일간 일을 시키지 않고, 사역인의 아내가 아이를 낳으면 남편도 30일의 휴가를 주도록 했다.

출산 1개월 전 복무 면제: 옛적에 관가의 노비에 대하여 아이를 낳을 때에는 반드시 출산하고 나서 7일 이후에 복무하게 하였다. 이것은 아이를 버려두고 복무하면 어린 아이가 해롭게 될까봐 염려한 것이다. 일찍 <u>일백 일 간의 휴가를 더 주게</u> 하였다.(세종 12/10/19)

남편도 30일의 휴가: 이제부터는 사역인(使役人)의 아내가 아이를 낳으면 그 남편도 만 30일 뒤에 구실을 하게 하라.(세종 16/4/26)

죄수가 더위 먹지 않게 하는 법에 대하여 자신의 경험을 토대로 집현전이 상고하게 했다.

동이에 물: 내가 ... 연전부터 더위가 들기 시작하여, 손으로 물을 희롱하였더니 더위 기운이 저절로 풀렸다. 이로 생각하건대, 죄수가 옥에 있으면, 더위가 들기 쉬워서 혹은 생명을 잃는 수가 있으니, 참으로 불쌍한 일이다. 더운 때를 당하거든 동이[盆]에 물을 담아 옥중에 놓고 자주 물을 갈아서, 죄수로 하여금 혹 손을 씻게 하여, 더위가 들리지 않게 하는 것이 어떠한가.(세종 30/7/2)

활인원 구료: 전옥서(典獄署)에 교지를 내리어, 죄수들 중에 병고한 자는 죄의 경중을 논하지 말고 모두 동·서 활인원(東西活人院)으로 옮겨서 구료를 소홀히 하지 말도록 하였다.(세종 5/3/4)

동서활인원은 가난한 사람들의 의식과 의료를 맡았던 곳이다.

세종의 호생 정신에 따른 형전刑典은 후일 《경국대전》을 이루는데 기초가 된다.

신문고 정신: 세종의 사람 살리기 제도로는 태종이 설치한 신문고를 이어받은 것이 있다. 신문고 제도는 억울한 처벌을 받고도 아직 그 '억울함을 풀지 못한 백성들'(欲告冤抑未伸者)을 위해서였다. 태종은 즉위 2년에 신문고를 설치하면서, 그 목적은 억울한 백성들의 실정이 위에까지 전달되도록 하기 위해서이고, 궁극적으로는 공향융평지락共享隆平之樂, "오직 중외(中外)의 대소 신료(臣僚)와 군민(軍民)들은 더욱 조심하여 함께 태평한 즐거움을 누리게 하라."(태종실록 2/1/26)였다.

신문고는 태종 때부터의 정신을 이은 것이다.

정리: 세종과 형조에서의 생생

세종은 먼저 백성들이 법이 무엇인지 모르고 있기 때문에 죄를 짓는다고 보았다. 따라서 먼저 법을 알게 하는 것이 필요했다. 법조문의 대강을 이두로 번역하여 인쇄·반포하라고 명한다. 그러나 그렇게 되면 영악한 백성들이 법을 악용하게 된다고 허조가 반대의견을 제시한다.

이에 세종은 집현전에 명하여 이전의 사례를 조사시키고 일주일 뒤에 안숭선이 《대명률》을 이두로 번역할 것을 건의하고, 이듬해에는 또 《경제육전》을 인쇄·반포하여 백성들이 법의 내용을 알게 조치한다. 이러한 일련의 과정은 법이란 백성과 공공해야 하는 지식, 즉 '공공지'(公共知)이어야 한다는 세종의 입장을 보여주고 있다.[19) 여기서 공공지라는 개념은 생생 철학의 입장에서는 바로 공생지(共生知)의 개념이다.

사람의 목숨 중하고 귀하다. 그러나 세종은 모든 형벌에서 관용을 베풀지는 않았다. 도를 넘어선 죄에 대하여는 법을 지켜 집행했다. 그것이 법의 바른 정신이고 바른 정치라고 생각한 것이다. 세종은 법 집행에 엄정하였다. 다만 무정하거나 비정하지는 않았다. 세종 시 이루어진 사형집행은 거의 모두가 강도 살인 사건이었다. 그들은 힘이 있으나 힘을 노동에 쓰지 않았고 스스로 노력하지 않고 다른 사람의 소득을 빼앗은 것이다. 두 세가지의 잘못 된 길에 서있음은 회생하기 어렵다고 여겨진 것으로 보인다.

> 형벌 조심: (윤수에게 사형에 해당하는 범죄자는 처음부터 두 고을의 수령이 합동 신문케 하도록 이르다) 내가 항상 생각하는데, 형벌은 조심하지 않으면 안 될 것이니, 사람의 생명이 여기에 달려 있기 때문이다. 이를 가볍게 여기면 되겠느냐. ... 죽은 사람은 다시 살아날 수 없으며, 형을 받은 자는 다시 벗어날 수 없다.(세종 12/12/3)

> 후회 없게: 슬프도다, 죽은 자는 다시 살아날 수 없고, 형벌로 수족이 끊어진 자는 다시 이을 수 없으니, 진실로 한번 실수하면 후회한들 미칠 수 있으랴. 이것이 내가 밤낮으로 불쌍히 여기어 잠시라도 마음속에 잊지 못하는 것이다. 이제부터 나의 법을 맡은 내외 관리들은, 옛 일을 거울로 삼아 지금 일을 경계하여 정밀하고 명백하며 마음을 공평하게 하여, 자기의 의견에 구애됨이 없고, 선입(先入)된 말에 위주함이 없으며, 부화뇌동(附和雷同)으로 따르는 것을 본받지 말고, 구차하게 인순(因循)하지 말며, 죄수가 쉽게 자복하는 것을 기뻐하지 말고, 옥사(獄辭)가 빨리 이루어지기를 요하지 말며, 여러 방면으로 힐문하고 되풀이해 찾아서, 죽는 자로 하여금 구천(九泉)에서 원한을 품지 않게 하고, 산 자로 하여금 마음속에 한탄을 품음이 없게 하며, 모든 사람의 심정이 서로 기뻐하여 영어(囹圄)에 죄수가 없게 하고, 화한 기운이 널리 퍼져서 비오고 볕나는 것이 시기에 순조롭게 되도록 하여야 할 것이니, 너희 형조에서는 이 지극한 회포를 몸받아서 내외에 효유하라, 하였다.(세종 13/6/2)

세종은 호생지인好生至仁의 정신으로 사람 살릴 방도를 구했다.

---

19) 조성환, 다산의 공공윤리와 세종의 공공정치, 리더십에세이, 2014.9.1. 참고.

영의정 황희 ... 등이 의논하고 아뢰기를, 이제 호생지인(好生至仁)이 천성에서 나오시어, 매양 형(刑)을 결단하실 때마다 특별히 흠휼(欽恤)을 가(加)하시어, 반복해서 정상과 법의 경중을 고구(考究)하시어 살릴 도리를 구하심으로, 혹시라도 약간의 미진(未盡)한 것이 있사오면 문득 경한 율[輕典]을 좇으시게 되는 고로, 마땅히 죽을 것인데도 원면(原免)된 자가 매우 많사옵니다.(세종 21/12/15) 今好生至仁, 出於天性, 每當斷刑, 特加欽恤, 反覆考究情法輕重, 以求生理, 或有纖毫未盡者, 輒從輕典, 故當死而原免者甚多。

임금이 만약에 죄인을 "다시 살릴 법[活法]을 구하여 가볍게 한다면, 사람들이 모두 범죄를 가볍게 여겨서 악한 짓을 행함이 날로 늘어날까 깊이 두렵사옵니다." 하고 황희 등은 우려한다. 세종의 호생지인 정신을 신하가 거꾸로 걱정하고 있는 것이다.

세종 8년 이명덕에 대한 죄를 묻는 안숭선의 계가 있었다. 이에 세종은 "죄인이 비록 그 죄를 불복하지 않더라도, 여러 가지 증거가 명백하면 이를 죄주는 것이 상례이나, 이 일은 그렇지 아니한 것이 있으니, 명덕은 이르기를, '이 무리들의 임명은 나의 아는 바 아니다.'하고, 다른 사람들도 또한 명덕이 임용한 이유를 분명히 말하지 않으니, 실로 애매하여 밝히기 어려운 일이다. 이것을 가지고 명덕을 죄준다면 불가하지 않겠느냐."고 했다. 바로 죄는 증거가 있어야 줄 수 있다는 법리론을 내세웠다. 계속되는 청에 다시 심리하라 하였지만 풍문으로만 죄를 줄 수 없음을 보였다.(세종 8/8/28)

세종은 훈민정음 창제 시 민연憫然(세종 28/9/29)을 통한 친민/생민정치를 폈다. 눈높이가 백성에 맞추어져 있는 것이다. 련민憐憫은 실록 원문 총 112건 중 세종이 52건이다. 무휼撫恤은 원문 총 647건 중 세종 81건이다. 무휼은 수직적으로 물질과 죄사함으로 은혜를 베푸는 일 그대로이지만 련민은 보다 백성의 마음에 다가가는 일이다. 한 예를 보자.

신문고: 좌대언 김종서(金宗瑞)가 아뢰기를, 경상도의 진군(鎭軍)이 기선군(騎船軍)의 예에 의거하여 관직을 받고자 하여 두세 번 신문고(申聞鼓)를 치니, 이것은 원통하고 억울한 일이 아닌데도 천청(天聽)을 번거롭게 하니, 이를 죄주는 것이 어떻겠습니까? 하니, 임금이 말하기를, "이미 소원을 잃었는데 또 그 죄를 입게 된다면 진실로 불쌍하다. 비록 번거로움이 되나 죄를 다스리지 말게 할 것이다. 上曰: 既失所願, 又被其罪, 誠

可憐憫, 雖爲煩瀆, 勿令治罪。(세종 14/7/18)

'성가련민誠可憐憫'(진실로 불쌍하다)은 실록 원문 총 37건 중 세종 21건이다. 세종은 백성에게 마음으로 다가가는 임금이다. 형조에 대한 세종의 정치는 '련민'의 마음으로 다가가는 정치다. 사람 살릴 도리를 찾는다.

살릴 도리: 임금이 말하기를, '옥사(獄事)를 듣는 법은 진실로 마땅히 공평 무사(無私)한 마음으로 공정 명백히 물어야 할 것이며, 죽을 죄에 대하여는 살릴 수 있는 도리를 구할 것이요,' 중한 죄에 대하여는 가볍게 할 수 있는 단서(端緖)를 찾을 것이니, 실정을 살펴 죄를 처단한다 하여도 오히려 실수함이 있거든, 하물며 이제 헌부(憲府)에서는 말이 위에 누(累)됨이 있다 하여, 죽이고자 하는 마음을 가지고 실정과 거짓을 잘 살피지 않고 위엄으로써 핍박하여, 죄가 없는 사람으로 하여금 극형(極刑)에 들어가게 하니, 만약 이를 믿고 죄를 처단한다면, 이 어찌 무고(無辜)한 사람을 함부로 죽이는 것이 아니겠느냐.(세종 4/10/24) 上曰: 聽獄之法, 固當虛心淸問, 聽死罪則求可生之道, 聽重罪則求可輕之端。

법에 대한 세종의 생각과 실천은 세종 13년 다음 하교에 잘 정리되어 있다.

한탄 품음 없게: 임금이 말한다. 죽는 자로 하여금 구천(九泉)에서 원한을 품지 않게 하고, 산 자로 하여금 마음속에 한탄을 품음이 없게 하여야.(세종 13/6/2) 使死者不含怨於九泉, 生者無抱恨於方寸。

호생지덕으로 가능한 한 사람을 살리려 하나 법 집행에 있어서는 누구도 가리지 않고 공평히 집행하려 했다. 즉 모르고 지은 죄는 사면하려 하나, 일을 할 수 있는 건강이 허락되는데 일을 안 하고 강도짓을 한다거나, 사고가 아닌 살인을 저지르거나, 당연히 지켜야 할 사대부가 업무상 윤리에 벗어나 과오를 범할 때는 용서하지 않고 정해진 법에 따라 극형으로 집행했다. 세종 시대에 사형집행이 많았던 이유도 이런 연유에 따른 것으로 보인다.(이에 대하여는 당시의 정치적 질서 안정 미비와 미진한 경제적 체제 등에 대한 배경 연구가 더 있어야 할 것이다.)

6. 생산론生産論 후생厚生: 공조工曹

생생과 관련한 세종의 공조의 일은 생산론이다. 생산生産, 생기生氣로, 신제론新制論으로 세종은 물물의 세계를 넓히려 하고 물질이 락樂의 기본이 된다고 생각한다.

예생적으로 첫째 사람에 대한 관심이다. 재주 있는 사람을 찾아 내어 그에게 창신의 임무를 부여하는 일이다. 경험방을 지닌 사람은 기술의 자료원資料源이다. 그들의 재주를 키운다. 장영실, 박연 등이 있다. 현생적으로 둘째 이에 부수해 필요한 기술 혹은 물질에 대한 사전 문헌조사와 자료수집이다. 국내외, 노인, 경험자, 중국, 일본의 기술을 가리지 않는다. 셋째 경험지를 모으고 지성을 집단화 하여 집단 지성/경험방으로 쌓는다. 생활에 필요한 사회 각 분야의 필요한 기술을 지정하여 개발한다. 후생적으로 넷째 사람의 생산이다.

산업: 청컨대 좌우령을 또 좌우령(左右領)으로 나누어 4번(番)으로 조직하여, '교대로 자기네들의 산업에 종사할 수 있도록 하여 주다.(세종 즉위/9/28) 俾令治其産業。

'산업'을 실록에서는 생업으로 번역해 놓았으나 뜻은 '산출해내는 일'이다. 오늘날 산업이라 하면 연결되는 기술技術은 말 그대로 기技와 술術이다. '기술'은 고종 때 가서야 테크닉(technique)이라는 의미가 된다.

기술技術: 의금부에서 현로는 재주와 꾀로써 안평 대군(安平大君)에게 아부하여, 내료(內僚)와 환관(宦官)들을 모두 사귀어 결탁하여 좌우에서 칭찬하니, 임금이 혹하였다.(세종 31/3/20) 賢老以技術, 阿附安平大君, 內僚宦官, 皆交結左右譽之, 上惑之。

기술技術: 안으로 반드시 서양 기술자들을 맞아들여 기술을 전수받아야 나라가 부강해질 수 있고, 밖으로는 반드시 서양 나라들과 연합하여야 러시아를 막을 수 있다.(고종실록 19년 9월26일, 1882년) 內必延西師傳技術。

1) 사람이 먼저

공조에서 물질보다 사람에 대한 시정時政이 이루어진 것을 볼 수 있다. 공조工

曹에서도 예생적으로 사람의 창의로 새로운 제품은 얼마든지 만들 수 있다는 기본 원리에 충실했다.

생산과 연관한 세종의 용어로는 산업, 생업 그리고 변역, 신제, 창신, 창제 등이 있다. 산업경제는 노동, 기술, 자본으로 이루어진다. 산업시대에는 노동이 사회문제로 대두되고 후에는 기술 혹은 자본시대다. 조선 초 산업과 관련해서는 손익, 신제 등이다. 이 산업은 다시 사람, 사람의 재주, 경험, 창의력, 새로운 물질 등으로 세분화 할 수 있다.

사람/자료가 집단지성/기술과 등가를 이루고 여기에 대상인 물[物, 물품/격물]이 선정되고 개량, 신제된다. 실록 속의 용어 빈도를 보면 '신제新制'는《조선실록》원문 총 121건 중 세종 9건이고, '창신創新'은 원문 전체 80건 중 세종 4건, '창제創制'는 원문 총 59건 중 세종 11건이다. '신제'는 조선 후기에 많이 나타나고 있다. '신제'나 '창신'은 다른 임금에 비해 그리 많은 편은 아니나 이를 과학[실학]의 조류가 밀려온 조선 후기가 아닌 초기 기준으로 보면 세종이 많다. 즉 세종은 조선의 시대의 문물의 변화 즉 사회·문물 변역의 기초를 열었다고 하겠다. '창제'의 경우 세종보다 많은 임금은 후기에도 없다. 세종은 조선의 '창제'의 임금이라고 부를 수 있을 것이다.[20]

---

20) 신제新制 총 검색건수: 121 건 (원문, 전체)
    초기: 태종 1, 세종 9, 문종 2, 단종 1, 세조 19, 예종 1, 성종 6
    중기: 연산군 1, 중종 10, 명종 4, 선조 5/2, 광해군 1/1, 인조 2, 효종 3, 현종개수 2
    후기: 숙종 7/1, 영조 11,정조 10, 순조 2, 고종 18, 순종 2

    창제創制 총 검색건수: 59 건 (원문, 전체)
    초기: 태조 2, 정종 1, 태종 5, 세종 11, 성종 3.
    중기: 연산군 1, 중종 7, 명종 2, 선조 2/2, 광해군 2/2, 인조 5, 효종 2
    후기: 숙종 2, 영조 2, 정조 3, 순조 2, 고종 3

    창신創新 총 검색건수: 80 건 (4건 이상 원문)
    초기: 세종 4, 성종 5
    중기: 명종 5, 선조 4/1, 인조 4, 현종 3/3
    후기: 숙종 13, 경종 1, 영조 5, 정조 12, 고종 12

2) 자료수집: 자료 살리기

현생적으로는 앞서 나온 ㉮자료 모으기, 훈민정음을 위한 사투리 모으기 ㉯경험지로서 사람들[농민, 토박이, 노인 등]에게 묻기가 있다. ㉰집현전을 중심으로 한 책 편찬 작업 등이 있다. 농사, 의료, 아악, 천문, 무기, 지리, 언어, 법제 등 다양한 제도 개선과 출판이 있었다.

3) 신제: 物物 살리기

신제에 대한 《조선실록》 전체 기사는 121건인데 세종조는 9건이다.

신제 아악: 신년에, 임금이 근정전에 나아가 여러 신하의 하례를 받았는데, 왜인 사객(使客) 7명도 반열에 따랐다. '처음으로 새로 제정한 아악(雅樂)을 사용하니, 그 의용(儀容)과 법도와 성악(聲樂)이 선명하고 위의 있어 볼만했다.'(세종 13/1/1) 始用新制雅樂, 儀章聲樂, 粲然可觀。

신제: 대호군(大護軍) 박연(朴堧) 등이 새로 아악을 제작하여 바쳤다.(세종 13/1/11) 大護軍朴堧等, 新制雅樂以進。

신제: 정척(鄭陟)이 새로 만든 동궁(東宮)의 대가의장(大駕儀仗)과 소가의장을 올렸다.(세종 30/3/24) 府尹鄭陟進新制東宮大小駕儀仗。

이밖에도 신제작, 신제, 어제, 제작 등이 있다.

신제작: 일정한 의식[典禮]을 새로이 제작하였다. 典禮春官, 克新制作。(세종 22/10/4)

신제: 새로 제정한 하중(下中)의 예에 의하여 조세를 받게 할까 하나이다.(세종 26/11/13) 依新制下中例收稅。

어제: 이달에 임금이 훈민정음을 이루었다. 어제(御製)하신 《훈민정음》으로 그 음을 정하다.(세종 28/9/29) 是月, 訓民正音成。御製曰. 以御製 《訓民正音》定其音。

제작: 간의(簡儀)를 감독하여 만들게 하니 제작(制作)이 새로웠다.(세종 22/11/11) 監製簡儀, 克新制作。

이상 신제라는 이름으로 된 몇 사례를 보았는데 가) 제도의 신제 나) 의례의 신제 다) 물건의 신제 등이 있다. 새로운 물건 가운데 화포가 있는데 완전히 새로운 기술을 적용했을 때 신제라는 말이 돋보인다.

화포: 내가 즉시 군기감에 명하여 대장간을 행궁(行宮) 옆에다 설치하고 화포를 다시 만들어서 멀리 쏘는 기술을 연구하게 하였다. ... '내 이제 왕위에 있은 지 28년 동안에 화포에 관심을 두고 자주자주 강론하고 연구하여 제도를 많이 고쳤더니, 여러 신하들이 볼 때마다 잘된 양으로 칭찬한다. 오늘날의 만듦새로 보면 전의 화포들은 모두 못쓸 것이 되니 곧 깨뜨려 버림이 마땅하다. 전에는 이러한 새 제도를 모르고서 그때 만든 것을 완전히 잘된 것으로 여겼었으나, 이제는 그 우스운 일임을 알게 되었고, 따라서 뒷날에 오늘 것을 볼 때 오늘날에 전날 것을 보는 것과 같게 될까 싶기도 하다.' (세종 27/3/30) 予今在位二十八年之間, 留意火砲, 數數講究, 多更制度, 諸臣每稱其善。以今日之制觀之, 前火砲皆爲不用, 卽當毀之。前不知此新制, 以其時所制爲盡善, 而今乃知其爲可笑也, 又恐後之視今, 猶今之視前也。

내일 다시 만들면 이전의 화포는 못쓸 것이 된다는 술회다. 매번 다시 만드는 기술의 발전과 신제 정신이 드러나고 있다.

화포: 지자화포(地字火砲)·현자화포(玄字火砲)는 화약만 많이 들고 화살은 5백 보를 넘지 못하고, 한번에 화살 여러 개 쏘는 기술을 힘껏 연구하여도 끝내 성공하지 못했다고 상왕인 태종이 말한 바 있었다. 이후 임자년 (세종 14, 1432)에 처음으로 쌍전화포(雙箭火砲)를 만드니 화살이 2백 보까지 가고 파저강 토벌 때에 크게 이익을 보았다. 이후에도 무기는 계속 개량되었다. ... 전의 천자화포(天字火砲)는 4,5백 보를 넘지 못하였는데, 이번에 만든 것은 화약이 극히 적게 들고도 화살은 1천 3백여 보를 가고, 한번에 화살 4개를 쏘매 다 1천 보까지 가며, 전의 지자화포는 5백 보를 넘지 못했는데, 이번 것은 화약은 같이 들어도 화살이 8,9백 보를 가고, 한 번에 화살 4개를 쏘매 다 6,7백 보를 가며, 전의 황자화포는 5백 보를 넘지 못했는데, 이번 것은 화약은 같이 들어도 화살이 8백 보를 가고, 한번에 화살 4개를 쏘매 다 5백 보에 이르며, 전의 가자화포는 2,3백 보도 못갔는데, 이번 것은 화약은 같이 들어도 화살이 6백 보를 가고, 한번에 화살 4개를 쏘매 다 4백 보를 가며, 전의 세화포는 2백 보를 넘지 못했는데, 이번

것은 화약은 같이 들어도 화살이 5백 보에 미치게 되었으며, 전의 여러 화포들은 화살이 빗나가서 수십 보 안에서 떨어지는 것이 태반이었는데, 이번 것들은 화살 하나도 빗나가는 것이 없다.(세종 27/3/30)

새 화포 제작에 이순몽, 이천, 최해산, 박강 등이 관여하였다. 여기서 '새 제도/新制'라고 번역되어 있으나 이는 새 기술을 뜻한다. 즉 무기를 만드는 기술 설계도의 처음과 끝을 제도라고 말하고 있다. 신제는 신제품이기도 하지만 기술이 향상된 다른 무기인 셈이다.

그리고 세종시대에 새롭게 만든 여러 기기들은 천문기구로부터 측우기, 수차, 기리고차 등이 있어 몇 가지 사례만 실록에서 살펴보자.

- 물시계: 보루각(報漏閣)에 새 물시계[漏器]를 놓고 서운관생(書雲觀生)으로 하여금 번갈아 입직(入直)하여 감독하게 하였다.(세종 16/7/1)
- 간의: 간의는 혼의보다 간략하나 옮겨서 쓰기가 어렵기 때문에 하나는 천추전 서쪽에 놓고, 하나는 서운관에 주었다.
  앙부일구(仰釜日晷) 둘을 만들고 안에는 시신(時神)을 그렸으니, 대저 무지한 자로 하여금 보고 시각을 알게 하고자 함이다. 하나는 혜정교(惠政橋) 가에 놓고, 하나는 종묘 남쪽 거리에 놓았다.
- '일성정시의(日星定時儀)'는 밤낮으로 시각을 아는 그릇인데. 4벌[件]을 만들어, 하나는 만춘전 동쪽에 놓고, 하나는 서운관에 주고, 둘은 동서 양계의 원수영(元帥營)에 나누어 주었다.
- 현주일구(懸珠日晷)는 밑바탕이 네모나고, 흐린 날에는 시각을 알기 어려우므로 행루(行漏)를 만들었다.
  작은 정시의와 현주(懸珠)·행루 등을 각각 몇 개씩 만들어 양계에 나누어 주고, 남은 것은 서운관에 두었다.
- 혼의(渾儀)·혼상(渾象)·규표(圭表)·간의(簡儀) 등과 자격루(自擊漏)·소간의(小簡儀)·앙부(仰釜)·천평(天平)·현주(縣珠)·일구(日晷) 등의 그릇을 빠짐 없이 제작하게 하셨으니, 전하께서는 천문법상(天文法象)의 이치에 유념하시어 그 물건을 만들어 생활에 이용하게 하시는 뜻이 지극하시었다.(세종 19/4/15 抄)
- 자격궁루: 자격궁루(自擊宮漏, 물시계)를 만들었는데 비록 나의 가르침을 받

아서 하였지마는, 만약 이 사람[장영실]이 아니더라면 암만해도 만들어 내지 못했을 것이다. 遂造自擊宮漏, 雖承予敎, 若非此人, 必未製造。(세종 15/9/16)
• 구리판: 전자에 책을 찍는데 글자를 구리판[銅板]에 벌어 놓고 황랍(黃蠟)을 끓여 부어, 단단히 굳은 뒤에 이를 찍었기 때문에, 납이 많이 들고, 하루에 찍어 내는 것이 두어 장에 불과하였다. 이 때에 이르러 임금이 친히 지휘하여 공조 참판 이천(李蕆)과 전 소윤 남급(南汲)으로 하여금 구리판을 다시 주조하여 글자의 모양과 꼭 맞게 만들었더니, 납을 녹여 붓지 아니하여도 글자가 이동하지 아니하고 더 해정(楷正)하여 하루에 수십 장에서 백 장을 찍어낼 수 있다.(세종 3/3/24)

임금은 주자소(鑄字所)에는 술과 고기를 자주 내려 주었다. 세종 3년 3월 24일에는 술 1백 20병을 내려주었다. 그리고 《자치통감강목(資治通鑑綱目)》을 찍어 내라고 명령하고, 집현전으로 하여금 그 잘못된 곳을 교정하게 하였는데, 경자년(1420) 겨울부터 임인년(1422) 겨울에 이르러 일을 끝냈다. 그간의 활자의 이력을 보자.

태종 3년 1403년 2월: 설치 주자소
고려시대 13세기 :『佛祖直旨心體要節』
태종 3년: 계미자癸未字
세종 2년 1420: 경자자 1420년부터 2년에 걸쳐 만든 구리 활자
세종 16년 1434: 갑인자 구리활자

세종의 과학으로서 이미 앞 호조 등에서도 거론 된 바 있는 여러 농업 기술 등을 포함한 과학 기술은 목록을 통하여 정리해 보자. 먼저 박성래의 '세종대의 과학기술'에서 보면21)

천 天: ㉮천문학 ㉯역산학(曆算學) ㉰기상학으로 가른다
지 地: ㉮풍수지리 ㉯지리지 ㉰지도 ㉱농학 ㉲수차로 가른다.
인 人: ㉮의학과 약학 ㉯기술 등이 있다.

---

21) 박성래,『세종시대의 문화』, 태학사, 2001, 401~469쪽.

신제의 유사 연관어로는 창신, 창제 등이 있다.

창신創新은 새롭게 짓는 것이다. 이때 헐고 새로 고쳐 짓는 것은 중창의 뜻이고 창신은 그보다 새로운 형식의 짓기처럼 비교해 말하고 있다.

> 창신: 불사(佛寺)를 중창(重創)하지 않았으면 그만이지마는, 이미 창신(創新)하였으니 경찬(慶讚)을 어찌 폐할 수 있겠는가.(세종 22/5/4) 上曰: 不創佛寺則已, 旣已創新, 則 慶讚何可廢也?

창제는 새로 만들기[創製], 새로운 제도를 만들기[創制]가 다 포함된다.
세종 시대에 과학기술로 거론되는 것은 다음과 같다.

표. 세종대의 과학기술

구분	분야	내용	비고
천	1)천문학	▷ 간의 ▷ 혼의, 혼상 ▷ 해시계 :앙부일구, 현주일구, 천평일구, 정남일구 ▷ 일성정시의 ▷ 자격루와 옥루 ▷ 규표 ▷ 천문도 ▷ 〈제가역상집〉 과 〈천문유초〉 ▷ 재이	
	2)역산학	▷ 〈칠정산 내편〉 및 〈칠정산외편〉 ▷ 산학[수학] ▷ 도량형	
	3)기상학	▷ 측우기 ▷ 수표	
지	1)풍수지리		
	2)지리지		
	3)지도		
	4)농학		
	5)수차		

| 인 | 1)의학과 약학 | ▷ 〈향약집성방〉
▷ 〈의방유취〉
▷ 법의학
▷ 온천·냉천·한증 요법 | |
| | 2)기술 | ▷ 인쇄
▷ 무기와 화약
▷ 금속과 광업 | |

세종의 창제물을 보았지만 이 목록에 온실 기술도 포함 시켜야 하지 않을까 여겨진다. 1450년 의관이었던 전순의(全循義)가 지은 《산가요록山家要錄》에 따르면 이 온실은 자연광만이 아닌 온돌을 이용한 지중 가온시설과 가마솥에 물을 끓여 발생한 중기를 목관을 통해 온실내부로 전달하는 등 보다 능동적인 온실이 었다고 한다. 진흙과 볏짚으로 쌓은 흙벽돌로 벽을 쌓고 구들로 만든 바닥위에 30센티 정도의 배양토를 깔아 채소와 꽃을 재배한 것으로 나타났다. 지붕은 유지(油紙)를 씌워 실내온도와 습도를 조절했다.

이는 자연광만을 이용한 1619년 하이델베르그 온실보다 170년 앞섰다고 한다. 이밖에 사람을 따뜻하게 보호하는 온실도 있었다.

온실: 평안·황해·함길·강원도 관찰사(觀察使)에게 이르기를, 지금 들으니, 도내의 기민(飢民)을 진제하는 장소에 온실(溫室)이 없기 때문에, 기민들이 모두 오려고 하지 않고 여염으로 구걸하면서 우숙(寓宿)하기를 청한다고 하니, 이제부터는 토우(土宇)를 쌓아 되도록 따뜻하게 하여 떠돌면서 구걸하는 자에게 얼고 굶주림이 없게 하라, 하였다.(세종 25/12/14)

온실은 난방용으로도 활용되었다. 중복되는 면이 있으나 세종조의 과학기술을 동시대의 다른 나라와 비교한 자료가 있다.

표. 세종조 과학기술 (科學史技術史事典 등재)

연도	내용	비고
1420 (세종 2)	▷석빙고 ▷금속활자 '경자자(庚子字)'	목재의 동서빙고 석조로 개조
1422	세종실록 지리지	윤회 등 편찬
1425	경상도 지리지	하연 편찬
1429	농사직설(農事直說): 정초·변효문 편찬	
1431	▷신찬팔도지리지 ▷향약채취월령	맹사성 등 편찬 유효통 등 편찬
1433	향약집성방(鄕藥集成方)	유효통·노중례·박윤덕 등 편찬
1434	▷경복궁에 천문대 대간의대(大簡儀臺) 준공 ▷자격루 ▷갑인자: 새 금속활자 ▷앙부일구: 오목해시계 제작	1438년부터 관측 장영실·김빈 등
1441	▷측우기 ▷수표(水標)	다음해 강우량 측정제도 정립
1442	▷칠정산(七政算) 내편 편찬 ▷칠정산 외편 편찬	조선의 표준 역서 1444년 간
1443 (세종 25)	훈민정음 28자 창제	1446년 반포
1444	철제 화포 주조	이천
1445	▷의방유취(醫方類聚) 365권 편집 완성 ▷제가역상집(諸家曆象集):천문관계	1465년 교정 완성 1447년 간행
1448	총통등록 (銃筒謄錄)	

　세종의 과학 기술에 대해 전상운교수는 1400년에서 1450년까지 주요 업적으로 한국이 29건, 중국 5건, 일본이 0건이라고 했다. 일본의 이도 준타로(伊東俊太郎)가 편찬한 〈과학사기술사사전 科學史技術史事典〉에서는 동아시아 한국 21건, 중국 4건, 일본 0건 동아시아 이외 지역 19건이라고 말한다.22)

　그러나 아라비아나 그 외 지역의 기술을 조금 더 자세히 조사하면 다를 수 있다는 의견도 있다. 기준에 따라 설명에 차이는 있으나 세종의 과학에 대한 열정

---

22) 伊東俊太郎 외 科學史技術史事典, 東京: 弘文堂, 1983 ; 박현모, 『세종이라면』, 78쪽 참고.

과 결실이 있었다는 사실은 부정할 수 없을 것이다.

전체의 흐름은 세종대의 과학 기술이 동시대 인근 국가보다 활발했음을 알 수 있다. 어떻게 세종 시대에 과학이 발전할 수 있었을까?

세종 이전인 고려 때부터 원나라 등과 교류가 있었고, 개성을 중심으로 한 아시아 지역과의 물류 교류가 활발했던 시대가 있었다. 이것이 세종을 만나 꽃피게 된 것이라고 한다. 과학하는 임금의 예지를 지적하지 않을 수 없다.

격물格物에 대한 세종의 마지막 실천은 백성과 함께 지식과 지혜를 나누는 일이다.

먼저는 시간이다. 시간은 농사가 주업인 시대에 백성에게 가장 소중한 수단이다. 시간은 하루 중에는 궐에서 퇴근하는 시간을 알리고 넓게는 농사에서 씨뿌리고 모를 심는 계절을 정해준다. 다음으로 음악을 나누고 다시 문자를 나누었다. 문자를 나눈다는 것은 몸사람을 얼사람으로 바뀌게 할 수 있는 수단을 손에 쥐어주는 일이다. 훈민정음의 경우는 신제이고 창제다. 신제라고 한 것은 전자篆字를 모방하여 만들었다는 뜻이 있는데 이는 중국 한자에 대한 시대의식을 감안한 중국과 사대부 견제용 치레말로 여겨진다. 그러나 세종 28년 훈민정음 서문에서는 '창제'라 하였다.

창제는 인간의 입 안의 발음 체계를 본 떠 만든 체계[system]의 생성 문자라는 '새로움'에 대한 호칭이다.23) 이는 첫째 생명력이고 둘째 추진력이고 셋째 생성적이다. 이런 요인으로 바로 창조적 생성이라 하겠다.

인간의 본연지성과 마음 닦기를 우선으로 삼던 시대에 물질의 생성이나 생산에 관심이 소홀하던 때 세종의 물질에 대한 개혁은 획기적인 발상이다. 그 근원에는 물질의 생성이 사람에게 도를 일깨우고 사람을 기쁘게 하리라는 '생생지락'에 근거한다.

그러나 세종 이후는 불행히도 성리학의 극성으로 더욱 물질[物]이나 산업과는 멀어지는 사회풍속이 강화되었다. 그리고 '시간' 등 왕권과 관계되는 기본적인 과제가 해결이 되고, 거기에 성리학의 번성으로 임금들이 더 이상 관심을 기울여 찾아내야 할 과제와 의지가 줄어든 측면도 있었을 것이다.

---

23) 롬바흐의 상형 설명을 참고로 한다. 전동진, 『생성의 철학 - 하이데거의 존재론과 롬바흐의 생성론』, 서광사, 2008. 160쪽.

4) 사람의 생산: 사람 살리기

변역의 개념과 지음/만듦[制/製]에서 '새로운 지음/만듦'[新制/新製]을 이루어 내는 신제, 창제, 창신, 생기生起, 생기生氣 등의 어휘가 보인다. 이 중의 으뜸은 사람의 생산生産이다. 사람이 새로운 사람을 산출하는 것이다. 생명체의 생성이며 창조다. 사람은 존재[실존/재]의 생명체이기 때문이다. 이는 진정하고 오직 유일한 창조다.

인민 출생: (인민의 출생과 사망을 관가에 고하도록 하여 연말마다 총계를 기록하여 아뢰게 하다) 호조에 전지하기를, 경외(京外)의 대소 인민의 출생과 사망을 관가에 고하는 법이 《육전(六典)》에 실려 있는데, 지금 관리가 규찰을 게을리 하여 입법한 뜻에 어긋남이 있으니, 이제부터는 거듭 밝혀서 거행하되, 연말 때마다 총계를 갖추 기록하여 아뢰어 항구한 법식을 삼으라, 하였다.(세종 25/11/25) 傳旨戶曹: 京外大小人民生産物故告官之法, 載在《六典》, 今官吏慢於糾察, 有違立法之意。自今申明擧行, 每於歲季, 具錄摠數以啓, 以爲恒式。

생산: 병조에서 경기 감사의 관문에 의거하여 계하기를, 병오년에 감목관(監牧官)을 설치한 뒤로 각 목장의 목자(牧子) 등의 명부가 작성되지 않은 까닭에 이사간 자, 새로 태어난 자, 사망한 자를 빙고하기 어렵습니다.(세종 10/4/7) 丙午年設監牧官之後, 各場牧子等名籍未成, 故移徙生産物故, 難以憑考

《속육전(續六典)》을 따라 각도로 하여금 목자를 모조리 찾아내어서 명부를 작성하고, 목마군도 또한 따로 명부를 작성하여 대개 3년에 한 번씩 고치게 하소서, 하니 그대로 따랐다.

실록을 통해 말하는 세종의 물질관은 물질이 흥해야 예禮를 갖추게 되고 생활의 기쁨을 누릴 기회를 갖게 된다. 다시 이를 위해 물질의 생산이 필요한데 이 가운데 으뜸은 사람의 생산이다. 죄로 죽을 사람들을 살리려 했고 이민족이 귀순해 오면 받아들이고 아기들이 많이 태어날 풍족한 풍토와 젊은이들을 짝짓게 하고 보호하려 했다.

정리: 4장 세종 이도의 삶살리기[시정時政] 철학

정리 1. 육조의 정치

육조 정치에서 보는 전체의 흐름은 처음도 사람이요 마지막도 사람이다. 사람에게 일할 기회를 주며, 직과 업을 통한 삶의 진보로서의 '생성'의 기회를 가질수 있게 여러 제도를 바꾸어 사회변혁을 이루어갔다.

사람이 주체가 되어 그 능력을 최대한 발휘해 나가도록 업과 직을 통해 북돋우며[吏, 戶] 이에 대한 뒷받침을 나라의 안전[兵]과 물자[工]의 확대를 통해 이룩한다. 그리고 이루어진 결과물은 되도록 많은 사람에게 그 혜택이 돌아가야 하고, 또 돌아가도록 여러 제도와 장치를 설정한다.

육조의 기능이 백성의 보호와 국가의 살림살이운영이라고 한다면

    1) 사람을 생기 있게 하기 위하여 교화하고 보호하고 벌주는 일을 하게 되고
                                             : 吏, 禮, 刑
    2) 살림살이로서 농사, 상업, 공업을 진흥시켜야 하고   : 戶, 工
    3) 국가 정체의 기틀인 영역 확보와 지키기가 기본 업무가 된다.
                                             : 兵

이 모든 것은 1) 인간의 생생화 2) 경제[물적] 생생화 3) 국가의 생생화 작업이다.

이를 업과 락에 연관지어 분류하면 공조工曹는 주로 백성의 직이요, 이조曹吏는 사대부의 직이다. 호조, 병조, 형조는 백성을 조이는 부서다. 조이면서 풀어주는 부서가 예조다. 예조는 선의의 동의를 얻어 자발적으로 사회 질서를 지키는데 백성을 동참시키려 한다. 육예 중 예, 악, 서, 수 등의 교육을 맡는다. 국가의예禮가 바로 외교가 되는 폭이 넓은 부서.

표. 육조와 개인 - 집단 - 사회

	개인/수신	국가/치국	원리/평천하
吏	自新	직	희생
戶	賦, 身, 勞	업	신제
禮	근신	규율	공공
兵	훈련/강무	성城	토벌
刑	후회	사면	생생

工	산업	신제	창신
생생의 길	생민	생업	공향

사람들이 일상생활을 사회에서 상호 교류함에 여러 의례儀禮를 만들어 수행하고 이에 어긋나는 사람들에게는 새로운 삶의 기회를 주려고 했다. 이는 '거듭살이'[生生]의 기회로 가는 길이다.[刑_赦免] 특히 세종의 육조 운영은 사람들이 각자의 업과 직을 통해 생민[생인]이 되기를 바랐으며 세종은 백성의 주인[主]가 아니라 '생민의 주'[叨主生民]가 되기를 소망했다. 더욱이 주목할 점은 물질보다 우위에 있는 성리학 정신이 지배하는 시대에 물질[工]에 대한 혁신적 사상과 실현을 이룬 일이라 할 것이다. 동시대에 아시아는 물론 세계적으로도 가장 많은 혁신적 연구와 신제품을 만들어 냈다. 훈민정음을 통해 백성의 잠재력을 한껏 드러내게 한 일은 유교가 지향하는 치국·평천하를 일개 민족의 역사적 시간[시대]을 초월해 이루어낸 업적이 되겠다.

세종은 육조 행정을 통하여 백성들에게 풀기[이완]와 조이기[긴장]를 조절하며 정치를 펴 나갔다.

표. 육조와 백성의 관계

	풀기	풀기/조이기	조이기
백성	吏	禮	刑
物 (격물)	-	戶	工
국방	-	-	兵

'조이기'로서의 병兵에 있어서도 나이든 사람, 흉년이나 가뭄 시 병든 사람에게는 훈련이나 동원을 연기하고 면제해주는 그때 그때의 용用으로서 여러 제도가 운용되었다.

육조를 통해 국가정치의 백성 즉 생민에 대한 의식은 어떠했는지 그 기능 관계를 보자.

구분	기능		
	순기능	순기능 보완	역기능 보완
人[주체]	생민/생인: 吏	사람다움 백성: 常禮	사람다움/백성: 刑
	생업/천직: 戶	사람다움 관리: 儀禮	살림살이/관리: 刑
物[객체]	국가/국체: 兵	국가다움 생산: 物[工]	국가다움/[재이·침략대비]: 兵

위 두 표에서 나타나듯 정치행위는 백성과의 일정 거리를 유지하며 민의 힘을 동원하더라도 풀기/조이기를 적절히 조절하며 행정의 기능을 최대화하려 했고 이를 통해 '사람이 사람다워지고 국가가 국가다워지는 길'[생생의 길]을 걸으려 했다.

정리 2. 세종 정치철학의 정의

세종의 정치철학의 정의(용어)로 어떤 것이 있는지 백성들과 직접 만나는 육조를 통해 살펴보는 것도 세종의 정치지향을 보는 의미가 있을 것이다.

이吏

• 화민지정化民之政: 백성을 교화시키는 정치.(세종 18/4/9)
화민지정은 백성을 교화시키는 정치로 세종이 근정전에 나아가 책문의 제목을 냈다. 초시의 책제(策題) 속에 나오는 표현이다.

호戶

• 유민지정裕民之政: 백성을 넉넉하게 하는 정치.
변호문·민공이 간심(看審)한 영상 전라도의 재해 입은 전라도의 재해 입은 땅은 1천 8백여 결·1천 5백 70여 결로 공법에 의거하여 전손한 집은 면세하다. '그러하온즉, 백성들을 넉넉하게 하는 정치는 백성으로부터 너그럽게 받아들이는 것이지, 곡식을 풀어서 백성들을 진휼하는 데에는 있지 아니하였사옵니다.' (세종 20/11/20) 然則裕民之政, 取民以寬, 隱於發粟賑民之外。

• 구황휼민지정救荒恤民之政: 굶주림을 구제하고 백성을 돌보아 주시는 정사를 펴다.
  우사간 김효정 군용 경차관을 보내는 일을 정지하라는 상소를 올리다.(세종 9/10/17) 救荒恤民之政。

• 구황지정 救荒之政: 흉년을 구제하는 정사.
  (좌참찬 하연이 민간을 구제할 진휼책을 조목조목 나누어 상언하다.) '흉년을 구제하는 정사'(救荒之政)(세종 22/3/23)가 필요하다.

예禮

학교 교육의 중요성과 노인에 대한 중요성을 말하다.

학교지정學校之政: (예조에서 진사 이관의 등의 상서를 의논하다) 신은 들으오니, 속담[諺]에 전하기를, '중국[朝廷] 사신 장부(張溥)의 시에 이르기를, 향등불 곳곳에는 모두 부처에 귀의하였고, 연기 불 있는 집집은 다투어 신을 섬기는데, 오직 두어 칸 되는 부자(夫子)의 사당은 뜰에 가득한 거친 풀 적적하게 사람이 없네, 하였다. 하옵는데, '이것은 당시 학교 행정의 형편없는 것을 비평한 것입니다.' (此譏當時學校之政之極衰也。) (세종 21/1/11)

양로지정養老之政: 벼슬하는 자의 부모로서 나이가 만 90세 이상인 사람과 백성으로서 백 세가 된 사람은 남자와 여자에게 모두 벼슬을 주고 작을 봉하여 양로(養老)의 정치를 보이소서.(17/6/21) 凡仕宦者父母年滿九十以上者與民百歲者, 其男子婦人, 竝皆授職封爵, 以示養老之政。

병兵

• 무휼지정撫恤之政: 백성을 위무하고 돕는 정치.
  (김종서에게 4진의 형세와 앞으로의 추세를 보고하게 하다) 함길(咸吉)의 한 도는 땅이 비좁고 백성이 적으며, 부역이 원래 헐하니, 깊이 선왕의 무휼지정(無恤之政)에 감화되었음이 그지없다.(세종 19/8/6) 咸吉一道, 地窄民少, 賦役素輕, 深感先王撫恤之政, 至矣盡矣。

형刑

● 호생지덕 好生之德: 생명을 살리는 덕의 정치.

'전번에 양목답올이 천도(天道)를 거스르고 여러 번 도망쳐 숨었으나 짐이 천지호생지덕(天地好生之德)을 본받아 특히 너그럽게 용서하고 다시 임용하였다.(세종 6/4/4) 往者楊木答兀違逆天道, 屢嘗逃竄, 朕體天地好生之心, 特加寬宥, 仍復任用。

공工

● 무본후생지정務本厚生之政: 근본을 힘쓰고 민생을 후하게 하옵시는 정책.
(박서생의 건의에 따라 수차를 만들어 시험하게 한다) 민생을 후하게 하옵시는 정책에 도움이 되기를 바랐더니, 곧 공인에게 명을 내려 제조해 시험하게 하시니, 그 관개하기 쉬움이 중국의 수차보다 우수하옵니다.(세종 13/6/3) 庶助殿下務本厚生之政, 卽蒙下命工人, 造而試之, 其灌漑之易, 優於中國之車矣。

기타 바른 정치의 이념으로는 함께 새로워지고, 논의하고. 문과 무가 균형을 이루고, 민이 생민이 되도록 펴는 정치 지향이 있다.

● 유신지정惟新之政: 옛날의 폐습을 개혁하고 새로운 정사를 선포함이 마땅합니다.
(세종 1/11/28) 宜革舊弊, 以布惟新之政。
● 서정유신庶政維新: 어진 이가 관(官)에 있고 능한 이가 벼슬에 있어, 모든 정치를 새롭게 하다.(세종 21/5/26) 賢在官能在職, 庶政維新。
● 공의지정共議之政: 사간원에서 승선·직의 법을 혁파하고 주지는 고령자를 택할 것을 상소하다) (세종 20/7/9) '고려 태조의 통일 초기에 수사들 ... 사찰과 사묘 등을 세우고 ... 이에 국사와 같이 의논하는' 승정제도를 세운 바 있다. 高麗太祖統一之初, 以術士壓勝之道, 山水背處, 營建寺社, 納田與奴, 安佛迎僧, 乃立共議之政。
● 문무지정文武之政: (임금이 영응 대군 집 동별궁에서 훙하다) 문(文)과 무(武)의 정치가 빠짐없이 잘 되었고, 예악(禮樂)의 문(文)을 모두 일으켰으매, 종률(鍾律)과 역상(曆象)의 법 같은 것은 우리나라에서는 옛날에는 알지도 못하던 것인데, 모두 임금이 발명한 것이다.(세종 32/2/17) 文武之政畢擧, 禮樂之文俱興, 如鍾律曆象之法 皆東方前古所未知, 而皆自上發之。

• 생민지정生民之政: 살아있는 민을 위한 정치.

(충청 감사 정인지가 흉년 구제의 방책을 올리다) 인민을 위한 정치는 음식물과 재물 두 가지뿐 입니다.(세종 18/7//21) 臣謂生民之政, 食貨二者而已。

생민과 자신自新: (상왕이 대마도 수호 도도웅와에게 교화에 응할 것을 교유한 글) 병조는 글[書]을 대마도에 보내어, 나의 지극한 생각을 알려서, 그 자신(自新)할 길을 열어 멸망의 화를 면하게 하고, 나의 생민(生民)을 사랑하는 뜻에 맞도록 하라, 하였다.(세종 1/7/17) 兵曹其移文對馬島, 諭予至懷, 開其自新之路, 俾免滅亡之禍, 以副予仁愛生民之志。

생민의 정치에는 음식과 재물 이외에 정신적인 거듭나기가 있다. 여기 거듭나기의 기사는 특히 왜인인 이민족까지 포용하는 열린 자신自新의 정신이다.

정리 3. 세종의 시정時政

세종의 시정時政은 사람과 제도, 물질 살리기의 정치다. 생생의 의미를 살려 육조의 정치를 정리해 본다. 세종 시정의 육생이다.

이吏 생인론으로 백성을 자각하는 새 사람으로 일깨우고자 한다.
호戶 생재론으로 물질의 풍부함을 통해 도道가 서는 사회를 이룩하려 한다.
예禮 생효론으로 몸으로 하는 효를 통해 사회 기강을 세운다.
병兵 생지론生地論으로 백성, 영토, 주권 가운데 영토를 넓히고 사민斯民정책을 세운다.
형刑 호생론으로 호생지덕好生之德의 정신으로 한 사람이라도 더 살리려 한다.
공工 생산론으로 변역變易의 정신으로 물질의 신제, 창제를 하고 '사람'의 생산도 추구한다.

3부
생생_{生生}의 길

생생[거듭나기/새로나기]의 길

5장 자신自新과 변역變易

5장은 구조상 1장, 2장에 연속하여 이어져야했으나 '생 - 생성 - 생생의 체계'
에 맞추어 뒤로 놓이게 되었다. 즉 1장과 2장의 생민- 생업- 천직- 국체의 '삶
[생]'의 길을 지나, 3장 사유와 사맛세계의 정치 구정도九政道 그리고 4장 삶살리
기의 정치철학에 관련한 시정時政 육생六生의 '생성의 길'을 거쳐, 5장 '생생의
길'로 이어진다. 사람의 자신지리自新之理와 물물物의 변역에 이어 6장은 생생지락
과 공향共享을 다루게 된다.

1. 생생의 길

1) 미생에서 생생으로

모든 사람은 근본적으로 우주의 기본원리대로 낳고 자라고 기쁨이 무엇인가
를 알며 살아가게 된다. 세종은 정치를 통해 모든 민民의 의식과 생활의 변화를
꾀하고자 했다. 태어나고, 살아내며 겪게 되는 것들을 기본으로 새롭게 하고, 거
듭 살아가게 하는 작용이 '생생生生'의 단계다.

백성의 삶에는 우여곡절이 있기 마련이다. 부정적인 현실의 문제를 긍정적으
로 풀어가려 한다. 새로운 현상을 찾고 그 현상의 모순이 다른 새로운 현상인 반
증反證으로 나타나고 다시 그 타당성을 논증하는 과정에서 변증辨證이 드러난다.

삶의 모순 상태를 벗어나려는 미생未生의 민에서 생생의 민(생민)으로 가는 생
생의 과정을 보자.

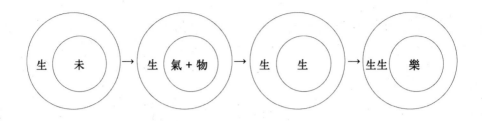

표. 생〔삶〕의 진화

생/원생	→ 생성	→ 생생	→ 락
미생	氣+物	생생	생생지락
불완전 상태	감응	생기	락생

우리의 생은 겉에 보이는 생과 근본적인 생이 있다. 특히 백성의 생은 태어나고 보니 속알이 미생상태에 놓여 있다. 이는 신분이 중심이 된 시대의 제도 탓이다. 미생의 민은 ㉠못 배운 무지한 생 ㉡몸 아픈 생 ㉢가난한 삶 ㉣환과고독鰥寡孤獨의 삶 ㉤가족들이 떨어져 사는 생이별의 삶 ㉥자신을 추스르지 못하는 삶 등으로 스스로의 삶을 온전히 꾸려가지 못하는 삶을 살았다.

처음에는 미생未生의 상태다. 이에 기氣는 미생의 껍질을 뚫고 '나'라는 씨앗 속으로 들어가게 된다. 계기와 과정이 필요하다. 기氣가 들어가 속알의 형질이 바뀌는 생기 속에 '생과 생'이 된다. 그리고 이 과정에서 하민·소민·천민은 생과 기를 통해 훈민·애민·교민의 과정을 거치며 자신을 돌아보게 된다. 이어 효유, 교화·사면, 재생·회생의 기회와 만나게 된다. 생기론生氣論에서의 기氣는 유기체 내에 부분에 먼저 작용한다. 생성의 기운이다. 그러나 '나'(몸+정신) 전체는 부분들의 합보다 크다. 이런 삶에 기氣와 물物의 상응과 감응을 통해 새로운 삶을 누리게 되는 생생의 길[道]이다. 몸과 정신이 '되살아 나기/거듭나기'의 길을 거쳐야 생민이 된다고 하겠다.

• 락의 세계

생민이 다다르고자 하는 삶이 락의 세계다. 여기서 락樂의 뜻을 보자.

가) 풍류 악, 아뢸 악 - 음악을 연주함: 악곡(樂曲)   [천]

나) 즐길 락, 즐거울 락 - 유쾌함   : 락관(樂觀)   [인]

다) 좋아 할 요 - 좋아 함.   : 요산요수(樂山樂水)   [지]

악·락·요樂에는 천지인의 요소가 다 들어 있다. 락에는 앞에서 보듯 노래를 부르고 산과 물을 찾아다니는 즐거움, 그리고 마음으로 느끼는 기쁨이 있다. 노래란 부르거나 들을 때 그 소리가 몸에 울림을 주게 된다. 몸의 떨림은 마음의 떨림을 준다. 소리가 물에 들어가면 전달이 어려워 잠기듯 소리가 몸에 들어오면 몸 안에 떨림이 오고 이어 몸 안에 잠긴다. 떨림을 서로 교환하는 행위 즉 흥얼거리거나 함께 합창을 하게 되면 사람들은 음악을 통해 서로 동질성을 느끼게 된다.

조선시대에 다함께 마음을 나누는 일로 노래만한 것이 없었을 것이다. 노동요는 노동의 몸과 내 몸이 하나가 되게 한다. 나아가 남과 동일시됨을 느끼게 한다. 함께 마음을 나누는 일로는 농사지으며 부르는 노동요, 농악 그리고 행동으로 나타내는 마을 축제, 사냥 그밖에 춤이나 집단놀이 등이 있을 것이다.

• 생생의 세계

생생의 세계는 순환에서 생성의 단계 그리고 마침내 거듭나기/거듭살이의 생생화의 길에 들어서는 변역의 과정을 말한다.

㉮ 고통에서 편안함으로: 백성은 기본적으로 로민勞民이다. 밭을 일구고, 공정한 양정, 공평한 형정, 교육[교화] 기회의 증가 등이 이루어져 직과 업으로서의 삶이 안정되면 즐거움의 시간과 만난다.

㉯ 미생에서 생생으로: 앞서 미생에서 생생으로의 모습을 보았듯 변역의 정신에 따라 자각하고 신제를 하며 기쁨을 알게 된다.

㉰ 개인에서 공향으로: 각 개인의 삶이 안정되면 이웃과 사회가 안정되어 간다. 개인이 아닌 '너와 나 함께'라는 공향으로 시간, 음악, 문자 기타 화폐, 유통, 교통, 의료 등과 생산 활동 등에서 백성이 혜택을 누리게 된다.

㉱ 오늘에서 내일로: 사람이 새로워지는 데는 새로 거듭날 수 있다는 희망[생생지망]과 길[생생지로]을 찾고 새로워져야할 뜻을 세우는 자신지지自新之志에서 출발한다.

2) 자신지리自新之理

변역은 사事와 물物에서 일어나고 사람은 자신自新의 변화를 통해 생민이 되어 간다.

사물의 변화로서의 변역에서도 무형적인 면에서는 신제新制 - 개혁 - 혁명으로, 물질면에서는 신제新製 - 창신 - 창제를 거치며 변역[진화]해 간다.

변역은 겉으로 나타나는 형식의 변화를 통하여 내부에서의 질적 변화를 이루어간다. 사람의 변화에 대한 생생의 변역은 자신지리自新之理에 근거한다.(1장 생민론에서 논한 바 있다.)

> 임금이 말하기를, 죄는 경하고 중한 것이 있고, 사람은 거듭날 수 있는[自新之理] 이치가 있다.(세종 4/2/25) 上曰: 罪有輕重, 人有自新之理

'자신지리'는 인간은 스스로 새로워지는 이치를 품고 있는 존재라는 것이다. 자신自新과 연결되는 결합어는 여럿이 있다. 이를 잘 살피면 사람이 스스로 깨우쳐가는 과정을 찾을 수 있다.

1-1	1-2	2	3-1	3-2
수책자신 -	개과·회과 -	자신지방 -	자신지신 - 이득자신	개행자신
책임을 느끼고	회개하고	자신의 길을 찾고	개과와 뜻[志]	행동을 바꾼다

처음에 1. 자기에 대한 책임을 스스로 느끼고, 1-2. 마음속에서 이를 깨달아, 2. 자신이 새로 나아갈 길을 찾고 뜻을 세워, 3-1 옛것을 버리고 마음을 바꾸어, 3-2 이에 행동을 바꾸어 가는 과정을 볼 수 있다.(1장 내용 부분 재록)

여기 자신지리를 위한 사람들이 할 바는 '지려명절砥礪名節'이다. 지려명절은 다른 어휘와 연관해 쓰이고 《조선실록》 총 35건 중 세종 13건이다. 세종은 명예와 절조를 위해 사람들이 특히 선비들이 노력해야 함을 강조한 임금이다.

㉠ 먼저 '使人人思各顧慮, 砥礪名節也 사인인사각고려 지려명절'이다.(세종 8/1/26)

: 사람마다 자기 자신을 반성하며 고려하여, 명예와 절조를 닦음에 힘써야 하는 것이다.

ⓛ '각자근칙 지려명절 各自謹飭, 砥礪名節'(세종 8/9/7): 스스로 근신하고 계칙(戒飭)하여, 명절(名節)을 닦는다.

ⓒ '세심척려 지려명절 洗心滌慮 砥礪名節'(세종 10/10/20): 마음과 생각을 세척하고 명예와 절조를 가다듬어야 할 것이다.

ⓔ '막비사인인지려명절야 莫非使人人砥礪名節也'(세종 14/8/22): 모두 사람마다 명절을 닦아 힘쓰게 하기 위한 것이다.

　(주) 石厎: 숫돌지, 礪: 거친 숫돌 려, 지려: 숫돌, 연마하다.

사람이 새로워지기 위해서는

㈎ 마음의 변화가 있어야 한다. 자각 - 자성 - 회개 - 회생 - 갱생의 단계를 거친다.

㈏ '숙야감오 개심역려 夙夜感悟, 改心易慮'(세종 9/10/26)로 느낌으로 오고 마음으로 움직이는 감성感性과 이성理性 즉 기氣와 리理가 동시에 작용하는 거듭나기[생생]의 길을 걷는다.

㈐ 자발적이고 능동적으로 스스로 일하는 사람이 된다. "대개 승도(僧徒)들은 공가(公家)에서 불러서 역사를 시키면 반드시 싫어하고 꺼리고, 스스로 서로 불러 모이면 즐겁게 일에 나간다, 고 하니 그 말이 옳을 것 같다."(凡僧徒, 公家召役, 則必生厭憚, 自相召募, 則樂於趨事。其言似是。)(세종 17/5/20)에서 보듯 자발성을 얻어 새로워진다.

생생의 길은 자신의 꾸준한 노력이 따라야 한다. 사람이 새로워지면 자연스레 물질/격물의 변역이 잇따르게 된다.

2. 변역론

1) 변역變易

변역은 세종에 있어서 사람과 사물이 새로워지는 '거듭나기/새로나기'로 가는 변화를 일컫는다. 변역이라는 용어는 《주역》「계사전」에서 단 세 마디로 요약하고 있다. '역易 궁즉변窮則變 변즉통變則通 통즉구通則久'로 '역이란 궁하면 변하고 변하면 통하고 통하면 오래 간다.'이다. 바로 변화다. 《주역》에는 사물의 변화를 해명하려는 철학적 구도가 있으며 그것이 사물과 사건과 사태에 대한 일종의 범주적(kategorie) 인식이라고 했다. 그래서 64괘를 칸트의 판단형식判斷形式과 같은 철학적 범주라 했다. 그리고 범주적 판단형식은 근본에 있어서 객관적 세계의 반영이라는 점에서 아리스토텔레스의 진술형식陳述形式이나 최상위의 유개념類概念과 상통하는 내용이라 할 수 있다.[1] 《주역》에서 말하는 변통變通에는 이중적인 뜻이 포함되어 있다. 하나는 변화이고 다른 하나는 소통이다.[2] 불교에서 변역變易은 ①변화함 ②변역생사變易生死의 준말이다. 변역론은 사회 현상에서 나타나는 변화에 대한 용어다.

세종에게서 변역은 어떻게 규정되어 있을까. 《세종실록》에 나타난 변역의 용례를 보자.

> 變易風俗변역풍속: 무릇 사공(事功)을 세움에는 가깝고 빠른 것을 귀하게 여기지 않사온데, 국가가 근래에 조치하는 것이 모두 빨리 이루는 것을 힘쓰니, 두렵건대, 정치하는 체제가 아닌가 하옵니다. 만일에 언문은 할 수 없어서 만드는 것이라 한다면, 이 것은 <u>풍속을 변하여 바꾸는 큰 일이므로(此變易風俗之大者)</u> 마땅히 재상으로부터 아래로는 백료(百僚)에 이르기까지 함께 의논하되, 나라 사람이 모두 옳다 하여도 오히려 선갑(先甲) 후경(後庚)하여 다시 세 번을 더 생각하고, 제왕(帝王)에 질정하여 어그러지지 않고 중국에 상고하여 부끄러움이 없으며, 백세(百世)라도 성인(聖人)을 기다려 의혹됨이 없는 연후라야 이에 시행할 수 있는 것이옵니다.(세종 26/2/20) 凡立事功, 不貴近速。國家比來措置, 皆務速成, 恐非爲治之體。儻曰諺文不得已而爲之, 此<u>變易風俗之大者</u>, 當

---

1) 신영복, 『강의』, 돌베개, 2013, 130쪽.
2) 이동아, '《周易》의 變通槪念에서 본 현대리더십의 경향', 충남대학교 유학연구 제32집(2015년 5월), 충남대학교 유학연구소, 257-281쪽.

謀及宰相, 下至百僚國人, 皆曰可, 猶先甲先庚, 更加三思, 質諸帝王而不悖, 考諸中國而無愧, 百世以俟聖人而不惑, 然後乃可行也。

집현전 부제학 최만리 등이 언문 제작의 부당함을 아뢰며 나오는 말이다. 훈민정음은 ㈎바삐 서두를 일이 아닌 것으로 ㈏풍속을 바꾸는 일이고 ㈐모두의 의견을 들어야 하고 ㈑세 번을 더 생각하고 ㈒외국 주류문화에 어긋나지 않은가 생각하고 ㈓더 신중히 여겨 후세에 맡길 일이라고 주장한다.

당시로서는 언어체계를 바꾸는 혁명적 변화를 '변역'으로 여기고 있음을 보게 된다. 변역을 진화론적 차원에서 보려면 여러 현상들을 종합적으로 분석하여야겠지만 세종시대의 변역 연관 용어를 살피는 것으로 변역론을 가늠해 본다.

사회 변화의 논리로 역사와 관련하여서는 먼저 순환론적循環論的 역사관이다. 순환이란 역易의 기본 개념이어서 자연의 순환에서 나타난다. 작년의 백합꽃은 금년에도 그 모양 그대로 다시 핀다. 순환과 재생이다. 이 논리는 우주, 인간에게로 확장된다. 다만 식물이나 동물, 사람은 겉과 속이 유사한 모습이지만 새로 태어나는 생명체는 별개의 다른 독립적 생명 개체다. 이 가운데 사람은 더욱 다르다. 사람이 자식을 낳으면 그 '새알'은 유사해 보이지만 각 생명체가 갖고 있는 '새얼'은 각기 다른 것이다. 인간 생명이 갖는 유일성과 독자성이다.

둘째 단계는 변혁變革이다. 역도易道의 원리로 변통變通이라 하겠다. 기화氣化에 따른 성쇠의 분수가 있게 되고 이에 대한 의지적 대처가 바로 변통인 셈이다. 변혁은 사회, 제도의 변화에서 겉으로 혹은 속으로 모습이 달라진다. 작은 변화는 손익損益, 경장, 인혁, 졸변, 변역 등으로 나타난다. 물질에서는 신제, 제작으로 나타난다.

셋째 단계로 사회 속에서의 살아 있는 교감을 통한 생생의 길을 생각할 수 있다. 감성적 교류를 통한 시의적 대처를 하는 사회적 행위인 셈이다. 이 단계는 창제의 단계로 창제, 혁명, 경장 등이 있다.

변역과 변통 등 여러 용어에 대한 분별을 보자.3) 국어사전에서 변통은 '형편

---

3) 검색어 변역變易: 원문 총 198 건 중 5건 이상
   초기: 세종 15, 성종 15
   중기: 연산군 9, 중종 24, 명종 10, 선조 13/2, 광해군 10/7, 인조 9, 현종 2/3
   후기: 숙종 27/1, 영조 18, 정조 12, 고종 8
   연관어로 검색어 '변통變通'은 원문 2,602 건으로 세종 14건, 선조 98/19건, 현종 196/280

과 경우에 따라서 일을 융통성 있게 잘 처리함'이고, 변역은 '고치어 바꿈'이다. 변역이 상위개념으로 보인다. 여기 한 예를 보자.

고려 말 정몽주도 고려의 존속을 바라는 변역의 논리를 추종하고 있었다. 새 왕조의 건국이라는 두 세력은 변역을 실질적으로 이루는 '힘'이 변역 논리의 핵심이 될 수밖에 없었다. 주역은 삼라만상의 변역의 이치를 언급하면서 변통을 강조하고 있다. 변통을 구사하지 못하는 것은 변역의 논리를 인정하지 않는 것으로 이는 성리학에서 말하는 천리天理를 위배하는 것이다. 고려의 존속을 전제로 한 변역이든 새 왕조의 개창을 전제로 한 변역이든 이미 변역이 이루어진 상황에서 변통은 불가피했다. 하륜을 위시해 권근과 이첨 등이 두문동의 고려 유신들로부터 '변절자'라는 비난을 감수하고 조선 건국에 참여한 것은 바로 이 때문이었다. 이들의 행보를 두고 통상적인 의미의 '변절'로 매도해서는 안 되는 이유도 또한 여기에 있다. 이들은 건국에 참여한 뒤에도 혁명세력과 다른 행보를 취했는데 이는 신념과 철학을 가지고 있었다는 근거가 된다.[4]

왕조의 바뀜을 변역과 변통으로 풀이하고 있는 예이다.

덕과 예의 변역: 《좌전(左傳)》을 강하다가, 관중(管仲)이 제후(齊侯, 참고- 제왕齊王)에게 말하기를, 적을 불러서 위로하는 데는 예(禮)로써 하고, 먼 지방을 회유(懷柔)하는 데는 덕으로써 하니, 덕과 예를 변역(變易)하지 않으면 사람이 사모하지 않는 이가 없을 것입니다. 招携以禮, 懷遠以德, 德禮不易, 無人不懷。(세종 11/4/9)

역사적으로 정치는 시대를 읽고 거기에 맞추어 그 시대에 맞게 새롭게 변화해 가야 한다는 교훈을 준다. 변역은 구체적으로 사事와 물物의 이치에서부터 출발한다.

천하사물지리: 전하께서는 총명한 성지(聖智)와 밝은 학문으로써 널리 경적(經籍)에 구하여, 천하 사물(事物)의 이치와 고금 치란(治亂)의 기틀에 대하여 환하게 빠짐 없이 알고 있다. 殿下以聰明之聖, 緝熙之學, 博求經籍, 天下事物之理, 古今治亂之機, 洞然無(遺)[遺]。(세종 24/10/26)

건, 숙종 505/11건, 영조 274건. 정조 256건, 고종 271건으로 조선 중·후기의 용어로 '작은 변화'를 추구하는 뜻이 있다.
4) 신동준, 『조선의 왕과 신하, 부국강병을 논하다』, 살림, 2007, 69쪽.

군신민사물: 지금의 것을 가지고 참고하여 보면 궁(宮)·상(商)·각(角)·치(徵)·우(羽)의 다섯 가지 소리는 오행(五行)에 기본을 두고, 여기에다 임금·신하·백성·일·물건을 배합한 것이어서, 정치가 잘 되고 못 된다든가, 재난과 길상(吉祥)이 모두 그 종류에 따라서 응답되는 것이다.(세종 12/윤12/1) 以今考之, 宮、商、角、徵、羽五聲, 本之五行, 配之以君臣民事物。

찰호서물察乎庶物: 인륜에 밝았고 모든 사물에 자상하다.(세종 32/2/17) 明乎人倫, 察乎庶物。

오행은 천하에 군신민 등의 사람·백성과 사事로서의 일·정신 그리고 물物로서의 물질·물건의 이치에 닿아 있다. 이 오행의 변화는 바로 변역이고 마찬가지로 변역은 바로 사事로서의 정신과 물物로서의 물질의 변화에 관계된다. 사물에 밝다는 뜻으로 '서물庶物'이 있기도 하다.

(1) 변역론

변역의 진행 단계에 대하여 살펴보자.

한 시대가 일어나면 반드시 한 시대의 제작(制作)이 있다하는데, 예(禮)를 마련하고 악을 제정하는 것이 진실로 쉽지 않은 일입니다.(세종 14/8/28)

세종은 변역을 명제로 여기고 있다. 변역의 단계는 첫째 변통에서 시작하여 둘째 제도적인 변혁, 물질의 창신 그리고 셋째 제도적 혁명, 새로움의 창제 단계가 있다.

(가) 변역의 첫 단계는 변통이다.

변통의 연관어로는 손익, 경장, 인혁, 졸변, 변진, 신제新制/新製 등이 있다. 물질에서는 신제新製, 손익 등이 있다.

변통變通은 실록에서 원문으로 세종 시대에 14건이다.5) 변통은 한자로는 변變

---

5) 선조 98/19건, 인조 206건 등으로 위기의 임금 시 자주 등장 하다가 현종 194/280건, 숙종 505/11건, 영조 274건, 정조 256건 등 후기에 일반화 한다.

혹은 변통變通으로 나타난다. 뜻은 원칙이 있으나 일정한 질서 안에서 융통성을 가진다는 뜻이다.

변變: (야인 토벌 계책을 의논할 것을 평안도 도절제사에게 전하다) 권도(權道)는 미리 베풀 수 없고, 변통(變通)은 먼저 꾀할 수 없으니, 경은 이리저리 생각해 보고 기회에 다달아서 짐작 요령해서 시행할 것이다.(세종 19/7/18) 卿意以爲如何? 權不可預設, 變不可先圖, 卿反覆熟思, 臨機酌量施行。

변통變通: (행수의 법을 세울 것에 대해 논의하다) 오직 찬성 하연이 의논한 수령을 제수하는 법은 변통성이 있어서 거의 편익할 듯하니, 이 논의에 따르고자 하는데 어떻겠는가.(세종 25/6/22) 唯贊成河演所議守令除授之法, 似有變通之宜, 庶爲便益, 欲從此議, 何如?

변역에서 가장 보편적인 용어는 변통이다. 변통은 원문 2,956건으로 일상어다.6) 변통變通은 선조, 인조 등 위기의 임금 시 자주 등장하다가 현종, 숙종, 영조, 정조 등 후기에 일반화 한다.

이러한 변통의 기본 원리로서 손익損益이 있다. 손익은 말 그대로 '덜고 더하는' 일이지만 음악 등에서는 과학적 원리로서 작용한다. 세종 시 손익은 41건으로서 세종은 조선 초 일찍 손익의 법칙을 안 임금이었다.7) 손익의 주요 내용을 보자.

삼분손익三分損益: (박연이 석경을 새로 만들다) 악학 별좌(樂學別坐) 봉상 판관(奉常判官) 박연(朴堧)이 1틀에 12개 달린 석경(石磬)을 새로 만들어 올렸다. 처음에 중국의

---

6) 변통變通: 원문 2,596 중 10건 이상
   초기: 세종 14, 세조 13, 성종 20
   중기: 중종 27, 명종 12, 선조 98/19, 광해군 75/67, 인조 206, 효종 95, 현종 194/280
   후기: 숙종 505/11, 경종 45/5, 영조 274, 정조 256, 순조 70, 헌종 10, 고종 269
   즉 변통變通은 선조 98건, 인조 206건 등으로 위기의 임금 시 자주 등장하다가 현종 194/280, 숙종 505/11, 영조 274, 정조 256 등 후기에 일반화 한다.
7) 검색어 손익損益: 원문(498) 총 498건 중 15건 이상
   초기: 세종 41, 성종 40
   중기: 연산군 16, 중종 55, 선조 30/2, 광해군 15/15, 인조 16, 효종 15, 현종 11/12
   후기: 숙종 24/4, 영조 16, 정조 60, 고종 64

황종(黃鍾)의 경쇠로써 위주하였는데, 삼분(三分)으로 덜고 더하여 12율관(律管)을 만들고, 겸하여 옹진(甕津)에서 생산되는 검은 기장[秬黍]으로 교정(校正)하고 남양(南陽)에서 나는 돌을 가지고 만들어 보니, 소리와 가락이 잘 조화되는지라, 그것으로 종묘와 조회 때의 음악을 삼은 것이다.(세종 9/5/15) 樂學別坐奉常判官朴堧, 進新製石磬一架十二枚. 初以中朝黃鍾之磬爲主, 三分損益, 作十二律管, 兼以甕津所産秬黍校正之, 取南陽石作之, 聲律 乃諧, 遂作宗廟朝會之樂。

음악의 조화는 삼분손익에 의해 이루어진다.

삼분손익과 자[度]·되[量]·저울[權衡]: 신이 원하옵기는, 남방의 여러 고을[州]에서 기른 기장을 모두 가져와서 세 등급으로 이를 골라 쌓아 올려서 관(管)을 만들어, 그 중에 중국의 음(音)과 서로 합하는 것이 있으면 삼분손익(三分損益)하여 12율관(律管)을 만들어 오성(五聲)을 조화(調和)시키면 자[度]·되[量]·저울[權衡]도 따라서 살필 수 있게 될 것입니다. ... 이제 만약 율관(律管)을 만들지 않는다면 오음(五音)의 청탁(淸濁)도 참된 것을 잃게 될 것입니다.(세종 12/2/19)

자·되·저울에서도 이런 손익의 원리를 통해 바른 측정을 할 수 있을 것이다. 삼분손익은 원리에 대한 법칙이다. 문文의 질적 내용이나 법에도 덜고 더하는 규칙이 있었다. 손익에 여러 용어가 있다.

문질손익文質損益: (근정전에 나아가 책문의 제목을 내다) 삼대가 잇달아 일어났는데 문(文)과 질(質)을 덜고 더하여 시대마다 각각 다스렸으니, 그것을 자세하게 말할 수 있겠는가.(세종 18/4/9) 三代迭興, 文質損益, 代各有治, 其詳有可言者歟? 可行於今日者, 何事歟?

삼대손익三代損益: (형조 참판 고약해가 수령6기법을 무례하게 아뢰자, 그 죄를 탄핵당하다) 육기의 법은 예전 사람이 비록 이미 행하였사오나, 시대와 일이 다른 것이옵니다. 삼대(三代)*에 덜고 더한 것[損益]이 다 때를 따라서 마땅함을 얻은 것이다.(세종 22/3/18) 六期之法, 古人雖已行之, 時與事殊, 三代損益, 皆因時得中
(주) *삼대(三代): 하·은·주(夏殷周)

그밖에 인혁因革이 있다. 인혁은 조선조 원문 51건으로 세종 4건이다. 그리 많이 쓰이지는 않았다.

인혁因革 :(경상좌도의 병마 도절제사·수군 도안무처치사를 혁파하게 하다) 정부와 육조(六曹)로 하여금 경상도에 가설(加設)했던 병마 도절제사(兵馬都節制使)와 수군 도안무처치사(水軍都按撫處置使)를 '없애는 것因革'이 편할지 불편할지를 의논하게 하다.(세종 8/11/6) 令政府六曹, 議慶尙道加設兵馬都節制使, 水軍都按撫處置使因革便否。

세종 시부터 조선의 새로운 변화가 시작되는데 갑자기 변화한다는 뜻으로는 졸변猝變과 졸변卒變이 있다.

졸변猝變: (집현전 부제학 설순 등의 불법(佛法)을 억제할 것을 주청한 상소에서) 《주자가례(朱子家禮)》에 의거하게 하였습니다. ... 모든 사물의 소장(消長)에 점차로 되어 가는 법칙이 있는 것이어서 졸변猝變[갑자기 변혁]할 수는 없기 때문입니다.(세종 14/3/5) 一依 《家禮》... 誠以消長有漸, 不可猝變。

졸변卒變: 처음에 백성들의 생계를 위하여 엄밀하게 법을 만들었으니 졸변卒變[창졸히 변경]할 수는 없습니다. 일찍이 정해진 계획대로 시행하는 것이 편리하겠습니다.(세종 14/9/9) 初爲民生嚴密立法, 不可卒變, 依曾定規畫施行爲便。

졸변猝變이나 졸변卒變은 뜻은 유사하고 그 깊이는 사건의 무게와 급박함에 따라 판단하여야 할 것이다. 변變에는 어두운 곳은 밝게, 정상이 아닌 것을 바르게 한다는 진화론적 자기 변혁의 뜻을 품고 있다. 졸변猝變이나 졸변卒變은 원문 각 총 124건과 103건으로 자주 쓰이지는 않았다. 그 외에 변진도 있다.

변진變珍/ 변진소화變珍김和: 혹시 백성들이 원망이 있는데도 내가 미처 듣지 못했던가. '변진(變珍)[재이(災異)를 변]하여 화기를 띠게 하는 그 방법'[變珍김和]은 무엇인가. 흉년을 구제하는 정사를 강구하여, 창고를 열어 백성을 구제했는데도 백성이 굶주린 기색을 면하지 못한 것은 어떤 이유인가.(세종 5/3/28)

변역의 기본 단계는 만물의 생성과 변화와 관계된 순환론에서 시작한다.

감동과 변화: (원단 기우제에 쓸 향과 축문을 친히 전하다) 임금이 ... 호천 상제(昊

天上帝)에게 제사하는 글에 이르기를, "아아, 하늘은 음양오행으로 만물을 생성하시니, 그러므로 하늘과 땅은 오직 만물의 부모라고 합니다. ...《주역》에 이르기를, '천도의 변화로 모든 것이 생명을 바로 가지며, 구름이 다니고 비가 내리어 각종 물건이 형태를 갖춘다." 함이 이를 이른 것입니다. 그러나 비록 하늘의 명령을 받아 억조의 인민을 다스리는 자는 임금이온대, '사람의 일이 아래에서 감동하면 하늘의 변화가 위에서 응하는 것입니다.' 人事感於下, 則天變應於上矣.'(세종 9/6/14)

기본 단계는 우주의 섭리와 인간의 본성을 말한다. 천도의 생성변화는 시간과 사람이 바뀌는데 따라 사회 제도와 물질의 변화를 맞이하게 된다.

변통은 현실의 이상異常이나 모순 등을 인식하는 때 일어나는데 그 중에는 '변례變禮' 즉 '비록 공도로써 논할지라도 전란시戰亂時의 변례를 태평한 세상에 시행할 수 없습니다.'(세종 19/4/20)에서 보듯 중히 여기는 관습으로의 예절에 대한 논란도 있다.

세종 15년 예문 제학 윤회가 상제를 마칠 수 있도록 벼슬 제수한 것을 도로 거두기를 상언한 일이 있다. 그러자 세종은 윤허하지 않는다.

변례: 효자로 어버이 상(喪)을 당하여 비록 예(禮)를 지켜서 상제(喪制)를 마치고자 하나, 충신으로 나라에 몸을 허락하였으니 또한 사(私)를 따라 공(公)을 잊을 수 없는 것이다. 성인은 대개 상도(常道)에 따르기를 말하였고, 군자는 오직 변례(變禮)에 맞게 함이 귀하다.(세종 15/3/15) 不允批答曰: 孝子喪親, 雖欲守禮以終制; 忠臣許國, 亦不徇私而忘公。聖人蓋言其循常, 君子惟貴於適變。

변통으로서의 변례變禮는 군자가 행하는 일이어야 한다. 엄격한 예도 형식에 얽매어 있는 것이 아니라 사가 아닌 공에 따라 상도가 아닌 변화를 꾀할 수 있어야 한다. 예禮에 대한 변통變通 또한 군자의 길이다.

세종의 변통에서 물질의 변역은 손익, 신제다.(신제는 세종의 과학정신의 출발인데 다른 여러 곳에 기술되어 있어 여기서는 생략한다.)

이러한 변화를 《세종실록》을 통해 보면 총칭하여 변역變易으로 규정할 수 있다. 그리고 이 변화의 양상은 생활 경험 중심에서 집단지식 중심 그리고 덕성을 높이며 이루는 창제 중심으로 변해 가고 있다.

(내) 변역의 둘째 단계는 변혁으로 개혁, 혁, 혁파, 혁제, 경장 등이 있고 물질로서
는 창신, 신작新作, 제조 등이 있다.

변혁은 기존 관습에 대한 형식과 기술의 새로운 변화를 말한다.

혁파는 한자로는 革혁 혹은 革罷혁파로 쓴다. 세종 시 '革혁'의 뜻으로는 67건
나타난다. 혁/혁파의 예를 보자.

혁革: 〈불교의〉각 종(宗)과 승록사(僧錄司)를 혁파하였으니.(세종 6/4/12) 禮曹啓: 今
革各宗及僧錄司奴婢。

'혁파'는 《세종실록》에서 원문 30건이다.8)

혁파革罷: 호조에 전지하여 각도의 국둔전(國屯田)과 관둔전을 모두 혁파하게 하였
다.(세종 8/5/11) 傳旨戶曹: 各道國屯田, 官屯田, 竝皆革罷。

혁제革除: 〈실직에서〉치사하는 것 이외에는 아울러 다 혁제(革除)하도록 하소서.(세
종 5/12/5) 自今仍令致仕外, 竝皆革除。

개혁: (첨지중추원사 박연이 제악에 대해 건의하다) 신이 선덕(宣德) 2년간에 모두
다 개혁하였사오나, 종묘에 친히 제향하는 날을 당하여 강신(降神)하는 악무(樂舞) 6성
을 권도로 감하여 3성으로 사용하시오매, 4궁이 불비하고 변수(變數)마저 결여되어 온
당하지 못한 듯하옵니다.(세종 23/1/6) 臣於宣德二年間, 悉皆改革。然當宗廟親享之日, 降
神之樂, 權減九成爲三成, 四宮不備, 變數有欠, 似爲未穩。

'개혁改革'은 실록 총 93건 중 세종 1건이다. 중종 시(12건) 사화를 중심으로
개혁의 정신을 강조하고 있고, 선조 시 (15/14건) 당파간의 이해관계에 얽혀있을
때 많이 등장한다.

조금 더 진화한 변혁의 개념은 중종 때 나온다. 과거 전통·제도와 다른 새로운
틀을 짜는데 대해 혁명, 변혁과 같은 용어를 썼다. 이것이 진화론의 질적 변화라

---

8) 혁파는 조선 중기에는 중종 153건, 인종 96건 등이고 후기에 숙종 163건, 영조 136건, 정
조 151건 등 사회 변화기에 더욱 많이 나타난다.

칭할 수 있는 변혁이나 혁명인가에 대하여는 의문의 여지가 있을 것이다.

'변혁變革'은 태종 시부터 쓰이나 중종 이전에 나타난 '변혁'이란 용어는 대체로 '급한 변화'를 뜻한다. '변혁'의 한 예는 중종 때 임금과 홍문관 부제학 조광조 등이 소격소를 둘러싼 왕과 나눈 상소에 나타난다.9) '변혁'의 일반화는 중종 13건, 현종 14건, 숙종 16건 등 사회 변화가 심한 후기에 보편화한 것으로 보인다. 그 외에 혁신이 있다. '혁신革新'은 중종 시(1520년) 처음 나타난다.10) 혁신은 《조선실록》 원문 총 23건이다.

경장更張은 '고치고 펼치는' 개선의 뜻이 강하다.11) 경장更張 의식은 조선 초기보다 후기에 이르러 더욱 활발하다. 이 중 고종 31년 1894년의 갑오경장이 경장 중 가장 큰 사건이다.

> 경장更張: (과거 제도에 대하여 의논하다) 허지가 아뢰기를, 의리(義理)에 해가 있으면 고쳐 만드는 것도 옳겠지마는, 의리에 해가 없으면 《육전(六典)》에 기록되어 있는 태조(太祖)의 성헌(成憲)을 고칠 수 없습니다.(세종 즉위/12/13) 許遲曰: 害於義則更張可也, 無害於義, 載在六典, 太祖成憲不可改也。

> 경장만화更張萬化: (변계량이 문과의 초장에 강경하는 것의 불가함을 상서하니 제술을 위주로 하게 하다) 명나라의 태조 황제께서 처음 천하를 통어(統御)하여 일만 가지

---

9) "조광조 등이 … 소격서가 요사하고 허탄(虛誕)함은 이미 경연에서 다 아뢰었고 상께서도 그것이 허탄함을 환히 아시니 지금 다시 말할 것이 없습니다. … 하니, 전교하기를, "만약 고칠 만하다면 곧 고쳐야 하겠지만, 고칠 수 없다는 뜻을 이미 다 말하였으니 사직하더라도 이 일은 윤허하지 않겠다." (중종실록 13년 8월 22일) 傳曰: 若可變革, 則當卽革之。不可革之意, 已盡言之。雖辭職不允。

10) 혁신革新: (신래의 침학과 혼인 때 사치를 금단하는 절목을 예조가 아뢰다) 선진과 후진의 사이에 서로 존경해야 하는 구분이 없게 되면, 선진인 사람들이 혹은 혁신(革新)한다고 하면서 그 때문에 오만한 짓을 하는 버릇이 생겨 후진으로서 선진을 능멸하고 신임자(新任者)로서 전임자를 능멸하며 연소자(年少者)로서 연장자를 능멸하게 되는 폐단이 있어 도리어 사군자(士君子)의 존경하고 겸양하는 예의의 풍속을 떨어뜨리게 될까 염려됩니다.(중종실록 36/12/29) 先後進之間, 無等級相敬之分, 則新進之輩, 幸於革新之風, 遽起傲慢之習, 或有以後凌先, 以新凌舊, 以少凌長之弊, 反墜士君子敬讓禮義之風, 可慮矣。

11) 경장更張은 원문 총 620건 중 조선 초기에 세종 6건, 세조 19건에서 중기에 중종 42건, 선조 37/15건, 후기에 숙종 32건, 영조 50건, 정조 81건 등으로 조선 후기에 이르러 더욱 사회변혁 의식이 활발하다. 이 중 고종 31년 1894년의 갑오경장이 경장 중 가장 큰 사건이다.

의 교화를 경장할 때에, 과거로서 취사(取士)하는 것은 실로 미세한 일이 아니니 반드시 자세히 헤아려 결정하였을 터입니다.(세종 10/4/23) 太祖皇帝, 初御天下, 更張萬化, 科擧取士, 實非細事, 必經商確。

경장은 '고치다', 조금 더 강하게 '개혁하다'로 '만약 다시 경장[개혁]하지 않는다면 그 폐단이 장차 구제하기 어려울 것입니다.'(若不更張, 弊將難救。)(세종 3/1/16)에서 보듯 폐습이 눈앞에 벌어지고 있을 때의 개혁에 대한 요구다. 중국 역사 속의 표현인 '경장만화' 등이 있고 그 중 훈민정음에 대한 최만리의 등이 제기한 변혁에 대한 논의로서의 경장이 있다.

> 경장지의更張之議: (집현전 부제학 최만리 등이 언문 제작의 부당함을 아뢰다) 반드시 고쳐 새롭게 하자고 의논하는 자가 있을 것으로서 이는 환하게 알 수 있는 이치이옵니다. 옛 것을 싫어하고 새 것을 좋아하는 것은 고금에 통한 우환이온데, 이번의 언문은 새롭고 기이한 한 가지 기예(技藝)에 지나지 못한 것으로서, 학문에 방해됨이 있고 정치에 유익함이 없으므로, 아무리 되풀이하여 생각하여도 그 옳은 것을 볼 수 없사옵니다.(세종 26/2/20) 必有更張之議者, 此灼然可知之理也。厭舊喜新, 古今通患, 今此諺文不過新奇一藝耳, 於學有損, 於治無益, 反覆籌之, 未見其可也。

경장은 최만리의 상소에서 보듯 사회언어 체계를 바꾸는 개혁의 수단으로 여기고 있다. 경장은 세종조에는 적게 나타난다. '경장'은 영조 50건, 정조 81건 이후 고종 154건으로 조선 후기의 용어다.

이 '경장지의更張之議'라는 용어는 《조선실록》 전체 2건으로 세종 이후는 고종 때다. 즉 사회변화는 세종 26년(1444) 이후 430년 후 고종 시대 인재 선발에서 경장 기사가 나오고 있는데 여전히 《논어》, 《맹자》, 《주역》의 범주 안에서의 이야기다. 조선이 세종 이후 그만큼 변화가 적었다고 하여야 할까?

물질로서는 신제, 창신 등이 있다. '신제'는 원문 총 211건인데 세종 19건, 세조 68건, 영조 17건, 정조 12건 등이다.[12]

신제보다 더 물리적인 혁신의 의미가 강한 '창신創新'은 원문 총 80건으로 세

---

12) 세조가 많은 것은 '新制雅樂譜'로 음악정비가 61건이고 六典 등 법전이 5건, 병무 2건이다.

종 4건, 숙종 13건, 정조 12건 등이다. 후기에 기술의 발전과 함께 조금 더 활성화되어 있는 것으로 보인다.

> 세종 12/9/2: 審其修舊創新之處, 皆已定基。 옛 것을 수축할 곳과 새로 창설할 곳을 심찰하고 이미 모두 그 기지를 정하게 하신 바 있다.
>
> 세종 14/9/1: 創新居住。 각기 사사 편의로서 (새 절을) 지어 거주하다.
>
> 세종 22/5/4: 不創佛寺則已, 旣已創新。 불사(佛寺)를 중창(重創)하지 않았으면 그만이지마는, 이미 창신(創新)하였다.
>
> 세종 24/8/17: 古言 利不倍 不創新 害不倍 不廢舊。 옛사람이 말하기를 <u>이됨이 두 배倍되지 않으면 새로운 것을 창설하지 아니하고 해됨이 두 배되지 않으면 옛것을 폐지하지 않는다.</u>(세종 24/8/17)

일반적으로 '창신'은 '새롭게 만든다'는 일상어다. 세종 24년의 기사는 비록 옛이야기를 빌려하는 이야기지만 세종의 사상을 보여준다. 즉 창신이란 기존 것을 두 배 넘어서야하는 신제인 셈이다. 단순한 물物의 개조나 제도의 개선이라는 순환의 개념이 아니라 비약적 변화를 수반하는 진화적 변화를 뜻하고 있다. 창신이라 하더라도 정조시에는 창신이 새 법제를 만드는 의미로 쓰인다. 물질이 아닌 정신적 범주의 창신인 셈이다.[13]

'갱신更新'이라는 용어도 있다.

> 갱신: (불교의 폐해와 개혁에 관한 성균관 생원 신처중 등 1백 1명의 상서문) 옛날에 임금을 등지고 아비를 등졌던 자도 이제부터는 충효를 당연히 다해야 할 것을 알게 될 것이고, 지난번에 놀고먹던 자도 이제부터는 농사에 당연히 힘써야 할 것을 알게 될 것이니, '어찌 한 사람이라도 변화되지 아니하여 예법(禮法)의 밖에서 제 마음대로 할 자가 있겠습니까. 이것은 <u>성상의 교화를 갱신(更新)하는 기회</u>입니다.'(세종 6/3/12) 安有一夫之不變, 而自放於禮法之外者哉? 此更新聖化之機也。

참고로 그밖에 선조 시에는 '혁진革盡'이라는 용어가 보인다.[14]

---

13) "물러가서 대신과 서로 의논해 옛 관례를 따르든지 새로운 법식을 만들든지 간에 합당한 쪽으로 바꿀 수 없는 규정을 정하여 매번 갈등을 빚지 않도록 하라."(정조실록 18/8/18) 退與大臣相議, 從舊例與創新式間, 指一停當, 定爲不易之規, 俾勿每番葛藤。

14) 今卿誠能出奇運謀, 革盡流弊, 作爲養兵之規, 則於國家幸矣。 전래의 폐습을 모조리 혁파하고 이

물物에 있어서는 신작, 제도 등이 있다.

《조선실록》에서 '신작新作'은 원문 총 63건인데 세종 17건이다. 두 번째는 태종이 9건인데 주로 행랑이나 창고를 짓는 일이라면 세종은 제도(진사시험), 건물, 화포전, 악기, 끌채(수레), 혼궁魂宮 등 대상이 다양하다. 세종은 신작新作에 열중한 조선의 임금이다.

'제조'는 새로 만든다는 뜻으로 한자로는 製造와 制造를 같이 쓰고 있다. 기사 건수는 원문 총 378건 중 세종 104개로 3~4개 중 한 건은 세종조의 기사다. 세종은 조선의 '제조'의 임금이다.

제조는 '製造(악기)'(세종 6/11/18), '制造竹筒火熕最良'(세종 18/윤6/19), '制造火砲'(세종 27/8/26), '製造軍器'(세종 3/12/6) 등이 있다. 물건을 만드는데 製造와 制造를 함께 쓰고 있다. 다른 하나는 '제조'에 대한 의식을 강조한 용어로 '제조비정製造非精'(세종 15/10/22), '제조미정制造未精'(세종 16/7/2), '제조부정制造不精'(세종 20/11/25), '제조비정制造匪精'(세종 23/18)등 제조에 정밀함이 있지 못하다는 제조의 정신을 강조한 용어들이 37개 보인다. 제조는 '제조정치制造精緻'(아악기, 세종 15/1/1)나 '제조미정制造彌精'(일성정시의, 세종 19/4//15)처럼 정밀하여야 한다.

신제新制는 총 212건 중 세종 19건이다.(세조가 69건이지만 그 중 62건이 음악 정리로 다양성이 없다.)

실록을 통해 본 세종은 조선의 신제, 신작, 제조, 창제를 통해 한 시대의 변역을 이끌어 간 임금이다.

㈐ 변역의 셋째 단계는 혁명, 창제다.

셋째 단계는 바로 민생, 정명, 천명과 연관된다.

'혁명革命'은 원문 총 47건 중 세종 시 6건이 나타난다. 여기서 혁명은 '나라를 새로 세운 혁명恭惟我太祖應天革命.'이라는 뜻이다.(세종 6/3/12)

'창제創制/創製'는 이전의 것과 원리가 다른 '아주 새로운 것'을 만드는 일이다. 그러나 세종 때 쓰인 창제는 정신문화의 산물인 입법창제立法創制가 많았다. 창

어 양병(養兵)의 계획을 세운다면 국가에 있어서 다행일 것이다.(선조실록 16/1/22, 선조 수정실록 16/1/1)

近觀士大夫間, 亦未見革盡舊習。"요즘 보건대 사대부들은 옛 습관을 고치지 않고 있습니다." (선조실록 27/11/16)

제는 특별히 훈민정음 창제가 있으므로 유심히 살펴보자.

　　원문 '創制창제' 총 59 건 중 (3건 이상)
　　초기: 태종 5, 세종 11, 성종 3　　　　　　　　　　　　　　22건
　　중기: 중종 7, 선조 2/2, 광해군 2/2, 인조 5건　　　　　　25건
　　후기: 정조 3 고종 3 외　　　　　　　　　　　　　　　　12건

　세종시의 '창제創制/創製' 11건에 대하여 살펴보면 실록에서는 創制와 創製를 같이 쓰고 있다.

　화재와 도둑에 대한 입법(세종 8/2/26), 한해 대책(세종 8/4/12), 양녕대군 부자의 건(세종 9/2/1), 인사개혁(세종 9/5/28), 공법문제(세종 23/7/5), 첨사원설치 반대(세종 24/8/3, 24/8/7), 강무 반대(세종 24/9/4) 등의 옛 제도에 대한 찬반 상소에서 나온다. 역시 한자 '제制'는 제도, 문서의 개혁, 진보의 뜻이 강하다.[15]

　창제創制와 연관하여서는 아악, 의표, 훈민정음 창제가 있다.

　　창제조회아악創制朝會雅樂: (임금이 근정전에서 회례연을 베풀었는데, 처음으로 아악을 사용하다.) 조회 아악을 창제했다.(세종 15/1/1) 上又命塏曰: 予欲創制朝會雅樂, 立法創制, 自古爲難, 君所欲爲, 臣或沮之; 臣所欲爲, 君或不聽, 雖上下皆欲, 而時運不利。

　　창제의표創制儀表: (주야 측후기인 일성정시의가 이룩되다) 대제학 정초(鄭招)와 더불어 고전을 강구하고 의표를 참작해 만들어서 측험(測驗)하는 일을 갖추게 하라.(세종 19/4/15) 卿旣提調曆算矣, 與大提學鄭招講究古典, 創制儀表。

　　창제創制: (《훈민정음》이 이루어지다. 어제와 예조 판서 정인지의 서문) 계해년 겨울에 우리 전하(殿下)께서 정음(正音) 28자(字)를 처음으로 만들어 예의(例義)를 간략하게 들어 보이고 명칭을 《훈민정음(訓民正音)》이라 하였다.(세종 28/9/29) 癸亥冬, 我殿下創制正音二十八字, 略揭例義以示之, 名曰訓民正音。

---

15) (참고) 실록 번역에서는 창제創制와 창제創製의 구분이 안 되었다. 현 실록에서는 창제創制인 것을 創製라고 번역했다. 創制와 創製를 혼용해 쓴다하지만 일반적으로 創制는 무형의 것, 創製는 유형의 것을 새로 만드는 것으로 구분해 쓰기도 한다. 실록에서 창제創製라는 번역은 이곳 한 곳밖에 안 나타나므로 원칙에 맞지 않은 점이 있다.

훈민정음은 바로 창제創製가 아니라 창제創制인 것이다. 언어의 원리를 만든 것이다.

변화하는 것에 대해 싫어하는 경향은 예나 지금이나 유사하다. 처음에 박서생 (朴瑞生)이 일본에 사신으로 갔다가 돌아와서 수차水車의 이익을 역설하였다. 모두 그간 써보았으나 효용성이 낮았다고 했다. 세종은 "중국과 왜국에서는 모두 이용하는데 우리나라는 그 사이에 있으면서 어찌 쓰지 못할 이치가 있겠는가. 다만 이것을 사용하는 사람이 힘을 쓰지 않았거나, 혹은 그 요령을 알지 못했을 것이다."했다. 조사해보니 물이 새고 있었다. 이에 인력으로 돌리는 수차는 모두 없애고, 스스로 도는 수차는 없애지 말도록 하였다. 이때 세종이 말했다.

"일반적으로 사람들은 다 새로 만드는 것을 꺼리는구나."(세종 15/4/8) 上曰: 大抵人情, 憚於新作。

그밖에 실록에서 창조創造는 총 원문 58건, 창의創意는 총 원문 6건이 있다. 창조는 건물, 특별한 언어, 신무기, 조운 등을 '새로 만든다'는 의미로 사용되고, 창의는 '고유한 의사 혹은 참신한 생각'으로 사용되었다.

· 창조: 지금 우리 전하는 태조가 창조한 업을 이어 받다.(태종실록 13/5/19) 今我殿下, 承太祖創造之業。
· 창조: 변방의 군수(軍需)가 궁하기 때문에 조운하는 배를 만들어서 매년 쌀을 운수하다.(세종 22/1/17) 邊方之軍需爲急, 創造漕船, 每歲運米。
· 창조 훈민정음: 오직 우리 세종대왕께서 하늘이 낸 예지로 혼자서 신기를 운용하여 창조하신 훈민정음은 화인들에게 물어보더라도 곡진하고 미묘하게 된 것이었습니다.(정조실록 7/7/18) 惟我世宗大王, 睿智出天, 獨運神機, 創造訓民正音, 質諸華人, 曲盡微妙。
· 창의: 이는 역시 다만 선지(先志)를 이어서 하신 것이고 창의(創意)하신 것이 아니다.(문종실록 /4/15) 此亦但繼先志而爲之, 非創意也。

그밖에 《승정원일기》(인조 1년_1623에서 융희 4년_1910 사이)에는 창조가 60회, 창의가 6회 나타났다. 그 의미는 《조선실록》과 마찬가지였다.[16] 세종 이후

---

16) 전택수, '창조와 창의, 그 맥락적 의미의 변천에 관한 소고', 『정신문화연구』, 제 36호

창제, 창조 등의 실상과 기록을 찾기 어려운 실정이다.

변역의 진행단계를 조금 더 구체적으로 격물格物의 예를 통해 알아보자. 여기서 격물이란 주자학에서 말하는 사물의 이치를 연구하여 끝까지 따지고 파고들어 궁극에 이름을 뜻한다.

(2) 격물格物의 변역 과정
─ 농사·의학·활자

변역의 모습으로《농사직설》,《향약집성방》, 새 활자에 대한 변역의 과정을 보자. 의학과 농사에서는 변역 과정을 거쳐 현실의 상황을 새로운 상황으로 바꾸어 간다. ㉮상황을 인지하고 ㉯현상에 대한 조사를 하고 ㉰현상에 대응하며 ㉱신제를 통해 ㉲실용과 설치의 실행으로 옮기게 된다. 변역의 과정을 요약해 본다.

• 의학에서의 변역:《향약집성방》

사람에게 필요하고 중요한 것은 첫째 먹고 입는 것이다. 그 다음은 병에 걸리지 않고 병에 걸렸으면 치유하는 일이다 세종의 신제 정신을 의료, 농사 그리고 인쇄 혁신에서 찾아본다. 인지 - 조사 - 현상대응 - 신제 - 실행/설치의 단계를 밟고 있다.

먼저 세종 15년 6월 11일 완성된《향약집성방》의 예에서 보자. '병이 치료되는 것은 약과 병이 서로 어울려 맞아서인데 그 땅의 성질과 적당한 약이 필요한 것이다.'(其效甚神者, 豈非宜土之性, 藥與病值而然也?) 그 땅에는 그 땅의 성질에 맞는 약이 있어야 한다.《향약집성방》의 완성은 의료에서의 생생정치다.

> 민간의 옛 늙은이가 한 가지 약초로 한 병을 치료하여 신통한 효력을 보는 것은, 그 땅의 성질에 적당한 약과 병이 서로 맞아서 그런 것이 아닐까. '천 리를 멀다 하지 아니하고 펴지 못하는 무명지를 펴려고 하는 것은 사람의 상정(常情) 夫不遠千里, 求伸無名之指者, 人之常情也'인데, 하물며 나라 안에서 나가지 아니하고 병을 치료할 수 있는 것이랴. 알지 못하는 것을 걱정할 뿐이다.(세종 15/6/11)

349~350쪽.

표. 《향약집성방》의 신제 과정

인지	현상조사	현상 대응	신제	실용 /설치
百里不同俗, 千里不同風 各有所宜 백 리나 천 리쯤 서로 떨어져 있으면 풍속이 다르고	宜土之性 각기 알맞은 꿘성질이 있고	《鄕藥簡易方》 구증(舊證)은 - 3백 38가지 - 구방(舊方)은 2,803가지.	《鄕藥集成方》은 - 9백59가지로 새 방方은 - 1만7백6가지로. - 침구법(針灸法) 1천 4백 76조와 - 향약본초(鄕藥本草) 및 포제법(炮製法)을 붙어서 합해 85권	以致登壽城, 召和氣於無窮者 일찍 죽는 것이 변하여 수명을 얻고 무궁토록 화기를 얻게 하는 것
各有所宜	宜土之性	《鄕藥簡易方》	《鄕藥集成方》	召和氣於 無窮者

(자료: 《세종실록》 15년 6월 11일)

- 농업 기술의 변역: 《농사직설》

'백성은 먹는 것을 하늘로 삼는다.'(食爲民天) 먹는 것의 신제에서는 《농사직설》의 편찬을 통해 농사법을 개량하려 했다. 여기서도 인지 - 조사 - 현상대응 - 신제 - 실행/설치의 단계를 밟고 있다. 《농사직설》은 세종 11년 5월 16일 완성되었다. 이는 원나라의 《농상집요 農桑輯要》의 문제점을 극복하는 데서 출발한다. 《농상집요》 후서에 보면 고려인이 '민생 경제'[治生]에 능하지 못하여 한결같이 하늘만 쳐다보고 있어 홍수나 가뭄에 약해 재해에 임하는 한계를 극복하는 데 도움이 된다고 했다. 태종 시 전 대제학 이행이 책 안의 양잠방(養蠶方)에 따라 직접 누에를 키워보니 수확이 배가 늘어 책으로 출간하기도 했다.(태종실록 17/5/24) 그러나 여전히 문제점은 있었다.

- 민간이 중국어를 알지 못할까 염려하여
- 의정부 사인(議政府舍人) 곽존중(郭存中)에게 명하여, 우리나라 말[俚語]을 가지고 〈양잠방〉 귀절에 협주(夾註)*를 내게 하고 또 판간하여 널리 배포하였다.
  將本國俚語, 逐節夾註, 又板刊廣布。

  (주) *협주: 두 줄로 작게 내는.
- 그러나 우리나라에서 본래부터 익혀 온 것이 아니라서 모두 양잠하기를 즐겨하지 아니하였다. 然非我國素習, 皆不樂爲之。
- 이에 다시 명하여 각도에서 한광(閑曠)하고 뽕나무가 있는 곳을 택하여 채방/

사(採訪/士)를 나누어 보내고, 전농시(典農寺)에 속한 노비에게 그 잡역을 면제
하여 주며 그들로 하여금 양잠하여 민간에 보이게 하였다. 또 후궁으로 하여
금 친히 기르게 하여 많은 소득을 얻었다.(태종실록 17/5/24) 命擇各道閑曠有桑
之地, 分遣採訪, 屬典農寺奴婢, 免其雜役, 使之養蠶, 以示民間, 又令後宮親自養焉, 多有
所得。

이후 세종 대에 이르러 농상에 대한 혁신이 이루어진다. 《농사직설》은 총제
정초(鄭招) 등에 명하여 찬술하였다. 이미 《농상즙요(農桑輯要)》와 《사시찬요(四時
纂要)》 등의 책과 범승(氾勝)의 《오곡종자피자방법(五穀種子辟蚜蚄法)》이 있어 기본
적인 농사서는 있으나 이것은 우리 풍토와 맞지 않은 점이 있는 것을 깨닫게 된다.

표. 《농사직설》의 신제 과정

인지	현상 조사	현상 대응	신제	실용 /설치
오방(五方)의 풍토(風土)가 같지 아니하여 곡식을 심고 가꾸는 법이 각기 적성(適性)이 있다.	노농(老農)들을 방문하게 하여,	농토의 이미 시험한 증험에 따라 갖추어 아뢰게 하시고,	그 절요(切要)한 것만 뽑아서 찬집하여 한 편(編)을 만들고 제목을 《농사직설》로.	주자소에 내려서 약간 본(本)을 인쇄하여 장차 중외(中外)에 반포하여 -산야의 백성들에게도 환히 쉽사리 알도록 하였다.
以五方風土不同 各有其宜	遣訪州縣老農,	因地已試之驗具聞 鄕藥簡易方》	《농사직설 (農事直說)》	-取其切要, 撰成一編, 目曰《農事直說》 -使山野之民曉然易知 -使成風俗

(자료: 세종실록 11/5/6)

《농사직설》: 오방(五方)의 풍토가 같지 아니하여 곡식을 심고 가꾸는 법이 각기 적
성(適性)이 있어, 옛 글과 다 같을 수 없다 하여, 여러 도의 감사에게 명하여 주현(州縣)
의 노농(老農)들을 방문하게 하여, 농토의 이미 시험한 증험에 따라 갖추어 아뢰게 하
시고, 또 신 초(招)에게 명하시어 그 까닭을 더하게 한 다음, 신과 종부시 소윤(宗簿寺
少尹) 변효문(卞孝文)이 낱낱이 살피고 참고하게 하시어 그 중복된 것을 버리고 그 절
요(切要)한 것만 뽑아서 찬집하여 한 편(編)을 만들고 제목을 《농사직설(農事直說)》이라
고 하였다. 농사 외에는 다른 설(說)은 섞지 아니하고 간략하고 바른 것에 힘을 써서,
산야(山野)의 백성들에게도 환히 쉽사리 알도록 하였다.(세종 11/5/16) 以五方風土不同,
樹藝之法, 各有其宜, 不可盡同古書, 乃命諸道監司, 遣訪州縣老農, 因地已試之驗具聞。又命臣

招, 就加詮次, 臣與宗簿少尹臣卜孝文, 披閱參考, 祛其重複, 取其切要, 撰成一編, 目曰《農事直說》。農事之外, 不雜他說, 務爲簡直, 使山野之民曉然易知。

위 글에 경과가 나온다. 풍토부동風土不同 - 노농방문 逮訪老農 - 이미 시험한 것을 듣고 已試之驗гуа聞 - 살피고 참고하고 披閱參考 - 절요만 기록 取其切要하고 그리고 편찬한다. 다름의 인식 - 방문하여 듣는다 - 시험 결과를 본다 - 다시 살핀다 - 결과를 도출한다, 는 과정을 겪는다.

《농사직설》은 총제(摠制) 정초(鄭招) 등에게 명하여 찬술(撰述)하여 여러 도의 감사와 주·군·부·현과 서울 안의 시직(時職)·산직(散職) 2품 이상의 관원에게 반포하였다.(세종 12/2/14)

권과: 다만 권과(勸課)하는 데 마음을 덜 써서 책은 비록 반포하였으나 그 실효를 보지 못하였다. 第이제 또 약간의 책을 박아서 여러 도에 더 보내니, 경들은 나의 지극한 뜻을 몸받아서 즉시 각 고을의 수령들에게 반포하여, 농민을 깨우치고 가르쳐 책에 의거해 시험해 보여서 '풍속을 이루도록 하라.'使成風俗。(세종 19/7/23)

여기서 흥미로운 것은 백성의 버릇[性情]을 이해하여 억지가 아니고 설득하여, 실제 타도 중에서 시행하는 방법을 고려하여 경작하라는 주문이다.

억지로 시키지 마라: 대개 인정이 예전 관습을 편안하게 여기고 새 법을 좋아하지 아니하여, 비록 부지런히 가르치고 일러도 준수하려고 하지 않는다. 만일 인심이 따르려고 하지 않거든 반드시 억지로 시키지 말고, 마땅히 점차로 잘 달래어 농서(農書)와 타도에서 행하는 방법에 의하여 경작하게 하라.(세종 19/2/15) 大抵人情, 安於故常, 不樂新法, 雖勤敎諭, 亦不肯遵。若人心不欲, 不必强使爲之, 宜漸次善誘, 俾依農書及他道用功, 使之耕作。

이 하나의 기록만 보아도 신제의 과정이 보인다. 농잠의 부실 인지 → 하늘만 보는 농업 → 원《농상집요》태종 17/5/24 →《농사직설》세종 11/5/16 → 농사적용의 단계를 거친다.

• 활자 기술의 변역: 갑인자甲寅字

신제新制의 다른 한 예로 세종은 활자를 개량한 바 있다. 조선의 활자의 흐름을 보여주는 후대 《정조실록》의 기사가 있다.

갑인자: 교서관이 활자(活字)로 찍은 삼경과 사서를 바쳤다. 이 책들은 계축년(1793 정조 17년) 초여름에 처음으로 인쇄를 시작하였는데 이때에 이르러 인쇄가 끝난 것이다. 전교하기를, 이 책들을 활자로 인쇄한 것은 우리나라에서 세 번째 있는 일이다. 태종 계미년(1403 태종3년)에 경연)에 있던 《시경》·《서경》·《좌전》의 고주본(古註本)을 자본(字本)으로 삼아 이직(李稷) 등에게 명하여 10만 자를 주조하였는데 이것이 계미자(癸未字)이다. 세종 경자년(1430 세종2년)에 이천(李蕆)에게 명하여 개주(改鑄)하였는데 이것이 경자자이고, 갑인년(1434 세종 16년)에 경자자의 글자가 잘고 촘촘하다는 이유로 경연에 소장되어 있는 《효순사실(孝順事實)》과 《위선음즐(爲善陰騭)》 등의 책을 내다가 자본으로 삼아 <u>김돈(金墩) 등에게 명하여 20여만 자를 주조하였는데 이것이 갑인자(甲寅字)이다.</u> 하나로 완성된 그 활자를 3백여 년 동안 써오다 보니 세월이 오래되어 점차로 글자의 모양이 이지러지게 되었다.(정조실록 18/1/24)

조선에서는 몇 임금이 활자를 만들었다. 계미자(태종 3년, 1403), 경자자(세종 2년, 1430) 그리고 갑인자(세종 16, 1434)로 이후 300년 동안 갑인자가 지속되었다. 이후 다시 새 체제를 갖춘 것은 정조의 생생자이다. 활자가 '움직이는 글자'인데 '생생자'는 '사물을 살리는 글자'가 되겠다.[17]

---

17) (주) 정조는 동궁시절 임진년에 갑인자를 자본(字本)으로 삼아 5만자를 주조했다. 즉위 후 정유년에는 한구(韓構)의 글씨를 자본으로 삼아 8만여 자를 주조하였고, 임자년에 중국의 사고전서(四庫全書) 취진판식(聚珍板式)을 모방하여 자전(字典)의 자본을 취해서 황양목(黃楊木)을 사용하여 크고 작은 글자 32만여 자를 새기어 '생생자(生生字)'라고 이름하였다. 을묘년에는 생생자를 자본을 삼아서 구리로 활자를 주조하게 하여 크고 작은 것이 모두 30여 만 자였는데 이를 '정리자(整理字)'라 이름하여 규영(奎瀛) 신부(新府)에 보관하였다. (정조실록 20년, 1796년 3월 17일 참조)

표. 세종의 활자 개량

현상	신제 1	신제 2
계미자 10만여자	경자자 글씨체 수정 구리판	갑인자 20여만자 하루 40장 큰 글씨, 작은 글씨 구성 편집
태종 3년, 1404	세종 2년, 1430	세종 16년, 1434

조금 더 구체적으로, 계미년에 만든 계미자가 있었다. 이후 세종 2년 경자년 (1420)에 시작한 활자 주조가 2년 뒤 완성되었다.

경자자: (구리판을 다시 잘 주조한 주자소에 술 120병을 내려 주다) 전자에 책을 찍 는데 글자를 구리판[銅板]에 벌어 놓고 황랍(黃蠟)을 끓여 부어, 단단히 굳은 뒤에 이를 찍었기 때문에, 납이 많이 들고, 하루에 찍어 내는 것이 두어 장에 불과하였다. 이 때에 이르러 임금이 친히 지휘하여 공조 참판 이천(李蕆)과 전 소윤 남급(南汲)으로 하여금 구리판을 다시 주조하여 글자의 모양과 꼭 맞게 만들었더니, 납을 녹여 붓지 아니하여 도 글자가 이동하지 아니하고 더 해정(楷正)하여 하루에 수십 장에서 백 장을 찍어 낼 수 있다. 임금은 그들의 일하는 수고를 생각하여 자주 술과 고기를 내려 주고, 《자치통 감강목(資治通鑑綱目)》을 찍어 내라고 명령하고, 집현전으로 하여금 그 잘못된 곳을 교 정하게 하였는데, 경자년(1420) 겨울부터 임인년(1422) 겨울에 이르러 일을 끝냈다.(세 종 3/3/24)

태종이 만든 활자는 매양 인쇄할 때 반드시 먼저 밀[蠟]을 판(板) 밑에 펴고 그 위에 글자를 차례로 맞추어 꽂는다. 그러나 밀의 성질이 본디 부드러우므로[柔], 식자(植字)한 것이 굳지 못하여, 겨우 두어 장만 박으면 글자가 옮겨 쏠리고 많이 비뚤어져서 곧 따라 고르게 바로잡아야 하므로, 인쇄하는 사람이 괴롭게 여겼다.

이 일은 2년여에 걸쳐 이루어졌기에 세종 4년 10월 29일 자에도 다시 한 번 기록된다. 당시는 부족한대로 자위하며 말미에 스스로 칭송하며 문화국가로서의 자긍심을 느낀다.

저 한(漢)·당(唐)의 임금들이 단지 재리(財利)와 병혁(兵革)에만 정신을 쏟아, 이를 국가의 급선무로 삼은 것에 비교한다면, 하늘과 땅의 차이뿐만이 아닐지니, 실로 우리

조선 만세 한이 없는 복이다.(세종 4/10/29)

이후 갑인자가 다시 만들어진다. "경(이천)이 지혜를 써서 판(板)을 만들고 주자(鑄字)를 부어 만들어서, 모두 바르고 고르며 견고하여, 비록 밀을 쓰지 아니하고 많이 박아 내어도 글자가 비뚤어지지 아니하니, 내가 심히 아름답게 여긴다."(세종 16/7/2)고 세종 스스로 술회한다.

갑인자: (지중추원사 이천에게 주자를 만들어 책을 박도록 하다) 이에 이천에게 명하여 그 일을 감독하게 하고, 집현전 직제학 김돈(金墩)·직전(直殿) 김빈(金鑌)·호군 장영실(蔣英實)·첨지사역원사(僉知司譯院事) 이세형(李世衡)·사인(舍人) 정척(鄭陟)·주부 이순지(李純之) 등에게 일을 주장하게 맡기고, 경연에 간직한 《효순사실(孝順事實)》·《위선음즐(爲善陰騭)》·《논어》 등 책의 자형(字形)을 자본으로 삼아, 그 부족한 것을 진양 대군(晉陽大君) 유(瑈)에게 쓰도록 하고, 주자(鑄字) 20여 만 자(字)를 만들어, 이것으로 하루의 박은 바가 40여 장[紙]에 이르니, 자체(字體)가 깨끗하고 바르며, 일하기의 쉬움이 예전에 비하여 갑절이나 되었다.(세종 16 甲寅/7/2, 1434)

세종 16년에 새 활자를 20여 만 개를 부어내어 만들고, 하루에 40여장 80여 면을 찍을 수 있었다. 이것이 갑인자다. 세종은 마침내 근 20여년에 걸쳐 주자와 출판 시스템을 갖추게 되었다.

큰 글자: (이계전과 김문에게 《강목》·《통감》의 훈의를 찬술케 하다) 이에 계전(季甸) 등이 참작하고 증손(增損)하여 ... 계속하여 집현전 부교리(集賢殿副校理) 이사철(李思哲)과 수찬(修撰) 최항(崔恒) 등에게 명하여 교정(校正)하게 하여, 3년이 지나서 책이 이루어졌으나, 다만 그 구주(舊註)는 글자 모양이 조금 자차분하므로 주상께서 춘추가 높아지시면 보시기가 어려울까 염려하시어, 진양 대군(晉陽大君) 이유(李瑈)로 하여금 큰 글자로 써서 이를 새로 주조(鑄造)하여 새 글자로써 강(綱)을 삼고 옛 글자로써 목(目)을 삼게 하였으며, 또 권질이 무겁고 큰 것은 정리해서 상·중·하로 만들기도 하고 상·하로 만들기도 하여서, 총 1백 49권이었다.(세종 18/7/29)

세종의 시력이 나빠지고 글자가 가늘어 잘 안보이게 되자 큰 글자를 다시 만들었다. 그리고 주요 제목이나 주목할 어휘는 큰 활자 그리고 본문은 작은 활자로 구성하여 '문집 편집'이라는 개념이 성립되었다. 큰 글자, 작은 글자 그리고 배열에서의 변화 등 오늘날의 구성 편집의 형태가 이루어지게 되었다.

일반적으로 목판본은 찍기는 편리하나 목판의 보관은 보존하는데 어려움이 따른다. 그리고 정해진 판본 이외에는 재활용할 길이 없다. 중국에 비해 조선처럼 인구가 적은 나라는 여러 책을 적은 부수를 찍어야할 상황에서 조선 초기에는 이에 중국보다 활자에 관한 관심이 컸고 중국보다 더 세련된 활자가 마련될 수 있었다. 이런 활자의 완성이 세종의 집념으로 이루어지고 이 갑인자는 약간의 보완을 거쳐 조선조 후기까지 이어진다. 그리고 주자소를 아예 경복궁 안에 두게 되었다.

주자소: 주자소(鑄字所)를 경복궁 안에 옮겨 두었다.(세종 17/9/12, 1435)

세종이 만든 경자자가 조선 전체 활자문화의 기초를 닦고 이후 약간 개량한 갑인자로 이후 300여년을 이어가게 된 사실은 《정조실록》에 기록이 나온다.

주자소鑄字所란 용어는 실록 전체 원문으로 125건인데 이 중 세종 67건, 문종 14건, 정조 14건이니 세종이 닦은 주자기술은 조선 전체를 관통하는 기술이 되었다.

생생자生生字: 임자년(정조 16년, 1792)에 명하여 중국의 사고전서(四庫全書) 취진판식(聚珍板式)을 모방하여 자전(字典)의 자본을 취해서 황양목(黃楊木)을 사용하여 크고 작은 글자 32만여 자를 새기어 '생생자(生生字)'라고 이름하였다.(정조실록 20/3/17)

정조는 여러 방면에서 세종의 정치를 다시 구현해보고자 했고 그 중 하나가 주자 - 출판과 관련하여 혹시 세종의 생생정신을 추모하여 새로 만든 활자를 '생생자'라 하지 않았을까 여겨진다. 사실 생생은 '낳고 낳고 새 글을 낳는다'로 여러 출판물을 생성해 내는 뜻이 충분하기도 하다.

(3) 천·지·인에서의 변역 - 시간·음악·문자

세종의 생생철학을 논할 수 있는 근거는 훈민정음과 의학·농사·활자 외에 '시간·음악·문자'의 변역에서도 나타난다. 이 셋은 하늘의 것이고, 보편적 원리를 갖추고, 사람 모두의 것이다. 이 원리를 찾아 시간, 음악, 문자를 신제하며 한 시대에 머물지 않고 모두에게 보편적으로 나눌 수 있는 생생화 즉 창제를 이루게 된 것이다.

변역/창제의 사항으로 ㉮천/시간 ㉯지/음악 ㉰인/문자의 변역과 이를 통해 백성과 더불어 누리는 과정을 보자.

가) 시간: 천天 우주/하늘의 원리

변역에서 집단지의 하나로 새로운 조선의 시간을 해와 달 그리고 별의 절대적 시간과 해·달·별의 상대적 시간관계를 알아내어 일식과 월식의 조선 시간을 알아낸 것은 신제 이상의 혁신이라고 할 것이다.

일식: 서운관(書雲觀)에서 아뢰기를, 일식(日食)이 밤에 있으니 구식례(救食禮)를 정지하소서, 하였다.(세종 16/11/1)

이것은 일식보다 일년의 주기, 별들의 운행을 파악한 듯 보인다.

역서曆書: (김한·김자안 등을 추천받아 중국에 보내 산법을 익히게 하다) 상참을 받고 정사를 보았다. 임금이 공조 판서 정초(鄭招)에게 이르기를, 역서(曆書)란 지극히 정세(精細)한 것이어서 일상생활에 쓰는 일들이 빠짐없이 갖추 어 기재되어 있으되, 다만 일식(日食)·월식(月食)의 경위만은 상세히 알 길이 없다. 그러나 이는 고인(古人)도 역시 몰랐던 모양이니, 우리나라는 비록 이에 정통하지 못하더라도 무방하긴 하나, 다만 우리나라를 예로부터 문헌(文獻)의 나라로 일컬어 왔는데, 지난 경자년에 성산군(星山君) 이직(李稷)이 역법(曆法)의 교정(校正)을 건의한 지 이미 12년이 되었거니와, 만약 정밀 정확하게 교정하지 못하여 후인들의 기소(譏笑)를 사게 된다면 하지 않는 것만도 못할 것이니, 마땅히 심력을 다하여 정밀히 교정해야 될 것이다. 우리나라 사람으로서 산수(算數)에 밝아서 방원법(方圓法)을 상세하게 아는 자가 드물 것이니, 내가 문자를 해득하고 한음(漢音)에 통한 자를 택하여 중국으로 보내어 산법을 습득케 하려고 하는데 어떤가, 하니, 정초가 대답하기를, 성상의 하교가 옳습니다, 하였다. 임금이 대언들에게 이르기를, 산법(算法)이란 유독 역법에만 쓰는 것이 아니다. 만약 병력을 동원한다든가 토지를 측량하는 일이 있다면, 이를 버리고는 달리 구할 방도가 없으니 원민생(元閔生)과 김시우(金時遇)로 하여금 통사(通事) 중에서 총명이 뛰어난 자를 선발하여 보고하게 하라, 하매, 드디어 사역원 주부(司譯院注簿) 김한(金汗)·김자안(金自安) 등을 추천하니, 이내 김한 등에게 명하여 산법을 익히게 하였다.(세종 13/3/2)

천문의 기본은 산법에 있었다. 산법을 통해 하늘의 운행을 기록했다. 일식은 이후에도 제대로 맞추지 못한 예가 나오는 걸 보면 정확히 파악하지 못한 듯하다. 시간은 누구의 것인가? 시간은 모두의 것이며 모두가 함께 사용할 수 있는 대상이다. 다만 달력을 만드는 일은 임금이 먼저 해야 할 권리이고 의무였다. 하늘의 변고를 모른다는 것은 하늘의 위임을 받지 않은 것이 됨으로 왕으로서는 우주와 시간의 변화를 알려주어야 하는 것이 최우선적 과제였다.

시간이란 무엇인가. ㉮하루, 1년 등 시간은 하늘(우주)의 원리다. ㉯시간은 모두에게 공평하고 모두가 공유한다. ㉰시간은 왕과 백성이 함께 움직이는 지렛대다. 즉 하루의 노동을 가늠하는 잣대인 셈이다. 임금이 부지런히 경연과 정사를 보듯 농민도 아침부터 논과 밭을 갈아야 한다. 임금과 농민이 서로를 바라보며 게으르지 말아야 한다. ㉱하루의 기록이다. 궁에서는 실록,《승정원일기》등의 말과 일을 통해 하루를 기록하고 농민은 몸과 마음으로 하루를 기억한다.

세종시대에《칠정산 내편》과《칠정산외편》을 편찬했는데 내편은 원나라 당시 최고의 과학자였던 곽수경이 완성한 〈수시력〉과 명나라 〈대통력〉을 서울의 위도에 맞게 수정하고 보완한 것이다. 북경과 약 42분의 차이가 있었던 것이다.

내편은 1년을 365.2425일, 한 달을 29.530593으로 정하고 있는데 이 수치들은 현재의 값과 유효숫자 6자리까지 일치하는 정밀한 것이다.

여기서 멈추었으면 세종도 그냥 시대 발전에 따른 진보를 반영한 것에 불과했을 것이다. 세종은 더 나아가 당시로서는 첨단 기술이라고 할 아라비아 천문학을 흡수한 '외편'을 편찬하게 했다. '내편'이 중국 전통에 따라 원주를 365.25도, 1도를 100분, 1분을 100초로 잡고 있는데 비해 '외편'은 원주를 360도, 1도를 60분, 1분을 60초로 한 새로운 방식을 구용하고 있는 것이다. 이 방식은 오늘날 세계적으로 통용되고 있는 그대로다.《칠정산》이 편찬됨으로써 우리나라를 기준으로 일식과 월식을 미리 계산하는 일이 가능해졌다.[18]

나) 음악: 천天/지地 우주 소리의 원리

아악보:《아악보(雅樂譜)》가 완성 되었다. 정인지(鄭麟趾)가 명령을 받들어 서(序)를

---

18) (참고) 이정모, 〈더 More〉, 경기평생교육원, 8. 2012.01_02, 25쪽.

짓기를, 음악은 성인(聖人)이 성정(性情)을 기르며, 신과 사람을 화(和)하게 하며, 하늘과 땅을 자연스럽게 하며, 음양(陰陽)을 조화시키는 방법이다. 우리나라는 태평한 지 40년을 내려왔는데도 아직까지 아악(雅樂)이 갖추어지지 못하였다. ... 《의례(儀禮)》와 《시악풍아(詩樂風雅)》 12편과 《지정조격(至正條格)》과 임우(林宇)의 《석전악보(釋奠樂譜)》등) '지금의 것을 참고하여 보면 궁(宮)·상(商)·각(角)·치(徵)·우(羽)의 다섯 가지 소리는 오행(五行)에 기본을 두고, 여기에다 임금·신하·

앙부일구(오목해시계). 혜정교와 종묘 앞에 설치해 백성에게 시간을 나누어 주었다.

백성·일·물건을 배합한 것이어서, 정치가 잘 되고 못 된다든가, 재난과 길상(吉祥)이 모두 그 종류에 따라서 응답되는 것이다.'(以今考之, 宮、商、角、徵、羽五聲, 本之五行, 配之以君臣民事物, 治亂災祥, 各以類而應)

이제 황종(黃鍾)을 음성의 기본에서 찾아내어 28개의 음성을 마련하였고, 크고 작으며 높고 낮은 것이 제 차례를 문란시키지 아니한 점에 있어서는, 주자(朱子)와 채씨(蔡氏)의 뜻이 천 년 이후에 이르러 조금이라도 펴게 되었으니, 이것은 반드시 우리 왕조를 기다리어 이루어졌다고 아니할 수 없다, 하였다.(세종 12/윤12/1)

조선의 아악을 정리하는데 《율려신서律呂新書》가 큰 역할을 했다. 이 책은 중국 남송 시대에 만들어진 채원정(蔡元定)의 음악 이론서이다. 이 책은 1415년 명나라 영락황제 때에 간행된 《아악보》, 《성리대전(性理大全)》에 수록되어 있다. 세종 1년(1419)에 《성리대전》을 수입하면서 《율려신서》도 우리나라에 들어오게 되었고, 이후 조선의 아악을 정비하는 데 중요한 영향을 미쳤다. 이 책은 남송 시대에 쓰인 창의적인 악리樂理를 논한 음악 이론서이다. 중국 음악 조직의 기초는 12개의 절대음인 '12율'이다. 중국에서는 한(漢)나라 이래로 이른바 삼분손익법(三分損益法)을 이용해 12율을 만들었다.[19]

채원정이 제시한 이론은, 최초의 12율에 어긋남을 제외한 6개의 변율變律을 더해 '18율'로 음계를 만들면 올바른 12조의 7음계가 만들어져 연주하는 데 편리해진다는 실용적인 안이다. 이처럼 중국의 음악서는 궁정 아악의 악리와 예식의 원리를 연구하는 차원에서 만들어졌으며, 음악을 윤리적인 측면에서 다루었다. 음조직이 천지자연을 지배하는 음양오행의 표현이라고 보았고 따라서 순수예술의 미학적인 책은 아니다. 주자가 이 이론을 높이 평가한 탓에 후세에 자주 문제로 부각되었고 많은 주석서가 나왔지만, 결국 실용화되지 못했다.

우리 음악: 임금이 음악에 대하여 이야기하면서 이르기를, 박연(朴堧)이 조회(朝會)의 음악을 바로잡으려 하는데, 바르게 한다는 것은 어려운 일이다. 《율려신서(律呂新書)》도 형식만 갖추어 놓은 것뿐이다. 우리나라의 음악이 비록 다 잘 되었다고 할 수는 없으나, 반드시 중국에 부끄러워할 것은 없다. 중국의 음악인들 어찌 바르게 되었다 할 수 있겠는가, 하였다.(세종 12/12/7) 上論樂曰: 今朴堧欲正朝會樂, 然得正爲難, 《律呂新書》, 亦文具而已。我朝之樂, 雖未盡善, 必無愧於中原之樂, 亦豈得其正乎?

• 악과 예

공자의 제자 자공이 질문한다. "가난하면서도 아첨하지 않고 부자이면서도 교만하지 않으면 어떨까요?" 공자가 말한다. "그것도 괜찮지만 가난하면서도 즐길 줄 알고 부자이면서도 예를 좋아하는 것보다 못하다."[20]

가난한 사람들이 실천하기 힘든 덕목인 악樂과 부자들이 실천하기 힘든 예禮를 합해 예악사상이라고 한다. 예禮는 우리가 서로 다른 사람이라는 것을 일깨워 준다. 다른 사람과 함께 더불어 살아야하기 때문에 다른 사람을 헤아리는 정신이 임금에게서는 친민이고 윤리로서는 예가 된다.

하늘의 원리는 해를 비롯한 별, 달, 지구의 규칙성에 있다. 어김없는 회생과 복원의 동질성에 있다. 천지인의 관계는 하늘의 질서를 음계를 통해 소리라는 악으로 사람에게 들려준다. 소리를 내는 악기도 나무를 주재료로 하여 땅위의 동식물과 광물로 만든다. 악기는 하늘과 사람을 이어주는 가운데 있는 중간자인 셈이다. 악樂의 규칙을 사람의 말소리에 적용하여 문자로 표현한 것이 정음이다. 자

---

19) 어떤 음높이의 현 길이를 3분의 1로 줄이면 완전 5도 위의 음을 내는 제2의 현이 되고, 제2의 현 길이의 3분의 1을 늘인 현은 제2의 현보다 완전 4도 아래의 음이 나온다. 이것을 순차적으로 거듭하면 12율이 된다.

20) 貧而無諂, 富而無驕, 何如? 可也. 未若貧而樂, 富而好禮者也.《論語》學而 제 15장.

연의 소리를 정간보[악보]로 적으면 악樂이요 문자로 적으면 훈민정음이다.

> 아악보: 《아악보(雅樂譜)》가 완성되었다. 정인지(鄭麟趾)가 명령을 받들어 서(序)를 짓기를, 음악은 성인(聖人)이 성정(性情)을 기르며, 신과 사람을 화(和)하게 하며, 하늘과 땅을 자연스럽게 하며, 음양(陰陽)을 조화시키는 방법이다. … 이제 황종(黃鍾)을 음성의 기본에서 찾아내어 28개의 (음)성聲을 마련하였고, 크고 작으며 높고 낮은 것이 제 차례를 문란시키지 아니하였다.(세종 12/윤12/1) 古樂旣不可復見矣, 若其求黃鍾於聲氣之元, 制二十八聲, 大小尊卑, 不相奪倫。

위의 표현은 황종을 음성의 기본과 비교해 조정하고 28개 (음)성을 마련하였다는 것으로 황종의 소리와 음성의 규칙을 비교해 조정한 것이다. 음악에 대한 실록의 기록을 보면 궁宮, 율律, 성聲, 음音, 성聲, 악樂 등이 나온다. 송혜진 교수의 설명을 요약하면 궁宮, 율律, 성聲 모두 음音이 될 수 있고, 성聲이 단순한 소리울림이라 한다면 음音은 음악적 체계를 갖춘 것을 말한다. 악樂은 시나 가사 그리고 의미를 갖춘 소리체계를 말한다. 궁은 음악의 조調로 설명할 수 있다. 이에 12율 = 12음 = 12성 체계로 12 × 12 = 144궁이 구성된다. 이때 12율 4청성[옥타브]으로 편경은 16개가 구성

정간보_정간보는 음의 시간을 표시했다.

된다. 황종을 28개 성聲에서 찾아냈다는 건 여러 음 중에 목소리에 관하여는 28개 성聲을 추려 정리해 놓았다는 것이다.21)

다음은 사람[인人]의 영역에서 다) 문자: 훈민정음 창제다. 이 항은 중요하고 변역의 중심이어서 별항 2)로 옮겨 논의한다.

---

21) 송혜진, ‘세종의 국가경영과 음악’, 세종사랑방 모임, 용산 동아사이언스 강의실, 2016. 4.28. 한국전통음악에 사용되는 음이름을 율명이라고 하는데 12율명은 황종·대려·태주·협종·고선·중려·유빈·임종·이칙·남려·무역·응종이다. 악보에는 12율명의 첫 자만 표기하고, 이를 중성이라 한다.

2) 훈민정음의 변역정신: 인人

(1) 훈민정음 창제 과정

변역의 마지막은 나라 전체의 사맛[소통]이 원활해지는 수단을 강구하는 일이다. 나라의 힘은 백성의 힘 전체에서 나오는 것으로 임금은 어떤 방법을 통하여서라도 백성 전체의 힘을 모아야 하는 사명을 갖고 있다. 이런 절실한 강구講究 속에서 필연적으로 훈민정음이 창제된 것으로 여겨진다.

훈민정음의 창제과정을 보자. 세종은 초기부터 물질과 제도의 개혁에 관심을 두고 전국의 현장에서 경험을 모았다. 이것이 경험방經驗方이다. 한편 소집단 모임[team]으로 상정소를 운영하여 현실적인 당면한 급무를 처리해 왔고 집현전[group]을 활용하여 인재를 모으고 여러 문헌의 편찬으로부터 제도의 연구, 음악이나 의학, 농사, 천문의 연구를 진행하였다. 백성의 경험과 유학자들의 집단 지성이 지식이 되어 신제의 길을 걷게 되었다. 이 마지막에 훈민정음이 자리 잡고 있다. 훈민정음은 세종 후기에 나오지만 먼저 한어, 음악, 천문, 지방의 사투리 수집 등과 천문과 음악 그리고 천리[주역]와 언어학의 기반 위에서 나오게 된다.

어음: 또 중국 어음(語音)도 몰라서는 안 되니, 김하(金何)로 하여금 3일에 한 차례씩 서연(書筵)에 나아가, 세자에게 《직해소학(直解小學)》과 《충의직언(忠義直言)》을 가르치도록 하라. 비록 두 가지 글을 읽었다 하여도 한어를 통하기는 어렵겠지마는, 어찌 전혀 모르는 것보다 낫지 않겠는가.(세종 20/3/19)

세자가 이미 《사서》와 《오경》·《통감강목》을 읽었으니, 거기서 한걸음 더 나아간 한어 즉 어학에 대한 학습 요구다. 이때부터 훈민정음 즉 말에 대한 관심이 높아지고 있었다고 보인다. 보이지 않게 세자[문종]의 도움이 보이는 대목이다. 세종 14년 11월 세종과 허조의 대화를 보자.

(상참을 받고 정사를 보다. 임금이 율문을 이두문으로 번역하여 반포할 것을 이르다) (이하 대화체로 구성해 본다)

임금이 좌우 근신(近臣)에게 이르기를,
세종: 비록 사리(事理)를 아는 사람이라 할지라도, 율문(律文)에 의거하여 판단이 내

린 뒤에야 죄의 경중을 알게 되거늘, 하물며 어리석은 백성이야 어찌 범죄한 바가 크고 작음을 알아서 스스로 고치겠는가. 비록 백성들로 하여금 다 율문을 알게 할 수는 없을지나, 따로이 큰 죄의 조항만이라도 뽑아 적고, 이를 이두문[吏文]으로 번역하여서 민간에게 반포하여 보여, 우부우부(愚夫愚婦)들로 하여금 범죄를 피할 줄 알게 함이 어떻겠는가.

이조 판서 허조(許稠): 신은 폐단이 일어나지 않을까 두렵습니다. 간악한 백성이 진실로 율문을 알게 되오면, 죄의 크고 작은 것을 헤아려서 두려워하고 꺼리는 바가 없이 법을 제 마음대로 농간하는 무리가 이로부터 일어날 것입니다.

세종: 그렇다면, 백성으로 하여금 알지 못하고 죄를 범하게 하는 것이 옳겠느냐. 백성에게 법을 알지 못하게 하고, 그 범법한 자를 벌주게 되면, 조사모삼(朝四暮三)의 술책에 가깝지 않겠는가. 더욱이 조종(祖宗)께서 율문을 읽게 하는 법을 세우신 것은 사람마다 모두 알게 하고자 함이니, 경 등은 고전을 상고하고 의논하여 아뢰라.

(이어) 중국의 사신이 혹 저의 족속에게 관직을 주라고 청하는 자가 있는데, 만일 친족이라면 가하거니와, 본래 친척이 아닌데도 청하는 자가 많으니, 만일 모두 들어 준다면 점점 막기 어려운 경우에 이를 것이다. 요사이 창성(昌盛)이 관직 주기를 청하매, 경 등이 모두 '가하다.' 한 까닭으로 그대로 좇았으나, 전조(前朝) 때의 범죄한 자가 흔히 사신으로 중국에 출입한 자에 의하였으니, 그 사신에게 의탁하여 관직을 요구하는 자는 징계함이 어떻겠느냐,

허조: 창성과 윤봉 사이에는 본래부터 시기함이 있사온데, 윤봉의 친척은 벌써 모두 관직을 주시었고, 창성이 청하는 것만 유독 죄책을 더하게 되오면, 창성이 반드시 '윤봉은 본국 사람이므로 대우하기를 나와 달리 한다.'고 할 것이오니, 내버려두고 논하지 않으심이 옳겠나이다.

세종: 그렇다. 나도 창성과 윤봉의 마음이 같지 아니함을 안다.(허조가 물러가니, 임금이 말하기를) 허조의 생각에는, 백성들이 율문을 알게 되면 쟁송(爭訟)이 그치지 않을 것이요, 윗사람을 능멸하는 폐단이 점점 있게 될 것이라 하나, 그러나 모름지기 세민(細民)으로 하여금 금법(禁法)을 알게 하여 두려워서 피하게 함이 옳겠다.(세종 14/11/7)

그리고 드디어 집현전에 명하여 옛적에 백성으로 하여금 법률을 익히게 하던 일을 상고하여 아뢰게 하였다.

이두문을 제기하는 시기부터 세종은 훈민정음에 대한 필요성을 인지하게 되었을 것이다. 하민下民이나 우민愚民은 말은 하지만 글자를 읽지 못하니 그림으로 읽는다. 그림을 보고 그 다음을 생각하게 되면, 그것이 읽는 것이다.《삼강행

실도》(세종 14/6/9, 1432년)의 해설이 그림판으로 제작된 이유가 여기에 있다.

훈민정음 이전에 백성들이 언어를 이용할 여러 궁리가 있었는데 그 중 하나는 방언 혹은 이두 등의 활용이었다.

방언육전: 임금이 또 말하기를, 지금 하윤(河崙)이 지은 《원육전(元六典)》을 보니, 그 글이 쉬운 상말로 되었고 간혹 알삽한 곳이 있어 알기 어려우며, 조준(趙浚)이 편찬한 《방언육전(方言六典)》*은 사람들이 다 알기 쉬우므로 쓰는 것이 옳지 않을까, 하니, 희가 대답하기를,

《방언육전》을 쓰는 것도 가합니다, 하고, 총제 하연(河演)은 아뢰기를,

지금 《속육전(續六典)》을 이미 한문으로 편찬하였사온즉 《원육전》도 한문도 써야 마땅할 것이오니 방언을 쓸 수 없습니다. 그리고 그 알삽하고 알기 어려운 곳은 고치게 함이 마땅합니다. 하니, 임금이 말하기를,

《원육전》과 《속육전》이 각각 다르니, 비록 방언으로 된 것과 한문으로 된 것을 함께 쓸지라도 무엇이 해롭겠느냐.(세종 12/4/11)

(주) *《방언육전(方言六典)》: 이두문(吏讀文)으로 편찬한 《육전(六典)》인 듯함.

율문을 이두문으로: 임금이 좌우 근신(近臣)에게 이르기를, 비록 사리(事理)를 아는 사람이라 할지라도, 율문(律文)에 의거하여 판단이 내린 뒤에야 죄의 경중을 알게 되거늘, 하물며 어리석은 백성이야 어찌 범죄한 바가 크고 작음을 알아서 스스로 고치겠는가. 비록 백성들로 하여금 다 율문을 알게 할 수는 없을지나, 따로이 큰 죄의 조항만이라도 뽑아 적고, 이를 이두문[吏文]으로 번역하여서 민간에게 반포하여 보여, 우부우부(愚夫愚婦)들로 하여금 범죄를 피할 줄 알게 함이 어떻겠는가.(세종 14/11/7)

이문과 중국어: 이문吏文과 중국어[漢語]는 국가의 소중한 바이다. 전자에 통사(通事)들에게 중국에서 매매하기를 허락하여 자기에게 이익이 매우 많기 때문에 ... 이문(吏文)을 습득하는 일을 이조에서 의논하라.(세종 15/1/18)

훈민정음이 창제되기 이전에 이두문을 통한 백성들과의 소통을 시도했다. 더불어 한어 등 언어에 대한 관심도 높아 있었다. 그러나 이두문은 한자를 알고 다시 이두식으로 읽어야 했다.

이두: 옛날에 신라의 설총(薛聰)이 처음으로 이두(吏讀)를 만들어 관부(官府)와 민간에서 지금까지 이를 행하고 있지마는, 그러나 모두 글자를 빌려서 쓰기 때문에 혹은

간삽(艱澁)하고 혹은 질색(窒塞)하여, 다만 비루하여 근거가 없을 뿐만 아니라 언어의 사이에서도 그 만분의 일도 통할 수가 없었다.(세종 28/9/29)

민이나 생민은 한자漢字를 몇 자 알고 문장으로 구성된 이두吏讀를 읽어야 한다. 그러나 이두가 모순이라는 것은 기본 한자를 알고 이두의 규칙을 알아야하는 이중 부담을 안고 있었다는 것이다. 우선은 한자 천여 자를 아느냐 5천여 자를 아느냐의 기준에서 배움의 기회와 여건의 차이가 있다. 다음으로 단순히 한자 몇 천 자는 독학으로도 공부할 수 있겠으나 한문이라는 문文

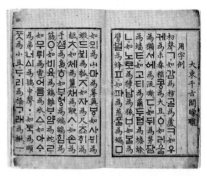

훈민정음 해례본

을 이해하기 위한 문법 교육이 다시 필요하다. 당시 교육기관으로서의 향교나 훈장의 부족은 백성이 학습 기회를 쉽게 가질 수 없는 구조라 하겠다. 훈민정음의 창제는 우선 혼자서도 한자나 한문을 익힐 수 있는 기초 규칙 즉 발음을 나타내주는 기호를 제공한 것이다. 훈민정음이 마치 음성표기의 방법으로 창제된 것으로 설명하는 주장도 있으나 이는 너무 단견에 불과하다. 설령 여러 기능 중 하나로 인정하더라도 훈민정음을 통해 혼자서도 한자를 익히는 게 가능해지는 언어체계를 가볍게 본 것이다.

백성과 양민 혹은 사대부의 차이를 단순히 한문을 아느냐, 모르느냐로 설명하기에는 문자의 힘이 너무 크다. 즉 문자, 당시 한자를 이해하지 못하면 재판에서의 억울함은 물론 사유재산을 소유하기도 어려웠을 것이다. 많은 경우 양민이라도 문서상의 이런저런 양식을 알기 어려웠을 것이고, 더욱이 글을 모르는 사람은 토지를 사거나, 나아가 있는 토지마저 지켜나갈 근거를 위협받았을 것이다.

글자 즉 한문은 직職을 가진 사대부들의 특권이었다. 사대부들은 한문을 통해 당시 지식을 축적하고 사회를 경영했다. 문자로서의 한문은 권력의 절대적 요소로 임금은 백성과의 사맛에 달리 동원할 특별한 수단이 따로 없었다. 신문고, 거리의 직소[격쟁], 삼심제, 신하들의 간언 등 여러 수단이 있었지만 부분적이고 제한적이었다.

여기에서 세종은 백성과 사대부 전체를 아우르는 국체를 구성하고 백성과 임금[사대부]의 총체적 사맛을 위한 문자 즉 언어 창제의 필요성이 인식되고 이에 훈민정음이 신제新制되었다고 할 것이다. 문자의 창제는 백성의 총체적인 잠재적인 힘을 끌어내고, 사회를 변혁하려는 동인動因 유발 작용이었다.

(2) 훈민정음 창제의 배경

훈민정음 창제를 둘러싼 몇 가지 배경 혹은 창제 환경을 보자.(세종 28/9/29)

• 원리

- 천지(天地) 자연의 소리가 있으면 반드시 천지 자연의 글이 있게 되니, 옛날 사람이 소리로 인하여 글자를 만들어 만물의 정(情)을 통하여서, 삼재(三才)의 도리를 기재하여 뒷세상에서 변경할 수 없게 한 까닭이다. 有天地自然之聲, 則必有天地自然之文, 所以古人因聲制字, 以通萬物之情, 以載三才之道, 而後世不能易也。

• 현상

- 사방의 풍토(風土)가 구별되매 성기(聲氣)도 또한 따라 다르게 된다. 대개 외국의 말은 그 소리는 있어도 그 글자는 없으므로, 중국의 글자를 빌려서 그 일용(日用)에 통하게 하니, 이것이 둥근 장부가 네모진 구멍에 들어가 서로 어긋남과 같은데, 어찌 능히 통하여 막힘이 없겠는가.
- 우리 동방의 예악 문물(禮樂文物)이 중국에 견주되었으나 다만 방언(方言)과 이어(俚語)만이 같지 않으므로, 글을 배우는 사람은 그 지취(旨趣)의 이해하기 어려워 근심이 많았다. 吾東方禮樂文物, 侔擬華夏, 但方言俚語, 不與之同, 學書者患其旨趣之難曉。
- 옥사(獄事)를 다스리는 사람은 그 곡절(曲折)의 통하기 어려움을 괴로워하였다. 治獄者病其曲折之難通。
- 옛날에 신라의 설총(薛聰)이 처음으로 이두(吏讀)를 만들어 관부(官府)와 민간에서 지금까지 이를 행하고 있지마는, 그러나 모두 글자를 빌려서 쓰기 때문에 혹은 간삽(艱澁)하고 혹은 질색(窒塞)하여, 다만 비루하여 근거가 없을 뿐만 아니라 언어의 사이에서도 그 만분의 일도 통할 수가 없었다. 昔新羅 薛聰始作吏

讀, 官府民間, 至今行之, 然皆假字而用, 或澁或窒, 非但鄙陋無稽而已, 至於言語之間, 則不能達其萬一焉。

• 대안

- 계해년 겨울에 우리 전하(殿下)께서 정음(正音) 28자(字)를 처음으로 만들어 예의(例義)를 간략하게 들어 보이고 명칭을 《훈민정음(訓民正音)》이라 하였다. 물건의 형상을 본떠서 글자는 고전(古篆)을 모방하고, 소리에 인하여 음(音)은 칠조(七調)에 합하여 삼극(三極)의 뜻과 이기(二氣)의 정묘함이 구비 포괄(包括)되지 않은 것이 없어서, 28자로써 전환(轉換)하여 다함이 없이 간략하면서도 요령이 있고 자세하면서도 통달하게 되었다.
- 그런 까닭으로 지혜로운 사람은 아침나절이 되기 전에 이를 이해하고, 어리석은 사람도 열흘 만에 배울 수 있게 된다. 이로써 글을 해석하면 그 뜻을 알 수가 있으며,
= 이로써 송사(訟事)를 청단(聽斷)하면 그 실정을 알아낼 수가 있게 된다.
- 자운(字韻)은 청탁(淸濁)을 능히 분별할 수가 있고, 악가(樂歌)는 율려(律呂)가 능히 화합할 수가 있으므로 사용하여 구비하지 않은 적이 없으며 어디를 가더라도 통하지 않는 곳이 없어서, 비록 바람소리와 학의 울음이든지, 닭울음소리나 개 짖는 소리까지도 모두 표현해 쓸 수가 있게 되었다.

• 의의

- 정음(正音)의 제작은 전대의 것을 본받은 바도 없이 자연적으로 이루어졌으니, 그 지극한 이치가 있지 않은 곳이 없다. 이는 인간 행위의 사심(私心)으로 된 것이 아니다. 正音之作, 無所祖述, 而成於自然, 豈以其至理之無所不在而非人爲之私也?
- 대체로 동방에 나라가 있은 지가 오래 되지 않은 것이 아니나, 사람이 아직 알지 못하는 도리를 깨달아 이것을 실지로 시행하여 성공시키는 큰 지혜는 대개 오늘날에 기다리고 있을 것인져. 夫東方有國, 不爲不久, 而開物成務之大智, 蓋有待於今日也歟!

훈민정음에 대하여는 길기완[22]이 '어린 백성'이 어리석은 백성이 아니라는 것은 우민愚民의 번역에서 다시 증명된다. 실록을 읽노라면 백성을 모두 민民으로

표현한다. 한마디로 민/民는 문어文語이고 백성百姓은 구어口語인 셈이다.

한자 뜻 그대로 보자. 백성百姓은 백가지 즉 여러 성姓을 가진 민民으로 그런 민民 속에서도 개성을 갖춘 독립체 민民이라는 것이다. 성姓이란 '개인의 탄생에 따른 가족 역사를 가진 개체'의 뜻이 있다. 따라서 당시 나라에서도 훈민정음을 반포한 때부터 민民을 통치의 대상으로만 보지 않고 대화의 상대로 보아 즉 민의 民意의 정치를 할 수 있고 또 해야겠다는 의지를 천명한 것으로 보아야 할 것이다. 훈민정음 서문을 글자로만 읽지 말고 뜻으로 읽어야할 이유가 이런 데 있다.

세종이 '새로'라 이름 지은 것은 사실은 일반적으로 '신제新制'에 따른 반발을 무마하려는 뜻이지 실은 창제創制인 것이다. 모든 발명이 그렇듯 그 발상은 기존의 유사한 것에서 찾는 게 모든 발명의 일반 현상이다. 비행기조차 바람에 나는 하늘의 새를 보고 꿈을 꾼 결과이니까.

> 동국정운: 본국의 인민들이 속운(俗韻)을 익혀서 익숙하게 된 지가 오래 되었으므로, 갑자기 고칠 수 없으니, 억지로 가르치지 말고 배우는 자로 하여금 의사에 따라 하게 하라.(세종 30/10/17) 本國人民, 習熟俗韻已久, 不可猝變, 勿强敎, 使學者隨意爲之。

《동국정운東國正韻》은 명(明)의 《홍무정운洪武正韻》에 대하여 우리나라의 한자음을 바로 잡기 위하여 편찬하게 한 것으로 글자마다 국어음을 먼저 붙이고 한자를 표기하였다. 출간 후 여러 도道와 성균관均館館·사부학당四部學堂에 반사頒賜했다. 바로 민본정신으로 우리 문화의 터전을 다지고자 했다. 자주[의토], 자신自新/自信, 자행의 과정이었다.

훈민정음 해례본에 보이는 우리말 해석에서는 한문과는 조금 다른 뜻이 있다. '國之語音국지어음 곧 나랏 말씀'으로 한문에서는 어語와 음音이라고 했고 우리말로는 말씀이라 했다. 그러니까 원칙으로는 '말과 소리'인 것이다. 왜 '훈민정자訓民正字'나 '훈민정문訓民正文'이 아니었나, 또 조선문이나 조선어가 아니었나 하는 점을 고려해 볼 필요가 있다.

'중국과 다르다'에서 중국이라는 나라는 중원(가운데 나라) 혹은 중국의 강남에 있는 나라에 대한 통칭이다. 당시 중국은 명明이지 중국은 아니다. 그러므로 중원에서 쓰는 나라말을 번역해 쓰는 데 중국이나 우리말에 사투리가 많아 다르

---

22) (참고) 길완, 네이버 블로그.

든 그밖에 무엇이든 분명히 두 나라의 말소리가 다르다는 것을 지적한다. 말소리는 물론 문자로도 같지 않아 통하는 바가 없다. 우리말은 교착어이고 중국어는 고립어이다.[23]

'고우민故愚民', 이런 전차로 '어린 백성이'에서 한문으로는 '어리석다'는 우愚이지만 서문에는 '어린' 백성이라고 했다. 이 '어린'을 '어리석은'은 '얼이 석은' 즉 '얼이 썩은'의 기원으로 보기도 하지만 그보다는 '어린' 즉 '어리다' 또는 '여린'으로 보아야 할 것이다. '어리다'는 '어리다', '어리니', '어리어', '어리고'... 등 '무엇인가가 외부로부터 안으로 깃들거나 배어드는' 형상이다. '꾸민이'가 '차림새를 모양새 나게 매만지고 손질하여 용모가 돋보이는 사람'이라 하고 '먹은이'가 '무얼 먹은 사람'이듯 '어리다'는 행위가 있는 상태다.

'어린이(사람, 백성)'는 '아직 얼이 깃들어 있지만 밖으로 발휘되지 못한 순진한 상태의 어린 사람'이라 해야 할 것이다. 비록 후대의 일이지만 방정환선생이 '어린이'라는 호칭을 썼을 때 어리석은 아이들이라는 뜻이 있었다면 과연 쓸 수 있었을까?[24]

우민愚民이라 했지만 '어린'이라고 한 것을 '어리석은'으로 번역한 사람들은 아직도 세종이 훈민정음을 창제하신 뜻 이전의 사람들이 아닌가 하는 의문이 든다. 이는 우愚의 뜻은 알지만 '어린'의 뜻은 옛글이니 모르겠다고 물러난 사람들일 것이다.

(3) 천직과 훈민정음

직을 갖지 않은 사람은 말이나 글이 아닌 몸이나 손으로 일하고 있다. 표현은 결국 몸이나 손으로 해야 한다는 상황을 맞는다. 그들은 자기표현에서 한계 상황에 놓여 있는 셈이다. 이에 대한 돌파구가 필요한데 여기에 훈민정음이라는 대안

---

23) '세종사랑방', 김원명, '원효와 세종의 사상' 강의록 중. 동아사이언스 강의실, 2028년 5월 30일. 김원명교수는 중국을 '가운데 나라'로 부른다.

24) '어린이'라는 용어는 방정환이 1920년 〈개벽〉 3호에 번역 동시 '어린이 노래: 불 켜는 이'를 발표하였는데 이 글에서 '어린이'라는 말을 처음 사용하였다고 한다. 1923년에는 한국 최초의 순수 아동잡지인 월간 〈어린이〉(1923년 창간-1934년 7월 통권 122호)를 창간하였다. ; 한편 '어린이'라는 단어는 소파 방정환이 최초로 사용했다는 정설과 달리 출판인 최덕교씨는 소파가 언급하기 6년 전 〈청춘〉 창간호(1914년)에 이미 실렸다고 말한다. 동아일보 2004.6.7.

이 등장한다.

세종 이도가 천직天職의 정신을 통해 이루어낸 작업이 훈민정음이다.

아악보: (《아악보》가 완성되고 정인지가 서를 달다) 의례악(儀禮樂)에서 순수히 일곱 종류의 소리[七聲]만을 사용한다는 취지와, 소아(小雅)의 6편 26궁(宮)의 원칙을 가지고 이것을 부연하여 3백 12궁을 만들어서 조회의 음악을 갖추고, 《석전악보(釋奠樂譜)》에서는 순수히 칠성(七聲)·12궁(宮)의 원칙을 가지고 부연하여 1백 44궁을 만들어서 제사의 음악을 갖추고, 황종(黃鍾)의 궁은 모두 바른 소리[正聲]를 사용하고, 나머지의 궁은 모두 네 가지의 청성(淸聲)을 사용하여 악보(樂譜) 두 질(帙)을 만들고, 또 《의례(儀禮)》와 《시악(詩樂)》과 《석전악보(釋奠樂譜)》한 벌씩을 베껴서 따로 한 질을 만들어서, 후일에 음악을 아는 사람의 참고 자료가 되기를 기다린다. 아깝게도 그 음악 서적이 완전한 대로 남지 못하고 악보의 법도 전하지 못하여, 음악이 무너졌다는 탄식을 자아내게 한 것이다. 옛 음악은 이미 다시 볼 수 없으나, <u>이제 황종(黃鍾)을 음성의 기본에서 찾아내어 28개의 음성을 마련하였고,</u> 크고 작으며 높고 낮은 것이 제 차례를 문란시키지 아니한 점에 있어서는, 주자(朱子)와 채씨(蔡氏)의 뜻이 천 년 이후에 이르러 조금이라도 펴게 되었으니, 이것은 반드시 우리 왕조를 기다리어 이루어졌다고 아니할 수 없다.(세종 12/윤12/1)

바로 《아악보(雅樂譜)》가 완성되었다. 정인지(鄭麟趾)가 서문을 쓴 《아악보(雅樂譜)》에서 이미 말한 대로 28개의 음성 규칙이 있었던 것이다.

훈민정음 기록은 두 곳에서 나온다. 하나는 《세종실록》 25년(1443년) 12월 초 기사이고 둘째는 세종 28년(1446년)에 간행된 훈민정음 해례에 실려 있는 세종의 어제서문御製序文이다.

훈민정음: 이달에 임금이 친히 언문(諺文) 28자(字)를 지었는데, ... 이것을 훈민정음(訓民正音)이라고 일렀다.(세종 25/12/30)

이후 조용히 준비하다가 28년에 성대한 반포식을 통하여 훈민정음을 알린다.

훈민정음: 이달에 《훈민정음(訓民正音)》이 이루어졌다. ... 새로 28자(字)를 만들었으니 ... .(세종 8/9/29)

ㄱ은 아음(牙音)이니 군(君)자의 첫 발성과 같은데 가로 나란히 붙여 쓰면 뀨(虯)
자의 첫 발성과 같고, (이하 줄여서 씀)

ㅋ은 쾡(快)자의, ㆁ은 업(業)자의 첫 발성과 같고,

설음(舌音)에서 ㄷ은 둫(斗)자의, 가로 나란히 붙여 쓰면 땀(覃)자의, ㅌ은 탄(呑)
자의, ㄴ은 낭(那)자의 첫 발성과 같고,

순음(脣音)에서 ㅂ은 볋(彆)자의, 가로 나란히 붙여 쓰면 뽕(步)자의, ㅍ은 픃(漂)
자의 첫 발성과 같고,

ㅁ은 순음(脣音)이니 밍(彌)자의 첫 발성과 같고,

치음(齒音)에서 ㅈ은 즉(即)자의, 가로 나란히 붙여 쓰면 쯩(慈)자의, ㅊ은 침(侵)
자의, ㅅ은 슗(戌)자의, 가로 나란히 붙여 쓰면 쌍(邪)자의 첫 발성과 같고,

후음(喉音) ㆆ은 읍(挹)자의, ㅎ은 헝(虛)자의, 가로 나란히 붙여 쓰면 홍(洪)자의,
발성과 같고, ㅇ은 욕(欲)자의 첫 발성과 같고,

반설음(半舌音) ㄹ은 령(閭)자의 첫 발성과 같고,
반치음(半齒音) ㅿ는 샹(穰)자의 첫 발성과 같고,

• 는 튼呑자의 중성과 같고 이하 모음은 자음에서 쓰던 자를 쓰고 있다.

해례본에 예를 드는 아설순치후 발음의 한자 예는 발음상 가장 보편적인 어휘
이거나 아니면 시대적 의미를 연상케 하는 어휘일 것이다.

'군(君)'은 혹시 훈민정음 창제에 함께 참여한 세자 문종을 지칭하는 듯하고,
마침내 글을 만들었으니 '쾌(快)'함이 있고, 모든 사람은 업을 가지고 자기를 나
타내게 되는데 그간의 훈민정음 청제 과정은 임금으로서의 '업(業)'이라 여긴 것
이 아닌지. 그리고 '나(那)'와 '미(彌)' 그리고 '욕(欲)'자들은 나한, 미륵, 욕망 등
불교의 용어여서 세종이 재위 말기에 이르러 헛된 욕망을 극복하고 문자를 통한
백성과의 원활한 소통으로 인류 보편적 가치를 이루려는 청정의 마음을 들여다
볼 수 있을 것 같다. 탄呑(삼킬 탄)과 허虛에는 불교의 분위기가 있는데, 시대는
흘렀지만 근래 여러 예언을 했던 탄허(呑虛 1913~ 1983)라는 스님의 이름이 떠오
른다. 술(戌)자는 12간지의 글자로 술이 강아지를 뜻하는 것은 누구나 알기에 보
편적인 글자를 세운 것으로 보인다. 여기서 보이는 세자[문종]의 참여, 업사상,
불교 사상이 일반화되어 있음을 보게 된다. 그러나 훈민정음 창제는 당시 시대

중심 사상인 천지인, 음양오행의의 유교철학에 근거한다. 뜻이 세종 28년 9월 29일 '어제御製와 예조 판서 정인지의 서문'에 잘 나타나 있다.

　　예조 판서 정인지(鄭麟趾)의 서문에, 천지(天地) 자연의 소리가 있으면 반드시 천지 자연의 글이 있게 되니, 옛날 사람이 소리로 인하여 글자를 만들어 만물(萬物)의 정(情)을 통하여서, 삼재(三才)*25)의 도리를 기재하여 뒷세상에서 변경할 수 없게 한 까닭이다. 그러나, 사방의 풍토(風土)가 구별되매 성기(聲氣)도 또한 따라 다르게 된다. 대개 외국(外國)의 말은 그 소리는 있어도 그 글자는 없으므로, 중국의 글자를 빌려서 그 일용(日用)에 통하게 하니, 이것이 둥근 장부가 네모진 구멍에 들어가 서로 어긋남과 같은데, 어찌 능히 통하여 막힘이 없겠는가. 요는 모두 각기 처지(處地)에 따라 편안하게 해야만 되고, 억지로 같게 할 수는 없는 것이다. 우리 동방의 예악 문물(禮樂文物)이 중국에 견주되었으나 다만 방언(方言)과 이어(俚語)만이 같지 않으므로, 글을 배우는 사람은 그 지취(旨趣)의 이해하기 어려움을 근심하고, 옥사(獄事)를 다스리는 사람은 그 곡절(曲折)의 통하기 어려움을 괴로워하였다. 옛날에 신라의 설총(薛聰)이 처음으로 이두(吏讀)를 만들어 관부(官府)와 민간에서 지금까지 이를 행하고 있지마는, 그러나 모두 글자를 빌려서 쓰기 때문에 혹은 간삽(艱澁)하고 혹은 질색(窒塞)하여, 다만 비루하여 근거가 없을 뿐만 아니라 언어의 사이에서도 그 만분의 일도 통할 수가 없었다. 계해년 겨울에 우리 전하(殿下)께서 정음(正音) 28자(字)를 처음으로 만들어 예의(例義)를 간략하게 들어 보이고 명칭을 《훈민정음(訓民正音)》이라 하였다. 물건의 형상을 본떠서 글자는 고전(古篆)을 모방하고, 소리에 인하여 음(音)은 칠조(七調)*에 합하여 삼극(三極)*의 뜻과 이기(二氣)*의 정묘함이 구비 포괄되지 않은 것이 없어서, 28자로써 전환하여 다함이 없이 간략하면서도 요령이 있고 자세하면서도 통달하게 되었다. 그런 까닭으로 지혜로운 사람은 아침나절이 되기 전에 이를 이해하고, 어리석은 사람도 열흘 만에 배울 수 있게 된다. 이로써 글을 해석하면 그 뜻을 알 수가 있으며, 이로써 송사(訟事)를 청단(聽斷)하면 그 실정을 알아낼 수가 있게 된다. 자운(字韻)은 청탁(淸濁)을 능히 분별할 수가 있고, 악가(樂歌)는 율려(律呂)가 능히 화합할 수가 있으므로 사용하여 구비하지 않은 적이 없으며 어디를 가더라도 통하지 않는 곳이 없어서, 비록 바람 소리와 학의 울음이든지, 닭울음소리나 개짖는 소리까지도 모두 표현해 쓸 수가 있게 되었다.(세종 28/9/29)

---

25) (주) *삼재(三才): 천(天)·지(地)·인(人). *칠조(七調): 칠음(七音). 곧 궁(宮)·상(商)·각(角)·치(徵)·우(羽)의 다섯 음(音)과 반치(半徵)·반상(半商)과의 일곱 음계(音階). *삼극(三極): 천(天)·지(地)·인(人). *이기(二氣): 음양(陰陽).

누가 만들었느냐에 대한 답은 이렇다. "삼가 생각하옵건대, 우리 전하께서는 하늘에서 낳으신 성인(聖人)으로써 제도와 시설이 백대(百代) 제왕보다 뛰어나시어, 정음(正音)의 제작은 전대의 것을 본받은 바도 없이 자연적으로 이루어졌으니, 그 지극한 이치가 있지 않은 곳이 없으므로 인간 행위의 사심私心으로 된 것이 아니다."(세종 28/9/29)

(4) 훈민정음의 언어학적 배경

• 말과 문자

말과 문자의의 관계로 훈민정음을 보자. 말은 '나 - 너'의 대면 커뮤니케이션이다. 문자는 내가 편지를 적더라도 그 글은 나만의 것이 아니라 나의 생각이 객관화 시킨다. 역사상 말의 시대에서 문자의 시대로 오며 권력은 더욱 공고해졌으며 중앙 집권의 구조도 탄탄해졌다. 더욱이 한자는 소리와 문자의 불일치로 말의 세계를 지워갔다. 한자를 모르는 사람에게는 대면 이외에는 커뮤니케이션이 이루어질 수 없는 제한된 삶을 강요당했다.

한자는 갑골문자의 구성에서 보듯 형태[形]와 소리[音]와 의미[義]가 통일된 자소字素로 되어 있으며 전체 한자의 복합자가 93.1%를 차지하여 분석보다 종합의 사유구조를 가지고 있다.(음형 연관도 93.1%, 회의자會意字는 3.1%.) 이는 모양, 자연, 의미의 복합 구조를 지니게 된다. 자연에서 모방하고 문자생활을 통해 자연에 순응한다. 형形에서 미학성을, 성조에서 시각적 음악성을, 뜻[意]에서는 정보전달성이라는 가치를 지니는 다면적 소통도구가 되었다. 한자는 자연이 눈앞에 와 있음으로 신위의 이름이 사람이고 옷이나 건물기둥, 가구(의자, 장롱 등)에도 글자를 넣어 지시 대상 혹은 의미와 일치시킨다.[26]

이런 한자의 상황 속에서는
- 백성의 사회적 커뮤니케이션 체계는 철저히 외면당했다.
- 백성이 사회 구성원이 되려면 우리 소리와 의미가 동일한 문자의 출현은 필수적이었다.
- 훈민정음의 창제는
  = 죄인들의 억울한 하소연이라는 생명의 되살리기에서 출발하여

---

26) 박허식, 『동양의 고대 커뮤니케이션사상』, 커뮤니케이션 북스, 2008, 426~464쪽.

= 아낙네와 시집간 딸, 부자간의 안부 소통을 위한 소박한 삶의 즐거움[생생지락]을 복원하고

= '소리글'이 단순한 생활 도구가 아닌 일하는 농민, 양인, 나이든 사람들의 '경험지방經驗之方'을 모으는 도구로 활용하여 이것이 집단지集團知로 발전하기를 기원했고

= '그'라는 문자가 갖는 삼인칭의 한자의 세계에서 말이 기본인 '너와 나'의 문자를 살리고자 한 인간 사맛의 근본에 대한 고려하고

= 보다 높은 차원에서 인간의 사상을 담을 수 있는 학문과 종교적 언어 차원으로 승화시키기 위해 정치적으로는 《용비어천가》, 사유적으로는 불경 언해, 유교적으로는 《삼강행실도》와 교화에 대한 저술을 기획하고 편찬했다.

특히 불경 언해는 당시 백성의 의식 속에 자리 잡고 있는 불교의 힘을 빌리고자 한 심중이 읽혀진다. 그리고 세종 자신이 스스로 불교의 깊은 뜻을 미리부터 이해하고 있는 터였다.

(5) 훈민정음 창제의 기호적 의의

훈민정음을 신분 - 몸 - 정신 - 기호 차원에서 보자.

표. 훈민정음의 기호성

	구분	신분	몸	정신	기호
1	1-1	천민	노동　힘	인내	기표적
	1-2	백성	현장　기술	숙련	
2	2-1	무신	수신修身	칼　　용勇 문자/말　판단	기의적
	2-2	문신			

세종은 1-1과 1-2의 교류를 위하여 여러 시책을 내놓았다. 천민을 양민화하려 애썼다.

세종은 2-1 무武와 2-2의 문文을 다같이 융합하여 무도 유학을 이해하도록 학습을 권유하고, 문도 무의 정신을 가질 수 있게 격구, 강무 등에 참여케 했다.

1-1, 1-2의 기능화[생생화]를 추구했다. 재능 있는 백성들의 공장인화(工匠人化) 혹은 무관에 임명하는 조치들이다. 백성에게는 선비들이 누리고 있는 한문 대체의 문자[정음]를 주기로 한 것이다.

언어학적으로 말은 랑그langue이고 당시 문자인 한자·한문은 랑가즈language 이다. 말은 보편적 언어이고, 한문은 전문화된 언어다. 백성의 문자가 전문화된 사상事象을 표현해내기를 기대했다.

한문이 어려운 것은 ①글자 하나하나의 발음과 뜻을 배워야 한다. ②가르칠 사람이 많지 않다. ③배워야 하는 여건, 시설, 훈장에 대한 대우 등이 쉽지 않다. ④한자를 알고 한문 문장을 다시 익혀야 한다. ⑤토지, 상소, 법적 용어 등 전문화된 지식을 가르칠 서적이며 선생이 드물다. ⑥일상에서도 나만 아는 게 아니라 사맛할 상대도 같이 배워야 하는 구조에 있기 때문이다.

사대부 고유의 울타리 속 랑가즈를 터서 랑그 즉 말소리 자체의 문자화 즉 랑그와 랑가즈를 일치시킨 것이 훈민정음이다.[27] 사람마다 다른 표현 즉 언어의 기호적 층위나 지방어 등 '개별적'인 언어는 파롤이지만 여기에 공통된 문법과 낱말에 존재하는 서로간의 규칙을 통해 언어의 원칙[법칙]을 창제한 것이 정음이라 할 것이다.

(6) 훈민정음 창제와 진화

훈민정음의 창제과정은 진화[변증법적]의 모습을 띠고 있다. 사람은 유일하게 언어를 지닌 생물이다. 그래서 언어는 존재의 집이라 한다.[28] 언어 이전의 사유는 존재하지 않으며, 사유 이전의 문명은 존재하지 않는다. 존재는 생물이 자기

---

27) 랑그(Langue)와 파롤(Parole)은 구조주의 언어학의 시초인 소쉬르가 처음 사용한 낱말들로, 언어활동(불어의 langage)에서 사회적이고 체계적 측면을 랑그라고 하였고 개인적이고 구체적인 발화의 실행과 관련된 측면을 파롤이라고 불렀다. 언어규칙이 랑그라면 의사소통의 행위는 파롤이다. 랑그와 파롤은 서로 상반되지만 서로 상호 보완적으로 작용한다. 파롤은 같은 내용의 언어가 사람마다 달라지는 것을 뜻하는 것으로 실제 발화 행위이며, 이러한 다양한 파롤을 가능하게 하는 것이 랑그이다.

28) 언어 이전의 인간, 언어 이전의 문명은 다 같이 서로 모순된 개념이다. 언어에 의해 비로소 존재가 인식되고 자연과 인간관계가 맺어지고 인간의 세계가 만들어진다. 이런 점에서 하이데거의 표현을 빌리자면, 언어는 '존재의 집'이다.(참고: 박이문, 『문명과 언어』미다스북스, 2016)

존재를 확인하는데서 출발한다. 이 언어를 표상하는 데는 문자나 그림이 쓰인다. 이집트의 상형문자로부터 중국 고대의 상형문자나 그림 등이 그러하다. 중국 상형문자는 글자로 발전해왔다. 한자들이 모여 한문으로 문법을 지니며 변화해왔다. 한자가 한문이 되는 것은 언어의 생성능력이다.

한문의 진화과정과 우리 말글과의 모순 상황을 보자.

㈎ 순환: 순환적

한자는 우리나라에 들어와 신라 초기에는 우리 어순에 따라 한자를 차용하여 우리말 한문법을 만들기도 했다. 그러나 이것은 우리말이 아니어서 이두, 구결, 향찰 등을 만들어 사용했다. 그러나 한자와 소리의 불일치, 한문과 우리말의 어순의 불일치 등 극복할 수 없는 모순이 내재하고 있었다. 중국어를 우리식으로 발음만 유사하게 표현하고 있어 의사(擬似) 유사어의 방편을 모색하는 시간이 있었다. 그러나 현실에서는 ㉮한자/한문을 그대로 사용하거나 ㉯우리말 순서대로 한자를 이용하거나 ㉰한자발음을 쉬운 글자로 표기하거나 하는 (준)긍정적 시대였다.

(참고): 구결, 이두, 향찰
구결: 중국어 어순 國之語音 異乎中國
　　　　　　국지어음이 이호중국하야
이두: 우리말 어순 必于 七出乙犯爲去乃 필우 칠출을범위거내
　　　　　　비록 칠출을 범하거나
향찰: 향가작품을 한자의 우리말 발음으로 우리말로 지은 것
　　　　　　善花公主主隱 선화공주니믄

㈏ 변역: 반증적

이질적인 한문이 우리문화에 침투해 있어 사용하면 사용할수록 더 큰 모순과 마주하게 된다. 사람의 생활과 인지는 높아가고 있는데 표현할 방법이 없다는 벽에 부딪친다. 나아가 한문은 사대부의 특권으로 자리 잡으며 문자가 곧 신분이 되는 사회적 문제를 심화시키고 있다. 이러한 한자/한문과 우리말의 모순을 백성

과 임금이 함께 느끼게 된다.

한자의 산은 '山'으로 산의 모습이 보이나 다른 글자들은 그런 직접적인 상형에서 벗어난다. 한자 각 글자의 개별성 그리고 한문이 갖는 이질적 규칙[문법]으로 백성이 접근하는 데는 무리가 있다.

또한 한문으로 구성된 중국 문화가 우리 정신문화를 지배하고 있는 모순이 있다.

⒟ 창제: 변증적

한자/한문과 우리말의 모순이 극대화 되며 이의 극복을 위해서는 '부정의 부정'을 통하여 훈민정음 창제라는 합습을 찾는다.

한자 발음의 규칙화, 우리말 표시의 규칙화를 통해 인간이 갖는 말을 '소리나는 그대로' 표기 가능한 기호를 창제한다. 백성이 '말하는 인간'으로 거듭나게 되는 시대를 맞게 된 것이다. 그러나 훈민정음은 창제된 1443년 이래 450여년이 지난 갑오경장(1894)을 겪으며 1895년 고종의 국문칙령으로 공식 국가문자가 되기 위해 오랜 기간 기다려야 했다. 그러나 이 합습의 상황은 현대에 와서도 한글의 국제언어화 운동으로 다시 진행 중이다. 이 과정을 표로 보자.

표. 훈민정음 창제의 변증법

한자/한문 사용	한문과 우리말	한자와 우리말 [소리]
·말/글 모양이 다른	·문자와 소리의 이질성[개별성] ·한자와 우리말 표시 重層的: 이두 ·한문의 순서와 문법이 다르다 ·말과 글자 의미 괴리	·말과 글자의 일치 ·한자와 우리말 표현 통일 ·우리말의 기호화 ·표현의 생성
(준)긍정 순환	부정 반증	부정의 부정 변증

(7) 훈민정음: 생생[化生화생]과 생민

훈민정음을 창제한 것은 전에 없던 문자(모양에서 전자를 본떠 만들었든 다른 나라의 글자를 참고해 만들었든) 새로운 문자를 만들었다는 사실에 머무는 것이 아니라 그 문자창제를 통해 '비로소 열리는 새로운 차원(Dimension)'의 세계가 펼쳐진다는 것이다. 새로운 사물의 발명과는 다른 요인을 가지고 있다.

"어떤 것을 산출하면서 그 어떤 것 및 그것과 유사한 것들을 위한 한 새로운 차원을 동시에 창조하는 산출(Hervorbringung)만이 창조적 (schoeoferisch)이다.'[29] 이 또한 창조는 공창조共創造인 셈이다. 같이 되는 근거가 있어 살아 있는 것이다.

훈민정음 창제는 상대 즉 백성이 있고 백성이 이를 이용할 효용적 가치가 있고, 백성이 살아갈 근거가 되는 것이다. 이런 뜻에서 창제는 세종이 했더라도 창조의 근간에 공창조共創造의 정신이 함께 깃들어 있는 것이다. 더불어 훈민정음은 단순히 문자나 기호의 창제만이 아닌 언어의 원리를 구조화 한 것이다.

세종 시대는 사회문화적 속성이 중요한 요소가 되기 이전의 시대였다. 사회 문화의 속성이 바뀌면 인간의 사유방식과 행동에도 변화가 생기게 되는데 훈민정음이 사회와 백성에게 변화를 일으키는 동인이 되는 일은 조선 중기를 지나서부터이다.(우리의 힘이 미약해서 그렇지 한글[훈민정음]은 현대에 와서 세계 수백의 여러 언어 문자를 이어줄 중간어/middle language로서의 기능을 가지고 있음에도 연구와 노력 부족으로 이루지 못하고 있는 점은 이 시대의 과업으로 남아 있다.)

• 훈민정음과 생민

세종의 훈민정음 창제정신은 지금까지 보아온 생생/론의 단계를 닮아 있다. 훈민정음을 생민론으로 풀어보자.

민 : 나를 알기 위한 단계다.
     내가 나를 잊고 살았다. 또한 내가 나의 삶을 잃고 살았다. 이 단계가 이호중국(異乎中國)의 단계다.
생업: 욕구의 단계다.
     다르다는 것을 안 민은 말하고 싶은 욕구를 가지게 된다. 즉 자기 생이 일[업業]의 정신과 연결되어 있음을 알게 된다. '알고 욕구를 가지는 단계'로의 이행이다.
천직: 업에 충실한 단계다.
     자기 업에 대한 충실함 즉 직職으로 천직으로 수행하여 새로움을 창출하는 '신제新制'의 단계에 이른다.

---

29) 전동진,『생성의 철학』, 서광사, 2008, 116쪽; H. Rombach '근원 15쪽, '실체·체계·구조 '제 1권 Freiburg: Rombach, 1994. 롬바흐의 의견을 참고할 수 있다. ; 롬바흐,『생성의 철학』, 124~125쪽.

백성을 위한 창제라는 것은 세종의 '민', '생업', '천직'으로 이어지는 생민으로 가는 '생생정신'의 길을 보여준다. 문자를 통해 백성이 자기의 뜻 즉 단순한 말하기가 아니라 지혜와 경험지와 지식을 공유할 수 있는 터전을 마련하게 된다. 이건 나라 백성 전체의 '생생'으로 이어지게 된다.

한마디로 훈민정음의 창제는 매일 삶[목숨]을 이어가는 하민[경제적]과 소민[정신적]이 민[백성, 살아가는]과 생민[살아내는]으로 가는 수단을 제공한 셈이다.

28자는 새로 만든 것이지 처음 만든 게 아니라고 설명할 수 있다. 훈민정음이야말로 과정상 무에서 유를 만드는 게 아니라고 했지만 결과적으로 원리를 갖추고 완전히 새롭게 만든 창제의 모습을 보인 생생인 것이다.

(8) 훈민정음과 문화사적 의의
- 말을 하는 사람 과 글을 쓰는 사람

우민이란 자기 말을 내놓지 못하는 사람이다. 세종이 볼 때 우민은 말을 잃은, 말이 통제된 사람이다. 주체는 말하고 객체는 말을 듣는 상황이고, 대담은 말하고 들으며 다시 말하는 사람이고, 토론은 서로의 의견을 내세워 생각을 조율하는 행위다.

천민은 누구와 말을 나누고 있을까. 그들에게도 말이 있는가. 민은 무엇으로 말하는가. 직은 무엇으로 말하는가. 노동의 직에서 사대부의 직으로 옮겨가면 글이 바로 말이 된다.

• 문자의 주술성

고려시대에는 불교가 보편적이어서 백성들은 자신들의 정신적 어려움을 불교를 통해 위안 받을 수 있는 기제에 손쉽게 접근할 수 있었다. 거기에 '나무아미타불'이라는 주술적 기도문과 기원을 담은 깨우침과 몸으로 헌신하는 절을 하며 위로를 얻고 사회 통합에 함께 끼어들 수 있었을 것이다. 이것이 조선이 되면서 불교는 개인적인 은밀한 종교의식으로 남게 됨으로 생활로서의 불교를 잃어버리게 되었고 보다 엄격한 유교의 금기적 규율들과 만나게 되었다. 효와 충을 비롯한 거듭되는 제사와 3년 상喪의 규율을 따르지 않을 수 없고, 남녀의 구분이 따르고, 사회적 도리를 알아야 하고 엄격한 자기 수양이 필요하게 된 것이다.

여기에 도를 알고 자기 수양의 도구로 문자의 습득이 필수 조건인데 한문을 공부할 수 있는 서당이나 향교, 서원은 발달하지 못했다. 교육의 객관적 조건이 미약하기 이를 데 없었던 것이다. 이런 시대에 사회는 문자를 아느냐로 계층[신분]이 갈라지게 된다. 문자란 문자를 모르는 계층에게는 주술적 힘마저 가지고 있었다. 문자 부적을 비롯하여 글자, 그림, 상형적 기호도 있었다. 대문이나 집 기둥에 붙은 입춘첩이며 주련도 벽사의 기능을 했다. 문자 해독解讀 자체가 신분을 가르는 기능도 하고 있었다. 특히 불교의 부적들은 범어로 쓰인 것들이 많았다.30) (동학교도들의 부적도 문자 부적이었다.)

훈민정음과 연관된 개념어는 국체, 훈민, 언어 등이다. 훈민정음 창제의 언어적 구조를 보자.

지(地)	[만물]	하민·우민	민	생민	직	국체
돌-숨쉬기	식물-움직임-인간 동물-(언어/소리)-그림		이두·한자漢字	한문漢文	훈민정음

돌과 식물의 차이는 숨을 쉬는 생명체 여부다. 식물과 동물의 차이는 움직임[동작]이 있느냐이다. 그리고 동물과 인간의 차이는 소리와 언어를 가졌느냐이다. 동물들도 일정한 소리를 내어 같은 종끼리는 교신을 한다. 이는 언어가 아니라 신호인 것이다. 인간도 크게는 소리 언어대신 먼저 비언어(non verbal)로 교신을 한다. 상대를 보고 느낀 후에 말을 건네는 것이다. 실질적으로 인간 언어의 3분의 2는 비언어non verbal가 차지하고 있다.

표. 말과 문자의 차이

로勞	업業	직職
민	양인	사대부
깨우침	자기 계발	자기 각성
노역	기술	지식
땅이 없다(소작)	소작과 기록용 문자 상식	토지와 지식(문장 지식)

---

30) (참고) 윤병철, 『조선, 말이 통하다』, 커뮤니케이션북스, 2006, 26쪽.

말은 백성[양인]의 언어다. 양인은 필요한 내용을 이두나 한자로 기록할 수는 있으나 문장文章으로 구성하지는 못한다. 문자는 문장을 짓기 위한 사대부의 것이다. 천민賤民은 자기 말도 전할 수 없는 존재다. 말이 아닌 몸의 반응을 보이는 소리가 있을 뿐이다.

권력은 상대를 억누른다. 천리天理를 모르고 도리道理를 모르며 가진 건 불끈 쥔 주먹밖에 없는 천민의 힘은 들이나 산에서 나무를 패고 짐승을 때려잡을 때 유용하다. 집단 부락으로 사는 씨족 사회에서 주먹은 무용하다. 주먹은 울분에 차서 자기 가슴을 치는 것 외에는 다른 용도가 없다.

문자가 모여 문장을 이루게 되면 권력이 된다. 따라서 자연스레 문자 아래 기술이 놓이고 기술 아래 노동[노역]이 놓인다. 문자의 중요성은 커뮤니케이션 사상적인 측면에서도 연구되어 온 바 있다. 말에 비해 문자는 시·공간을 초월하는 지속력을 갖는다. 이로 문자지배는 정보[지식] 교환과 공유를 가능케 하고 지배 집단의 결속을 강화 시켜준다. 문자는 인간에게 간접경험을 가능케 하고 개인적 사유[사색]를 가능케 하고 나아가 공동체를 객관적으로 성찰하게 하고 지배층이 이데올로기를 생산하여 지배하는데 도구로 이용하게 한다.[31]

표. 천민, 양인 사대부와 로勞, 업業, 직職

구분	로勞	업業	직職
수단	힘	기능(술)	문자적 정신
	몸	손	머리
도구	말	기초문자	문자
		비누적적	누적적
지식	경험	경험지	집단지
	숙련		자료, 문헌, 도道

세종은 이런 사회 구조 속에서 '천민賤民이 천민天民'이라는 정언명법을 제시하고 거기에 맞는 말과 문자의 정치를 펴나가고자 했다. 이는 문자에 대한 새로운 제시다. 말을 구조화하면 글이 되고 생각을 구조화 하면 철학이 된다. 문자는

---

31) 월터 J. 옹, 이기우 임명진 옮김, 『구술문자와 문자문화』, 문예출판사, 1995,; (참고) 윤병철, 『조선, 말이 통하다』, 위의 책, 26쪽 참고.

말을 구조화하고 생각을 구조화하는 도구가 된다. 이런 문자 언어의 구조적 진화가 이루어지면 인지 진화를 이끌게 된다.

훈민정음의 탄생은 문자의 탄생이자 '지知'를 구성하는 원자原子의 탄생이기도 하고 '쓰는 것'과 '쓰인 것' 즉 '에크르튀르'의 혁명이기도 하다. 또한 새로운 미를 만들어내는 '게슈탈트 Gestalt=형태'의 혁명이기도 하다.[32]

정음의 탄생은 지식 구성의 원자가 되었고 쓰기, 쓰인 것들에 대한 혁명과 더불어 문자가 갖는 모양이 아닌 형태[場·게슈탈트]상의 아름다움의 혁명이라는 것이다.

문자란 쓰기를 할 수 있게 하며 쓰기는 의식을 재구조화 한다. 자율적인 담론의 새로운 세계가 열린다. 문자로 쓴 텍스트의 외부의 맥락[컨텍스트]은 독자에게 뿐만 아니라 작자에게도 상실되어 있다. 말하기 보다 더 고통스러워지고 객관화 된다.[33]

• 언어의 세계

최진석 교수가 한 강의에서 언어와 인간의 깨우침에 대해 설명한 것이 있다. "스티븐 달드리 감독의 〈더 리더〉라는 영화로 글을 모르는 연상의 여자와 그 여자에게 책을 읽어주는 10대 소년의 사랑을 다룬 영화입니다. 글을 모르는 여자와 '사랑을 말하지 못하는' 남자는 비언어적 세계에서 불안하고 혼돈스럽지만 근본적인 끌림으로 서로 빠져듭니다. 언어화되지 않은 사랑을 나눈 것입니다. 여자는 문맹이었기에 여러 가지 어려움 속에 감옥에 가게 됐고 감옥에서 글을 깨우칩니다. 이제 둘의 관계는 '언어화'되고 '언어체계' 속에서 확인되어야 하는 상황을 만나게 됐고, 결국 남자는 여자를 떠나게 됩니다. 언어 이전의 온전한 사랑이 이제 언어화되어 틀을 짓는 새로운 국면으로 진입한 것을 감당할 수 없게 되었기 때문이 아닐까요."[34]

여기서 오해하지 말아야 하는 것은 최진석교수는 언어 이전의 중후함, 두터움을 비유해 말한 것이다. '내면의 두께'의 이야기다. '내면의 동력, 내면의 힘, 주체성'과 언어 세계는 다른 것이기는 하지만, 여기서는 언어 세계 이전의 순수한

---

32) 노마 히데키, 김진아·김기연·박수진 옮김, 『한글의 탄생』, 돌베개, 2011. 15쪽.
33) 월터 J. 옹, 위의 책, 123~157쪽.
34) 최진석, 『생각하는 힘 노자인문학』, 위즈덤 하우스, 2015, 247~248쪽.

힘과 언어 이후의 또 다른 동적인[dynamic] 힘을 대비하여 보고자 예를 든 것이다. 의식의 재구조화도 그 하나다. 인간, 언어, 문자에 대한 은유[metaphor]다.

(9) 훈민정음 창제자는 누구인가.

훈민정음을 둘러싸고 만든 주체가 누구냐에 대한 논쟁이 많다. 고대글자기원설, 가림토문자설, 고전자古篆字 모방설, 범자梵字기원설, 파사파문자기원설, 신대문자기원설, 설총창제설, 신미창제설, 신지문자기원설, 이십팔수설, 집현전학자 창제설, 세종과 집현전학자 공동창제설 심지어 창호모방설 등도 있다.[35]

그러나 훈민정음은 세종이 친히 만드셨다는 실록의 기록이 있다.

이달에 임금이 친히 언문(諺文) 28자(字)를 지었는데, 그 글자가 옛 전자(篆字)를 모방하고, 초성(初聲)·중성(中聲)·종성(終聲)으로 나누어 합한 연후에야 글자를 이루었다. 무릇 문자(文字)에 관한 것과 이어(俚語)에 관한 것을 모두 쓸 수 있고, 글자는 비록 간단하고 요약하지마는 전환(轉換)하는 것이 무궁하니, 이것을 훈민정음(訓民正音)이라고 일렀다.(세종 25/12/30) 是月, 上親制諺文二十八字, 其字倣古篆, 分爲初中終聲, 合之然後乃成字, 凡于文字及本國俚語, 皆可得而書, 字雖簡要, 轉換無窮, 是謂 《訓民正音》。

공식적인 증거가 있음에도 여러 기원설이 나오는 것은 당시 다른 언어 형태와 유사한 모양이 있고, 심지어 후대의 문자까지도 포함하는 건 글자 모양의 일부로 체계를 덮으려는 주장일 뿐이다. 훈민정음에 대한 논의는 1940년 경북 안동시 와룡면 가야리 평산 김씨 긍구당 고가에서 〈훈민정음 해례본〉이 발견됨으로써 일단 종결되게 되었다. 책은 간송 전형필님이 수집하여 현재 간송미술관에 보관[다른 곳에 임시대출 중]되어 있다. 1962년 12월 20일 국보 제70호로 지정되었으며 1997년 10월 유네스코 세계기록유산으로 등록되었다.

《훈민정음 해례본》에 나오는 창제목적과 예의, 그리고 해례를 보면 ①제자해로 제자원리, 제자기준, 자음체계, 모음체계, 음상 등에 관하여 설명하였다. ②초성해 ③중성해 ④종성해 ⑤합자해 ⑥용자례 등이 있는데 이런 언어에 대한 이론은 훈민정음에 대한 여러 기원설이나 모방설을 잠재우고도 남는다.[36]

---

35) 최기호, 훈민정음은 누가 만들었나, 이도 큰임금 나신 날 기념학술대회, 한글회관, 2026. 5.12. 3쪽.

어제御制: 이달에 《훈민정음(訓民正音)》이 이루어졌다. 어제(御製)에 "나랏말이 중국과 달라 한자(漢字)와 서로 통하지 아니하므로, 어린[우매한] 백성들이 말하고 싶은 것이 있어도 마침내 제 뜻을 잘 표현하지 못하는 사람이 많다. 내 이를 딱하게 여기어 새로 28자(字)를 만들었으니, 사람들로 하여금 쉬 익히어 날마다 쓰는 데 편하게 할 뿐이다.(세종 28/9/29) 是月, 訓民正音成。御製曰: 國之語音, 異乎中國, 與文字不相流通, 故愚民有所欲言, 而終不得伸其情者多矣。予爲此憫然, 新制二十八字, 欲使人易習, 便於日用耳。

어제御制가 아닌 어제御製이다. 制와 製의 차이를 실록에서 보자.

제술: 제술(製述)로써 선비를 취택. 而臣請以製述取士。(세종 1/2/23)
제의: 일년 동안 옷을 짓지 않으면 헐벗게 됩니다. 終歲不製衣則寒。(세종 즉위/10/8)
제작制作: 신은 듣자옵건대, 한 시대가 일어나면 반드시 한 시대의 제작(制作)이 있다하는데, 예(禮)를 마련하고 악을 제정하는 것이 진실로 쉽지 않은 일입니다.(세종 14/8/28) 臣聞一代之興, 必有一代之制作, 制禮作樂, 誠不易矣。
제작: 예악(禮樂)을 제작(制作)하여 만대에 표본을 전해준 분은 주공이요, 옛 것을 계승하고 내세를 개발하여 만대에 교화를 전해준 분은 공자입니다.(세종 15/7/15) 制禮作樂, 垂法萬世者, 周公也; 繼往開來, 垂教萬世者, 孔子也。

위에서 보아 製는 유형적인 것을 만드는 경향이 있고 制는 형체가 없는 사상이나 제도 등을 만들 때 쓰인다. 훈민정음은 어제御製라 하여 유용한 도구이며 수단의 뜻이 있다. 훈민정음 창제의 단계를 보자.

표. 훈민정음 창제 과정

인지	현상 조사	현상 대응	신제	실용/ 설치
異乎中國 나랏말이 중국과 달라	與文字不相流通 문자로 사맛지 아니하므로	不得伸其情 제 뜻을 실어펴지 못하다 - 이두 이용	新制(製)二十八字 새로 스물여덟자를 만드노니	便於日用耳 날로 씀에 편안케 하고자 할 따름이다
異乎	不通	不伸	新制	便用

---

36) 훈민정음 [訓民正音], 『한국민족문화대백과』, 한국학중앙연구원, 1991. 실록은 훈민정음을 임금이 친히 만들었다고 말하고 있다.

세종 25년 12월 30일에는 상친제上親制라고 하여 制를 썼다. 새로운 제도를 만들 듯 표시한 것이다. 세종 28년 9월 29일에 훈민정음이 이루어졌다. 세종 28년에는 어제御製라고 製를 썼다. 제는 정신적 산물, 製는 정신적인 것 과 유형적인 산물을 포함하는 뜻이 있는 듯하다. 그리고 다시 '新制二十八字'라 했다. 이는 문자와 원리[시스템]으로서의 만듦과 지음[製와 制]을 같이 포함하고 있다.

(10) 훈민정음(언문) 창제 이후

세종이 25년 12월 30일 언문 28자 즉 훈민정음을 창제한 이후 세종 25년(1443)에 대궐 안에 언문청을 창설하였다.[37](이후 11대 중종 1년(1506)에 폐지함. 한편 정음청이라고도 불린 바도 있다.) 훈민정음 창제는 처음 최만리의 반대(세종 26/2/20)가 있었고, 언문 제작에 불가함이 없다 말하고 다시 이를 반대한 직전 김문에 장 1백 대를 속바치게 하고(세종 26/2/21), 그 사이 집현전 교리 최항·부교리 박팽년 등에게 언문으로 《운회》를 번역하게 했다.(세종 26/2/16) 그리고 대간의 죄를 언문으로 썼는데 임금이 대간의 죄를 일일이 들어 언문(諺文)으로 써서, 환관 김득상(金得祥)에게 명하여 의금부와 승정원에 보이게 하였다.(세종 28/10/10)

그리고 이계전 등이 대간을 처벌한 것을 거두어 달라고 아뢰는데 의금부에 유시한 언문(諺文)의 글을 보이면서, "범죄가 이와 같은데 죄주지 않겠는가."(세종 28/10/10) 하였다. 의금부 등에 언문 유시가 있었던 것이다. 공문서로서의 기능을 하고 있었던 것으로 볼 수 있다. 또 수양 대군에게 명하여 대간의 죄를 일일이 들어 책망한 언문서(諺文書) 몇 장을 가져와서 보이고(세종 28/10/13), 이에 정창손·조욱·유맹부를 석방하였으나 강진은 석방하지 아니하였다.

이후 상주사 김구를 불러들여 《사서》를 언문으로 번역하게 했다.(세종 30/3/28) 이후 민간에게까지 퍼져 정치를 비판하는 언문벽서가 나타났다. 당시 하연(河演)은 까다롭게 살피고 또 노쇠하여 행사에 착오가 많았으므로, 어떤 사람이

---

37) 《세종실록》의 기사와 『용재총화(慵齋叢話)』 권7의 기사에는 '언문청(諺文廳)'이라는 이름이 보이고 《문종실록》·《단종실록》의 기사에는 '정음청'이라는 이름이 있어서 두 가지 이름으로 불렀던 것으로 보인다. 중종반정 뒤 이틀 뒤인 1507년 9월 4일자 《중종실록》에 '혁언문청(革諺文廳)'이라는 기사와 1452년 11월 2일자 《단종실록》에 '파정음청(罷《正音廳)'이라는 기사가 있는 것으로 보아, 훈민정음 창제 후 바로 설치되었던 정음청(언문청)은 일단 단종 때 폐지되고, 중종반정 후 폐지한 것은 연산군이 설치하였던 언문청으로 보인다.(참고: 한국민족문화대백과)

언문으로 벽 위에다 쓰기를, '하정승(河政丞)아, 또 공사(公事)를 망령되게 하지 말라.'고 하였다.(세종 31/10/5) 이는 얼마나 문자가 갖는 영향력이 강하고 무서운가를 보여준 한 예이고 충격이었다. 이로 인해 사대부들이 훈민정음에 대해 호의를 갖지 않았을 것이고 이후의 문자 정책에도 큰 영향을 미쳤으리라는 것을 쉽게 추론할 수 있다. 한문을 아는 층은 순응적이고 문자를 모르는 층은 저항적이지 않겠는가.

정음청에서 수행하였던 사업이 무엇이었는지 실록의 기사에는 분명히 나와 있지 않으나, 『보한재집(保閒齋集)』에 수록된 신숙주(申叔舟)의 행장에 "임금님께서 언문 28자를 만드시고 궐내에 정음청을 설치하여 문신을 뽑아 언문관계 서적을 편찬할 때 신숙주가 실제로 임금님의 재가를 받았다."라고 기록되어 있다. 그리고 그 서문과 최항(崔恒)의 묘지에도 비슷한 기사가 있는 점 등으로 볼 때, 훈민정음 창제를 전후하여 이 사업을 담당하는 기관으로 궁중에 언문청이 설치되었던 것 같다. 또한 《세종실록》 28년 11월의 기사에는 《용비어천가》를 보수하는 일을 언문청에서 맡았다고 하였으므로, 한글관계 전문기관인 것만은 틀림없다. 그러나 문종 때의 정음청은 세종 때의 언문청이 아니라 문종 즉위 후 설립된 것으로 인정되며, 그 설치목적이 불경간행에 있었고 유신들이 강력하게 폐지를 주장하여, 마침내 단종 즉위 후 폐지되고 말았다.

(11) 훈민정음 창제 관련 책

훈민정음이 이루어지고 이를 이용한 서적들의 출판 현황을 최소 범위에서 세종 사후 100년 이내에서 본다.

15세기 훈민정음 국어 자료의 주종을 이루는 것은 단연 불교 관계문헌이다. 불교관계로는 《석보상절》(1447) 《월인천강지곡》(1447), 《월인석보》(1459), 교서관에서 동활자로 간행된 《능엄경언해》(1461), 간경도감에서 목판으로 간행된 《능엄경 언해》(1462)가 있다. 1464~1467년 사이에는 《능엄경언해》, 《법화경 언해》, 《금강경언해》, 《반야심경언해》, 《선종영가집언해》, 《아미타경언해》, 《원각경언해》, 《목우지심결언해》 등이 있다.

유교관계 자료로는 교화서 종류로 《내훈언해》(1475)가 있다. 《내훈언해》는 인수대비가 부녀자의 훈육을 위해 중국의 역대 교화서의 좋은 구절을 뽑아 한글로 번역한 책이다. 원간본은 전하지 않고 을해자로 된 중간본(1573)이 현전하는 가장 오래된 간본으로 언어는 16세기 어형을 보여준다. 《삼강행실도》는 세종 대인 세종 16년(1434)에 한문본이 만들어지고 1460년경에 언해본이 만들어진 이래 여러 차례 복각본과 개간본이 간행되었다. 이 책은 후에 16세기 《속 삼강행실도》, 《이륜 행실도》 등의 원형이 된 책이다.

기타에 《구급방언해》(1466), 《번역소학》(1518)은 원간본이 전해지지 않지만 16세기 중엽에 복각된 것으로 추정되는 책들이 전해지고 있다. 기타 의학, 역학, 시가·문학 자료 및 운서, 한자 학습서 등이 있다.

정리: 천지인에서의 변역

천　시간: 하늘은 우주의 원리이고 그 원리는 시간이다.

지　음악: 악기는 하늘과 인간의 중간재로 만들고 우주의 소리를 인간에게 전한다.

인　문자: 하늘의 원리, 사물의 진리, 사람의 지식을 옮긴다.

시간은 동일하게 누구와도 동행한다. 음악은 서로 동화하며 동감하게 된다. 문자는 누구와도 동질적으로 교류하며 동조할 수 있다. 문자는 축적을 통하여 집단 지성을 이룰 수 있다.

• 변역과 창제

마지막 단계 물질과 정신이 합쳐진 창제가 있다. 창제에서는 지성과 경험의 축적인 지식이 동원된다. 지식이란 격물에서 나오고 격물은 사물의 이치와 함께 내 마음속에 있는 영묘함과 만나는 것이다. 이를 세종의 지식 체계로 보면 생이지지生而知之, 생활지/경험지, 집단지[격물지] 그리고 마음속의 덕성지德性知 등으로 설명할 수 있다.

창제는 일반적으로 새로운 법령 입법창제立法創制의 '새로 만들기'(세종 /2/26 외) 혹은 제도의 창제(세종 23/7/5 토지제도) 등이지만 세종의 경우는 아악, 의표, 정음 등이 있다.

· 아악의 창제: 創制朝會雅樂 (세종 15/1/1) 음악도 무형적 창작품이라고 볼 수 있으나 악기를 동원하여 연주한다는 면에서 유형적이기도 하다.
· '의표'의 창제: 創制儀表 (세종 19/4/15) 이것도 원리를 강조하면 창제創制이지만 물건을 만들면 창제創製인 셈이다.

· 정음 창제: 세종 창제의 결정판은 정음의 28자 창제이다. 創制正音二十八字 (세종 28/9/29)

세종의 시간·율律·문자는 인간과 사물의 '사이'를 줄이는 수단으로서의 생생화 도구라 할 수 있다.

천天: 시간들 사이인 달을 보고 초생, 보름, 그믐을 알고 더 가까이 하루의 각을 알게 하려는 시각의 사이[틈] 알기다.　　　　　　　時間

지地: 너와 내가 떨어져 살고 있지만 한 울타리 안에서 가까이 일을 통해 다가서게 하고,　　　　　　　空間

인人: 사람사이에 마주보지 못하고 신분에 따라 고개 숙이고 말을 들어야 하는 관계를 마주보고 가까이 다가서는 관계로, 수직적이고 떨어져 있는 사이를 가능한 한 수평적이고 가까이 다가서는 사이로 개선해 보려는 노력을 한다.　　　　　　　人間

세종이 신제한 시간 쓰기, 향악, 문자 이외에도 모두 같이 사용할 수 있는 공공재公共財로는 물, 길, 공기 등이 있다. 물질의 역사로 보아 세종 시에는 개발해서 활용하기 어려웠던 자산들이다. 오늘날에는 수돗물과 생수, 유료도로, 배기가스 저감 원료, 대기오염, 미세먼지 등 모두 값을 지불해야하는 것들이 되어 있다. 사회란 건강한 공공자산의 공유에 기초하여 발전해야 한다는 명제는 역사를 통하여서도 살필 수 있다.

세종의 훈민정음은 인간과 인간 사이의 사맛을 통한 감성과 정보의 교류, 인간과 사물 사이의 사맛을 통한 경험의 지식화를 촉진시켰다. 새 문자는 언어의 연장선에 있다. 동물의 신호와 인간 언어의 차이는 다 같이 소리말을 갖고 있지만 특히 인간의 언어는 생성적이라는 것이다. 인간은 자체 언어 능력을 통해 수많은 새로운 표현을 생성한다.[38] 그리고 이 능력은 인간 고유의 원초적인 능력이다. 훈민정음은 얼을 (풀어)놓고 있던 백성을 생각하는 인간으로 바꾼 도구가

---

38) 에이브럼 놈 촘스키 (A. N. Chomsky)는 이미 언어를 활용할 수 있는 능력(촘스키가 '언어습득장치'라고 부르는 (Language Acquistion Device: LAD))을 가지고 태어나는 인간이 능동적으로 언어를 이해하고 생성해나간다고 보았다. 변형생성문법 transformational generative grammar이라 하여 구조주의자들과 다른 의견이었다. 촘스키의 여러 저술에서 읽을 수 있다.

될 수 있었다.

세종에게서 창제創制는 정신적인 창작물만이 아닌 물질적인 창작물을 새롭게 만드는 창제創製를 포함하고 있다. 이러한 정신은 조선 후기에 실학정신으로 이어지는데 일반적으로 실학정신은 실사구시, 이용후생, 경세치용으로 정리된다. 실록에 나타나는 빈도를 보자.

조선 초 일반적으로 나타나는 변역變易의 용어 등을 정리해 보자.

표. 순환에서 변역과 창제(숫자는 《세종실록》/《조선실록》, 원문)

순환	변역-1	변역-2/변혁	창제
계고제稽古制 63/94 의고제依古制 123/209 고고제考古制 62/155 고고제개지考古制改之 1/1	손익 41 경장 6 인혁 4 졸변卒変 12 졸변卒変 2 변통 14 변역 15	개혁 1 혁신 - 변혁 - 신제 19	혁명 6/46 (민생, 天命, 正命) 창제 11/60

변역은 단순히 경험이 쌓이는 속방俗方이나 경험방으로부터 일어나는 것은 아니다. 궁극적으로는 지식이 체계화되어야 큰 변화를 가져올 수 있다. 위에서 논한 세종조 지식의 양상을 정리해 보자.[39]

표. 지식의 변화

생이지지	생활지	집단지	덕성지
	손익 경장 인혁 졸변 변통 변역 신제	개혁 혁신 변혁 창신	혁명 (민생, 天命, 正命) 생생적 창제

---

39) 속방은 일반적으로 썼으나 실록은 《중종실록》에서 보인다. 속방치료俗方治療。(중종실록 39/5/19)

방법(과정)	묻고, 배우고	찾고, 정리하고, 체계화	사유의 산물
속성	속방俗方, 경험방	경험본국방, 지혜	창제, (지성)
원리	순환적循環的	반증적反證的	변증적辨證的

생활지 속에는 속방, 경험방, 경험본국방 등이 있다. 경험본국방으로부터 우리 풍토에 맞는 새로운 처방이 나오게 된다.

유가의 궁극적 목표가 자신의 마음을 다스리는 길이라고 본다면 시간, 율律, 문자를 다스리느냐, 휘둘리느냐에 따라 삶이 달라진다고 하겠다. 백성과 사대부의 차이는 이런 공공 자산의 활용여부의 제도적 여건과 개인 능력 여부에 달려 있는 것이다.

• 지식

주희는 '지식을 확장[致知]하는 방법은 사물의 이치를 관찰[格物]함에 있다' 는 것으로 대저 사람 마음의 영묘함에는 지식 능력이 없을 수 없고 천하의 사물[物]에는 이치가 없을 수 없다는 것이다. 주희에게서 격물이란 '사물의 이치를 관찰한다'는 개념이고, 격물의 격格을 지至의 뜻으로 보고, 물物은 사事를 뜻한다고 본다. 그러니까 '격물'은 '사물에 이름[이르다]'을 뜻하는 것이다. 그것은 "물物에 나아가 이치를 궁구함"을 의미하는 것이라 하겠다. 그 이치를 가지고 들어와서 주희는 "내 마음에 이미 주어져 있는 부분적인 지식"을 보완하고 확장하기를 요구하는 것이다.[40] 이후 왕수인은 "지식은 행위의 시작이고 행위는 지식의 완성이다. 성학聖學은 다만 한 가지 공부일 뿐으로 지식과 행위는 두 가지 일이 될 수 없다."는 선언을 할 수 있다. 왕수인에게 "행위는 좋은 지능을 다 구현해 내는 것"[致良知]으로 이해되는 것이다.

지식은 사물의 이치를 관찰함에서 시작하는데 외재하는 사물로부터 이치를 구한다는 주희와 '이치란 사물들[事事物物] 속에 있는 것이 아니라 주희가 만년에 내세운 '흐트러진 마음을 수습하는 것[收放心]', '고요히 앉아 내관하는 것[靜坐]' 등을 지지하는 왕수인의 입장이 있다. 왕수인의 주관주의적 지식론은 객관성과, 과학성, 사실성으로 발전하는 길과 더욱 방향이 틀어지게 되었다.[41]

---

40) 중국철학연구회 지음, 『논쟁으로 보는 중국철학』, 예문서원, 1995. 292 ~293쪽.

(참고) 1. 형식지形式知와 암묵지暗默知

현대 산업을 이야기 할 때 대량생산 시대에 수나 언어로 기술 가능한 형식지(explicit knowledge)와 체험을 통해 개인이 내재한 암묵지(tacit knowledge)가 둘 다 중요했다. 대학교육은 학생들이 암묵지를 키울 수 있도록 소규모로 집중 교육하는 형태로 바뀌어야 한다고 말한다.[42]

한국은 산업에서 중국과의 산업관계에서 '롱 사이클' 산업을 공략해야 한다고 지적했다. 롱사이클 산업이란 의료·바이오·부품 소재 등 기술 사이클이 긴 산업으로 암묵지(暗默知·경험을 통해 쌓인 지식)와 통합적 기술이 요구된다고 말한다.*

현대 산업 진단은 이외에 보다 원리에 충실한 응용기술이 아닌 개념설계를 해야 한다고 제시한다.[43]

현재 우리나라가 처한 산업의 환경을 나름에 따라 진단하고 처방을 내리는데 암묵지에 따른 개념의 설정이 필요하다고 말한다.

이런 산업 환경 변화는 일정 시대마다 요구될 것이다. 이 변환의 환경을 세종의 변역變易의 시대 환경과 비교해보는 것도 의미가 있을 것이다.

우리가 학습함에 있어서 무엇을 인지하고 기억하려면 뇌의 기억력에 의한 것과 몸으로 움직이며 감성과 함께 학습하게 되는 경우가 있다. 먼저는 외현, 몸에 의한 것은 암묵이라고 한다.

(주) *린이푸林毅夫 베이징대 국가발전연구원 교수, 제8회 아시안 리더십콘퍼런스대담 중 2017. 7.4. 조선일보.

(참고) 2. 세종 변역정신의 현대성
(세종의 변역·창제 정신을 꼼꼼히 들여다보면 현대 디지털 사회에서도 적용할 방법론을 찾을 수 있다. 가설로서 제기해본다.)

지나온 20세기 산업시대와 앞으로의 21세기 디지털 기반사회의 특징을 비

---

41) 『傳習錄』 상, 34쪽; 중국철학연구회 지음, 위의 책, 300~301쪽.
42) 데니스홍 미 캘리포니아 주립대 교수와 염기호 교수의 대담, 2017.5.24 조선일보.
43) (참고) 이정동 외, 『축적의 시간』, 지식노마드, 2015.

교해 보자.

표. 사회경쟁력 특성의 변화[1]

산업기술기반	디지털기술기반
표준화	다양성
규격화	창의성
정형화	유연성

현대 사회의 특성을 세종이 보여준 현상과 비교해 보자. 당시는 사회적으로, 산업시대의 표준화도 이루어지지 않은 조선왕조 초기다.

㉮ 표준화: 천문, 법, 음악, 농사, 의약, 형정 등 여러 부문에서 신제·정리하며 표준화를 이룬다.

그러면서 더 많은 연구와 개발을 위해 천문, 의학, 화폐(이루지 못함), 농사, 온천 등 여러 면에서 새로운 다양한 신제新製·제조를 펼쳤다.

㉯ 규격화: 상정소의 토의, 연구 등을 통해 많은 제도를 신제·정리해 간다. 그러면서 새로운 창의를 집현전 학자 등을 통해 이루어 나간다. 천문, 언어, 훈민정음 이후의 《동국정운》 등 여러 언어 체계 등을 정리한다.

㉰ 정형화: 법이나 의례 특히 제례 등에서 새로운 정형을 이루고 이를 계속 수정 보완해 나간다. 쉬지 않고 신제新制, 창신해 나가는 운용의 유연성을 이룬다.

결과적으로 세종은 표준·규격·정형이 세워지지 못한 것을 새롭게 만들어 가면서 기존 제도를 벗어나 다음 세대를 위해 변역했다. 즉 현대의 기준에서 보아도 산업시대를 포용하며 21세기 새 시대의 열린 길을 품고 있는 양상과 비교가 될 정도다.

여기서 21세기 새 시대의 인재상을 제시하는 다른 차원의 모습을 보자.

세계를 해석할 때 지금은 이전의 사유에서, 경험이 새롭게 부각되고 있다고 말한다. 그리고 이성보다 감성이 중하다고 한다. 정신보다는 육체와 욕망이 더 중요하고, 집단보다 개별성이, 보편보다는 특수성이, 본체보다는 현상이 더 중요하다고 말한다.[2]

이를 다시 3차 산업과 4차 산업의 차이를 보자.

표. 3차 산업에서 4차 산업으로

3차산업시대 ⇒	4차산업시대	(비고 :해석)
사유 →	경험	개인의 지식과 지혜
이성 →	감성	창의력
정신 →	육체·욕망	개성적 욕구
집단 →	개별	개별의 합(전체보다 크다)
보편 →	특수	개성화 가치
본체 →	현상	새로운 개별 현상

인재 활용 차원에서의 특성을 보면, 사유에서 경험은 개인 지식에 현장의 경험 즉 산 지식[경험방]이 더 필요하고, 이성에서 감성은 개인의 창의력과 관계있고, 정신은 이성적 인 면에서 욕망 즉 개성 있는 욕구를 강조하고, 집단에서 개별은 다시 연대하는 개별의 합을 말한다. '전체는 개별의 합보다 크다'는 명제가 있다. 보편은 일반적 가치이고, 특수는 개성화된 사람들을 위한 가치 추구다. 본체보다 현상은 전체의 가치보다 개별적 가치에 중점을 두고 있음을 말한다.

위의 논의를 정리하면 현 21세기 열린사회의 인재상은

가) 문제 해결형에서 ⇨ 문제 창조형

나) 전문지식인에서 ⇨ 창의적 융복합형

다) 개인 노력형에서 ⇨ 관계중심형이어야 한다.3)

이를 세종에 비추어 보면 음악, 천문, 시계, 언어, 활자, 측우기, 활자, 농사기술, 수레·수차·화포 무기 등에서 계속 개량·신제의 문제 제기를 하고, 인재 중심으로 변역해가려 했다. 당시의 과학기술은 현실적으로 동시대 전 세계에서 우위에 있었던 것을 알 수 있다. 당시 세계 과학사의 시기별 최고 업적 조사 (1418~1450)에서 동아시아 조선이 21건, 중국 4건 일본 0건이다.4)

세종은 전문 지식인들에게 계속 할 일[과업]을 만들어내게 독려했고, 혼자가 아니라 여러 명이 같이 할 수 있게 특히 천문, 언어, 음악 등에서 이런 환경

을 만들어 갔다. 정치적으로 해결할 문제는 상정소詳定所를 통하여 항식화[以爲
恒式]하고, 주로 의례에 관한 것은 상정소와 도감都監을 통해,5) 과학적인 문제
는 집현전集賢殿과 전문가 팀을 통하여 창신·창제를 통해 문제를 풀어나갔다.
세종 변역의 방법론을 탐구할 필요가 있다.

(주) 1) 안종배, 4차 산업혁명시 사회경쟁력 특성의 변화; 이경화, '미래 교육은 어떤 인재를
        양성해야 하나', 미래교육 혁신방안 정책 세미나, 국회의원회관 대회의실, 2017.4.13.
    2) 최진석,『생각하는 힘 노자인문학』, 위즈덤 하우스, 2015, 181쪽.
    3) 이경화, 미래교육 혁신방안 정책 세미나, 국회의원회관 대회의실, 2017.4.13.
    4) 이도 준타로, 과학기술사사전, 박현모,『세종이라면』, 미다스북스, 2014, 78쪽.
    5) 상정소와 도감, 집현전은 본문 3장 2. 사맛론 2)집단지성에서 다루고 있다.
    (출처) 김광옥, '4차 산업시대, 세종의 인문학에 길을 묻다'국어정보학회 세미나 천안공주
        대학교, 2017.6.10.

세종의 변역과 과학 진흥을 보며 세종의 경經과 사史에서 사史의 실천적 사례
의 중요성 인지認知, 경험을 살리는 경험방經驗方 중시, 각 분야의 전문 공인들의
기술을 중요시 여기는 정신 그리고 각 분야 정사政事의 전문가 모임인 상정소詳
定所, 도감都監 그리고 지식인들의 모임인 집현전集賢殿 등의 체계적 운영을 보면
서 당시로서는 획기적이고 현대의 흐름과도 맥이 닿는 시스템을 운영한 것이 아
닌가 여겨 여기 이를 간단히 표로 정리해 본다.(이는 가설로서 앞으로의 논구를 위
해 부기한다.)

표. 세종 변역의 사회적 체계

요소＼요소	지식	경험	지식의 양식
지식	경經	사史	[상정소]
경험	상정소(사례들) 집현전(의고제)	경험방[농부, 민간의 기술 공인工人] 전문가[경험·지식], 도감	창제적 집단지성[집현전]
지식의 양식	(외현적)	실천지적	암묵지(暗默知)적

3) 항식

변역과 자신自新의 세종 생생화의 특성으로는 시정時政을 항구적인 법칙으로 하나 둘씩 체계화해 가려는 정사政事 제도화 의지로 나타났다.

《조선실록》에 '이위항식以爲恒式'(이로서 항식을 삼다) 즉 정례, 규례, 법식, 제도, 법 등으로 나타나는 '항식'은 시행 규칙을 만들어 가는 일이다. 전체 394건 중 태종 77건, 세종 225건, 성종 72건, 중종 14건 등이다.(이상 14건 이상) 세종은 항식을 제도화하려는 '이위항식'의 임금이었다. 그 밖의 연관어는 다음과 같다.

恒式	원문 총 810건	태종 112건	세종 304건	성종 59건
以爲恒式	총 394	태종 77	세종 225	성종 4
永爲恒式	총 201	태종 31	세종 65	성종 16
永以爲式	총 26	태종 3	세종 9	성종 4
以爲式	총 85	태종 12	세종 9	성종 12
永爲式	총 7	태종 1	-	성종 1
以爲定式	총 76	태종 1	세종 13	성종 1

참고: '항식' 숫자 속에는 '이위항식', '영위항식'이 이중으로 포함되어 있을 것이다. 이밖에도 다른 용어로 표기되어 있는 식, 항식 등도 있을 것이다

조금 더 자세히 위의 '항식'들을 실록 속에서 살펴보면 태종이 건국초 여러 제도의 자리잡기로 시작하고, 세종이 정비하고, 성종이 정리한 것으로 나타난다.

세종은 수성의 임금이라고 선언한다. 수성에는 모든 법제를 정해 나가야 하는 임무가 있다. 이런 뜻에 부합하여 세종은 조선의 법식을 세운 임금이다. 세종의 '이위항식'은 여러 부문에 걸쳐있지만 주요 기사는 다음과 같다.
- 사람 생명에 관계된 판결.(세종 1/2/17)
- 급무를 위한 회의 방법.(세종 3/8/5)
- 전정 손실 답험법.(세종 3/8/19)
- 사신이 당 약재 사오게 하다.(세종 6/3/11)
- 공처의 비자가 아이를 낳으면 100일 휴가 주다.(세종 8/4/17)
- 입직한 군사가 병이 생기면 혜민국과 제생원에서 약을 지어 구료하게 하다.(세종

11/6/27)

- 이조에서 농사 달에 임기가 다 된 수령이라도 농사 달을 피해 체대하게 할 것을 건의하다.(세종 12/2/25)
- 주자소 관리에 대한 것을 말하다.(세종 17/10/19)
- 대소 종친들의 동성혼을 금하고 항식으로 삼게 하다.(세종 24/6/24)
- 각도에 숨겨진 염분을 찾아내 연속적으로 고찰하는 법식을 만들도록 아뢰다.(세종 28/2/3)

항식을 위한 연구집단은 집단지성의 형태로 집현전과 상정소와 도감이 있다. (집현전·상정소는 3장 사맛론에서 다루었다.) 상정소詳定所는 task force team, project team 혹은 정치집단의 비상대책위원회 등의 성격이 있다. 더불어 시정 협의체인 도감도 있었다.

집현전은 연구자들이 개인 학습, 모임으로서의 경연 주재, 공동으로 연구를 하는 학술·연구 집단이다. 집현전은 세종 4년 10여명을 필두로 5년에는 사관업무까지 맡고, 18년에 이르러서는 그간 근무자가 100여명을 넘어서게 되었다. 과학자가 22명이 있던 것을 보면 단순히 의례·법제 연구기관이 아니었고 인문과 과학의 종합 연구기관이었음을 알 수 있다.

6장 세종 생생 철학의 지향: 공향과 공락

1. 공향

세종의 정치적 지향은 '공향과 생생지락'이라 할 수 있다. 변역과 자신自新의 생생화를 통해 공향의 사회를 이루려는 것이다. 공향/공생의 길은 사람과 사람, 물物과 물物이 융합을 이루는 길이다. 공공의 자산을 함께 나누어 누리는 정신이다. 그 가운데는 의료, 농사, 음악 등 전문 분야가 있지만 모든 백성에 관계된 것으로는 시간과 음악과 문자를 들 수 있다. 그리고 함께하는 정치[공치共治]가 있다.

농사 지식은 노농의 지혜를 모으고 바른소리[정음]의 문자를 위해서는 지방의 사투리들을 모으고, 정치는 사대부와 백성의 의견을 듣는, 함께하는 공치의 형태가 되어 있다. 함께 한다는 뜻의 공공公共이란 '모두에게 공개된 모두의 것'으로 연관어로 공공公共, 공공公公, 공치共治, 공향共享 등이 있다.

이 중 공공公公은 모두 누구에게나 개방적인 것으로 공공연公公然히 공개된 뜻이고, 공치共治는 혼자의 정치가 아니라 더불어 의논하며 다스린다는 뜻이 있다. 공향共享의 목표는 바로 기쁨을 함께 누리는 일이다.

공공公公 관련 용어

• 공공公共

공공公共은 조선조 초기 태종에서부터 출발한다. "法者 天下公共之物"(태종 8/5/22) 이후 법이란 "법자 만세공공지기法者 萬世公共之器"(태종 17/11/11)로 '법(法)이란 만세의 공공 기관[기구]'으로 여겼다. 세종 시에는 "법자 천하고금지소공공公法者 天下古今之所公共"(세종 6/7/28)이 있다.

법자 공공: (소를 올리며) 신하로서 불경죄가 있는 것은 법으로서 용사(容赦)할 수 없는 것입니다. 법이란 것은 천하 고금에 공평하고 같은 것이므로 전하께서 마음대로 하실 수 없는 것입니다.(세종 6/7/28) 法者, 天下古今之所公共, 非殿下所得而私也。

실록에 보이는 '공공公共'은 622건이지만 세종은 1건이고 주요 임금은 선조 115/4건, 숙종 45/2건, 정조 33건이다. 즉 공공公共은 세종 때가 아닌 선조 이후에 일반 용어가 된다. 세종 시에는 공치共治, 공향이 더욱 많이 쓰인다.

공공 관련 용어로는 '공공연하다, 공연하다'가 있다. 총 7건이다.

公然공연: 임금이 말하기를, 사사로이 아뢴 것이 아니다. 승정원을 통하여 공공연(公公然)하게 아뢰었다. 하니, 헌납 김성경(金成慶)이 아뢰기를, 공공연하게 입계(入啓)한 것은 더욱 불가합니다.(세종 12/2/3) 上曰: 非私啓也。因政院, 公然啓之矣。獻納金成慶啓曰: 公然入啓, 尤爲不可。

그밖에 공公과 연관한 용어는 세종 후대에 공공사公公事, 공연公然, 공공언지公公言之 등이 있다.[1] 세종 시에는 公/共과 관련해 공치共治가 있다.

• 공치共治

공치는 다분히 임금과 사대부가 함께 다스린다는 개념이다.[2] "동지중추원사

---

1) ·공공사公公事: 의령(宜寧)의 토호와 품관(品官)의 여비(女婢)가 관속(官屬)에게 출가해서 낳은 노비를 추쇄(推刷)해서 관에 예속시키는 공사(公事)에 대하여.(중종실록 31/3/18) 宜寧土豪品官之婢, 嫁官屬所生奴婢, 推刷屬公公事, 後日合坐時議啓事, 招政府郞官言之。
   ·공연公然: 교활한 왜인이 공공연(公公然)하게 조정(朝廷)을 기만하다.(숙종실록 21/7/6) 九萬又曰: 狡倭公然欺謾朝廷。
   ·공공언지公公言之: '도유(都兪)*하는 한 자리에서 말한 것은 공공연하게 말할 뿐인데 무엇을 숨길 것이 있겠습니까?' 혹시 전파되는 말이 사실과 틀림이 많을 것을 염려한다면 사실과 틀리게 전파시킨 자를 죄줄 따름인데, 또한 어찌 이로 인하여 일체 엄금할 수 있겠습니까?(영조실록 9/6/9) 都兪一堂, 所言者公公言之而已, 何秘之有也?
   (주) *도유(都兪): 임금과 신하가 한 자리에 모이어 나라 일을 토론 심의함.
2) 《조선실록》 '共治공치' 원문 총 검색 건수 64건 중 5건 이상.
   초기: 세종 9, 성종 10
   중기: 연산군 6, 중종 9, 선조 4/5

조말생(趙末生)이 인혐(引嫌)하여 나오지 아니하니, 임금이 불러 말하기를, 경은 혐의적게 여기지 말고 직에 나오라, 하자 조말생이 원(元)을 몸받은 것은 임금의 직책이요, 원을 고르게 하는 것은 재상의 일이온즉, '재상이란 임금의 천위에 참여하여 한 가지로 천직(天職)을 다스리는 것입니다.'(人主所與共天位共治天職者也。)" (세종 14/12/15)고 말한다.

공치共治의 뜻은 함께 다스린다는 뜻이다. 비록 임금과 재상이 함께 하기보다는 원元[으뜸, 바름]을 지켜가는 일이다.

- 공치에서共治黎庶: 백성의 폐해를 구제하는 것 등에 관해 왕지하다.(세종 5/7/3) 爰命憲府, 風聞彈糾, 庶得循良, 共治黎庶。
- 여아공치자與我共治者: 노쇠 혼매하거나 연약 용렬한 지방 수령들을 파출하라는 대사헌 권도 등의 상소문.(세종 8/7/25) 與我共治者, 其惟良二千石乎。

이후 후대 연산군 11년 9월 25일에 공의共議가 보인다.[3] '함께 누리기' '더불어 누리기' '껴누리기'로는 공형共亨/공향共享이 있다. '공형共亨'은 실록에는 원문으로 총 3건이 나온다.[4] 그러나 세종 시에는 찾을 수 없다. 대신 '더불어 누린다'는 뜻으로는 '공향共享'이 있다.[5] 공향共享의 경우는 원문 158건 중 세종 27건으

후기: -
3) 중종 조에는 공공公共 연관어들이 나타난다.
   삼공과 함께 의논하기를 청하다. 請與三公共議(중종실록 14/3/9)
   만약 은상(恩賞)이 위에서 나왔다 하여 아랫사람이 의논하지 못한다면, 이는 임금의 마음대로 하는 것이고 온 나라 사람과 함께 하는 것이 아닙니다. 若以恩賞出於上, 下人不可議, 則是, 人主自私而不與一國公共也。(중종실록 9/9/22)
   개인군공공公지도호豈人君公共之道乎? (중종실록 25/5/28)
   공공지법公共之法(중종실록 35/4/5)
   공공지의公共之議(중종실록 39/12/18)
   공공지론公共之論(선조실록 16/7/21, 선조실록 18/6/5) 보인다.
4) 공형천록지유 共亨天祿之由 (세조실록 9/10/2)
   연후군신공형태평 然後君臣共亨太平 (성종실록 17/2/18)
   즉자족이공형기복 則自足以共亨其福 (영조실록 1/6/11)
5) 《조선실록》 중 공향共享: 원문 총 158건 중 5건 이상.
   초기: 태종 11, 세종 27, 세조 10, 성종 17
   중기: 연산군 8, 중종 9, 인조 14
   후기: 정조 16, 고종 13

로 전 실록 기사의 약 6분의 1이다. 그 다음은 성종과 정조로도 이어져 각 16건
이다.

- 공향共享

세종의 공향 정신에 대한 흐름을 보자. 첫째 일반적으로 '공향'은 죽은 사람에게 '함께 오래도록 지낼 것'이라는 제문祭文으로 쓰였다. '공향안영共享安榮' (세종 6/2/2 외)이 대표적이다. 27건 중 17건이 이에 해당한다. 둘째 사절이나 북방 여진족을 맞아 사람들과 삶을 함께 나누고자 하는 기원祈願으로 쓰인다.

- 도도웅와에 대한 답. 共享福利於無窮。(세종 1/10/18)
- 맹날가래와 최진 등이 칙서를 받들고 오니, 모화관에서 칙서를 맞이하다. 庶幾共享
  太平之福於無窮。(세종 15/윤8/10)
- 이만주. 係是共享。(세종 17/12/6)
- 오도리의 마좌화·마구음파 등이 토산물을 바치다. 共享昇平。(세종 22/7/21)
- 오량합 김도을온의 조회를 받다. 共享昇平。(세종 22/8/2)
- 최진을 임금이 근정전에서 위로하니 비전자 띠 한 벌과 색실 5근을 바치다. 共享太
  平。(세종 15/윤8/12)

셋째 격려로서 (때로 책망을 겸하며) '함께 살기共享'(으)로 쓰이고 있다.

- 재주 있는 야인의 귀화에 관해 함길도 도절제사에게 전지하다. 共享 生生之業。(세
  종 23/7/1)
- 함길도의 알타리들을 성심으로 후대하도록 도절제사 이세형에게 전지하다. 永作藩
  籬, 共享生生之樂可也。(세종 24/1/7)
- 함길도 도관찰사 정갑손에게 도의 인민을 5진에 입거시키지 않겠다고 했음에도
  백성들이 동요하게 두는 것을 책망하다. 雖他道之民, 尙欲使之奠居, 共享生生之樂。
  (세종 25/10/24)
- 옛 성현들의 예를 들어 백성들이 부지런히 농사에 힘쓸 것을 하교하다. 시화세풍
  時和歲豐 공향희호지락共享熙皥之樂。(세종 26/윤7/25)

공향의 더불어살기 정책은 수많은 야인들의 수용정책에서 두드러진다. 몇 기사를 보자.

- 야인들이 귀화할 길을 열어 주도록 의논하다.(세종 19/8/7)
- 귀순하는 야인들의 접대문제.(세종 9/9/9)
- 투화하는 야인 족속의 강약을 가려 접대하는 것을 의논하다.(세종 19/9/17)
- 투화하는 야인에게 어떤 관직을 주어야할 지를 의논하다.(세종 19/12/24)
- 종친들과 야인·왜인의 잔치장소를 정하다.(세종 20/1/1)
- 야인들이 양식을 청하면 국고에서 지급하게 하다.(세종 20/3/3)
- 야인에게 도만호 등의 산관을 제수하도록 이숙치 등이 건의하다.(세종 20/3/8)

여기서 공향은 함께살기, 더불어살기, 껴살기 등으로 쓸 수 있는데 확장하여 연관어를 살피면 '생생지업', '생생지락가(야)'生生之樂可(也) 등을 포함해 조금 더 다양해진다.

공향생생지업共享生生之業: 업을 함께 하[누리]다.(세종 23/7/1)
공향생생지락: (함길도의 알타리들을 성심으로 후대하도록 도절제사 이세형에게 전지하다): 너희들에게 후하게 물건을 주는 것은 너희의 공을 가상히 여기기 때문이니, 너희는 마땅히 이 마음을 더욱 굳건히 하여 길이 '나라의 울타리가 되어 같이 살아가는 즐거움을 누리는 것이 마땅할 것이다.'(永作藩籬, 共享生生之樂可也) 라고 말하여 보냈다.(세종 24/1/7)
공향생생지락가야共享生生之樂可也: 함께 누리는 거듭살이의 기쁨.(세종 25/10/24)

공향共享이 공간의 수평적 개념이라면 선적線的인 시간의 개념으로 영향永享이 있다. 영향永享의 경우는 원문 총 155건 중 세종이 35건으로 전체의 4분의 1이다.

영향생생지락永享生生之樂: 생생지락을 오래도록 누리다.(세종 21/5/14, 세종 22/4/24)

나의 업이 함께 누리는 업으로 그리고 다시 함께 누리는 '업의 락'이 되어 백성은 일하며 얻는 편안한 즐거움의 업[락업 樂業]을 얻어, 마침내 삶의 기쁨을 이루게 된다.

기민지안생락업其民之安生樂業 - 이수기생생지락以遂其生生之樂。안생의 락업과 생생지락을 이루다.(세종 26/윤7/25)
공향희호지락共享熙皞之樂。태평시대의 즐거움을 누릴 수 있을 것이다.(주: 熙皞 빛

날 희, 밝을 호) (세종 26/윤7/25)

세종에 있어서 公共공공은 '여럿이 함께 한다'는 뜻에서 출발했다. 당시는 이 민족인 북방 여진족을 함께 끌어안는 폭넓은 공공정신이다. 세종에게 있어서는 '법이란 것은 천하 고금에 공평하고 같은 것 法者, 天下古今之所公共'(세종 6/7/28)이라고 하면서 단지 공공의 것을 넘어서 '함께 누린다'는 뜻의 '공향/공형'과 이를 '오래 누리도록 하겠다'는 '영향永享'의 소망까지를 추가하고 있다. 세종은 일찍이 공공의식으로서의 공향을 인식한 임금이다.

개인의 범위를 넘어 사회가 생생지락으로 가는 길이 태평이다. 태평을 위해서는 이웃과 함께 국가 간에 태평이 긴요한데 이 또한 공향의 정신이다. 이웃과 함께 나누는 평화는 바로 공향태평共享太平이다. 실록에 쓰인 공향태평共享太平은 거의가 북의 야인들과의 어울려 살기를 희망하는 일이다.

공향태평: 이웃 나라와 평화스럽게 지내면서 아랫사람들을 경계하고 단속하여 서로 침범하는 일이 없도록 한다면, 거의 태평한 복을 영원토록 함께 누릴 것이다. 輯和隣境, 戒勅下人, 勿相侵犯, 庶幾共享太平之福於無窮。(세종 15/윤8/10)

이는 맹날가래와 최진 등이 명에서 가지고 온 칙서 속에 나오는 글이다. 실록에서 '태평太平' 용어의 빈도를 보면 세종 원문 375건(전체 2,044건 중)으로 가장 많다.[6) 의외로 인조도 89건이다. 그런데 인조 때는 유독 '공향태평'이 자주 등장한다. 북방민족과의 화친에 대해서다.

공향태평: 조선 국왕은 지금 정묘년 모월 모일에 금국(金國)과 더불어 맹약을 한다. ... 두 나라 군신은 각각 신의를 지켜 함께 태평을 누리도록 할 것이다.(인조실록 5/3/3) 朝鮮國王, 以今丁卯年某月日, 與金國立誓。 ... 兩國君臣, 各守信心, 共享太平。

이는 금나라의 유해와 함께 회맹을 하고 화친을 맹세하는 글이다.

'태평' 기사가 많은 것은 그 시대가 태평이었다기보다 '태평'을 위한 정치적 관심이 컸다는 의미를 갖는 것이고 태평의 큰 목적은 나라 안에서 이웃이나 이

---

6) 기타 많은 임금은 태종 203건, 성종 179건, 중종 164건, 정조 97건 등이다. 공향태평은 전체 38건 중 인조 8건이다.

웃 신분과의 조화를 이루는 태평은 물론 그보다는 이웃나라와 함께 나누는 '공향태평'에 있다고 할 것이다.

위에서 본 기사가 《세종실록》에 나타나는 공향, 영향 기록의 전부다.

• 명제로 보는 공향

이상으로 '공향共享'은 세종의 정치철학의 명제가 되어있음을 확인할 수 있다. 공향은 세종 정치 초기가 아닌 중반 이후부터 나타난다. 이로 보면 세종의 정치철학은 햇수를 더해가며 진화하는 모습을 보여주고 있다. 위의 예를 통해 세종 시 시기별로 생업을 얻은 생민이 락을 얻는 과정을 그대로 보게 된다.

다음 용어는 기사를 시기별로 배열하여 정리해 본다. 세종의 명제적 언명이라 할 생생生生, 업業, 영향永享, 공향共享, 안생安生/락업樂業, 이수以遂/생생지락生生之樂이 시기별로 순서대로 이어진다.

> 永享生生之業 - 共享生生之業 - 共享生生之樂可也 - 其民之安生樂業 - 以遂其生生之樂
> 21/5/14   23/7/1   24/1/7   25/10/24   26/윤7/25
> 22/4/24   25/10/24

가) 생생의 작용이 매 기회마다 작용하고

나) 개인의 영향永享이 모두의 공향共享으로 확대되고

다) 업業이 생생의 과정을 통해 생생지락/락樂이 되고

라) 생생지락은 다시 한번 더 생생의 작용으로 평안한 생활 속에 들어가는 安生안생/樂業락업이 된다. 업- 락- 생생으로 업의 진화다.

마) 그리고 마침내 생생지락을 이루게 된다.

이것이 바로 세종의 생생이 업을 통하여 개인이 오래 누리며 - 함께 누리며 - 편안한 락업이 되어 - 생생지락을 누리게 되는데 마지막으로 공락共樂의 세계로 다가선다.

시간별로 살펴보니 마치 세종이 시기[시대별]에 따라 체계적으로 기획된 정치를 펼친 것으로 보일 정도다. 세종의 정치철학은 결과적으로 '공향 생생지락'의 철학적 논리에 따라 시기별로 펼쳐진 것으로 나타나고 있다. 이미 1장 '생생 철학'의 자신自新의 과정에서도 본 바 있어 세종 철학이 성립할 수 있다는 필요충분조건이 갖추어졌다고 여겨진다.

세종의 정치에 대한 정언명제는 '함께 누리는 거듭살이의 기쁨/공향생생지락共享生生之樂'이라 하겠다.

- 공향의 철학

공향의 어원풀이는 먼저 共공에는 '다같이·모두·전부'라는 동同·합合·개皆의 뜻과 동시에 공公·중衆이라는 공공성 그리고 向향이라는 지향성이 포함되어 있다. 享향은 누리다·제사지내다·마땅하다, 이고 亨형은 형통·드린다는 뜻이 있다. 亨형과 享향이 일부 같은 뜻을 가지기도 한다.

세종의 공향共享은 '함께 누리기'로 진화론적 윤리 차원에서 사회생물학의 상호이타주의의 성격을 갖는다. 임금이 백성에게 기회를 베풀면 백성이 사면 받고, 일할 기회를 얻고, 시간을 알고, 문자를 나누게 되면 서로 모두가 승평昇平하게 되는 것이다. 이런 속에 세종은 사대부의 문자 창제에 대한 반대가 나라 전체로 보면 소집단의 이기주의일 뿐이라고 여기고 있음이 분명하다.

진화론에 기초한 철학은 넓은 의미에서 자연주의 철학의 한 유형이라고 할 것이다. 그렇지만 진화론적 철학은 물리학에 기초한 자연주의 철학과는 여러 면에서 차이가 난다. 물리주의 철학은 모든 것을 물리적 토대로 환원할 수 있다는 태도를 가지고 있었다. 물리주의는 살아있는 생명체와 죽은 물질 사이에 아무런 본질적 차이도 없다고 보았기 때문에 살아있는 생명체와 관련된 현상이나 과정은 제대로 설명하지 못하는 약점을 갖고 있었다.[7]

진화론적 자연주의에 대한 관심으로 본다면 생명체의 속성과 그 인식기제, 그리고 그것의 윤리를 설명하는데 새로운 빛을 던진다. 동시에 그것은 존재론적·인식론적·윤리적 차원에서 우리가 해명해야할 새로운 화두를 던진다. 생명의 단위는 무엇인가. 생명은 어떻게 작동하는가. 진화론적 인식론은 실용주의의 길 이외에 다른 길을 열수 있을까. 자연주의의 오류에 빠지지 않고 진화론적 윤리학을 구성할 수 있을까, 등이다.

---

7) 이한구, 진화론의 관점에서 본 철학, 『진화론과 철학』, 철학연구회 편, 철학과 현실사, 2002, 41쪽.

사회생물학에서 집단[group]이란 종[species]보다는 작은 단위를 일컫는데 집단 이타성은 개체가 집단의 적응도를 높이기 위해 자신의 적응도를 낮추는 성향을 갖는다는 것이다. 이때 집단은 구성원들의 집합을 의미할 수도 있고 전체로서의 한 조직체를 의미할 수도 있다. 집단의 이기주의와 개체의 충돌[상이적 위상]의 관계를 보자.

집단에 이득이 되는 개체 차원의 이타주의도 결국은 개체 자신의 적응도를 높이는 이기주의로 판명이 된다.8) 개체와 집단의 이기주의 관점에서 훈민정음의 창제 과정을 보자.

표. 집단의 이타/이기주의

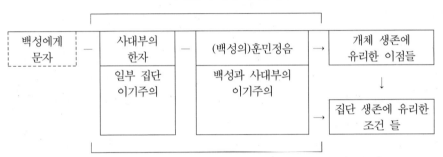

훈민정음의 창제는 처음에는 백성 개개인의 이기주의 증진에 기여한다. 이때 백성이란 사대부도 포함하지만 사대부는 필요성을 느끼지 못한다. 즉 백성의 문자는 사대부의 이익과 상충한다. 이후 개체적 백성은 문자의 내재적 힘으로 집단으로 발전하는 잠재력을 지니게 된다. 이는 이념으로 보아서는 진화론적 자연주의라 할 수 있다. 규범을 통한 유교적 윤리에 대한 대안을 제시하려는 많은 경經에 대하여 사史 즉 현실적 실용정신으로, 경에 대한 권도로 나타나는 정책과 결정들이 그런 예이다. 결국 세종은 사대부 이외에 잠자고[억눌려] 있는 백성들의 삶에 생기가 도는 것이 나라[백성]의 락樂이 된다고 믿고 있었다.

세종에게 있어 공향의 형태는 앞서의 ㉮시간 나누기와 ㉯율律 나누기 ㉰문자 나누기 그리고 ㉱인재들을 격려하며 ㉲재능을 살리고 ㉳공功을 나누고 ㉴이방

---

8) 이한구, 위의 책, 30~40쪽.

인까지 포용하는 더불어살기의 모습으로 나타난다. 정치는 사람 쓰기에서 출발하며 특히 전쟁이 없는 시대에는 사람을 바로 쓰는 것이 정치의 거의 전부라 할 것이다. 특히 인재에 대한 공향 사상은 공과功過 나누기이다. 공功이 있으면 함께 한 것이고 과過가 있으면 하늘을 다스리는 사람인 임금이 더 큰 책임이 있다는 정신이다.

공향의 사례로 기본적으로는 법아래 모두가 공평[公共]하다는 인식에서 출발하여 ㈎ 백성과 함께 나누는 즐거움 ㈏ 공과 나누기 ㈐ 믿음[信] 나누기 ㈑ 스스로를 낮춤으로 남과의 높이[공평·평등]를 맞추는 일이다.

공향: 사례

㈎ 즐거움 나누기

공향은 첫째 정치에서 즐거움을 백성과 함께 나누는 정신이다. 둘째 인재 다루기에서 다른 사람을 인정하고 그 공功을 함께 나누는 정신이다.

먼저 '백성과 함께 즐거워하기'[여민해락與民偕樂]이다. 성 쌓기 시기를 조절하고, 부역 인원을 조절한다.

> 여민해락與民偕樂: 매년 한 도에 한 성만을 쌓아 백성의 노고를 덜 것을 아뢰는 김중곤의 상소에서 보듯, 민심의 좋아함과 싫어함을 순종하고, 역사의 편의한 것을 따라서 늦출 것과 서둘 것을 살피고, 경하고 중한 것을 참작하여, 매년 한 도에 다만 한 개의 성만 쌓게 하여, 한 지방의 백성들로 하여금 번갈아 경영하게 한다면, 3일 간만 백성을 부역시킨다는 뜻에 어긋나지 않을 것이며, '백성들과 함께 즐거워하는 역사에 다른 점이 없을 것입니다.'(而無異於與民偕樂之役矣) 엎드려 바라옵건대, 전하께서 재택(裁擇)하옵소서. 이에, 병조에 내려 의정부와 여러 조[諸曹]가 함께 의논하게 하였는데, 해마다... 풍년과 흉년임을 보아... 쌓아야 될 성의 수효를 위에 아뢰고 ... 각 고을로 민호와 전정의 많고 적은 것을 헤아려 군사를 뽑되, 매 5결마다 1명을 넘지 못하도록 하고, 전에 정한 일수(日數)에 의거하여 이를 부역시키고 그 해에 마치지 못하면 후년을 기다려 다 쌓도록 하고, 이를 일정한 규정으로 삼게 하소서, 하니, 그대로 따랐다.(세종 13/10/13)

㈏ 공과功過 함께 나누기

인재 다루기에서 일한 사람의 공을 인정하고 그 공을 함께 나누기이다.

若非此人약비차인: 장영실의 사람됨이 비단 공교한 솜씨만 있는 것이 아니라 성질이 똑똑하기가 보통을 뛰어넘어, 매번 강무 시 나의 곁에 가까이 두어 내시 대신으로 명령을 전하기도 하였다. 그러나 어찌 이것을 공이라고 하겠는가. '이제 자격궁루(自擊宮漏, 물시계)를 만들었는데 '비록 나의 가르침을 받아서 하였지마는, 만약 이 사람이 아니더라면 아무리 해도 만들어 내지 못했을 것이다.' 今造自擊宮漏, 雖承予教, 若非此人, 必未製造。雖承予教, 若非此人, 必未製造。(세종 15/9/16)

나의 가르침이 있었지만 장영실이 아니었다면 못 만들었을 것이라고 물시계는 함께 만든 것이라 했다.(세종 15/9/16) 이런 예는 장영실만이 아니라 박연에게서도 나타난다. 박연과는 음악에서의 협업 작업이 있었음이 후대인 성종실록에서 확인된다.

여비아불능작악汝非我不能作樂: 세종께서 매사에 뜻을 기울이지 아니함은 아니나, 음악에 대해서는 더욱 마음을 써서, 일찍이 박연(朴堧)과 말하기를, '너는 내가 아니었다면 음악을 만들지 못했을 것이고, 나도 네가 아니었다면 역시 음악을 만들기 어려웠을 것이다' 하였는데, 아악(雅樂)과 속악이 그 때에 비로소 나뉘어졌다.(성종실록 9/11/7) 汝非我不能作樂, 我非汝亦難作樂。

사헌부 장령 남간(南簡)이 아뢰기를, 좌의정 최윤덕(崔閏德)이 방어책이 허술해 변경의 화를 불러일으킨데 대해 죄주기를 청하자, 임금은 도리어 최윤덕의 공을 인정한다.

약무윤덕若無閏德: 군중(軍中)에서의 사소한 실수는 예로부터 있는 법이며, 우리나라 북방의 구도(寇盜)의 방어는 오로지 윤덕의 공인 것이다. 만약 윤덕이 없었다면 오늘만도 못할 것을 누가 부정하랴.(세종 18/윤6/25)였다. 上曰: 軍中小失, 自古有之。北方禦寇, 專是閏德之功也, 若無閏德, 安知不如今日乎?

김종서에 대하여는 협업과 함께 공로를 인정한다.

약무종서: (친히 탄핵당한 김종서의 일을 논의하다) 임금이 돈에게 이르기를, 비록

내가 있으나 종서가 없었다면 이 일을 분별하지 못했을 것이오, 비록 김종서가 있으나 내가 없었다면 족히 이 일을 주장하지 못했을 것이다. 雖誰寡人 若無宗瑞 不足以辨此事 雖有宗瑞소 若無寡人 不足以主此事。(《연려실기술》제3권 세종조 고사본말)

김종서의 공: 김종서의 공이 작지 아니하다. 새 백성들을 위무(慰撫)해서 모으고 여러 종족을 불러 항복 받아서, 동북 한 지방이 조용하고 사변이 없게 되었으니, 이것이 그의 큰 공이다.(세종 22/1/19)

김종서에 대해 예전에 고려 시중侍中 윤관(尹瓘)이 북방을 정벌이후 조정의 대소 신료들이 모두 그를 죽이기를 청하였으나 임금이 듣지 아니하고 그 임무를 전담하도록 하여서, 그 공을 이룩하게 하였다는 고사를 인용한다.

비록 신하들과의 관계에서 작은 죄를 덮고 공을 인정하는 공향의 예를 보았지만 진정한 공향은 앞서 본 모든 사람이 나누어 가지는 시간, 음악, 문자와 같은 공유의 공향 개념이다.9) 공향의 목적지는 어디일까. 백성의 공향과 생생지락이다.

(다) 백성·신하·국가 사이에 신뢰 함께 맺기

신하와 공을 나누는 공향정신의 예를 장영실, 박연, 최윤덕, 김종서에서 보았지만 임금과 백성, 임금과 신하 사이, 국가와 국가 사이에는 믿음[信]을 나누게 된다. 믿음은 일방적일 수도 있으나 쌍방성이 확인되면 그 힘은 배가될 수 있다.

시성時政에서 가장 중요한 것은 백성들과 나누는 신信[믿음]의 관계다. 국가 사이에는 외교가 수단인데 여기에서도 믿음[信]이 중요하다.

저화: 나라를 다스리는 법은 믿음[신信]을 보이는 것이 가장 중요한 것이다.(세종 7/4/14) 爲國之道, 莫如示信。

사자赦者: 비록 대사(大赦)를 지나도 용서를 받지 못하게 되는 일은 백성에게 신의를

---

9) (참고): 현재 우리나라 정치권은 기회 있을 때마다는 사회 통합을 외친다. 서울시는 '함께 하는 서울'을 표상으로 내걸고 있다. 새천년민주당은 2015년 말 '더불어 민주당'으로 당명을 바꾸었다. 이는 바로 세종의 '더불어 누리기' 즉 공향/공형 정신 그대로다. 북한의 핵무기 위협에 대한 한국과 미국의 군사 모임 끝에는 미군장성이 우리말로 '함께 갑시다'를 외치는 것이 구호화 되어 있다. 옛 새누리당은 미래창조과학단지와 함께 문화창조벤처단지를 설치했다. 이는 기본적으로 변역/창제 정신에 닿아 있다. 더불어 나누고 창제의 정신을 살리는 것은 예나 지금이나 필요한 덕목이고, 반복되고 있다.

보이는 소이가 아니다.(세종 7/11/9) 雖經大赦, 尚未蒙宥, 非所以示信於民也。

견신어인見信於人: (황희가 사직을 아뢰다) 스스로 생각하건대 신의 평소의 행동이 이미 남에게 신임을 받기에 부족하면서도 지위가 신하로서 지극한 자리에 있기 때문입니다.(세종 10/6/25) 自念臣之素行, 既不足以見信於人, 而位極人臣之致耳。

외교: 이웃나라를 사귀기를 신의로써 하였다.(세종 32/2/17) 事大以誠, 交隣以信。

㈜ 스스로의 생활환경을 낮추어 백성들과 차이를 줄여간다.

과전 감하기: (각품의 과전을 차등 있게 감하다) 임금이 승정원에 이르기를, 천재와 지이(地異)의 있고 없는 것은 인력으로 할 수 없는 것이지마는, 배포 조치를 잘하고 못하는 것은 사람의 힘으로 다할 수 있는 것이다. ... 자손이 번성하고 많은 것이 경사라고는 하지마는, 한갓 천록(天祿)을 허비하고 영선(營繕)이 또한 많아, 감응(感應)으로 부른 재앙이 있는가 생각되어 내가 심히 부끄럽다. '그 나머지 종성(宗姓)들의 과전은 갑자기 감할 수 없으므로 친아들·친손자의 과전(科田)을 감하려고 하는데, 여러 사람의 뜻은 어떠한가.'(其餘宗姓科田, 未可遽減, 欲減親子親孫科田, 僉意何如?) ... 임금이 말하기를, ... 진양 대군 이유(李瑈)·안평 대군 이용(李瑢)·임영 대군 이구(李璆)는 전에 받은 과전 3백 결에서 각각 50결을 감하고, 부마 연창군(延昌君) 안맹담(安孟聃)은 전에 받은 과전 2백 50결에서 역시 30결을 감하라. 금후로는 대군의 밭은 2백 50결에 지나지 말게 하고, 여러 군의 밭은 1백 80결에 그치게 하라. 이 토전(土田)을 감하는 것이 어찌 천견(天譴)에 답하고 백성의 굶주림을 구제할 수 있겠는가마는, 그러나 공경하고 두려워하기를 심하게 하매, 이렇게 하지 않을 수가 없다. 하고, 드디어 호조에 명하여 영구한 법으로 만들었다.(세종 19/1/12)

세종은 친아들과 친손자의 과전을 감하고 이를 영구한 법으로 만들었다. 현대의 노블레스 오블리제Noblesse Oblige의 정신을 보였다. 이는 정신과 물질의 공향인 셈이다.

공향의 근간이 되는 공공/공향을 정리하면 네가 살게 됨으로서 내가 살게 된다는 이타적 생명사상에 닿아 있음을 알 수 있다. 세종의 공공정신 다섯 가지는 공치共治를 근간으로 공지, 공의, 공향, 공락으로 구성되어 있다.

세종의 5 공공公共 정신

㈎ 공지共知: 부녀까지도 친속(親屬)으로 하여금 정성껏 가르쳐 분명히 깨달아 모두 다 알도록 하다.(세종 16/4/27) 至於婦女, 亦令親屬諄諄敎之, 使曉然共知。고금의 사적을 편집(編集)하고 아울러 그림을 붙여 만들어 이름을《삼강행실(三綱行實)》이라 한다. 백성들에게 가르치고 지도하여 일깨워 주려했다.

㈏ 공치共治: 육조(六曹)와 대간(臺諫)은 더불어 함께 천직(天職)을 다스려서 서로 미치지 못하는 것을 닦는 것이다.(세종 30/7/22) 六曹臺諫, 所與共治天職, 而交修不逮者也。

공치共治: 원(元)을 몸받은 것은 임금의 직책이요, 원을 고르게 하는 것은 재상의 일이온즉, 재상이란 임금의 천위에 참여하여 한 가지로 천직(天職)을 다스리는 것입니다.(세종 14/12/15) 體元者, 人主之職; 調元者, 宰相之事, 則宰相者, 人主所與共天位共治天職者也。

㈐ 공의共議: 공의지정共議之政 (사간원에서 승선·승직의 법을 혁파하고 주지는 고령자를 택할 것을 상소하다)(세종 20/7/9)

㈑ 공향共享: 공향생생지락共享生生之樂。비록 타도의 백성이라도 오히려 전거(奠居, 머물러서 살 만한 곳을 정함)하게 하여 함께 생생(生生)의 낙을 누리게 하고자 하였다.(세종 25/10/24) 雖他道之民, 尙欲使之奠居, 共享生生之樂。

㈒ 공락共樂: (유관이 3월 3일과 9월 9일을 영절로 정한 후 즐겁게 놀게 할 것을 상소하다) 변방에서는 전쟁하는 소리가 끊어지고 백성들은 피난 다닐 노고가 없어졌습니다. 더군다나, 이제는 오곡(五穀)이 모두 풍년이고 온 백성이 함께 즐거워합니다. 태평성세(太平盛世)의 모습은 당나라나 송나라보다 뛰어납니다.(세종 11/8/24) 邊塞絶戈甲之聲, 黎庶無遷徙之勞, 況今五穀咸登, 萬民共樂, 太平盛際, 超軼唐, 宋。

위의 오공五共은 공치共治의 정신에서 이루어지는 일이다. 공치란 하늘이 내린 천직의 의무와 희생을 다하는 일이다. 모두가 공지共知하여 공치共治를 근간 정신으로 공의共議를 통하고 '함께 누리며'[共享], '함께 즐거워하는'[共樂] 세계에 이르게 된다.[10]

이 길에는 공동共同으로 수고하고 (밤낮으로 고락을 같이 하였으며共同甘苦於蚤

---

[10] 《조선실록》 원문 기록.(세종/전체) 共知 59/1378, 共議 59/699, 共治 9/64, 共享 27/158, 共樂 6/14.

夜, 세종 1/12/17), '같이 공부'[共學](더불어 안심하고 공학安然共學, 세종 12/5/21)
하는 과정도 있다.

이러한 세종의 드러내어[公] 한가지[共]로 함께하는 정신이 바로 공공公共의 정
신이다.

2. 생생지락

백성과 사대부로서의 생민이 마지막에 이르고 싶은 세계는 몸에 편안한 쉼이
있고 정서적 안정으로서의 즐거움이 있는 락樂의 세계다. 락이 지속되는 삶이 생
생지락이고 나와 이웃이 함께 나눌 수 있는 생생지락이 공락이다.

락樂은 자원字源이 상형으로 나무 자루가 달린, 손으로 흔드는 요령을 본 뜬
글자이다. 요령의 소리는 신을 즐겁게 해준다. 발음은 다양하되 그 의미는 유사
하다. 락樂은 ①악: 풍류_ 음악, 악기, 악경, 악공 ②락: 즐겁다, 기쁘다 ③락: 다
스리다, 배를 채우다 可以樂飢[詩經] ④요: 좋아하다 등이다.

〈스파르타카스〉라는 영화에 나오는 한 대목이 생각난다. "귀족은 죽게 되면
삶의 기쁨을 잃게 되지만 노예인 우리들은 죽으면 자유로워집니다." 노예들은
일상에서 자유를 얻으려고 노예로부터의 탈출을 위해 싸움을 한다. 싸움이 마지
막 수단인 셈이다. 자유가 제한된 백성들은 현실에서의 고통을 어떻게든 위안 받
을 수 있어야 하는데 그것은 단지 쉬는 때이다. 쉬는 때만은 명령이 없고 몸도
따라 쉬게 된다.

> 일하고 쉬기: 백성이 오랫동안 노고하고 휴식하지 않으면 그 힘이 피곤하게 되고,
> 오랫동안 휴식하고 노고하지 않으면 그 뜻이 음탕하게 되니, <u>백성은 반드시 때로는 노</u>
> <u>고하다가 때로는 휴식해야 되는 것이다.</u>(세종 17/8/11) 民久勞苦而不休息, 則其力憊; 久
> 休息而不勞苦, 則其志逸, 民必有時而勞, <u>有時而息</u>。

일하는 백성에게는 휴식이 따라야 한다. 그 휴식이 바로 락樂으로 연결될 수
있다. 그런데 때로 일을 하고 나서 술로 탕진하는 습성이 있는데 이는 진정한 락
이 아니어서 세종은 안타까워하고 있다.

> 바른 쉼: 세력이 있고 교활한 무리들은 농업은 힘쓰지 아니하고 술과 안주를 많이

준비하여 보통으로 떼 지어 마시는 사람들은 교묘히 법망(法網)을 피하여 징계를 당하지 않았는데, 시골구석의 빈약한 백성들은 봄에 밭 갈고 여름에 김매어 몸에 땀이 배고 발에 흙이 묻어 한 해 동안 근로 신고하다가, 다행히 한가한 날을 만나 겨우 맛없는 술과 푸성귀의 안주를 준비하여 그 노고를 풀려고 하는 사람은 도리어 죄고(罪罟)에 걸려서 잡혀 와 매를 맞게 되니, 내가 차마 보지 못할 일이다.(세종 17/8/11)

바른 휴식에 따른 락은 스스로가 삶을 즐거워하는 데서 나와야 한다.

• 계층[신분]과 락

락樂은 악樂이고 요樂이고 락樂이다. 기본적으로 음악을 듣는 일은 락이다. 쉬기 위해 산과 강을 둘러보는 일인 '요산요수'는 요이다.

음악이 락樂이라는 것은 고대로부터 소리 즉 말이 율동[리듬]을 타면서 몸이 흥겨워지는 것에서 출발한다. 리듬은 우선 우리들의 몸을 지상에서 공중으로 살짝 띄워놓는 힘을 가지고 있다. 즉 육체 이탈이라는 경험을 갖게 한다.(현대에서는 오토바이나 포뮬러 경주같이 속도가 빠르면 상대적으로 육체 이탈의 기회를 갖는다.) 일단 공중으로 조금 부양된 몸은 선율[멜로디]에 의해 어디로인가 떠서 흘러가는가는 느낌을 겪게 된다. 마음 즉 정서적인 자기 이탈 과정이다. 이런 과정 속에서 몸의 무게가 가벼워지면 우리는 자기해방을 맞게 된다. 음악이 우리의 몸과 마음을 씻어주는 과정을 연출한다. 다음으로 음악은 우리 몸에 들어오면 몸 안에 잠기게 된다.11) 음악이 몸에 쌓이고 몸의 언어로 기억하게 된다.

우리가 경험할 수 있는 무아의 행복 즉 무거운 근심과 고뇌로부터 자기를 풀어놓게 되는 가장 간편하고 가까이 있는 수단은 음악이라는 것을 인간은 고대로부터 알고 있었다. 더불어 음악은 너와 내가 한 마음[정서]을 갖게 되는 공유共有의 마당을 형성한다. 백성이나 집단이 가장 공향共享의 느낌을 가질 수 있는 쉬운 방법은 음악을 통해서다. 같이 노래를 듣거나 부르는데 '정서의 교류'를 통해 동질감을 얻게 된다.

논어에서 말하는 때로 익힌다[時習]는 것은 마음의 본체를 되찾는 일이다. 기

---

11) (참고): 빌렘 플루서 Vie'm Flusser (1920~1991) 커뮤니케이션 철학자.『그림의 혁명』, 김현진 옮김, 커뮤니케이션북스, 2004 ;『피상성 예찬』, 김성재 옮김, 커뮤니케이션 북스, 2004 등이 있다.

뻐하면[悅] 본체가 차츰 차츰 되찾아지고, 벗이 오면[朋來] 본체의 기쁨이 어울려 통하고 두루 충만하여12) 막힘[間隔]이 없다, 고 말한다.(王陽明全集, 卷5 文錄2) 일상에서의 사대부의 즐거움은 배움이고 친구와의 교류다.

벗[朋]이 오는 것은 수직사회에서 수평적 인간관계의 교우에 의미를 두고 적어도 공감대가 있는 인간관계를 뜻한다. 즉 평등한 인간 사이의 소박한 즐거움을 맛보는 일인 것이다. 이 설명은 사대부의 경우이지만 백성의 수준에서는 노래를 부르며 같이 어울리는 경우 노래가 학습이고 옆 사람들이 벗이어서 곧 기쁨을 함께 나누고 있는 셈이다. 즐거움은 유가에서도 인간의 본체와 이어져 있음을 보여준다.13) 불가에서는 염화시중拈華示衆의 미소처럼 그윽한 마음의 기쁨을 누리게 된다.

이밖에 계층[신분]별로 즐길 수 있는 락樂의 기회로는 ㉮국가라면 제祭, 오례, 음악 ㉯관리라면 활쏘기, 격구, 사냥, 바둑 ㉰선비라면 시 짓기, 차 마시기, 가사나 시조 읊기 ㉱백성이라면 명절, 마을 잔치, 가족의 웃음, 생업의 보람 등이 있을 것이다. 특히 이 가운데 국가의 예악은 집단행사로 ㉮흩어져 있는 마음을 음악 소리에 맞추어 단결시켜주는 기능이 있다. 즉 슬픈 제사는 슬프게, 기쁜 행렬은 기쁘게, 힘찬 행진은 힘차게 보조해주는 기능을 갖는다. ㉯복잡한 여러 국가의 과제를 단순화시켜준다. 제사는 제사로, 행렬은 행렬이라는 행사로 단순화 시킨다. ㉰단순화된 행사 속에서 군기며 국체와 같은 무서운 규율화된 의례를 강조하게 된다. 이는 바로 이념[이데올로기]이 되고 숨어 있는 이념의 힘은 더욱 강력한 왕권과 정치의 힘이 된다.

고통스러운 밥벌이가 생업이 되고 생생으로 가는 과정에서 노동의 고통을 줄

---

12) 신영복, 『강의』, 돌베개, 2013, 143쪽.
13) 인간 생활에서 즐거움은 궁극적 가치인데 맹자가 일찍이 세 가지 즐거움을 말한 바 있다. 첫 번째는 자기에게 소중한 부모와 형제가 사고 없이 존재하기만 해도 즐거움이라 하였다.(父母俱存 兄弟無故 一樂也 부모구존 형제무고 일락야) 두 번째는 하늘을 우러러 부끄러움이 없고 사람들을 바라봐도 부끄러움이 없는 삶이라 하였다.(仰不愧於天 俯不怍於人 二樂也 앙불괴어천 부부작어인 이락야) 세 번째는 사람들이 좋은 능력을 발휘할 수 있도록 도와주는 것이라 하였다.(得天下英才 而敎育之 三樂也 득천하영재 이교육지 삼락야) 그리고 덧붙여 군자에게는 이런 세 가지의 즐거움이 있지만 권력자가 되어 권세를 누리는 것은 여기에 없다고 하였다.(君子有三樂, 而王天下不與存焉 군자유삼락 이왕천하불여존언) 나의 즉 나의 온전한 존재와 부끄럼 없는 정의로운 사회생활 그리고 인재를 기르는 사회적 봉사를 들고 있다.

이기 위하여 ㉮노래하거나 ㉯쉬면서 일하거나 ㉰생업이라는 의식을 통하여 유화시킨다. 그리고 ㉱마음의 평안을 취하는 기회를 갖는다. 그리하여 생업을 통한 생생지락을 누리는 것이 마지막 목표다. 생민은 살아있음과 업을 통해 일하며 살아가는 생명의 힘을 얻으려 한다. 감성의 기쁨을 누적시키며 온 몸으로 즐거움을 느끼게 되는 것이다.

세종은 락의 하나로 학문의 즐거움을 말하고 있다.

> 학문 무궁: 일찍이 《통감강목(通鑑綱目)》은 읽어서 근원을 참고했고, 여러 가지 책을 읽어서 거의 의심할 게 없다고 스스로 생각했더니, 이제 또 이 책을 읽어봄에 자못 의심나는 곳이 있으니, 학문이란 진실로 가위 무궁한 것이로다, 하였다.(세종 8/12/10)

세종은 훈민정음을 만들고 나서 홀로 생생지락을 느꼈을 것이다. 혼자 늦은 밤 편전에 앉아 문밖의 달을 보고 쓸쓸한 속에 훈민정음 창제에 대한 보람을 생각하면서, 저 먼 미래에 있을 백성들과 백성들 사이의 소통을 꿈꾸며 가슴 벅찬 희열을 느꼈을 것이다. 그 시간이 바로 세종의 생생지락이 아니었을까?

생생生에서 락생樂生으로

세종은 개인이며 임금이다. 개인의 경험을 통해 사물을 인식하고 이를 정치에 반영하는 일도 많을 것이다. 그래서 수시로 암행을 하고 현지 방문을 하고 강무講武에 나섰다. 강무를 겸해 온천에 나설 때 대열은 한강을 건너 락생을 지나게 된다. 락생은 지금 성남시 분당구 대왕판교로다. 현재 한남대교가 있는 강을 건너 판교에 들어서 첫 버스 정거장이 낙생고등학교다. 당시에도 한강을 건너 바로 락생에 들어서며 락생樂生의 기분을 느끼지 않았을까. 번다하게 배를 타거나 배다리로 한강을 건넌다. 마치 속세를 떠나 종교적으로 일주문을 지나 개천 위 다리를 지나 절 경내에 들어서는 느낌일 것이다. 이제 강을 건넜으니 궁에서 멀어졌고, 당분간 규칙적으로 해야 할 일과 육조와 의례에서 멀어지며 보다 구속받지 않는 자유로운 세계가 펼쳐지고 있다. 강무라는 일과 놀이가 섞이고 마을 노인을 대접하는 일과 온천이라는 휴식이 기다리고 있다. 마음속으로는 즐거운 일만 남는다. 락의 여건이 한결 높게 갖추어 진다.

백성의 노동을 통한 즐거움은 노동이 놀이의 성격을 띠며 즐거움을 얻고 있어야 한다. 노동과 놀이의 성격은 자발성에서 차이가 난다. 노동은 밥벌이이고 의무를 가진 업이며 그러면서도 업을 통해 자기실현을 이루고자 하는 소망을 갖는다. 놀이는 자의적이고 노동 후 혹은 노동 중간에 오는 휴식으로 회생[recreation]의 성격을 띤다. 노동은 개인의 영역에 머물지만 휴식은 혼자 혹은 공동의 영역 속에 있다. 휴식에서도 사대부는 혼자 쉬는 영역에서 강하다면 백성은 함께 어울리는 공향[共享, 공유]의 영역에서 강하다.

생활과 생업 그리고 직과 업 그리고 락의 관계는 생이 생생의 과정을 거치며 고락에서 락樂에 이르는 과정이다. 도표로 보면 다음과 같다.

표. 업에서 락으로

업業	고苦	락樂	
일상	밥벌이	業으로서의 노동	
승화	고업苦業	생업生業	
			생생지락生生之樂 락생樂生

여기서 생에서 생생지락으로 이르는 과정을 요약해 보자.

표. 인·지·천과 업

인	지	천	
하민/ 민/ 생민	업/ 생업	직/천직	
생	생생	락(생)	생생지락

가) 생생지락의 여러 모습

락이란 무엇인가. 변계량이 쓴 낙천정기에 락의 분위기가 그려져 있다.

낙천정기: 낙천정은 우리 상왕 전하(태종)께서 때때로 보시고 노시는 곳이다. 전하께서 왕위에 계신 지 19년 가을 8월에 우리 주상 전하께 왕위를 물려주시고, 농사 틈

을 타서 동쪽 교외에 나가 노실새, 한 구릉이 있는데, 높이 솟고 둥그스름한 것이 마치 가마솥을 엎어놓은 것 같아서 이름을 대산(臺山)이라고 하였다. 올라가서 사방을 바라보면 큰 강물이 둘러서 늪이 되어, 굽이쳐 돌아서 바다인양 퍼져 있고, 연이은 봉우리와 중첩한 산등성이들이 켜로 보이고, 층층으로 내밀어 언덕을 둘러서 형세가 마치 여러 별이 북극성을 둘러 싼 것 같으니, 과연 하늘이 만든 승지(勝地)였다. 전하께서 명하시어 구릉의 간방(艮方) 모퉁이에 이궁(離宮)을 짓게 하시어 바람과 비를 피하게 하시고, 인하여 구릉 위에 정자를 지으시고 좌의정 박은에게 명하시어 정자 이름을 짓게 하시니, 박은이《주역》계사(繫辭)의 낙천(樂天)이란 두 자를 골라서 바쳤으니, 대개는 전하께서 행하여 오신 일의 결과를 모아 추려서 그 뜻을 정자 이름에 부친 것이며, 또 오늘의 즐거움을 기록함이다. 蓋摠殿下行事之實, 而寓之於亭名, 且以志今日之樂也。(세종 1/9/4)

낙천정에 대해 변계량이 글을 짓게 되었는데 락을 다음과 같이 표현했다. "하늘이라는 것은 이치일 뿐이요, 낙이란 것은 억지로 애쓰지 아니하고 자연히 이치에 합하는 것을 이름이다." 자연히 이치에 합한다는 것은 무슨 뜻일까. "대개 무극無極의 진眞과 이오(二五)[음양오행]의 정이 묘하게 엉기어서 사람이 이에 생기는 것인즉, 천리가 사람에게 품부稟賦된 것은 같지 않음이 없을 것이다. 비록 그러하나, 보통 사람이 출생함에는 기품이 깨끗하지 못하고 물욕이 가리어 있으므로, 가리어 있는 자가 억지로 애써서 천리를 좇으려 하여도 좇지 못하는데, 하물며 그 자연스럽게 이치에 합하는 것을 바랄 수 있겠는가."(세종 1/9/4)했다.

락은 인간 본성의 자연스러움에 부합하는 일이다. 세종에게서 보이는 락의 개념은 조금 더 구체적이고 폭이 넓어 보인다. 우선은 백성의 삶에 기반을 둔 즐거움을 강조하고 있다.

세종의 힘은 어디서 나오는 것일까. 실록에 근거하면 젊어서부터의 책읽기 습관에서 연원을 찾을 수 있다. 임금이 될 수 없는 셋째 아들 도에게 있어서는 책읽기가 가장 큰 즐거움[樂]이었다. 세종은 책 읽기와 같은 즐거움을 모든 백성이 가질 수 있기를 바란 듯하다. 이런 소박한 즐거움에서 출발하여 각 개인에 맞는 락을 찾게 하려는 정책을 구상한 것으로 보인다.

세종은 글씨 쓰기나(『연려실기술』제3권 세종조 고사본말), 꽃과 새구경에 재미를 붙이지 않았다.(세종 7/12/15) 임금으로서 백성과 관계된 '직'에 충실한 '업'정신으로 기쁨을 누리는 임금이었다.

생생지락은 기쁨이다. 기쁨은 일시적일 수 있다. 이 기쁨은 일상적인 일에서 와야 한다. 이 일상의 기쁨이 바로 락업樂業이 된다. 일상의 일을 통해 기쁨을 누리지 않는 한 백성과 천민이 기쁨을 누릴 일은 드물다. 자식을 통한 기쁨이나 일년에 몇 번 찾아올 명절이 고작일 것이다. 이렇게 보면 기쁨이란 본래부터 있는 것이 아니라 일상의 생활과 업에서 기쁨을 느끼는 훈련을 가져야 하는 것이다. 그래서 세종은 특히 락업을 강조한 것인지 모른다. 기쁨이 간단없이 이어지는 즉 기쁨이 지속되는 상태를 '삶의 즐거움'이라 하겠다.

• 락과 신분별[계층별] 종류

백성의 락樂은 일상적으로 고락苦樂이나 애락[哀樂 슬픔과 즐거움]이다. 그러나 심적으로는 쾌락을 맛볼 기회가 있다. 하루 노동 끝의 기쁨, 가족과의 저녁 식사. 아이들의 웃음 등 심리적[마음]으로 느낄 수 있는 환경이 없지 않다.

노동자는 노동하는 힘으로 자기의 희열을 가질 수 있다. 그리고 자식의 힘, 가족의 힘이 있다. 그리고 숙달된 경험과 능숙한 기술에 대해 자부심을 가질 수 있다. 이는 자신과 자기 기술에 대한 직과 업의 성취감으로 이어지기도 할 것이다.

사대부는 고립적인 존재다. 스스로 결정을 해야 하고 결국은 그 결과가 자기에게 영화로 돌아오는 것을 바라지 말아야 한다. 혹여 부정不正을 저지르더라도 끊임없이 자기를 부정否定하고 이어 자기를 극복하는 길을 걸어야 한다. 사대부들은 나름대로 여러가지 락을 즐길 기회가 있다. 순수한 학문을 즐기는 선비라면 학문을 통해 열락悅樂을, 관문에 들어서는 선비라면 영락榮樂을 맛보기도 하고, 탐관오리는 탐락耽樂을 꿈꾼다. 락은 같은 요소이나 나타나는 양상은 다를 수 있다.

《논어》 학이學而의 '子曰 可也나 未若貧而樂하나 富而好禮者也니라' 즉 '가난하면서도 (도를) 즐거워하고 부하면서도 예를 좋아하는 것만 같지 못하다'에서처럼 즐거움은 가난을 이길 수 있고 부유하면 오히려 예를 넘어설까 조심해야 한다는 말은 즐거움에서 외적 여건은 부수 조건이 될 수 있음을 설명하고 있다.

우리 모두는 생활과 생업 속에서의 락생樂生을 꿈꾼다. 그 생활 속의 참 기쁨은 몸과 마음의 조화로움 속에서 얻어지는 생생지락生生之樂이라 할 수 있다. 세종은 여민락與民樂을 백성과 함께 들으며(31/12/10) 마지막에 모두의 즐거움인 공락共樂을 실현해보고 있었다. 음악까지 완성된 시기는 세종 말기여서 그간 쉽사리 이룰 수 있는 일이 아니었음을 보게 된다. 공락은 일찍이 파저강 지역의 여진족 동창(童䲷)까지 끌어안으려던 '공락동인지화共樂同仁之化'(세종 20/1/19)에서 보듯 그간의 꾸준한 노력이 하나 둘 씩 실현되고 있었다.

《조선실록》에서 락업樂業은 국역 8건 중 4건이 세종이다. 전체의 반이다.[14] 세종은 조선에서 락업을 의식한 임금이다.

락업 42건 중 주요 기사를 시대순으로 보자. 세종 1년 7월 12일 생락업生樂業이 있고 이후 인민락업人民樂業(세종 3/9/7), 그리고 안생락업安生樂業(세종 6/6/20 외 총 22건), 안거락업安居樂業(세종 7/12/7), 안토락업安土樂業(세종 13/7/1), 안업안생樂業安生(세종 17/6/21), 안심락업安心樂業(세종 19/11/3), 안거락업安居樂業(세종 21/115) 그리고 더 마음의 락업인 감심락업甘心樂業(세종 22/2/18) 그리고 세종의 마지막 날에는 안도락업安堵樂業(세종 32/2/22)으로 매듭을 짓는다.

락업은 세종 1년 '삶의 락업[생락업, 생업을 즐길 수 있게 되다]'(세종 1/7/12)이라는 정의를 내린 후 인민 - 안생과 안거, 안토安土 - 안업의 안생安生이 되어 - 안심하고 - 안거하게 되고 - 마음으로 느끼는 감심甘心에서 마지막에 안도락업이 되는 변화 → 변역의 진화를 거친다. 삶[生]에서 출발하여 훙하는 마지막 날에 그간의 걱정을 내려놓는 '안도의 락업'을 말할 수 있게 된다.

세종의 32년간은 기획된 정치였는가, 라는 의문이 들 정도로 락업에 대하여는 문제 제기와 발전의 일관된 과정을 겪어 진화한다. 놀라운 일이다. 이후 → 락생, 락천으로 이어지지만 이는 생생지락의 종교적 표현이고 생민의 궁극은 생생지락이다. 생생지락은 삶의 근간으로 정서적 안정이라면 락천은 정신적 안정으로 종교적 영역에 한 발이 들어가 있는 것이다.

나) 락생

실록에서 락생을 찾으면 세종 23건이 있는데 즐거운 삶의 뜻인 '락생'의 뜻은 10여 건 있다.[15]

인합락생: 반드시 그 관직으로 하여금 그 삶을 얻게 하여, 모든 정사가 정돈되지 않는 것이 없고, 사람들이 모든 삶을 즐겨야만, 이것이 그 직책에 상부한다고 할 것이다.

---

14) 원문은 193건 중 세종 42건이다. 원문 10건 이상 임금은 성종 18건, 중종 12건, 정조 14건, (고종 30건)이다.
15) 나머지는 현 경기도 성남의 '락생' 지명이고 음악의 악생樂生도 몇 건 있다.

(세종 7/2/25) 必使官得其人, 政無不擧, <u>人咸樂生</u>, 斯爲稱職。

이는 명의 칙서에 나오는 말로 세종의 말은 아니지만 사람들이 삶을 즐겨야 한다는 것은 그 시대 정치의 목표이기도 하다. 문제는 그 실천 과정에서 나온다. 나라가 정사를 잘 수행하면 이에 백성은 락을 얻게 되는 대대對待 관계에 있다. 락생의 몇 가지 사례를 보자. 즐거운 삶을 살고, 즐거운 형적을 남기고, 생업을 즐기고, 실제로 즐거움의 이로움을 알아야 한다.

찰방이나 행대行臺를 파견하여 부정을 막으면 수령이 조심할 것이다.

락생樂生: 바라옵건대, 전례에 의거하여 혹은 찰방으로 하든가 혹은 행대(行臺)로 하든가 간에, 무시로 교대 파견하여 부정하고 뇌물 먹는 자를 조사하여 문책하면 수령이 두려워하여 감히 방자하지 못할 것이옵고, <u>아래 백성이 원통한 것을 풀고서 즐겁게 살 수 있을 것입니다.</u>(세종 15/7/26) 乞依前例, 或以察訪, 或以行臺, 無時迭遣, 按劾姦贓, 則守令畏懼而不敢肆, 下民伸冤而樂生矣。

락생지적: (거아첩합을 나중에 보겠다고 김종서에게 전하다) 서울에 온 지 오래 되지 않아서 아직 안심하고 <u>생을 즐기는 형적</u>이 나타나지 않았다.(세종 20/3/2) 但來京未久, 時尙未着安心樂生之迹。

전라도 관찰사가 함길도의 향호鄕戶[시골민가]로 이사하는 것을 꺼리어 자살한 옥과현의 호장 조두언의 처자를 역리에 정할 것을 병조에 이첩한다며 나오는 말이 있다.

락생흥사樂生興事: 향역(鄕役)을 면제시켜 고향을 그리워하는 생각을 위로하게 하였으니 국가의 은혜가 지극히 중하였는지라, 진실로 이사하는 것을 〈본집으로〉 들어가듯 하고 생업을 즐겨서 사업을 일으켜 국은(國恩)에 보답할 것입니다.(세종 21/2/14) 固當遷徙如歸, 樂生興事, 以報國恩也。

락생흥사樂生興事: (공주 목사 정용(鄭容)이 사조하니) 너의 고을에 가거든 백성들은 <u>생활을 즐기게 하고, 일을 일으켜서 부유(富裕)하게</u> 되기를 기하라. 더욱 흉년으로 인하여 굶주리고 헐벗은 자가 많으니, 환상곡으로 진제(賑濟)하는 일에 시기를 잃지 말게 하라.(세종 9/11/27) <u>往哉乃邑, 使民樂生興事</u>, 期以富庶, 況因年儉, 飢寒者多, 還上賑濟, 毋

失其時。

락생흥사지심: 모든 백성은 생활에 기쁨을 느끼며 건설에 힘쓰는 마음이 생기고, 군대는 윗 사람을 친근히 하며 어른을 섬기는 의리를 알 것이다.(세종 12/윤12/9) 黎元懷樂生興事之心, 士卒知親上事長之義。

락생지리樂生之利: 신이 듣자오니, 변방 백성들의 입보하는 괴로움은 이루 다 말할 수 없다 하옵니다. 봄이면 들에서 살다가 가을이면 입보하느라고 조금도 생업을 즐겨 편안히 살 수 있는 이익이 없다 하오니, 변방 백성이 어찌 흩어지지 않을 수 있겠나이까. 연변에 장성(長城)을 쌓는 것은 만세의 장구한 방책이옵니다.(세종 22/2/22) 臣聞邊民入保之苦, 不可勝言。春則野處, 秋則入保, 略無耕鑿樂生之利, 邊民焉得不散乎? 築長城於沿邊, 乃萬世之長策也。

락생의 마지막은 민과 락이 합일되는 지점에 있다. 이는 바로 민락생생자民樂生生者의 상태다. 세종은 모든 백성이 이런 경지에 이를 것을 기대했고 세종은 맨 앞에 서서 '민락생생자'의 삶을 보여주었다.

민락생생자民樂生生者: 인륜에 밝았고 모든 사물에 자상하니, 남쪽과 북녘이 복종하여 나라 안이 편안하여, 백성이 살아가기를 즐거한 지 무릇 30여 년이다.(세종 32/2/17) 明乎人倫, 察乎庶物, 南北賓服, 四境按堵, 民樂生生者, 凡三十餘年。

다) 락천

락천이란 무슨 뜻일까. 앞서 본 변계량이 쓴 낙천정기樂天亭記가 있다.16) 정자 이름에 붙인 것인데 '오늘의 즐거움을 기록함'(且以志今日之樂也。)(세종 1/9/4)이었다.

신 계량이 가만히 생각하옵건대, 하늘이라는 것은 이치일 뿐이요, 낙이란 것은 억지로 애쓰지 아니하고 자연히 이치에 합하는 것을 이름이다. 대개 무극(無極)의 진(眞)과 이오(二五, 음양과 오행)의 정이 묘하게 엉기어서 사람이 이에 생기는 것인즉, 천리가 사람에게 품부(稟賦)된 것은 같지 않음이 없을 것이다.(세종 1/9/4) 臣季良竊惟, 天者理

---

16) 권홍(權弘)에게 명하여 쓰게 하고, 판에 새기어 낙천정에 걸었다. 낙천정은 태종이 때때로 노는 곳이었다. 박은이 태종이 행하여 온 일의 결과를 모아 《주역》 계사(繫辭)의 낙천(樂天)이란 두 자를 골라 그 뜻으로 정자 이름에 붙였다.

而已矣, <u>樂則無所勉强, 而自然合理之謂也</u> 蓋無極之眞, 二五之精, 妙合而凝, 人乃生焉, 則天
理之賦於人者, 無不同。

다른 측면인 불교적 요소에서 락천은 무엇인가.

유가儒家	불가佛家
락천 락생	극락 상常락樂아我정淨

인간은 상상력을 가진 생명체다. 상상력은 인간의 심적 활동의 하나인데 온전
히 개인적이고 내재적이다. 굳이 가른다면 백성은 실천적 상상력을, 선비는 사변
적 상상력을 주로 가질 수 있다. 이 상상력의 세계인 기쁨의 영역 속에 '생생지
락'이 있다.

인간의 생을 노동과 유희로 나눈다면 이 세계는 유희의 세계다. 노동은 시간을
통해 몸이 피곤해질 수 있으나 유희의 세계에서는 힘들더라도 고통이라고 말하지
않는다. 그래서 이런 유희의 시간은 다음에 본성의 착함에 순수함을 강화하고 이
런 기운이 자연스레 업業과 이어지고 거기서 자유로운 창조의 힘을 얻게 된다.

3. 공락

사람이 삶의 목표로 생생지락과 락생을 꿈꾸었다면 그 마지막 소망은 개인을
떠나 나의 이웃과 함께 즐거워하는 공락의 세계다. 공락은 '함께 누리는 즐거움'
이다. 기쁨은 일시적인 느낌이 들고 즐거움은 집단의 기쁨이거나, 오래 혹은 자
주 이어지는 지속적인 기쁨이다.

'공락'의 상황인식에 대한 기사가 있다. 유관이 3월 3일과 9월 9일을 영절로
정한 후 즐겁게 놀게 할 것을 상소하고 세종이 이에 답한다.

송나라에는 "여중공락與衆共樂이라 하여 송나라 태종이 옹희(雍熙) 원년 12월에
경사(京師)에 사흘 동안 큰 술잔치[大酺]를 내리고 조서(詔書)하기를, 임금된 자가
술잔치를 내리고 은혜를 미루어 '<u>여러 사람들과 함께 즐기는 것與衆共樂</u>'은 나라

가 태평한 성사(盛事)를 표시하여 억조(億兆) 인민의 환심을 합하게 하고자 하기 때문인 것이다."고 한 일이 있었다고 했다.(세종 11/8/24)

이러한 역사의 고증을 통해 옛일과 현재 조선의 사정을 비교해 영절을 즐길 수 있게 유관이 상소로 피력한다. 위 기사의 연속이다.

> 만민공락: "고려(高麗)에서는 당나라의 법을 본받아 3월 3일, 9월 9일을 영절(令節)로 정하고 문무 대소 관원들과 일반 서민에 이르기까지 모두 마음대로 즐기게 하였습니다. 3월 3일은 원야(原野)에서 노니는데 이를 답청(踏靑)이라고 하고, 9월 9일은 산봉우리에 올랐는데 이를 등고(登高)라고 하였습니다. 이것은 태평성시(太平盛時)를 즐기게 하기 위한 것이었습니다. 우리나라의 인정(仁政)이 미치는 곳인 섬 오랑캐는 바다를 건너 와서 보물을 바치고, 산융(山戎/흉노)은 가죽옷을 입은 채 조정에 와서 복종합니다. 변방에서는 전쟁하는 소리가 끊어지고 백성들은 피난 다닐 노고가 없어졌습니다. 더군다나, '이제는 오곡(五穀)이 모두 풍년이고 온 백성이 함께 즐거워합니다. 태평성세(太平盛世)의 모습은 당나라나 송나라보다 뛰어납니다.'[17](세종 11/8/24) 況今五穀咸登, 萬民共樂, 太平盛際, 超軼唐宋。

그러면서 "오늘이야 말로 선비는 학교에서 노래하고 농부는 들에서 노래하여 태평을 즐겨 하기에 알맞은 때입니다."(竊謂今日正合士歌于庠, 農歌于野, 以樂太平之辰也。)고 고하자 3월 3일과 9월 9일은 영절(令節)로 하고, 여러 대소 관원들과 곳곳의 선비와 백성이 각각 그날에는 경치 좋은 곳을 선택하여 즐겁게 놀게 하여 태평스러운 기운을 느끼도록 윤허하였다.(세종 11/8/24)

생민이 생생의 길 마지막 도착지는 생생지락이고 이는 바로 락생이다. 그러나 혼자나 가족만의 즐거움은 아니다. 이웃과 더불어 즐거움을 나누어야 한다. 이것이 즐거움의 공향이다. 공락은 《조선실록》 원문 총 14건 중 세종 6건이다. 세종은 공향의 정신으로 '락을 함께 누리려'[공락] 했던 공락을 지향한 임금이다.[18]

---

17) 고려에서는 당나라의 법을 본받아 3월 3일, 9월 9일을 영절(令節)로 정하고 문무 대소 관원들과 일반 서민에 이르기까지 모두 마음대로 즐기게 하였다. 3월 3일은 원야(原野)에서 노니는데 이를 답청(踏靑)이라고 하고, 9월 9일은 산봉우리에 올랐는데 이를 등고(登高)라고 하였다. 이것은 태평성시를 즐기게 하기 위한 것이었고 이를 받아 즐거운 시기를 보내고 있다.
18) 《조선실록》 '공락' 원문 총 14건 전부
　　초기: 세종 6

공락의 또 다른 모습은 '오곡(五穀)이 모두 풍년이고 온 백성이 함께 즐거워하는 태평성세의 모습'이다. 그 가운데는 80세 이상의 노인과 함께 그리고 동창(童倉) 등 북방의 이민족인 여진족과의 공생도 포용한다.

여인리공락與人吏共樂: 관리들과 향락하고 있다.(세종 5/5/28)

노인공락: 이제 80세 이상의 '노인들과 함께 즐겨 보고자 하나'(老人共樂), 나라의 경비가 넉넉하지 못하니, 벼슬을 주어 은혜를 베풀고자 하는데 어떠한가.(세종 18/5/26) 但欲使人懼心, 小答天意耳。今欲使八十以上老人共樂, 然國家調度不裕, 欲授職以施惠, 何如?

여배공락汝輩共樂: '국가에서 우리 백성과 같이 여겼고 우리 자질(子姪)과 같이 사랑하였다. 평등하게 사랑하는 덕화를 너희 무리와 함께 즐기려 하는데(視之如吾民, 愛之如吾子 永與汝輩共樂同仁之化) 어찌하여 하루아침에 갑자기 이사하고자 하는가.' 하라.(세종 20/1/19)

(주) 汝輩: 너희 여럿. 너희들.

'여배공락'은 함길도 도절제사에게 전지하며 동창 등의 파저강 이주에 대한 주문 초본(奏文抄本)을 보내며 하는 말이다.

나머지 두 개는 명 칙서 '공락태평, 기유궁재共樂太平, 豈有窮哉.'(세종 7/2/11)와 사은 표문 '공락태평共樂太平'(세종 23/1/18), 그리고 앞서의 세종 11년 송 태종 이야기 '여중공락與衆共樂'(세종 11/8/24)에 나온다.

세종 11년에는 변방의 전쟁이 없어져 피난 다니지 않고 풍년으로 온 백성이 함께 즐거워하는 시대를 맛보고 있는 것이다. 정치가 바라는 바는 이런 시절이 온 나라에 오래 지속되는 일일 것이다.

세종의 락樂의 용어로는 '공락' 혹은 '만민공락'이 사회적 의미의 용어라면 '생생지락'은 열린 의미로 개인의 의지와 사상에 연결되는 용어가 될 것이다.

중기: 없음
후기: 숙종 1, 경종 1, 영조 2, 정조 2, 순조 1, 고종 1

정리 1. 생민의 생생지락

민이 천민天民이 되고 다시 생민으로 그리고 다시 업과 생업, 사대부의 직職과 천직, 그리고 국체의 과정을 표로 정리하면 다음과 같다.

• 정치문화 전체의 구조

세종의 정치적 명제는 백성이 천민天民임을 천명[闡明, 天命]하는 데서 출발한다. 임금은 인仁으로 정치를 펼치며 교화를 통하여 인/민은 감화를 통해 '자신지리'의 길을 걷게 된다. 그리고 민은 노동이 갖는 업의 의식과 함께 생민이 된다. 사대부의 업의식은 희생을 통해 천직의 소명으로 나아간다. 이 모든 백성[천민과 사대부]은 생생지락의 세계로 들어가려 한다.

표. 세종시대 정치문화 주체와 기능 체계19)

天/ 天民	천명·천리 → ← 락	정치 사회 주체 임금: 왕도 (施仁發政)봉사·희생 사대부: 천직/생업 간쟁, 민의 듣기	교화 → ← 감화 생업/생민	民/ 人

• 생생의 구조

표. 생생의 구조

민[생명]	교화[자각]	거듭나기[자신지리]
고통 -누구에게나: 무차별성 -피할 수 없는: 불가피성	효유 사면 교화	자각/각성 회생 회개 재생 ――――― 自新之理
여기있음[존재]	살아있음[실재]	살아내야함[실존(재)]

---

19) (참고): 강광식, '조선조 유교정치문화의 구조와 기능' 중 '유교정치에서 정치주체의 역할 체계'의 틀. 『조선조 유교사상과과 유교문화』, 한국정신문화연구원, 1992. 32쪽의 틀을 참고로 생민론에 맞게 고쳐 만듦.

생명체가 모순이라는 것은 늘 자기 동일성과 변화의 대립을 지니고 있기 때문이다. 이런 대립물의 통일이 바로 모순의 구조로 대립되는 의견이 충돌하여 서로의 모순을 파헤쳐 극복하는 것이 새로움[사상/원리]을 얻는 길이기도 하다. 이는 '새로나기'의 철학으로 가는 길이다.

이는 현실에서 부정의 부정을 통하여 긍정으로 나아가는 길이기도 하다. 노동에서 또 다른 새로운 노동으로 이르는 길이지만 겉은 그대로 노동이어도 그 속에서 질적 변화를 맞게 되는 것이다. 노동이 업業이 되고 그 단계에서 민이 생민이 되어 간다.

고통의 현실에서 교화와 사면의 과정을 거쳐 자각과 자신지리自新之理에 따라 거듭나게 되는 인간과 생활의 변화가 일어난다. 업을 통하여 노동의 즐거움을 느끼고 민이 생민이 되어 생생지락의 세계를 누리는 것이 생생의 길이다.

《세종실록》에서 '거듭나기'의 뜻에 가까운 갱생更生은 '다시 살아나다'의 물리적 표현이 강하다. 회생, 재생은 '다시 살기'의 뜻으로 쓰이고 있다. 육체적으로 정신적으로 부합하는 개념은 '생생'이라 할 수 있다.

• 진화의 단계
민에서 생생지락에 이르는 길의 진화 단계를 보자.

단계의 변화는 범주 내에서의 변화다. 다음으로 단계가 올라간다는 것은 단계의 진화다. 단계가 바뀌면 외적/질적 변화를 수반한다. 세종은 마지막 사흘 전까지 업무를 보다가 훙薨하신다. 업/직에 대한 자기극복[희생]이고 순교의 모습이다. 마치 종교를 위해 순교한다든가 전장戰場에서 순직하는 모습과 흡사하다. 그리고 그 죽음은 임금으로서의 죽음이라기보다 다만 직임이 임금이라는 업/직을 수행하다 순직하는 한사람의 백성[사대부]으로서의 삶의 모습이다.

진화의 단계로 본다면 순환 → 소박한 진화 → 그리고 생생적 진화라는 창조적 진화의 모습을 펼친 삶이었다.

세종의 생생철학이라고 할 때 생생의 어원은 주역에서 근원하였으나 이는 마치 한자의 자원字源이 같은 것이고 그 실제의 의미는 세종에 내재하는 것이 된다. 그리고 생생 정신의 기운이 후대에 오며 대동사회大同社會, 동학사상, 안재홍의 다사리 등으로 나타나는데 이러한 개념이 어떻게 변화 하였는가 혹은 이어졌는가는 이번 글의 연구 범위를 넘어서는 것이어서 앞으로의 연구 과제로 남게 될 것이다.20)

정리 2. 생생지락과 공락

세종의 생생지락은 현실에 굳게 발을 디디고 선 이상 지향이다. 시인은 인간이 순수함의 세계로 가려고 때로 체념을 노래하지만21) 세종은 현실을 직시하고 체념보다 희망을 향해 가려한 것이다.

세종의 생생지락은 현실적인 이상의 경지다. 꿈을 현실로 끌어오려는 것이 아니라 현실을 가까운 이상으로 밀어 올리려는 것이 세종의 정치에서 융평隆平으로 나타난다. 어려운 백성의 생활에서 자신과 가족에 대한 사랑과 믿음을 가지고

---

20) 실록 속에는 대제락 윤회에게 사제賜祭하다는 기사 속에 공양(公羊)의 삼세지학(三世之學: 제(濟)나라 공양고(公羊高)가 춘추(春秋) 공양전(公羊傳)을 지었는데, 춘추를 난세(亂世)·소강(小康)·대동(大同)으로 나누어 해설한 것을 말한다.) (세종 18/4/25) 기사가 보이고, 임진왜란 이후 선조 36년 이후 방납(防納)으로 인한 폐단이 심해져 임진왜란 이후에는 대동법(大同法)의 시행을 보게 되었는데(선조 36/3/13), 이후 대동이란 말이 보편화 하게 된 것으로 보인다.(선조 36/3/13)
대동大同이란 말은 《예기》 예운편(禮運篇) 그리고 《장자》와 《여씨춘추》에서도 언급되고 있지만, 유가에서 말하는 것과 같은 사회적·정치적 의미는 가지고 있지 않다. 한국 유학의 정치사상에서는 대동사회의 실현에 대한 의욕이 중국의 그것보다 훨씬 강력하게 나타났다. 조광조(趙光祖)로부터 비롯된 지치주의운동(至治主義運動)이 가장 대표적인 것이다. 그의 지치주의운동의 내용은 천리(天理)가 실현된 이상사회의 건설을 목표로 하는 것이었다. 이 밖에 이익(李漢)은 분수를 지키는 것이 대동 풍속을 이루는 요건이라 했고, 심정진(沈定鎭)은 〈성본연대동설 性本然大同說〉을 지어 인간의 본질은 누구나 균등하게 가지고 있는 보편적인 것이라 하였다. 그리고 최한기(崔漢綺)는 사회 구성원 각자의 사회적 자각이 대동사회 구현에 필수적인 조건이 된다고 주장하였다. 한국민족문화대백과, 한국학중앙연구원, 1991.
21) 서은국, 2016, 8.10, 조선일보 행복산책 칼럼.

업業에 대한 자신감과 보람을 갖게 하려는 것이다. 이후 유쾌한 휴식의 여유를 즐길 수 있게 하려한 것이다. 그 휴식은 영원한 것이 아니지만 '락생, 락천'으로 이어지는 이상상을 제시하고 있다. 행복은 기쁨의 강도가 아닌 빈도다. 'Happiness is the frequency, not the intensity of positive affect. 행복이란 긍정적 감정의 강도에 달린 것이 아니라 그 빈도에 달린 것이다.'[22] 행복한 사람과 불행한 사람은 일상의 소소한 기쁨을 얼마나 자주 느끼는 가에 있다는 것이다. 이는 인간은 모든 일에 놀랍도록 빨라 적응하기 때문이란다. 인생의 어떤 좋은 사건도 지속적인 기쁨을 주지는 못한다.(이런 행복감은 약 3개월 동안 있었던 사건들에 좌우된다는 연구도 있다.)

세종의 정치는 백성의 삶이 지속적으로 거듭나기와 거듭살이[생생]의 길에 들어서기를 바랐고 이를 실천적으로 정치에 옮기려한 생민지정生民之政에 다름 아니다.

세종은 생생의 작용을 통하여 업의식으로 자신自新하여 변역을 통해 창제를 이루고 그 과실果實을 공향으로 나누며 공락을 지향했다.

자율성이 억압받은 하층민에게 무슨 락이 있었을까 하는 의문이 들 수도 있지만, 기쁨[樂]이란 시간과 상황에 대하여 상대적인 것이다. 어려운 상황 속에서 백성들이 나아갈 방향을 찾고, 희망을 가질 수 있었다면 그것이 생생한 삶의 한 모습이고, 그를 뒷받침한 정치가 생민의 정치[生民之政]라 하겠다.

---

22) Ed Diener(ed) Assessing Well-Being: 『The Collected of Works of Ed Diener,Social Indicators Research series 39』, DOI 10.1007/978 -90-481-2354-4_)10, ©Springer Science+ Business Media B.V.2009.

붙임글[부록]
정리와 요론要論

1. 세종 이도의 철학 '생생의 길' 요약

세종 이도의 철학 '생생의 길'은 생- 생성- 생생의 길이다.

생生은 삶으로 '삶'은 '산다[生/活]'와 '알다'[知]가 합해져 있다. 기본적으로 자신과 하늘[자연]을 알고 살아가는 순환적 삶이다. 이에 '생성生成'은 '진보의 삶'으로서 정신적인 제도의 '지음'[制]과 물질적인 '만듦'[製]에서 새로움을 추구해 가려는 삶이다. 이어진 '생생生生'은 정신적인 차원에서 '거듭나기'[生生]의 자신自新을 추구하는 '살아내는' 삶이다. 한편 물질적인 차원에서는 '새로나기'[변역/창제]를 이루어가려 했다. 이는 '더불어 함께'라는 공향共享 정신을 통해 공락共樂의 세계를 향하고 있다.

정리 1. 용어와 정언

세종의 용어

세종 이도의 철학 '생생의 길', 생민과 변역을 요약해 보자.

- 생민生民

생민生民 철학은 '천민賤民이 곧 천민天民'이라는 정언명제를 실천하는 단계에서 출발한다. 하민下民이 그 다음 단계로 올라가는 때마다 생생화의 작용이 일어나게 된다. 각 기회마다 기氣가 직접 작용하는 여러 수단이 따른다. ㉠사면의 기회가 따르고 ㉡노동이 활성화 되고 ㉢변역을 통해 물物의 신제와 제조의 항식화가 이루어진다. 이 모든 기저에는 사람은 스스로를 새롭게 하는 '자신지리自新之理'의 정신이 있음을 믿었다. 민이 생민이 되는 '숙야감오 개심역려야'의 과정이다.

숙야감오 개심역려: (망령되이 광흥창에서 녹을 받으려한 의산군 남휘를 율에 따라
치죄하기를 상소하다) 진실로 명(敎命)을 우러러 생각하고 밤과 낮으로 느끼고 깨달아
마음을 고치고 생각을 바꾸는 것이 마땅하옵거늘,. 又不加罪, 只令歸第, 勿使出入, 爲暉
者, 固當仰思敎, 夙夜感悟, 改心易慮也.(세종 9/10/26)

개심改心의 핵심은 '숙야감오 개심역려'로 느낌으로 와서 마음으로 움직이는
감성感性과 이성理性 즉 기氣와 리理가 동시에 발현되는 자신지리와 감오感悟를
통한 거듭나기[생생]이다.
'생민'은 실록 속에서 '안정되게 농사짓고 밥 먹고사는 민'의 협소한 개념으로
비추어질 수 있으나 세종의 다른 용어/정의들과 연합하면 넓은 의미로 확장될 수
있을 것이다.[1]

• 생업/업직
생업은 인간이 생명체로서 노동을 통하여 존재를 확인하는 작업이다. '식위민
천食爲民天'(세종 1/2/12)으로 먹을 것이 없으면 마음의 하늘도 있을 수 없다. 업
은 사위미성事爲未成(치평요람 제8집, 16권)으로 '일이 진행되고는 있으나 아직
이루어지지는 않았다'는 뜻이다.
몸으로 말하는 단계에서 몸의 부분인 손과 발의 재능, 몸의 기예, 머리의 활용
등 몸과 정신이 갖고 있는 효용성을 통해 업業이라는 새로운 가치를 느낄 수 있
도록 세종은 여러 여건을 강구했다. 바로 생기生氣 작용이다. 사람은 누구나 나라
의 백성이고 백성이 더 나은 생生과 업業을 위한 방안은 정치의 대상이 되었다.[2]
업의 정신은 불교에서의 삼밀三密 즉 신身·언言·의意의 의미 교환이라는 소통[커
뮤니케이션]의 단계와 유사하여 비언어적인 몸의 표현 다음으로 입의 소리말 그
리고 마음의 글이라는 사맛[커뮤니케이션] 수단과 연결된다.[3]

---

1) 생민: 원문 총 2,008 건 중 세종 114건으로 이후 중기 중종 211건, 후기 숙종 124/5건,
   영조 187건, 정조 132건이다. 생민의 개념은 조선 초기 세종이 정립한 것으로 보인다.
2) 생업: 원문 총 22건 중 세종 59건이고 성종 29건 이후 중기 중종 26건, 후기 숙종 10건
   정조 11건이다. 세종은 생업을 강조한 조선의 임금이다.
3) 불교는 고통의 근원까지 거슬러 올라가 그 원인을 욕망 일반, 즉 살고자 하는 갈망 속에
   서 찾는다. 불교는 그 원인을 것을 지성에 호소하듯 하지만 베르그손은 거기에 지성을
   넘어서는 신비적인 것이 있다고 지적한다. 불교가 제시하는 길은 행복과 고통 그리고 의

세종과 성리학에서 업은 의意를 다루는 동시에 확장되어 도道에 닿는다. 업은 사대부들의 직職과 접목하여 진화한다. 이들의 의무는 천직天職개념이다.[4) 직職은 비록 임금이 아니더라도 직무, 직책, 직분 등 천天의 일을 대신 맡아 하는 대천리물代天理物의 뜻이 있다. 천직天職은 남을 위해 자기를 버리는 희생으로 하늘의 리理에 대한 업業이어야 한다.

천직 중 가장 중한 자리는 왕직王職이고 사대부의 직이다. 임금은 천리를 따라야 하며, 정치적 도리만이 아니라 정치 철학으로 자리를 잡아야 한다. 천직 의식은 직무를 바로 수행하는 선정善政의 선비[통유通儒]가 되느냐 아니면 탐관오리가 되느냐 하는 도덕적 갈림길에 서게 한다.

직 다음으로 전체를 생각하는 범주는 국가라는 개념이다. 특히 사대부라면 국체, 개인의 인격 같은 국격, 국가 전통으로서의 국맥, 개혁으로서의 국보를 생각하지 않으면 안 된다. 직의 정신은 국체 혹은 국격에 연계된다.[5) 사대부에게 있어서는 그들의 업이 곧 천직이 되는 엄격한 자기 극복의 과정을 요구했다.

• 행도行道: 업은 행도로 나타난다. 행도는 실천 도학의 다른 말이다. 세종 이도는 유가와 심학 그리고 불교의 기본 사상을 알았으나 그에 구애되지 않고 시정을 폈다. 스스로를 단련해 나가는 방법으로 토론하거나 논의를 거치며 현장에서 몸으로 검증해가며 진화시켜나갔다. 유가정신으로서 스스로는 효를 그리고 신하들에게는 의리를, 백성에게는 신信을 지키려는 행도 정신을 강조했다.

• 자신自新: 사람은 자신自新의 과정을 겪으며 민이 생민이 되어 간다. 감오와 함께 거듭나기 혹은 거듭살이의 진화의 길[과정]이다.[6)

식까지도 넘어서는 것이다. 그것을 위해 일련의 신비적 수련을 통해 사람의 욕망을 버리고 사후와 업(karma)을 없앤 열반의 상태에 도달한다. 황수영, 『베르그손』, 이룸, 2006, 231쪽.

4) 천직: 원문 총 166건 중 세종 6건으로 이후 성종 27건, 중기에 중종 22건, 후기 영조7건, 정조 8건이다.

5) 국체: 원문 총 1,647으로 세종 13건이고 중기 중종 151건, 선조 99/4건, 후기에 숙종 191/19건 영조 240건, 정조 216건 등 시대 변화에 따라 조선 중·후기에 국가의 개념이 강화되어 나타난다.

6) 생생生生: 원문 총 169건 중 세종 26건으로 많다. 다음은 성종 26건, 중기에 중종 37건,

- 생생生生

낳고 또 낳고, 그러나 낳고 새로운 것을 낳는 물질에서, 변역으로는 신제新制 그리고 마지막에는 창제가 있다.

- 변역變易

변역은 물질이 새로운 생생화를 거치는 변화의 과정이다. 제도와 물질의 변화가 있다. 신제新制, 혁신, 개혁 등이 있고, 신제新製, 창신, 창조 등이 있다. 순환 - 반증 - 변증의 과정을 겪기도 한다.[7] 변역은 "천하사물지리天下事物之理"(세종 24/10/26)로 구체적으로 사事와 물物의 이치에서부터 출발한다. 변역은 바로 사事로서의 정신과 물物로서의 물질의 변화에 관계되는 것이다. "임금·신하·백성·일·물건을 배합한 것이어서, 정치가 잘 되고 못 된다든가, 재난과 길상(吉祥)이 모두 그 종류에 따라서 응답되는 것이다."(本之五行, 配之以君臣民事物)(세종 12/윤12/1) 오행은 천하에 군신민 등의 사람/백성과 사事로서의 일·정신 그리고 물物로서의 물질·물건의 이치인 것이다.[8]

- 공향共享

시간, 음악, 문자 등의 발견과 창제를 통해 천지의 것을 모든 백성에게 나누어 함께 향유하는 공향 즉 더불어 나누는 세계를 위해 힘썼다.

공향의 우리말 연관어로는 '다사리'로 '살리다', '산다/살다', '말하다'가 있고 이후 '다같이 살다' 등으로 변화된 것으로 보인다.

먼저 '살린다'는 뜻은 세종시대《용비어천가龍飛御天歌》제 104장에 있다. "建義臣을 할어는 救호되 몬 사ᄅ시니" (주_ 사ᄅ시니: 살리시니) 둘째 '산다'는 뜻이 있다.《용비어천가》제110장과 제111장에 보인다. "몃 間ㄷ 지븨 사ᄅ시리잇고." (제110장 일부) 셋째 '말하다'이다. 승려 광덕廣德이 661~681년 사이에 지은 서방

후기에 정조 8건이다. 조선초기에 생생의 개념을 자리 잡게 한 것으로 볼 수 있다. 참고로 국역은 총 36건으로 세종 10건, 성종 6건, 중종 7건이다.

7) 변역變易: 원문 총 198건 중 세종 15건, 성종 15건, 중기에 중종 24건, 후기에 숙종 27/1건 영조 18건 정조 12건 등이다. 세종은 조선 초기에 변역의 시발을 건 임금이다.
창제創制: 원문 총 59건 중 세종 11건으로 조선 임금 중 가장 많다. 중기에 중종 7건, 인조 5건, 후기에 영조 2건, 정조 3건이다. 세종은 창제의 임금이다.

8) 여러 사물의 뜻으로 '서물庶物'이 있기도 하다.(세종 32/2/17)

정토를 희구한 노래로 《삼국유사》 권5에 실려 있다.

영조 때 "오늘날 전하께서 일세一世를 이끌어가는 표방은 반드시 다함께 대동의 경지에 이르게 하고자 하심이니."(今日殿下之導駕一世者, 必欲偕底於大同之域) (영조실록 6/10/2)에서처럼 '대동大同'의 용어로도 나타나고 있다.9) 공향은 근세에 안재홍이 정리한 우리말의 '다사리'의 뜻과 이어져 있는 것으로 보인다.('공향' 정신이 후대에 '대동', '다사리'로 이어지는 계통에 대한 연구가 필요하다.)

- 생생지락生生之樂

생존의 하민下民이 기氣가 살며 실재의 민民 즉 생민生民이 되어가게 했다. 생활 속에서 생생의 기氣가 살게 했다. 생민이 정신의 안정 세계를 유지하는 목표는 평화·안정·행복에 있다. 실제로 유복한 생활을 하기보다 행복하다고 느끼는 감성적인 안정감에 있다. 더 나아가 착한 본성과의 만남이 되도록 인仁의 정치를 근간으로 '생민지정生民之政'(세종 18/7/21)을 펼쳐 나가는 것이다. 세종은 이런 환경의 극대화, 일상화를 위해 제도를 펴고자 노력했다. 공평한 인정仁政을 통해 생활수준이 한 단계 오르는 융평隆平(세종 7/윤7/22)의 사회를 지향했다.

- 공락共樂

'생생지락' 기사는 세종이 전체 실록 중 절반으로 세종은 백성의 기쁨을 실현해가려던 임금이었다. 여기의 연관어로는 '락생', '락천'이 있다.

세종은 락천정을 통해 락천의 세계를 꿈꾸고 노래하고 현실에서 락천정에 올라 락천의 세계를 일시적으로나마 체험하려 했다. 세종은 1년 4월 2일 상왕을 따라 나들이를 했다. 한양 동쪽 교외 구릉 대산臺山(서울 광진구 자양동)에 있는 정자인데 원래 태종이 유람하던 곳이었다.

태종이 서거한 세종 4년 5월 10일 이후 세종시대의 락천정 기록은 20건에 지나지 않는다. 그곳은 사냥을 겸하던 곳이어서 세종 스스로 자주 찾지는 않았으나 락천 세계에 대한 꿈을 상기시켜 주는 대상이었다고 보인다.

세종은 인간의 기회 공평[평등]의 기본 개념[심학적 관점]에서 출발하여 천민

---

9) 공향共享: 원문 총 158건으로 세종 27건, 성종 17건이고 중기에 인조 14건, 후기에 정조 16건이다. 세종은 조선의 공향을 강조한 임금이다.

賤民이 천민天民에 이르게 하려는 '생생生生'의 작용을 위한 여러 정치적 실천을 수행한 '거듭난 삶을 산 백성의 한 사람'[民樂生生者]이었다. 일[정치]을 행함에 마침 '임금'이라는 직분을 갖고 있어서 세종자신은 물론 조선 백성에게도 행운이었다고 여겨진다.

'생생지락'이 개인과 가족의 단위라면 '공락'10)은 민이 생민이 되고 고통이 락이 되어 혼자가 아닌 이웃과 나누는 세계다.11) 세종은 모두가 즐거움을 함께 누리는 공락을 지향한 의지의 임금이었다.

만민공락: 공락의 끝에는 만민공락이 있다. "변방에서는 전쟁하는 소리가 끊어지고 백성들은 피난 다닐 노고가 없어졌습니다. 더군다나, 이제는 오곡(五穀)이 모두 풍년이고 온 백성이 함께 즐거워합니다. 태평성세(太平盛世)의 모습은 당나라나 송나라보다 뛰어납니다. 노신(老臣)이 한가하게 살면서 옛 일을 상고하고 지금 일을 징험하여 가만히 말합니다. 오늘이야 말로 선비는 학교에서 노래하고 농부는 들에서 노래하여 태평을 즐겨 하기에 알맞은 때입니다." (邊塞絶戈甲之聲, 黎庶無遷徙之勞, 況今五穀咸登, 萬民共樂, 太平盛際, 超軼唐, 宋, 老臣閑居, 考古證今, 竊謂今日正合士歌于庠, 農歌于野, 以樂太平之辰也。)(세종 11/8/24)

· 락천

마지막 생의 기쁨은 락천을 향해 있었다.12)

---

10) 공락共樂: 원문 총 14건 중 세종 6건으로 세종은 공락을 꿈꾼 임금이다.
   초기: 세종 6
   중기: -
   후기: 숙종 1, 경종 1, 영조 2, 정조 2, 순조 1, 고종 1
11) 생생지락: 원문 총 17건
   초기: 태조 1, 세종 8, 예종 1
   중기: 연산군 1, 중종 2, 명종 1, 선조 2
   후기: -
12) 락천: ('락천정'을 뺀 숫자) 원문 28건
   초기: 태조 2, 태종 2, 세종 4, 성종 2
   중기: 연산군 2, 중종 3, 명종 1, 선조 2, 광해군 1/1, 효종 2
   후기: 숙종 1, 영조 1, 정조 1, 고종 2, 순종부록 1
   (참고): 세종의 '락천' 216건 중 락천정이 212건이다. 락천은 4건이다. 한편 락천의 국역은 전체 249건 중 세종 215건이다. 거의 전부다. 왜 이렇게 세종 시대에 많을까. 이 중 락천정樂天亭이 포함된 것이 212건이다.

그밖에 천직, 국체[국맥, 국세, 국보], 절유竊惟, 사맛, 신信, 용심用心, 공치共治, 융평隆平, 행도行道, 사풍士風, 생인, 생재, 생효, 생지, 호생, 생산 등에 대한 주제어로서의 용어 설명이 따라야겠으나 본문의 글로 대체하고자 한다.

세종의 명제

세종의 명제는 정언명제, 명제, 언명[statement] 등으로 구분할 수 있다.

• 정언명제: 세종 이도의 철학을 정언명제들을 통해 보면 크게 인, 천, 지에 따라 인간, 생업, 원리에 대한 정언들이 있다.
인人 즉 인간에 대한 정언은 '천민賤民은 천민天民'이라는 정언적 명제로 나타난다. 특히 다름[異]이 없음을 강조한다.

　노비가 천민: 더욱이 노비는 비록 천민賤民이나 하늘이 낸 백성[天民] 아님이 없으니, … 임금된 자의 덕(德)은 살리기를 좋아해야 할 뿐인데, 무고한 백성이 많이 죽는 것을 보고 앉아서 아무렇지도 않은 듯이 금하지도 않고 그 주인을 치켜올리는 것이 옳다고 할 수 있겠는가. 나는 매우 옳지 않게 여긴다.(세종 26/윤7/24) 況奴婢雖賤, 莫非天民也? … 人君之德, 好生而已。坐見無辜之多死, 恬然不禁, 而乃曰揚其主可乎? 予甚以爲不可也。

지地 즉 생업/생활에 관한 정언명제는 '먹는 것'에 관한 것으로 '백성은 나라의 근본이고, 먹는 것은 백성의 하늘이라'는 것이다. 백성의 기본 전제는 밥에 있다는 언명이다. 밥이 없으면 '생生' 즉 살 수가 없고 마침내 백성이 국가를 믿지 못하게 된다. '밥이 하늘'이라는 말은 《세종실록》에 8번 나온다.

　식위민천: 백성은 나라의 근본이요, 먹는 것은 백성에게 하늘같이 소중한 것입니다. (세종 즉위/10/3, 세종 1/2/12) 民爲邦本, 食爲民天。

　민이식위천: 그윽이 생각하옵건대, 국가는 백성을 근본으로 삼고, 백성은 배불리 먹고 사는 것만을 바라는 것으로서, 먹을 것이 부족하면 백성들이 국가를 믿고 의뢰하지 못하는 법이다.(세종 16/01/14) 竊謂國以民爲本, 民以食爲天, 食苟不足, 則民無所資, 誠不可不慮也。

즉위 26년에는 '먹을 것과 입을 것[衣食]과 생생지락生生之樂을 연결하여 말했다.

의식衣食: 하교하기를, 나라는 백성으로 근본을 삼고, 백성은 먹는 것으로 하늘을 삼는 것인데, 농사하는 것은 옷과 먹는 것의 근원으로서 왕자(王者)의 정치에서 먼저 힘써야 할 것이다. 오직 그것은 백성을 살리는 천명에 관계되는 까닭에, 천하의 지극한 노고(勞苦)를 복무(服務)하게 하는 것이다. 위에 있는 사람이 성심으로 지도하여 거느리지 않는다면 어떻게 백성들로 하여금 부지런히 힘써서 농사에 종사하여 그 생생지락(生生之樂)을 완수하게 할 수 있겠는가.(세종 26/윤7/25) 下教曰: 國以民爲本, 民以食爲天。農者, 衣食之源, 而王政之所先也。惟其關生民之大命, 是以服天下之至勞。不有上之人誠心迪率, 安能使民勤力趨本, 以遂其生生之樂耶?

백성에 대한 정언으로 나라 안에서 무엇보다 의식衣食이 중요하다고 강조한다. 삶과 의식衣食은 동일체다. 명제는 물物의 풍족은 도道를 알게 한다는 것이다. 이는 생재론이고 생업론과 연결된다.

천天 즉 하늘에 대한 세종의 정언 명제는 생민에 대한 것으로 사람의 천성에 대해 언명한다.

천성: 내가 생각건대, 하늘이 준 바른 덕과 진심[降衷] 그리고 의젓하게 타고난 천성은 생민이 똑같이 받은 것이라, 인륜을 도타이 하여 풍속을 이루게 하는 것은 나라를 가진 자의 선무(先務)이다.(세종 16/4/27) 予惟降衷秉彝, 生民之所同; 厚倫成俗, 有國之先務。
천성: 아아. 사람은 진실로 각기 상도(常道)를 지키는 천성(天性)이 있으니, ... 자신(自新)해서 인효(仁孝)의 풍속을 이루게 할 것이다.(세종 11/4/4) 嗚呼! 人固各有秉彝之天, ... 擧得自新, 以成仁孝之風。

자연 원리에 대한 정언명제는 인간 성품에 대한 것으로 '자신지리自新之理'다.

자신지리自新之理: 임금이 말하기를, 죄는 경하고 중한 것이 있고, 사람은 자신지리[개과 천선]의 이치가 있는데, 사눌의 범한 죄는 이미 경하며, 후에 감사를 제수하여 누(累)가 그 몸에 미친 일이 없었으니, 어찌 오늘에 와서 옳지 않음이 있겠는가, 라고 하였다.(세종 4/2/25) 上曰: 罪有輕重, 人有自新之理。思訥所犯旣輕, 而後授監司, 無有累及其身, 何至今日有不可乎?

세종에게 있어, 인간의 '거듭나기/거듭살이'(생생)의 근간은 하늘이 준 바른 덕과 진심 그리고 의젓하게 타고나 천성과 자신지리自新之理로 나타난다. 사람에게는 자신을 새롭게 하는 이치가 있다. 여기의 새로움[신新]이 바로 생신生新인 셈이다. 그 근거로 인간의 타고난 바탕은 같고 스스로를 '되살리'는 능력이 있다고 믿는다. '자신自新'은 《세종실록》에 65건 정도 있다. 새로워짐에 대한 큰 관심이 있었음을 알 수 있다.

세종의 정언명제는 신분은 일시적이고, 제도적일 뿐이라는 걸 말한다. 바로 천민은 사대부와 같이 한 생명이라는 점에서 동질적이다. 바로 사람 자체가 다른 게 아니라 직업이 다를 뿐이다. 직업의 차이가 조건의 차이를 불러 오는 경우가 있어 세종은 이를 극복하려고 제도와 인정仁政을 통해 개선해 나가려 했다. 이는 확대 해석하여 물성物性에 대하여는 변역으로 나타난다.

정언이 아니어도 세종은 여러 명제를 통해 '생민지정'을 이루어 나갔다. 정치에서 나타난 명제는 민본사상으로 즉위교서에 나타나는 '시인발정'이다.

> 시인발정施仁發政: 아아, 위(位)를 바로잡고 그 처음을 삼가서, 종사의 소중함을 받들어 어짊을 베풀어 정치를 행하여야 바야흐로 땀흘려 이루어 주신 은택을 밀어 나아가게 되리라.(세종 즉위/8/11) 於戲! 正位謹始, 以奉宗祧之重; 施仁發政, 方推渙汗之恩。

'시인발정'을 통해 '더불어 함께 기쁨을 누리게 되는 삶' 즉 공향의 삶을 지향한다. 이의 연관어로는 여민과 공향이 있다.

백성에 관한 명제로는 믿음이 있다. 백성은 믿음으로써 지킬 수 있는 것이다.

> 믿음: 그윽이 생각하건대 나라는 백성에게서 보전되고, 백성은 신(信)에서 보전되는 까닭으로, 임금님의 정사政事는 반드시 신(信)을 중하게 여기는 것입니다. 竊謂國保於民, 民保於信, 故人君之政, 必以信爲重也。(세종 9/1/26)

임금은 신의를 바탕으로 백성에 대하여는 호생지덕을 펼친다. 세종이 베푸는 '호생'에 수반하여 정승은 헌신은 물론 희생할 수도 있어야 한다.

> 호생이기好生而已: 임금된 자의 덕德은 살리기를 좋아해야 할 뿐인데, 무고한 백성

이 많이 죽는 것을 보고 앉아서 아무렇지도 않은 듯이 금하지도 않고 그 주인을 치켜 올리는 것이 옳다고 할 수 있겠는가. 나는 매우 옳지 않게 여긴다.(세종 26/윤7/24) 人 君之德, 好生而已。坐見無辜之多死, 恬然不禁, 而乃曰揚其主可乎? 予甚以爲不可也。

이의 근간에는 민연과 련민 정신이 있다. 북방 야인들의 침입에 따른 백성 즉 하민들의 삶에 대한 아픔나누기이다.

련민憐憫: 이달 18일에 적도(賊徒) 20여 명이 침략하였으므로, 우리나라에서 전사(戰 死)한 사람이 3명이고, 적도도 또한 화살에 많이 맞았습니다. 임금이 의논하기를, '저들 적도가 이같이 침략하게 되니 여연의 인민이 진실로 불쌍한데, 어떻게 포치(布置)하여 도적을 막을 수 있겠는가. 彼賊如此侵掠, 閭延人民, 誠可憐憫, 何以布置, 以防寇盜(세종 17/7/25)

련민憐憫: 병조에서 계하기를, 재인과 화척(禾尺)은 본시 양인으로서, 업이 천하고 칭호가 특수하여, 백성들이 다 다른 종류의 사람으로 보고 그와 혼인하기를 부끄러워 하니, 진실로 불쌍하고 민망합니다.(세종 5/10/8) 才人, 禾尺本是良人, 業賤號殊, 民皆視 爲異類, 羞與爲婚, 誠可憐憫。

재인과 화척 등의 호칭을 바꾸고 그들의 기능을 살리고 무재가 있는 사람은 시위패나 수성군을 삼는 등 재능을 살리고 무엇보다 사람의 기를 살려야 한다고 말한다. 이것이 바로 사람을 살리는 생생의 련민 정신이다.

사물에 있어서도 천문, 음악의 원리를 비롯하여 농사, 의료 등 여러 분야에서 자주적 새로움[變革]을 일으켰다. 이는 이전 것에 대한 의문이고 새로움에 대한 도전이다. 경장更張 정신이다. 경장은 '고치다'보다 조금 더 강하게 '개혁하다'로 "만약 다시 경장[개혁]하지 않는다면 그 폐단이 장차 구제하기 어려울 것입니 다."(若不更張, 弊將難救)(세종 3/1/16)에서 보듯 폐습이 눈앞에 벌어지고 있을 때의 개혁에 대한 요구다. 훈민정음에 대해 최만리가 경장을 제기한다.

경장지의更張之議: (집현전 부제학 최만리 등이 언문 제작의 부당함을 아뢰다) 반드 시 고쳐 새롭게 하자고 의논하는 자가 있을 것으로서 이는 환하게 알 수 있는 이치이 옵니다. 옛 것을 싫어하고 새 것을 좋아하는 것은 고금에 통한 우환이온데, 이번의 언문은 새롭고 기이한 한 가지 기예(技藝)에 지나지 못한 것으로서, 학문에 방해됨이 있고 정치에 유익함이 없으므로, 아무리 되풀이하여 생각하여도 그 옳은 것을 볼 수 없사옵니다.(세종 26/2/20) 必有更張之議者, 此灼然可知之理也。厭舊喜新, 古今通患, 今此諺文不過新奇一藝耳, 於學有損, 於治無益, 反覆籌之, 未見其可也。

경장은 최만리의 상소에서 보듯 사회언어 체계를 바꾸는 개혁의 수단으로 여기고 있다.

변역으로서의 창제創制와 연관하여서는 아악, 의표, 훈민정음 창제가 있다.

· 창제조회아악創制朝會雅樂: (조회 아악을 창제했다.(세종 15/1/1)
· 창제의표創制儀表: 주야 측후기인 일성정시의가 이룩되다.
· 창제創制: (훈민정음이 이루어지다. 어제와 예조판서 정인지의 서문) 계해년 겨울에 우리 전하(殿下)께서 정음(正音) 28자(字)를 처음으로 만들어 예의(例義)를 간략하게 들어 보이고 명칭을 《훈민정음(訓民正音)》이라 하였다.(세종 28/9/29) 癸亥冬, 我殿下創制正音二十八字, 略揭例義以示之, 名曰訓民正音。

창제는 세종 변역 정신의 마지막 지향점이 되었고 훈민정음 창제가 이루어졌다.

정리 2. 세종의 정치철학

세종의 정치철학의 9가지 바른길[正道]은 다음과 같이 정리할 수 있다.

• 세종 정치철학의 구九 정도正道

(가) 민본民本 (나) 실용實用 (다) 의토宜土 (라) 중용中庸/절충折衷
(마) 조화調和/융합融合 (바) 사맛 (사) 변역變易 (아) 공향共享 (자) 共樂공락

이계전(季甸)이 상서에서 말했다. "천하의 일이 경(經)과 권(權)에 지나지 않으니, 경이라는 것은 바뀌지 않는 정도(正道)이고, 권이라는 것은 변하여 중도를 얻는 것입니다."(세종 30/5/9) 天下之事, 不過經權。 經者, 不易之正道; 權者, 變而得中者也。

정치란 경과 권이다. 정도正道란 경經처럼 바뀌지 않는 당대의 원리를 말하는 것이고 권權이란 변하여 중도를 얻는 일이다. 즉 정치란 변하지 않는 원리와 변

해야 하는 권을 잘 활용하는 일이다.

- 민본: 세종의 정치는 '시인발정施仁發政'과 '민위방본' 그리고 생민지정生民 之政으로 나타난다. 휼민, 구민은 정치 실천[시정]의 시책들이다. 이를 정치 철학으로 표현하면 민본 혹은 친민이 된다. 다시 그 민본의 지향하는 바를 보면 거기서 세종의 생민 정신을 찾아보게 된다. 민본이 정치철학의 영역이 라면 생민 정신은 사유의 원리에 따른 철학적인 영역에 속한다.
- 실용: 실용은 실학實學 정신에 근거해 현장 중심의 경험방으로 시현된다.
- 의토[자주]: 자기 풍토에 맞는 의토宜土 정신으로 나타난다. "민간의 옛 늙은 이가 한 가지 약초로 한 병을 치료하여 신통한 효력을 보는 것은, 그 땅의 성질에 적당한 약과 병이 서로 맞아서 그런 것이 아닐까." (唯民間故老, 能以 一草療一病, 其效甚神者, 豈非宜土之性 藥與病值而然也?)(세종 15/6/11)
- 중용/절충: 제조 허조는 아뢰기를, "신이 원한 바는 원억을 호소하는 소장을 수리하지 말아서 상하의 구분을 전일(專一)하게 하고자 한 것입니다. 그러나 두 번 아뢰어도 윤허를 얻지 못하였으니 어찌할 수 없습니다. 이 교지를 반 포하신다면 거의 중용(中庸)을 얻을 수 있겠습니다."(세종 15/10/24) 하였다. 부민 고소금지법에 관해 논의하다가 허조가 한 말이다. 간하고 호응하는 세 종이 하는 일에 대해 중용의 정치를 인정하는 기사다.
- 조화/융합: "홍범구주(洪範九疇)의 도(道)에 모두 정통(精通)하시고 마음이 융 합하는 데가 있으셨다."(蓋有神會而心融者矣。)(세종 10/4/29) 이는 다른 표현으로 조화調和다. '후풍조화候風調和'(세종 19/2/22), '풍수조화 風水調和'(28/5/24) 등으로 나타난다.
- 사맛: 임금과 신하, 임금과 백성의 사맛[소통]을 통하여 정치 체제와 구조를 튼 튼히 하였다. 세종은 크게 다섯 단계의 소통[커뮤니케이션]방식을 활용했다.
- 변역: 변역은 물질과 정신에서 변하를 일으킨다. 세종은 신제, 창제 등을 통 하여 변역을 활성화 시킨 임금이다.
- 공향: 공향은 백성과 더불어 사는 세종의 철학정신이다. 시간, 율律, 문자로 서의 훈민정음의 창제는 이를 대변한다.
- 공락: 생민이 되어 민락생생자가 되면 공향의 정신으로 공락을 나누어 각자 누리게 된다.

세종의 정치철학 9 정도正道는 정치를 통해 변역의 진화를 보여주고 있다.

정치를 통해 백성들의 정신과 물질에서 그 수준을 향상시키려는 세종의 노력은 '치평'의 양태를 통해 확인해 볼 수 있다. 치평에 대한 실록 속의 용어를 정리해 본다.

• 세종의 5 치평治平

(가) 균평均平 (나) 승평昇平 (다) 태평太平 (라) 풍평豊平 (마) 융평隆平

치평은 '세상을 잘 다스리다'의 일반어다. 치평은 '세상을 다스리다'의 《대학》의 '치국평천하'에서 나온 말이다.

정치의 다른 이름은 치평이다. 평平은 '다스리다'의 뜻이 있으니 곧게 바로잡아 바르게 하는 정치다. 사회는 균평에서 출발하여 승평으로 나아가고 있다. 치평의 형태로 세종에게서는 균평均平, 승평昇平, 태평太平, 풍평豊平, 융평隆平 등이 나타난다. 이 오평五平은 치평의 상황을 정의하는 용어들이다.

세종의 5치평에는 먼저 균평이 있다. 경상도 연일현 등의 축성작업에 대해 의논할 때의 일이다.

> 균평均平: 수고로움과 편안함을 공평하게 하소서.(세종 13/10/13) 使勞逸均平。
> 균평: 군(軍)의 징집(徵集)을 균평하게 하여 백성들의 원망을 없앨 것이다.(세종 26/윤7/23) 調軍均平, 以舒民怨。

위 '균평'은 세종 26년 경덕궁직 오흠로의 군의 징집·공법 등에 대한 상소에서 나온 말이다.

> 승평昇平: 사람들은 모두가 말하기를, '승평(昇平)한 세상에서 어찌하여 성을 쌓기에 급급히 구는가.' 하지만 나는 그렇지 않다고 생각한다.(세종 14/10/10) 上曰: 人皆言: '昇平之世, 何汲汲於築城乎?' 予則以爲不然。

승평은 '이전보다 조금 나아졌다고 느끼는' 인식이다. 권진이 각도의 성을 쌓는 데 인부를 내게 하되, 그 수효를 감할 것을 아뢰는 데서 나온 말이다.

태평太平: 변방에서는 전쟁하는 소리가 끊어지고 백성들은 피난 다닐 노고가 없어졌습니다. 더군다나, 이제는 오곡(五穀)이 모두 풍년이고 온 백성이 함께 즐거워합니다. 태평성세(太平盛世)의 모습은 당나라나 송나라보다 뛰어납니다.(세종 11/8/24) 邊塞絶戈甲之聲, 黎庶無遷徙之勞, 況今五穀咸登, 萬民共樂, 太平盛際, 超軼唐, 宋。

태평은 유관이 3월 3일과 9월 9일을 영절로 정한 후 즐겁게 놀게 할 것을 상소하는 데서 나온 말이다.

풍평豐平: 내가 부왕이 중하게 부탁하심을 받들어 나라 다스리기에 성심을 다해서 풍년이 들고 평화롭기를 바랐다.(세종 1/6/2) 予承父王付托之重, 盡心圖治, 冀底豐平
豐平之治(세종 10/4/8): 환한(渙汗)의 은전(恩典)을 널리 베풀어, 즐거이 고무하여 풍성하고 태평한 다스림에 이르기를 기약하노라. 敷施渙汗之恩; 鼓舞懽欣, 期底豐平之治

가뭄 때문에 대언들에게 구언하는 교서에서 나온 말인데 대개 풍평은 '풍년이 들어 풍성한 평화로운 세상'을 바라는 소망으로 쓰이고 있다.

융평隆平: 아아, 허물을 사하고 죄를 용서하니, 경시(更始)할 때를 당했고, 옛 것을 고쳐 새롭게 하니, 융평(隆平)한 다스림에 이르기를 기약하노라.(세종 7/윤7/22) 於戲! 赦過宥罪, 適當更始之辰; 革故鼎新, 期底隆平之治。

국내에 대사령을 내린다는 유지를 반포하며 나온 말이다.

융평: 공경하여 생각하건대 주상 전하께서 총명을 길러서 성경(聖敬)이 날로 오르고, 잘 계술(繼述)하여 융평을 가져왔으니 조종(祖宗)의 뒤를 이은 것이요, 종통(宗統)을 중하게 하고 명분을 바르게 자손에게 남기려는 것입니다.(세종 30/4/3) 恭惟主上殿下聰明時乂, 聖敬日躋。善繼述而臻隆平, 繩其祖武; 重宗統而正名分, 貽厥孫謀。

세종 초기인 7년에는 융평을 기대하는 세종의 희망 메시지이지만 세종 30년에는 신하들이 전을 올리며 하례하는, 그간의 세종의 정치에 대한 평가를 하고 있다. 희망과 작은 결실, 그리고 이전 상황과 대비적으로 융평이 쓰이고 있다. 융평은 '함께 잘 되는 요즘 표현으로 상황이 업그레이드 되는 풍평'을 말하고 있다. 이 치평을 바라고 수행하는 모든 노력의 목표는 '극륭태평지기'에 있다.

極隆泰平之基: 이것은 대체로 엎드려 〈성대를 만났기 때문입니다.〉 신성(神聖)하신 우리 임금께서는 문도 마땅하게 하시고 무도 마땅하게 하시는 나라의 큰 법과 기율을 세우시어 태평 성대(泰平盛代)의 기초를 더할 수 없이 높였으며, 어진 이를 임명하고 유능(有能)한 인재를 부리시어 널리 문·무를 겸하여 걷어들이시는 길을 열었습니다.(세종 14/4/28) 洪私至此, 振古所稀。玆蓋伏遇乃聖乃神, 允文允武。立經陳紀, 極隆泰平之基, 任賢使能, 廣開兼收之路。

급제한 문과 김길통, 무과 조석강 등이 사은의 전문을 올리는 데서 나온 말이다. 여러 기사들을 보면 대략 세종 11년부터 '오곡(五穀)이 모두 풍년이고 온 백성이 함께 즐거워합니다. 태평성세(太平盛世)의 모습은 당나라 송나라보다 뛰어납니다.(세종 11/8/24)' 태평의 모습이 나오고 14년경부터는 안정된 승평 그리고 30년에는 융평隆平의 모습을 그리고 있다.13)

균평에서 융평까지 더 나은 안정되고 풍요로운 사회의 구축이 세종의 치평정신이다.

한편 세종의 공공정신은 공향으로 나타나는데 그 근간인 모두[公公]의 사맛정치의 모습에 대해 여러 연관 용어를 분류, 체계화하여 다음과 같이 정리해 보았다.

• 세종의 5 공공公共

세종 철학의 궁극적 도달점은 공향을 향해 있다. 공공公共 정신은 공향의 기본이 되어 있다.

공공公共: 법이란 것은 천하 고금에 공평하고 같은 것이므로 전하께서 마음대로 하실 수 없는 것입니다.(세종 6/7/28) 法者, 天下古今之所公共, 非殿下所得而私也。

---

13) 《조선실록》 원문 기사 건수 (세종/전체) 균평均平 6/98, 승평昇平 90여/1227, 태평太平 100 여/375, 풍평豊平 5/7, 융평隆平 21/69, 치평治平은 23여/435. 기타 수평水平이 측우기와 관련하여 1건 있다.

겸대사헌 이지강이 의산군의 죄를 상소하며 나온 말이지만 이때 모두에게 공평한 법의 정신을 강조 하고 있고 이를 세종시대는 수용하고 실천하려 했다. 모두에게 알리고, 함께 의논하고, 새로워지며, 즐거운 세계로 나가고자 했다.

실록 속에 나타난 세종의 공치共治를 정리해 보자.

(가) 공지共知: 부녀까지도 친속(親屬)으로 하여금 정성껏 가르쳐 분명히 깨달아 모두 다 알 도록 하고.(세종 16/4/27) 至於婦女, 亦令親屬諄諄教之, 使曉然共知。 고금의 사적을 편집編集하고 아울러 그림을 붙여 만들어 이름을 '《삼강행실(三綱行實)》'이라 한다. 백성들에게 가르치고 지도하여 일깨워 주려했다.

(나) 공의共議: 공의지정共議之政。(사간원에서 승선·승직의 법을 혁파하고 주지는 고령자를 택할 것을 상소하다) (세종 20/7/9)

(다) 공치共治: "원(元)을 몸받은 것은 임금의 직책이요, 원을 고르게 하는 것은 재상의 일이온즉, 재상이란 임금의 천위에 참여하여 한 가지로 천직(天職)을 다스리는 것입니다."(세종 14/12/15) 體元者, 人主之職; 調元者, 宰相之事, 則宰相者, 人主所與共天位共治天職者也。

(라) 공향共享: 오랑개에게 이르기를, "동창과 범찰이 이미 무리를 거느리고 도망 갔으나, 머물러 있는 오도리 사람들은 간계(姦計)에 따르지 않고 예전대로 안심하고 있으니 진실로 어여쁘다. 이미 오도리 사람들과 이웃이 되었으니 한마음으로 힘을 합쳐서 함께 태평을 누리는 것이 마땅하다."(세종 22/7/21) 又謂吾郎介曰: 童倉、凡察, 已曾率群逃叛, 其留在吾都里等不從姦計, 仍舊按堵, 誠可憐恤。爾等旣與此輩爲隣, 宜當同心協力, 共享昇平。

(마) 공락: (범찰을 경솔히 토벌할 수 없는 이유 등을 김종서에게 알리다) 평등하게 사랑하는 덕화를 너희 무리와 함께 즐기려 하다. 永與汝輩共樂同仁之化。(세종 20/1/19)
공향생생지락共享生生之樂: 비록 타도의 백성이라도 오히려 전거(奠居)3654) 하게 하여 함께 생생(生生)의 낙을 누리게 하고자 하였다.(세종 25/10/24) 雖他道之民, 尙欲使之奠居, 共享生生之樂。

위의 내용은 공치共治의 정신에서 이루어지는 일이다. 공치란 하늘이 내린 천직의 의무와 희생을 다하는 일이다. 공치共治를 근간 정신으로 모두가 공지共知하여 공의共議를 통하고 '함께 누리며'[共享], '함께 즐거워하는'[共樂] 세계에 이르게 된다.14)

• 시정時政과 생생

시정은 구체적으로 육조 정치로 나타난다. 육조정치는 사람과 사물事物[제도와 물질]을 살리는 정치로 나타난다.

· 생인 이吏: 민에 대한 민본은 정치철학이고 민이 새로나기, 새로움을 통해 생민이 되는 것은 철학이다. 생인론은 인간이 자각하여 새로운 '나'를 이루는 길이다.
· 생재 호戶: 농업의 개량과 신제를 통해 재물을 생성화 시킨다.
· 생효 예禮: 모든 예의 실천은 효에서 출발한다. 세종은 특히 몸으로 나타내는 생효를 실천했다.
· 생지 병兵: 북방의 영토를 넓히고 사민斯民정책을 통한 생활안정으로서의 공향 정신과 생생지락, 이것이 생민화 국방정책으로 나타나는 생지生地 정신이다.
· 호생 형刑: 가능한 한 사람을 살리는 일, 호생지덕이 형조의 기본 사상이다.
· 생산 공工: 변역을 통한 신제, 창신, 창제 정신을 고양시키고 이를 현실에서 이루는 시책이 공조의 정신이다, 생산의 마지막은 사람의 생산[출산]이다. 사람이 처음이자 끝이다.

세종의 구체적인 현장에서의 정치는 시정時政으로 나타나는데 육조六曹 정치 또한 '생 - 생성 - 생생'의 실현으로 구성해보려 했다.

• 세종의 오정五政

육조의 세종 정치철학을 다시 요약해 보면 세종 오정五政으로 정리된다.

(가) 휼민지정恤民之政:
굶주림을 구제하고 백성을 돌보아 주시는 정사를 펴다.(세종 9/10/17)
여기에는 구황휼민지정救荒恤民之政, 구황지정救荒之政, 구휼지정, 유민지정, 후

---

14) 《조선실록》 원문 기록.(세종/전체) 共知 59/1378, 共議 59/699, 共治 9/64, 共享 27/158, 共樂 6/14.

생지정, 무휼지정撫恤之政, 양로지정養老之政 등이 있다.

(나) 생민지정生民之政:

인민을 위한 정치는 음식물과 재물 두 가지뿐입니다.(세종 18/7/21) 臣謂生民之政, 食貨二者而已。 이는 충청 감사 정인지가 흉년 구제의 방책을 올리며 나온 표현이다.

정신과 물질에 생생을 주는 정치다. 무본후생지정務本厚生之政。 화민지정, 호생지덕[정], 학교지정學校之政 등이 있다.

이밖에 정신적인 변화의 '자신지리自新之理'가 있다.(세종 4/2/25)

다) 문무지정 文武之政:

문(文)과 무(武)의 정치가 빠짐없이 잘 되었고, 예악(禮樂)의 문(文)을 모두 일으켰다.(세종 32/2/17) 文武之政畢擧, 禮樂之文俱興。

세종이 훙하자 추도하며 평가하는 글에서 나온다. 문무지정은 문과 무가 어울리는 정치다.

(라) 유신지정維新之政:

옛날의 폐습을 개혁하고 새로운 정사를 선포함이 마땅합니다.(세종 1/11/28) 宜革舊弊, 以布惟新之政。

(마) 공의지정共議之政:

여기에 불상을 받들어 놓고 승려를 맞아들이게 하고서는, (이내 〈국사(國師)와)) 같이 의논하는 승정(僧政) 제도를 세운 바 있었다.(세종 20/7/9) 安佛迎僧, 乃立共議之政。

이는 사간원에서 승선·승직의 법을 혁파하고 주지는 고령자를 택할 것을 상소하며 나온 기사다. 함께 의논해 가는 정치다.

어떠한 정치라고 명명하는 일은 정치 담당자인 세종이 직접 정의를 내리기보다는 주위에서 정치를 돕는 사대부들이 정리하게 된다. 이는 마치 성현이나 고승들이 말하고 그에 대한 사상의 체계화는 제자들이 내리는 것과 같은 형식을 취하는 것으로 여겨진다.

세종은 먼저 백성이 먹고 입는 것을 해결하는 휼민정치에서 출발하여 민이 생민이 되게 하려는 생민정치, 문무를 골고루 아우르는 문무정치, 제도와 인간의 새로움을 추구하는 유신정치, 함께 의논하는 공의정치를 펼치고 실천해간 임금이다.

정리 3. 세종 이도 사상의 배경

세종의 철학을 생생을 중심으로 체계화해 보았지만 그 근저에는 여러 사상이 혼재되어 있음은 부정할 수 없다. 실천성리학 그리고 도학, 심학, 불교 등의 영향을 도외시할 수 없을 것이다. 간략히 살펴보자.

• 성리학

사상적으로 불교적 사유에 의해 주도되었던 고려사회는 말기에 위기를 맞게 되었다. 주로 귀족이나 관료, 지방호족들 그리고 사찰들이 자신의 소유가 아닌 땅까지 이러저런 방법으로 빼앗아 토지를 겸병하는 등 농장을 확대해갔다. 이에 국유지와 자영농이 줄어들어 국가 재정 궁핍에 양민 조세부담 증가로 자영농의 몰락과 유민의 발생, 농민의 봉기 등 악순환의 고리를 밟게 되었다. 거기에 중국의 원·명 교체의 세력다툼까지 있게 되었다. 이 개혁에 이성계를 주축으로 하는 신흥무장 세력과 정도전, 조준 등의 신흥 문관 세력이 결합하고 그 과정에서 농민의 지지를 받았다. 이즈음 사상적으로 성리학 곧 주자학이 남송의 주희에 의해 집대성 되었다. 이는 불교의 초세간적超世間的 경향을 극복하기 위하여 나타났다. 기본 정신은 원시유학과 마찬가지로 현실사회를 도덕적으로 편제하려는 데에 있었다.[15]

성리학은 세종에게서는 실천성리학으로 나타났다. 세종은 이를 어떻게 받아들였는가. 즉위교서에 나타난 시인발정施仁發政(세종 즉위/8/11)은 단순히 맹자의 '발정시인'을 바꾼 것이 아니라 맹자시대와 조선시대의 시대정치 환경 변화, 사회의식 변화에 따른 새로운 유교철학인 셈이다. 인仁을 먼저 실천으로 펼쳐 가면

---

15) 한국철학사상연구회 지음, 『한국철학』, 예문서원, 2012, 149~169쪽.

정치가 이루어진다는 실천 중심 우선의 철학인 셈이다. 세종시대 표현으로는 정치에서 인仁이 선무先務·급무急務가 된다.

이런 사회 사상적 배경을 기반으로 세종에게서 성리학은 실천성리학으로 나타났다. 주자학은 기氣와 더 근원적인 원리로서 리理 곧 모든 존재의 근거이자 행위의 원리로서의 순수한 도덕성을 이야기하고 있다. 조선 초기 이색李穡은 우주를 설명할 때 기氣 개념을 즐겨 사용했다. 이색은 세계를 기를 중심으로 설명하는 한대漢代 사상의 면모가 엿보인다. 같은 시대의 세종에게서 나타나는 성리학은 나라를 운영하는 필요에 따라 리理를 존중하지만 사람과 격물에서 보다 생성적인 기를 중하게 여기는 모습이 여러 곳에서 보인다. 특히 사대부 특히 관리의 기氣를 포용하는 뜻으로서의 '사풍士風', '대간지풍臺諫之風' 등이 보인다.

사풍士風: (좌사간 유맹문(柳孟聞) 등이 상소하기를) ... 인륜(人倫)을 두텁게 하시고, 사풍(士風)을 진작하도록 하소서.(세종 11/11/1) 以厚人倫, 以礪士風。

대간지풍臺諫之風: 더군다나 대간(臺諫)의 기풍(氣風)은 법을 지켜 정도(正道)를 가지고 곧은 말과 의로운 얼굴빛으로서 늠렬(凜冽)한 기운이 그 속에서 발생하게 되다.(세종 14/8/21) 況臺諫之風, 執法持正, 直言義色, 凜冽之氣, 生於其中矣。

정치 실현의 주체는 사대부들이고 그들에게는 유풍, 사풍 등의 정신이 요구되었다.

• 도학 道學

정몽주 이래의 성리학의 오류을 형식이 아닌 행도行道의 기본으로 삼아 현실개혁과 그 실천을 목표로 하였다. 죽음으로 간언하는 의리義理의 실천, 형식에 얽매이지 않는 학문과 도학적인 규율을 강조했다.

후대에 율곡 이이는 도학에 대하여 도학지사는 ㉮스승의 계통이 있고[이전성현(已前聖賢)의 본(本)을 받아 계왕성(繼往聖) 개래학(開來學)하고] ㉯전수받은 심법(心法)을 연수하고 ㉰정치적 처신[출처]에 문제가 없어야 하고 ㉱학문에 정치적 경륜을 겸비하여야 한다고 했다. 행도行道와 수교垂敎[垂敎立敎]를 겸비하는 도학지사가 진유眞儒라고 했다.16)

의리를 중히 여기며, 현실에 근거하지 않는 사색적 선비를 거부하며, 스스로 자적할 수 있어야 한다.

세종 1년에 도학에 대한 언급이 있다.

도학: 정초는 아뢰기를, 근일에 새로 뽑힌 생원들은 겨우 10여 명이 대궐에 들어와서 절을 하였는데, 신진들의 기풍이 이보다 더 경박할 수는 없습니다. 선비의 마음을 바로잡으려면, 법으로써 제지하지 아니하여서는 안 되겠습니다. 지금 전하께서 날마다 경연에서 도학(道學)을 강명(講明)하시니, 무릇 이목이 있는 자라면, 누구나 보고 느끼지 아니하오리까.(세종 1/2/17)

'도학'은 조선조 정종실록(정종실록 1/1/5)에 처음 보이고 태종 시에도 있다.

심술과 도학: 사헌부에서 상소하였다.(조용(趙庸)·변계량(卞季良) 등 여러 빈객들이 경연에 임해) 바른 심술(心術)과 밝은 도학(道學)으로써 진강(進講)하지 아니하고, 다만 아부하고 아첨하기만을 일삼아 그저 예예 하고 무조건 따라서 세자로 하여금 불의에 빠지게 하였으니, 그 성상(聖上)이 관부(官府)를 세우고 사부(師傅)를 둔 뜻에 어찌 되겠습니까?(태종실록 18/6/4)

세자가 경연에 임해 바른 심술과 밝은 도학으로서 진강하지 아니하고 다만 아부하고 아첨하기만 일삼아 세자로 하여금 불의에 빠지게 하였다는 것이다.

도학: (영사평부사 하윤이 급제한 문신은 임금이 직접 시험할 것을 건의하다) 영사평부사(領司平府事) 하윤이 아뢰기를, 예전의 유생은 도학(道學)을 중하게 여겼는데, 지금의 유자(儒者)는 겨우 의의(疑義)와 책문(策問)으로 시험에만 합격하여 출신할 길을 삼고, 다시는 힘써 배우지 아니하여, 이름은 유생이라 하지마는 실지는 아는 것이 없습니다.(태종실록 1/12/5)

후대에 율곡은 도학의 개념에 대하여 다음과 같이 말하고 있다.

도학: 무릇 도학이란 격치하여 선을 밝히고 성정誠正으로 身을 修하여 몸에 온축蘊

---

16) 최영성, '趙光祖의 道學思想과 己卯士禍', 『용인의 기묘명현 조명 학술세미나』, 용인문화원, 2016.9.2. 용인시문화예술원 국제회의실, 5~6쪽.

蓄하여서는 천덕天德이 되고 政에 施設하여서는 王道가 된다.(율곡전서 권5) 雜著二, 右
論臣道, '夫道學者 格致以明乎善 誠正以修其身 蘊諸躬則爲天德 施之政則爲王道。

율곡은 도학지사를 진유眞儒라 하여 '우리나라에 리학理學이 전함이 없더니 전
조前朝에 정몽주가 그 단端을 발하였으나 규구規矩가 부정不精하고 아조我朝의 김
굉필이 그 서緖를 접접接接하였으나 오히려 크게 나타내지 못하였더니 조광조가 도
를 창명倡明함에 미치어 흡연翕然[인심이 한 곳으로 쏠리다]히 추존하니 오늘의
성리지학이 있음을 아는 것은 (조)광조의 힘이다.'(『정암집』부록 권1 事實)[17]고
하였다.

• 불교: 조선에서는 겉으로 불교를 억제했다. 세종 6년(1424)에는 불교개혁을
단행하여 불교계의 7종 구조를 선종禪宗과 교종敎宗 각 18개씩 38 사찰로 개편하
고 사찰별 거주 승려의 수 및 소관 토지와 노비들의 규모를 축소하는 변혁[革]을
시행했다.(세종 6/4/5)

임금이 승정원에 이르기를, 내가 어려서부터 경사(經史)를 강론(講論)하고, 성학(聖
學)에 우유(優游, 깊이 연구함) 하였으니, 내가 어찌 불교를 숭상해 믿겠느냐. 다만 그
법이 오래고 멀어서 갑자기 고치기 어려운 것이다.(세종 23/윤11/25)

국가의 이념은 유교 그리고 백성들이 일상화 하고 있는 풍속은 불교라는 한
계 속에 세종은 불교 속에서 인간과 존재의 사상을 읽으며 내적으로 수용하고
있었다.

• 심학: 주자학의 도덕 실천의 주체는 사람의 마음 즉 신信이고 경敬은 도덕
실천과정에서 사람이 지녀야 할 가정 중요한 태도이다. 세종에게서 마음의 강조
는 지나칠 정도로 많다. 심과 함께 경敬도 언급되었다.[18]

---

17) '정암 조광조의 道學政治思想과 春秋義理精神', 89~91쪽. 『정암연구논총』, 정암선생탄생
오백주년기념사업회, 1982.12.
18) 심心은 세종 후대에 중국 양명학과 조선의 남언경(南彦經)과 이요(李瑤) 그리고 하곡 정제
두(霞谷 鄭齊斗: 1649~1736)가 그 이론적 체계(理論的 體系)를 마련했다. 경敬은 후대에 퇴
계退溪에게서 가장 중요한 덕목으로 강조되었다.

세종의 마음 철학에 대하여 여러 연관 용어를 분류, 체계화하여 '세종의 생생 오심五心'으로 정리해 본다.

• 세종의 생생 오심五心[다섯 마음]

   (가) 개심 改心 마음을 고치다
     夙夜感悟숙야감오 改心易慮也개심역려야. 밤과 낮으로 느끼고 깨달아 마음을 고
     치고 생각을 바꾸는 것이 마땅하옵거늘.(세종 9/10/26)
   (나) 용심 用心 마음을 쓰다
   (다) 항심 恒心 늘 한결 같은 마음
   (라) 진심 盡心 마음을 다하다
   (마) 천심 天心 하늘의 마음

사람이 마음을 바르게 쓰는 데는 먼저 마음을 고쳐 잡고[改心], 이를 간직하지만 말고 행동으로 바꾸어[用心], 늘 한결 같은 마음으로[恒心], 마음을 몸에 실어[盡心], 하늘의 뜻[天心]에 부합하여야 한다.

생생을 위한 마음 쓰기에는 먼저 개심改心이 있어야 하고 이후 마지막 지향으로서 천심天心으로 나아가는데 그 과정에 용심用心으로 의지를 살리고 그 상태를 항심恒心으로 유지해 가야한다. 그리고 진심盡心으로 몸과 마음을 다하여 실천해야 한다.

정리 4. 세종 생생철학의 구조: 순환 - 반증 - 변증

만물은 변한다. 이 변한다는 사실만이 변하지 않는다. 한 현상이 다른 현상으로 쉼 없이 바뀌는 것이 역易의 정신이다.

세종은 스스로 수성의 군주라고 일컫듯 상정소를 통해 쉼 없이 조사하고 항식을 세우고 집현전을 통해 연구하고 새 제도를 정리하며 격치성정格致誠正(세종 6/3/8 외)했다. 이것이 변화의 동력이다. 세종의 정치는 생에서 생성 그리고 생생으로 변역한다. 전에 있던 제도와 물질을 이어가는 순환에서 변역의 정신으로 손익, 신제, 개혁이라는 반증 과정에서 다시 나아가 변증을 통한 창신, 창제의 새로운 모습을 이루어 간다. 세종의 정치적 세계에서는 백성의 삶[生]에 업정신을 부여하여 각자 노동의 기술을 가지고[경험방] 새로운 업을 생성生成하게 되고 이를

통해 사람은 자신지리自新之理의 변화로, 물질은 창제의 거듭살이[生生]의 변화를 이루어가게 된다.

순환	반증	변증	
자신	변역	공향	- 공생
	창제	생생지락	- 공락

이러한 변증을 《세종실록》에서 찾아보자.

증고證考 [辨證](세종 23/9/2): "변증(辨證)하고 상고할 대신(大臣)은 본부(本府)에서 이미 탄핵하였사오나." 證考大臣本府已劾。

증변證辨 [辨證](세종 26/5/9): "서로 변증(辨證)시키고 그 실정을 모두 토로하게 되었사오니, 진실로 전형(典刑)을 밝게 바루어서 위로 천심을 몸 받고 아래로 인망(人望)에 부응하여야 할 것입니다." 自發訟端, 相爲證辨, 盡吐其情, 固當明正典刑, 上體天心, 下副人望也。

민이 생민이 되어 락생으로 가는 세종의 생생의 길에서 민民이 사람[참사람]답게 살면[生] 생민生民이 된다. 민생과 생민은 겉과 속을 함께 품은 동질체다. 민이 어려운 생[삶]을 이겨내면 생민이 될 수 있는 길에 들어선다. 민이 업을 이루어가면 생업이 된다. 몸 로직勞職의 백성과 정신 직의 사대부는 그 로勞/직職/업業을 살리면 생업生業이 될 수 있고 이어 생업은 천직이 된다. 천직은 겉으로 드러나는 직 속에 내재한 업정신과 동일하다. 삶[生]을 좋아하면[好] 호생好生이 되고 바로 함께 사는 호생互生이 된다. 삶이 긍정적이 되면 함께 살게 되고[공향], 삶이 기쁨의 시간을 갖게 되면 락생의 길로 들어서게 된다. 호생은 공향이다. 이후 삶[生]은 락[기쁨]을 얻게 되는데 이것이 락생이다.

이런 과정은 민이 살아나는 증거[著]가 반증으로 나타나고[明] 변화해 가는 변증의 과정[變]이다.(참고: 중용 제23장)

역사는 공시적共時的으로 습속화할 때 정체된다. 역사는 부정과 반역이 있을 때 새로운 역사가 이루어진다. 부정은 새로운 체계를 구성하려는 힘을 가진다.19)

---

19) 이광래, 『방법을 철학하다』, 知와 사랑, 2008, 65~69쪽.

태종 이후 수성이라는 과제는 있으나 평안한 시절 현실에 안주하지 않고 제도[事]와 사물[物]을 부정하고 새로움을 추구하고자 한 동력動力이 곧 세종정치의 힘이다.

세종의 정치와 철학의 관계는 어떠한가. 철학은 언어로 이루어지지만 사유는 언어를 체계화한다. 세종은 사유를 하나 둘씩 실천으로 옮겨갔다. 세종철학의 힘은 사유체계가 실천 체계로 이어지는 힘의 연속성이다. 세종철학을 언어보다 실천에서 찾아야할 이유도 그런 까닭이다.

한 시대의 정치이념은 임금의 결단, 신하들과의 사이의 협치, 자기의 독단, 유교사회라는 이념의 리치理治, 백성의 소리 등으로 구성된다. 세종 이도의 정치는 개인의 욕구, 실천, 목표 등으로 이루어진다. 이는 바로 의지, 실천력, 목적지향으로 나타난다.

세종의 욕망은 무엇이었을까. 수성의 정치로 민본 정신[철학]의 근거하며 그 과정에서 편민便民 정신을 실현하려 했다. 그 근저에는 런민憐憫 정신이 있다. 이어 실천이 따르게 되는데 세종의 특성은 그 사이에 사유의 절차가 있었다. 사유가 따르지 않는 실천은 일관성이 없고 일시적이 된다. 사유는 자신의 말과 행도에 힘을 갖게 해준다. 사유가 깊을수록 일은 추진력을 얻는다.

• 이념문화와 목표/실천문화

앞서 유교적 이상사회는 이념적 지향으로《예기》에서 전하고 있는 '대동사회'라는 순수 이데올로기로서의 목표문화[goal culture]와 소강小康사회로 지칭되는 실천이데올로기로서의 이전문화移轉文化[transfer culture]로 구성되는 특수한 문화체계임을 알 수 있다. 여기서 목표 문화와 이전문화는 관념체계로 이해된다.[20] 그러나 세종의 유교·정치 문화는 이념목표와 실천목표로 나누어 설명할 필요가 있다. 이념은 말 그대로 사상으로서의 이념 지향적이지만 세종은 실행이 전제되는 실천목표를 설정한 것으로 보아야 할 것이다.

도학 사상으로 설명한 김형효의 해석도 있다. 도학 사상의 원조는 맹자孟子이고 실학사상의 원류는 순자荀子로 보고 있다. 맹자의 도덕주의는 베버[Max

---

20) 강광식, '조선조 유교정치문화의 구조와 기능', 『조선조 유교사상과 유교정치문화』, 한국정신문화원, 1992, 재인용 6쪽.

Weber]가 말한 가치합리성[reality of value]과 연결되고 순자의 실용주의는 목표 합리성[reality of goal]과 관계된다.21)

베버에 따르면 맹자적인 도덕 이상주의는 가치합리성의 정신을 잇는 신념 윤리[Ethics of conviction]에 상응하고, 순자적인 현실 실용주의는 목표합리성의 정신을 존중하는 책임 윤리[Ethics of responsibility]와 상관적이다.

이를 조선 사회에 비교하면 '가치합리성'은 동기적 가치의 순수성을 지키기 위하여 모든 것을 희생하는 경우다. 유교의 순수성을 지키려고 '직무' 정신이 아닌 '직위/책'에 연연해 당파 싸움을 위해 목숨까지 버리는 경우도 있게 된다. '목표합리성'은 결과에 성공적으로 이루기 위하여 무엇을 해야 하는가에 대한 행위를 분명히 조직하고 자각하는 합리성을 말한다.

조선의 유학사상은 관념적일 수 있으나 세종의 경우 이념이 아닌 실천목표지향의 성격을 가지고 있었고, 더불어 세종은 가치합리성이 아닌 목표합리성을 지니고 있었다고 하겠다.

박병련은 조선 전기에 고위 관료들이 뛰어난 행정력을 보여주고 집현전 학사들이 훈민정음 창제를 도운 것은 현賢과 능能을 동일시했기 때문이라고 지식과 기술을 함께 아우르는 시대였다고 말한다.22)

현賢과 능能: 신성(神聖)하사, 널리 운용(運用)하여 어진 이가 관(官)에 있고 능한 이가 벼슬에 있어, 모든 정치를 새롭게 하다.(세종 21/5/26) 玆蓋伏遇主上殿下寬裕有容, 聖神廣運。賢在官能在職, 庶政維新。

세종의 실천목표지향과 목표합리성의 살아 있는 사상/철학을 정리하면 다음 다섯 가지의 생생으로 요약할 수 있을 것이다. '생생'에 맞추다 보니 포괄적이 되었으나 세종의 '생생' 정신을 함축하고 있다고 보인다.

---

21) 프랑스 사회학자 Julien Freund의 『The Sociology of Max Weber』, Random House Inc (T), 1968; 김형호, 『마음혁명』, 살림 2007, 334~335쪽.
22) 박병련, 『한국 정치·행정의 역사와 유교』, 태학사, 2018.

• 세종의 오생五生: 세종 생생의 다섯 길

세종 생생의 다섯 길은 다음과 같이 요약할 수 있다.
  (가) 생민生民 (나) 생업生業 (다) 생생生生 (라) 호생好生 (마) 락생樂生

오생이 지향하는 바는, 민이 생민이 되어 민생이 안정되고 생인이 되어 기술을 갖춘 생업에 자신自信을 갖고 '자기를 새롭게 하는'[自新之理] 이치에 따라 이웃과 공생하는 생생지락을 지향한다.23)
  위에서 보았듯 세종이 사람과 사물에 격을 부여하여 살아있게 만드는 원리를 생생화生生化라고 할 때 5가지로 요약할 수 있다. '세종 생생의 다섯 길'이라고 할 수 있겠다.

표. 세종 오생[생생의 다섯 길]의 지향

	정신	과정	지향	목표	우리말 나 / 살이
生民	自省/自信	후회, 회개	민생, 공생	饒民요민 민락생생자	산나 / 산살이
生業	변역變易	신제	락업	천직	일나 / 일살이
生生	自新과 창제	생성	락생	자신지리	얼나 / 거듭살이
好生[共享]	사맛, 互市, 공향	경청과 토론	공향	호생지덕	더불어 누리기 /우리살이
生生之樂	락생	永遂共享	락생	(만민)공락	거듭나기의 기쁨/ 살림살이의 즐거움

첫째 生民생민의 길이다. 이는 시인발정 등 민본의 형태로 살아 움직인다. 생민이 되려면 먼저 민생民生 먹거리가 해결되어야 한다. 다음으로 후회, 회개를 통한 나의 인식이 따르고 정치에서는 휼민·민본 등을 통한 친민·신민 나아가 생민生民의 길이 열린다.

---

23) 자신自信: 경(권진)은 단정한 자질과 굉달(宏達)한 기국(器局)으로 스스로 청렴 검소함을 믿고 본디부터 충성 근실을 실행하였다.(세종 11/6/24) 卿以端方之資, 宏達之器, 自信淸儉, 素履忠勤 (이 때 세종은 70세 넘은 권진에게 일을 더 할 것을 명한다.)

민생: 임금은 이른 아침과 깊은 밤에 공경하고 두려워하여 마땅히 <u>민생民生의</u> 즐거움과 근심을 생각할 것이다.(세종 즉위/12/22) 況人主夙夜敬畏, 當念<u>民生</u>休戚

생인: 불교가 <u>생인</u>에게 유익함이 있으면,. 使佛敎有益於<u>生人</u>。(세종 23/윤11/14)

'생인'은 불교 반대의 반어법으로 쓰였다. 생인은 건전하게 살아 있는 백성이다.

생인: 정자(程子)가 이르기를, '남의 후사가 된 자는 그 후사된 분을 부모라 하고, 그 소행한 분을 백부(伯父)라 하여야 한다.' 하였으니, '이것은 인간[生人]의 대륜(大倫)이요, 천지의 대의(大義)이므로 변역할 수 없는 것입니다.'(세종 6/7/12) 此生人之大倫, 天地之大義, 不可得而變易者也。

이는 대제학 변계량이 왕을 공정왕의 손자로 칭할 것을 아뢰었으나 중의가 논박하는 글에 나온다. 생인은 도道를 아는 인간이다. 임금이 민본을 논한다면 이는 정치철학의 영역이지만 생민을 지향한다면 이는 원리적[철학적]이다.

둘째 생업生業의 길이다. 먹는 것이 하늘의 길인 백성에게 있어서 업을 통해 자기의 재능을 살려 나가면 먹는 것은 물론 사회와 삶 속에서 자신의 자리를 잡을 수 있는 것이 업과 직, 특히 천직의 정신이다.

업은 변역變易, 신제 등 업과 직을 통한 변역, 신제 정신을 함양한다. 업이 살아 있는 생업이 되고 락업이 되는 길을 지향한다.

안생락업: 더욱이 함길도는 조종(祖宗)께서 기업을 시작한 땅이므로, 그 백성들의 삶을 편안히 하고 업을 즐기는 데에 대하여 더욱 생각을 쓰는데 ... . 祖宗肇基之地, 其民之安生樂業。(세종 25/10/24)
안거락업: 교서를 받들고 본계(本界)에 내려와 펴서 읽어 주면, 사람마다 모르던 것을 갑자기 깨달아서 안거낙업(安居樂業)할 것이다.(세종 25/10/24)

셋째 생생生生의 길이다. 이는 바로 거듭나기/거듭살이[生生]를 통해 자기를 찾는 참[얼]살이의 길이기도 하다. 생생은 사물이 변역을 이루고 사람이 자신지리自新之理의 원리를 통해 민락생생자가 되는 것이다.

락생: (공주 목사 정용(鄭容)이 사조하니) 백성을 다스리는 일에 더욱 마음을 다하도록 하여라. 너의 고을에 가거든 '백성들은 생활을 즐기게 하고,'(使民樂生興事) 일을 일으켜서 부유하게 되기를 기하라.(세종 9/11/27)

넷째 호생好生의 길이다. 죄인마저 살릴 수 있다면 최대한 살려내야 한다. 그리하여 '같이 살아야'(호생 好生/互生) 한다. 여기에서는 경청[사맛], 토론, 공향共享이 따른다.

호생지덕: '전하께서는 특히 호생(好生)의 덕을 가지셔서 차마 법에 처하지 않으시니.' 殿下特 以好生之德, 不忍置之於法。(세종 2/1/28)
호생: '살리는 지극한 인정' 好生至仁。(세종 21/12/5)

호생은 덕으로 이웃과 '더불어 누리'[공향共享]는 길을 지향한다.

공향: 밭에 일하여 농사를 힘써서, 우러러 어버이를 섬기고, 굽어 자녀를 길러서 나의 백성의 생명이 장수하게 되고, 그리하여 우리나라의 근본을 견고하게 한다면, 거의 집집마다 넉넉하고 사람마다 풍족하며, 예의를 지켜 서로 겸양하는 풍속이 일어나서, 시대는 평화하고 해마다 풍년은 들어 '함께 태평시대의 즐거움을 누릴 수 있을 것이다.'(共享熙皞之樂공향희호지락)고 하였다.(세종 26/윤7/25)

공향共享은 실록 원문 전체 158건 중 세종 시 원문 27건 나온다. 연관어로 공형共享이 있으나 세종조에는 없다.[24]

공향생생지업共享生生之業(세종 23/7/1)
공향생생지락가야共享生生之樂可也(세종 24/1/7과 세종 25/10/24 외)

공향共享이 수평적 개념이라면 수직적 시간의 개념인 영향永享이 있다. 영향은 실록 전체 원문 155건 중 세종조에만 35건이 있다.

---

24) '여럿이 함께 누린다'는 뜻의 '공형共享'은 《조선실록》에는 총 3건이 나온다.
공형천록지유共享天祿之由,《세조실록》 9/10/2
연후군신공형태평然後君臣共享太平,《성종실록》 17/2/18
즉자족이공형기복則自足以共享其福,《영조실록》 1/6/11

영향永享: (함길도 도절제사 김종서에게 야인 다스릴 방책을 전지하다) 때때로 왕래하여 부모 친척과 만나 생생(生生)의 낙을 길이 누리는 것이 실로 너희들의 행복[다행]이 될 것이고, 우리나라에서도 더욱 너희들의 정성을 보게 될 것이다.'(세종 22/4/24) 時時往來, 相見父母族親, 永享生生之樂, 實爲汝等之(辛)[幸]也, 則我國尤見汝等之誠矣。

다섯째 락생樂生의 길이다, 이는 생생지락을 꿈꾸는 생생의 목표이기도 하다. 그 락생도 다 함께 누리는 락생이다. '만민공락萬民共樂의 세계다.'(세종 11/8/24) 종국에는 종교적인 락천樂天의 세계에까지 이어진다. 생생지락은 하인下人이 생인生人이 되어 더불어 기쁨을 누리는 공락共樂을 지향한다.

공락共樂: 변방에서는 전쟁하는 소리가 끊어지고 백성들은 피난 다닐 노고가 없어졌습니다. 더군다나, 이제는 오곡(五穀)이 모두 풍년이고 '온 백성이 함께 즐거워합니다'.(萬民共樂), 태평성세(太平盛世)의 모습은 당나라나 송나라보다 뛰어납니다.(세종 11/8/24) 邊塞絶戈甲之聲, 黎庶無遷徙之勞, 況今五穀咸登, 萬民共樂, 太平盛際, 超軼唐, 宋。

민은 후회나 회개를 거치며 자성과 감오를 통해 자신自新하여 민생이 안정되며 생인/민이 되어 간다. 생업은 신제와 변역을 통하여 혁신하여 업이 락업이 되어 간다. 생생은 인간은 자신지리를 통하여 갱생하고 사물은 변역을 통하여 창제하고 생생지락은 신앙[종교]적인 감응의 세계에서는 락생을 꿈꾸며, 지향한다. 호생은 상호 사맛하고 서로를 알고 거래[互市]를 통하여 함께 누린다. 공향은 정치적 행위이지만 공락은 사유적 영역의 현상이다. 생생지락은 하민이 생인이 되어 더불어 기쁨을 누리는 락생의 삶과 락천을 지향한다. 궁극적으로는 '공향영수민락생생자共享永邃民樂生生者'가 되고자 한다. 결코 생생자가 된다는 것은 쉽게 얻어지는 길이 아니다.

(세종 이도가 영응 대군 집 동별궁에서 훙하면서 남은 글이다.) 신하를 부리기를 예도로써 하고, 간(諫)하는 말을 어기지 않았으며, 대국을 섬기기를 정성으로써 하였고, 이웃나라를 사귀기를 신의로써 하였다. 인륜에 밝았고 모든 사물에 자상하니, 남쪽과 북녘이 복종하여 나라 안이 편안하여, 백성이 살아가기를 즐거한 지 무릇 30여 년이다.(세종 32/2/17) 使臣以禮, 從諫弗咈, 事大以誠, 交隣以信, 明乎人倫, 察乎庶物, 南北賓服, 四境按堵, 民樂生生者, 凡三十餘年。

임금이 궁에서 훙薨하지 않았다. 한 사람의 생민으로 일반 백성들처럼 아들 영응대군의 동별궁에서 훙하시었다. 세종은 자신의 병과 투쟁하며 업業으로서의 임금의 직을 창제로 연결해 생민生民이 된 '민락생생자'의 한 사람이다. 고통을 이기고 이루어내지 않으면 결코 얻을 수 없는 고행의 길임에 틀림없다. 창조적 생을 살며 생생자가 되는 삶을 보여주었다. 세종은 한사람의 백성으로 민락생생자의 규범이 되었다. 죽었지만 계속 우리 속에 살아있는 삶의 민락생생자 民樂生生者(세종 32/2/17), 영향생생지락永享生生之樂(세종 21/5/14, 세종 22/4/24)로서 전형이 되어 있다.

세종 '생생의 다섯 길'을 다시 우리말 철학용어로 정리해보자.

표. 세종의 오생(세종 생생의 다섯 길)

생생의 길		우리말	
		내[시]	살이[生]
생민生民의 길	新民/生民	새나/산나	산살이/참살이
생업生業의 길	천직	일나	일살이
생생生生의 길	자신自新과 창제	얼나	거듭나기/거듭살이
호생好生의 길	공생과 공향	더불어 누리기	우리살이
락생樂生의 길	공향생생지락	더불어 누리는 거듭살이의 즐거움	

'생생의 길의 외연을 넓혀 유학 사상과 연관해 풀이해 보자.

왼쪽 칸의 인·지·천을 《대학大學》의 수신제가치국 평천하와 연관하여 풀어보면 인人은 사람과 수신제가, 지地는 사물과 땅과 격물치지, 천天은 천리와 성의정심, 공은 치국, 리는 인간과 사물의 원리를 말한다. 한 고을 수령의 평천하는 수령의 직무에 따라 천직정신을 가지고 그 고을을 다스리는 일이다. 한 예로 '언어'에서 보면 문자의 평천하는 인간의 보편적 음성원리에 맞게 음성 기호를 창제하는 일이다.

요소\실현	인	지	천	공(公·共)	리理
인人	생민, 자성	변통	천성	공생共生	본성
지地	로민勞民	생업/생재	변역	생지生地	천직
천天	자신지리	생생지리生生之利	생생	공공公共	생생지리
공公/共	호생	호시互市	생생	여민與民,공형共享/ 공향共享, 공치共治	호생好生
리理	락	생생지락	락생	공락共樂	락천樂天

(주) 공생共生: '공생'은 '共生一天下'(단종실록 1/10/15)로 처음 나온다. '함께 한 하늘에 살고 있다'는 뜻으로《조선실록》 전체 원문은 15건뿐이다.

세종의 '생생의 길'은 순환[천리] - 생성 - 생생을 거친다.

표. 순환 - 생성 - 생생의 길

	순환	생성	생생
물성:	재생	회생, 손익	갱생, 창신
원리:	순환, 천리	변역	자신, 창제
형평:	태평	풍평	융평
공치:	공지	공의	공락

천리天理의 길은 도리의 길로 순환을 통한 재생이다. 순리의 길이다. 생성의 길은 회생과 신제를 이루는데 많은 시정, 시책들을 통해 현실화 한다. 생성의 길이다. 생생의 길은 자신自身과 격물에서 새로움을 이룬다. 자신自新과 창제가 그 나타남이다.

정리 5. 생생의 길 이후

'생생'은《주역》'계사전'에 그 어원이 있다. 역은 변하는 우주 속에서 변하지 않는 법칙성을 찾으려는 노력의 산물이다. 이는 대립과 변전이 진행하는 원리로서의 도道가 인仁과 지知로서 만물을 포섭하는 대업大業으로 나타나는 것이 덕德이다. '만물을 나날이 새롭게 하는 것이 성대한 덕이고 이 생성 발전 변화의 한

없는 연속이 바로 역易이다.'(日新之謂盛德, 生生之謂易) '계사전'에서는 생이 생을 낳고 '온 세상에서 가장 큰 덕은 생명력'이라고 했다. 생명력이란 남을 살리는 것도 되고 자기가 살아가는 힘도 된다.[25)

• 세종의 말일글

세종의 말일글은 개인의 생활 단위로 보면 구체적으로 무엇으로 표상될까. 말은 임금에게는 의지로서의 정치 현장이다. 일은 바로 업과 연결된 직이다. 글은 사상과 철학으로 신제 혹은 창제와 연결된다. 이를 백성의 차원에서 보면 말은 자기 표현이고[소리말로서만], 일은 바로 밥이고 업이고, 글은 경험의 현장에서 응용하는 변역[창신]이라 할 것이다.

일반적으로 법(혹은 중세의 정치)은 규칙을 제시하고 백성은 이를 수용하는 질서를 밟는다. 종교는 이와 달리 진리 순응을 통하여 자각하고 삶을 되새겨 나간다. 그렇다면 세종의 말일글의 정치철학적인 자리는 어디에 서있는 것일까. 한 시대가 긍정적이고 풍요롭다는 것은 백성과 사대부의 관계가 유기적으로 공존하는 즉 공향共享하고 있느냐에 달려 있을 것이다. 세종의 말일글의 정치철학은 백성의 변역 정신 증진과 공향에 이어져 있었다고 할 수 있다.

표. 백성과 사대부의 말일글

신분 \ 담론	말	일	글	비고
백성	개인 의견 여부	밥/노동	경험/창신	육체적-존재의 동력(入/産)
사대부	시정	업/직	사상/창제	정신적 존재의 관계(出/通)

여기서 조심스레 하나의 제안을 해보고자 한다. [26) 우리 역사에서 정치, 경제,

---

25) (참고) 김교빈, 『한국철학 에세이』, 동녘, 2008, 213쪽.
26) 헝가리에서 1880년부터 1920년대 사이에 노벨상 수상자 7명과 울프상 수상자 2명을 포함해 수많은 세계적 연구자들이 나온 시기가 있었다. 핵분열 연쇄 반응을 발견해 원자탄 개발의 초석을 놓은 실라르드, '수소폭탄의 아버지' 텔러, 홀로그래피를 발견한 물리학자 가보르 등이 그 대표적인 인물들이다. 이를 헝가리 현상(The Hungarian Phenomenon)이라고 부르고 있다. 이는 당시 창의적이고 재미있는 교육을 중시하여 수학 문제를 풀면서 사고력을 키우는 교육이 이루어졌다고 한다. 이에 과학·수학 천재가 대거 배출되었다.

사회, 문화, 과학, 국방, 언어에서 획기적인 변화를 일으킨 조선 초 1418년부터 30여 년간의 세종시대의 사회 변화시대를 '세종의 변역현상'[變易風俗 세종 26/2/20)(King Sejong Dialectic Phenomenon) 혹은 개략하여 '세종현상(King Sejong Phenomenon)'이라고 부를 수 있지 않을까 한다. 세종 시대는 사람을 중히 여긴 생민사상과 더불어 사물의 변역이 이루어진 시대여서 '세종의 생민과 변역의 시대'로 부르면 어떨까 조심스레 제안해 본다.(이와 유사한 시대는 정조 시대에 다시 한번 있었다고 하겠다.)

무릇 사공(事功)을 세움에는 가깝고 빠른 것을 귀하게 여기지 않사온데, 국가가 근래에 조치하는 것이 모두 빨리 이루는 것을 힘쓰니, 두렵건대, 정치하는 체제가 아닌가 하옵니다. 만일에 언문은 할 수 없어서 만드는 것이라 한다면, 이것은 풍속을 변하여 바꾸는 큰 일이므로(此變易風俗之大者) 마땅히 재상으로부터 아래로는 백료(百僚)에 이르기까지 함께 의논하되, 나라 사람이 모두 옳다 하여도 오히려 선갑(先甲) 후경(後庚)하여 다시 세 번을 더 생각하고, 제왕(帝王)에 질정하여 어그러지지 않고 중국에 상고하여 부끄러움이 없으며, 백세(百世)라도 성인(聖人)을 기다려 의혹됨이 없는 연후라야 이에 시행할 수 있는 것이옵니다.(세종 26/2/20) 凡立事功, 不貴近速。國家比來措置, 皆務速成, 恐非爲治之體。儻曰諺文不得已而爲之, 此變易風俗之大者, 當謀及宰相, 下至百僚國人, 皆曰可, 猶先甲先庚, 更加三思, 質諸帝王而不悖, 考諸中國而無愧, 百世以俟聖人而不惑, 然後乃可行也。

변역 정신의 상징인 훈민정음 창제는 ㈎ 바삐 서두를 일이 아닌 것으로 ㈏ 풍속을 바꾸는 일이고 ㈐ 모두의 의견을 들어야 하고 ㈑ 세 번을 더 생각하고 ㈒ 외국 주류문화에 어긋나지 않은가 생각하여 ㈓ 더 신중히 여겨 후세에 맡길 일이라고 주장한다. 세종은 이러한 반대와 난관을 극복하며 훈민정음과 여러 제도적·과학적인 신제·창제를 통한 변역變易을 이루어 냈다. 이를 세종현상이라 할 수 있을 것이다.

그러나 그 후 소련식 획일적 교육으로 창의성을 금기시하고 주입식 교육이후부터는 평균 이하의 교육 후진국으로 전락하게 되었다. 교육에서는 호기심을 자극하는 교육이 필요한 것이다.

• 생생 사상/철학 그 이후

이번 연구는 세종철학의 용어와 개념어 찾기와 정리에 주력하여 개념어 정신을 철학과 연결시키는데 소홀했다. 한 번에 두 가지 일을 할 수 없었다. 예를 들면 '생민' '생생', '변역', '공향'을 논하고자 하면 다시 새로운 연구가 더 필요할 것으로 자연스레 다음 과제로 남게 되었다.

그 중에는 실록학 차원에서, 시대 변화에 따른 연구의 예로 앞서 지적한 '공향'이 '대동'이나 '다사리' 정신 등으로 연결되는지 그 계통에 대해 연구해볼 수 있을 것이다. 생생철학은 인간과 사물의 철학이지만 특히 조선 후기에 오면서 실학 혹은 생철학으로 나뉜다. 실학은 역사에서 다루고 있으나 생철학은 철학 부문이어서 또 다른 영역이다. 한국 근대 생철학의 조류와 구조를 설명한 예로 이규성의 논문이 있다. "동학 이후의 한국의 생철학의 조류와 그 특징적 구조를 함석헌의 생철학에 이르기까지 논한 글이다. 먼저는 대종교의 우주와 인생의 형이상학적 생명원리에 토대하여 역사와 사회의 정치적 모색을 개입하여 생철학으로 파악하게 되었다. 그리고 함석헌의 생철학에서 전통적 철학과 내외 합일의 구조와 진보적인 새로운 특징을 해명"하고자 했다.27)

생철학 즉 생명 철학은 조선 후기로 오며 자기 자신을 이해하는 사상을 정치의식[독립운동 등]과 연결하여 해석하고자 했다. 대종교인이었던 박은식(朴殷植 1859~1926), 정인보(鄭寅普 1892~1950)는 양명학의 심학을 시대적 현실과의 역동적 관여를 가능하게 하는 것으로 재해석하고자 하였다. 신채호(申采浩 1880~1936)는 자아의 독립성과 투쟁성을 근간으로 폭력적 무정부주의를, 유영모(柳永模1890~1981)는 불교와 대종교의 허공과 무無의 원리를 이해하는 자아(얼, 영혼)의 절대적 독립성을 토대로 평등한 자유가 화해하는 대동大同의 생生을 진정한 생명의 구현으로 제시하였다. 박종홍(1903~1976)은 헤겔의 창조적 부정을 생의 본질로 이해하고 성실 성[誠誠, 경敬]을 부정의 주체적 조건으로 갖는 이학적理學的 주체성을 경제적 현대화와 정치적 민주화라는 제도적 실천의 토대로 삼고자 하였다.

세계와의 분열과 자기와의 분열은 역사 속에서의 시간적 삶을 곤고한 멍에로

---

27) 이규성, '한국 근대 생(生)철학의 조류와 구조', 한국철학사상연구회, 『시대와 철학』, 2008, 제19권 4호, 19쪽.

자각하게 하고 역사에 저항하게 한다. 이러한 해답은 자기와 세계의 변형이라는 실천적 지평 안에서 이루어졌고 한 전통적 교양을 가진 사람들은 인간자신에 대한 심성론적 이해를 역사에 접근하는 방법에 따랐다. 이 때의 심성은 하나의 본체적 생명원리와 접속되어 있다. 한울이나 기(氣, 동학), 심체(心體, 정인보), 한얼 혹은 신(神, 대종교), 생명 혹은 씨알(유영모, 함석헌)등 다양한 이름으로 지시되었다.28) 근래에 와서는 김지하의 생명사상으로 1980년대 이후의 동학, 율려, 전통사상을 '철학사상'으로 풀이하고 있다.29)

이외에도 앞서 거론한 세종의 생 혹은 생생 철학/사상이 어떻게 우리 역사에 이어지는지에 대한 연구도 한 과제가 되겠다. 한국 삶[生; 생생/생명]철학이 연속성을 갖고 여러 시대를 아우르는 연구로 이어지기를 기대한다.

2. 세종시대, 이후의 세종

세종은 세종 32년 경오년(1450) 2월 17일 여덟째 아들 영응대군 집 동쪽 별궁에서 서거하였다. 처음 영응 대군 집을 지을 때 집 동편에 거처할 곳을 준비해 둔 바 있다.

세종 32년 3월 19일 갑자甲子에 시호諡號를 올리기를 영문예무인성명효대왕이라 하고 묘호를 세종世宗이라 하였다.

1) 세종의 영향

세종이 조선조 문화에 끼친 영향은 광범위하여 쉽게 정리할 수 없을 것이다. 세종의 민본 사상이나 실용 사상이 어떻게 후대에 이어졌는가 하는 것은 좋은 주제가 될 것이고 주체[자주] 사상과 변역정신이 어떻게 스러졌는가는 다른 한 주제가 될 것이다. 여기서는 그런 논리를 떠나 단편적인 모습을 보기로 한다. 용어와 개념들은 시대에 따라 그 의미가 바뀌어간다. 이 과정에서 세종의 실용과 후대 정조 시대의 실학정신과의 연관이 있는지, 생생 정신이 후대 동학란 이후의

---

28) 이규성, 앞의 책, 19~24쪽.
29) 『김지하전집 1, 철학사상전 3권』, 실천문학, 2013.

생명 정신과 연관이 있는가, 등의 여러 문제가 제기될 수 있다.

세종이 이루어 놓은 여러 가지 선례는 조선조 내내 후대 임금과 선비·사대부들에게 하나의 길이고 방향이 되었다.《조선실록》에 나타난 것을 중심으로《필원잡기》,《정암집》,《연려실기술》,《율곡전서》등 몇 고전에서 찾아본다.

그 특징은《세종실록》의 기록을 전범典範으로 삼았다는 것이다. "옛날 선왕조에서는 언제나《세종실록》에 있는 글귀를 외우시고 진전에 갈 때면 그 규례를 쓰곤 하셨다."(教曰: "昔在先朝, 每誦英陵朝實錄中句語, 凡詣眞殿也, 用此例。)(정조실록 16/12/27) 즉 조선조 정치의 기초가 되었다. 후대 여러 조선의 임금이 세종조에 기초한 법전과 제도를 준거기준[frame of reference]으로 삼으며 활용하였다.(이하 실록명에《   》부호를 생략한다.)

- 세종(世宗)께서 이 두 법전[《대전통편》으로 원전과 속전]을 모방하여《경제육전(經濟六典)》을 저술하였다.(정조실록 9/9/11, 1785)
- (주)《경제육전經濟六典》은 1397년(태조 6년)에 조준이 주관하여《조선경국전》을 바탕으로 조선 개국 후의 교지와 조례를 모아 편찬한 법전이다. 조선시대의 다른 법전들과 달리 순한문이 아닌 이두를 섞어서 썼다는 점이 특징이다. 이후 1413년(태종 13년)에는 하륜이《경제육전속록》을, 1428년 (세종 10년)에는 이직 등이《신속육전등록》을, 1433년 (세종 15년)에는 황희 등이《신경제속육전》을 편찬하였다.
- 세종조(世宗朝) 경자년에는 이천(李蕆) 등에게 명하여 이를 고쳐 주조하게 하였으니, 이것이 경자자(庚子字)이고, 갑인년에는 경자자가 섬밀(纖密)하다는 이유로 경연에 소장하고 있던《효순사실(孝順事實)》·《위선음즐(爲善陰隲)》등의 책을 내다가 이를 자본(字本)으로 삼아 김돈(金墩) 등에게 명하여 20여 만 자를 주조하였으니, 이것이 갑인자(甲寅字)인데 이를 사용한 지 3백 년이 되었다.(정조실록 20/3/17)

역사 발전 용어

우리나라를 일컫는 용어는 동국, 소중화, 동방 등이 있고 역사발전으로 소강小康(《숙종실록》14/12/2), 사상으로는 대동정신 등이 있다. '동방'과 '소중화'라는 말이 나오는 첫 기록은 성종 3년 7월 10일의 다음 기사다.

소중화: 예조에서 아뢰기를, "이제 전교를 받으니, 진언(陳言)하는 사람의 말 가운데 우리 동방(東方)이 기자(箕子) 이래로 교화(教化)가 크게 행하여져, 남자는 열사(烈士)의 풍(風)이 있었고 여자는 정정(貞正)의 풍이 있었으므로 역사에도 '소중화(小中華)'라 칭

하였습니다."(성종실록 3/7/10, 1472)

• 동국: 옛부터 우리나라를 동국東國 혹은 동방으로 부르다가 혹은 성리학 시대에는 소중화小中華 시대라 하며 자존감을 가지려 했다. 《조선실록》에 '동국'은 원문으로 346건, '동방'은 1,634건이 있다.

한국 유학의 정치사상에서는 대동사회의 실현에 대한 의욕이 중국의 그것보다 훨씬 강력하게 나타났다. 조광조趙光祖로부터 비롯된 지치주의운동至治主義運動이 가장 대표적인 것이다. 조광조가 중종에게 지성껏 학문을 가르친 것이나 이황李滉이 선조에게 《성학십도聖學十圖》를 만들어 올린 것, 그리고 이이李珥가 선조에게 《성학집요聖學輯要》를 만들어 올린 것 등은 전자의 경우에 속하며, 이러한 지치주의운동의 내용은 천리(天理)가 실현된 이상사회의 건설을 목표로 하는 것이었다. 다른 하나는 현재의 제왕이 수양을 하더라도 지치 실현의 가능성이 없다고 판단되는 경우 그 제왕을 다른 사람과 바꾸게 된다. 중종반정이나 인조반정으로 왕을 바꾼 것이 후자의 경우에 속하는 것이다.

• 소강小康

공양(公羊)의 삼세지학(三世之學)*으로 포폄(褒貶)가 거취(去取)가 모두 다 법도가 있었도다.(18/4/25)

(주) *삼세지학(三世之學): 제(濟)나라 공양고(公羊高)가 춘추(春秋) 공양전(公羊傳)을 지었는데, 춘추를 난세(亂世)·소강(小康)·대동(大同)으로 나누어 해설한 것을 말함.

정치는 예부터 난세 - 소강 - 대동의 발전론을 가지고 있었다. 세종조에 소강에 대한 언급은 있으나 소강이라고 부르지는 않는다.

- 거의 이른 아침부터 밤늦게까지 소강(小康)을 이루기를 생각하다.(태종실록 7/4/18)
- 지금 우리 국가가 소강(小康)이라고 말하다.(태종실록 8/6/25)

태종 조에는 소강이라고 터놓고 말하지는 못한다.
- 오늘날의 소강(小康)을 이루었고.(성종실록 18/5/15)
  이후 중종 때 소강을 걱정하는 기사가 여럿 나온다.
- 지금 조정에 일이 없고 변방이 편안하여 소강(小康)인 것 같으나 내 생각에는 그렇

게 여겨지지 않는다.(중종실록 34/8/28)

이후 숙종·영조·정조 대에는 역사 속의 소강을 거론하며 현 정치에 대한 분석과 비판을 하고 있다.

• 공향共享

세종의 공향 정신은 동학시대에 이르러 새로운 의미의 대동정신으로 이어지는지 살펴 볼 일이다. 최제우(1824~1864)는 '서학(西學)'에 대항하는 유교·불교·선교 등의 교리를 종합한 민족 고유의 신앙인 '동학(東學)'을 창시하였다. 동학은 우리 민족사에 응축된 모든 것을 담고 있었다. 이는 새 시대의 대동사상이었다. 사상의 흐름을 통하여 새로운 개념어 정의는 학문의 기본이 될 것이다.

그밖에 세종의 사상을 다른 시대와 연계해 평가한 기사가 있다. 세종의 사상·철학으로서의 생생, 생민, 생명, 실용, 민본, 중용, 변역, 공향 정신 등의 변화를 역사적으로 비교하는 일이 필요할 것이다. 특히 민본·호생이 후대에 민주 혹은 생명사상과 이어지는 흐름을 연구하는 것도 하나의 과제가 될 것이다.

세종의 품성: 적중이지_ 태종

忠寧雖不能飮, 適中而止。충녕수불능음 적중이지.

충녕은 비록 술을 잘 마시지 못하나 적당히 마시고 그친다.(태종실록 18/6/3) 태종실록 기사이지만 충녕 즉 세종을 두고 하는 말이다.

세종의 위상: 태조·태종에 세종이 짝_ 인조

(예판 최명길이 성종의 체천에 관한 소목의 원리를 아뢰며 대신과의 상의를 청하다) 오직 우리나라의 태조·태종은 명을 받아 나라의 터전을 개척하시느라 문치(文治)할 틈이 없었는데 세종(世宗)께서 이어받아 예악의 제도를 만들어 교화를 크게 행하시니 '동방의 성주'[東方聖主]로 일컬어졌습니다. 세조(世祖)께서는 일시를 무정(武定)하여 공이 창업과 같았으며, 성종에 이르러서는 위엄을 은혜로 바꾸고 엄함을 관용으로 대신해 오례(五禮)의 제도를 정하고 대전(大典)의 글을 기술하셨으니 제작의 성대함이 세종과 짝하고 인후(仁厚)한 깊은 은택으로 태평을 이룬 것은 백년 후인 오늘날에 이르도록 칭송하는 소리가 그치지 않습니다. '세조에게 성종이 계신 것은 마치 태조·태종에게 세종이 계신 것과 같으므로 마땅히 백세토록 종묘에서 제사하여 세종의 아름다움에 짝해

야 하며 세대수의 원근을 마땅히 논할 바가 아닙니다.' '世祖之有成廟, 亦猶太祖, 太宗之有英廟也。固當廟食百世, 配美英廟, 世數遠近, 非所當論也。(인조실록 10/3/17_ 1632)

세종에게 성종이 있듯 태조·태종에게는 '동방성주東方聖主' 세종이 있다. 마땅히 백세토록 종묘에서 제사하여 세종의 아름다움에 짝해야 하며 시간이 흐른다고 앞으로도 그만 둘 일이 아니다. 세종에게 성종이 그리고 태조·태종에게 세종은 대대적對待的 존재가 된다. 역사의 시간은 몇 년 몇 백년이라는 단순한 시계열의 시간이 아니라 '역사'라는 단위 속에서 별도의 시간 개념을 가지고 있는 것으로 보인다.

세종 대와 비교_ 세조

세조 대에는 세종시대가 지난 지 5년밖에 되지 않은 1455년에 시작하여 모든 정사가 세종조와 비교되는 일이 있게 된다.

가) 군자軍資 감소_ 세조
강맹경이 아뢰기를, "근년 이래 연사(年事)가 누차 흉년이 들어서 군자(軍資)가 날로 감소되어, 세종조(世宗朝) 당시의 축적에 비하면 10분의 6, 7이나 감소되었습니다. 옛사람이 이르기를, '나라에 3년 쓸 저축이 없으면 나라가 나라로서 존립할 수 없다.'고 하였는데, 이제 영선(營繕)을 파하는 것이 실로 좋은 계책이 될 것입니다. 다만 종각(鍾閣)은 재목을 이미 갖추었는데 지금 만약 세우지 않는다면 반드시 썩을 것이니, 지금 세우는 것만 같지 못할 것입니다."하여, 의논이 드디어 정하여졌다.(세조실록 7/3/9, 1461)

나) 솜이 부족_ 세조
(대납으로 인하여 솜이 부족해지자 호조에 납부하지 않는 자를 핵실토록 하다)
호조 참판(戶曹參判) 김종순(金從舜), 참의(參議) 안철손(安哲孫)을 불러 묻기를, 세종조(世宗朝)에는 솜[綿絮]이 쓰고도 남음이 있었는데, 지금은 어찌하여 부족한가?(세조실록 8/4/16, 1462)

다) 황랍 부족_ 세조
(도승지) 김종순(金從舜)을 불러 이르기를, 세종조(世宗朝)에는 황랍(黃蠟)의 쓰이는 곳이 지극히 많았으나 남는 것이 있었는데, 지금은 쓰이는 곳이 줄었는데도

<u>도리어 부족한 것은 무엇 때문인가?</u> 이는 반드시 관리들이 함부로 썼기 때문이다.(세조실록 7/9/17, 1461)

세종이 그림을 그렸다는 기사가 세조실록에 나타난다.

세종의 그림_ 세조

(화천군 권공이 세종이 친히 그린 난초 그림을 바치다) 화천군(花川君) 권공(權恭)이 세종(世宗)이 친히 그린 난초(蘭草) 그림을 바치니, 임금이 말과 옷을 내려 주었다.(세조실록 7/4/6, 1461)

세종의 글씨가 한 점 남아 있고 (家傳忠孝 世守仁敬 가전충효 세수인경, 세종필체 모사본으로 해석), 신악을 지은 것은 있었지만(세종 31/12/11), 세조실록에 권공이 세종이 그린 그림을 세조에게 바쳤다는 기사가 보인다. 세종은 그림도 그린 것이다. 이외에 세종은 《월인천강지곡》을 통해 시인으로 불리어야 한다는 의견도 있다.[30]

세종은 글씨와 그림 그리고 신악을 작곡하였고, 시인이었다.

아래부터의 기록은 세종 대를 연원으로 하여 비교하는 기사로 실록의 연대순으로 보기로 한다.

수학_ 세조

(이조에서 역산 생도를 권려하고 징계하는 일의 개선책에 대해 따르다) 이조(吏曹)에서 아뢰기를, 지금 역산 제조(曆算提調)에게 내리신 단자(單子)안에, 정통 13년 (세종 13년 1448) 정월 23일에 역산 생도(曆算生徒)에게 권려하고 징계하는 법을 전지하였으나, 자못 미진한 점이 있다.' 하므로, 지금 다시 마련하여서 아룁니다.

1. 산법(算法)은 육례(六藝)의 하나로 ... 주 나라 이래 위·당 연간에는 산학(算學)이 더욱 전일(專一)하여 유휘(劉徽)와 같이 《구장(九章)》(구장 산술(九章算術). 황제가 예수(隸首)에게 명하여 지은 산수책에 주(註)를 달고 《중차(重差)》*를 속찬(續撰)하고, 순풍(淳風)이 《십경(十經)》을 주해(注解)하고 《보문(補問)》을 자세히 설명하니, 널리 종합되

---

30) Werner Sasse는 《월인천강지곡》 강의에서 세종을 시인으로 칭했다. '세종사랑방' 모임 강연, 2017.3.30. 서울 용산 동아사이언스 세미나실.

고 정밀하고 자세하여져 한때의 독보적(獨步的)인 존재였다. ... 우리 동방(東方)은 멀리 바닷가에 있어서 이미 산서(算書)를 구하지도 못하였으며, 누가 능히 산법(算法)을 알지 못하는데 또 어찌 능히 역법(曆法)을 알겠습니까?

오로지 우리 세종(世宗)께서 역법(曆法)의 밝지 못함을 탄식하고 생각하시어 역산(曆算)의 책(冊)을 널리 구하였는데, 다행히 《대명력(大明曆)》·《회회력(回回曆)》·《수시력(授時曆)》·《통궤(通軌)》와 《계몽(啓蒙)》·《양휘전집(揚輝全集)》·《첩용구장(捷用九章)》 등의 책을 얻었습니다. 그러나 서운관(書雲觀)·습산국(習算局)·산학 중감(算學重監) 등에서 한 사람도 이를 아는 자가 없었습니다. 이리하여 산법 교정소(校正所)를 두고 문신(文臣) 3, 4인과 산학인(算學人) 등에게 명하여 먼저 산법(算法)을 익힌 뒤에야 역법(曆法)을 추보(推步)하여 구하게 하였더니 수년 안에 산서(算書)와 역경(曆經)을 모두 능히 통달하였습니다. 그래도 오히려 후세(後世)에 전하지 못할까 염려하여, 또 역산소(曆算所)를 설치하고 훈도(訓導) 3인과 학관(學官) 10인이 산서(算書)와 역경(曆經)을 항상 익히게 하고, 매일 장부(帳簿)에 적어서 열흘마다 취재(取才)하여 그 근만(勤慢)을 상고하여 부지런한 자를 권장하고 게으른 자를 징계하여 학업(學業)을 연마하게 하였기 때문에 산법(算法)을 아는 자가 서로 잇달아 나왔습니다. 저 삼사(三司)*의 사람들은 승제법(乘除法)* 을 조잡하게 익힐 뿐이요, 입방개법(立方開法)*을 오히려 알지 못하는데, 어찌 3승방(三乘方)·4승방(四乘方)을 능하게 알아서 9승방(九乘方)의 법과 저 방정(方程)·정부*·개방(開方)*·석쇄(釋鎖)·도고(度高)·측심(測深)·중표(重表)·누구(累矩)·3망(三望)·4망(四望)·구고(句股)*·중차(重差)의 법에 이르겠습니까? 역산 학관(曆算學官)은 비단 산서(算書)뿐만 아니라 역경(曆經)에도 또한 능히 익숙하고 겸하여 통달하였으나, 삼사(三司) 사람들의 학업은 맡은 바가 가볍지 아니한데, 만약 역산소(曆算所)가 없었다면 우리나라에서 산법(算法)을 아는 자는 거의 없었을 것입니다. 근년 이래로 학관(學官)이 오로지 도목(都目)에서 빠지므로 실망하여 잇달아서 면할 기회를 엿보아 벼슬하지 않으니, 다른 사람들도 또한 이에 소속하려고 하는 자가 없습니다. 신은 수년이 지나지 않아서 형세가 장차 폐하여 없어질까 두려우니, 원컨대 지금 다시 장려하고 권장하는 휼전(恤典)을 보이시어, 사람마다 흥기하여 전심으로 학업에 힘쓰도록 하여서 공효(功效)를 이루도록 하소서. ... 하니, 그대로 따랐다.(세조실록 6/6/16, 1460)

* 《중차(重差)》: 고대 산술(算術)의 하나.

* 삼사(三司): 서운관(書雲觀)·습산국(習算局)·산학중감(算學重監).

* 승제법(乘除法): 수학의 곱하고 나누는 법.

* 입방개법(立方開法): 세제곱근을 계산하여 그 답을 구하는 방법. [註 420] 방정(方程): 방정식(方程式).

* 정부: 양수에 해당하는 수가 정수(正數), 음수에 해당하는 수가 부수(負數).

* 개방(開方): 제곱근이나 세제곱근 따위를 계산하여 그 답을 구하는 일.

* 구고(句股): 직각 삼각형(直角三角形)에서 세 변의 길이를 구하는 방법.

조선의 수학은 세종이 터를 닦았음을 보여주고 있다. 이 수학의 전통은 조선 후기 실학시대까지 이어진다.

공신_ 성종

(지평 김수손·헌납 유문통 등이 좌리 공신이 마땅치 않음을 아뢰다) 사헌부 지평(司憲府持平) 김수손(金首孫) 등이 와서 아뢰기를, "금번의 좌리 공신(佐理功臣)은 무슨 공(功)이 있습니까? 태평한 시대에 공(功)을 논하는 것은 마땅치 않습니다." 하니 전지하기를, "금일의 공신(功臣)을 봉(封)한 것은 부득이한 형편일 뿐이다." 하였다. 대간(臺諫)에서 또 아뢰기를, "만약 태조·태종의 시대라면 공신이 있는 것이 마땅합니다. 세종(世宗)의 태평한 조정에서는 공신이 없었는데, 지금 이에 무슨 까닭으로 공(功)을 보답하려고 하십니까? 청컨대 봉(封)하지 마소서." 하니 전지하기를, "대역복(大歷服)을 이어서 지금의 아름다움에 이르렀으니, 어찌 그 공이 없겠는가?" 하였다.(성종실록 2/3/27, 1471)

공신_ 성종

(집의 손순효·사간 성준 등이 좌리 공신을 정한 것이 부당함을 아뢰다) 지금 우리 주상 전하(主上殿下)께서 왕위를 이어받아 나라를 다스리시는 것이 바로 세종대왕(世宗大王)과 서로 같으시니, 세종대왕께서 번저(藩邸, 개인사택)에서 들어와서 대통(大統)을 계승하신 지 33년 동안에 태평(太平)스러운 정치를 이룩하였으나 이른바 좌리 공신(佐理功臣)이란 칭호가 없었는데, 그 사이에 어찌 한두 번 정도 봉(封)할 만한 공훈(功勳)이 없었겠습니까? 대저 이른바 공신(功臣)이라고 하는 자는 반드시 그 공(功)이 사직(社稷)에 있으며 그 덕(德)을 생령(生靈, 백성) 에게 입힌 다음이라야 나라에서 이론이 없게 되며, 사람들도 더불어 다투지 않는 것입니다.(성종실록 2/3/28, 1471)

세종의 검소함_ 성종

옛날 세종 대왕(世宗大王)께서는 일찍이 풍속이 사치하고 참람된 것을 미워하시고, 간각(間閣)의 제도를 세우시니, 대군(大君)은 60간(間), 공주·왕자는 50간, 종친(宗親)·문무관 2품 이상은 40간, 3품 이하는 30간, 서인(庶人)은 10간(間)으로써 억지로 제도를 정하여, 그 분수를 넘고 제도에 지나친 집은 아울러 철거하게 하였습니다.(성종실록 2/6/8, 1471)

개가죽 옷_ 성종

(제용감에서 쓸 수 없는 것은 옷을 만들어 군사에게 나누어 주게 하다) 신 등이 생각하건대 양계(兩界)2669) 연대(煙臺)의 수졸(戍卒)은 추위를 참으며 망을 보고 있으니, 마땅히 구휼(救恤)하는 바가 있어야 합니다. 세종조(世宗朝)에는 개가죽으로 만든 갖옷[裘衣]을 주었으니, 지금은 가히 이것으로써 옷을 만들어 내려 주소서.(성종실록 3/11/26, 1472)

세종의 속육전_ 성종

우리 태조(太祖)께서 고려(高麗)의 판탕(板蕩)* 된 뒤를 이어서 세상의 도리를 유지하기 위한 제도로서 《원육전(元六典)》*을 창제하여 세우셨는데, 그 뒤에 세종(世宗)께서 오히려 절목(節目)의 미비함을 고려하여 또 《속육전(續六典)》을 지으셨습니다. ... 그 《대전》에 없는 조문은 새로 세우지 말도록 하며, 《원육전》과 《속육전》 두 법전을 통용하여 선왕(先王)의 옛 법을 보존하여 분경(紛更)776) 의 조짐을 없애도록 하소서.(성종실록 4/10/2, 1473)

(참고) *판탕(板蕩): 정치를 잘못하여 나라가 어지러워짐.
　　　《원육전(元六典)》: 《경제육전(經濟六典)》.

호생_ 성종

호생지덕好生之德은 《세종실록》에 원문으로 20건 나온다. 태종은 32건 성종은 42건, 중종 72건이다. 정치가 평탄치 않은 임금에게서 많이 보인다. 임금의 자질과 연관이 있겠다. 세종의 호생정신에 대한 후세 제 삼자의 평가인 《성종실록》을 보자.

삼가 생각하건대 우리 태조(太祖)께서는 개국의 운수에 응하여 고려의 번거롭고 까다로운 법을 고쳐서 흠휼(欽恤, 죄인의 심리審理를 신중히 함)과 명신(明愼)으로써 선무(先務)를 삼도록 하였었다. 태종께서는 이것을 계승하여 형벌을 규정하기만 하는 정치를 이루었으며, '세종의 사람 살리기를 좋아하는 덕과 사람을 죽이지 않는 인자(仁慈)는 백대의 제왕보다 뛰어나서 일찍이 형벌을 신중히 하라는 교서를 내리셨고, 고금 형옥(刑獄)의 거울을 삼을 만하고 경계를 할만한 것 10여 조목을 낱낱이 채록하도록 하여 수만 언(數萬言)이 넘었으니, 정녕(丁寧)한 교회(教誨)는 형벌을 맡은 사람으로 하여금 본받아서 연구하게 하고 준수하여 시행하도록 하였었다.' 이러한 세종(世宗)의 마음은 곧 대순(大舜)(순 임금의 존칭)의 형벌을 신중히 하여 죄인을 불쌍히 여기는 마음인 것이다. 그런데 어찌해서 세종께서는 대순의 형벌을 신중히 하여 죄인을 불쌍히 여기는 마음을 가졌는데도, 사사(士師)의 관원은 한 사람도 고요(皐陶)와 같이 송사(訟事)를 공평하게 처결한 일이 없었는지? 이것은 진실로 탄식할 만한 일이다.(성종실록 6/8/26, 1475) 世宗好生之德, 不殺之仁, 高出百王, 嘗下恤刑之敎, 歷採古今刑獄之可鑑可戒者十餘條, 踰數萬言, 丁寧誨諭, 欲使司刑者, 體而究之, 遵而行之。

특히 성종은 '세종호생지덕'을 높이 여기고 있다. 이런 호생정신이 현실 정치에서 나타나지 않는 것을 탄식하고 있다.

박연 인정_ 성종

(영사 정창손이 아악과 속악을 구분하기를 청하다) 경연에 나아갔다. 악기(樂記)(《예기(禮記)》의 편명)를 강하다가, 영사(領事) 정창손(鄭昌孫)이 아뢰기를, 음악(音樂)의 쓰임은 큰 것입니다. 세종(世宗)께서 매사에 뜻을 기울이지 아니함은 아니나, 음악에 대해서는 더욱 마음을 써서, 일찍이 박연(朴堧)과 말하기를, '너는 내가 아니었다면 음악을 만들지 못했을 것이고, 나도 네가 아니었다면 역시 음악을 만들기 어려웠을 것이다.' 하였는데, 아악(雅樂)과 속악(俗樂)이 그 때에 비로소 나뉘어졌습니다.(성종실록 9/11/7) 御經筵, 講《樂記》, 領事鄭昌孫啓曰: 樂之爲用大矣我世宗每事無不致意, 而於音樂尤用意焉, 嘗與朴堧語曰: '汝非我不能作樂, 我非汝亦難作樂', 雅, 俗樂, 於是始分。

인재 고르기_ 성종

(대사헌 이극기 등이 정사의 치란 득실 등에 관해 상소하다) 삼가 살피건대 세종조에서는 어진 인재를 세밀하게 가려서 후설(喉舌)(승지承旨를 가리킴)에 두고 반드시 그 직임에 오래 있게 하여 그 사람이 어진지를 익히 알고 나서야 초탁(超擢)하여 대관(大官)으로 옮겼으며, 좌부승지 이하는 가선대부(嘉善大夫)가 될 수 없고 도승지로서 가정대부(嘉靖大夫)를 제수(除授)받은 자도 적었으므로, 당시에는 인재를 얻었다는 칭찬이 있었고 후세에서는 외람되게 제수하였다는 비평이 없습니다. 지금은 그렇지 아니하여, 임명한 지 오래지 않아서 매우 자주 갈고 으레 다 차서를 뛰어넘어 승진하니, 사체(事體)를 헤아리면 적당하지 않은 듯합니다.(성종실록 9/12/11, 1478)

투화投化한 자 많아_ 연산군

이극균이 아뢰기를, 세종·세조 조에는 야인(野人)을 중히 대우하였기 때문에 투화(投化)하여 와서 시조(侍朝, 대개 야인 등이 귀순하여 벼슬하는 것을 일컬어, 사조(仕朝)와 구별하여 쓴 듯함)한 자가 많았습니다. 또 영안도(永安道, 함경도)에는 연변 성 밑에 투화해 와서 거주하는 자가 자못 많은데, 평안도에는 피차 멀리 떨어져 있기 때문에 역시 투화하는 자도 없었습니다.(연산군 일기 3/5/28)

대신이 일_ 중종

참찬관(參贊官) 문근(文瑾)은 아뢰기를, 우리나라의 일로 본다면 세종조에는 대신이 일을 총괄하므로 국가가 존엄하고 조정이 당당하여 치화(治化)가 크게 행하여졌으나, 지금은 대신이 원대한 일은 하지 않고 문부(文簿, 문서정리)의 말단만 힘쓰며 비록 일을 총괄한다 하더라도 별로 하는 것이 없습니다.(중종실록 13/2/13, 1518)

인재_ 중종

설경(說經) 구수담(具壽聃)은 아뢰기를, "인재는 학교에서 나오니 교양(教養)하는 방법을 소홀히 하여서는 안 됩니다. 우리 태조(太祖)께서 창업하신 이후로 세종을 거쳐 문종 때에 이르러 인재가 번성하였으나 세조(世祖)조(朝)에 이르러 여러번 환란을 겪어서 인재가 거의 없어지고, 성종께서 길러낸 선비는 폐조(廢朝)에 탕진되었습니다." (중종실록 27/1/30, 1532)

예악과 문물_ 명종

"예악(禮樂)과 문물(文物)이 세종조에 모두 완비되었는데 그때 세종께서 이에 대해 아셨고 박연(朴堧)도 잘 봉행했다는 것은 위에서도 이미 들어서 알고 있다. 지금은 위에서 음악을 모르므로 단지 유사(有司)가 마음을 다하기만을 믿을 뿐이다. 그밖에 납철 등의 일은 해조가 때맞춰 거행하지 못했으니, 아뢴 뜻이 마땅하다." 하였다.(명종실록 7/7/10, 1552)

예악과 문물_ 선조

(《논어》를 강하고 기대승이 예악과 교화, 전대의 인물 등에 대해 아뢰다) 세종조(世宗朝)에 이르러서 예악과 문물이 찬연히 일신(一新)되었습니다.(선조실록 2/윤6/7, 1569)

인재 선발, 상례에 얽매이지 않아_ 선조

오직 세종 대왕(世宗大王)의 정치가 참으로 본받을 만한데, 그 때에는 사람을 쓸 적에 상례(常例)에 얽매이지 않고 어진 사람에게 맡기고 재능 있는 사람을 부려서 각각 그 재기에 맞게 했으므로 어진 사람과 불초한 사람의 분수가 정해졌으니, 오늘날에도 반드시 사람을 가려서 벼슬을 주고 책임을 맡겨 성취를 요구해야 모든 공적이 빛날 수

있을 것입니다.(선조실록 6/10/12, 1573)

세종의 기신_ 선조

장헌 대왕(莊憲大王) 의 기신(忌辰)이었다.(선조실록 35/2/17, 1602)

장헌대왕은 세종장헌대왕(世宗莊憲大王)이다. 기신(忌辰, 기일)일이고 이후 선조 37년, 39년, 40년에도 기사가 있다.

오래 쓰기_ 선조

현재 수륙 절도사(水陸節度使)가 14진(鎭)이 있는데, 임기가 쉽게 차서 해마다 교체하니, 한정된 인재로 어찌 능히 다 적임자를 얻을 수 있겠습니까. 우리나라 세종조에는 병사(兵使) 하경복(河敬復)을 5년간 교체하지 않았습니다. 마땅히 조종조를 본받아 참으로 적임자 를 얻으면 오랜 기간 맡기어 성공을 거두도록 해야 합니다.(선조실록 38/7/27, 1605)

효성_ 인조

《국조보감(國朝寶鑑)》을 상고해 보건대 세종과 명종(明宗)은 천성적으로 효성이 지극하신 분이었는데, 양암하는 제도를 쓰지는 않으셨어도 삼대 이후로 두 성주(聖主)만큼 훌륭한 분은 없었습니다. 옛말에 이르기를, '요·순을 본받고자 하거든 조종조를 본받으라.' 하였습니다. 성상께서 한가한 시간에 늘 《국조보감》을 열람하시면 반드시 도움되는 바가 있을 것입니다.(인조실록 8/1/20, 1630) 考諸《國朝寶鑑》, 則世宗, 明宗誠孝出天, 雖無亮陰之制, 而三代以降, 未有盛於二聖也。

(주) 양음亮陰 ☞ 양암(諒闇): 임금이 거상(居喪)함을 이르는 명칭.

예악제도·태조 태종과 세종 짝하기_ 인조

오직 우리나라의 태조·태종은 명을 받아 나라의 터전을 개척하시느라 문치(文治)할 틈이 없었는데 세종(世宗)께서 이어받아 예악(禮樂)의 제도를 만들어 교화(敎化)를 크게 행하시니 동방의 성주(聖主)로 일컬어졌습니다. ... 세조에게 성종이 계신 것은 마치 태조·태종에게 세종이 계신 것과 같으므로 마땅히 백세토록 종묘에서 제사하여 세종의 아름다움에 짝해야 하며 세대수의 원근을 마땅히 논할 바가 아닙니다.(인조실록 10/3/17, 1632)

결단_ 인조

(대사헌 김상헌이 변방의 방비책 등을 상소로 건의하다) 우리 세종(世宗)이 김종서(金宗瑞)를 보내 육진을 개설하신 것을 한때의 의논들 역시 대부분 부당하다고 하였으나, 후세에서 본다면 분분한 말들을 과연 믿을 수 있겠습니까. 오직 명주(明主)가 결단을 내려 힘써 실천하는 데 달려 있을 뿐입니다. 신의 어리석은 계책을 감히 스스로 옛사람에게 견주는 것이 아니라 단지 고금의 일을 처리한 득실의 결과를 진술하는 것입니다. 삼가 바라건대 성명께서는 가려 선택하소서.(인조실록 13/11/11, 1635)

세종조 실록_ 효종

(세종조 때의 실록을 적어 올리게 하여 본받을 것을 정원에서 아뢰다) 본받아야 합니다. 우리나라의 치적 중에서는 세종조(世宗朝)가 가장 훌륭하여 모두 후세의 법이 될 만합니다.(효종실록 1/2/7, 1650)

요역徭役 고통 _ 효종

(전 영의정 이경석이 전지에 응해 올린 인사·형벌·붕당 등에 대한 상소)우리 세종(世宗)께서 변계량(卞季良)에게 이르기를 '빈풍(豳風)'(《시경》의 편명)과 무일편(無逸篇)에 농사짓는 어려움이 상세히 기재되어 있지만, 본토의 풍속은 중국과는 다르다. 민간의 생업에 대한 어려움과 요역(徭役)에 대한 고통을 경이 달에 따라 그림으로 그리고 이어 경계(儆戒)하는 말을 지어서 올리라.' 했는데, 경계하는 말은 방책(方冊)에 기재되어 있습니다만, 특별히 그림을 그리게 한 것은 그 의도가 매우 성대한 것이었습니다.(효종실록 4/1/6, 1653)

신하 예우 _ 효종

(대사간 김익희가 올린 혈기에 따르지 말고 너그러이 다스리라는 상소) '세종 대왕(世宗大王)은 동방의 성주였습니다. 신이 삼가 그 행장을 살펴보건대, 그 내용에 신하들을 예우하였으며 선한 사람을 아름답게 여기고 능치 못한 사람을 딱하게 여겼다.'고 했으니, 어찌 전하처럼 준엄한 말로 제대로 하지 못한다고 책한 적이 있었겠습니까. 재상의 반열과 시종신에 이르러서도 어떤 사람은 일을 말하다가 어떤 사람은 과실로 인한 죄 때문에 시장에서 종아리 맞는 듯한 수모를 받은 사람이 얼마이며 감옥에 내려 다스린 사람이 얼마이며 사적(仕籍)에서 삭제되어 귀양간 사람이 또 그 얼마입니까. 오가는 사람들이 도로에 끊이지 않고 있으니, 이는 실로 선조(先朝) 수 십년 사이에 있지 않던 현상입니다.(효종실록 4/1/24, 1653) 世宗大王, 東方聖主也。臣伏見, 其行狀有曰: 禮

遇群臣, 嘉善而矜不能。

정치에서 인재를 다루는 시범 모델로 세종을 삼아 대사간 김익희가 효종에게
소를 올리고 있다. 세종은 착한 사람은 아름답게 여기고 능력이 모자란 사람은
矜긍 즉 '불쌍히 여기고', '괴로워 하고', '아꼈다'.

인재와 공의公議_ 숙종

(우의정 민정중이 김덕원을 잠시 견책하고 차후에 다시 등용할 것을 건의하다) 옛날
세종조(世宗朝) 때에는 비록 황희(黃喜)와 허조(許稠) 등과 같은 명신(名臣)이 후한 대우
가 융숭하였지마는, 만약 대간의 탄핵을 받으면, 일찍이 머뭇거리는 일 없이 곧바로 윤
허하여 따랐다가 조금 후에 또 거두어 등용하였으니, 참으로 인재를 중히 여겼지만, 공
의(公議)도 또한 막을 수 없었던 때문입니다. 이로써 인재를 사랑하고 아끼는 뜻과 이
에 시비를 밝히는 방법이 다같이 행해지면서도 어긋나지 않았으니, 이는 참으로 성자
신손(聖子神孫)이 마땅히 모범할 것입니다.(숙종실록 6/7/28, 1680)

세종시 궁인 수_ 숙종

(우의정 이단하가 흉작으로 백성의 기근·각종 제향의 절감을 상소하다) 신이 또 근
래 고 정승 이경여(李敬輿)가 효종조(孝宗朝)에 올린 차자를 보니 세종 대왕(世宗大王)
때는 궁인(宮人)이 1백 명 미만이었고, 어구(御廐)의 마필(馬匹)이 열 마리도 안되었다
는 말이 있습니다. 세종 대왕은 곧 우리나라의 성군(聖君)이십니다. 나라를 다스리는
데에는 마땅히 조종(祖宗)을 본받아야 하는 것이니, 이 점을 생각하소서.(숙종실록 12/
11/29, 1686)

세종의 간하라_ 숙종

(옥당에서 군주의 덕에 관한 응지하는 차자를 올리다) 옛날 우리 세종대왕께서 일찍
이 말씀하시기를, '지나간 옛일을 두루 살펴보건대 오히려 견거(牽裾)하면서 간절하게
간(諫)하는 자가 있었다. 지금이 비록 소강(小康, 세상이 다스려짐)이라고 하나, 과감하
게 말하는 자가 있는 자를 볼 수가 없는 것은 무엇 때문인가?' 하시면서 항상 심회(心
懷)를 열어 간언을 구하시며 할 말을 다하도록 힘쓰셨으니, 이것이 동방(東方)의 요순
(堯舜) 같은 군주(君主)가 되었던 까닭입니다.(숙종실록 14/12/2, 1688)

세종의 정사_ 숙종

　(좌의정 유상운이 남구만을 소환할 것을 청하니 그대로 따르다) 대신(大臣)과 비국(備局)의 여러 재신(宰臣)을 인견(引見)하였다. 좌의정 유상운(柳尙運)이 성의와 예절을 더욱 돈독히 해서 남구만을 소환할 것을 청하니, 임금이 그대로 따랐다. 유상운이 말하기를, "세종(世宗)은 정사(政事)에 부지런하여 불시(不時)에 대신(大臣)을 소견(召見)하였기 때문에, 그 당시의 상신(相臣) 허조(許稠)는 비록 공청(公廳)에서 퇴근한 이후라도 감히 공복(公服)을 벗지 못하였다 합니다. 신이 15년 전에 연석(筵席)에 출입할 때는 매양 입시(入侍)한 후에 비로소 오고(午鼓, 정오 알리는 북)의 소리를 들었는데, 이제는 반드시 합문(閤門) 밖에서 그것을 듣게 되니, 아마도 '해가 기울도록 밥 먹을 여가도 없다[日昃不暇]'는 도리가 아닌 듯합니다." 하니, 임금이 말하기를, "내가 마땅히 유념하여 경계하겠다." 하였다.(숙종실록 21/6/13, 1695)

세종의 사람 재주 살리기_ 영조

　(각사에 구임하는 관직에 한해) 이광좌가 말하기를, 세종(世宗)과 성종(成宗)의 태평스러웠던 정치는 사람들이 지금까지 칭송하고 있는데, 그때는 재주가 형판(刑判)을 감당할 만하면 형판을 구임시키고 재주가 승지(承旨)를 감당할 만하면 승지를 구임시켰으며, 그 재주가 합당치 않으면 비록 친애하는 신하라 하더라도 망령되게 벼슬을 제수한 적이 없었습니다.(영조실록 즉위/9/18, 1725)

문채_ 영조

　(소대에 나가니 이종성이 내탕고 혁파를 청하는 이가 없음을 탄식하다) 임금이 소대(召對)에 나아갔다. … 우리나라가 초기에는 실질을 숭상하다가 세종조(世宗朝)에 이르러 문채(文采)가 아주 구비되었다.(영조실록 7/12/9, 1731)

언로言路_ 영조

　세종(世宗) 때에는 황희(黃喜)와 같은 원신(元臣)·석보(碩輔)가 있었으니, 그 제우(際遇)가 융숭하고 공렬(功烈)이 성대한 것이 어찌 지금 사람이 견줄 바이겠습니까마는, 한 번 대언(臺言)을 당하면 정승을 파면하기에 이른 것이 한두 번뿐이 아닙니다. 그 언로를 붙들어 세우고 대신(大臣)을 예로 임용하는 방도가 아울러 행해져서 어그러지지 않았으니, 이것은 참으로 천고의 성대한 일이고 후세에서 본받아야 할 것입니다.(영조실록 16/4/22, 1740)

육진 조용부과 없어_ 영조

(함경 감사 이종성이 군제의 개편에 관해 상소하다) 함경 감사 이종성(李宗城)이 상소하였는데, 대략 이르기를, 생각하건대 우리 태조께서는 북방[朔方]에서 나라를 일으키셨고, 세종(世宗) 때에 이르러서는 육진(六鎭)을 건치(建置)하였는데, 그 백성들에게는 변경을 지키는 수고로움은 있어도 조용(租庸)의 부과는 없었으며, 그 군사에게는 기갑(騎甲)이라는 칭호는 있었지만 노로(奴虜, 사로잡혀 종이 됨) 라는 비천함은 없었습니다.(영조실록 23/7/3, 1747)

진연례_ 영조

성주 목사 한덕일과 장단 부사 이언희를 조사하게 하다特진관 이익정(李益炡)이 진연례(進宴禮)를 행하기를 청하고, 또 세종조(世宗朝)의 구례(舊禮)를 상고하여 양로연(養老宴)을 행하기를 청하였다.(영조실록 41/4/11, 1765)

세종의 태배법_ 영조

(영조 대왕 행장行狀) 아조(我朝)의 세종(世宗)께서도 태배법을 없애셨는데, 더구나 오형(五刑)에 없는 압슬형이겠는가? 영구히 없애라.' 하셨다.(영조실록 127권 영조대왕 행장)

사치방지_ 정조

민경세가 궁궐의 의복과 물건을 검소하게 할 것을 청하다 신이 듣건대, 세종장헌대왕(世宗莊憲大王)께서 일찍이 풍속이 사치한 것을 근심하여 연석(筵席)에 나아가 탄식하시니, 고(故) 상신(相臣) 황희(黃喜)가 아뢰기를, '오늘부터 비롯하여 전하께서 허름한 옷을 입는 덕을 힘쓰시기 바랍니다. 신도 무명 이불을 덮는 검약으로 백관(百官)을 이끌겠습니다.' 하였는데, 뒷날 조연(朝筵)에서 장헌 대왕께서 몸소 빤 옷을 입으시고 고 상신도 폐포(弊袍)를 입으니, 그래서 조정의 백관이 다투어 본받아 감히 화려한 복식으로 반행(班行)에 출입하지 않아서 풍속이 일변하였다 하니, 아! 성대합니다. 세종 대왕께서 40년 동안 태평하게 다스리신 교화는 아닌게 아니라 이 한 거조(擧措)에 근본한 것입니다.(정조실록 3/9/18, 1779)

강송법_ 정조

(원점과를 별도로 설치하여 문재가 있는 사람을 선발하게 하다) 승지를 소견하였다. 하교하기를, "하나의 경서(經書)를 강송(講誦)하게 하는 법은 세종조에서 처음으로 창

설하였는데, 중간에 폐기하고 행하지 않았다. 선묘조(宣廟朝)에 이르러 원점(圓點)*에 의한 과시(科試)를 설치하여 다시 강법(講法)을 시행하였는데, 삼경은 주석(註釋)을 제하고 자원(自願)토록 하였고 사서는 추생(抽栍)하여 면강(面講)하게 하였으나 이 또한 중간에 폐기되어 시행하지 않았다. 숙묘조(肅廟朝)임술년(숙종 8년 1682)에 이르러 고(故) 상신(相臣) 남구만(南九萬)이 계속하여 다시 시행하기를 청하였다. 증광(增廣)·별시(別試)·절제(節製)는 전처럼 시취(試取)하되 원점과(圓點科)를 따로 설치하여 시취한다면, 재학(才學)과 문화(文華)가 있는 사람을 거의 얻을 수 있게 될 것이다." 하니, 승지 정지검(鄭志儉)이 아뢰기를, "이와 같이 시취한다면 실재(實才)가 있는 사람을 얻을 수 있을 것입니다." 하였다.(정조실록 5/7/2, 1781)

(주) *원점: 원점(圓點): 조선조 때 성균관 유생(儒生)의 출석·결석을 점검(點檢)하기 위하여 식당(食堂)에 들어갈 때에 도기(到記)에 찍던 점. 아침·저녁 두 끼를 1도(到)로 하여 50도에 이르면 과거를 볼 자격을 얻음.

전장典章 제도_ 정조

《대전통편》을 반포하다) 《대전통편(大典通編)》이 이루어졌으니, 국조(國朝)의 전장제도(典章制度)에 관한 책이다. 태조(太祖)가 처음으로 법제(法制)를 마련할 적에 원전(原典)과 속전(續典) 두 가지가 있었다. 세종(世宗)께서 이 두 법전(法典)을 모방하여 《경제육전(經濟六典)》을 저술하였고, 세조께서 최항(崔恒)·김국광(金國光) 등에게 명하여 《경국대전(經國大典)》을 편찬케 하였는데, 성종조[成廟朝]에 이르러서야 완성되었으며, 또 이어서 《대전속록(大典續錄)》을 이루었다. 중종조[中廟祖]에 《후속록(後續錄)》이 있었고, 숙종조[肅廟朝]에 《집록통고(輯錄通考)》가 있었으며, 영조[英宗]갑자년(영조 20, 1744)에 김재로(金在魯) 등에게 명하여 《속대전(續大典)》을 찬술(撰述)하였다.(정조실록 9/9/11, 1785)

규례쓰기_ 정조

옛날 선왕조에서는 언제나 《세종실록》에 있는 글귀를 외우시고 진전에 갈 때면 그 규례를 쓰곤 하셨다. 敎曰: 昔在先朝, 每誦英陵朝實錄中句語, 凡詣眞殿也, 用此例.(정조실록 16/12/27)

갑인자 300년_ 정조

(정리주자가 완성되다) 정리주자(整理鑄字)가 완성되었다. 전교하기를, "우리나라에서 활자로 책을 인쇄하는 법은 국초(國初)부터 시작하여 태종조(太宗朝) 계미년에 경연에 소장하고 있던 고주본(古註本) 《시(詩)》·《서(書)》·《좌전(左傳)》의 글자를 대본으로

하여 이직(李稷) 등에게 명해서 10만 자를 주조하게 하였으니, 이것을 계미자(癸未字)라고 한다. 세종조(世宗朝) 경자년에는 이천(李蕆) 등에게 명하여 이를 고쳐 주조하게 하였으니, 이것이 경자자(庚子字)이고, 갑인년에는 경자자가 섬밀(纖密)하다는 이유로 경연에 소장하고 있던 《효순사실(孝順事實)》·《위선음즐(爲善陰隲)》 등의 책을 내다가 이를 자본(字本)으로 삼아 김돈(金墩) 등에게 명하여 20여 만 자를 주조하였으니, 이것이 갑인자(甲寅字)인데 이를 사용한 지 3백 년이 되었다. 내가 임진년에 동궁에 있으면서 대조(大朝)에 앙청하여 대내에 있던 갑인자로 인쇄한 《심경(心經)》과 《만병회춘(萬病回春)》 두 책을 내다가 이를 자본으로 삼아 5만 자를 주조하여 보관하였으니, 이것이 임진자이다. 내가 즉위한 원년인 정유년에는 관서백(關西伯)에게 명하여 본조 사람 한 구(韓構)의 글씨를 자본으로 삼아 8만여 자를 주조하게 하여 역시 내각(內閣)에 보관하였다. 대체로 전후로 주조한 활자의 동체(銅體)가 일정하지 않아서 인쇄하려면 젖은 종이를 써서 고르게 붙이고 한 판을 찍을 때마다 별도로 몇 사람을 세워서 주묵(朱墨)으로 활판의 형세에 따라 교정을 하게 하는데도 오히려 비뚤어지는 염려가 있었으며 걸핏하면 시일이 걸리곤 하였다. 그래서 인쇄를 감독하는 여러 신하들이 누차 이를 말하였다. 임자년에 명하여 중국의 사고전서(四庫全書) 취진판식(聚珍板式)을 모방하여 자전(字典)의 자본을 취해서 황양목(黃楊木)을 사용하여 크고 작은 글자 32만여 자를 새기어 '생생자(生生字)'라고 이름하였다. 을묘년에는 《정리의궤(整理儀軌)》 및 《원행정례(園幸定例)》 등의 책을 장차 편찬·인행하려는 계획 아래 명하여 생생자를 자본을 삼아서 구리로 활자를 주조하게 하여 크고 작은 것이 모두 30여 만 자였는데 이를 '정리자(整理字)'라 이름하여 규영(奎瀛) 신부(新府)에 보관하였다." 하였다.(정조실록 20/3/17, 1796)

이밖에 고전에 세종에 대한 평가가 나온다. 몇 예만 요약으로 본다.

나와 김종서

비록 내가 있으나 만일 김종서가 없었다면 이 일을 족히 할 수 없을 것이오 비록 김종서가 있으나 내가 없었다면 족히 이 일을 주장하지 못했을 것이다.(《연려실기술》제3권 세종조 고사본말) 雖有寡人 若無宗瑞 不足以辨此事 雖有宗瑞 若無寡人 不足以此事。

모후병환

모후께서 병환이 들어 마침내 효험을 얻지 못하였는데, 몸이 죽고 사는 것은 감히 염려할 것이 아니다.(《증보문헌비고》 제66권 禮考 13 國恤 2) 母后遘疾竟不得效 身之死生所不敢恤。

세종과 이순신

〈난중일기〉 1592년 1월 17일. 저녁에는 쇠사슬(鐵鎖)을 고정시킬 돌을 실어올 일로 선생원(先生院)으로 배 4(척)을 보냈다.

(주) * 쇠사슬 전술의 최초 출처는『진서(晉書)』의「왕준열전(王濬列傳)」에 나온다. 임진왜란 발생 1300년 전. 그 내용은 조선시대 무과시험 과목이기도 했기에 이순신도 읽고 공부했던 송나라 사마광이 지은『자치통감(資治通鑑)』, 조선 세종이 명해 편찬한『역대병요(歷代兵要)』에도 같은 내용이 나온다.

· 〈난중일기〉 1592년 2월 17일. 맑았다. 나라 제삿날(세종의 제사)이라 좌기하지 않았다.
· 〈난중일기〉 1593년 2월 17일. 새벽에 (나라의 제삿날-세종-이라) 재계(齋)했다.[31]

---

31) 齋(재)는 재계(齋戒)이다. 제사를 하기 전의 의식이다. 몸과 마음과 주변을 깨끗이 하고 부정한 일에 관계하지 않으며, 단정히 앉아 세상 일에 대한 생각을 끊고 정신을 집중해 돌아가신 분을 추념하는 일이다. 그렇게 해서 도아가신 분이 눈앞에 보일 만큼 간절한 경지에 도달해야 한다. 이런 정신상태에 이르렀을 때 제사를 봉행해야 신이 제대로 강림하게 된다는 것이다.(한국고문서학회 엮음, 《조선시대 생활사》, 역사비평사, 1997, 65쪽) 홍기문·이은상·이석호·송찬섭·고정일은 번역을 하지 않았다. 최두환은 '일제히', 노승석은 '서재'로 번역했다. 그러나 이날은 본래 세종의 제삿날이다. 1592년과 1596년 같은 날 일기를 보면, "나라 제삿날이라 좌기(坐起)하지 않았다"는 기록으로 보아 재계를 했다고 추정할 수 있다. 게다가 그날 이순신이 쓴 〈웅천의 적을 수륙 합공할 일을 아뢰는 장계〉에 따르면, 이순신은 "신이 오늘 2월 17일 술시(戌時)에 경상도(慶尙道) 거제도(巨濟島) 칠천량(柒川梁) 앞바다에서" 이 날 일기에 있는 것처럼 임금의 명령서를 받았다. 칠천량 앞바다에 서재가 있을 수는 없다. 유희춘의 《미암일기》, 유희춘의 《미암일기》, 1568년 4월 7일. "문정왕후의 國忌이므로 재계(齋)를 하고 고기를 먹지 않았다(素)." 1573년 6월 4일. 先考의 大忌日이 초6일이다. 전부터 미리 3일을 齋戒했는데 금년부터는 나이가 60이 넘었기 때문에 오늘 齋戒를 하면서 素食을 안했다. 기력이 이미 쇠했기 때문이다. 1574년 2월 10일. 齋戒하느라 客이 왔으나 보지 않았다. 나는 大忌의 齋戒를 하기 위해 西房으로 옮겨 가서 잤다. 1574년 5월 13일. 내일 새벽에 時祭를 지내기 위해 齋戒하느라 客을 볼 수 없었다. 금산 군수 임성무가 왔으나 역시 보지 못하고 갔다. 발을 씻고 손톱을 깍았다.1574년 5월 14일. 파루에 일어나 머리빗고 세수하고 흑단령을 입고 공경히 祖와 考의 지방을 쓰고 南軒에다 祭物을 차리고 제사를 지냈다. 1576년 2월 11일. 닭이 울자 일어나 머리빗고 세수하고 의관을 차리고, 공경히 祝文을 쓰고 날이 환히 밝아서 先夫人께 제사를 지냈는데 先公과 함께 사랑의 대청에서 지냈다. 안방이 좁아서 넓은 당으로 나간 것이다. 계문이 執事를 하고 제물은 대충 갖추어졌다. 일이 많은 탓으로 약과를 만들지 못해 아쉽다. 오희문의 《쇄미록》 1593년 5월 8일, "성균관의 대성전, 명륜당, 존경각, 식당, 정록청이 모두 타 없어지고, 다만 聖殿의 俠門 및 典祠廳만이 남아있고, 좌우의 齋房은 반쯤 탔으며," 이로 보면 齋는 제사를 위한 건물 혹은 방이라고도 볼 수 있다.

· 〈난중일기〉 1594년 2월 17일[32]. 맑았다. 따뜻하기가 초여름 같았다. 아침에 상선(上船, 지휘선)을 연기 그을리는(烟燻) 일 때문에 활터 정자(射亭)로 올라가, 여러 곳에 제송공문을 써 보냈다. 오전 10시(巳時)에 우수사가 들어왔다. 행수군관(行首軍官) 정홍수(鄭弘壽)와 도훈도(都訓導)를 군령에 따라 장(杖) 90에 처했다. 이홍명(李弘明)과 임희진(任希璡)의 손자도 왔다. 대나무로 총통(竹銃筒)을 만들어 왔기에 시험으로 쏘았다. 소리는 비슷했으나, 특별히 쓸 만하지는 않았다. 우습다. 우수사가 이끌고 온 전선이 단지 20척이었다. 더욱 한스럽구나. 순천 부사와 우조방장이 와서 활 5순을 쏘았다.(자료 제공: 박종평)

훈민정음 해석_ 최석정

최석정(崔錫鼎, 1646~1715)은 조선 후기 숙종 시기에 여덟 번이나 영의정에 발탁된 인물이다. 그 조부는 최명길(崔鳴吉 1586~1647)이고 스승은 남구만이다. 최석정은 훈민정음 연구서로 《경세정운經世正韻》을 1678년 숙종 4년에 저술했다. 소옹(邵雍, 1011~1077)의 《황극경세서皇極經世書》에서의 역학을 훈민정음에 적용한 것이다. 물론 훈민정음의 창제 원리를 역학적 모형으로 설명한 것은 이미 훈민정음해례에 제시되어 있던 것이기는 하지만 그는 이러한 <u>기존의 이론을 바탕으로 자신의 사유와 의견을 덧붙여 훈민정음의 연구를 진척시켰다</u>.[33] 최석정은 훈민정음의 기원을 열수상형(列宿象形)에 있다 하고, 초성의 17자는 오행의 차례(次例)를 바탕으로 한 것이며, 중성의 11자는 태극·음양·팔괘를 바탕으로 한 것이라고 하였다.

(참고) 최석정(崔錫鼎): 1646(인조 24)~1715(숙종 41). 조선 후기의 문신·학자.

(아래 서거정, 조광조, 이율곡, 조헌, 이수광의 세종평가는 조남욱의 『성군 세종대왕』의 내용 일부를 참고했다.)

서거정徐居正(1420~1488)

권근의 외손자다. 세종 26년에 과거시험 합격 후 집현전박사에 이르렀다.(《필원잡기筆苑雜記》)
· 세종은 천성으로 학문을 좋아하여 왕자시절 책을 읽음에 항상 백번씩 읽었다.
· 세종이 아악을 정리했는데 박연이 도와서 이루어졌다. 세종은 또 자격루, 간의대, 흠경각, 앙부일구 등을 제작하게 했는데 구조가 매우 정밀하였으며 모두 임금 자

---

32) 2월 17일은 세종의 제삿날이라 공무를 보지 않은 해도 있다.
33) (참고): 이희재, 『동양사상의 이해』, 신아사, 2014, 175쪽.

신의 생각에서 나왔다.

- 세종이 문치에 정신을 기울여 즉위 2년 후에 처음으로 집현전을 설치하고 문사를 뽑아 조석으로 고금의 일을 논하게 하니 인재를 많이 얻었다.
- 신숙주가 숙직하는데 밤 늦게까지 촛불 속에 글을 읽다가 잠이 들자 임금이 담비로 만든 겉옷을 벗어 그가 잠들 때 덮어 주었다. 선비들은 그런 소문을 듣고 더욱 힘쓰게 되었다.
- 집현전을 설치하고 선비들에게 긴 휴가를 주어 차례로 입직하게 하되 산에 들어가서 독서하게 하는데 그 비용을 관에서 제공하였다.
  '권채 등에게 여가를 주어 글을 읽게 한 뒤로 그 말하는 것을 들으니 자못 예전과 다름이 없다.(세종 12/5/18) 自賜暇讀書之後, 聽其談論, 殊異昔日。

조광조趙光祖(1482~1519)

- 세종대왕은 항상 근정전에 앉아 정성으로 온갖 노력을 다했습니다. 그리하여 대신 황희와 허조는 관청의 근무를 마치고도 옷을 다 벗어놓지 못했다고 합니다. 그 이유는 '임금이 불시에 부르는 일이 있을 것 같아서였다'라고 합니다.(《정암집》 권3, 「시독관 때의 진언 8」)
- 말년에 궁중에 불당을 지으려하니 학사들은 집으로 돌아가 마침내 집현전은 빈 공간이 되었습니다. 이에 세종은 눈물 흘리며 정승 황희를 불러 이르기를 '집현전 학사들이 나를 버리고 가버렸으니 어찌하면 좋겠는가?'고 하니, 황희는 '제가 가서 회유해보겠습니다.'라고 말했습니다. 곧 그는 모든 학사들의 집을 찾아가서 돌아갈 것을 간청했습니다. ... 이렇게 하고야 사기를 배양시킬 수 있는 것입니다. 당시 성균관 학생들이 황희에게 책망하기를 '당신은 재상이 되어서 임금의 잘못을 바로 잡지 못하는가?'라고 할 때 그는 노여워하지 않았습니다. 이것이 황희다운 모습입니다 대신의 도리는 마땅히 이와 같아야 할 것이므로 세종대의 정치는 오늘날에도 칭송되는 것입니다.(《정암집》 권3, 「참찬관 때의 진언 2」)
- 세종 때에는 만호[무관 6품] 직위의 관리들도 청렴결백을 서로 높이고 있었습니다. ... 그 당시 집현전 학사로 있던 박팽년이 광주 지역에 밭을 샀을 때 구의 친구가 말하기를 '공직의 급여로 경작을 대신할 수 있을 것인데 그렇게 밭을 사서 무엇을 하려는 것인가?'라고 하니, 곧 팔아버렸다고 합니다. 이를 통해서도 당시 선비들의 습성이 어떠했던가를 알만 합니다.(《정암집》 권3, 「참찬관 때의 진언 112」)

율곡 이이李珥(1536~1584)

"유교를 높이고 도리를 중히 여기며 인재를 기르고 예악을 제정하여 후세에 넉넉함을 세웠다. 우리 동방의 정치는 이때에 왕성하여 오늘날에 이르기까지 전하는 은택이 없어지지 않았다." 《동호문답東湖問答》 우리나라에서는 중국의 옛 도가 실현되지 못함을 논함. [論我朝古道不復]

"세종 시대에 들어 국가가 내외적으로 안정되어 선비들이 존중받고 인재가 양육되었으며, 예악이 정비되어 후손들이 잘 살 길을 터놓았다. 이로써 우리나라 만년의 운이 세종에게서 처음 그 기틀이 잡혔다." (이이, 《율곡전서》 3권)

"현인과 재능 있는 이를 쓸 때 그 신분을 따지지 않았고 임용하고 말을 채택함에 오롯이 참소와 이간질이 들어갈 수 없게 했다."(《율곡전서》 2권 '소차') 세종을 소통의 군주라고 평가했다.

"오직 세종대왕의 정치가 참으로 본받을 만하다. 그 당시 사람을 쓸 때는 상례常例에 얽매이지 않았다. 어진 사람에게 업무를 맡기고 재능 있는 사람을 시켜서 각각 그 재기에 알맞게 했으므로 어진 사람과 불초한 사람의 분수가 정해졌다." (《선조실록》 6년 10월 12일 '이이·김우동 등이 성학과 인심도심을 논함)

조헌趙憲(1544~1592)

임진왜란 때의 의병대장 조헌은 상소문에서 다음과 같이 세종을 말했다. "세종대왕께서는 국정을 챙기는 때나 제사를 준비하는 말에도 [常參傳;向之日] 강론을 멈추지 않으셨고 온화한 안색으로 조용히 살피며 묻기를 집안의 아비와 자식같이 하였습니다." (《중봉집》 권4, 「의상십육조소」)

이수광李睟光(1563~1628)

"조선 초기에는 고려가 망한 뒤를 이은 상황이어서 예악에 손을 쓸 겨를이 없었다. 그런데 세종이 철음으로 종 鍾·경磬 등의 악기와 당악 국악의 아보를 정했다. 보루각에 물시계를 만들어 사용하도록 하였으며 《칠정편》, 《오례의》, 《삼강행실》, 《명황계감明皇誡鑑》, 《치평요람》, 《역대병요》 등의 편찬은 임금이 직접 주관하여 나온 것들이다."(《芝峯類說》)

훗날 세종의 뜻을 이어 받으려 생육신·사육신을 낼만큼 전조의 임금에게 몸과 마음으로 충성을 보낸 신하와 그에 따른 사건이 있었던가. 이는 단순히 세조에

반대한 권력 쟁투가 아니라 세종의 뜻을 주요하게 여기는 의義의 결의였다고 보아야 할 것이다

세종은 세종 이후 조선 정치와 문화에 큰 영향을 미쳤다. 앞으로의 과제는 철학, 정치철학 그리고 훈민정음 등을 통하여 세계적으로 세종의 뜻을 더 알릴 수 있어야 할 것이다. 한마디로 세종의 세계화가 앞으로의 과제가 된다.

(참고) 구글에서 2017년 8월과 2018년 3월의 기사 검색을 보자. 'Abraham Lincoln' 기사는 4천 600만 개/ 5천 330만개다. 'King Sejong'은 46만개/ 45만 5천개다. 영어로 된 것이고 미국 주도이니 그럴 것이다. 일본의 중세 인물인 'Tokugawa-iyeyasu'는 73만 4천/72만 5천개다. 우리가 세종을 국제화 하는데 아직 소홀한 듯하다. 한편 'Leonardo Davinci'는 6천 350만개다.(2018년 3월)

구글에서 한국어로 '세종'은 3천9백 70만개/3천5백70만개, '링컨'은 416만개/ 319만개다. 한국어로 된 세종 기사는 많으나 국제화로서의 영어 기사는 아직 적음을 확인할 수 있다.

2) 시대의 한계

세종이라고 완벽할 수 있는가. 자신과 시대의 문제를 풀어나가는 모습을 보고 우리는 감동을 받는 것이다. 그러나 어느 시대에나 늘 한계는 있다. 세종 철학과 직접 관련은 없으나 세종의 정치적 차원에서 보면 아쉬운 점이 있다.

• 외국인 하례

세종조에 회회 관련 기사가 15건 나온다. 세종 즉위년에는 회회들이 와서 송축한다.(세종 즉위/9/27) 이후 7년, 8년, 9년 정초에도 망궐례에 참가한다.

그 중간에 회회교(回回敎)의 사문(沙門) 도로(都老)에게 쌀 5석을 내려 준 일도 있었다.(세종 4/2/1)

그런데 9년에 계(啓)가 올라온다. 예조에서 혼사에서 가난한 사람은 빚을 내기까지 하므로 그 폐가 적지 않아 사치한 폐백에 대해 계책을 올린다.(세종 9/4/4) 이때 회회와 관련해 계하기를, "회회교도(回回敎徒)는 의관(衣冠)이 보통과 달라서, 사람들이 모두 보고 우리 백성이 아니라 하여 더불어 혼인하기를 부끄러워합니다. 이미 우리나라 사람인 바에는 마땅히 우리나라 의관을 좇아 별다르게 하지 않는다면 자연히 혼인하게 될 것입니다. 또 대조회(大朝會) 때 회회도(回回徒)의 기도(祈禱)하는 의식(儀式)도 폐지함이 마땅합니다." 하니, 모두 그대로 따랐다.

의상과 기도가 문제가 되었다. 이후 수시역과 회회역법 언급(세종 25/7/6), 이순지의 회회역법(세종 27/3/30) 언급 외에는 회회기사가 사라진다. 세종조뿐이 아니라 조선조 역사에서 거의 회회와의 교류나 문화가 사라지게 된다. 이는 중기 이후 성리학의 확대로 더 이상 외래문화가 자리잡을 터를 잃은 것으로 보인다.

• 수군과 해양

(전함을 폐지하는 문제에 대해 논의하다) 임금이 말하기를, "각도와 각 포구에 비록 병선은 있으나, 그 수가 많지 않고 방어가 허술하여, 혹 뜻밖의 변을 당하면, 적에 대항하지 못하고 도리어, 변환(邊患)을 일으키게 될까 하여, 이제 <u>전함(戰艦)을 두는 것을 폐지하고 육지만을 지키고자 한다.</u>" 하니, 판부사 이종무와 찬성사 정역(鄭易)들이 답하기를, "우리나라는 바다에 접해 있으니, 전함이 없어서는 안 될 것입니다." 이지강(李之剛)이 아뢰기를, "고려 말년에 왜적이 침노하여 경기까지 이르렀으나, 전함을 둔 후에야 국가가 편안하였고, 백성이 안도하였나이다." 하니, 임금이 말하기를, "이사검과 이덕생 들이 병선 5척으로 적에게 포위당하고, 실었던 쌀 45석을 주었으나, 이것은 양책(良策)이 아니다. 그러나 주지 않으면 반드시 해를 입게 되니, 부득이 준 것이다."하니, 여러 사람이 말하기를, "5척의 병선으로 38척을 가진 적에게 포위당하였으니, 싸우면 패할 것이므로, 쌀을 주어 일단 안심하게 한 뒤에 원병을 기다린 것입니다." 하니, 임금이 말하기를, "적이 만일 병선이 많이 모일 것을 알면, 병선이 오기 전에 반드시 먼저 급히 쳐 올 것이니, 이것이 실로 염려되는 바이다."하였다.(세종 1/5/14, 1419)

경험이 지식이라는 것은 이런 경우를 두고 하는 말이다. 이론적으로는 세종이 맞는 것 같으나 넓게 보면 아닌 것이다. 이론과 경험[역사적 경험]의 차이가 드러나는 장면이다. 세종은 이때 신하의 말을 듣는다. 여기서 바른 임금의 모습을 본다. 이후 해로와 섬의 개발 등에서 많은 실적을 쌓는다.

• 후계자 키우기

젊은 관리를 키우지 않은 일 그리고 후계자를 바로 키우지 못한 일을 세종의 약점으로 잡는 논자가 있다. 일명 수긍이 가는 지적이다. 당대에 할 일을 앞세워 일 할 수 있는 사람들을 마음껏 활용한 나머지 정성을 드리고, 학습 기간이 필요하고, 기다려야하는 후대의 인재들을 기르지 못한 면이 있다.

그러나 키워 놓은 인재들과 임금의 관계는 더없이 공고했음은 사육신과 생육신을 통해 반증되고 있다. 당대의 권력을 위해 당생을 일삼은 일은 역사에 많지만 돌아가신 임금과의 약속과 대의를 위해 몸을 내던진 사건은 흔하지 않다. 세종이 조성한 신하의 의리가 얼마나 공고한지를 보여주는 예가 되겠다. 의를 위해 목숨을 던지는 참 선비의 모습을 역사 속에서 찾아볼 수 있다. 이를 세종의 신하와 수양대군 세력과의 정치 싸움으로 해석하는 것은 큰 뜻을 놓치는 일일 것이다.

• 문자

훈민정음이 반포되고 그 사용에 더욱 박차를 가하지 못한 아쉬움이 남는다. 유교와 한문 그리고 중국과의 관계 등 문자가 사회적 이데올로기로 작용하고 있던 시대이다. 훈민정음이 국가의 공식문자가 되는 것은 1894년 고종 31년 11월 21일 조선 개국開國 503년으로 갑오경장의 해이다. 1446년 훈민정음 반포 이후 448년 후다.

> 칙령 제1호에서 제8호까지 보고하다.
> 제1, 공문식(公文式)
> 제14조, 법률·칙령은 모두 국문(國文)을 기본으로 하고 한문(漢文)으로 번역을 붙이거나 혹은 국한문(國漢文)을 혼동한다.
> 제2, 포고(布告)
> 제15조, 일체 법률이나 칙령은 관보(官報)로 포고한다. 그 시행 기한은 법률이나 명령으로 정한 대로 한다.(고종실록 31/11/21, 1894)

이때의 국한문체는 조사나 어미, 순수 우리말로 된 관형사 외는 모두 한자로 적는 '이두식 국한문체'로 한문체에 비해서 상대적으로 진보를, 전통 주류 국한문체에 비해서는 상대적 퇴보를 보여주는 규정이다.

• 화폐

태종 1년 4월 16일 사섬서에서 저화 발행케 하여 태종 2년 1월 6일 처음 저화楮貨 2천 장을 발행했다.(저화 1장 당 면포 1필_ 길이 가로 20센티에 세로 10센티. 이후 사용을 하지 않아 가치가 1/20으로 떨어졌다. 저화 한 장은 2,500원 정도의 가치가 있다.)

세종은 화폐 사용을 촉진시키기 위해 세종 5년 1423년 '조선통보'를 발행했다. 이후 성종도 시도하고 선조 36년(1603)에는 화폐 발행 관청을 두었으나 구리부족으로 실패하고 인조 다음 효종 때도 실패 한다. 이후 대동법 실시를 통해 숙종 때 '상평통보'를 발행했다. 은 한 냥에 동전 200문으로 정착, 성공했다. 이는 이앙법이나 담배, 인삼 등의 상품 작물이 늘어나자 잉여물의 시장 거래가 촉진되었기 때문이다.

상평통보: (대신과 비변사의 제신을 인견하다. 돈을 만들어 사용하게 하다) 돈은 천하에 통행하는 재화인데 오직 우리나라에서는 조종조(祖宗朝)로부터 누차 행하려고 하였으되 행할 수 없었던 것은, 대개 동전이 토산이 아닌데다 또 민속(民俗)이 중국(中國)과 달라 막히고 방해되어 행하기 어려운 폐단이 있었다. 임금이 ... 명하여 상평통보(常平通寶)를 주조하여 돈 4백 문(文)을 은(銀) 1냥(兩)의 값으로 정하여 시중(市中)에 유통하게 하였다.(숙종실록 4/1/23, 1678)

이후 1905년 조선은행권 지폐가 등장한다. 단위는 원圓이다.

• 노비

천민에 대하여는 백정白丁이라 하여 기능에 따라 직을 주어 구속을 없애려 했으나 시대적 한계에 머물고 만다. 천민 - 노비 문제는 세종 이후 420년이 지나야 풀리게 되는 과제였다. 순조 1년 (1801) 1월 28일 (내노비와 시노비의 혁파를 하교하다) 하교하기를, "선조(先朝)께서 내노비(內奴婢)와 시노비(寺奴婢)를 일찍이 혁파하고자 하셨었으니, 내가 마땅히 이 뜻을 계술(繼述)하여 지금부터 일체 혁파하려한다. 그리고 그 급대(給代)는 장용영(壯勇營)으로 하여금 거행하게 하겠다." 하고, 인하여 문임(文任)으로 하여금 윤음(綸音)을 대신 지어 효유하게 하였다. 그리고 승지에게 명하여 내사(內司)와 각 궁방(宮房) 및 각 관사(官司)의 노비안(奴婢案)을 돈화문(敦化門) 밖에서 불태우고 아뢰도록 하였다.

그리고 다시 한번 고종 31년 6월 28일 군국기무처에서 연좌제 금지, 문벌 타파, 신분제 철폐 등의 의안을 올린다. "공노비(公奴婢)와 사노비(私奴婢)에 관한 법을 일체 폐지하고 사람을 사고파는 일을 금지한다."(고종실록 31/6/28, 1894)

• 며느리〔여자〕에 대한 인식

세종은 소헌왕후 심씨가 8남 2녀를 낳았다. 총 6명의 부인에게서 22명의 자녀를 두었다.

이에 비해 아들인 문종은 여자를 가까이 하지 않는 성격 탓도 있었겠으나 소위 여자복이 없었다. 그런데 이런 근저에는 세종의 '여자 고르기'에 대한 문제점도 한 몫 했다고 이야기하지 않을 수 없다.

문종의 첫 번째 세자빈은 휘빈 김씨인데 세자가 김씨에게 마음을 쓰지 않자 김씨가 미혹시키는 방법으로 압승술을 쓰다가 발각되었다. 신을 태워 가루를 몰래 마시게 하려 했고 뱀이 교접할 때 흘린 정기를 닦아 몸에 지닌다든가 하는 사건이 발각되어 김씨는 폐출되었다.

두 번째 세자빈으로 봉씨를 간택하였는데 결정적으로 동성애를 하여 역시 폐출되었다.

세 번째 부인은 양원(良媛) 권씨를 를 골랐는데 단종을 낳고 이튿날 숨을 거두었다.

그밖에도 넷째 며느리인 임영대군의 아내 남씨를 내쫓았다. 조부와 외가 시절에 정신병이 있어 내보낸 것이다.

8남 영응대군은 판중추부사 송복원의 딸과 재혼하였다. 그러나 건강이 좋지 않아 세종은 병약한 며느리 송씨를 사가로 내보냈다. 영응대군은 두 번째 배필로 정충경의 딸을 맞이하였다. 그러나 세종이 승하하자 정씨를 물리고 다시 송씨를 데려다가 함께 살았다.(세종 13/2/2)

세종의 며느리 고르기 즉 여성을 보는 눈은 남녀의 관계를 도덕의 기준을 중시한 나머지 남녀 본인들의 성격과 의사를 도외시한 결과가 오히려 불행을 낳은 요인이 되지 않았는가, 하는 추리를 하게 된다.

(세자비 간택 방식에 대해 신하들과 의논하다) 임금이 또 지신사(知申事) 정흠지(鄭欽之)에게 이르기를, "이제 동궁(東宮)을 위하여 배필을 간택할 때에는 마땅히 처녀를 잘 뽑아야 하겠다. 세계(世系)와 부덕(婦德)은 본래부터 중요하나, 혹시 인물이 아름답지 않다면 또한 불가할 것이다. 나는 부모된 마음에서 친히 간택하고자 하나, 옛 예법에 없어서 실행할 수가 없으므로, 창덕궁에 모이게 하고 내관(內官)으로 하여금 시녀(侍女)와 효령 대군(孝寧大君)과 더불어 뽑게 해야겠는데 어떻겠는가."

하니, 황희·맹사성·변계량·신상·윤회 등은 모두 "좋습니다." 하였으나, 허조만 유독 "불가(不可)하옵니다. 만약에 한 곳에 모이게 하여 가려 뽑는다면 오로지 얼굴 모양만을 취하고 덕(德)을 보고 뽑지 않게 될 것입니다."하였다. 임금이 말하기를,

"잠깐 본 나머지 어찌 곧 그 덕(德)을 알 수 있으리오. 이미 덕으로서 뽑을 수 없다면 또한 용모(容貌)로서 뽑지 않을 수 있겠는가. 마땅히 처녀의 집을 찾아 돌아다니면서 좋다고 생각되는 자를 예선(豫選)해서, 다시 창덕궁에 모아 놓고 뽑는 것이 좋겠다." 하니, 모두가 좋습니다, 하였다.(세종 11/8/4)

허조가 덕德을 보자고 하자 세종은 덕을 보되 용모를 보자고 보태고 있다. 덕과 용모, 이런 의식 속에 남녀, 성격 등 당사자들의 의견이 무시된 점이 있었을 것이다.

• 연구의 다양성과 관점

세종 연구는 여러 분야의 학자, 연구자들에 의해 새로운 논지들이 나오고 있다. 그러나 그중에는 관점이 특이하여 세종에 대한 의문에서 출발하여 글을 적었는데 그 글이 더 큰 의문을 던져주기도 한다.[34]

'세종은 과연 성군인가'라는 글에서 이영훈은 세종이 '부민고소법'(세종 2년, 1420)을 통해 노비의 권리를 축소했다는 것이다. 그리하여 그 반대로 영조는 노비제도를 개선해서 성군이라 치켜세운다. 노비제도가 금지된 것은 제도적으로는 1801년 순조 때다. "승정원으로 하여금 노비안(奴婢案)을 거두어 돈화문 밖에서 불태우게 하라."(순조실록 1/1/28, 1801)고 했다. 이런 논리라면 순조 이전의 모든 임금은 노비제도에서 자유스럽지 못한 셈이다. 그리고 기생에 대해서도 종모법으로 환경이 더 나빠졌다고 한다.

세종 이후 몇 백 년의 시간이나 사회 환경 요인, 시대상황이 다 제거되는 해석은 그 목적이 무엇인지 의문을 증폭시킬 뿐이다.

더불어 세종의 공녀, 매 진헌 등의 사대 외교를 말한다. 작은 희생을 통한 신뢰를 바탕으로 파저강 전투의 이해를 얻고 영토를 지켜나간 세종의 큰 그림은 도외시하는 것 같다.

---

34) 이영훈, 『세종은 과연 성군인가』, 백년동안, 2018.
　　李碩圭, '조선초기 관인층의 민에 대한 인식', 『역사학보』 제 151집.
　　文重亮, '세종대 과학기술의 '자주성' 다시보기', 『역사학보』 3, 제 189집, 2006.

이석규는 '조선초기 관인층의 민에 대한 인식'이라는 글에서 민본사상은 민유방본民惟邦本이라는 선언적 명제에 근거하여 민에 대한 통치자의 '시혜施惠'를 강조함으로써 유교정치사상에 핵심적인 위치를 차지한 것이라 한다. 그리하여 도덕적 능력이 하열下劣한 민에 대한 관인층의 '책임'을 강조한 것이 이 시기의 민본사상이라고 규정짓는다. 더불어 민이 천天으로까지 높여진 이유는 관인층의 민에 대한 자의적인 지배를 스스로 억제하려는 것이었다고 부언한다.

조선 초기를 대상으로 한 주제여서 전반적으로 당시의 지배층의 이중성을 지적한 것이지만 신분을 뛰어넘어 인재를 키우는 세종의 현능賢能 정책이나, 제도 개선, 신제 정신 등을 고려하면 세종 시대의 특성이 도외시 된 해석으로 아쉬움을 갖게 한다.

문중량은 "세종대 과학기술의 '자주성', 다시보기"에서 농업기술은 따라하기, 의약학은 약재 국산화, 그리고 훈민정음은 읽는 소리가 다르다는 것의 인식, 음악은 세종은 고제古制를 따르되 단지 인조 밀랍기장을 써서 고제를 구현했다는 것이다. 그리고 시간에서 옥루는 유교가 궁극적으로 지향하는 자연의 이치를 순리대로 구현한 것이라고 한다. 이에 고유한 개별성이나 특수성을 추구한 것이라기보다 오히려 보편적이고 선진적인 중국의 것을 배워 익히려는 여러 노력의 과정에서 나온 성과들이라는 것이다. 긍정적으로는 조선의 과학기술을 선진국 중국의 과학기술 수준으로 끌어 올리려는 과정에서 조선이 중국과 다르다는 사실 즉 조선의 특수성과 개별성을 비로소 인식하면서 나타난 표현에 불과한 것이라고 한다.

이 주장은 고제 연구, 수용, 다름의 인식, 개량 신제, 창제의 순서에서 앞뒤를 바꾸고 있는 듯하다. 여러 발명은 무에서 나오기보다 기존 것의 개량에서 나오는 것이 많다고 본다면 세종 시대의 신제, 변역 정신과는 거리가 있어 보인다. 훈민정음을 두고 그 기능의 일부인 소리적기에 국한해 보는 것은 언어로서의 문자가 갖는 인류 문화적 역동성을 너무 소홀히 한 해석이라 하겠다.

세종에 대해 과업 중심으로 평가하여 성군, 성왕, 군사君師 등으로 규정하는 것을 피하고, 사유하는 인간으로서 '임금이 직職'이라는 사실에 근거하여 여러 행도行道 속에 숨어있는 사유와 행위의 체계를 '세종의 사상'으로 정리하는 일은, 앞으로의 세종 연구에서도 계속 유효한 방향이 될 수 있을 것이다.

후기

　세종의 철학을 연구하기 위한 전제로 《세종실록》의 용어를 찾아보았다.

　생생이며 생민, 생생, 변역, 공향 이외에 업/직, 호생, 자신지리 등이 철학적 개념어가 되기 위해서는 역사 해석과 문헌 검증, 철학적 접근 등 더 많은 논증과 정리가 필요하다. 그리고 실록의 문헌 읽기에서 설명이 아닌 분석과 해석을 해보려는 노력도 필요하다.

　"역사 속에서 회군, 정난靖難, 반정反正, 환국換局, 난亂 등의 용어는 사실이 아니라 과거의 사람들 특히 승자들이 평가하고 붙인 용어들이다. 따라서 지극히 주관적이고 가치가 부여되어 있는 위험한 것이다. ... 따라서 풀과 가위로만으로 역사를 쓰겠다는 실증주의는 과거의 평가도 역사적 사실로 인정해서 고스란히 받아들이는 경향이 있다. 그런 것은 썩어빠진 실증주의에 불과하다. ... 회군이라는 말은 단지 하나의 사실만을 말할 뿐이다. 분명히 정권 탈취를 위한 군사적 행동으로 쿠데타에 불과하다. ... 우리 역사에서 가장 혁명다운 혁명은 조선의 건국밖에 없다. 혁명의 기준에 정확하게 부합한다."[1]는 의견도 있다.

　이 논리로 보면 이방원의 '왕자의 난'은 쿠데타이고, 세조의 '계유정난', '중종반정'도 쿠데타이다. 정여립 모반 사건은 서인이 일으킨 미수에 그친 쿠데타이고, 인조반정은 정여립사건에서 미수에 그친 서인이 기어코 이루어 낸 쿠데타이다. 숙종의 환국 정치도 실질적으로 쿠데타이고 숙종 때의 '세도정치'는 패거리 정치인데 환국정치는 군주가 당파를 선택하는 반면 영조 정조 때 서로 공존하면서 한 탕평정치는 군주가 사람을 선택한다.[2]

　한편 역사 읽기도 삶이 녹아나지 않은 것은 역사나 철학이 될 수 없다고 조동일은 말한다. "세계적인 진리를 지향하는 사상이라도 삶에 뿌리를 내려야 하므

---

1) 손영식, 『조선의 역사와 철학의 모험』, 울산대학교출판부, 2013, 213~215쪽.
2) 손영식, 위의 책, 216~220쪽.

로 민족의 특색을 지니지 않을 수 없다 하고 ... 인내천의 독창적 사상을 이룩한 세계를 이어야 하고 유럽철학을 한국어로 소화해서 재창조하기 위해서도 과거를 돌아보아 한다.3)

그러하다. 세종의 철학을 찾기 위하여 세종의 말일글을 먼저 세종의 언어[용어]로 정리해 본 것이 이번 글이다. 생민과 변역에 대한 개념 논구가 어디에 있느냐는 반문이 돌아올 수도 있다. 단적으로 여기 등장한 생생, 생민, 변역, 공향 등의 용어 하나씩만 가지고도 또 다른 연구논문이 필요할 터인데 거기에 이들을 다시 유기적으로 구성하는 일이 뒤따라야 하겠기에 연구의 범위는 넓어진다 하겠다. 앞으로 논리적 탐구를 이어가야 할 것이다. 더불어 《세종실록》을 읽을 때에는 사학을 근간으로 실록학, 유학, 불교, 철학일반, 심리학, 심학, 커뮤니케이션과 연관되어 있음에도 유의해야 할 것이다.

---

3) 조동일, '우리말로 철학하기 역사적 과업, 『21세기문학』, 창간호 이수, 1997, 104쪽 ; 홍윤기, 철학함의 철학, 『이땅에서 철학하기』, 솔, 140~172 쪽.

ㄱ

가부지의可否之議: 하고 말고에 대한 논의.(세종 30/9/27)

간행언청諫行言聽: 간하면 행하시고 말하면 들어주시었다.(세종 21/12/18)

강거목장綱擧目張: 그물[網]을 들면 그물눈[目]이 저절로 열리다.(세종 32/2/22) 원칙을 지키면
　　일은 원리대로 풀린다.

강충병이降衷秉彝: 하늘이 준 바른 덕과 진심[降衷] 그리고 의젓하게 타고난 천성.(세종 1/10/18)

개과자신改過自新: 잘못을 뉘우치고 새로운 길을 찾다.(세종 17/5/25)

개과천선改過遷善: 지난 잘못이나 허물을 고쳐 올바르고 착하게 됨.(세종 7/5/3)

개심귀순改心歸順: 마음을 바꾸어 천리에 순응하다.(세종 16/8/26)

개심역려改心易慮: 마음을 바꾸어 다시 깊이 생각하다.(세종 9/10/26)

개심자신改心自新: 마음을 고치고 스스로 새롭게 하다.(세종 11/11/16)

개심척려改心滌慮: 스스로 마음을 고쳐 생각을 깨끗하게 하다.(세종 1/12/21)

개심향화改心向化: 마음을 바꾸어 귀화하다.(세종 20/8/8)

개심회과改心悔過: 마음을 바꾸어 마음을 고치고, 허물을 회개하다.(세종 19/11/3) 조선실록 전
　　체 중 이 1건이다.

개오자신改悟自新: 固當改悟自新, 洗心滌慮, 砥礪名節。 마땅히 개심(改心)하여 스스로 새롭게
　　하여 마음과 생각을 세척하고 명예와 절조를 가다듬어야 할 것이었습니다.(세종 10/10/
　　20) 조선실록 전체 2건이다.(나머지는 고종실록)

개행자신改行自新: 이 사람을 쓰신 것은 반드시 그가 행실을 고쳐서 스스로가 새롭게 함에서일
　　것입니다.(세종 14/12/11)臣等又念殿下用此人者, 必以其改行自新也.
　　　(참고: 宜當改行自新 의당개행자신, 세종 14/12/14)

거득자신擧得自新: 스스로 거듭나기를 얻다.(스스로를 새롭게 하다) (세종 11/4/4): 俾家家曉然
　　知舊習之汚, 擧得自新, 以成仁孝之風。 구습(舊習)의 오점(汚點)을 환히 알도록 하여 자
　　신(自新)해서 인효(仁孝)의 풍속을 이루게 할 것이다.
　　　(주) 병이秉彝: 秉병_ 잡다. 마음으로 지키다. 彝이: 떳떳할 이.

격치성정格致性正: 격물치지성의정심格物致知誠意正心 《대학》의 준말.

견리사의見利思義: 눈앞의 이익을 보면 먼저 의리를 생각하다.(세조실록 8/2/18)

견신어인(자)見信於人(者): 남에게 믿음을 받다.(세종 10/6/25, 20/3/12)

경성지심警省之心: 깨우쳐서 반성하는 마음이다.(세종 5/7/3)

경신형벌敬愼刑罰: 형벌에 관한 일을 특히 조심하다.(세종 15/7/18)

경장만화更張萬化: 일만 가지의 교화를 경장(更張)하다.(세종 10/4/23)

경장지의更張之議: 고쳐 새롭게 하자고 의논하는 자가 있을 것이다.(세종 26/2/20) 여기 경장은 조선실록 전체 2건으로 이후는 고종 때다. 즉 사회변화로 세종 26년(1444) 이후 430년 이 지나 고종 시대 인재 선발에서 경장 이야기가 나온다.

경천근민敬天勤民: 하늘을 공경하고 백성을 위하여 부지런히 일하다.(세종 27/3/30)

경험지방經驗之方: 경험으로 쌓은 방도.(세종 5/6/1)

고열증원考閱證援: 증빙(證憑)과 원용(援用)을 살펴 조사하다.(세종 32/2/17)

고제이문古制以聞: 옛 제도[문헌]에 묻다.(세종 7/12/25)

고지반복考之反覆: 되풀이하여 상고하다.(세종 13/11/5)

공구수성恐懼修省: 두려워하며 반성하여 되돌아보다.(세종 7/9/11, 23/4/29)

공락태평共樂太平: 더불어 태평을 즐기다.(세종 7/2/11) (칙서 내용에 수록되어 있다.)

공억지사供億之事: 혹은 아들이나 손자에게 부역을 면제하여 공양하는 일[共億之事]을 이루게 하였다.(세종 17/6/21) 조선실록 전체 중 이 1 건이다.

공의지정共議之政: 함께 논의하는 정치.(세종 20/7/9) 조선실록 전체 중 이 1건이다.

공향생생共享生生(之業): 함께 (업을) 누리는[겨누리는] 거듭살이.(세종 23/7/1)

(공향승평지락共享昇平之樂): (성종실록 9/11/26)

공향희호지락共享熙皞之樂: 함께 태평시대의 즐거움을 누릴 수 있을 것이다.(세종 26/윤7/25)

교린이례交隣以禮: 이웃나라를 사귀기를 예절로써 하다.(세종 32/2/22)

교린이신交隣以信: 이웃나라를 사귀기를 신의로써 하다.(세종 32/2/17)

광문편부廣問便否: 그것이 좋은 것인지 나쁜 것인지를 널리 물어보다.(세종 4/8/25)

광순박방廣詢博訪: 널리 묻고 고루 찾다.(세종 15/11/27)

구황지정救荒之政: 흉년을 구제하는 정사.(세종 4/12/4)

구휼지정救恤之政: 재난을 입거나 가난한 사람을 돕는다.(성종실록 12/4/26)

국보어민國保於民(민보어신民保於信): 나라는 백성으로부터 보전되고 (백성은 믿음으로 보전된 다.) (세종 11/9/3)

국체지도國體之道: 국체를 유지하 바 도리.(세종 29/5/22)

궁리정심窮理正心(之士): 이치를 궁극히 밝히고 마음을 바르게 하는 (선비).(세종 7/11/29)

극용신휼克用愼恤: (크고 작은 형벌大小刑罰)에써 삼가서 불쌍하게 여기다.(세종 32/2/22)

긍휼지전矜恤之典: 돌보아 주는 은전.(세종 13/12/25)

기계고전其稽古典: 고전(古典)에 상고하다.(세종 4/2/30, 세종 14/10/13)

기기자신冀其自新: 스스로 고치기를 바라다.(세종 16/12/21)

대간지풍臺諫之風: 대간(臺諫)의 기풍(氣風).(세종 14/8/21)
당갱의지當更議之: 마땅히 이를 다시 의논하라.(세종 14/12/3)
대천리물代天理物: (임금의 직책은 人君之職) 하늘을 대신하여 만물(萬物)을 다스리는 것이다.
 (세종 9/8/29)
도주생민叨主生民: 외람되이 생민의 주가 되다. 생민들의 앞선 생인.(세종 5/7/3)
독단위지獨斷爲之: 독단으로 하는 것이다.(세종 30/7/18)
득인위최得人爲最: (위정지요 득인위최 爲政之要, 得人爲最) (정치하는 요체는) 인재를 얻는 것
 이 가장 선무다.(세종 5/11/25)

락어토론 樂於討論: (덕德이 비록 성하시나 더욱) 토론을 즐겨하시다.(세종 16/4/11) 德雖盛, 尤
 樂於討論.

막비천민莫非天民: 하늘이 낸 백성 아님이 없다.(세종 26윤 7/24)
막여시신莫如示信: (위국지도爲國之道, 나라를 위한 길은) 신(信)을 보이는 것이 가장 중요한 것
 이다.(세종 7/4/14) 조선실록 전체 중 이 1건이다.
만민공락萬民共樂: 온 백성이 함께 즐거움을 누리다.(세종 11/8/24) 조선실록 전체에 이 1건뿐이다.
명견만리明見萬里: (다만 성인은 사물에 밝게 통하여 但聖人洞照事物) 만리 밖을 밝게 보다.(세
 종 15/3/17)
명백이지明白易知: (《농사직설農事直說》)명백하게 쉽게 알도록 하였다.(세종 19/7/23)
명호인륜明乎人倫: 인륜에 밝다.(세종 32/2/17)
(天下)무기인아無棄人也: (천하에) 버릴 사람은 없다.(세종 13/12/25)
무휼지정撫恤之政: 어려운 처지에 있는 사람을 불쌍히 여겨 위로하고 물질로 돕는 정치.(세종
 19/8/6)
문무무무文舞武舞: 문인의 무용과 무인의 무용.(세종 14/9/1) 조선실록 전체 중 이 1건이다.
문문지정文武之政: 문(文)과 무(武)의 정치.(세종 32/2/17)
문어농부問於農夫: 농사는 나이든 농부에게 물어라.(세종 7/7/1)
문질손익文質損益: 문(文)과 질(質)을 덜고 더하다.(세종 18/4/9)

민락생생民樂生生(者): 민락생생(자)(民樂生生(者): 백성으로 삶의 즐거움을 누리다.(세종 32/2/17)
민보어신民保於信: (國保於民) 民保於信 (나라는 백성으로부터 보전되고) 백성은 믿음으로 보전
　　된다.(세종 11/9/3)
민생가려民生可慮: 백성들의 생계가 염려되다.(세종 즉위/8/21)
민유방본民惟邦本: 백성이란 것은 나라의 근본이다.(세종 1/2/12)
민위방본民爲邦本(식위민천 食爲民天) 백성은 나라의 근본이요, (먹는 것은 백성에게 가장 중요
　　한 것이다).(세종 즉위/10/3)
민생가려民生可慮: 민생이 염려되다.(세종 즉위/9/25)
민위방본民爲邦本: 백성은 나라의 근본이다.(세종 즉위/10/3)

반복사지反復思之: 돌이켜 생각하다.(세종 7/2/27)
범사공구凡事恐懼: 모든 일을 두려워 하고 조심하다.(세종 9/11/17)
벽이단론闢異端論: 정통正統을 수호하기 위해 이단異端을 배척하는 주의나 주장.
병이지천秉彝之天: 사람은 상도(常道)를 지키는 천성(天性)이 있다.(人固各有) 秉彝之天.(세종
　　11/4/4)
본고방녕本固邦寧: 근본이 튼튼해야만 나라가 평안하게 된다.(세종 5/7/3)
불가기교不可其巧: 人主待下, 不可若是其巧也 "임금이 되어 아랫사람 대접하기를 이같이 교묘
　　하게 속이는 일은 옳지 않다." (세종 29/5/12) 도둑들이 매를 세어가며 맞고는 풀려 다
　　시나가 도둑질 하는데 대한 신하들의 반대에 대한 답이다.
불상유통不相流通: 서로 통하지 아니하다.(세종 28/9/29)
불차탁발不次擢拔: (其賢能才行者則不次擢拔, 用人平允) (어질고 재능이 있으며 재주와 덕행이
　　있는 자는) 차례 없이 가려 뽑아 (공평하고 진실하게 사람을 썼다.)(세종 32/2/22)

사가독서賜暇讀書: 여가를 주어 글을 읽게 하다.(세종 12/5/18)
사대이성事大以誠: 큰 나라를 성심으로 대하다.(세종 10/5/26)
사무민폐私無民弊: 민폐가 없게 하라.(세종 19/4/12)
사위미성事爲未成: 일이 아직 이루어지지 않은 것.(《치평요람》 8집 16권)
사자지익師資之益: 다른 사람의 스승과 바탕이 되는 이로움이 있다.(세종 29/12/18) 성균관의 음
　　악 관리 최수를 두고 한 말.

사적이문事跡以聞: 사적(事跡)을 뽑아 적어서 아뢰라.(세종 12/5/28) 조선실록 전체 중 이 1건이다.

사필사고事必師古: 일은 반드시 옛 것을 스승삼다.(세종 32/2/22)

삼분손익三分損益: 3분으로 덜고 더하다.(세종 12/2/19) 조선실록 전체 3건 모두 《세종실록》에만 있다.

생민지정生民之政: 생민을 위한 정치.(세종 18/7/21) 세종과 영조 각 1건씩이다.

생민지지生民之志: 생민을 사랑하는 의지.(세종 1/7/17)

생생무궁生生無窮: 오래도록 거듭살기.(세종 23/12/9) 조선실록 전체 중 이 1건이다.

생생실난生生實難: 거듭나는[거듭사는] 일의 어려움.(세종 8/9/7) 조선실록 전체 중 이 1건이다.

생생자락生生自樂: 즐겁게 살(수 있)다.(세종 21/9/4) 조선실록 전체 중 이 1건이다.

생생자용生生自庸: (생업에 힘써) 삶이 거듭나도록 자급 자족할 수 있게 노력하다.(성종실록 9/11/6) 세종실록에는 없다.

생생자육生生自育: 낳고 나서 스스로 자라다.(세종 21/7/20) 조선실록 전체 2건 모두 세종실록에 있다.

생생지도生生之道: 생생하는 도리.(세조실록 2/10/30) 세종실록에는 없다.

생생지락生生之樂: 거듭살이의 즐거움.(세종 19/5/20)

생생지리生生之理: 생생의 이치.(세종 14/6/3)

생생지리生生之利: 거듭살이의 이로움.(세종 21/5/5)

생생지망生生之望: 생생에 대한 희망.(세종 1/7/28)

생생지복生生之福: 거듭살이의 복.(세종 17/3/4) 조선실록 전체 중 이 1건이다.

생생지본生生之本: 낳고 나음의 근본.(세종 30/7/22)

생생지업生生之業: 거듭살아갈 업.(세종 23/7/1)

서기자신庶幾自新: 큰 범위(한도 껏) 개과천선(改過遷善)하기를 바라다.(세종 5/2/16)

서사정구徐思精究: 조용히 생각하고 정밀하게 연구하다.(세종 19/4/12) 조선실록 전체 중 이 1건이다.

서정유신庶政維新: 정치를 새롭게 하다.(세종 21/5/26)

선문농사(절후)先問農事(節侯): 먼저 농사 (절후)를 묻다.(세종 7/4/25)

성심적솔誠心迪率: 성심으로 인도하고 솔선 수범하다.(세종 26/윤7/25) 조선실록 전체 중 이 1건이다.

세심척려洗心滌慮: 마음과 생각을 세척하다.(세종 10/10/20)

세이공청洗耳恭聽: 귀를 씻고 남의 말을 경청하다.

소술선지紹述先志: (과거를 무화시키는 게 아니라) 옛 성과를 바탕으로 이어 받아 한 걸음 더 나아가다.(세종 15/12/21)

송구자신悚懼自新: 爲何之計, 當悚懼自新, 圖報聖恩之萬一。마땅히 송구하게 여기어 스스로 고쳐서 성은(聖恩)의 만분의 일이라도 보답하기를 생각하여야 하겠다.(세종 21/9/14)

수불석권手不釋券: 손에서 책이 떠나지 않았다.(세종 32/2/17)

수책자신受責自新: (어렸을 때에 꾸지람을 듣고) 스스로 마음을 새롭게 고친다(면 역시 다행한
　　　　것입니다.) (세종 21/6/6)
수척불피戚受戚不避: 비록 친척이지만 피하지 않는다.(허조) (세종 21/12/28)
숙야감오 개심역려 夙夜感悟 改心易慮: 밤과 낮으로 느끼고 깨달아 마음을 고치고 생각을 바꾸
　　　　는 것이 마땅하다.(세종 9/10/26) 느낌으로 오고 마음으로 움직이는 감성感性과 이성理
　　　　性 즉 기氣와 리理가 동시에 움직이는 거듭나기[생생]이다.
순열친의順悅親意: 어버이 뜻을 순종하여 즐겁게 하여 드리다.(세종 23/10/22)
순천응인順天應人: (주역 혁괘革卦) 위로는 하늘을 받들고 아래로는 인심에 순응하다.
순환사상循環思想: 만물은 자연 천리에 따른 제자리 돌아오기[순환]를 한다는 사상.
(기향)승평지락(其享)昇平之樂: (함께)승평昇平의 즐거움을 누리도록 하다.(세종 22/7/21)
승평지세昇平之勢: 나라가 안정되어 아무 걱정이 없고 평안한 기운.(세종 14/10/10)
시인발정施仁發政: 어짊을 베풀어 정치를 행하여야[施仁發政] 바야흐로 땀흘려 이루어주신 은택
　　　　을 밀어 나아가게 되리라.(세종 즉위년, 8/11)
시정득실時政得失: 시정의 득실.(세종 12/윤12/8)
(민위방본民爲邦本)식위민천食爲民天: (백성은 나라의 근본이요) 먹는 것은 백성에게 가장 중요
　　　　한 것이다.(세종 즉위/10/3)
식화위선食貨爲先: "나라는 백성으로 근본을 삼고 백성은 먹는 것으로 하늘을 삼나니, 홍범(洪
　　　　範) 팔정(八政)에 식화(食貨)가 먼저가 되었다."고 하여 식화 즉 먹는 것과 재물을 강조
　　　　했다.(세종 21/9/10) 議政府啓: 國以民爲本, 民以食爲天.《洪範》八政, 食貨爲先.
신상필벌信賞必罰: 공로가 있는 사람에게는 반드시 상을 주고, 죄가 있는 사람에게는 반드시 벌
　　　　을 주다.(세종 8/5/15)
(生民之政)식화이자食貨二者(而已): 인민을 위한 정치는 음식물과 재물 두 가지뿐입니다.(세종 18/
　　　　7/21)
실사구시實事求是: 사실에 바탕하여 진리를 탐구하다.(영조실록 5/2/9)
심돈애경心敦愛敬: 마음은 사랑과 공경에 돈독하시었나이다.(세종 3/9/12)
심상공부心上工夫: 마음의 공부.(세종 즉위/10/12)
심열성복心悅誠服: 마음속으로 기쁘게 성심을 다하여 순종하다.[誠服](세종 22/3/22)
심인후택深仁厚澤: 인애(仁愛)와 후한 은택(태종 치하)(세종 즉위/8/11)

안거락업安居樂業: 편안히 살면서 생업에 즐기다.(세종 8/7/12)
안생락업 安生樂業: 생활을 안정하고 그 업(業)을 즐겨하다.(세종 4/11/7)
약비차인 필미제조若非此人. 必未製造: 만약 이 사람[장영실]이 아니더라면 암만해도 만들어내

지 못했을 것이다.(세종 15/9/16)

약무차인若無此人: 만약 이 사람이 없으면.(세종 28/1/21) _ 박충지(朴忠至) 이야기.

약용심력 하사불능若用心力, 何事不能(也): 만약 마음과 힘을 다한다면 무슨 일인들 능히 하지 못하리오.(세종 22/7/21)

여경사지予更思之: 내 다시 생각하여 보겠다.(세종 7/11/29)

여민가의與民可矣: 백성과 같이 하면 될 것이니.(세종 12/12/20) 조선실록 전체 중 이 1건이다.

여민해락與民偕樂: 백성들과 함께 즐거워하다.(세종 13/10/13) 조선실록 전체 중 이 1건이다.

여배공락汝輩共樂: 너희 무리와 함께 즐기려 하다.(세종 20/2/19)

여상사지予詳思之: 내가 자세히 생각하다.(세종 7/11/21)

여중공락與衆共樂: 여러 사람들과 함께 즐기다.(세종 11/8/24) (고종실록을 빼고 실록 전체 중 1건이다.)

예경대지禮敬待之: 예도와 공경을 갖추어 대접하여야 옳다.(세종 13/7/15) 조선실록 전체 중 이 1건이다.

예흥악비禮興樂備: 예禮가 일어나고 악樂이 갖추어지다.(세종 즉위/8/11)

외천우민畏天憂民: 하늘을 두려워하고, 백성을 근심하다.(세종 3/6/23)

요부무비饒富無比: 풍요함이 비할 데 없다.(세종 25/1/10) 조선실록 전체 중 이 1건이다.

요산요수樂山樂水: 산수의 경치를 즐기다.

욕감과전欲減科田: 欲減親子親孫科田。 (친자親子·친손親孫의) 과전을 감하다.(세종 19/1/12)

용인평윤用人平允: (而其賢能才行者則不次擢拔, 用人平允) (어질고 재능이 있으며 재주와 덕행이 있는 자는 차례 없이 가려 뽑아) 공평하고 진실하게 사람을 썼다.(세종 32/2/22)

원형이정元亨利貞: 《주역(周易)》에서 말하는 천도(天道)의 네 가지 덕(德). 仁禮義智.(《세종실록》에 없다)

위국지도爲國之道: 나라를 다스리는 법.(세종 7/4/14)

위기지학爲己之學: 자기 자신의 본질을 밝히기 위한 학문.(세조실록 10/7/27) 세종실록에는 없다.

(或혹) 유가처의有可疑處: (혹) 의심스러운 곳이 있다.(세종 19/10/23) (비록 주자의 말이라도 또한 다 믿을 수는 없을 듯하였다.)

윤문윤무允文允武: 문(文)도 마땅하게 하시고 무(武)도 마땅하게 하다.(세종 14/4/28)융평지치隆平之治: 융성하고 태평스럽게 다스려지다.(세종 7/6/20)

은위불편恩威不偏: 은혜와 위세가 한쪽에 치우치지 않다.(세종 18/11/27)

음성공양音聲供養: 소리로 공양하다.(세종 20/2/19) '음성공양'은 조선조 중 세종실록에만 3건 있다.

의당자신宜當自新 :流竄未久, 遽蒙召還, 宜當自新, 以報再生罔極之恩。 마땅히 스스로 새롭게 하여 재생(再生)한 그지없는 은혜를 보답하여야 옳을 터이온데.(세종 14/12/19)

의당치려宜當致慮: 마땅히 정신을 써야 하는 일.(세종 18/10/6)

이개자신以開自新: 所收告身, 亦宜給還, 以開自新。 거둔 고신도 마땅히 돌려주어 자신(自新)하

는 길을 열도록 하소서.(세종 8/7/17)

이구자신以求自新: 丁寧反覆, 許以改悔, 此正爾等去逆效順, 以求自新之日也。(최운이 칙서를 가지고 .북경으로부터 돌아오다. 양목답올 등에게 보내는 교서) 이는 바로 너희들이 역악[거역함]을 버리고 순함을 본받아 자신(自新)을 구할 수 있는 날이다.(세종 6/1/17)

이권행지以權行之: 나는 권도(權道)로서 행한 것이다.(세종 14/12/17) 조선실록 전체 중 이 1건이다.

이대자신以待自新: 개과천선(改過薦善)할 것을 허락하셨는데.(세종 5/7/7) 등 3건.

이려사풍以礪士風: 사대부의 풍기를 가다듬게 하옵소서.(세종 13/9/11)

이법언지以法言之: 그대들은 법으로서 말한다.(세종 14/12/17)

이위하여以爲何如: 어떠한가?(세종 1/12/6)

이위항식以爲恒式: 이렇게 함을 항식(恒式)으로 삼으라.(세종 즉위/9/3)

이유이야而有異也: 다름이 있겠는가?(세종 9/8/29)

인무간언人無間言: 사람이 이간질하는 말을 못하였다.(세종 32/2/17)

(大抵)인유일능人有一能: (대저) 사람에게는 한 가지 능한 것이 있는 법이다.(세종 26/5/20)

인이기의因以起意: 생각이 일깨워지다.(세종 20/3/19)

인지의방人知義方: 사람들은 의리를 알다.(세종 16/4/27)

임사이구 호모이성臨事而懼, 好謀而成: 일을 임해서는 두려워하고 지모를 내어 성사시키라.(세종 31/9/2)

임사이구 원려심모臨事而懼, 遠慮深謀: 일에 임하여서는 조심하여 멀리 생각하고 깊이 계획하다.(세종 22/2/14)

임즉물의 의즉물임任則勿疑, 疑則勿任: 맡겼으면 의심을 말고, 의심이 있으면 맡기지 말아야 한다.(세종 1/1/11)

임현도치任賢圖治: 어진이를 임용하여 다스리기를 꾀하다.(숙종실록 17/11/12) 세종실록에는 없다.)

임현사능任賢使能: 어진 이를 임명하고 유능(有能)한 인재를 부리다.(세종 14/4/28)

ㅈ

자신지려自新之慮: 每思自新之慮, 悚然畏懼, 措身無地, 竭力效忠, 매양 스스로 새롭게 할 생각을 하고, 송구하고 두려워 몸둘 곳이 없어 힘을 다하여 충성을 바치다.(세종 10/9/4)

자신지로自新之路: 도적이 되는 것이 부끄러운 것임과 의리를 지키는 것이 기쁜 일임을다 알게 하여, 이것이 스스로 새롭게 하는 길이다. 俾皆知盜賊之可恥, 理之可悅, 此其自新之路, 生理之所在也。(세종 1/7/17)

자신지리自新之理: (人有)自新之理 (사람은) 거듭날 수 있는 이치가 있다.(세종 4/2/25)

자신지방(俾勸)自新之方: (스스로) 새 길을 찾게 하옵시니.(세종 1/8/25)

자신지방(俾勸) 自新之方: 스스로 새 길을 찾다.(세종 1/8/25)

자신지의自新之意: 허물을 뉘우치고 스스로 새롭고자 하는 뜻.(세종 9/10/26) 외 2건.

자신지일自新之日: 자신을 새롭게 하는 날.(세종 6/1/17)

(진기)자신지지(振起)自新之志: 人知義方, 振起自新之志; (化行俗美, 益臻至治之風)사람들은 의리를 알고 스스로 새롭게 하려는 뜻을 진작(振作)할 것이다.(세종 16/4/27) 조선실록 전체 2건으로 1건은 중종 시 있다.

자신지태自新之態: 般樂無忌, 略無自新之態 꺼림 없이 흥청거리고, 조금도 반성하는 태도가 없사온데.(세종 26/9/6)

재결사고裁決師古: 재결하시는데 옛일을 스승으로 삼다.(세종 32/2/22)

쟁리지심爭利之心: (백성과) 이익을 다투고 싶은 마음.(세종 27/9/5)

쟁장지심爭長之心: 서로 장점(長點)과 단점(短點)을 가지고 다투다.(태종실록 9/9/4)

적중이지適中而止 (忠寧雖不能飮, 適中而止): 충녕은 비록 술을 잘 마시지 못하나 적당히 마시고 그친다.(태종실록 18/6/3) 태종실록 기사이지만 충녕 즉 세종을 두고 하는 말이다.

적중이처適中以處: 요량하여 알맞게 처리하라. 경 등은 이 뜻을 알아 포치(布置)하라.(세종 1/9/2) 故今不可過畏而騷擾, 亦不可無畏而忘備, 當量其二者之間, 適中以處之, 卿等知此意布置。

정백허심精白虛心: 명백하며 마음을 공평하게 하다.(세종 13/6/2)

제구자신除舊自新: 赦者, 欲其除舊自新也。 사령(赦令)이란 것은 그로 하여금 옛 일을 버리고 스스로 새로워지게 하기 위한 것이다.(세종 10/윤4/4)

제도명비制度明備: 제도를 분명히 하게 갖추어 놓다.(세종 32/2/22)

존심양성存心養性: 본 마음을 지키고 바른 하늘의 성性을 길러야 한다.(세종 24/11/30)

존현사능尊賢使能: 현자를 높이고 능력있는 자를 임용하다.(선조실록 32/1/21)

좌행우언左行右言 /좌동우언左動右言: '좌사左史는 동작을 기록하고 우사는 말을 기록[左動右言]하다.'(左史記動, 右史記言, 정조실록 7/8/16). 좌행우언左行右言: 왼쪽 사관은 행위를, 오른쪽 사관은 말을 기록한다.

주자용중疇咨用中: 묻기를 널리 하여 알맞은 것을 쓰다.(세종 32/2/22)

중람숙독重覽熟讀(須盡誠意工夫): '다시 읽고 생각하며 읽는 것.'(세종 1/3/6) 생각뿐 아니라 의意[뜻, 의지]까지 담을 수 있어야 하는 것이다.

중유중도重儒重道: 유학을 높이고 도를 중히 여기다.(세종 31/2/16)

지려명절砥礪名節: 명예와 절조를 가다듬어야 할 것이다.(세종 10/10/20)

지렴지산知斂知散: (호조의 재산) 거두는 것과 흩트리는 것.(쓰는 것)(세종 7/10/16)

찰호서물察乎庶物: 모든 사물에 자상하다.(세종 32/2/17) 조선실록 전체 중 이 1건이다.

참고고제參考古制: 옛날 법제를 참고하다.(세종 6/3/19)

충사염치忠邪廉恥: 나라의 기강이 되는 예(禮)·의(義)·염(廉)·치(恥)로서 충성과 사악함 그리고 깨끗함[렴廉]과 부끄러움[치恥]을 강조한다.(세종 14/8/22)

치이자신恥而自新: 豈以此爲恥而自新哉。 어찌 이것으로 부끄럽게 여기어 스스로 새로워지겠습니까.(세종 22/6/20)

(극륭極隆)태평지기泰平之基: (지극히 웅성한) 태평성대(泰平盛代)의 기초를 더할 수 없이 높였다.(세종 14/4/28)

태평지치太平之治: 태평한 정치.(세종 32/2/22)

풍평지세豐平之世: 풍요로운 세상.(세종 8/2/26)

풍평지치豐平之治: 영원히 풍부하고 태평한 세상을 이루려 한다.(세종 6/10/15)

허금납충虛襟納忠: (當)虛心聽察, (以得其情) 대저 옥사(獄事)를 국문(鞫問)하는 사람은 마땅히 공평무사(公平無私)한 마음으로 청찰(聽察)하여 그 실정을 알아내어야 한다.(세종 28/12/18)

허심응물虛心應物: 마음이 비어 사물에 잘 대응한다.(정조실록 8/6/24)

허심청찰虛心聽察: 공평한 마음으로 듣고 알아보다.(세종 28/12/18)

현능재행(자)賢能才行(者): 而其賢能才行者則不次擢拔。 어질고 재능이 있으며 재주와 덕행이 있는 자(차례 없이 가려 뽑는다).(세종 32/2/22)

현재관능賢在官能: 어진 이가 관(官)에 있고 능한 이가 벼슬에 있다.(세종 21/5/26) 조선실록 전체 이 1건뿐이다.

호생이기好生而己: 살리는 것만 좋아할 뿐이다.(세종 26/윤7/24)

호생지덕好生之德: 살리는 베풂과 끌어안기.(세종 2/1/28)

호생지인好生至仁: 생명을 살리는 지극한 사랑.(세종 21/12/15) 조선실록 전체 중 이 1건이다.

화가위국化家爲國: 집을 변하게 하여 새 왕조를 이룩하다.(세종 즉위/9/11)

회과자신悔過自新: 두려워 하고 반성하여 허물을 후회하고 스스로 새롭게 하면 거의 천심을 돌릴 수 있습니다. 恐懼修省, 悔過自新, 庶可以回天之心.(세종 7/9/11) 등 11건.

화민지정化民之政: 백성을 교화시키는 정치.(세종 18/4/9)

황송자신惶悚自新: 恩至遲也, 禮至隆也, 宜當惶悚自新, 以答殿下待遇之勤。마땅히 송구한 태도로
　　　잘못을 고치어 전하께서 애써서 대우하시는 은혜에 보답해야 할 것이다.(세종 12/11/24)

회보소민懷保小民: 소민을 품어 보호하다.(세종 9/3/16)

효심순지孝心純至: 효심이 순전하고 지극하다.(세종 2/7/28)

후륜성속厚倫成俗(有國之先務): 인륜을 도타이 하여 풍속을 이루게 하는 것은 나라를 가진자의
　　　선무(先務)이다.(세종 16/4/27)

(무본)후생지정(務本)厚生之政.(근본에 힘쓰고) 민생을 후하게 하는 정책.(수차水車 관련)(세종
　　　13/6/3)

후일지효後日之效(必可望也): 후일의 공효는 반드시 바랄 수 있다고 생각한다.(세종 19/8/6)

훈민정음訓民正音: 어린백성을 가르치는 온[바른] 소리.(세종 25/12/30, 세종 29/9/29)

(구황)휼민지정救荒恤民之政: (굶주림을 구제하고) 백성을 돌보아 주시는 정사를 펴다.(세종 9/10/17)

흠휼지인欽恤之仁: 형벌을 신중히 아는 인덕(仁德).(세종 8/5/28)

흡어민심洽於民心: 민심에 흡족하게 젖어들다.(세종 즉위/8/11)

(공향)희호지락熙皞之樂: (함께) 태평시대의 즐거움을 누릴 수 있을 것이다.(세종 27/윤2/25)

참고문헌

(주요, 분야별: 본문에 나온 참고자료 중 빠진 것이 있고,
본문에 인용되지 않은 자료이지만 참고하였기에 적은 것이 있다.)

원전

四書三經
朝鮮王朝實錄
性理大典
近思錄
大學衍義
小學
聖學輯要
東史綱目
佛氏雜辨
靜菴集
栗谷全書

『기이한 대동 이야기(大東奇聞) I·II』, 柳錫永 역, 연대중앙문화사, 2009.

논문집

『정신문화연구』, 한국학중앙연구회
『동양정치사상사』, 한국/동양정치사상사학회
『시대와 철학』, 한국철학사상연구회
『역사학보』, 역사학회
『전통문화』, 전통문화연구회
『진단학보』, 진단학회

개념과 개념사

나인호, 『개념사란 무엇인가』, 역사비평사, 2010.

이정우, 『개념-뿌리들』, 철학아카데미, 2004.

주편 羅國杰 감수 金勝一, 초위림·김강일·이형준 옮김, 『中國의 傳統道德』, 경지출판사, 2015.

陳禮 엮음, 이연승 옮김, 『漢代思想事典』, 그물, 2013.

최영찬·최남규·황갑연·박용진, 『동양철학과 문자학』, 대우학술총서, 아카넷, 2003.

이창일 외, 『심경 철학사전』, 한국학중앙연구원 출판부, 2014.

연구방법론

李基白·金英美·李泰鎭·金泰永, 『韓國思想史 方法論』, 小花, 1997.

이광래, 『방법을 철학한다』, 知와 사랑, 2008.

이상신, 『역사학개론_ 역사와 역사학』, 신서원, 2005.

Quentin Skinner, 황정아 김용수 옮김, 『역사를 읽는 방법』, 돌베개, 2013.

Richard Marius·Melvin E. Page, 『역사 글쓰기, 어떻게 할 것인가』, 휴머니스트, 2010.

E.H Carr, 『역사란 무엇인가』, 김택현 옮김, 까치글방, 2007.

Rlchard Marius, Melvin E. Page, 남경태 옮김, 『역사 글쓰기 어떻게 할 것인가』, 휴머니스트, 2010.

철학

도송달·김상보·최진덕·유병열, 『생명사상과 윤리』, 한국정신문화원, 2004.

이규성, 『생성의 철학 왕성산』, 이화여자대학교 출판부, 2001.

이종우, 『한국신유가철학』, 도서출판문사철, 2015.

전동진, 『생성의 철학 -하이데거의 존재론과 롬바흐의 생성론』, 서광사, 2008.

조남욱 외, 『앎과 삶에 대한 윤리학적 성찰』, 한국정신문화원, 1998.

중국철학연구회, 『논쟁으로 보는 중국철학』, 예문서원, 1995.

최진석, 『생각하는 힘 노자인문학』, 위즈덤 하우스, 2015.

한국철학 사상연구회, 『한국철학 - 사상, 역사, 논쟁의 세계로 초대』, 예문서원, 1995.

한상우, 『우리 것으로 철학하기』, 현암사, 2003.

한자경, 『한국철학의 맥』, 이화여자대학교출판부, 2015.

황수영, 『베르그손』, 이룸, 2006.

베르그송, L.콜라코프스키 지음, 고승규옮김, 『지성의 샘』, 1995.

B.몬딘 지음/ 허재윤 옮김, 『인간: 철학적 인간학 입문』, 서광사. 1996.

·동양사상

강광식, 『신유학사상과 조선조 유교정치문화』, 집문당, 2000.

--------, 『유교정치사상의 한국적 변용』, 백산서당, 2009.

금장태, 『유교개혁사상과 이병헌』, 예문서원, 2003.

--------, 『불교의 유교경정 해석』, 서울대학교출판문화원, 2012.

--------, 『유학사상의 이해』, 한국학술정보(주), 2007.

김승혜, 『유교의 뿌리를 찾아서』, 지식의 풍경, 2001.

김영건, 『동양철학에 관한 분석적 비판』, 라티오, 2009.

김영식, 『유가전통과 과학』, 예문서원, 2013.

裵宗鎬, 『한국유학사』, 연세대학교출판부, 1973.

서경요, 『유가사상의 인문학적 숨결』, 문사철, 2011.

신현정 외 『마음학』, 백산서당, 2010.

안유경 『성리학이란 무엇인가』, 새문사, 2015.

원광대학교 마음 인문학연구소, 『유교의 마음공부』, 공동체, 2015.

이기동 편저, 『유교』, 전통문화연구회, 2016.

李相益, 『家 社會哲學 硏究』, 심산, 2001.

이성무, 『선의 유교체제와 동양적 가치』, 푸른사상, 2015,

이애희, 『조선전기 성리학 연구』, 경인문화사, 2002.

이희재, 『동양사상의 이해』, 신아사, 2014.

장승구 외, 『동양사상의 이해』, 경인문화사, 2006.

정인재, 『양명학의 정신』, 세창출판사, 2014.

조긍호, 『유학심리학- 맹자·순자편』, 나남출판, 1998.

조남호, 『주희: 중국철학의 중심』, 태학사, 2004.

조현규, 『동양윤리의 담론』, 새문사, 2010.

한형조, 『왜 조선유학인가』, 문학동네, 2008.

한국사상사연구회, 『圖說로 보는 한국유학』, 예문서원, 2003.

Mary velyn·Tucker John Berthrong 엮음, 오정선 옮김, 『유학사상과 생태학 예문서원』, 2010.

·한국사상 /우리말 철학

한자경, 『한국철학의 맥』, 이화여자대학교출판부, 2008.

심우섭, 『한국사상의 철학적 모색』, 이회, 2014.

·우리말 철학

김홍호 편, 『제 소리 - 다석 유영모 강의록』, 솔, 2002.

박영호, 『多夕 柳永模가 본 예수와 기독교』, 두레, 2000.

--------,『다석 유영모 어록』, 두레, 2002.

--------,『다석 류영모』, 두레, 2009.

박재순,『다석 유영모』, 현암사, 2008.

--------,『다석 유영모의 철학과 사상』, 한울, 2013.

씨올사상연구회 편,『씨올 생명 평화』, 한길사, 2007.

이기상,『이땅에서 우리말로 철학하기』, 살림,2013.

재단법인 씨올,『씨올사상 전문 강좌 1기 자료집』, 씨올, 2008.

정대현,『한국어와 철학적 분석』, 이화여자대학교 출판부, 1984.

역사

·실록학

배현숙,『조선실록 연구 서설』, 태일사, 2002.

이성무,『조선왕조실록 어떤 책인가』, 동방미디어, 2000.

·역사

姜世求,『東史綱目研究, 민족문화사, 1994.

국사편찬위원회,『한국사론』, 3 조선전기, 7 조선전기 국방체제의 제 문제, 8, 조선전기 서원과
　　　　향약, 11 조선전기 상공업, 국사편찬위원회, 1986.

金容福,『한국민중의 사회전기』, 한길사, 1987.

金鴻植,『朝鮮時代封建社會의 基本構造』, 박영사, 1982.

서지학개론 편찬위원회,『서지학개론』, 한울, 2012.

신순하,『중국사학사』, 고려대학교출판부, 2000.

심재후,『화이부동의 동아시아학』, 푸른 역사, 2011

유승원,『조선초기 신분제 연구』, 서울대학교 박사학위논문, 1986.

이성규,『조선과학실록』, 책 세상을 굴리다, 2014.

이성무,『조선왕조실록 어떤 책인가』, 동방미디어, 2000.

이종우,『조선시대의 경제사상』, 민속원, 1992.

정두희,『왕조의 얼굴』, 서강대학교출판부, 2010.

한영우,『조선전기사학사연구』, 서울대학교출판부, 1981.

허승일,『다시, 역사란 무엇인가?』, 서울대학교출판문화원, 2009.

김광옥,『조선후기 민중공론에 관한 연구』, 경희대 박사학위논문, 1998.

서울특별시,『세종시대 도성공간구조에 관한 학술연구』, 2010.

용인문화원,『용인의 기묘명현 조명 학술 세미나』, 용인시문화예술원 국제회의실, 2016.9.2.

세종학

박현모, 『세종이라면』, 미다스북스, 2014.

--------, 『세종처럼』, 미다스북스, 2008.

박현모 외, 『세종의 서재』, 서해문집, 2016.

세종대왕기념사업회, 『세종대왕어록 1』, 세종대왕기념사업회, 1981.

--------, 『세종대왕어록 2』, 세종대왕기념사업회, 1982.

오윤희, 『왜 세종은 불교책을 읽었을까』, 불광출판사, 2015.

이숭녕, '세종대왕의 개성의 고찰', 『세종대왕의 학문과 사상』, 아세아문화사, 1980.

이한우, 『세종, 조선의 표준을 세우다』, 해냄출판사. 2006.

전정례·김형주, 『훈민정음과 문자론』, 역락, 2002.

조남욱, 『세종대왕의 정치철학』, 부산대학교출판부, 2001.

최종민, 『훈민정음과 세종 악보- 훈민정음은 음악이다』, 역락, 2013.

한국정신문화연구원 엮음-이성무·이영춘·이광호·김건곤·이종묵·임치균·송혜진·박성래, 『세종
        시대의 문화』, 태학사, 2001.

韓永愚, 『조선전기사학사연구』, 서울대학교출판부, 1981.

홍이섭, 『세종대왕』, 세종대왕기념사업회, 2004.

한국학 중앙연구원 편, 『조선시대 책의 문화』, 휴머니스트 출판그룹, 2008.

노마 히데키, 김진아·김기연·박수진 옮김, 『한글의 탄생』, 돌베개, 2011. 15쪽.

세종문헌DB화사업 논문들.

커뮤니케이션학

김복수·박정규·조맹기·김광옥·윤병철·정대철, 『조선시대 커뮤니케이션 연구』, 한국정 신문화연
        구원, 1995.

김세철·김영재, 『조선시대의 언론 문화』, 커뮤니케이션북스, 2000.

김정탁, 『禮 & 藝』, 한울 아카데미, 2004.

박허식, 『동양의 커뮤니케이션 사상』, 커뮤니케이션북스, 2008.

윤병철, 『조선, 말이 통하다』, 커뮤니케이션북스, 2006.

이범수, 『四書三經에 나타난 커뮤케이션사상 연구』, 성균관대학교 정치학 박사학위논문, 1993.

이상희, 『조선조 사회의 커뮤니케이션 현상연구』, 나남, 1993.

조맹기, 『커뮤니케이션 사상사』, 커뮤니케이션북스, 2001.

최승희, 『朝鮮初期 言論史硏究』, 지식산업사, 2004.

월터 J. 옹, 이기우·임명진 옮김, 『구술문자와 문자문화』, 문예출판사, 1995. 123~157

정치학, 국문학 기타

강광식·손문호·박현모·이익주,『한국정치사상사 문헌자료 연구(I) -조선전기편』, 집문당, 2005.
한국정치학회편,『정치학 이해의 길잡이-정치사상』, 법문사, 2008.
『고대가요·향가 外』, 한국고전 시리즈, 보성출판사, 1994.
최상용,『중용의 정치』, 나남, 2002.
--------,『중용의 정치사상』, 까치, 2012.

찾아보기